Kohlhammer

Klaus Wengst

„Wie lange noch?“

Schreien nach Recht und Gerechtigkeit – eine Deutung der Apokalypse des Johannes

Verlag W. Kohlhammer

Gesamtherstellung:
W. Kohlhammer Druckerei GmbH + Co. KG, Stuttgart
Printed in Germany

ISBN 978-3-17-021103-2

Für

Urte

und

Johannes und Annette

Vorwort

Dass ich die Apokalypse des Johannes lange Zeit überhaupt nicht beachtet habe und warum sie mich in welchem Kontext sehr zu interessieren begann, darüber gebe ich in der Einleitung Auskunft. Von 1986 an bis zu meiner Pensionierung 2007 habe ich ungefähr alle fünf Jahre eine Vorlesung über dieses letzte Buch der Bibel gehalten, insgesamt fünfmal. Hinzu kam eine Reihe von Seminaren. An Veröffentlichungen sind daraus nur wenige Aufsätze und Artikel hervorgegangen. Als glücklicher Pensionär habe ich nun die Muße, während der aktiven Dienstzeit liegen Gelassenes, das mir lieb geworden ist, aufzunehmen und auszuarbeiten. Bei den Vorlesungen zur Apokalypse war es von Anfang an mein Bestreben, den gesamten Text zu besprechen. Das ist die ersten beiden Male nur dank eines sehr knappen Überblicks über die letzten Kapitel gelungen. Als ich zum letzten Mal die Vorlesung über die Apokalypse hielt, habe ich meinen vielfach geänderten und ergänzten handschriftlichen Text in eine solche Form gebracht, dass meine damalige Sekretärin, Frau Ilse Bornemann, ihn abtippen konnte. Dafür danke ich ihr herzlich. Diese Fassung war mir bei der Ausarbeitung des vorliegenden Buches eine große Hilfe. Meiner Frau Helga danke ich für eine kritische Durchsicht des gesamten Manuskripts, die manche Unklarheit beseitigte und eine Reihe von Satzungetümen zerschlug und so zu besserer Lesbarkeit beitrug. Herrn Florian Specker vom Verlag danke ich herzlich für außerordentlich hilfreiche Zusammenarbeit beim Formatieren.

Bochum, im Dezember 2009 — Klaus Wengst

Inhalt

Einleitung
Apokalypse: Enthüllung der Macht[1]

Anfang und Mitte der 80er Jahre des vorigen Jahrhunderts hatte das Wort „Apokalypse“ plötzlich Konjunktur[2]. Weltuntergangsstimmung war angesagt. Das war keine Frage zufälliger Launen, sondern hatte einen höchst realen Hintergrund. Der NATO-Doppelbeschluss von 1979 über die sogenannte Nachrüstung, in deren Vollzug neue Mittelstreckenraketen in Mitteleuropa, vor allem in der Bundesrepublik Deutschland, stationiert wurden, hatte die Rüstungsspirale kräftig weitergetrieben. In dieser Situation entstand die Friedensbewegung und gewann vorübergehend an Bedeutung. Das Bewusstsein, dass die angesammelten Vernichtungspotentiale – durch einen relativ geringfügigen Anlass ausgelöst, und sei der auch nur ein Defekt im Computer – aktiviert werden könnten, was die Vernichtung allen Lebens auf der Erde zur Folge hätte, war weit verbreitet. Das apokalyptische Fieber wurde zusätzlich geschürt vom damaligen amerikanischen Präsidenten Ronald Reagan. Er hatte in einem Interview gesagt, er habe manchmal das Gefühl, „Harmagedon“ stehe bevor. Damit wird in Apk 16,16 der Ort bezeichnet, an dem die endzeitliche Entscheidungsschlacht stattfinden wird. Da Reagan zudem die Sowjetunion als Reich des Bösen ausgemacht hatte, war auch klar, welche Seite er als dezidierter Gegner der Sowjetunion in diesem letzten Kampf zwischen Gut und Böse vertrat, dass er sozusagen die Bodentruppen der den Teufel bekämpfenden himmlischen Heerscharen anführte. Bei solchem Selbstverständnis war die Befürchtung nicht grundlos, dass jemand, der in dieser Weise „das Gute“ will, zu allem fähig ist und es dann auch tatsächlich tut, was ein böses Ende für alle gehabt hätte.

In diesem Kontext konnte es nicht ausbleiben, dass die Aufmerksamkeit auch auf das „Apokalypse“ genannte letzte Buch der christlichen Bibel gelenkt wurde[3]. Dabei wurde „Apokalypse“ als „Weltuntergang“ verstanden; und genau darum schien es ja auch in diesem Buch zu gehen. Zeugen Jehovas an der Haustür wiesen fast triumphierend auf die sich ständig verschlechternde Weltlage hin und fanden alles in der Offenbarung des Johannes vorausgesagt. So lasen (und lesen) viele dieses Buch als Fahrplan, der die Stationen und Ereignisse vor dem unabänderlich kommenden Ende notiert. So ist es in der Kirchengeschichte immer wieder gelesen worden und so wird es auch in weiten Kreisen der Gemeindefrömmigkeit bis heute verstanden.

Inzwischen hat sich die Lage in Mittel- und Osteuropa dramatisch verändert; die militärische Spannung ist deutlich entschärft. Anderswo allerdings lag und liegt hinreichend Zunder bereit, der auch an vielen Stellen entflammt worden ist.

---

1 Ich nehme hier den Teil eines Untertitels auf von EBACH, Enthüllung.

2 Vgl. zur „apokalyptischen Literatur“ jener Zeit MÜLLER-FIEBERG, Jerusalem, S. 332–347.

3 Zur Auslegungsgeschichte vgl. die instruktiven Überblicke bei HOLTZMANN, Komm., S. 380–390; BOUSSET, Komm., S. 49–119; BÖCHER, Johannesapokalypse, S. 1–25; zur „Auslegung im 1. Jahrtausend“ besonders KRETSCHMAR, Offenbarung, passim.

Für die Deutschen wurde die Feier der Vereinigung schon zum Jubiläum; sie sorgen sich um andere Dinge. Mit dem Abflauen der Apokalypse-Stimmung scheint auch das „Apokalypse“ genannte biblische Buch wieder in der Versenkung verschwunden zu sein. Es gewann für eine kurze Zeit Aufmerksamkeit in einer als bedrohlich empfundenen Situation. Das ist insofern alles andere als zufällig, als dieses Buch selbst aus der Erfahrung elementarer Bedrohung heraus geschrieben worden ist. Es müsste dann auch nach wie vor zugänglich sein für diejenigen, die ein Empfinden für die doch auch weiter bestehenden Bedrohungen dieser Erde und die Bedrohungen auf ihr haben. Aber gerade das, was ihm während der Apokalypse-Stimmung kurzfristig Konjunktur verschaffte – die Gleichsetzung von Apokalypse und Weltuntergang und die Meinung, dieses Buch beschreibe einen Fahrplan dorthin –, verstellt auch einen wirklichen Zugang. Die meisten auch derjenigen, die die Bedrohungen wahrnehmen, mögen sich doch aus guten Gründen nicht mit dem Gedanken anfreunden, die Geschichte laufe nach einem unabänderlichen Fahrplan, also schicksalhaft, auf die Katastrophe zu. Auf lateinisch heißt „Schicksal“ *fatum*. Und ein solches Verständnis von unausweichlich ablaufender Geschichte wäre in der Tat „fatal“.

Aber es ist ein fundamentales Missverständnis der Offenbarung des Johannes, sie als einen Endzeitfahrplan zu lesen. Dass wir sie schlechterdings nicht so verstehen dürfen, zeigt folgende kleine Überlegung: Aus ihr einen Endzeitfahrplan zu gewinnen, war und wäre ein ungeheurer Hochmut der je gegenwärtigen Generation gegenüber allen vorangegangenen Leserinnen und Lesern. Es würde bedeuten, dass nur und erst diese gegenwärtige Generation sie richtig versteht, alle vor ihr sie aber gar nicht verstehen konnten[4], auch und gerade diejenigen nicht, die doch ausdrücklich als erste Adressaten angesprochen werden, die sieben Gemeinden in der Provinz Asia. Ihnen hätte dann diese Schrift nichts zu sagen gehabt und alle danach im Lauf der Kirchengeschichte gemachten Auslegungen wären notwendig falsch. Erst die Jetzigen wären in der Lage, endlich die richtige zu bieten[5]. An solchem Hochmut der lebenden Generation wird nebenbei deutlich, dass es nicht die eine richtige Auslegung gibt und alle anderen Auslegungen falsch sind. Es gibt vielmehr unterschiedliche Aneignungen eines uns überlieferten Textes; und zwischen ihnen mag man dann unterscheiden zwischen möglichen und unmöglichen.

Wie kommt es aber zu dieser verbreiteten Gleichsetzung von Apokalypse und Weltuntergang? Nun, in der Offenbarung des Johannes ist in der Tat vom Ende die Rede, von Ereignissen, die dem Ende vorangehen, von der letzten Schlacht; und am Schluss stehen der Ruf um das endzeitliche Kommen Jesu und die Verheißung, er komme bald (22,20). Aber der das schreibt, tut das nicht als

---

4 Von JUNG-STILLING, der sich 1815 „nicht mehr weit von dem allerhöchsten Ziel“ entfernt sah, (Posaunen, S. 8), weil er es nach BENGELS Berechnung für 1836/37 erwartete, wird dementsprechend auch ausdrücklich festgestellt, dass „man sie auch noch niemalen verstehen sollen, bis auf unsere Zeit“ (S. 11f.; vgl. auch S. 33 über das, was „Luther hatte … noch nicht entdecken sollen, und wie er auch vieles noch nicht entdeckt hat, welches erst in unsern Tagen aufgedeckt werden muß“). So muss er selbst von BENGEL sagen, dass er „vieles falsch gedeutet hat, ja beynahe alles“ (S. 48).

5 Vgl. EBACH, Apokalyptik, S. 230, der von einem „Generationenimperialismus“ spricht.

objektiver Berichterstatter von der Zuschauertribüne aus, sondern als einer, der leidend in das Geschehen einbezogen ist, dem die Schreie der Opfer des faktischen Geschichtsverlaufs in den Ohren gellen. Geschichte, so wie sie verläuft, ist für ihn zum Heulen. Das wird den Lesenden seines Buches in 5,1–4 eindrücklich vor Augen geführt. Dort beschreibt er als in den himmlischen Thronsaal entrückter Seher folgende Szene:

[1]Da sah ich auf der Rechten dessen, der auf dem Thron sitzt, eine Buchrolle, von innen und von hinten beschrieben, versiegelt mit sieben Siegeln. [2]Und ich sah einen starken Engel; der rief mit lauter Stimme: „Wer ist würdig, die Buchrolle zu öffnen und ihre Siegel zu lösen?“ [3]Und niemand im Himmel und auf Erden noch unter der Erde vermochte es, die Buchrolle zu öffnen und sie einzusehen. [4]Da weinte ich sehr, weil niemand würdig gefunden war, die Buchrolle zu öffnen und sie einzusehen.

Johannes sieht auf der rechten Hand Gottes eine Buchrolle. Die rechte Hand symbolisiert Macht und Herrschaft. Diese Bedeutung dürfte mit dem Inhalt der Buchrolle in einem Zusammenhang stehen. Von der Buchrolle heißt es: „innen und von hinten beschrieben“.[6] Diese Formulierung weist daraufhin, dass unter βιβλίον (*biblíon*) hier nicht ein Buch in Kodexform vorgestellt ist, sondern eine Buchrolle. Rollen wurden normalerweise nur auf einer Seite beschrieben, nämlich der Innenseite. Bei einer Beschriftung „von hinten“ wäre also auch die Rückseite beschrieben. Das ist ganz entsprechend der Fall bei der Schriftstelle, auf die hier angespielt wird: Ez 2,9f. Dort heißt es: „Da sah ich – und siehe, eine Hand, ausgestreckt zu mir, und siehe: in ihr eine Buchrolle und sie war beschrieben vorne und hinten.“ Der Inhalt dieser Buchrolle bei Ezechiel ist „Klage, Ach und Wehe“. Nach dem Targum Jonathan zu dieser Stelle enthält die Rolle, „was gewesen war von Anfang an und was bereit steht zu geschehen am Ende“, also den Geschichtsablauf und insbesondere das unmittelbar bevorstehende Endgeschehen. Den Hintergrund bildet die in 1Hen an einigen Stellen überlieferte Vorstellung, dass der Geschichtsablauf auf himmlischen Tafeln fixiert ist[7]. Das dient dort der Herausstellung dessen, dass Gott gegen den gegenwärtigen Augenschein Herr der Geschichte ist, und will nicht einem fatalen Geschichtsverständnis das Wort reden.

Von der Buchrolle in Apk 5,1 heißt es weiter, dass sie versiegelt sei. In Jes 29,11 wird in einem Vergleich von einem Buch gesprochen, das man nicht lesen kann, weil es versiegelt ist. Nach Dan 12,4.9 soll das vorliegende Buch versiegelt werden bis auf die letzte Zeit. Das heißt: Wenn die Siegel geöffnet werden und das Buch gelesen wird, ist die Endzeit da, von der das Buch spricht. Dieser Zusammenhang dürfte auch in Apk 5,1 mitschwingen, genauer wohl in der Wei-

---

6 Man hat das von antiken Doppelurkunden her erklärt, bei denen es sich um gefaltete Papyrusblätter handelte. Dabei wurde der eigentliche rechtsgültige Text auf die Innenseite geschrieben, derselbe Text aber außen noch einmal wiederholt, gegebenenfalls in verkürzter Fassung. Aber dann müsste man eigentlich die Formulierung erwarten: „innen und *außen* beschrieben“.

7 1Hen 81,1f.; vgl. 47,3; 82,1–3; 93,2; 103,2; 106,19–108,1.7.

se: Wenn bei einer Urkunde das Siegel geöffnet wird, ist der in der Urkunde festgelegte Inhalt zu vollstrecken, z.B. bei einem Testament. Wenn die versiegelte Buchrolle hier als Inhalt das Endzeitgeschehen enthält, bedeutet die Öffnung der Siegel die Einleitung eben dieses Endzeitgeschehens[8]. Die Siebenzahl der Siegel als Ausdruck der Vollständigkeit und Vollkommenheit stellt sowohl die absolute Qualität des Inhalts heraus: den definitiven Abbruch des katastrophalen Geschichtsverlaufs und das Heraufführen eines wirklich Neuen, als auch die unermessliche Schwierigkeit, diesen Inhalt zu bewerkstelligen. Diese Siegel können nicht von irgendwem geöffnet werden. Jeder Irgendwer trägt nur dazu bei, dass es so weiterläuft wie bisher. Das zeigt die Fortführung der Vision.

Nach V. 2 tritt ein starker Engel auf. Die Betonung seiner Stärke dürfte im Zusammenhang mit der Frage stehen, die er mit lauter Stimme stellt: „Wer ist würdig, die Buchrolle zu öffnen und ihre Siegel zu lösen?" ἄξιος (*áxios* – „würdig") muss in diesem Zusammenhang die Qualifikation, die Befähigung meinen[9]. Den Vorstellungshintergrund dieser Szene bildet ein im Alten Orient oft belegtes Motiv: In einer himmlischen oder irdischen Thronversammlung wird nach jemandem gesucht, der einen bestimmten schwierigen Auftrag erledigen soll[10]. Die Funktion dieses Motivs ist klar: „Hinzuweisen auf die außerordentliche Schwierigkeit eines Auftrags und klarzustellen, daß zu dessen Übernahme nur einer in Frage kommt"[11]. Wenn ein „starker Engel" diese Frage stellt, fällt er selbst als der Gesuchte aus. Aber wenn schon ein starker Engel ausfällt, wer kann dann sonst in Frage kommen? Wer sollte auch das Weiterlaufen der Geschichte zugunsten eines wirklich Neuen abbrechen können? Und so stellt V. 3 fest, dass niemand in der dreigeschossig vorgestellten Welt – kein Engel, kein Mensch, kein Dämon – dazu in der Lage ist[12].

V. 4 ist für einen Visionsbericht eigenartig, insofern der Seher nicht auf die Vision reagiert, sondern selbst als Beteiligter in der Vision. Das heißt aber, dass für ihn an dieser Stelle ein sehr bedeutsamer Punkt vorliegt. Er weint sehr, weil niemand als fähig gefunden wurde, die Rolle zu öffnen und einzusehen. Weshalb weint Johannes? Wenn die Rolle nicht geöffnet wird, kommt das alles verändernde Endzeitgeschehen nicht in Gang, bleibt alles beim Alten und läuft die Weltgeschichte weiter wie bisher. Dem Johannes gilt der Weltlauf ganz und gar nicht als großartige Fortschrittsgeschichte, an der man voller Optimismus und Freude teilhat, stolz darauf, auf der Höhe der Zeit und in der Spitze der Zeiten zu leben, die armen und beschränkten Früheren mitleidig bedauernd. Nein, im Gegenteil, so wie es läuft, ist es zum Heulen. Der Weltlauf ist zum Heulen,

---

8 „… mit der 6,1 beginnenden Öffnung der Siegel beginnt sich die Geschichte zu ereignen, die der Inhalt des Buches ist" (Holtz, Komm., S. 59).

9 Dahinter dürfte das hebräische Verb זכה (*sachá*) stehen, das die Bedeutungen hat: unschuldig, berechtigt, würdig sein; es verdienen, es erlangen.

10 Das Motiv findet sich in der jüdischen Bibel in 1Kön 22,19–22 (Micha ben Jimla vor König Ahab) und Jes 6,8 (Berufung des Propheten).

11 Roloff, Komm., S. 73.

12 Wenn jetzt in V. 3 im Blick auf das *biblíon* neben dem „Öffnen" vom „Sehen" geredet wird, spricht das nochmals für das Verständnis als Rolle und gegen die Doppelurkunde. Deren Inhalt ist ja durchaus auch von außen zu sehen.

wenn er aus der Perspektive der Opfer betrachtet wird[13]. Und er ist es erst recht, wenn sich seine Geschlossenheit und Unentrinnbarkeit aufdrängt, wenn keine Öffnung möglich erscheint, keine „Gegenlektüre". Die Lektüre der Rolle, wenn sie denn gelänge, wäre eine Lektüre, die ihn aufbräche. Indem die Apokalypse des Johannes genau davon im Folgenden erzählt, wird sie selbst zur Gegenlektüre gegen die Propagandisten des „ewigen Rom", gegen die Verfechter dessen, dass es schon immer so weitergehen wird.

Das also ist die Sicht, die Johannes hat: Die Katastrophe kommt nicht erst noch, sie ist schon längst da. Das Weiterlaufen der Geschichte wird als katastrophal und tödlich erfahren. Gerade das ist die Katastrophe, dass es immer so weiter geht wie bisher. Das muss Menschen des 21. Jahrhunderts keineswegs fremd sein. Dass es „immer so weiter" geht, wird in bestimmten Teilen dieser Erde von vielen Menschen als lebensbedrohend und lebensmindernd und oft genug auch tödlich erfahren. Das ist die Grunderfahrung von Apokalyptik: Die Katastrophe ist schon da – gerade im ganz „normalen" Leben. Deshalb kann und darf es so nicht weitergehen – und wird es nicht so weitergehen[14]. Damit muss endlich Schluss sein. Und so geht alle Hoffnung auf den radikalen Abbruch einer tödlichen Geschichte.

In seinem klugen und gedankenreichen Buch zur Apokalyptik formuliert KÖRTNER als seine These: „Der hermeneutische Schlüssel zum Daseinsverständnis der Apokalyptik … ist die Weltangst" (Weltangst, S. 38; im Original hervorgehoben). Mir scheint die genannte Grunderfahrung relevanter zu sein. In der Apokalypse des Johannes spielt **das Motiv der Angst** jedenfalls keine Rolle. Die Gründe dafür, dass diese Schrift in KÖRTNERs umfangreichem Buch nur äußerst marginal begegnet, leuchten mir nicht ein. Als seine „eigentliche theologische Frage" formuliert er, „wie sich christlicher Glaube und apokalyptisches Denken zueinander verhalten" (S. 38; vgl. S. 326). „Die Frage, welcher Art sich das Verhältnis zwischen Christentum und Apokalyptik im Neuen Testament gestaltet" (S. 326), halte ich für eine hochproblematische Formulierung. Abgesehen davon, dass es inzwischen fraglich geworden ist, mit dem Begriff „Christentum" bei der Exegese neutestamentlicher Schriften hantieren zu können, ist von vornherein in Anschlag zu bringen, dass *der* Grund-Satz des Neuen Testaments schlechthin, „dass Gott Jesus von den Toten erweckt hat", eine zutiefst apokalyptische Aussage ist, die die End-Gültigkeit der Hinrichtung Jesu am Kreuz bestreitet. Statt also von einer vermeintlich höheren Warte „christlichen Glaubens" aus Apokalyptik beurteilen zu wollen, sollten die Texte zur Sprache gebracht werden. Was KÖRTNER in den letzten drei Absätzen seines Buches ausführt (S. 392f.), empfinde ich als eine schöne Wiedergabe der Intention apokalyptischer Texte, nicht nur der Apokalypse des Johannes. Zu „Begriff und Wertung der Apokalyptik in der neutestamentlichen Forschung" vom Anfang des 19. bis zur Mitte des 20. Jahrhunderts vgl. das unter diesem Titel stehende Buch von ZAGER.

Um den in der Offenbarung des Johannes angeredeten Menschen, die unter dem Geschichtsverlauf leiden, Kraft zu geben, damit sie weiter aushalten und durchhalten können, wird ihnen in diesem Buch ein Blick hinter die Kulissen des vordergründig so imposant erscheinenden Welttheaters gewährt. Gleich in der

---

13 Wenn die Siegel nicht geöffnet werden, gilt: „Dann wird der Reiche auf ewig den Armen bedrücken und ausnützen; die Lüge wird ewig über die Wahrheit und das Unrecht ewig über das Recht siegen" (REISER, Geschichtsbild, S. 63).

14 „Die Botschaft der Apokalyptiker lautet auf einen Satz gebracht: *„Es geht nicht immer so weiter!"*" (EBACH, Enthüllung, S. 136).

ersten Vision im Hauptteil des Buches geht es um die Gewinnung einer anderen Perspektive, indem Johannes nicht nur in den Himmel blickt, sondern geradezu in ihn hinaufsteigt. In Apk 4,1–8 schreibt er:

[1]Danach sah ich – da: eine geöffnete Tür im Himmel; und die erste Stimme, die ich gehört hatte wie eine Posaune, redete mit mir, sprach: „Steig hier herauf! Und ich will dir zeigen, was geschehen muss danach.“ [2]Sogleich befand ich mich im Geist – da: Ein Thron stand im Himmel, und auf dem Thron einer, der da saß; [3]und der da saß: an Aussehen gleich dem Jaspis und Karneol, und ein Strahlenkranz rund um den Thron: an Aussehen gleich dem Smaragd. [4]Und rund um den Thron: vierundzwanzig Throne, und auf den Thronen: vierundzwanzig Älteste, die da saßen, umkleidet mit weißen Gewändern, und auf ihren Köpfen: goldene Kränze. [5]Und vom Thron gehen Blitze aus, Getöse und Donner; und sieben feurig brennende Fackeln vor dem Thron, das sind die sieben Geister Gottes; [6]und vor dem Thron: ein Meer, durchsichtig wie Glas, gleich Bergkristall; und mitten vor dem Thron und um den Thron herum: vier Wesen voller Augen, vorn und hinten; [7]und das erste Wesen: gleich einem Löwen; das zweite Wesen: gleich einem Stier; das dritte Wesen hatte das Antlitz wie das eines Menschen; und das vierte Wesen: gleich einem fliegenden Adler; [8]und die vier Wesen: eins wie das andere von ihnen hatte je sechs Flügel, rund herum und innen voller Augen, und sie haben Tag und Nacht keine Ruhe, sprechen: *„Heilig, heilig, heilig der Ewige, Gott, mächtig über alles*, der Er war und der Er ist und der Er kommt.“

Das Bild von der „geöffneten Tür im Himmel“ zu Beginn des Textes lässt sich auf dem Hintergrund dessen verstehen, dass die Situation auf der Erde als eine hoffnungslos geschlossene erfahren wird; alles erscheint völlig verrammelt und zugestellt, ohne Aussicht auf Veränderung und Besserung[15]. Man könnte „die geöffnete Tür im Himmel“ für eine illusionäre Flucht aus der Wirklichkeit halten. Für Johannes ist sie jedoch die visionäre Eröffnung eines Fluchtpunktes, einer Perspektive, die eine andere Sicht auf die Wirklichkeit erlaubt. Er blickt nicht in eine Hinterwelt; er steigt nicht in den Himmel hinauf, um die Erde hinter sich zu lassen und sie aufzugeben. Die Tür im Himmel öffnet sich und er steigt hinauf, um der Totalität niederschmetternder Fakten zu entrinnen[16]. So steht die imposante Weltmacht nicht mehr allein da, die Welt ist keine geschlossene Gesellschaft mehr. Es gibt eine Öffnung der Perspektive von höherer Warte

---

15 In dem fiktiven Auschwitzbuch von Soazig Aaron, Klaras Nein. Tagebuch-Erzählung, München (btb Verlag) 2005, sagt die Titelheldin an einer Stelle im Rückblick auf das Lager: „Die Wirklichkeit nicht leugnen können, jeden Augenblick mitten in der Wirklichkeit sein. Im normalen Leben gibt es Möglichkeiten, auszubrechen, sich aus dem Staub zu machen, zu fliehen, die verschiedensten Ablenkungen, man läßt die Gedanken schweifen. Wenn ich einen Teller spüle, ein Bad nehme, kann ich mir eine Szene vorstellen, mich an eine Person erinnern … da unten, unmöglich. Realität und nichts als Realität“ (S. 138).

16 „Immer wieder sehen wir (in der Apokalypse) geöffnete Türen und Himmelstore, offene Siegel, eröffnete Abgründe, offene Bücher. Auf diese Weise gelingt es Johannes, imaginativen Raum zum Überleben offenzuhalten“ (Sutter Rehmann, Offenbarung, S. 728).

aus, eine andere Sicht auf die Dinge aus der überlegenen Perspektive des Himmels[17].

Es ist aufschlussreich, wie der Himmel in der Beschreibung des Johannes konstruiert wird. Er bietet keine Fiktionen seiner eigenen Phantasie. Seine Beschreibung ist vielmehr aus Zitaten der Bibel und Anspielungen auf sie zusammengesetzt[18]. Das soll ein Durchgang durch den Text aufzeigen. Im Himmel sieht Johannes einen Thron. Das ist ein Bild für die überlegene Herrschaft Gottes (vgl. Ps 11,4; 103,19). Gott wird nicht genannt, sondern umschrieben: „und auf dem Thron einer, der da saß". Zu sitzen kommt neben Lehrern und Richtern vor allem Herrschern zu. V. 3 führt die Umschreibung fort: „Und der da saß: an Aussehen gleich dem Jaspis und Karneol, und ein Strahlenkranz[19] rund um den Thron: an Aussehen gleich dem Smaragd." Hier sind Motive aus Ez 1,26–28 aufgenommen. Die Beschreibung ist jedoch kürzer und noch unanschaulicher als dort, insofern nur der äußere Glanz Gottes angedeutet wird. Nach V. 4 sieht Johannes um den Thron Gottes in einem Kreis weitere vierundzwanzig Throne und auf ihnen Älteste. Die Zahl vierundzwanzig ist als Verdoppelung der Zahl zwölf zu verstehen, und zwar als Verdoppelung der zwölf Stämme Israels im Blick auf die hinzukommende Völkerwelt[20]. Die Ältesten hier sind jedoch keine

---

[17] Nach ELLUL offenbart die Apokalypse „einen *Ausgang* aus der totalen Geschlossenheit der gegenwärtigen Zeit. … Sie ist nicht weniger als die *Entdeckung des Ausgangs der Geschichte* – und das vermittelt dann zugleich auch die Einsicht in einen möglichen Ausgang für die Gegenwart" (Apokalypse, S. 20).

[18] Das gilt im Übrigen weithin für sein ganzes Buch und über es hinaus für die Apokalypsen. „Viele ‚Gesichte' der Apokalyptiker erweisen sich bei näherem Hinsehen als das, was sie in den Büchern der hebräischen Bibel, besonders in den Prophetenbüchern ‚gesichtet' haben – die ‚Visionen' sind ‚Zitate'" (EBACH, Apokalypse, S. 16f.; weiter ders., Apokalyptik, S. 226–229). Vgl. schon WEIZSÄCKER, der die „Reflexion" und „schriftstellerische Kunst" des Johannes betont; dessen Schrift sei „zu einem sehr ansehnlichen Theile aus alttestamentlichen Stellen, vorzugsweise aus den Profeten zusammengesetzt, oder es sind doch solche in sie verwoben, und zwar wie zu einem bunten Gewebe von Anführungen und Anspielungen" (Zeitalter, S. 506). Wie der Aspekt, dass Johannes Visionen hatte, exegetisch ernst genommen werden könnte, stellt FRENSCHKOWSKI als ein Forschungsdesiderat dar (Johannesoffenbarung, S. 21–29). In jedem Fall gilt: Die literarische Produktion des Johannes lebt von seiner Bibel; er spricht ganz und gar mit ihr. Es ist daher verfehlt, wenn SATAKE aus der Beobachtung, dass Johannes nicht ausdrücklich zitiert, folgert: „Dahinter steht sein prophetisches Selbstbewusstsein; er braucht im Grunde genommen keine Stütze durch das AT" (Komm. S. 43). Das „prophetische Selbstbewusstsein" lässt ihn mit seiner Bibel sprechen.

[19] Das Wort ἶρις kann „sowohl Regenbogen als auch Halo" bedeuten. Dass diese ἶρις „wie Smaragd aussieht, also nicht mehrfarbig, sondern etwa grün ist, spricht für die Deutung auf den Halo. Auch die Präposition κύκλοθεν unterstützt diese Sicht" (SATAKE, Komm., S. 195, Anm. 9).

[20] Vgl. KRETSCHMAR, Offenbarung, S. 35. Dieser Zusammenhang begegnet ausführlich in Kap. 7. Dazu vgl. u. Abschnitt VII 3. Traditionsgeschichtlich steht hier das Jesuswort von Mt 19,28/Lk 22,30 im Hintergrund, nach dem die zwölf Schüler auf zwölf Thronen sitzen und die zwölf Stämme Israels richten werden. SATAKE wendet dagegen ein, dass „an keiner Stelle angedeutet (ist), dass die Ältesten aus zwei zwölfköpfigen Gruppen bestehen. Der Hintergrund der Zahl ist wohl in 1Chr 25,9–31 zu suchen, wonach der Tempelchor aus vierundzwanzig Gruppen besteht" (Komm., S. 198). Allerdings dürfte auch dort die Zwölfzahl bestimmend sein, zumal jede Gruppe aus zwölf Sängern besteht.

Menschen, sondern Engel. Das ergibt sich aus 7,13f. Dort spricht Johannes einen von ihnen als „mein Herr“ an; und der unterscheidet sich, wie seine folgende Rede zeigt, von den Märtyrern, gehört also in anderer Weise als sie der himmlischen Welt schon an. Die Bezeichnung „Älteste“ hat Johannes wohl aus Jes 24,23 aufgenommen, wo davon die Rede ist, dass Gott „König sein wird auf dem Berg Zion und zu Jerusalem und vor seinen Ältesten in Herrlichkeit“. Die vierundzwanzig Ältesten sind also Repräsentanten Israels und der Völker. Dass sie dem Thron Gottes zugeordnet sind, symbolisiert die universale Herrschaft Gottes, und dass sie selbst auch auf Thronen sitzen, weist auf die Bestimmung aller, Israels und der Völker, zur Teilhabe an der Herrschaft Gottes hin, die himmlisch schon repräsentiert wird. Nebenbei zeigt sich hier ein interessantes Gemeindebild des Johannes: Die Gemeinde steht Israel nicht gegenüber und löst es schon gar nicht ab, sondern die Völker kommen zu Israel hinzu, werden in Israel als dessen Verdoppelung integriert[21]. So konnte ein messiasgläubiger Jude im ersten Jahrhundert denken. Wir können das heute nur in der Weise aufnehmen, dass sich die Kirche aus den Völkern bescheiden neben Israel stellt und sich durch den Gesalbten Jesus als Mitzeugin des einen Gottes versteht, der Israels Gott ist und bleibt. Wenn also das Hoffnungsbild des Johannes vom Thron Gottes und den vierundzwanzig umgebenden Thronen die Teilhabe aller an der Herrschaft Gottes intendiert, ist es klar, dass diese Herrschaft keine Herrschaft mehr von Menschen über Menschen sein kann. Das wird am Ende des letzten Visionsbildes der Apokalypse wieder begegnen. Außer dass sie auf Thronen sitzen, wird von den vierundzwanzig Ältesten noch gesagt: „umkleidet mit weißen Gewändern, und auf ihren Köpfen: goldene Kränze“. Die weißen Gewänder weisen sie als Himmelsbewohner aus, unterstreichen also, dass sie als Engel vorgestellt sind[22]. Die goldenen Kränze symbolisieren noch einmal das Moment der Herrschaftsteilhabe.

Der Beginn von V. 5 führt traditionelle Begleitumstände einer Theophanie an: „Und vom Thron gehen Blitze aus, Getöse und Donner“ (vgl. Ex 19,16). Die anschließend erwähnten sieben brennenden Feuerfackeln vor dem Thron Gottes werden sofort auf die schon 1,4 erwähnten sieben Geister interpretiert[23]. V. 6 setzt die Umschreibung der unmittelbaren Umgebung des Thrones Gottes fort: „und vor dem Thron: ein Meer, durchsichtig wie Glas, gleich Bergkristall“. Den Hintergrund bildet die Vorstellung vom Palast Gottes, der auf dem Wasser des Himmelsozeans ruht (z.B. Ps 29,10; 104,3). Die eigenartige Bezeichnung des Meeres als „gläsern“ hebt auf die Durchsichtigkeit ab[24]. Die Herrschaft des

21 Dazu sei noch einmal auf Abschnitt VII 3 verwiesen.

22 Vgl. die weißen Gewänder der Personen, die den Frauen im leeren Grab Jesu begegnen: Mk 16,5/Mt 28,3/Lk 24,3; Joh 20,12.

23 Dazu vgl. u. S. 121f.

24 „Die exegetische Basis für das himmlische Meer sind die ‚oberen Wasser‘ Gen. 1,7“ (SCHLATTER, Testament, S. 24). Als nächste Parallele verweist er auf MekhJ Beschallach (Wajehi) 4 (HOROVITZ/RABIN, S. 101). Dort wird hinsichtlich des Durchzugs der Israeliten durchs Meer als letztes von zehn Wundern Gottes genannt: „Er ließ das Meer für sie in zwei Teile gerinnen und es wurde wie eine Kugel aus Glas“ (begründet mit dem Schluss von Ex 15,8). Wenn Johannes in 4,6 zu ὑαλίνη noch ὅμοια κρυστάλλῳ hinzustellt, will er das Moment der Durchsichtigkeit betonen (vgl. 21,11; 22,1).

Himmels, die Herrschaft Gottes ist transparent – und nicht willkürlich und undurchsichtig, wie die Herrschaft Roms von Johannes und seinesgleichen erfahren wird. Den Bergkristall hat Johannes aus Ez 1,22. Dort ist etwas „wie Bergkristall" über dem Thron. Damit unterstreicht er die Klarheit, die Transparenz.

In V. 6b beschreibt er einen engeren Kreis um den Thron: „und mitten vor dem Thron und um den Thron herum: vier Wesen voller Augen, vorn und hinten". Gemeint ist mit dieser Formulierung, dass je ein Wesen in der Mitte jeder Seite des Thrones sich befindet und nicht an den Ecken. Diese vier Wesen werden in V. 7 als Löwe, Stier, wie ein Mensch und als Adler beschrieben. Das ist Aufnahme von Ez 1,5.10. Dort handelt es sich allerdings um vier gleiche Wesen, von denen aber jedes vier Gesichter hat, die Löwe, Stier, Mensch und Adler entsprechen[25]. Die vier Wesen bei Johannes sind vorn und hinten voller Augen. Das ist ein Hinweis auf einen ursprünglich astronomischen Hintergrund. Dort sind die vier Wesen vier große Sternbilder, die die vier Jahreszeiten einleiten; die Augen sind die einzelnen Sterne. Bei Johannes aber ist dieser Hintergrund nicht mehr bewusst. Für ihn besagen die Augen, die gleich bei den Flügeln noch einmal erwähnt werden, dass vor Gott nichts verborgen werden kann; nichts bleibt vor ihm „unter dem Teppich"[26]. Das Bild von den Augen hat Johannes aus Ez 1,18, wo sich die Augen an den Felgen des himmlischen Thronwagens befinden.

V. 8 führt die Beschreibung der vier Wesen fort: „Und die vier Wesen: eins wie das andere von ihnen hatte je sechs Flügel, rund herum und innen voller Augen." Hierzu ist Ez 10,12 zu vergleichen, wo es von den Keruben heißt: „Und ihr ganzer Leib, Rücken, Hände und Flügel und die Räder waren voller Augen um und um bei allen vieren." Die sechs Flügel stammen aus der Berufungsvision des Jesaja in Jes 6,2. Dort stehen Seraphim über dem Thron Gottes, die je sechs Flügel haben. Aus diesen biblischen Bezugsstellen ergibt es sich, dass auch die vier Wesen für Johannes Engelsgestalten sind. Nach V. 8b haben sie durchgängig Dienst: „Und sie haben Tag und Nacht keine Ruhe, sprechen: ‚*Heilig, heilig, heilig der Ewige, Gott, mächtig über alles*, der Er war, der Er ist und der Er kommt.'" Der erste Teil dessen, was die Wesen sagen, entspricht Jes 6,3, der zweite ist Wiederaufnahme aus Apk 1,4[27], jetzt jedoch in der Reihenfolge der Zeiten. Die All-Souveränität Gottes wird hier in ihrer zeitlichen Dimension entfaltet. Die Prädikation läuft auf den kommenden Gott zu.

Die Verse 2–8 zeichnen somit ein majestätisches himmlisches Bild. Sie stellen heraus, was im Himmel schon offenbar, auf Erden aber noch verborgen ist: die Allherrschaft Gottes. Was bedeutet es, dass Johannes den Himmel aus Zitaten seiner Bibel konstruiert?

Die **Konstruktion des Himmels aus der Bibel** ist schon von KNORR VON ROSENROTH erkannt. Über den „Schauplatz der Gesichte Johannis" sagt er zu Beginn: „ISt gewesen der Himmel; in welchem Johannes gesehen hat ein grosses Englisches Heerlager / auf die Art und

---

25 Hinweise darauf, dass auch die rabbinische Tradition die vier Wesen als „Mensch, Adler, Ochse, Löwe" verstand, gibt SCHLATTER, Testament, S. 17

26 Auf dieses Motiv wird an der in Anm. 23 angegebenen Stelle näher eingegangen.

27 Dazu vgl. u. S. 95–98.

Form / wie sich vor zeiten die Kinder Israel in der Wüste gelagert / Num. 1/52 seqq." (Komm., S. 28). Das wird anschließend bis S. 30 für die ganze Apokalypse breit belegt und ausgeführt. „In Betrachtung dessen allen / möchte von einem Vorwitzigen nit unbillich gefragt werden / ob dieses alles was Johannes allhier im Himmel gesehen / nichts als eine blosse Abbildung der alten Stiftshütten des Mosaischen Gottesdiensts gewesen; oder ob jene Mosaische vielmehr eine Abbildung dieser himmlischen sey?" (S. 30) Mit dieser Frage befasst er sich bis S. 37, nicht zuletzt unter Aufnahme rabbinischer und kabbalistischer Beiträge. Ergänzend sei hier eine Erweiterung der Sicht durch FRENSCHKOWSKI aufgenommen. In einer Untersuchung von Apk 11,3–14 weist er auf die biblischen Bezüge hin, stellt aber auch – wie er zusammenfassend bemerkt – „eine lockere traditionsgeschichtliche Abhängigkeit von außerjüdischen und –christlichen Bildern, Ideen und Hoffnungsmotiven" fest (Entrückung, S. 288). „Apokalyptik nährt sich aus einem internationalen Substrat von Bildern, Figuren, Motiven und Szenarien. Der Himmel der Johannesoffenbarung erweist sich damit auch traditionsgeschichtlich als sozusagen multiethnisch." Damit bezeuge diese „Erzählung … eine Grenzüberschreitung des biblischen Gottes, der beansprucht, der Gott aller Welt und Völker zu sein" (S. 290).

Inwiefern ist die Konstruktion des Himmels aus Zitaten der Bibel etwas anderes als bloße Fiktion? Mit dieser Konstruktion ist eine elementare Verbindung mit geschichtlicher Wirklichkeit gegeben, und zwar mit der Geschichte derer, in deren Mitte die Bibel von Generation zu Generation entstand und von deren Geschichte sie zugleich erzählt, in deren Mitte sie von Generation zu Generation gelesen und ausgelegt wird, also mit der Geschichte des Volkes Israel. In dessen Lektüre hat es sich als Wahrheit bewährt, dass letztlich nicht die Weltmächte das Sagen haben, sondern dass Gott das letzte Wort behält[28].

Das griechische Wort ἀποκάλυψις (*apokálypsis*) bedeutet nicht „Weltuntergang", sondern „Offenbarung", noch genauer und enger dem Griechischen folgend: „Enthüllung". Enthüllt wird in der Offenbarung des Johannes die Macht in einer doppelten Weise[29]. Johannes lebt im *Imperium Romanum*. Er vermag in ihm kein Friedensreich zu erblicken und er stimmt nicht ein in das Lob der *Pax Romana*. Er enthüllt stattdessen die bestialischen Züge imperialer Gewalt und den teuflischen Charakter der von Menschen ausgeübten Weltherrschaft[30]. Und er enthüllt zugleich, dass diese Gewalt nicht die alles bestimmende Wirklichkeit ist, dass sie nicht das letzte Wort hat, sondern dass gegen allen Augenschein

---

[28] An dieser Aussageintention, dass nicht die Gewalt irgendwelcher Mächte oder Mächtiger end-gültige Fakten setzt, ist m.E. theologisch unbedingt festzuhalten. Es geht nicht um den „Gedanken einer Welt im Schwebezustand" als einer „Illusion …, die über die geschichtliche Fassung der Wirklichkeit … hinwegtäuscht" (so KÖRTNER, Weltangst, S. 319). Vielmehr ist – um mit BENGEL zu reden – in der Anzeige dessen, „was weiterhin geschehen *soll*", „die Gemeinde des Herrn völlig unterrichtet, daß man immer wissen kann, woran man sei" (Sendschreiben, S. 13) und man unterscheiden kann, was nur den Schein der Macht hat und was wirklich und letztlich gilt.

[29] Vgl. EBACH, Apokalypse, S. 11–16.

[30] Vgl. EBACH, Enthüllung, S. 135: „Wenn ‚Apokalypse' nicht ‚Katastrophe' bedeutet, sondern ‚Enthüllung', wenn das Wort nicht in der Haltung der Angst vor dem Unvermeidlichen gesprochen wird, sondern mit dem Mut dessen, der etwas durchschaut hat, der den Verschleierungen der Herrschenden auf die Schliche gekommen ist, dann müssen vor allem *jene* die Apokalypse fürchten, die an den Verschleierungen, den Verhüllungen, am Nichtwissen und Nichtdurchschauen interessiert sind. Wer hat Angst vor der Apokalypse?"

Gott die Welt gehört, dass ER die Herrschaft innehat – Gott und sein Gesalbter, der Messias Jesus, den Johannes als siegreichen Löwen und als geschlachtetes Lamm zugleich darstellt (5,5f.). Er setzt damit auf die Macht des am Kreuz hingerichteten ohnmächtigen Jesus und gibt so den ohnmächtig dem Geschichtsverlauf Unterworfenen eine Hoffnungsperspektive. Diese Enthüllung erfolgt in visionären Bildern, die ganz und gar geprägt sind von der Sprache der Bibel und ihrer weitergehenden Auslegung. Deshalb sind diese Bilder für diejenigen, die die Bibel nicht kennen, verhüllend. Sie lassen solche Leute das tatsächlich Gemeinte nicht erkennen. Wenn Johannes in Apk 13,1f. das Tier aus dem Meer beschreibt, liegt für mit Dan 7 Vertraute „die Enthüllung der Macht" in der geschilderten doppelten Weise klar auf der Hand[31]. Anderen wird das hier Geschriebene als abstrus erscheinen; Zensoren werden über solchen Unsinn überlegen lächeln – und ihn passieren lassen. Hier zeigt sich, dass die Apokalypse Untergrundliteratur ist, ein zugleich hochtheologisches und hochpolitisches Buch[32].

Diese Erkenntnis hat sie für mich zu einer spannenden Lektüre gemacht. Meine eigenen Erfahrungen mit diesem Buch machen mir deutlich, dass es keine objektive Auslegung gibt, sondern dass die Erfahrungen und Interessen des Auslegers seine Lektüre entscheidend mitbestimmen. Das muss man sich klarmachen und das muss man offen legen. Während meines Studiums und auch in den ersten Jahren als theologischer Lehrer war es für mich ein abstruses und unverständliches Buch, mit dem ich mich nicht beschäftigte. Geprägt von RUDOLF BULTMANN und seinen Schülern, erschienen mir seine Bilder als krause Mythologie, mit der ein aufgeklärter Mensch der Neuzeit nichts anfangen kann[33]. Ernsthaft auf dieses Buch eingelassen habe ich mich erstmals Anfang der achtziger Jahre des vorigen Jahrhunderts, als es im Kontext von Diskussionen in der Friedensbewegung für mich darum ging, was das Neue Testament zur Friedensdiskussion beitragen könne. Von daher ergab sich mir folgende Fragestellung: In der Zeit, in der die neutestamentlichen Schriften geschrieben worden sind, gab es in der damaligen Welt eine politische Situation, die als „Frieden" behauptet wurde; es gab die *Pax Romana* – ein von einem Machtzentrum gesetzter und garantierter Friede, der in vieler Hinsicht dem analog war, was in der Gegenwart als Friede ausgegeben wurde. Mir lag einerseits daran, diesen „Frieden" nicht in der propagandistischen Perspektive der Herrschenden zu beschreiben, sondern auf seine Schattenseiten zu achten, zu erkennen, wie er „von unten" erfahren wurde, von der großen Mehrheit der Menschen der von Rom unterworfenen Völker. Dazu musste ich die in der Regel aus römischer Perspektive geschriebenen Texte „gegen den Strich" lesen, um Daten zu gewinnen, die Erfahrungen der

---

31 Zu Apk 13,1–10 vgl. u. Abschnitt IV 1.

32 Vgl. BOUSSETs Urteil: „Selten wohl ist eine so entschlossene, fulminante Streitschrift gegen ein herrschendes System geschrieben wie in diesem merkwürdigen Buch" (Komm., S. 137).

33 Vgl. schon das 1843 von EDUARD REUSS ausgesprochene Urteil, es sei „ein deutliches Merkmal dieser Abwesenheit der unmittelbaren göttlichen Erleuchtung (wie sie die Propheten hatten), daß in der Apokalyptik nicht sowohl ein von himmlischer Gluth begeistertes Gemüth als eine gesteigerte, oft schwärmende und ausschweifende Phantasie spricht" (Apokalypse, S. 33).

anderen Seite erkennen lassen. Zum anderen wollte ich wissen, wie die Wirklichkeit der *Pax Romana* von den neutestamentlichen Schriftstellern wahrgenommen und bewertet wurde[34]. Als ich mit dieser Fragestellung die Offenbarung des Johannes las, gingen mir die Augen über. Hier fand ich die bei weitem kritischste Wahrnehmung der *Pax Romana* im Neuen Testament. Ich erkannte das Werk des Johannes als subversive Untergrundliteratur, die die Wirklichkeit nicht von oben und vom Zentrum her beschreibt – von dort aus erschien und erscheint die *Pax Romana* als sehr glanzvoll –, sondern von unten und vom Rande her[35]. Mir ist dabei deutlich geworden, dass die Frage des Standortes und der damit gegebenen Perspektive entscheidend ist. Bei Johannes ist seine Wahrnehmung der Wirklichkeit engstens verbunden mit der Christologie, wenn er Jesus als das geschlachtete Lamm beschreibt, das zugleich der Löwe aus dem Stamm Juda ist, der siegreiche Messias. Ich denke, dass es für die Kirchen und die Menschen in ihr auch heute darauf ankommt, sich in diese Blickrichtung einzuüben, ein Auge zu haben für die Kehrseite des Systems, das triumphiert hat und das doch auch seine Opfer fordert. Diese Blickrichtung gibt uns nicht nur das Kreuz Jesu vor, sie ist auch notwendig um des Überlebens aller willen.

Johannes nimmt jedenfalls entschieden die Perspektive der Opfer ein. Den gewaltsam Getöteten, den mundtot Gemachten gibt er eine Stimme. Das geschieht in besonders eindrücklicher Weise, wenn er in Apk 6,9–11 beschreibt, was bei der Öffnung des fünften Siegels geschieht. Dabei nimmt er zunächst eine Erweiterung des vorausgesetzten Visionsbildes vor. In die seit Apk 4 feststehende Szenerie des himmlischen Thronsaals, sozusagen ins Bühnenbild, wird ein Gegenstand eingeführt, der bisher nicht erwähnt war: der Altar[36]. Die Vision des Himmels hat also Haftpunkte am Tempel als dem Ort der besonderen Gegenwart Gottes auf der Erde. Johannes schaut ihn als den Ort, unter dem er „die Seelen derjenigen" erblickt, „die um des Wortes Gottes willen und um des Zeugnisses willen, das sie hatten, hingeschlachtet worden sind"[37]. Die Wendung „um des Wortes Gottes willen und um des Zeugnisses (Jesu) willen" begegnet mehrmals in der Apokalypse[38] und begründet immer Leidenserfahrungen. Mit dem „Wort Gottes" ist in konkreter Zuspitzung das Verbot des Genusses von Götzenopferfleisch gemeint, dessen Befolgung gesellschaftlich auffällig werden ließ, was zu Anzeigen führen konnte[39], und mit dem „Zeugnis (Jesu)" die Stand-

---

34 Vgl. WENGST, Pax.

35 Vgl. die Überschrift „Lektüre der Apokalypse an den und von den Rändern her" bei SCHÜSSLER FIORENZA, Komm., S. 6, und ihre Ausführungen auf S. 10–12.

36 Nachträglich kann man einen impliziten Hinweis auf ihn schon in 5,8 entdecken, da dort von „Schalen voll von Räucherwerk" die Rede war, also von Opfergeräten, die den Räucheraltar voraussetzen – und wenn der vorausgesetzt ist, dann auch der Brandopferaltar.

37 Nach ARN (A) 12 (SCHECHTER, S. 25b) ist nicht nur die Seele (נשמה) des Mose, sondern sind die Seelen aller Gerechten „unter dem Thron der Herrlichkeit" aufbewahrt (vgl. bShab 152b). In ARN (A) 26 (SCHECHTER, S. 41b) heißt es: „Mit allen, die im Land Israel begraben sind, verhält es sich, als wären sie unter dem Altar begraben … Und mit allen, die unter dem Altar begraben sind, verhält es sich, als wären sie unter dem Thron der Herrlichkeit begraben."

38 Vgl. dazu u. S. 44.

39 Vgl. u. S. 76f.

haftigkeit im Prozess, die die Zugehörigkeit zu Jesus nicht verleugnete, was die Hinrichtung zur Folge hatte. An dieser Stelle sind also die Märtyrerinnen und Märtyrer im Blick. Johannes spricht von ihnen als „Seelen". Dieser Begriff ist nicht im Sinne griechischer Anthropologie gedacht als unsterblicher Teil des Menschen im Gegensatz zum Körper. Denn da diese Gestalten „dem Seher sichtbar sind, eine Stimme haben und – vor allem – später bekleidet werden, sind sie nicht körperlos gedacht"[40]. Johannes greift wahrscheinlich zu diesem Begriff „Seele" mangels besserer Vorstellungsmöglichkeiten. Die Auferstehung ist ja noch nicht geschehen. Andererseits will er auch nicht von den Märtyrern und Märtyrerinnen als ein für allemal Toten schweigen. Er begreift sie als im Wartestand Befindliche; als solche will er sie reden lassen. Und dafür bietet ihm die Vorstellung der Seele eine Ausdrucksmöglichkeit. Weshalb aber werden sie „unterhalb des Altars" vorgestellt? Traditionsgeschichtliche Voraussetzung ist hier wohl, dass Paulus in Phil 2,17 von seinem möglichen gewaltsamen Tod metaphorisch als einem Trankopfer gesprochen hatte, womit er seine missionarische Tätigkeit, die ihn ja ins Gefängnis gebracht hatte, als eigentlichen Gottesdienst qualifizierte[41]. In diesem Sinn dürfte auch in Apk 6,9 der Tod der Zeuginnen und Zeugen als „Opfer" verstanden sein. Von daher ergibt sich die bei Johannes vorliegende Vorstellung: „Da man das Blut der Opfertiere beim Brandopferaltar ausgoß (Lev 4,7.18.25.30.34) und die Seele sich im Blut befindet (Lev 17,11.14), wird per analogiam verständlich, warum die Seelen der Geschlachteten sich am Fuß des himmlischen Altars aufhalten"[42].

Im Ganzen findet sich zu dieser fünften Siegelvision ein analoges Bild in der jüdischen Überlieferung in **1Hen 9** (besonders V. 1–3.10). In V. 1–3 heißt es: „Da blickten Michael, Uriel, Rafael und Gabriel vom Himmel herab, und sie sahen das viele Blut, das auf der Erde vergossen wurde, und all das Unrecht, das auf der Erde verübt wurde. Und sie sprachen zueinander: ‚Mit der Stimme ihres (= der Menschen) Geschreis schreit die leere (= entvölkerte) Erde bis zu der Pforte des Himmels. Und jetzt klagen zu euch, den Heiligen des Himmels, die Seelen der Menschen, indem sie sprechen: Bringt für uns den Rechtsfall vor den Höchsten!'" Und nach V. 10 sagen diese Erzengel zu Gott: „Und nun siehe, die Seelen derer, die tot sind, schreien und klagen bis zu den Pforten des Himmels, und ihr Seufzen ist aufgestiegen und vermag nicht zu entkommen angesichts des Unrechts, das auf Erden geschieht" (Übersetzung UHLIG). Gemeinsam ist beiden Stellen: Das Blut der Opfer der Gewalt schreit gen Himmel. Träger des Schreiens sind „die Seelen". Sie schreien zu Gott um die Wiederherstellung des Rechts: Ihre Mörder sollen nicht triumphieren.

In Apk 6,10 schreien die Hingeschlachteten mit lauter Stimme. Das für „schreien" gebrauchte Wort κράζω (*krádso*) hat oft die Bedeutung inspirierten Redens. Das kann auch hier der Fall sein. Aber es ist zugleich ein Schrei aus der Not, ein Schrei, der Abhilfe verlangt, Gottes Eingreifen fordert: „Wie lange noch, heiliger und wahrhaftiger Herrscher, richtest Du nicht und vergiltst Du nicht unser Blut an denen, die auf der Erde wohnen?!"[43] Die Anrede an Gott mit δεσπότης

---

40 STUHLMANN, Maß, S. 127.

41 Vgl. auch 2Tim 4,6.

42 MÜLLER, Komm., S. 170f.

43 „Sie stellen die Jahrhunderte alte Frage derer, die um Gottes willen und für Gerechtigkeit leiden" (SCHÜSSLER FIORENZA, Komm., S. 64). Anschließend zeigt sie auf, dass „die Visi-

(*despótes*) begegnet hier das einzige Mal in der Apokalypse. Indem dieser Gebieter, dieser Herrscher als „heilig und wahrhaftig“ bezeichnet wird, wird damit der wirkliche Herrscher angerufen gegen die vermeintlichen[44]. Was die Ermordeten schreien, ist ein ausgesprochener Protestruf. Sie erheben Protest gegen die Gewaltgeschichte, deren Opfer sie geworden sind, und verlangen ihr Ende. Selbst und gerade sie, die Märtyrerinnen und Märtyrer, sind noch nicht am Ziel, solange die Gewaltgeschichte unablässig weiterläuft, solange ihre Mörder, dazu noch unter dem Schein des Rechts, ihr Werk weitertreiben können. Hier besteht ein fundamentaler Unterschied zur Sicht des Martyriums bei Ignatius von Antiochia. In seinem Brief an die Gemeinde in Rom bittet dieser die Gemeinde mit größtem Nachdruck, alles zu unterlassen, was sein Martyrium verhindern könnte. Er will es unbedingt erleben und fiebert ihm geradezu entgegen. So formuliert er: „Ich schreibe allen Gemeinden und halte allen eindringlich vor, dass ich gerne für Gott sterbe, wenn ihr es nur nicht verhindert. Ich mahne euch, dass ihr mir ja nicht ungelegen Gunst erwirkt! Lasst mich ein Fraß von Raubtieren sein! Durch sie ist es möglich, zu Gott zu gelangen. Weizen Gottes bin ich und durch die Zähne von Raubtieren werde ich gemahlen, damit ich als reines Brot Christi erfunden werde“[45]. Ignatius hat die Vorstellung, dass er damit ans Ziel gelangt. Er denkt individuell im Blick auf die eigene Person. Ganz anders Johannes. Seine Frage lautet nicht: Wie komme ich ans selige Ziel? Seine Frage lautet vielmehr: Wie lange soll diese katastrophale Geschichte noch so weiterlaufen wie bisher? Will sie denn gar kein Ende nehmen? Indem er die Ermordeten schreien lässt: „Wie lange noch?“, hält er fest, dass ihr Tod Protest bleibt, wie das Widerspruch war, was zu ihrer Verurteilung führte: die Verweigerung gegenüber Götzendienst und Kaiserkult, die Weigerung, sich den Herrschenden anzupassen. Ihr Tod bleibt Protest gegen eine Wirklichkeit, die solche Opfer verlangt, und er ist zugleich Zeugnis für eine andere Wirklichkeit, für eine bessere Welt der Gerechtigkeit Gottes. Auch hier bezieht sich Johannes auf die Schrift. Das „Wie lange noch?“ ist Aufnahme entsprechender Fragen der Klagepsalmen. „Wie lange noch sollen Gewalttätige, Ewiger, wie lange noch sollen Gewalttätige triumphieren?!“ (Ps 94,3)[46]. Der Ruf „Wie lange noch?!“ ist bei Johannes ein Schrei nach der Wiederherstellung des Rechts[47]. Gott soll als Richter handeln und den Ermordeten zu ihrem Recht verhelfen. Darum geht es, nicht um „Rache“[48].

---

on von 6,9–11 eine Schlüsselstellung innerhalb der Gesamtdarstellung der Apokalypse hat“.

44 Nach Philo Flacc. § 23 spricht eine Gruppe von Alexandrinern gegenüber dem Präfekten von Ägypten von Kaiser Caligula als „unserem jetzigen Herrscher“.

45 IgnRöm 4,1.

46 Vgl. weiter Ps 6,4; 74,10; 80,5; 82,2; 90,13.

47 Man könnte daher die Wendung in Apk 6,10 auch so wiedergeben: „Wie lange noch … verschaffst Du uns hinsichtlich unserer Ermordung nicht Recht gegenüber denen, die die Erde bewohnen?“

48 ἐκδικέω sollte daher nicht mit „rächen“ übersetzt werden. Es entspricht dem hebräischen נקם. Neben κρίνω („richten“) bringt es den Aspekt des Abgeltens, des „Ahndens“ (so BUBER) zum Ausdruck, dass also das böse Tun auf diejenigen zurückfällt, die es verüben. Die Wendung ἐκδικέω τὸ αἷμα (ἐκ) ist biblisch verankert in Dtn 32,43; 2Kön 9,7; Ps

„Der Schrei: ‚Wie lange noch, Herr?' ist der Schrei der im Glauben Leidenden durch die Jahrhunderte. Er klingt durch die Psalmen und Propheten und dringt aus den Herzen jener, die für ihren Glauben und ihre Treue gelitten haben. Mit diesem Schrei haben sich die Tränen der Unterdrückten aller Zeiten und aller Länder vermischt, die sich dem Lebendigen als ihre ‚Zuversicht und Stärke, ihre Hilfe in den großen Nöten, die uns betroffen haben', zuwandten (Psalm 46,1). Es ist ein Schrei des Schmerzes und der Angst; es ist ein Schrei des Protestes. Es ist auch ein Schrei der Hoffnung, daß Gott sich als der Allmächtige erweisen wird, als Hilfe für die Hilflosen. Angesichts des unbeschreiblichen Leidens und der stummen Götter ist dieser Schrei ein Bekenntnis: ‚Der Herr regiert!' Im Augenblick der Verhaftung; in den langen dunklen Stunden im Gefängnis, wenn du die Schritte der Vernehmungsbeamten, die dich verhören werden, auf dem Flur vor deiner Zelle hörst; in all den rauhen Stimmen und dem verächtlichen Lachen; bei Faustschlägen auf empfindliche Körperteile und beim wahnsinnigen Schmerz durch Elektroschocks; durch den alles verschwimmen lassenden blutigen Schleier von Tränen, die man nicht zurückhalten kann; im Lärm der Panzer und Gewehre; in der plötzlichen Übelkeit, die Tränengas verursacht, und im zerreißenden, versengenden Brand der Kugel, die deinen Körper durchschlägt – da werden die Worte laut oder leise geflüstert: ‚Wie lange noch, Herr?' In den Schreien der Leidenden und Unterdrückten wird die Kirche die Stimme Gottes hören" (BOESAK, Engel, S. 74f.).

In V. 11 erfolgt eine Antwort, zunächst eine nonverbale: Die Märtyrerinnen und Märtyrer erhalten jede und jeder ein weißes Gewand. Auch hier könnte ein irdischer Brauch im Hintergrund stehen: Nach SAFRAI zogen die Wallfahrer beim Betreten des Tempels ein weißes Gewand an[49]. Das Anziehen des weißen Gewandes im Himmel ist gewiss als „ein Akt himmlischer Verklärung" zu verstehen[50]. Aber diese weißen Gewänder sind nicht ein Lohn in der Weise, dass damit nun ihrem Leiden ein Sinn gegeben wäre, sondern es handelt sich um eine Ausrüstung für die gleich darauf angekündigte Zeit des Wartens. Nur im Zusammenhang des Wartens auf den endgültigen Erweis der Gerechtigkeit Gottes ist von „Lohn" und „Strafe" zu sprechen, kann diese Einkleidung als himmlischer Lohn für das Martyrium bezeichnet werden. Aber dieser „Lohn" macht das Leiden nicht „sinnvoll" und wünschbar.

Nach dem Empfang der weißen Gewänder wird den bis zum Tod standhaft Gebliebenen gesagt, „dass sie noch eine kurze Zeit ruhen werden, bis auch die Zahl ihrer Mitsklaven und Mitsklavinnen voll wird, ihrer Geschwister, die noch getötet werden sollen gleich ihnen". Hier liegt die Vorstellung vom endzeitlichen Maß vor, und zwar in der besonderen Form, „daß hier das Maß der Zeit

---

79,10. „Ebenso wenig wie das Alte Testament verweigert sich unser Text der Notwendigkeit, daß Unrecht verurteilt und das Recht ihm entgegen wiederhergestellt werden muß, vgl. Lk 18,7f.! … Die Liebe hebt nicht das Recht auf" (HOLTZ, Komm., S. 66). Der ganz andere Ton von „Rache" ist fassbar in einem Zitat von GÖBBELS, das in einem eigenartigen Kontrast zu Apk 6,10 steht: „Wir denken der Toten! … Wir trauern nicht; wir stehen auf und schwören: Vergeltung! Vergeltung! Der Tag bricht an!" Auf derselben Seite hieß es vorher: „Wehrt der Tränen nicht! Aber sagt ihnen, daß sie den Händen gebieten, zu geballten Fäusten zu werden, und hebt die Fäuste, diese Arbeiterfäuste hoch und schwört bei Gott und allem, was euch heilig ist: Wir werden euch nicht vergessen! Unser Dank sei die Rache! Auf den Tag!" (JOSEPH GÖBBELS, Der Angriff. Aufsätze aus der Kampfzeit, München ^{2}1935, S. 251; datiert auf den 7.11.1927).

49 SAFRAI, Wallfahrt, S. 177.

50 STUHLMANN, Maß, S. 156; vgl. die Erzählung von der Verklärung Jesu Mk 9,1–8 parr.

durch die Zahl der Märtyrer bestimmt ist“[51]. Das Erreichen ihrer von Gott festgesetzten Zahl bringt das Ende. Mit dieser Vorstellung ermutigt Johannes seine Leser- und Hörerschaft, das sie treffende Leiden zu akzeptieren, und er tröstet sie, indem er dieses Leiden zum erhofften Ende in Beziehung setzt[52]. Wie der Kontext – und der Kontext der ganzen Apokalypse – zeigt, liegt alle Betonung auf diesem Ende, nicht aber darauf, wie es erreicht wird. Für sich isoliert betrachtet, erlaubte es diese Vorstellung von der festgelegten Zahl der Martyrien, dass die Menschen durch ihr Leiden die Verheißung herbeiführen könnten und dass gehäufte Martyrien ihr Kommen geradezu beschleunigten, sodass von daher das Leiden wünschbar würde. Aber eine solche Systematisierung ist in der Apokalypse nicht erkennbar. Es dürfte daher nicht angemessen sein, im Blick darauf „von einer Art Synergismus“ zu sprechen[53]. Es kann an dieser Stelle und überhaupt in der Apokalypse keine Rede davon sein, dass dem Leiden ein Sinn gegeben wird. Es geht nicht darum, grausames Geschehen, die pure Sinnlosigkeit, nachträglich mit Sinn aufzuladen[54], sondern es geht um die Beseitigung dessen, was solche Sinnlosigkeit produziert, um den Abbruch der Gewaltgeschichte. Das sei in aller Deutlichkeit gegen die Aussage von ELLUL gesagt, Johannes habe „einzig den Herrn im Blick, der allem (!) *Sinn* verleiht, den Verfolgungen und der Treue der Christen ebenso wie der Menschheitsgeschichte im ganzen und dem Werk der Menschenwelt in allen seinen Dimensionen“[55]. Diese Aussage, eine groteske Verkennung der Intention der Apokalypse, gewinnt – ob das ihr Autor will oder nicht – legitimatorische Funktion für faktische Gewalt und faktisches Leid und wird so im wahrsten Sinn des Wortes „fatal“. Johannes hat dagegen den Herrn im Blick, der dem Un-Sinn der Gewalt, des Leidens und des Todes ein Ende setzt und einen neuen Himmel und eine neue Erde schafft, die davon frei sind.

---

51 STUHLMANN, Maß, S. 159; vgl. zum ganzen Abschnitt S. 154–163.

52 ERLEMANN formuliert: “Auf diesen Zeitpunkt werden die um Rache schreienden Märtyrer der Johannesapokalypse vertröstet” (Endzeiterwartungen, S. 95). Weder schreien sie um „Rache“ noch werden sie „vertröstet“.

53 So YARBRO COLLINS, Crisis, S. 113. Auch nach ERLEMANN „erfüllt“, wer „zum Martyrium bereit ist“, „seinen Part im endzeitlichen Drama“ (Endzeiterwartungen, S. 124). Vgl. dagegen die nüchterne Auslegung von BOESAK: „Wartet noch ein wenig länger, ‚bis eure Mitknechte und Brüder vollzählig sind‘! Es müssen noch mehr sterben, es wird noch mehr Blutvergießen, noch mehr Tränen, noch mehr Schmerzen, noch mehr Leiden geben“ (Engel, S. 76f.).

54 KROON spricht vom „Unsinn, dem kein Sinn gegeben werden kann“, und nennt die Apk 1,1 angekündigte „Enthüllung … keine Sinngebung für den Unsinn, sondern ein Licht in der Finsternis, das durch die Finsternis nicht verschlungen werden kann“ (Komm., S. 15). Vgl. auch MANEMANN, Apokalyptik, S. 14: „Die Weigerung der Sinngebung des Sinnlosen ist Protest gegen den Wahn, daß Geschichte Vernunft und Sinn, Fortschritt und Gerechtigkeit widerspiegelt“ und überhaupt den Abschnitt auf S. 13–15.

55 ELLUL, Apokalypse, S. 51.

I. „Ich, … euer Bruder und Genosse …, gelangte auf die Insel Patmos“ Johannes und sein Buch

1. Johannes: Prophet und Visionär in der Verbannung

Der Verfasser der Apokalypse gibt seinen eigenen Namen an. Das ist für eine apokalyptische Schrift ungewöhnlich. Üblich ist in dieser Literatur vielmehr Pseudonymität, die große Gestalten der Vergangenheit bemüht. Warum der Verfasser der Apokalypse hier anders handelt, danach wird in diesem Abschnitt noch zu fragen sein. Als seinen Namen nennt er „Johannes“ (1,1.4.9; 22,8). An der Richtigkeit dieser Angabe zu zweifeln, besteht kein Anlass[1]. Es ist nur allzu verständlich, dass in der kirchlichen Überlieferung dieser Johannes alsbald mit einem sonst in den neutestamentlichen Schriften und der nachfolgenden Literatur genannten Johannes identifiziert wurde, nämlich mit dem bei den Synoptikern, in der Apostelgeschichte und bei Paulus in Gal 2,9 begegnenden Jesusjünger, dem Sohn des Zebedäus. Das geschieht für uns feststellbar zuerst bei Justin Mitte des 2. Jahrhunderts. Er zitiert eine Stelle aus der Apokalypse und führt sie in folgender Weise ein: „Sodann hat jemand bei uns, der mit Namen Johannes hieß, einer von den Aposteln des Gesalbten, in einer ihm widerfahrenen Offenbarung prophetisch geredet …“[2]. Justin lässt aber nirgends erkennen, dass dieser Johannes für ihn auch zugleich der Verfasser des vierten Evangeliums ist. Als jedoch diese Tradition aufkommt, der Zebedaide Johannes sei der Verfasser des vierten Evangeliums – das ist zuerst bei Irenäus der Fall[3] –, haben dann dieses Evangelium und die Apokalypse denselben Verfasser: den Zebedaiden Johannes[4]. Der Johannes der Apokalypse kann aber weder mit dem Zebedaiden noch mit dem Verfasser des vierten Evangeliums identisch sein. Dafür sprechen die beiden folgenden Gründe: 1. Wie der Verfasser der Apokalypse sich selbst versteht, wird gleich noch zu besprechen sein. Er gibt sich aber jedenfalls nicht als Jesusschüler zu erkennen. Die Art, wie er in 21,14 von den „zwölf Aposteln“ spricht, schließt es aus, dass er sich ihnen zurechnet. Dort heißt es von der Mauer des neuen Jerusalem, dass sie zwölf Grundsteine hat „und auf ihnen die zwölf Namen der zwölf Apostel des Lammes“. 2. Dass das Johannesevangelium und die Apokalypse nicht denselben Verfasser haben können[5], hat schon im 3. Jahrhundert der alexandrinische Bischof Dionysius mit überzeugenden Gründen

---

1 Vgl. SATAKE, Komm., S. 33. Zu FREYS These einer pseudepigraphischen Zuschreibung (ähnlich WITULSKI, Johannesoffenbarung, S. 340f.) vgl. u. S. 28f.

2 Iust.dial. 81,4.

3 Iren.haer. III 1,1.

4 Dafür vgl. Iren.haer. II 22,5 mit V 30,1.

5 Vgl. das Urteil von BÖCHER: „Die Identifikation des Apokalyptikers mit dem Autor des Johannesevangeliums … ist heute nicht mehr zu halten“ (Johannesoffenbarung, S. 35).

festgestellt, denen kaum etwas hinzuzufügen ist. In seiner Kirchengeschichte bringt Euseb längere Zitate:

„Daß nun der Mann Johannes heiße und daß die Schrift von einem Johannes verfaßt sei, will ich nicht bestreiten. Denn ich gebe zu, daß sie das Werk eines heiligen und gotterleuchteten Mannes ist. Nicht jedoch möchte ich ohne weiteres zugestehen, daß dieser Johannes der Apostel sei, der Sohn des Zebedäus, der Bruder des Jakobus, von welchem das Evangelium nach Johannes und der katholische Brief stammen. Aus dem Charakter jenes und dieser Bücher, aus der Art der Sprache und dem, was man die Durchführung des Buches nennt, schließe ich auf eine Verschiedenheit der Verfasser“ (Eus.h.e. VII 25,7f.). „Auch aus den Gedanken und Worten und deren Anordnung wird man mit Recht entnehmen, daß dieser Schriftsteller gegenüber jenem eine andere Person ist“ (Eus.h.e VII 25,17).

Dionysius legt dann im Einzelnen die Gemeinsamkeit theologischer Thematik in Evangelium und Brief dar und fährt danach fort: „Völlig anderer und fremder Art ist gegenüber diesen Schriften die Apokalypse. Es fehlt jede Verbindung und Verwandtschaft. Ja, sie hat sozusagen kaum eine Silbe damit gemein. ... Weiterhin läßt sich auch aus dem Stile die Verschiedenheit des Evangeliums und des Briefes gegenüber der Apokalypse feststellen. Jene nämlich sind nicht nur in fehlerlosem Griechisch geschrieben, sondern auch mit höchster Gewandtheit des Ausdrucks, in der Redeweise, Gedankenentwicklung und Satzverbindung; man wird kaum einen barbarischen Laut oder einen Verstoß gegen die Sprache oder überhaupt ein vulgäres Wort darin finden. Denn ihr Verfasser besaß, wie es scheint, beide Gaben – beide ein Geschenk des Herrn –, die Gabe der Erkenntnis und des Stiles. Zwar bestreite ich nicht, daß jener andere Offenbarungen geschaut, Erkenntnis und Prophetengabe empfangen hat. Doch ich sehe, daß seine Rede und Sprache nicht rein griechisch sind und daß er barbarische Wendungen und gelegentlich auch Verstöße gegen die Sprache hat“ (Eus.h.e. VII 25,22–26; alle Übersetzungen in diesem Abschnitt von HÄUSER bei KRAFT). Auch wenn es sich bei der Aussage, beide Schriften hätten „sozusagen kaum eine Silbe ... gemein“, um „eine tendenziöse Übertreibung“ handelt (so FREY, Erwägungen, S. 359), behalten doch die übrigen Beobachtungen ihr entscheidendes Gewicht.

Ob der Johannes der Apokalypse mit dem bei einigen Kirchenschriftstellern, vor allem schon bei Papias von Hierapolis, genannten Presbyteros Johannes von Ephesus[6] identifiziert werden kann, ist eine offene Frage. Dafür spricht sich z.B. VIELHAUER aus[7], dagegen MÜLLER[8]. Die Diskussion darüber wurde umfänglich schon vor über 100 Jahren geführt[9]. In neuerer Zeit ist sie als Frage des Verhältnisses zwischen Johannesevangelium und Johannesbriefen einerseits und der Apokalypse andererseits vor allem von FREY aufgenommen und gründlich bearbeitet worden. Das m.E. einzig sichere Ergebnis ist mit dem Urteil des alexandrinischen Dionysius identisch, dass nämlich das vierte Evangelium und die Apokalypse nicht denselben Verfasser haben können[10]. Daneben stellt FREY jedoch einen traditionsgeschichtlichen Zusammenhang fest. Dass der jedoch durch eine gemeinsame „johanneische Schule“ gegeben sei, ist eine, aber nicht die einzige Möglichkeit. FREY setzt HENGELs These voraus, dass der ephesinische Presbyter Johannes Haupt dieser Schule und Verfasser des vierten Evangeliums und der drei Johannesbriefe sei; also kann er nicht der Autor der Apoka-

6 Zitiert bei Eus.h.e. III 39,4.

7 VIELHAUER, Literatur, S. 502.

8 MÜLLER, Komm., S. 45.

9 Z.B. von BOUSSET, Komm., S. 34–43.

10 FREY, Erwägungen, S. 381f.422f.

lypse sein[11]. Wenn aber als deren Autor ein Johannes angegeben wird, könne damit nur „mit aller Wahrscheinlichkeit jenes eine ... höchst einflußreiche kleinasiatische Schulhaupt, der ephesinische ‚Presbyter', (gemeint sein)"[12]. Dann aber muss es sich bei der Apokalypse um ein pseudepigraphisches Werk handeln[13]. Logik ist dieser Argumentation nicht abzusprechen; und sie mag eine Möglichkeit beschreiben, aber auch nicht mehr. Die jeweiligen Voraussetzungen sind keineswegs gesicherte Fakten. Man bewegt sich hier aufgrund einer außerordentlich fragmentarischen Überlieferungslage auf ganz unsicherem Feld. Das räumt auch FREY ein, wenn er am Ende von einer bleibenden Aporie spricht[14]. Ich frage allerdings, was mit dieser langen Diskussion für die Interpretation der Apokalypse gewonnen ist. Was dafür solche Zuschreibungen austragen, vermag ich nicht zu sehen. Wichtiger ist, als was sich der Verfasser selbst verstanden und in welcher Funktion er gewirkt hat. Darüber lassen sich verlässliche Aussagen machen. Bei der ersten Erwähnung seines Namens in 1,1 nennt er sich einen „Sklaven Gottes". Unmittelbar vorher hatte er im Plural von den Sklaven und Sklavinnen Gottes gesprochen und damit alle Messiasgläubigen gemeint[15]. Johannes benennt sich also nur mit einer solchen Bezeichnung, die auch allen anderen in der Gemeinde zukommt. Das ist zugleich ein Hinweis auf seine Vorstellung von Gemeinde, dass er nämlich ein egalitäres ekklesiologisches Modell vertritt. Auf derselben Linie liegt es, wenn er bei der Angabe des Absenders im Präskript nichts als den bloßen Namen angibt (1,4)[16] und wenn er bei einer weiteren Nennung seines Namens sich als „Bruder und Genossen" der Angeschriebenen bezeichnet (1,9). Auch damit verbindet er sich eng mit seiner Leser- und Hörerschaft. „Bruder" und „Schwester" ist die in den frühen messiasgläubigen Gemeinden übliche Selbstbezeichnung und gegenseitige Anrede. Darin drückt sich das Bewusstsein aus, in Gleichheit miteinander verbunden zu sein, eine neue nicht-hierarchische und nicht-patriarchale Familie zu bilden, eine neue Gesellschaft[17].

Der andere von Johannes hier gebrauchte Begriff, συγκοινωνός (*synkoinonós*), begegnet wesentlich seltener: „Genosse", Teilhaber in geistiger und materieller Hinsicht[18]. Gemeint ist damit solidarische Teilhaberschaft in jeder Hin-

---

[11] A.a.O., S. 421.

[12] A.a.O., S. 417.

[13] A.a.O., S. 425; Weiteres dazu auf S. 428.

[14] A.a.O., S. 429.

[15] Im Hirten des Hermas – auch da handelt es sich um eine Apokalypse – ist die Bezeichnung „die Sklaven und Sklavinnen Gottes" häufig für die Gemeindeglieder gebraucht.

[16] In den Paulusbriefen findet sich die bloße Angabe des Namens nur in 1Thess 1,1. Sonst ist der Name immer mit einer weiteren Kennzeichnung verbunden, vor allem mit dem Apostelbegriff.

[17] Vgl. Mk 3,34. „Im Gebrauch der Begriffe ‚Bruder' und ‚Genosse' benutzt der Verfasser die Sprache gesellschaftlicher Gleichheit" (AUNE, Komm., S. 75).

[18] Vgl. Phil 1,7: von den Philippern gegenüber dem inhaftierten Paulus durch ihre Geldsendung; 2Kor 1,7: von den Korinthern in Bezug auf die Leiden des Apostels; Phlm 17: von Philemon, der nur dann Genosse des Paulus bleiben kann, wenn er gegenüber Onesimus so handelt, wie Paulus es will, weil Paulus sich mit Onesimus identifiziert; Hebr 10,33: von den von Verfolgungsmaßnahmen nicht Betroffenen, die sich gegenüber den Betroffenen solidarisch erwiesen haben; Did 4,8/Barn 19,8: von denen, die Genossen im ewigen

sicht. Johannes charakterisiert näher, worin er seiner Leser- und Hörerschaft Bruder und Genosse ist. Er ist es zuerst in der θλῖψις (*thlípsis*). Die treffendste Übersetzung dieses griechischen Wortes ist das altmodische deutsche Wort „Drangsal". Gemeint ist eine von außen verursachte bedrängende Situation. Johannes betont damit, dass er unter denselben Leidensbedingungen lebt wie seine Leser- und Hörerschaft[19]. Sodann nennt er die βασιλεία (*basileía*). Das ist ein deutlicher Rückbezug auf V. 6, wonach Jesus die Gemeinde zur *basileía*, zu einem Königreich gemacht, zur Herrschaft gebracht hat. Von daher ist die Aussage von V. 9 nicht auf die Zukunft zu beziehen[20]. Es geht um die Teilhabe an der gegenwärtigen Herrschaft Jesu, die sich im Leben in der Gemeinde als jetzt schon existierender Gegenmacht vollzieht. Schließlich nennt Johannes die ὑπομονή (*hypomoné*), das Ausharren bei Jesus. Das ist ein Schlüsselwort der Apokalypse. Nicht zuletzt darin ist Johannes mit seiner Leser- und Hörerschaft verbunden, dass er ausharrt, standhält, an Jesus festhält. Aus dieser Verbundenheit heraus mahnt er sie dazu, ihrerseits auszuharren, „dran" zu bleiben. Der innere Zusammenhang dieser dreifachen Genossenschaft ist dann so zu beschreiben: Die Bedrängnis wird ausgehalten und die Herrschaft unter den Bedingungen der Bedrängnis aufrechterhalten im Festhalten an Jesus.

Mit den Selbstbezeichnungen „Sklave Gottes", „Bruder" und „Genosse" verbindet sich also Johannes von gleich zu gleich mit den von ihm Angeschriebenen. Darüber hinaus lässt er es jedoch unverkennbar anklingen, dass er sich als einen Propheten versteht und mit prophetischem Anspruch auftritt, auch wenn er sich nirgends direkt so vorstellt. Das zeigt sich schon in Apk 1,3, wenn er dort sein Werk als „Prophetie" bezeichnet. Gegen Schluss des Buches, in 22,8, registriert er das Ende der Visionen und Auditionen. Er will dem Engel, der ihm diese vermittelt hat, zu Füßen fallen. Der wehrt es ihm nach V. 9 ab und stellt dann fest: „Dein Mitsklave bin ich und Mitsklave deiner Geschwister, der Propheten und Prophetinnen." Damit gibt sich Johannes indirekt als Propheten zu erkennen, der zu einem Kreis prophetisch begabter Menschen gehört. Ähnlich verhält es sich an der parallelen Stelle 19,10. Auch dort verwehrt der Deuteengel dem Johannes die Proskynese und gibt sich als sein und seiner Geschwister Mitsklave aus. Die werden dort zwar nicht unmittelbar als prophetisch gekennzeichnet, sondern zunächst so charakterisiert: „die das Zeugnis Jesu haben". Dieses Zeugnis Jesu wird aber anschließend definiert als „der Geist der Prophetie", „d.h. in dem in den Propheten redenden Geist wirkt das Zeugnis Jesu weiter"[21]. Indirekter prophetischer Anspruch zeigt sich auch in 22,6, wenn Johannes bei der Aufnahme von Motiven aus 1,1f. Gott als „Gott der Geister derer, die prophetisch reden", kennzeichnet. In 10,10f. nimmt er Motive aus Ez 3,1–3 auf, wonach der Prophet eine Buchrolle aufessen muss. Johannes bekommt hier aus

---

Heil sind und es deshalb erst recht in irdischen Dingen sein müssen. Gemeinschaft im einen verlangt auch Gemeinschaft im andern; wer die Gemeinschaft im Vorletzten verweigert, verrät damit die Gemeinschaft im Letzten.

[19] Vgl. SCHÜSSLER FIORENZA, Komm., S. 50: „Er steht mit denen in Solidarität zusammen, an die er schreibt, und teilt mit ihnen eine gemeinsame Erfahrung."

[20] So jedoch MÜLLER, Komm., S. 80.

[21] BOUSSET, Komm., S. 138.

der Hand eines Engels ein Büchlein und isst es ebenfalls auf. Daraufhin erhält er die Aufforderung: „Du musst wiederum prophetisch reden.“ Nicht nur am Anfang (1,3), sondern auch am Schluss, dort sogar dreimal, wird die ganze Apokalypse ausdrücklich als Prophetie bezeichnet (22,7.10.18f.). Der Makarismus in 1,3 beglückwünscht den Vorleser und die Zuhörenden, sofern sie das im Buch Geschriebene halten, der Makarismus in 22,7b.8a diejenigen, die die Worte des Buches halten, und seinen Verfasser[22]. Prophetischer Anspruch zeigt sich weiter darin, dass Johannes wie Micha ben Jimla (1Kön 22,19), Jesaja (Jes 6,1) und Daniel (Dan 7,9) Gott auf dem himmlischen Thron sieht (Apk 4,2f. und öfter) und wie Jesaja (Jes 6,3) das himmlisch gesungene Dreimalheilig hört (Apk 4,8). Prophetischer Anspruch begegnet deutlich in den Einleitungen der Sendschreiben. Was in ihnen steht, sind Beobachtungen, Wertungen und Mahnungen des Johannes, aber er gibt sie als Rede des erhöhten Jesus. Sie beginnen alle mit „Das sagt“ und einer dann folgenden Prädikation aus der Eingangsvision vom erhöhten Jesus. Die anschließend gebrachten Ausführungen stehen in der ersten Person Singular. Jesus ist also als Sprecher vorgestellt. So aber kann nur ein Prophet verfahren, der im Namen des erhöhten Jesus spricht. Entsprechend gebraucht Johannes in den Sendschreiben die Botenformel: „Das sagt, der …“ Bei den biblischen Propheten heißt es: „So spricht der Ewige“ oder „Spruch des Ewigen“. In denselben Zusammenhang gehört der Schreibbefehl am Beginn der Sendschreiben. MÜLLER sieht in ihm mit Recht „eine Variation des sog. Botenauftrags“ in der biblischen Prophetie: Geh und sage dem und dem! So ergibt sich „das Verständnis der Sendschreiben als Botenrede, die der prophetische Sprecher Johannes wegen der räumlichen Entfernung in Briefform zu übermitteln hat“[23]. Auch dass Johannes mit dem die jeweilige Situationsanalyse in den Sendschreiben einleitenden „Ich weiß“ des erhöhten Jesus zu verstehen gibt, dass er an dessen Kompetenz teilhat, weist auf prophetischen Anspruch.

Wenn Johannes auch nirgends ausdrücklich sagt, er sei ein Prophet, zeigt er doch, dass er als ein solcher wahrgenommen werden will. Genauer wird man ihn als einen Wanderpropheten bezeichnen müssen[24]. Denn er zeigt Kenntnisse der je spezifischen Situation der in Kap. 2f. angeschriebenen Gemeinden[25]. Zwischen Pergamon und Laodizea als den am weitesten voneinander entfernten Orten besteht eine Entfernung von etwa 250 km Luftlinie. Aus der Zeit um 100 sind Wanderpropheten sonst nur noch aus der Didache im syrischen Raum bekannt (Did 11,4–6). Wahrscheinlich stammt Johannes aus dem Land Israel. Dafür spricht das stark semitisierende Griechisch, das er schreibt. Es weist daraufhin, dass seine Muttersprache eine andere war, wahrscheinlich Aramäisch[26].

---

22 Die viel später vorgenommene Verseinteilung und Zeichensetzung – im NESTLE/ALAND beginnt mit V. 8 gar ein neuer Absatz – ist an dieser Stelle m.E. völlig sinnwidrig. Der Makarismus von V. 7b findet in V. 8a seine Fortsetzung: „Glücklich, wer die Worte der Prophetie dieses Buches hält, und ich, Johannes, der das hört und sieht!“

23 MÜLLER, Komm., S. 92.

24 Vgl. SATAKE, Komm., S. 39.

25 Vgl. z.B. MÜLLER, Theologiegeschichte, S. 35.49; YARBRO COLLINS, Crisis, S. 46.

26 Über die Sprache hinaus spricht BECK treffend davon, dass die Apokalypse durchdrungen sei „von dem hebräischen Colorit“ (Komm., S. 33). Zur „Sprache der Apokalypse“ vgl. die ausführlichen Zusammenstellungen bei BOUSSET, Komm., S. 159–177.

Auch bei seinen Zitaten zeigt sich hebräisch-aramäischer Einfluss[27]. Man nimmt dann gerne an, dass er zu jüdischen Messiasgläubigen gehörte, die infolge der Wirren des jüdisch-römischen Krieges das Land Israel verlassen haben[28]. Das ist eine sehr gut denkbare Möglichkeit. Sie gewinnt an Wahrscheinlichkeit, wenn man erkennt, dass die Schlachten und ihre Ergebnisse, wie er sie in seinen Visionen beschreibt, Entsprechungen in den Darstellungen des „Jüdischen Krieges" des Flavius Josephus haben. Das spricht dafür, dass Johannes Augenzeuge dieses Krieges war[29].

Als ein Zwischenergebnis ist festzuhalten, dass Johannes sich als einen Propheten zu erkennen gibt, auch wenn er sich nicht ausdrücklich so benennt. Aus seinem prophetischen Selbstbewusstsein lassen sich zwei andere Momente erklären: a) dass er im eigenen Namen schreibt und keine fiktive Verfasserangabe bietet[30]; b) dass er die gemeindlichen Leitungsämter, die sich in seiner Zeit herausbildeten, souverän ignoriert. Er spricht die Gemeinden immer als ganze an ohne jeden Bezug auf irgendwelche Ämter.

In 1,9 gibt er an, wo er sich befindet: „Ich, Johannes, euer Bruder und Genosse in der Bedrängnis und in der Herrschaft und im Ausharren bei Jesus, gelangte auf die Insel Patmos um des Wortes Gottes und des Zeugnisses Jesu willen." Patmos ist eine kleine dem kleinasiatischen Festland vorgelagerte Insel. Sie liegt ungefähr auf der Höhe von Milet, südwestlich von Samos, eine Schiffstagesreise von Ephesus entfernt. So klar diese Ortsangabe ist, so umstritten ist die Frage, weshalb oder wozu Johannes nach Patmos gelangte[31]. Auf sie gibt es im Wesentlichen drei Antworten: 1. „Johannes befand sich zum Offenbarungsemp-

---

27 Vgl. z.B. KRETSCHMAR, Offenbarung, S. 23. Der stärkere Einfluss des hebräischen Textes gegenüber dem der Septuaginta wird sich bei den Zitaten immer wieder zeigen.

28 Vgl. etwa KRETSCHMAR, Offenbarung, S. 23f.; SCHNELLE, Einleitung, S. 587 mit Verweis auf die Kommentare von ROLOFF und MÜLLER; vgl. weiter RIEMER, Tier, S. 7; SATAKE, Komm., S. 35; AUNE, Komm., S. L. Ein Wechsel vom Land Israel in die Provinz Asia ist belegt für den in Apg 21,8 erwähnten Philippus, dort mit dem Philippus des Siebenerkreises von Apg 6,5 identifiziert, und für drei seiner in Apg 21,9 genannten vier prophetisch begabten Töchter. Nach dem Brief des Polykrates von Ephesus an Victor von Rom am Ende des 2. Jahrhunderts waren Philippus und zwei Töchter in Hierapolis begraben und eine dritte Tochter in Ephesus (bei Eus.h.e. III 31,3; V 24,2).

29 Vgl. auch Apk 20,9, wo es von den vom Satan zum letzten Kampf Versammelten heißt: „Und sie umringten das Lager der Heiligen und die geliebte Stadt." „Die geliebte Stadt" kann kaum eine andere als Jerusalem sein. Dessen Belagerung wird zum Bild für die endzeitliche Belagerung „der Heiligen".

30 Vgl. VIELHAUER, Literatur, S. 437: „Der Verfasser schreibt nicht in der Maske und geborgten Autorität eines Heros der Vergangenheit, sondern unter eigenem Namen. Denn er ist ein echter Prophet."

31 MÜLLER schließt aus dem Aorist ἐγενόμην (*egenómen*), von ihm mit „ich war" übersetzt, dass Johannes bei Abfassung der Apokalypse nicht mehr in Patmos gewesen sei (Komm., S. 81). Mir scheint das ein Trugschluss zu sein, da es sich um einen Aorist des Briefstils handeln kann. Im griechischen Bereich wird vom Empfänger her gedacht und nicht vom Absender her. Da Johannes keine weiteren Ortsangaben macht, muss die Leser- und Hörerschaft annehmen, dass er auch bei Abfassung seiner Schrift noch dort ist. Die zweimalige Aufforderung in der Vision an Johannes zu schreiben, duldet nicht die Annahme eines großen Abstands zwischen der Vision und ihrer Verschriftlichung.

fang in Patmos"[32]. 2. Nach VIELHAUER liegt der Schluss näher, „Johannes habe sich zur Mission oder zur Leitung der Gemeinde auf Patmos aufgehalten"[33]. 3. Johannes ist nach Patmos verbannt worden[34]. Gegen die beiden ersten Möglichkeiten spricht die Angabe „um des Wortes Gottes und des Zeugnisses Jesu willen". Nach dem Sprachgebrauch der Apokalypse gibt διά (*diá*) mit Akkusativ den Grund an, nicht aber den Zweck[35]. Das belegen Stellen sowohl außerhalb von Leidensaussagen (4,11; 13,14; 18,10.15) als vor allem auch innerhalb ihrer (2,3; 6,9; 12,11; 20,4)[36]. Besonders letztere kommen der Wendung in 1,9 sehr nahe oder sind mit ihr identisch. Auch in 1,9 ist durch die Worte „Bedrängnis" und „Ausharren" ein Leidenszusammenhang angezeigt. Aus diesen Beobachtungen ist zu schließen, dass Johannes sich nicht freiwillig nach Patmos begeben hat[37], sondern dass sein Aufenthalt dort gezwungenermaßen erfolgte und dass dieser unfreiwillige Ortswechsel durch seine Wirksamkeit als messiasgläubiger Prophet verursacht war. Das alles passt zu der These, Johannes sei nach Patmos verbannt worden[38]. Aber warum sagt er das nicht? Aus Rücksicht auf mögliche Zensur? Er formuliert sehr neutral: ἐγενόμην (*egenómen*). Grammatisch ist das eine passive Form. Will er damit andeuten, dass nicht diejenigen, die ihn verbannten, die letztlich handelnden Souveräne sind, sondern Gott das eigentliche Subjekt ist? Das ist er auch in dem gleich folgenden ἐγενόμην in V. 10, wonach Johannes sich in der Kraft des Geistes befindet, in der er seine Visionen hat. In diesen Zustand ist er nicht durch eigene Aktivität gelangt; das gilt als durch Gott verursacht. Wenn aber Johannes nach Patmos verbannt worden ist, erzwingt das weitere Folgerungen. Die Verbannung wurde im römischen Recht anstelle der Todesstrafe „bei freien röm(ischen) Bürgern der besseren Stände" praktiziert[39].

---

32 KRAFT, Komm. S. 42; die Argumentation dafür auf S. 41f.; so vorher schon z.B. HOLTZMANN, Komm., S. 425.

33 VIELHAUER, Literatur, S. 501.

34 Z.B. YARBRO COLLINS, Crisis, S. 102–104. Vgl. Eus.h.e. III 18,1: „Zu dieser Zeit – so geht jedenfalls die Rede – sei der Apostel und Evangelist Johannes, der noch am Leben war, wegen seines Zeugnisses für das göttliche Wort dazu verurteilt worden, sich auf der Insel Patmos aufzuhalten."

35 Vgl. HADORN, Komm., S. 33.

36 Dieser Kontext muss „der Auslegung von 1,9" nicht „untergeschoben" werden (so HORN, Patmos, S. 146); er ist gegeben.

37 Vgl. schon BECK, Komm., S. 27: „Es ist für Johannes als Trübsalsgenosse seiner Brüder nicht ein freiwilliger Aufenthalt."

38 „Patmos gehört nach unserem Kenntnisstand in der Kaiserzeit nicht zu den Relegations- oder Deportationsorten" (HORN, Patmos, S. 149), d.h. es sind uns keine Nachrichten darüber überliefert. Das schließt aber die Möglichkeit nicht aus, dass Personen nach Patmos verbannt wurden. Dass diese Insel tatsächlich ein Verbannungsort war, wird allerdings in der Literatur allzu sicher behauptet. So heißt es bei KÜLZER, Patmos, Sp. 400: „*In röm(ischer) Zeit war Patmos Verbannungsort*." Als Quelle wird aber lediglich die Apokalypse angegeben. Ähnlich hatte sich schon SCHMIDT, Patmos, Sp. 2175, geäußert. Auch bei ihr finden sich auf Sp. 2183f., von der Apokalypse angefangen, lediglich auf sie sich beziehende christliche Texte. Von einer Verbannung des Johannes auf Patmos durch Domitian wird in ActJoh 12–14 in einem stark legendarisch ausgemalten Kontext erzählt.

39 SCHIEMANN, Deportatio, Sp. 479. Zu den Möglichkeiten einer Verbannung des Johannes nach Patmos vgl. AUNE, Komm., S. 79f.

Johannes müsste dann also ein sozial hoch stehender römischer Bürger gewesen sein. Das ist keineswegs ausgeschlossen. Er könnte einer hochpriesterlichen Familie entstammen und in der Folge des jüdisch-römischen Krieges in die Provinz Asia gelangt sein. Das innere Zeugnis seines Buches spricht dafür. Es weist seinen Autor als einen biblisch außerordentlich belesenen und gebildeten Menschen aus. Dieses Buch ist ein souverän gestaltetes und durchreflektiertes literarisches Kunstwerk. Dessen Griechisch ist zwar stark semitisierend[40], aber Johannes zeigt sehr wohl, dass er es fehlerlos gebrauchen kann. Wo er gegen die griechische Grammatik verstößt, tut er das nicht aus mangelndem Vermögen und mangelnder Kenntnis, sondern höchst bewusst aus inhaltlichen Gründen[41]. Er scheint auch Kenntnis des Lateinischen gehabt zu haben. Jedenfalls gebraucht er in griechischer Übersetzung in deutlich antithetischer Abzweckung immer wieder Termini, die in der politischen Ideologie eine wichtige Rolle spielten. Er ist nicht nur ein scharfer Beobachter und Kritiker der politischen, sondern auch der wirtschaftlichen Verhältnisse. Das alles weist ihn als einen hoch gebildeten Menschen aus – und das hieß in der Antike auch als einen sozial hoch stehenden.

Für die Denkbarkeit der Verbannungshypothese kann auch eine Bemerkung aus dem Christenbrief des jüngeren Plinius angeführt werden. Nach seinem Bericht, dass er diejenigen, die seine Frage, ob sie Christen seien, trotz Androhung der Todesstrafe auch beim zweiten und dritten Mal bejahten, sofort hinrichten ließ, fährt er fort: „Andere in dem gleichen Wahn Befangene habe ich, weil sie römische Bürger waren, zur Überführung nach Rom vorgemerkt“[42]. Bereits unter den ersten bei Plinius angeklagten Christen, noch bevor die Sache weitere Kreise zog, gab es also mehr als ein oder zwei römische Bürger. Sie lässt er nicht hinrichten, sondern will sie nach Rom schicken. Das ist ein Aspekt der von ihm am Anfang des Briefes eingestandenen Unsicherheit in dieser Angelegenheit. Wenn nun darin ein Prokonsul der Provinz Asia nicht unsicher war und also die Entscheidung nicht nach Rom delegierte, sondern selbst in die Hand nahm, war als Urteil über einen in dieser Weise politisch angeklagten römischen Bürger hohen Standes die Verbannung auf eine Insel nahezu zwangsläufig; und als solche Insel ist Patmos eine denkbare Möglichkeit[43]. Ob es sich dabei nun im Falle des Johannes um eine *deportatio* oder um eine *relegatio*

---

[40] KUHN urteilt: „Die Form der Zitate zeigt, daß der Seher seine Bibel im hebr(äischen) Urtext gelesen hat, nicht in griech(ischer) Übersetzung.“ Er verwende die Schrift „als einer, der seine Bibel weitgehend auswendig kennt“ (Βαβυλών, S. 513, Anm. 13). Wenn auch dem Verneinten nicht zuzustimmen ist, so doch dem positiv Herausgestellten. Nach KOWALSKI sollte „man annehmen, dass Johannes bilingual gewesen ist und sich Teile des AT in der Fassung des MT und andere in der LXX-Version in seinem Gedächtnis eingeprägt hatten“ (Rezeption; S. 268f.).

[41] Auch nach HOLTZ „ist festzustellen, daß Johannes das Griechische voll beherrscht. Das zeigen gerade die schwersten Verstöße gegen die Regeln der griechischen Grammatik (Solözismen), durch die die Sprache mit voller Absicht in den Dienst des Inhalts, den sie vermitteln soll, gestellt wird; in vergleichbar gebrauchten Phrasen ohne solchen Inhalt folgt er korrekt den grammatischen Regeln!“ (Komm., S. 8)

[42] Plinius d.J., Briefe X 96,4; Übersetzung KASTEN.

[43] Vgl. KARRER, Brief, S. 187, Anm. 213.

handelte[44], können wir nicht wissen. Es reicht hier, für die Situation des Johannes die Verbannung als eine mögliche Hypothese aufgezeigt zu haben.

Man kann jedoch auch die Verbannungshypothese fallen lassen und trotzdem festhalten, was der Wortlaut des Textes verlangt, dass sich Johannes unfreiwillig auf Patmos aufhält. Er kann sich notgedrungen dorthin aufgemacht haben, weil ihm der Boden in den Städten des Festlandes zu heiß geworden war, weil er dort mit Sicherheit Nachstellungen und den Zugriff der Behörden erwarten musste[45]. Für direkte Arbeit war er nun sozusagen aus dem Verkehr gezogen; jetzt agitiert er schriftlich. Statt als „eine Art Schutzhaft“[46] ist Patmos mit KÄSEMANN doch wohl treffender zu charakterisieren als „der Ort für verbannte Aufrührer, denen die aktive Tätigkeit genommen wurde und denen jede müßig verbrachte Stunde in der Seele brennt“[47].

2. *Das Buch und seine Intention*

Die Offenbarung des Johannes gehört in einen breiten Traditionsstrom jüdischer Literatur, der besonders stark zwischen 170 v.Chr. bis ca. 100 n.Chr. floss[48]. Diese Literatur beerbt vor allem die biblische Prophetie, aber auch die Weisheit. Ein sie prägendes Charakteristikum ist, dass Gott als Herr der Geschichte dargestellt wird, der sie zu einem positiven Ziel für diejenigen führen wird, die ihn in bedrängter Situation bekennen. Der Augenschein in der Gegenwart ist allerdings ein ganz entgegengesetzter. Danach dominieren andere Herren; und unter ihnen ergeht es dem Volk Gottes schlecht. Das weist auf sehr bestimmte Entstehungsbedingungen apokalyptischer Literatur: Sie geht aus einer Situation starken politischen Druckes hervor. Als Beispiel sei die einzige apokalyptische Schrift der jüdischen Bibel genannt, das Buch Daniel, von dem wichtige Stücke am Höhepunkt seleukidischer Unterdrückung unter Antiochos IV. verfasst wurden. Von daher wird ein weiteres Charakteristikum dieser Literatur verständlich: Was offenbart werden soll, dass nämlich Gott die Geschichte gegen allen Augenschein gegenwärtiger Bedrängnis doch zu einem für seine Bekenner positiven Ziel führen wird, geschieht in verhüllenden Bildern, die jedoch für diejenigen, die sie zu lesen verstehen, als Symbole zugleich enthüllend sind. So erscheinen in Dan 7 die vier aufeinander folgenden Weltreiche als Abfolge von vier Raubtieren, deren viertes zoologisch gar nicht einzuordnen ist, weil es Elemente ent-

44 Vgl. die Artikel zu den beiden Stichworten von SCHIEMANN und VEGH.

45 Zum Problem Verbannung oder Flucht vgl. HORN, Patmos, S. 151–154.

46 So LOHMEYER, Komm., S. 15.194.

47 KÄSEMANN, Ruf, S. 237f.

48 Nach KOCH „scheint die Blüte dieses Schrifttums innerhalb eines Jahrtausends um die Zeitenwende vorzuliegen und mit den besonderen Verhältnissen dieser Epoche zusammenzuhängen; m.a.W.: es gab damals nicht nur Apokalypsen, sondern aller Wahrscheinlichkeit nach eine Apokalyptik als geistig-religiöse Strömung“ (Einleitung, S. 14) – eine Strömung, die m.E. von einem antiimperialen Impuls angetrieben wurde. In Hinsicht auf Letzteres vgl. zur frühjüdischen Apokalyptik den Abschnitt 1.3 bei BEDENBENDER: „Die frühjüdische Apokalyptik im Rahmen des vorderorientalischen Widerstands gegen den Hellenismus“ (Apokalyptik, S. 88–142).

hält, die an die damals moderne Kriegsführung der Seleukiden erinnern. Diese Raubtiere werden abgelöst von dem Menschensohngestaltigen. Hier wird abgelaufene, gegenwärtige und erhoffte Geschichte in Bildern verhüllt, die den Nicht-Eingeweihten unverständlich sind und abstrus erscheinen müssen. Für die Eingeweihten aber sind diese Bilder zugleich enthüllend. Sie charakterisieren die Herrschaft der Weltreiche, der Imperien, als brutale Gewaltherrschaft, als bestialisch und räuberisch, und erhoffen vom kommenden Gottesreich endlich humanes Regieren[49]. Diese Darstellung in verhüllend-enthüllenden Bildern macht deutlich: Apokalyptische Literatur ist Untergrund- und Widerstandsliteratur und daher von vornherein auch politisch. Mit der Versicherung, dass Gott Herr der Geschichte ist, und mit der Verheißung des positiven Endes wollen die Apokalypsen ihrer Adressatenschaft Trost vermitteln, der diese zugleich dazu ermutigen soll – und dazu wird auch explizit gemahnt –, an ihrem Bekenntnis zu Gott festzuhalten, in der schwierigen Situation auszuharren. In der Situation politischen Druckes bedeutet das notwendigerweise auch eine Form des Widerstandes gegen die politische Macht.

Für jüdische Apokalypsen charakteristisch sind Geschichtsüberblicke in Form von Weissagungen. Als Verfasser gelten Größen der Vergangenheit wie Daniel, Esra, Baruch und Henoch. Von deren geschichtlichem Standort aus wird die bis zur Gegenwart des tatsächlichen Verfassers abgelaufene Geschichte vorausgesagt und für die Zeit unmittelbar danach die heilvolle Wende angekündigt. So sollen sie ihre Bücher versiegeln; erst wenn die Endzeit gekommen ist, werden die Siegel geöffnet werden. Der Sinn dieses Verfahrens liegt auf der Hand. Die bis in die Gegenwart vorausgesagte Geschichte ist für die Leser- und Hörerschaft als tatsächlich eingetroffen kontrollierbar. Das soll ihr Gewissheit geben, dass auch das eintreffen wird, was für sie als noch zukünftig aussteht. An dieser Stelle verhält es sich mit der neutestamentlichen Apokalypse anders. Ihr Verfasser gibt sich als Zeitgenosse seiner Leser- und Hörerschaft zu erkennen und so bietet er auch keine Überblicke über inzwischen längst abgelaufene Geschichte und so soll er sein Buch auch „nicht versiegeln; denn die Zeit ist nahe" (Apk 22,10). Aber handelt es sich bei seinem Buch deswegen nicht um eine Apokalypse?[50] Ich denke, dass dieses Moment nicht konstitutiv für die Gattung ist. Relevanter ist das vorher Ausgeführte, dass Gott in drangvoller Situation als Herr der Geschichte beschrieben wird, der die heilvolle Wende bringt, und dass diese Darstellung in verhüllend-enthüllenden Bildern erfolgt. Diese Momente weist auch das Buch des Johannes auf.

Zunächst ist im Blick auf seine Form festzuhalten, dass es einen brieflichen Rahmen hat[51]. In 1,4.5a steht ein Präskript, das mit seinen zwei Sätzen die orien-

---

49 Vgl. EBACH, Apokalyptik, S. 220f.

50 GEORGI will in dem Werk des Johannes gar „eine Antiapokalypse" sehen, wofür er noch ihren „Heilsuniversalismus", „die Erwähnung des Verfassers" und anderes anführt (Visionen, S. 362). Er überzieht die Abgrenzungen und übersieht die grundlegenden Übereinstimmungen. Vgl. dagegen das Urteil von BÖCHER: „Die J(ohannes-Apokalypse) ist ... auch ihrer Gattung nach eine echte Apokalypse" (Johannes-Apokalypse, Sp. 604).

51 Dieser Aspekt wird besonders stark in der Monographie von KARRER, Brief, passim, herausgestellt und als grundlegend für die Interpretation durchgeführt. Vgl. auch ROLOFF, Komm., S. 15f.

talische Form aufweist, und damit den Präskripten der Paulusbriefe genau entspricht. Der erste Satz nennt den Absender im Nominativ und die Adressaten im Dativ: „Johannes den sieben Gemeinden in der Asia" (V. 4a). Es folgt die Salutatio: „Freundlichkeit sei unter euch und Friede von: der Er ist und der Er war und der Er kommt und von den sieben Geistern vor seinem Thron und von Jesus, dem Gesalbten: der treue Zeuge, der Erstgeborene der Toten und der Herrscher über die Könige der Erde" (V.4b.5a). An Paulus erinnert nur der Beginn dieser Salutatio; ihr zweiter Teil ist typisch für den Verfasser dieses Buches. Vom „Schreiben" ist ausdrücklich in 1,11 die Rede. Dort hört er als Befehl: „Was du siehst, schreibe in ein Buch, und schicke es den sieben Gemeinden nach Ephesus, Smyrna, Pergamon, Thyatira, Sardes, Philadelphia und Laodizea!" Solche Schreibbefehle begegnen dann jeweils wieder am Beginn der sieben Sendschreiben an die hier genannten Gemeinden in Apk 2 und 3. Am Schluss des Werkes, in 22,21, begegnet ein Schlussgruß, der dem der Paulusbriefe entspricht: „Die Freundlichkeit Jesu, des Herrn, sei mit allen!" Eine briefliche Rahmung der Apokalypse des Johannes ist also unverkennbar[52]. Aber muss sie deswegen ihrer Form nach im Ganzen als ein Brief bezeichnet werden?[53] Dagegen spricht, dass die brieflichen Elemente quantitativ nur einen sehr geringen Anteil des Ganzen ausmachen und dass sich in den Sendschreiben der Verfasser über die Verhältnisse in den einzelnen Gemeinden zwar kundig zeigt, sich aber weder hier und erst recht nicht sonst Korrespondenzcharakter findet. Das Werk des Johannes ist eine Apokalypse mit brieflicher Rahmung. Diese briefliche Rahmung verdankt sich einer Situation, die der eines Briefes analog ist. Der Verfasser ist räumlich getrennt von bestimmten Menschen, die er als Empfänger seines Werkes im Blick hat. Er schreibt aber keinen Brief, sondern eine Apokalypse. Er will, dass sie bei den von ihm ins Auge gefassten Empfängern in deren Versammlungen vorgelesen wird. Deshalb gibt er ihr eine briefliche Rahmung[54]. Dass das Werk im Ganzen seiner Form nach nicht als Brief zu verstehen ist, zeigt sich auch daran, dass der Verfasser dem brieflichen Präskript andere Aussagen in 1,1–3 voranstellt, die es grundsätzlich charakterisieren[55].

---

52 Zum Einzelnen vgl. die gründliche Untersuchung von KARRER, Brief, S. 73–82 und das Ergebnis auf S. 82f.

53 HOLTZ stellt die Charakterisierung als „Apokalypse" in Frage und meint, die Offenbarung des Johannes ordne sich „klar und betont einer ganz anderen Gattung zu, nämlich der durch Paulus ‚autorisierten' Form des Gemeindebriefs" (Komm., S. 2). KARRER formuliert vorsichtiger. Er spricht hinsichtlich der Apokalypse von einem „an Adressatengemeinden zu versendenden Offenbarungstext" (Brief, S. 146) und will sie „nur allgemeiner als einen brieflichen Text der Offenbarungsliteratur … charakterisieren" (S. 305). Zur Kritik an der Betonung der Brieflichkeit vgl. MÜLLER, Buch, S. 297f. Da die Apokalypse in ihrer Form ein Werk so eigener Art ist, sollte man vielleicht auf eine Gattungsbestimmung verzichten. Wichtig scheint mir für ihre Interpretation zu sein, dass man sie einerseits nicht aus dem Traditionsstrom herauslöst, den man mit „Apokalyptik" bezeichnet – wo das geschieht, ist das eher ideologisch bedingt –, und dass man andererseits die mit den brieflichen Elementen angezeigte Kommunikationssituation zwischen dem Autor und seiner intendierten Leser- und Hörerschaft durchgängig beachtet.

54 Vgl. MÜLLER, Komm. S. 28.

55 Zur Form der Apokalypse vgl. die Charakterisierung von SALS als „Synthese von Textgattungen" (Biographie, S. 53–58).

Auf diesen einleitenden Abschnitt sei deshalb ausführlich eingegangen. Er lautet:

[1]Enthüllung Jesu, des Gesalbten, die Gott ihm gegeben hat, um seinen Sklaven und Sklavinnen zu zeigen, was in Bälde geschehen muss; und er hat sie kundgetan – entboten durch einen Engel – seinem Sklaven Johannes. [2]Der bezeugt das Wort Gottes und das Zeugnis des Gesalbten Jesus, alles, was er sah. [3]Glücklich, wer vorliest und diejenigen, die die Worte der Prophetie hören und das darin Geschriebene halten! Denn die Zeit ist nahe.

Dieses der brieflichen Rahmung vorangestellte und das Werk im Ganzen charakterisierende Stück ist formgeschichtlich schwierig zu bestimmen. Es ist kein literarisches Vorwort wie Lk 1,1–4; und für eine Überschrift ist es viel zu lang. Eine gewisse Nähe zeigt sich zu Einleitungen biblischer Prophetenbücher. So heißt es z.B. Jes 1,1: „Schauung" (חזון – ὅρασις) Jesajas, des Sohnes des Amoz, die er geschaut hat über Juda und Jerusalem in den Tagen Usias, Jotams, Ahas' und Hiskias, der Könige Judas." Diese Nähe ist nicht nur formaler Art. Das Werk wird in V. 3 ausdrücklich als „Prophetie" bezeichnet; und bei den Überlegungen zum Verfasser hatte sich gezeigt, dass er als Prophet verstanden werden muss, auch wenn er sich nicht direkt und ausdrücklich so benennt. Andererseits enthält dieses Stück Elemente, die in den Einleitungen zu Prophetenbüchern keine Analogien haben; und die dort meistens stehende Zeitangabe fehlt hier. So hat KARRER eine genauere formgeschichtliche Bestimmung versucht. Er findet die nächsten Analogien in der Didache, im Apokryphon Johannis, im Thomasevangelium, in der Epistula Apostolorum und in der Apokalypse des Adam und charakterisiert die Einleitungen aller dieser Schriften als „vortitulare Incipits". Der Begriff *Incipit* ist von Haus aus keine Gattungsbestimmung. Mit diesem Wort markierten Abschreiber in lateinischen Handschriften den Beginn eines neuen Werkes. In der lateinischen Handschrift z.B., die den Barnabasbrief enthält, heißt es unmittelbar vor der Abschrift des Briefes: *Incipit epistola Barnabe feliciter*. Nach dessen Ende wird vermerkt: *Explicit epistola Barnabe*. Unmittelbar darauf folgt die Angabe der nächsten Schrift: *Incip(it) epist(ola) Jacobi feliciter*[56]. Das Wort *incipit* wurde dann aufgegriffen zur Bezeichnung einleitender Charakterisierungen eines Werkes. „Vortitular" meint nicht, dass dieses *Incipit* vor dem Titel des Werkes steht, sondern dass es formuliert wurde, bevor es einen Titel gab, und dass aus ihm ein Titel abgeleitet werden konnte. KARRER formuliert als sein Ergebnis: „Apk 1,1–3 ist im Kontext des gemeinantiken Incipitbrauchs zu sehen, womit ein Autor seinem Werk rezeptionslenkende Kurzhinweise zu Abfassung und Inhalt voraussteIlt"[57]. Dem ist m.E. zuzustimmen[58]. Es liegt eine Art Einleitung vor, die die folgende Schrift im Ganzen cha-

---

56 Vgl. die Angaben bei JOSEPH MICHAEL HEER, Die Versio Latina des Barnabasbriefes und ihr Verhältnis zur lateinischen Bibel, Freiburg i.Br. 1908, S. XIII, sowie den Text auf S. 2 und S. 89 und die Fotografie zwischen S. 2 und S. 3.

57 KARRER, Brief, S. 93.

58 KARRER versucht dann aber eine weitere Präzisierung: „Es entsteht eine in ihren Elementen offene Form, die sich am ehesten als *vortitulares Incipit von Offenbarungsschriften*

rakterisieren soll. Wichtiger als eine vielleicht gar nicht mögliche genaue formgeschichtliche Bestimmung dürfte es daher sein, auf die inhaltlichen Ausführungen zu achten.

Was diese Schrift vermitteln will, wird hier auf Gott selbst als Ursprung zurückgeführt und gelangt über verschiedene Vermittlungsinstanzen an die schließlichen Adressaten. Der erste Vers führt zwei Dreierreihen an, die sich ineinander fügen lassen. In V. 1a ergibt sich der Sache nach die Abfolge: Gott – der Gesalbte Jesus – seine Sklaven und Sklavinnen. Dabei lässt es sich nicht entscheiden, ob „seine" sich auf Gott oder Jesus bezieht. Johannes kann das getrost offen lassen, weil in seiner Perspektive „die Sklaven und Sklavinnen Jesu" selbstverständlich auch „Sklaven und Sklavinnen Gottes" sind und umgekehrt. Denn nach ihm begegnet in Jesus Gott selbst. Ebenso wenig muss entschieden werden, ob Gott oder Jesus Subjekt im Prädikat ἐσήμανεν („er hat kundgetan") in V. 1b ist. Nach 22,6 ist es Gott, der „seinen Engel schickte, um seinen Sklaven und Sklavinnen zu zeigen, was geschehen muss in Bälde". In 22,16 aber heißt es in einer Jesusrede: „Ich, Jesus, habe meinen Engel geschickt, um euch dieses zu bezeugen über die Gemeinden." Für die These, dass eher an Jesus als Subjekt gedacht ist, lässt sich anführen, dass ἐσήμανεν das δεῖξαι („zu zeigen") von V. 1a aufnehmen könnte, als dessen Autor Jesus gilt. An der Spitze der Dreierreihe in V. 1b steht also entweder Gott oder – wahrscheinlicher – Jesus; es folgen „sein Engel" und „sein Sklave Johannes". Fügt man die beiden Dreierreihen ineinander, ergibt sich insgesamt die Abfolge: Gott – Jesus – sein Engel – sein Sklave Johannes – seine Sklaven und Sklavinnen. Der Sinn dieser Reihung liegt darin, die Botschaft zu autorisieren und zugleich den Weg ihrer Vermittlung anzuzeigen. Was Johannes seinen Adressaten zu sagen hat, gilt ihm nicht als seine Privatmeinung, sondern als von ihm empfangene Botschaft, die er weitergibt und die letztlich auf Gott selbst zurückgeht. Schon darin wird prophetischer Anspruch deutlich.

Das erste Wort, ἀποκάλυψις (*apokálypsis*), war, als Johannes es gebrauchte, noch keine literarische Gattungsbezeichnung. Dazu ist es erst durch dieses Buch geworden, wahrscheinlich durch den Brauch, Bücher mit ihrem ersten Wort zu benennen[59]. So wurde das Buch des Johannes schon in der christlichen Antike „Apokalypse" genannt[60]; und von daher wurde in der Moderne die ganze ihm verwandte jüdische und christliche Literatur als „Apokalyptik" eingeordnet. *apokálypsis* war nicht einmal ein besonders religiös geprägter Begriff. Er bezeichnet ganz allgemein das Enthülltwerden, die Enthüllung. In den zeitlich

---

bezeichnen läßt" (ebd.). Demgegenüber ist kritisch zu vermerken: 1. Ob das Incipit der Didache überhaupt zu deren ursprünglichem Text gehört, ist schon textkritisch unsicher. 2. Die Didache ist keine Offenbarungsschrift, sondern eine Kirchenordnung. 3. Die übrigen Schriften sind zeitlich mindestens ein halbes Jahrhundert jünger als die Apokalypse. 4. Die systematische Übersicht der Texte, die Karrer auf S. 94f. gibt, zeigt, dass von einer festen Form keine Rede sein kann. Dafür ist seine Formulierung „eine in ihren Elementen offene Form" eine vornehme Umschreibung.

59 Vgl. die Benennungen der fünf Bücher der Tora im Judentum bis heute.

60 Zuerst belegt bei Just.dial. 81,4 und Iren.haer. V 30,3. Auch „schon in den ältesten erhaltenen Bibelhandschriften wird daraus (aus dem ersten Wort des Buches) die Überschrift *apokalypsis* ‚des Johannes' abgeleitet" (KOCH, Einleitung, S. 1).

vorangehenden Schriften des Neuen Testaments begegnet der Begriff nur bei Paulus und in paulinischer Tradition. Dabei ist zu beachten, dass Johannes seine Schrift an Gemeinden richtet, die in einem ehedem paulinischen Missionsgebiet leben. Bei Paulus ist der Begriff terminologisch nicht festgelegt; er gebraucht ihn in unterschiedlichen Zusammenhängen. In 1Kor 14,6.26 ist *apokálypsis* ein Charisma neben anderen Charismen: Erkenntnis, Prophetie, Lehre, Psalmendichtung und Glossolalie. Unter dieses Charisma fallen wohl auch die „Gesichte und Enthüllungen", von denen Paulus in 2Kor 12,1.7 als wunderbaren Entrückungen spricht. Als „Enthüllung" gilt ihm auch die über Jesus neu gewonnene Erkenntnis, die aus dem verfolgenden Eiferer der Gemeinde ihren eifrigsten Verkündiger gegenüber den Völkern machte (Gal 1,12). In Gal 1,16 drückt er das verbal aus. Nach Gal 2,2 geht er „gemäß einer Enthüllung" zum Apostelkonvent nach Jerusalem. Damit bringt er zum Ausdruck, dass ihn dazu weder eigener Wille noch der Befehl anderer Menschen veranlasst, sondern sozusagen göttliche Intervention. Schließlich begegnet der Begriff bei ihm auch in endzeitlichem Zusammenhang. Besonders hinzuweisen ist dabei auf 1Kor 1,7, wo vom Erwarten „der Enthüllung unseres Herrn, des Gesalbten Jesus" die Rede ist, also von der Hoffnung, dass am Ende Jesus als der wirkliche Herr enthüllt werden wird. Im Gebrauch des Begriffes in Apk 1,1 dürften verschiedene Elemente dieser paulinischen Tradition zusammenkommen: Dass die Herrschaft Jesu einmal nicht mehr von gegenteiligen Erfahrungen verdeckt sein wird, nimmt der hinter die Kulissen des Welttheaters schauende Blick des Sehers jetzt schon wahr, der ihm als Charisma gewährt wird.

Darüber hinaus ist aber auch ein biblischer Hintergrund in Anschlag zu bringen. Das Substantiv *apokálypsis* begegnet in der Septuaginta nur an wenigen Stellen in völlig anderer Bedeutung. Anders verhält es sich mit dem Verb ἀποκαλύπτω (*apokalýpto*). Hier ist einmal Am 3,7 anzuführen: „Denn keine Sache wird der Ewige, Gott, tun, außer er habe sein Geheimnis (סוד – παιδεία) seinen Sklaven, den Propheten, enthüllt (גלה – ἀποκαλύψῃ)." Die andere Stelle, auf die noch mehrfach einzugehen sein wird, ist Dan 2,28f.45. Da geht es um den Traum Nebukadnezars, den Daniel erkennt und deutet. Er spricht davon, dass Gott die Geheimnisse „enthüllt" (גלא – ἀνα-, ἀποκαλύπτων) und „kundtut" (הודע – ἐδήλωσε [LXX], ἐγνώρισεν [Theodotion]). In Dan 2,45 wird הודע (*hodá*) von der Septuaginta mit ἐσήμανεν (*esémanen*) wiedergegeben. Sachlich geht es hier und in der Rezeption dieser Stellen in Apk 1,1 um Folgendes: Die von Gott herkommende Offenbarung ist die Enthüllung seiner Wirklichkeit, die Offenlegung dessen, dass Gott die Herrschaft innehat. Das ist eine Realität, die dem gewöhnlichen Blick verborgen ist, weil er sich von anderer Herrschaft, die die Herrschaft Gottes bestreitet und verdeckt, imponieren und das Gesichtsfeld ausfüllen lässt. Nicht die im Folgenden wiedergegebenen Visionen als solche machen den Offenbarungscharakter des in der Apokalypse Dargebotenen aus, sondern die Erkenntnis von Gottes Wirklichkeit, die im Widerspruch steht zu angemaßter Herrschaft in der vorfindlichen Wirklichkeit.

Der Genitiv in der Zusammenstellung „Enthüllung des Gesalbten Jesus" ist durch die Fortsetzung des Textes eindeutig als *genetivus subiectivus* ausgewiesen. Es ist die Enthüllung, die Offenbarung, die Jesus von Gott erhält, um sie seinerseits „seinen Sklaven und Sklavinnen“ zu zeigen. „Jesus Christus ist der ‚Autor‘, der zugleich der Empfänger von Gott her ist“[61]. Dass er sofort am Beginn als solcher „Autor“ genannt wird, weist daraufhin, dass nach Johannes die Enthüllung der Wirklichkeit Gottes nicht abgesehen vom Gesalbten Jesus oder an ihm vorbei erfolgt, dass sich vielmehr gerade im Blick auf ihn die Wirklichkeit Gottes eröffnet, ja in ihm auf den Plan tritt und er für sie einsteht. In dieser Richtung ist m.E. das Verhältnis von Gott und Jesus zu bedenken, wie Johannes es versteht. Dass Gott und Jesus hier in einer Abfolge stehen, die bis zu den Messiasgläubigen führt, könnte dazu verleiten, von einer subordinatianischen Christologie zu sprechen. Aber die Begriffe der späteren Dogmengeschichte sind nicht hilfreich für das Verständnis des Johannes. Wie im ganzen Neuen Testament ist Jesus natürlich auch nach ihm Gott untergeordnet. Aber ebenso ist für ihn klar, dass Jesus der Ort endzeitlicher Präsenz Gottes ist.

Als Adressaten, die diese „Enthüllung des Gesalbten Jesus“ erreichen soll, werden „seine Sklaven und Sklavinnen“ angegeben. „Sklave Gottes“ ist Ehrentitel biblischer Propheten. Die vorher zitierte Stelle Am 3,7 nannte die Propheten „Sklaven Gottes“. Diese Traditionslinie nimmt auch die Apokalypse auf. In 10,7 und 11,18 werden prophetisch Begabte – im Blick sind Menschen in messiasgläubigen Gemeinden – „Sklaven und Sklavinnen Gottes“ genannt. Alle Prophetinnen und Propheten in der Gemeinde sind Sklavinnen und Sklaven Gottes, aber nicht alle Sklavinnen und Sklaven Gottes sind auch prophetisch begabt. „Sklavinnen und Sklaven Gottes“ ist der weitere Begriff, der alle Gemeindeglieder bezeichnet. Das ist mit Sicherheit der Fall in 2,20; 7,3; 19,2.5; 22,3. Auch ihre Erwähnung in 1,1 ist so zu verstehen. Denn geschaut hat die Enthüllung allein Johannes und er vermittelt sie schriftlich an die Gemeinden in der Asia.

Mit der Bezeichnung aller Gemeindeglieder als „Sklaven und Sklavinnen Gottes“ wird aber in der Apokalypse noch ein anderer Aspekt mitschwingen. Das griechische Wort δοῦλος (*dúlos*) bezeichnet den rechtlich Unfreien. Wer sich aber Sklavin oder Sklave Gottes nennen darf, wer ganz und gar Gott gehört, ist damit frei gegenüber allen anderen Herrschaftsansprüchen, hat Freimut und übt sich in aufrechtem Gang. Die dem Johannes zeitgenössischen Menschen konnten dabei eine Analogie vor Augen haben: die Kaisersklaven (δοῦλοι καίσαρος / *servi Caesaris*). Vor ihnen duckten sich auch solche, die sonst an Herrschaftsausübung gewohnt waren. Welche Stellung hatte da erst, wer „Sklave und Sklavin Gottes“, des Schöpfers und Herrn aller Welt ist! Allerdings, die Sklavenmetapher ist ambivalent. Im Kontext der Apokalypse ist sie gewiss herrschaftskritisch verstanden. Aber sie konnte auch herrschaftskonform gebraucht werden. Das wird dann der Fall, wenn die irdischen Herren als Bild und Modell des himmlischen gelten[62].

Als Inhalt der Enthüllung Jesu, die den Gemeindegliedern gezeigt werden soll, wird angegeben: „was geschehen muss in Bälde“. Schon hier am Anfang wird deutlich, was sich dann immer wieder zeigen wird, dass die Sprache des

---

[61] LOHMEYER, Komm., S. 7.

[62] Das geschieht in der Sklavenmahnung in Did 4,11 (Barn 19,7): „Ihr Sklaven aber sollt euren Herren als einem Abbild Gottes (τύπῳ θεῷ) mit Respekt und Ehrfurcht gehorchen!“

Johannes durch und durch gesättigt ist von der biblischen Schriftprophetie. An dieser Stelle lehnt er sich an Wendungen aus Dan 2,28f.45 an. Danach hat Gott dem König Nebukadnezar im Traum kundgetan, „was geschehen wird“. Sowohl Septuaginta als auch Theodotion übersetzen diese Wendung in 2,28 und 29 mit „was geschehen muss“, Theodotion auch in 2,45. Septuaginta hat dort: „das Künftige“. Daran wird deutlich, dass die Übersetzung mit „muss“ (δεῖ), die auch Johannes hat, keineswegs notwendig ist. Aber sie ist durchaus sinngemäß. Dieses „Muss“ ist in apokalyptischer Literatur verbreitet. Es impliziert die Vorstellung von einem Plan, einem Plan Gottes, den er auch zur Durchführung bringen wird. Aber ist das nicht auch eine Art Fatalismus und damit eine fatale Vorstellung? Ist das nicht fatal, wenn unabhängig von dem, was Menschen tun, von Gott ein bestimmter Geschehensablauf durchgezogen, ein vorher aufgestellter Fahrplan abgewickelt wird? Es wäre in der Tat fatal, wenn dieses „Muss“ aus seinem konkreten Kontext isoliert und abstrakt systematisiert, wenn es aus einem Zuspruch in bestimmter Situation zu einem allgemeinen Lehrsatz dogmatisiert würde. Dieses „Muss“ bekommt sofort den Geschmack des Fatalen, wenn nicht beachtet wird, wogegen es sich richtet und was es positiv will. Es wird ja geschrieben angesichts einer Wirklichkeit, in der ein Plan Gottes unerkennbar erscheint, in der die gewalttätigen Sieger, die faktisch Mächtigen und die von ihnen gesetzte Macht des Faktischen dominieren. Dagegen setzen die Apokalyptiker das göttlich „Muss“ und wollen mit ihm – allem gegenteiligen Augenschein trotzend – die Souveränität Gottes herausstellen und festhalten. Sie vertreten damit keinen Fatalismus, sondern schreiben gegen den Fatalismus des Faktischen, gegen den Fatalismus der „Sachzwänge“ an. Dieses „Muss“ ist also Protest, ist Widerspruch. Es wird jedoch sofort fatal, wenn dieser Widerspruch umschlägt in Legitimierung, wenn vom erhofften guten Ziel her die Opfer des tatsächlichen Geschichtsverlaufs als sinnvoll und von Gott gewollt behauptet werden. Was nach Johannes „geschehen muss“, ist der Abbruch der Gewaltgeschichte – und nicht ihre Sinngebung.

Statt des an den hier angezogenen Textstellen aus dem Buch Daniel stehenden „danach“ oder „zuletzt“ formuliert Johannes: „in Bälde“. „Was geschehen muss“, dass sich Gott in offenbarer Weise als Herr der Geschichte erweist, wird „in Bälde“ geschehen, ist außerordentlich dringlich. Dieses Motiv der Dringlichkeit des Abbruchs des Bisherigen, aus dem der wirkliche Herr der Geschichte hervortreten wird, nimmt Johannes am Ende seines Buches vor dem brieflichen Schlussgruß auf. In 22,20 formuliert er als Verheißung Jesu: „Ja, ich komme bald.“ Unmittelbar anschließend antwortet darauf die Bitte der Gemeinde: „Amen, komm, Jesus, Herr!“[63] Am Anfang und am Schluss steht also die dringliche Erwartung des Endes. Dazwischen aber erstreckt sich ein langes Buch, dessen Aufbau schon – wie noch zu zeigen sein wird – das Bewusstsein dafür anzeigt, dass die alte Weltzeit leider immer noch andauert. Doch hält Johannes an der Hoffnung auf ihren Abbruch fest. Das ist kein illusionäres Aussteigen aus der Welt und ihrer Geschichte, sondern eine Stärkung des Widerstandspotentials gegen den von der starken Welt ausgehenden Anpassungsdruck. Und diese

63 Vgl. hierzu u. S. 128.

Hoffnung auf den Abbruch der Gewaltgeschichte realisiert sich schon in kleinen, aber konkreten Unterbrechungen, in Verweigerung und Protest, im alternativen Leben in der Gemeinde. Darin würde ich – wenn man schon mit KRAFT so formulieren will – den „tieferen Sinn unseres Buches" sehen und nicht, wie er will, dass es „das Weltende und das Gottesreich herbeiführen soll, indem es sie verkündigt"[64]. Mir scheint, Johannes hat nicht die Illusion gehabt, mit seinem Werk den Untergang Roms herbeischreiben zu können. Gewiss, er beschwört diesen Untergang geradezu, nimmt ihn visionär und symbolisch vorweg. Was er damit will und kann, ist dies: den Widerstand stärken.

Als Offenbarungsmittler zwischen Jesus und Johannes wird in V. 1 ein Engel genannt. Diese Mittlerschaft wird nicht für das ganze Buch strikt durchgehalten. Erst an dessen Ende tritt der Engel stärker in Erscheinung. Das veranlasst KRAFT zu der Vermutung, das Stück 1,1–3, das man auch als „Vorwort" bezeichnen kann, sei erst am Schluss geschrieben und dem ganzen Werk vorangestellt worden[65]. Das ist möglich. Auch heute wird ein Vorwort in der Regel am Schluss geschrieben. Aber es ändert nichts daran, dass das ganze Werk einschließlich dieses Stückes als Einheit zu begreifen ist. Ein solcher Engel, wie er hier auftritt, ein *angelus interpres*, ist von Ezechiel in die Prophetie eingeführt worden. Danach findet er sich bei Sacharja und ab Daniel begegnet er regelmäßig in den Apokalypsen. Dem Judentum war es selbstverständlich geworden, dass Gott sein Weltregiment mit Hilfe von Engeln ausübt. Sie treten in vielfältigen Funktionen auf, in der eben genannten Traditionslinie als interpretierende Vermittler.

Schon in dieser Einleitung, noch in V. 1, führt der Verfasser sich selbst ein und nennt seinen Namen: Johannes. Darüber ist schon gehandelt worden. Er bezeichnet sich hier als „seinen Sklaven", wobei sowohl ein Bezug auf Gott als auch auf Jesus möglich ist. Wahrscheinlich wird das bewusst offen gehalten, weil beides gelten soll – oder genauer: als Sklave Jesu ist Johannes ein Sklave Gottes bzw. Sklave Gottes ist er, indem er sich in den Dienst Jesu stellt.

Was er in diesem Buch tut, beschreibt er in V. 2. Das dort Gesagte widerspricht entschieden der Annahme, als wolle er in fatalistischer Weise einen Endzeitfahrplan entwickeln. Er charakterisiert sein Tun als „bezeugen". Der Aorist ἐμαρτύρησεν (*emartýresen*) erklärt sich aus dem griechischen Briefstil, nach dem aus der Perspektive des späteren Empfängers gedacht wird, bei dessen Lesen das Schreiben des Absenders schon in der Vergangenheit liegt. Mit diesem Begriff werden mehrere Dimensionen eröffnet. Er assoziiert einen Gerichtszusammenhang. Die Hörer- und Leserschaft des Johannes wird dabei zunächst an das Gericht des römischen Prokonsuls in der Provinz Asia denken. Es konnte vorkommen, dass Menschen aus ihrer Mitte als „Christianer" angeklagt und vor dieses Gericht geschleppt wurden. Dann war ihr Zeugnis gefragt; und das konnte tödliche Konsequenzen haben[66]. Es werden noch Stellen in der Apokalypse zu besprechen sein, wo beim Stamm μαρτυ- der Übergang von der forensischen zur

---

64 KRAFT, Komm., S. 19.
65 KRAFT, Komm., S. 21.
66 So wird es von Plinius d.J. beschrieben: Briefe X 96,3.

martyrologischen Bedeutung greifbar wird[67]. In seinem Buch aber wird Johannes das Szenarium eines ganz anderen Gerichts entwerfen, nämlich des Gerichtes Gottes über die römische Macht. Dieses übergreifende Gericht bezeugt er. Es ist ihm visionär eröffnet worden. Er bezeugt „alles, was er sah“, wie es am Schluss von V. 2 heißt. Der Zeuge ist hier Augenzeuge; er sagt nur das, was er gesehen hat.

Was er gesehen hat und also bezeugt, charakterisiert Johannes zuvor als „das Wort Gottes und das Zeugnis des Gesalbten Jesus“. Nach KRETSCHMAR handelt es sich bei dieser Zusammenstellung um eine „ursprünglich judenchristliche Grundüberzeugung“[68]. Abgesehen von dem mir nicht angemessen erscheinenden Begriff „judenchristlich“ – gemeint ist die Überzeugung jüdischer Messiasgläubiger – dürfte das eine zutreffende Beobachtung sein. Denn jüdische Messiasgläubige wissen sich an die Weisung des Gottes Israels gebunden und bekennen sich zugleich zu Jesus als dem Gesalbten, in dem Israels Gott endzeitlich auf den Plan getreten ist[69]. Dass auch Johannes bei „Wort Gottes“ primär an die Weisung Gottes denkt, macht die Stelle 12,17 deutlich, wo die bei ihm sich öfter findende Zusammenstellung (1,2.9; 6,9; 20,4) in der Variante begegnet: „die *Gebote* Gottes und das Zeugnis Jesu“. Ähnlich kennzeichnet er in 14,12 „die Heiligen“, die standhalten müssen, als diejenigen, die „die *Gebote* Gottes halten und die Treue zu Jesus“[70]. Wie beides in der konkreten Situation der Leser- und Hörerschaft zusammenhängt, wird noch deutlich werden. Klar ist aber schon hier, dass Johannes sie bestärken will, bei der Weisung Gottes und bei dem Bekenntnis zu Jesus zu bleiben. Da liegt seine Absicht und nicht bei der Mitteilung eines abstrakten Endzeitfahrplans. Die Mitteilung dessen, „was geschehen muss“ – dabei geht es um die Herausstellung der Geschichtsmächtigkeit und Souveränität Gottes –, dient der Vergewisserung im Blick auf diese Absicht. Deshalb erwähnt Johannes auch am Schluss von V. 2 „alles, was er gesehen hat“. Damit betont er noch einmal seine Zeugenschaft. Aber wieso kann er in Bezug auf „das Wort Gottes und das Zeugnis des Gesalbten Jesus“ vom „Sehen“ sprechen? Was im Hauptteil der Apokalypse geschildert wird, sind Visionen. Was haben sie mit „dem Wort Gottes und dem Zeugnis des Gesalbten Jesus“ zu tun? Nun, Johannes mag visionäre Erlebnisse gehabt haben. Das brauchen wir nicht in Frage zu stellen. Darüber können wir aber auch nichts feststellen. Was wir aber mit Sicherheit feststellen können, ist dies, dass die Visionsschilderun-

---

67 Vgl. u. S. 59f.

68 KRETSCHMAR, Offenbarung, S. 41 Anm. 60.

69 Anders AUNE, der das καί epexegetisch versteht (Komm., S. 19).

70 Was soll bei einem jüdischen Autor, dessen Kanon in der jüdischen Bibel besteht, das Halten der Gebote anderes meinen als die Orientierung an dem von Gott in der Tora Gebotenen? Vgl. JOCHUM-BORTFELD, Stämme, S. 133f.: „τηρεῖν τὰς ἐντολάς kann als griechische Übersetzung von שמר מצות verstanden werden.“ „Johannes problematisiert die Geltung der Tora nicht. Die Bezeichnung der Christinnen und Christen als diejenigen, die die Gebote halten, setzt voraus, daß die Tora Wegweisung für die Gemeinden in der Asia ist“ (S. 134; vgl. auch S. 226). Verfehlt ist dagegen die Kennzeichnung der Doppelwendung als „ein plerophorischer Ausdruck für christliche Offenbarung überhaupt“ durch BOUSSET (Komm., S. 183), von SATAKE aufgenommen in der öfters gebrauchten Formulierung „der christliche Glaube“ (Komm., S. 124.292.319).

gen des Johannes gesättigt sind von biblischer Sprache, ja, dass sie in weiten Teilen aus biblischen Zitaten und Zusammenstellungen von Zitaten bestehen. Dabei hat er besonders die prophetischen Bücher benutzt. Er hat sie – um noch einmal die Formulierung von JÜRGEN EBACH aufzunehmen –, „gesichtet“[71]. Bei dieser Sichtung kommt es geradezu zu einer Collagentechnik, in der die Texte neu arrangiert werden. Die Lektüre der Bibel ist es also, in der „das Wort Gottes und das Zeugnis des Gesalbten Jesus“ einerseits und das Sehen andererseits zusammenkommen. In seiner Bibel findet Johannes die Weisung Gottes geschrieben und Jesus bezeugt; und diese Lektüre prägt sein visionäres Erleben und bestimmt es mit.

Die die Einleitung abschließende Seligpreisung in V. 3 lässt die nächstliegende und unmittelbare Absicht des Johannes im Blick auf sein Werk erkennen: „Glücklich, wer vorliest und diejenigen, die hören!“ Er will, dass sein Buch in den Gemeindeversammlungen vorgelesen wird. Gemeinde ist da, wo sie sich versammelt. Diese Situation hat er vor Augen. In ihr gab es den „Vorleser“. Von Anfang an wurde aus der „Schrift“ vorgelesen. Das ist für Juden weiter nichts Auffälliges; und die ersten Gemeinden bestanden aus Juden, die an Jesus als Messias glaubten. Und mit der Lesung aus der Schrift werden die Gemeinden es nicht anders gehalten haben, als Nichtjuden hinzustießen. Sehr früh kam es dann schon zur Verlesung anderer Texte, die nicht – noch nicht – zur Bibel gehörten. Wir können das zuerst an den Paulusbriefen beobachten. Geschrieben sind sie aus dem einfachen Grund, weil der Apostel auch in seiner Abwesenheit regelnd in das Leben seiner Gemeinden eingreifen wollte. Anders verhält es sich nur mit dem Römerbrief. Aber auch der sollte natürlich vorgelesen werden. Dass aber diese Briefe überhaupt erhalten blieben, kann nur daran liegen, dass sie zu Lesetexten nicht nur in der ursprünglichen Bestimmungsgemeinde wurden; und so wurden sie auch wieder und wieder abgeschrieben. Für die Verlesung über den ursprünglichen Bestimmungsort hinaus bietet der deuteropaulinische Kolosserbrief einen ausdrücklichen Hinweis. In Kol 4,16 heißt es: „Und wenn der Brief bei euch vorgelesen worden ist, bewerkstelligt es, dass er auch in der Gemeinde von Laodizea vorgelesen wird und dass auch ihr den aus Laodizea vorlest!“ Diese Bewerkstelligung ist nicht als Austausch von Originalen vorzustellen, sondern als Anfertigung von Abschriften. Aus dem zweiten Jahrzehnt des 2. Jahrhunderts bezeugt Polykarps Philipperbrief, dass die kurz zuvor geschriebenen Briefe des Märtyrerbischofs Ignatius von Antiochia gesammelt und verschickt wurden[72]. Aus der Mitte des 2. Jahrhunderts ist uns von Justin eine Beschreibung des christlichen Gottesdienstes erhalten, in der es heißt: „Dabei werden die Erinnerungen (ἀπομνημανεύματα) der Apostel (= die Evangelien) oder die Schriften der Propheten (= die im Ganzen als prophetisch verstandene jüdische Bibel) gelesen, solange es angeht“[73]. So, durch die wiederholte Lesung von Schriften aus der frühen Zeit in den Gemeinden, entsteht das Neue Testament. Dadurch wird die jüdische Bibel, die ja selbstverständlich auch die Bibel der neutestamentlichen Autoren war, zum *Alten* Testament. Dieser Entstehungspro-

---

[71] Vgl. o. S. 17 mit Anm. 18.
[72] Polyk 13,1f. bzw. Polykarp, 1Phil 1,1f. nach der Ausgabe von FISCHER.
[73] Iust.1apol. 67,3.

zess macht aber zugleich deutlich, dass „alt“ hier schlechterdings nicht im Sinne von *veraltet* und abgetan verstanden wurde. Das Alte Testament ist dadurch vielmehr das erste und – gegen alle juristische Logik – in Geltung bleibende Testament.

Johannes will also, dass seine Schrift in den Versammlungen der Gemeinden in der Asia vorgelesen wird. Sie gilt ihm ja nicht so sehr als *seine* Schrift, sondern er hat sie gleich zu Beginn als „*Enthüllung des Gesalbten Jesus*“ charakterisiert, ausgegangen von Gott selbst. Dementsprechend kennzeichnet er sie in V. 3 auch ausdrücklich als „Prophetie“, d.h. als Gabe des Geistes. Damit knüpft er ebenfalls an die biblische Schriftprophetie an. Das geschieht auch inhaltlich zu Recht. Denn Prophetie ist nicht in erster Linie Vorhersage, sondern das sich den Interessen der Mächtigen entgegenstellende offene Heraussagen dessen, was ist[74]. Johannes deckt die Untaten der Mächtigen auf und proklamiert gegen sie die Herrschaft Gottes und seines Messias als das, was wirklich *ist* und also auch Bestand hat. Es geht nicht um Prognostik, sondern um Protest.

Wer das vorliest und die es hören, werden hier glücklich gepriesen. Es ist bemerkenswert, dass am Beginn der Apokalypse eine Seligpreisung, ein Makarismus, steht. So schlimm Johannes die Situation erfährt und so sehr er Anlass zur Klage hat und auch in der Tat klagt, so ist sein Buch doch kein trostloses Buch, sondern durchzogen von Freude, die sich daran festmacht, was wirklich Bestand hat. Die Beglückwünschung am Beginn der Apokalypse steht in einem eigenartigen Kontrast zu dem, was Cassius Dio über die Rückkehr Neros von seiner Griechenlandreise nach Rom im Jahr 68 berichtet. Nero hatte in Griechenland an vielen Wettbewerben teilgenommen und natürlich alle gewonnen. Das wird nun mit Pomp gefeiert. Die ganze Bevölkerung und besonders laut die Senatoren rufen im Chor: „Olympischer Sieger: bravo! Pythischer Sieger: bravo! Augustus! Augustus! Für Nero, den Herakles! Für Nero, den Apollo! Der einzige Dauersieger! Der Einzige seit ewig! Augustus! Augustus! Heilige Stimme! Glücklich, die dich hören!“[75] Das ist eine ganz andere Beglückwünschung als die in Apk 1,3. Ihre Hohlheit lag kurze Zeit später klar zutage, als Nero gestürzt war. Man muss nicht annehmen, dass Johannes diese Episode kannte. Aber ähnliche Dinge wird er aus seiner eigenen Zeit im Blick auf Domitian vor Augen haben. Genau so etwas gilt ihm als Götzendienst. Man stelle sich eine Situation dieser Art vor – und dann machen einige nicht mit. Sie machen sich der Illoyalität verdächtig. Solchem Kult der Macht setzt Johannes eine Beglückwünschung derjenigen entgegen, die darauf hören, was er zu sagen hat, dass nämlich dem ohnmächtigen Messias Jesus alle Macht gehört.

Neben dem Hören steht in der Seligpreisung von V. 3 das Halten des in der Prophetie Geschriebenen[76]. KARRER will das auf das Bewahren des Wortlauts

---

74 Vgl. dazu EBACH, Kassandra, S. 80–83.

75 Cassius Dio, Geschichte 63,20,5f.

76 Vgl. AUNE, Komm., S. 20: „Es gibt eine interessante Parallele in einer Inschrift aus der Synagoge von Sardis (die sich wohl auf das Öffnen der Torarolle bezieht), wo Verben für lesen und halten ebenfalls zusammen begegnen: εὑρὼν κλάσας ἀναγνῶθι φύλαξον – ‚wenn du gefunden und geöffnet hast, lies und halte“.

der Apokalypse vor Verfälschung in Analogie zu 22,18f. verstehen[77]. Dafür aber hat diese Vokabel in der Apokalypse ein zu starkes Gewicht. Sie begegnet häufiger und hat einen eindeutig ethischen Sinn als das Befolgen von Gebotenem entsprechend dem biblischen שׁמר. Es ist auch zu kurz gegriffen, wenn KRAFT in der Zusammenstellung von Hören und Bewahren nicht mehr als eine bloße Paraphrase von Lk 11,28 erblickt: „Glücklich, die das Wort Gottes hören und bewahren!"[78] Es wird im nächsten Kapitel deutlich werden, welches konkrete Handeln Johannes bei dem „Halten" im Blick hat. Davon wird in der Apokalypse nicht nur beiläufig gesprochen. Diese Mahnung hat, wie BOUSSET formuliert, „einen ganz bestimmten Sinn", der konkreter ist als der von ihm angegebene: „getreu auszuharren" [79]. Das treue Ausharren manifestiert sich in einem bestimmten Handeln. Worin es motiviert ist, nennt der Schluss der Einleitung: „Die Zeit (καιρός) ist nahe." Hier wird aufgenommen, was schon V. 1 mit „in Bälde" sagte. Das Durchhalten erscheint nur als möglich, wenn ein Ende des Leidens in Aussicht steht, ein hoffnungsvolles Ziel in den Blick kommt, wenn nicht „das ewige Rom" das unerträgliche Heute endlos verlängert.

Die Aussagen von 1,1f. greift Johannes am Schluss seines Buches auf, wenn er in 22,6 in wörtlichen Anklängen formuliert, dass „Gott seinen Engel gesandt hat, um seinen Sklaven und Sklavinnen zu zeigen, was in Bälde geschehen muss". Darauf antwortet in V. 7 Jesus selbst gleichsam in einem Zwischenruf, dass er in der Tat bald komme. Weil das gilt, Jesus sozusagen Brief und Siegel darauf gibt, was die Botschaft des Buches ist, schlägt der in V. 7b.8a folgende Makarismus[80] den Bogen zurück zum Makarismus am Anfang von 1,3.

Die in 1,1 gemachte Angabe über den Inhalt des Werkes – „was in Bälde geschehen muss" – wird in 1,19 in erweiterter Form aufgenommen: „Schreibe nun, was du gesehen hast und was ist und was geschehen wird danach!" Vor Beginn der in 1,12–16 dargestellten Vision war Johannes in V. 11 aufgefordert worden zu schreiben, „was du siehst". Dem entspricht nach der Vision in V. 19, „was du gesehen hast", ist also auf die gerade geschaute Vision zu beziehen, die jetzt als schon vergangen gilt – und für die Leser- und Hörerschaft ist sie ja auch schon beschrieben. Über V. 11 hinaus wird nun aber weiter differenziert, zunächst: „was ist"[81]. Das lässt sich auf die Sendschreiben in Apk 2–3 beziehen, in denen sich Analysen der Gemeindewirklichkeit und darauf bezogene Mahnungen finden. Als dritter Gegenstand der Aufforderung zu schreiben wird schließlich genannt: „was geschehen wird danach". Damit ist die Wendung aus V. 1 aufgenommen: „was geschehen muss in Bälde". Die Formulierung in V. 19 ist wörtliche Übersetzung der aramäischen Wendung in Dan 2,29.45. Gemeint ist das Endgeschehen, das im Hauptteil des Buches ab Apk 4 dargestellt wird. Auffällig ist die Auseinanderfaltung im Dreizeitenschema, die eine Entsprechung in der

77 KARRER, Brief , S. 107.
78 KRAFT, Komm., S. 23.
79 BOUSSET, Komm., S. 183.
80 Zu ihm vgl. o. S. 31.
81 Grammatisch eigenartig mit ἅ εἰσιν ausgedrückt; nach dem neutrischen Pluralpronomen müsste eigentlich der Singular stehen.

Gottesprädikation in Apk 1,4.8 hat[82]. „Die formale und inhaltliche Verwandtschaft zwischen 1,19 und der Gottesprädikation in 1,4.8 dürfte Ausdruck des Bewußtseins sein, daß der ewige Gott Herr der in 1,19 anvisierten Geschichte ist, insbesondere der Zukunft“[83].

In 1,19 ist also geradezu eine Gliederung zu erkennen. Danach ergibt sich für das gesamte Werk als grober Aufbau:

1,1–3 Einleitung
1,4–8 Präskript; Doxologie Jesu; Selbstvorstellung Gottes
1,9–20 Beauftragungsvision (Selbstoffenbarung des Herrn der Geschichte)
2,1–3,22 Die sieben Sendschreiben (Aufdeckung der Gegenwart)
4,1–22,5 Visionen (Enthüllung des Endgeschehens)
22,6–21 Schluss (Versicherung der Zuverlässigkeit des Geschauten und des baldigen Kommens Jesu; Schlussgruß)

Nicht nur der Vergleich von 1,1 mit 1,19 hebt die Visionen in 4,1–22,5 als Hauptteil heraus, sondern auch deren quantitativer Umfang. Hier ist weitere Aufgliederung nötig und möglich. Doch zuvor soll ein wesentliches Gliederungsmoment dieses Hauptteils, das zugleich ein Problem enthält, diskutiert werden. Aus dem gesamten Text heben sich deutlich drei Siebener-Reihen von Visionen heraus: die Siegelvisionen (6,1–8,1), die Posaunenvisionen (8,2–11,19) und die Schalenvisionen (15,1–16,21). Wie verhalten sich diese Reihen zueinander? In dieser Frage hat ein Aufsatz von GÜNTHER BORNKAMM breite Zustimmung gefunden[84]. Er meinte, dass diese Reihen mit den dazugehörigen Zwischenstücken parallel zu verstehen seien. VIELHAUER hat diese These aufgenommen und zusammenfassend so formuliert: „Dreimal wird also dieselbe eschatologische Zeit geweissagt: summarisch in den sieben Siegelvisionen 6,1–8,1, andeutend und fragmentarisch in 8,2–14,20, endgültig und vollständig in 15,1–22,5“[85]. MÜLLER hat gezeigt, dass das nicht ganz zutrifft[86]. Der Aufbau ist etwas komplizierter. Das zeigt sich bei der Öffnung des siebten Siegels und beim Klang der siebten Posaune. Denn dann erfolgt jeweils nicht ein den anderen Siegeln und Posaunen vergleichbares Geschehen, also eine bestimmte Plage, sondern das letzte Siegel und die letzte Posaune umgreifen jeweils alles folgende Geschehen, indem sie es in Gang setzen. Das heißt also: Bei aller Parallelität, die sich zweifellos auch zeigt, wird doch nicht einfach nur wiederholt, auch nicht in verschiedener Abstufung, sondern es liegt durchaus ein fortschreitendes Geschehen vor. MÜLLER formuliert sein Ergebnis in dieser Hinsicht so: „Der Verfasser hat eine fortschreitende Darstellung des Endzeitgeschehens gegeben, die in immer neuem Anlauf auf das Ende zielt, dann anhält, um erneut die Voll-

---

82 So schon BENGEL, Sendschreiben, S. 51.
83 MÜLLER, Komm., S. 87.
84 BORNKAMM, Komposition.
85 VIELHAUER, Literatur, S. 499.
86 Vgl. die ausführliche Analyse bei MÜLLER, Komm., S. 30–36.

endung anzuvisieren"[87]. Warum er so darstellt, wie er darstellt, dass er also zugleich den Eindruck von Wiederholung und Fortschreiten auf ein Ziel hin hervorruft – diese Frage soll wieder aufgenommen werden, wenn die Gliederung des Hauptteils näher betrachtet ist. Sie lässt sich in folgender Weise angeben:

I. Thronvision und Öffnung der ersten sechs Siegel (4,1–7,17)
  1. Die Thronvision – das Buch mit den sieben Siegeln (4,1–5,14)
  2. Die Öffnung der ersten sechs Siegel (6,1–17 [7,1–17])
    a) – f) Erstes bis sechstes Siegel (6,1–17)
      (dabei a) – d) = die vier Reiter)
    g) Die Versiegelung der Auserwählten (7,1–17)
II. Die Öffnung des siebten Siegels und die sieben Posaunen (8,1–11,14)
  1. Das siebte Siegel: Die Vision der sieben Posaunen (8,1–6)
  2. Das Blasen der ersten sechs Posaunen (8,7–11,14)
    a) – f) Erste bis sechste Posaune (8,7–9,21)
      (Zäsur nach der vierten Posaune: 8,13)
    g) Der Engel mit dem Büchlein (10,1–11)
    h) Die zwei Zeugen (11,1–14)
    (Nach 11,14 sind g) und h) in die sechste Posaune einbezogen.)
III. Das Blasen der siebten Posaune und die sieben Schalen (11,15–19,10)
  1. Die siebte Posaune (11,15–15,8)
    a) Akklamation vor Gottes Thron (11,15–19)
    b) Die Frau, das Kind und der Drache (12,1–17)
    c) Das Tier aus dem Meer und das Tier vom Land
      (12,18–13,18)
    d) Das Lamm und die Seinen (14,1–5)
    e) Vorblick auf das Gericht (14,6–20)
    f) Das Lied der Überwinder (15,1–4)
    g) Die Vision der sieben Schalen (15,5–8)
  2. Die Ausgießung der sieben Schalen (16,1–21 [17,1–19,10])
    a) – g) Erste bis siebte Schale (16,1–21)
    h) Das Gericht an der Hure Babylon (17,1–19,10)
IV. Die Parusie Jesu und die Vollendung (19,11–22,5)
  1. Der Sieg über das Tier und seine Anhänger (19,11–21)
  2. Das tausendjährige Reich (20,1–10)
  3. Das Weltgericht (20,11–15)
  4. Das neue Jerusalem (21,1–22,5)

Zwei ineinander greifende Momente scheinen mir bei dieser Gliederung besonders auffällig und erwähnenswert zu sein. Einmal werden die Visionszyklen immer umfangreicher. Bei der Öffnung der ersten sechs Siegel schreitet die Darstellung recht schnell und zielstrebig voran. Das Ende scheint unmittelbar bevorzustehen. Doch dann gibt es eine erste Verzögerung. Die Öffnung des siebten Siegels folgt nicht unmittelbar. Aber immerhin findet sich hier nur ein

---

[87] MÜLLER, Komm. S. 36. Vgl. auch SATAKE, Komm., S. 65f., der von einer „Entwicklungsspirale" (S. 65) spricht.

einziger Anhang. Doch als danach das siebte Siegel geöffnet wird, führt das nicht sofort zum Ende, sondern – und das ist das andere Moment, das vorher schon als eine Beobachtung MÜLLERs erwähnt wurde – es beginnt eine neue Visionsreihe, die der sieben Posaunen. Das Endgeschehen geht zwar weiter, aber das Ende ist noch nicht da. Es muss vielmehr noch einmal mit der Zählung bei Eins begonnen und bis Sieben durchgezählt werden. Dieser Vorgang wiederholt sich dann noch einmal in variierter Form. Bei den ersten sechs Posaunen schreitet die Darstellung wieder relativ schnell voran. Allerdings ist der Text jetzt umfangreicher als bei den Siegeln. Wieder gibt es vor Nummer Sieben ein retardierendes Moment; diesmal sind es zwei Anhänge. Das Erklingen der siebten Posaune veranlasst ein umfangreiches Geschehen, aber auch das ist noch nicht das Ende. Die siebte Posaune führt vielmehr schließlich zur Vision der sieben Schalen. Wiederum geht so zwar das Endgeschehen weiter, aber noch ein drittes Mal muss der Weg von Eins bis Sieben durchschritten werden, bis es endlich zu Gericht und Vollendung kommt. In dieser Weise der Darstellung spiegelt sich die Erfahrung, dass die Zeit bis zum Kommen Jesu sich dehnt. Bei aller Naherwartung, die sich in der Apokalypse ausspricht, ist der Verfasser doch auch darauf eingestellt, dass die alte Geschichte noch andauert. So formuliert er auch nicht nur einen Schrei um die Parusie Jesu, sondern schreibt ein recht umfängliches Werk, das Zeit zum Schreiben und Zeit zum Lesen und Hören braucht. Die Spannung zwischen der eindringlichen Erwartung des Endes einerseits und dem Bewusstsein vom noch Andauern der alten Zeit andererseits zeigt sich besonders deutlich an einem eigenartigen Zwischenstück. Nach Apk 10,3b.4 – in den Anhängen nach dem Blasen der sechs Posaunen und vor dem Blasen der siebten Posaune – „redeten die sieben Donner mit ihren Stimmen. Und als die sieben Donner geredet hatten, wollte ich schreiben. Da hörte ich eine Stimme vom Himmel sprechen: ‚Versiegele, was die sieben Donner geredet haben, und schreibe es nicht auf!'" Dreimal wird hier davon gesprochen, dass die sieben Donner „geredet" haben. Es handelt sich also nicht um bloßes „Donnergrollen". Und so will Johannes ihr Reden auch sofort aufschreiben. Das aber hieße: Nach den sieben Siegeln und den sechs Posaunen und vor der siebten Posaune wären auch noch die Ereignisse zu registrieren, die die sieben Donner ankündigen und bringen. Die Endereignisse zögen sich noch mehr in die Länge. Aber bevor Johannes mit dem Schreiben beginnen kann, erhält er den Befehl, das von den Donnern Geredete zu versiegeln und nicht aufzuschreiben. Etwas Gehörtes versiegeln und nicht aufschreiben – wie das vorzustellen ist, wird nicht ausgeführt. Aber was es bedeutet, ist klar: Es soll gar nicht zur Aufführung und Wirkung kommen. Es bleibt sozusagen reiner Theaterdonner und setzt sich nicht um in wirkliches Geschehen. Damit aber erfolgt eine Verkürzung der Endzeit[88]. Das ist das Erfreuliche, was Johannes seiner Leser- und Hörerschaft vermitteln will. Als Schriftsteller muss ihm dieser Verzicht auf Darstellung allerdings schwer gefallen sein. Entgegen der Erfahrung, dass es länger dauert und sich hinzieht, behauptet Johannes also geradezu eine Verkürzung. Dass die Erwäh-

88 Die Aussage der synoptischen Apokalypse in Mk 13,20 bildet hierzu eine sachliche Parallele: „Wenn der Herr die Tage nicht verkürzt hätte, würde kein Fleisch gerettet. Aber um der Auserwählten willen, die er erwählt hat, hat er die Tage verkürzt."

nung der sieben Donner genau in dieser Weise verstanden werden soll, macht die Fortsetzung in 10,5–7 eindeutig klar, die von einem Schwur des vorher beschriebenen Engels erzählt.

Anders urteilt ROLOFF: „Angesichts des unmittelbar bevorstehenden Endes wäre es verfehlt, den Ablauf des kommenden Gerichtshandelns Gottes niederzuschreiben und so für eine Zukunft aufzubewahren, die es nicht mehr geben wird; was jetzt an der Zeit ist, ist vielmehr die unmittelbare und direkte prophetische Verkündigung. Wir hätten es hiernach mit einer polemischen Distanzierung von apokalyptischen Schriften herkömmlicher Art zu tun" (Komm., S. 108). Das leuchtet nicht ein. Dann hätte Johannes schon die Siegel- und Posaunenvisionen nicht bringen dürfen und also überhaupt nicht schreiben, was er schreibt. Und er müsste auch ganz gewiss auf die Schalenvisionen verzichten. Eigentlich dürfte er dann nur die Sendschreiben verschicken. Der große Rest darüber hinaus ist eine Apokalypse „herkömmlicher Art". Nach SATAKE spiegelt sich in 10,1–11 „eine innerchristliche Auseinandersetzung über den Zeitpunkt des Endes wider". „In den Stimmen der Donner" kämen „seine (des Johannes) innergemeindlichen Gegner zu Wort, … die die Ansicht vertreten, dass das Ende nicht erst für die Zukunft zu erwarten, sondern bereits jetzt Realität sei" (Komm., S. 253). Es gibt jedoch nicht die mindeste Andeutung, dass die sieben Donner von anderer Art wären als die drei niedergeschriebenen Siebenerreihen.

Die Verse 5 und 6 nehmen deutlich Dan 12,7 auf. Dort war im Vorangehenden ein Mann, der über dem Wasser des Stroms steht, gefragt worden, wann denn die angekündigten Wunder der Endzeit geschehen sollen. Daran anschließend heißt es: „Er hob seine rechte und linke Hand auf zum Himmel und schwur bei dem, der lebt auf immer, dass es eine Zeit und zwei Zeiten und eine halbe Zeit währen soll." Der Engel hier hebt die rechte Hand zum Schwur[89]. Wie in Dan 12,7 erfolgt der Schwur bei Gott als dem, der lebt auf immer. Darüber hinaus erfolgt der Schwur bei Gott als Schöpfer[90]. Die beschworene Aussage des Engels lautet zunächst apodiktisch: „Es gibt keinen Aufschub mehr." Genau darauf hatte das Nicht-Aufschreiben der sieben Donner gezielt. Es tritt nichts mehr dazwischen; es ist so weit. Hatte es in der fünften Siegelvision gegenüber den Märtyrern in 6,11 noch geheißen: „noch eine kurze Zeit", so ist diese kurze Frist inzwischen offenbar abgelaufen[91].

Nachdem am Ende von V. 6 festgestellt worden ist, dass es keinen Aufschub mehr gibt, formuliert V. 7 positiv, was geschehen soll. Der Anfang der Formulierung ist allerdings bezeichnend: „In den Tagen der Stimme des siebten Engels, wenn er blasen wird." Die Sache mit der siebten Posaune ist offenbar nicht schnell abgetan. Der Plural „Tage" umschreibt eine unbestimmte Zeit. Der Schlussakt steht zwar bevor. Aber zu ihm gehören ja auch noch die sieben Schalen, die Johannes noch in der Hinterhand hat. Und er hat sein Buch bis zu die-

---

89 Das Erheben beider Hände in Dan 12,7 ist wohl Verstärkung. Andere Stellen sprechen nur vom Erheben der Hand: Gen 14,22; Ez 20,15.

90 So auch in Gen 14,22.

91 Hier besteht zumindest äußerlich ein Unterschied zu der aufgenommenen Danielstelle, insofern dort die rätselhaften dreieinhalb Zeiten genannt sind. Aber der Unterschied ist nur vordergründig, weil das Danielbuch pseudepigraph ist und sich aus der Perspektive Daniels geschrieben gibt, dessen Zeit gegenüber der tatsächlichen Abfassungszeit weit zurückliegt. Da dreieinhalb die Hälfte von sieben als der Vollkommenheit anzeigenden Zahl ist, ist die damit angegebene Zeit also höchst unvollkommen und daher nicht lang.

sem Punkt ja nicht einmal zur Hälfte geschrieben. Was für die siebte Posaune gilt, formuliert V. 7 so: „... sodass vollendet ist das Geheimnis Gottes“[92]. *mystérion* meint nicht ein bestimmtes Einzelgeschehen, sondern das von Gott gewirkte Endzeitgeschehen im Ganzen, seinen Plan. So meint MÜLLER mit Recht, dass Johannes hier „die umfassende Erfüllung des göttlichen Planes im Auge hat“[93]. Es ist der Plan, mit und gemäß dem er das Ende herbeiführt. Von dem heißt es nun: *etelésthe*. Der Aorist steht sozusagen für die Perspektive Gottes: Wenn Gott plant, ist das schon so gut wie durchgeführt.

Obwohl in 10,4 die sieben Donner einbehalten worden waren, wird die Leser- und Hörerschaft in 15,1 – innerhalb des langen Textzusammenhangs beim Blasen der siebten Posaune – darauf vorbereitet, dass mit den sieben Schalen noch eine weitere Siebenerreihe kommen wird. Sie erhält aber zugleich die Versicherung, dass die in den sieben Schalen enthaltenen Schläge „die letzten“ seien. Beim Ausgießen der siebten Schale kommt nach 16,17 „eine laute Stimme hervor aus dem Tempel, vom Thron, die sagte: ‚Geschehen ist's.‘“ Endlich ist der Schlusspunkt erreicht. Allerdings ist das ein Punkt, der durchaus noch einige Ausdehnung aufweist; denn bis zum Ende des Buches ist noch ein gutes Stück zu lesen. Von diesem Buch, das – es sei wiederholt – nicht geringe Zeit für seine Abfassung gebraucht haben dürfte und sie ebenso für die Lektüre beansprucht, meint Johannes, dass es seiner Adressatenschaft zum Bestehen ihrer Situation helfen kann, die noch eine Situation in der andauernden alten Geschichte ist[94].

Das ist die wesentliche Absicht seines Werkes. Dabei zielt er einmal darauf, den teuflischen Charakter der imperialen römischen Macht herauszustellen, die alles in ihren Bann schlägt. Er nennt das Unrecht beim Namen, entlarvt und verspottet die Weltmacht zugleich, die auf blutiger Gewalt errichtet ist und sich selbst vergötzt, die aller Welt imponiert und der sich alle unterwerfen und ihr so erst zur vollen Macht verhelfen, die doch in Wirklichkeit nur Schein ist. Denn der wirkliche Herrscher – das ist der zweite Punkt, den Johannes hervorhebt – ist Gott mit seinem Gesalbten Jesus. Nur ihm kommt zu, was die Weltmacht sich zu Unrecht anmaßt. In dieser Konstellation kann es für Johannes – und das ist der dritte Punkt – nur darauf ankommen, Gott allein zu dienen und sich der Weltmacht zu verweigern. Und so fordert er die von ihm Angeschriebenen dazu auf, in ihrer Situation auszuhalten. Sie sollen in ihrer bedrängten Lage ausharren. ὑπομένειν (*hypoménein*) und ὑπομονή (*hypomoné*) werden die entscheidenden Stichworte: Nicht aufgeben und nicht nachgeben, sich nicht unterkriegen lassen, sondern standhaft bleiben gegenüber dem Anpassungsdruck der sich als so real aufdrängenden Weltmacht. Es geht Johannes um ein konsequentes Leben in einer durch den Gesalbten Jesus geprägten Identität, das sich dem Sog der Macht und der von ihr gegebenen Verheißungen entzieht.

---

92 „Das καὶ ἐτελέσθη ist einfacher Hebraismus und entspricht dem ו *consecutivum* mit dem Perf.“ (BOUSSET, Komm., S. 310).

93 MÜLLER, Komm., S. 202.

94 Vgl. HOLTZ, Komm., S. 4: „Die aufeinander folgenden Plagenreihen haben gewiß keine streng zeitliche Abfolge innerhalb einer festgelegten Endgeschichte im Blick; sie erschließen die Geschichte der Rezipienten des Buches unter immer neuen Aspekten und Perspektiven, um ihre volle Wirklichkeit offenbar zu machen.“

II. „… wo du wohnst: wo der Thron Satans steht“ Die Gemeinden und ihre Situation

1. Die angeschriebenen Gemeinden

Die Adresse des Präskripts in 1,4 nennt „die sieben Gemeinden in der Asia“. Mit „Asia“ ist die römische Provinz im westlichen Kleinasien bezeichnet, die die Landschaften Mysien, Lydien, Karien und Phrygien umfasste. Diese Provinz wurde 129 v.Chr. eingerichtet, als der letzte König von Pergamon, Attalos III., sein Reich testamentarisch Rom vermacht hatte. Er war 133 v.Chr. gestorben. Im Jahr 27 v.Chr. erfolgte eine Neuordnung der Provinzen durch Kaiser Augustus. Asia wurde eine senatorische Provinz mit einem jährlich wechselnden Prokonsul aus dem Senatorenstand an der Spitze, der immer ein ehemaliger Konsul war. Das bedeutete, dass die Einnahmen der römischen Staatskasse zuflossen, nicht dem kaiserlichen Fiskus. In welcher Stadt der Prokonsul residierte, ob in Pergamon oder in Ephesus, ist nicht ganz klar. Wahrscheinlich gab es einen Wechsel von Pergamon nach Ephesus. Der Prokonsul blieb auch nicht ständig in seiner Residenz, sondern reiste durch die Städte seiner Provinz, vor allem, um Gericht zu halten. Fünf der sieben in der Apokalypse genannten Städte waren zur Zeit ihrer Abfassung Gerichtsorte.

Die sieben Gemeinden werden in 1,11 einzeln aufgezählt. An sie sind die sieben Sendschreiben der Kap. 2 und 3 gerichtet. Da die Zahl Sieben in der Apokalypse immer wieder begegnet und also eine wichtige Rolle spielt, dürfte sie auch hier bewusst gewählt sein. Sieben ist die Zahl der Vollständigkeit und Vollkommenheit. Daher dürften die konkret genannten Gemeinden zugleich die messiasgläubige Gemeinschaft der gesamten Provinz repräsentieren. Über diese Gemeinden hinaus sind damit alle Messiasgläubigen in der Provinz Asia angesprochen[1]. Doch darf aus dieser Beobachtung kaum geschlossen werden, die Auswahl der sieben konkret genannten Gemeinden sei beliebig erfolgt; und schon gar nicht ist ihre Darstellung schematisch. Denn die Beschreibung dessen, „was ist“ (1,19), wie sie in den Sendschreiben geboten wird, zeigt für die einzelnen Gemeinden ein sehr differenziertes Bild. Jedes Sendschreiben ist konkret auf die jeweilige Adressatengemeinde bezogen[2]. Dennoch werden sie nicht jeweils nur an eine Gemeinde verschickt, sondern sind Teil eines größeren Ganzen, das an alle geht. Dementsprechend begegnet in jedem Sendschreiben am

---

1 Dass es, als Johannes schrieb, nur diese sieben Gemeinden in der Provinz gegeben hätte, ist ausgeschlossen. Eine Gemeinde in Troas ist durch 2Kor 2,12 und Apg 20,5f. belegt, in Kolossä durch den Kolosserbrief, in Hierapolis durch Kol 4,13. Der bestimmte Artikel in der Adresse in Apk 1,4 („*den* sieben Gemeinden“) weist auf die Nennung dieser Gemeinden in 1,11 voraus.

2 „Diese Situationsbezogenheit der Sendschreiben schließt es aus, in den Gemeinden gleichsam überzeitliche Idealtypen unterschiedlicher Verhaltensmöglichkeiten christlicher Gemeinschaften zu finden“ (KRETSCHMAR, Offenbarung, S. 33).

Schluss ein Formelement, das der Verallgemeinerung dient, nämlich der Weckruf. In den ersten drei Sendschreiben steht er an zweitletzter, in den übrigen an letzter Stelle. Er hat in allen Sendschreiben einen stereotypen Wortlaut: „Wer Ohren hat, soll hören, was der Geist den Gemeinden sagt!“ Der Anfang ist im griechischen Text partizipial gefasst. Das Partizip kann konditional verstanden werden. So deutet MÜLLER: „Nur wer hören kann, wem also Gott das Zuhören gibt, wird das Gesagte verstehen; nur an ihn wendet sich der Weckruf“[3]. Dagegen spricht, dass – wer so beschrieben werden kann – nicht mehr geweckt werden muss. Außerdem wendet sich Johannes an Gemeinden; bei deren Mitgliedern darf die Hörfähigkeit vorausgesetzt werden. Die Intention des Weckrufs wäre daher so zu verstehen: Wer Ohren hat – und das hat doch jede und jeder von euch! –, soll nun auch gefälligst hören, was hier zu sagen ist. Für das Partizip legt sich daher ein kausales Verständnis nahe: Weil ihr Ohren habt, könnt und sollt ihr auch hören. Und zwar sollen das alle im Buch des Johannes Angeschriebenen hören und nicht nur die Mitglieder der im jeweiligen Sendschreiben genannten Gemeinde. Darauf weist der auffällige Plural: „… was der Geist *den Gemeinden* sagt“. Damit wird eine Verallgemeinerung zum Ausdruck gebracht; das für die einzelne Gemeinde Gesagte soll auch für die anderen gelten[4]. Daraus ist zu schließen, dass Johannes von einer gemeinsamen Rahmensituation ausgeht. Innerhalb ihrer sind akute Probleme in einer einzelnen Gemeinde potentielle Probleme in allen Gemeinden. Dass es eine übergreifende Rahmensituation gibt, legt auch das quantitative Verhältnis zwischen den Sendschreiben und dem übrigen Corpus der Apokalypse nahe, das ja um vieles umfangreicher ist. Welches diese Situation ist, danach wird in den nächsten Abschnitten zu fragen sein.

Bevor Johannes an die einzelnen Gemeinden schreibt, bekommt er in 1,20 am Schluss der Rede Jesu, der ihm in einer Vision erschienen war, Aufschluss über zwei zusammenhängende Elemente dieser Vision: „Was das Geheimnis der sieben Sterne, die du auf meiner Rechten gesehen hast, und die sieben goldenen Leuchter betrifft: Die sieben Sterne sind die sieben Engel der Gemeinden und die sieben Leuchter sind die sieben Gemeinden.“ Aus der Vision werden also die Motive der sieben Sterne und der sieben Leuchter aufgenommen. Ihre Kennzeichnung als „Geheimnis“ besagt: Sie sind nicht einfach nur das, als was sie in der Vision erschienen sind, sondern deuten auf etwas anderes hin, das sie symbolisieren – und das offenbar auch nicht unmittelbar mit ihnen assoziiert werden kann. Die Sterne werden als „ἄγγελοι der Gemeinden“ gedeutet. Wer sind diese *ángeloi*?[5] Menschen oder Engel? Eine mögliche Argumentation verfährt so: Jedes Sendschreiben beginnt mit der Aufforderung: Dem *ángelos* der Gemeinde in X schreibe! Wenn dieser *ángelos* den Brief auch tatsächlich erhalten soll, muss er auf der Erde sein, kann es sich also bei ihm nicht um ein himmlisches

---

3 MÜLLER, Komm., S. 93.

4 Mit der Wendung „was der Geist den Gemeinden sagt“ ist möglicherweise eine noch darüber hinaus gehende Weiterung intendiert, dass nämlich „nicht nur der Inhalt der Sendschreiben gemeint ist …, sondern vielmehr der Visionsteil des Buches 4,1–22,5 insgesamt“ (so SATAKE, Komm., S. 151).

5 Zu den unterschiedlichen Versuchen, die jeweilige Adressierung an einen ἄγγελος zu verstehen, vgl. SATAKE, Komm., S. 147f.

Wesen handeln. Wenn man dem folgt, gibt es zwei Möglichkeiten: Bei dem *ángelos* handelt es sich um einen Boten. Das ist ja auch die ursprüngliche Bedeutung dieses Wortes. Dagegen spricht jedoch, dass an einen Boten kein Brief geschrieben wird; er ist nichts als Überbringer im Auftrag und steht anstelle des Absenders und in keiner Weise auf der Adressatenseite. Die andere Möglichkeit bei Annahme eines irdischen Wesens wäre: Der *ángelos* ist der Gemeindeleiter[6], der als solcher die ganze Gemeinde repräsentiert. Dagegen spricht, dass diese Bedeutung für *ángelos* nirgendwo belegt ist. Außerdem spricht gegen die Vorstellung, es handle sich um einen Menschen, dass an allen anderen Vorkommen von *ángelos* in der Apokalypse immer himmlische Wesen gemeint sind. Wie aber ist die Adressierung in den Sendschreiben zu verstehen, wenn sie sich an einen „Engel“ richtet? Es muss sich bei diesen „Engeln der Gemeinden“ um himmlische Repräsentanten oder Doppelgänger der Gemeinden handeln. Dafür gibt es eine einleuchtende religionsgeschichtliche Parallele, die bei der Entstehung dieser Vorstellung Pate gestanden haben wird: die jüdische Vorstellung von den Völkerarchonten[7]. Sie besagt, dass jedem Volk der Erde im Himmel eine Engelsgestalt entspricht, die es himmlisch repräsentiert. Wenn also Johannes an den Engel der jeweiligen Gemeinde schreiben soll, ist das gewiss nicht so vorzustellen, als schicke er die Sendschreiben in den Himmel; das dürfte Schwierigkeiten bei der Zustellung geben. Die Adressierung ist vielmehr aus der beschriebenen Visionssituation heraus zu verstehen, nach der Johannes ja „im Geist“ ist, d.h. eben in der Sphäre, in der auch die Engel sind[8]. Die Adressierung dürfte daher der himmlischen Legitimierung seiner Botschaft dienen[9].

Wenn also die sieben Sterne die sieben Engel der Gemeinden sind und diese Engel die Gemeinden himmlisch repräsentieren und wenn Jesus die Sterne in seiner Rechten hält, dann ist dieses Bild als Trost zu verstehen: Die Gemeinden erfahren sich als Spielball der Mächtigen, fühlen sich in deren Hand gegeben. Demgegenüber wird ihnen hier gesagt, dass mit ihren himmlischen Repräsentanten natürlich auch sie selbst in Wirklichkeit in der Hand ihres Herrn sind, was immer sie auch für schlimme Leidenserfahrungen machen müssen. In dieselbe Richtung weist die abschließende Identifizierung der sieben Leuchter mit den sieben Gemeinden. Nach 1,13 befindet sich Jesus inmitten der Leuchter. Das bedeutet, dass er mitten in seinen Gemeinden ist, dass sie nicht von ihm verlassen sind. Seine Präsenz in den Gemeinden vollzieht sich konkret in dem, was er

---

6 Diese Möglichkeit wird z.B. von HADORN, Komm., S. 38f., vertreten.

7 Vgl. dazu etwa MÜLLER, Komm., S. 88; vorher schon SCHLATTER, Testament, S. 21f.

8 „Was für den himmlischen Urheber dieser Briefe der ‚Engel‘, das ist für den irdischen Briefsteller die entsprechende Gemeinde, an die sich die Briefe daher inhaltlich wenden“ (HOLTZMANN, Komm., S. 428).

9 Ausführlich auf die Adressierung an Engel geht KARRER ein (Brief, S. 169–186). Seine Lösung allerdings, Johannes habe mit ihrer Einführung das Anliegen „ihrer Ab-, ihrer kommunikativen Entwertung“ (S. 174), weil die angeschriebenen Gemeinden „die Gemeindeengel – wie weitere himmlische Mächte – nicht notwendig Jesus Christus unterordnen“ (S. 176), erscheint mir als wenig plausibel. Erstens ist eine solche Einschätzung von Engeln seitens der Gemeinden vom Text her nicht evident zu erschließen; und wenn sie tatsächlich vorläge, müsste zweitens eine explizite Auseinandersetzung damit erwartet werden.

ihnen durch Johannes zu sagen hat. Er selbst ist es ja, der in den Sendschreiben als Sprecher auftritt. Johannes erscheint so nur als der seinem Diktat folgende Schreiber. Das dient noch einmal der Legitimierung und Autorisierung seines Buches.

In diesem Abschnitt sei noch auf die in 1,11 genannten Städte und auf die dabei eingehaltene Reihenfolge eingegangen, die eine sinnvolle Reiseroute ergibt. Sie beginnt in Ephesus. Von Augustus war der Sitz des Prokonsuls und der Verwaltung der Provinz Asia von Pergamon, der Hauptstadt des Attalidenreiches, nach Ephesus verlegt worden. Ob Ephesus das auch noch zur Zeit des Johannes war, ist umstritten. Jedenfalls trat der Prokonsul dort seinen Dienst an; und es war in wirtschaftlicher, verkehrsmäßiger und kultureller Hinsicht faktisch die Hauptstadt der Provinz. Auch religiös war Ephesus ein Zentrum. Der Tempel der Artemis galt als eins der sieben Weltwunder. Der Kaiserkult hatte hier einen festen Ort. Schon unter Augustus gab es für die Römer der Provinz einen Tempel für *divus Iulius* und *dea Roma*[10]. „Spätestens 88/9 wurde der Neokorie-Tempel für die *theoí Sebastoí* eingeweiht“[11].

Von Ephesus führt der Weg nordwärts nach Smyrna, heute Izmir. Das antike Smyrna war eine der großen Handelsstädte der Asia. Es stritt mit Ephesus und Pergamon um den Vorrang in der Provinz, z.B. auf Münzen, auf denen es sich als πρώτη ἀσίας (*próte asias*), als rangmäßig an erster Stelle der Provinz stehende Stadt bezeichnete. Seit Bestehen der römischen Provinz Asia war es dieser zugehörig. Tacitus berichtet, dass im Jahr 26 n.Chr. elf Städte der Provinz im Senat in Rom darum stritten, einen Tempel für Tiberius, seine Mutter Livia und den römischen Senat zu errichten[12]. Alle betonen ihre Ergebenheit gegenüber dem römischen Volk. Wenn Tacitus hier von den Städten als Subjekten spricht, sind konkret ihre Honoratioren gemeint, Vertreter der Oberschicht. Zwischen ihr und der römischen Oberhoheit gab es eine Interessenidentität. Tacitus berichtet weiter, dass im Senat die Entscheidung so vollzogen wurde, dass man die kleineren Städte ausschied, dass Ephesus und Pergamon als in dieser Hinsicht schon hinreichend versorgt galten und dass Smyrna den Zuschlag erhielt. Seine Abgesandten führten als Argumente an: das hohe Alter ihrer Stadt und die Dienstleistungen (*officia*) für das römische Volk, darunter ein Tempel für die Stadt Rom schon zu einer Zeit, als diese noch lange nicht auf dem Höhepunkt ihrer Macht war. Daran zeigt sich, dass die Oberschicht in Smyrna schon traditionell in strikter Loyalität zu Rom stand; und sie tat alles, um diese Loyalität mit dem Kult für die Göttin Roma und den Kaiser auch zu bekunden und in der ganzen Stadt zu verankern[13]. In Smyrna lebte auch eine starke Judenheit; sie hatte das Recht einer eigenen Volkskörperschaft.

Von Smyrna geht es in nördlicher Richtung weiter nach Pergamon. Diese Stadt war die Hauptstadt des Attalidenreiches gewesen und zunächst auch der

---

10 Cassius Dio, Geschichte 51,20,6.

11 HÖCKER, Ephesos, Sp. 1082. Zur Stadt Ephesus sei verwiesen auf das Buch von WINFRIED ELLIGER, Ephesos. Geschichte einer antiken Weltstadt, Stuttgart 1985.

12 Tacitus, Annalen IV 55f.

13 Über diese „Einführung eines zweiten provinzialen Kaiserkultes in der Provinz *Asia*“ vgl. ausführlich WITULSKI, Kaiserkult, S. 37–42; das Zitat auf S. 37.

römischen Provinz, bis Augustus den Sitz der römischen Provinzialverwaltung nach Ephesus verlegte. Plinius d.Ä. bezeichnet Pergamon als „die bei weitem berühmteste Stadt der Asia“[14]. Zu Smyrna ist bereits die Stelle bei Tacitus erwähnt worden, nach der elf Städte der Provinz im Jahr 26 n.Chr. um die Errichtung eines Kaisertempels vor dem römischen Senat stritten. Zu Pergamon heißt es dort: „Im Blick auf die Pergamener war man (im Senat) der Meinung, mit dem dort stehenden Tempel des Augustus – eben darauf stützten sie ihren Antrag – hätten sie genügend erreicht“[15]. Gemeint ist der Tempel des Divus Augustus und der Dea Roma aus dem Jahr 27 v.Chr., mit dem der römische Kaiserkult begann[16]. „Unter der Obhut des Provinzialtempels in Pergamon wurde auch ein jährliches Fest zum Geburtstag des Augustus gefeiert. Die dabei eingesetzten Hymnoden (Festsänger) gab es als Verein zur Kaiserverherrlichung in Pergamon noch im 2. Jh. n. Chr.“[17]. Zur Zeit Trajans „wetteiferten“ die kleinasiatischen Städte „in Ehrungen des Kaisers. Bei weitem das bedeutendste Monument dieser Art war der Tempel, der ihm in Pergamon gebaut wurde, das Trajaneum“[18]. Überhaupt war Pergamon ein religiöses Zentrum. Dafür ist weiter der berühmte Zeusaltar zu nennen aus der Zeit des pergamenischen Königs Eumenes II. (197–159 v.Chr.), der heute im Museum auf der Museumsinsel in Berlin steht. Große Berühmtheit erlangte auch das Asklepiosheiligtum, aufgrund dessen Pergamon so etwas wie „das ‚Lourdes Kleinasiens‘“ war[19].

In Pergamon biegt der Weg nach Südosten ab und führt nach Thyatira[20]. Auch diese Stadt gehört von Beginn an zur römischen Provinz Asia. Sie war längst nicht so bedeutend wie die drei vorher erwähnten Städte und stark auf Pergamon hin ausgerichtet, zu dessen Gerichtsbezirk sie gehörte. Erst im Jahr 215 n.Chr. wurde sie durch Kaiser Caracalla eine eigene Gerichtsstadt mit zugehörigem Umland. Auch in Thyatira gab es einige Tempel, aber keinen, der dem Kaiserkult gewidmet war. Bedeutung hatte diese Stadt durch ihre Textilindustrie. Zu ihr gehörten Woll- und Leinenherstellung, Färbereien und Schneidereien. Nach Apg 16,14 stammte Lydia, eine Purpurwollenhändlerin, die in Philippi zum Messiasglauben kommt, aus Thyatira. Es handelte sich also um eine Stadt der Kaufleute und Handwerker, organisiert in Handwerksgilden und privaten Vereinen. Dazu musste gehören, wer am wirtschaftlichen und gesellschaftlichen Leben teilnehmen wollte[21]. Diese Verbände und Vereine hatten auch ihre in

---

14 Plinius d.Ä., Naturkunde V 126.

15 Tacitus, Annalen IV 55,2 (Übersetzung HELLER).

16 Vgl. dazu WITULSKI, Kaiserkult, S. 9–25.

17 RADT, Pergamon, S. 44. Vgl. auch den darauf folgenden Satz: „Ein von allen Mitgliedsstädten gemeinsam gefeiertes Fest für Roma und Augustus hieß Rhomaia Sebasta, und die Oberpriesterwürde ging in den Städten reihum.“ RADT spricht im weiteren Text vom Entstehen einer neuen Oberschicht in der Provinz in der Zeit des Augustus. „Durch den für alle verpflichtenden Staatskult wurde die Loyalität zu diesem Staat, zu Rom, mächtig gefördert“ (45).

18 A.a.O., S. 46.

19 So die Formulierung von LOHMEYER, Komm., S. 25.

20 Zu Thyatira vgl. GUTTENBERGER, Thyateira, S. 165–167.

21 Vgl. MÜLLER, Komm., S. 116.

Satzungen festgelegten Feiern, die in der Regel im Tempelrestaurant stattfanden. Genuss von Opferfleisch war hier nicht nur möglich, sondern unumgänglich.

Weiter in südöstlicher Richtung gelangte man nach Sardes. Es lag im Tal des Hermos in Lydien. Im nahen Gebirge gab es umfangreiche Metallvorkommen. Der Ort war geeignet für die Anlage einer Burg, zudem verkehrstechnisch günstig gelegen. Die Lage am Hermos erlaubte Überland- und Seehandel. Die Umgebung war fruchtbar. Sardes war die Hauptstadt des alten Königreichs Lydien gewesen, das den legendären König Krösus gehabt hatte (um 560 v.Chr.). In persischer Zeit hatte hier der Satrap seinen Sitz. 188 v.Chr. kam Lydien zum Attalidenreich und wurde daher mit diesem 129 v.Chr. römische Provinz. Im Jahr 26 n.Chr. war Sardes bei dem schon erwähnten Streit der Städte um den Kaisertempel beteiligt; es war erst in der Endausscheidung gegen Smyrna unterlegen. Tacitus schreibt, dass die Vertreter von Sardes dabei das große Alter der Stadt herausstellten, ihre ruhmvolle Vergangenheit und ihre Bündnisse mit Rom schon im makedonischen Krieg; „sie wiesen ferner hin auf die Ergiebigkeit ihrer Flüsse, die Milde ihres Klimas und den Reichtum der Gebiete ringsum“[22]. Statt des Kaisertempels richtete die Stadt „einen kommunalen Tiberius-Kult ein und titulierte sich offiziell als ‚kaiserlich‘“[23].

In Sardes wendet sich die Route nach Osten und führt nach dem etwa 40 km entfernten Philadelphia, an einem Nebenfluss des Hermos gelegen, ebenfalls zur Landschaft Lydien gehörig. Durch Philadelphia führte die wichtige Straße von Pergamon nach Pamphylien. Es handelt sich um eine relativ kleine und junge Stadt. Sie wurde von Attalos II. Philadelphos (159–138 v.Chr.) gegründet, als Lydien Bestandteil des Attalidenreiches war. Philadelphia gehörte in der römischen Kaiserzeit zum Gerichtsbezirk von Sardes.

Von dort geht der Weg in südliche Richtung nach Laodizea im Tal des Lykos, eines Nebenflusses des Mäander. In relativ enger Nachbarschaft befanden sich die Städte Hierapolis und Kolossä. Laodizea war von König Antiochos II. (261–246 v.Chr.) gegründet und nach seiner Gemahlin Laodike benannt worden. Es lag am Schnittpunkt bedeutender Handelsstraßen und entwickelte sich zu einem Wirtschaftszentrum, das dem älteren Kolossä bald den Rang ablief. Es hatte drei Schwerpunkte: Die Stadt war ein Finanzzentrum; in ihr gab es bedeutende Leinen- und Wollindustrie; und sie war Sitz einer Ärzteschule und weltberühmter Heilmittelherstellung. Im Jahr 60 wurden die Städte des Lykostals von einem schweren Erdbeben heimgesucht. Dazu schreibt Tacitus: „Im selben Jahr stürzte eine der bedeutendsten Städte der Provinz Asien, Laodizea, infolge eines Erdbebens zusammen, konnte sich aber ohne jede Hilfe unsererseits (nämlich der römischen Provinzverwaltung) aus eigener Kraft wieder aufhelfen“[24].

Von Laodizea kann westwärts wieder Ephesus erreicht werden. Die Apokalypse dürfte daher als Rundschreiben gedacht sein[25], das von jeder Gemeinde zur nächsten weitergebracht wird. Johannes hatte auf Patmos sicher keine Schreiberschule zur Verfügung, sodass er gleich mehrere Kopien hätte machen

22 Tacitus, Annalen IV 55,3f. (Übersetzung HELLER).
23 HÜNEMÖRDER, Sardeis, Sp. 61; vgl. WITULSKI, Kaiserkult, S. 47.
24 Tacitus, Annalen XIV 27,1 (Übersetzung HELLER).
25 Vgl. dazu KARRER, Brief, S. 301–304.

lassen können. Er musste auf das Anfertigen von Abschriften in den Empfängergemeinden hoffen[26]. Nur unter dieser Voraussetzung der schon sehr frühen und dann immer weiter erfolgenden Anfertigung von Abschriften aufgrund des Bedürfnisses der wiederholten Lektüre der Apokalypse in den Gemeinden ist angesichts der schlechten Haltbarkeit des Schreibmaterials Papyrus der Erhalt dieses Buches denkbar. Warum gerade die angeführten sieben Gemeinden von Johannes als Adressaten ausgewählt wurden, entzieht sich unserem Wissen[27].

2. *Die von Johannes vorausgesetzte Situation*

Im ersten Kapitel wurde ausgeführt, dass Johannes seine eigene Situation nach 1,9 als eine bedrängte erfährt und dass er die Situation der Gemeinden dazu in Entsprechung sieht. Das lässt sich weiter ausführen. Johannes weist auf zurückliegendes und weiter zu erwartendes Leiden von Messiasgläubigen, als dessen Verursacher ihm die römische Macht gilt. Namentlich nennt er nur einen einzigen hingerichteten Messiasgläubigen. Dessen Martyrium scheint auch schon einige Zeit zurückzuliegen. Im Sendschreiben nach Pergamon lobt Johannes die Gemeinde, indem er den erhöhten Jesus sprechen lässt: „Und du hältst meinen Namen fest und hast die Treue zu mir nicht verleugnet, selbst in den Tagen des Antipas nicht – mein treuer Zeuge! –, der bei euch getötet worden ist" (Apk 2,13). In einem grammatisch für sich stehenden Ausruf wird Antipas näher gekennzeichnet als „mein treuer Zeuge". Der Begriff μάρτυς (*mártys*) ist hier noch nicht technisch im späteren Sinn von „Märtyrer" gebraucht[28]. Aber es ist an dieser Stelle doch deutlich, wie der Begriff von hier aus technisch werden konnte[29]. In Apk 1,5 wird Jesus selbst als „der treue Zeuge" prädiziert. Er blieb vor einem römischen Richter standhaft bis zum Tod. Die Tötung Jesu und die Tötung des Antipas werden also einander parallelisiert. Letztere wird zudem in einem Zusammenhang erwähnt, der vom Festhalten am Namen Jesu und vom Nichtverleugnen der Treue zu ihm spricht. Das alles weist daraufhin, dass sein Tod aufgrund eines analogen Verfahrens erfolgte, wie es Plinius d.J. in seinem

---

26 Vgl. o. S. 45f.

27 MÜLLER hat die alte These von WALTER BAUER aus seinem Werk „Rechtgläubigkeit und Ketzerei" aufgenommen, Johannes wende sich nur an die Gemeinden, in denen er noch die Chance einer Einwirkung sehe, die übrigen seien schon der Ketzerei verfallen gewesen (Komm., S. 82). Genau gegenteilig urteilt ROLOFF, nach dem es sich bei diesen sieben Gemeinden um gefährdete gehandelt habe, während die anderen noch „intakt" gewesen seien (Komm., S. 41). Ich halte beide Thesen für bloße und völlig unbeweisbare und dazu auch noch unwahrscheinliche Spekulationen. Denn einmal zeigen die Sendschreiben ein sehr breites Spektrum in der Einschätzung des Johannes von „intakt" (Smyrna) bis „hoch gefährdet" (Laodizea). Zum anderen stützen die ca. 20 Jahre später geschriebenen Briefe des Ignatius an fünf Gemeinden der Asia, von denen drei auch in der Apokalypse begegnen (Ephesus, Smyrna, Philadelphia) weder die eine noch die andere These.

28 „So heißt auch Antipas in 2,13 nicht deshalb ‚Zeuge', weil er getötet wird, sondern er wird getötet, weil er Zeuge ist" (STRATHMANN, Art. μάρτυς κτλ., S. 499).

29 Nach SATAKE hat er „hier einen martyrologischen Beiklang" (Komm., S. 164).

Brief an Trajan über von ihm durchgeführte Christenprozesse schildert[30]. Obwohl er zu Beginn seines Schreibens mangelnde Erfahrung hinsichtlich Christenprozessen einräumt und Unsicherheit zugesteht (1f.), berichtet er doch über ein von ihm in aller Selbstverständlichkeit eingeschlagenes Verfahren: Diejenigen, die auch bei der dritten Nachfrage trotz Androhung der Todesstrafe dabei beharrten, Christen zu sein, ließ er, sofern es sich nicht um römische Bürger handelte, sofort hinrichten (3); letztere merkte er für die Überführung nach Rom vor (4). Wenn er, der bis dahin Christenprozessen nicht beigewohnt hatte, gleichwohl so sicher vorging, muss dieses Verfahren ein geläufiges gewesen sein[31]. Eine anonym eingereichte Klageschrift führte dann zu unterschiedlichen Fällen. Zunächst ist festzuhalten, dass Plinius an der Anonymität keinen Anstoß nahm; er ging den Anklagen nach. Auch das war also üblich. Im Blick auf diejenigen, „die leugneten, Christen zu sein oder gewesen zu sein“[32], wusste Plinius ebenfalls sehr genau, was er zu tun hatte: Er unterzog sie einem Loyalitätstest, indem er sie vor den Götterstatuen und dem Kaiserbild eine religiöse Handlung vornehmen und Christus fluchen ließ. Er war sich sicher, dass „wirkliche Christen“ sich dazu nicht zwingen ließen. Wer den Loyalitätstest bestand, wurde freigelassen (5). Auch dieses Verfahren muss also ein schon geübtes gewesen sein[33]. Unsicher war Plinius hinsichtlich derjenigen, die zugaben, Christen gewesen zu sein, aber bestritten, dass sie es immer noch wären, das auch durch Bestehen des Loyalitätstestes unter Beweis stellten und beteuerten, auch als Christen nichts Kriminelles verübt zu haben (6f.). Kriminelles fand Plinius auch durch die unter Anwendung der Folter vorgenommene Vernehmung zweier Diakoninnen nicht heraus, sondern „nichts andres als einen wüsten, maßlosen Aberglauben“ (8). Nur für diesen Fall, dass jemand tatsächlich Christ war, das Christsein aber aufgegeben und diese Aufgabe auch durch die Tat bewiesen hat, braucht Plinius die Entscheidung des Kaisers (9). Dessen Reskript ordnete an, in solchem Fall „Verzeihung“ (*venia*) zu gewähren. Im Wesentlichen bestätigte es das von Plinius eingeschlagene Verfahren (97,1), das gängige Praxis fortsetzte[34], untersagte jedoch grundsätzlich die Berücksichtigung anonymer Anklagen;

---

[30] Plinius d.J., Briefe X 96.

[31] Vgl. schon WEIZSÄCKER, Zeitalter, S. 522; BOUSSET, Komm., S. 133.

[32] Übersetzung hier und im Folgenden KASTEN.

[33] Im Anschluss an Vorgänger führt PÖHLMANN unter Verstärkung der Argumentation den Opfertest auf ein von Domitian eingeführtes Verfahren gegenüber Proselyten zurück (Opposition, S. 290–292). REICHERT versucht, das Verfahren des Plinius als eine Neuerung zu erweisen (Konfusion, S. 238f.). Ihre Argumentation gegen die angeführten Hinweise auf ein schon geläufiges Verfahren (S. 237.242–246) schafft diese nicht aus der Welt.

[34] Wenn Trajan hinsichtlich des Loyalitätstestes lediglich von der „Anrufung unsrer Götter“ (*supplicando dis nostris*) spricht, ist das eine zusammenfassende Kurzformel für das gesamte von Plinius in 96,5 beschriebene Verfahren. Dass er seine *imago* nicht erwähnt, erlaubt keineswegs den Schluss, sie solle nicht herbeigebracht werden (so jedoch z.B. WITULSKI, Kaiserkult, S. 82); er erwähnt auch nicht die *simulacra numinum* und die Opferhandlung mit Weihrauch und Wein und die Verfluchung Christi. Nach X 9 ist Kaiser Trajan jedenfalls damit einverstanden, dass auch seine Statue in einem von Plinius geplanten Tempel aufgestellt wird, den dieser auf eigene Kosten in einer Stadt Italiens bauen lassen will, um dort die ihm auf entlegenen Gütern zugefallenen Kaiserstatuen zu versammeln (vgl. X 8).

„denn das wäre ein schlimmes Beispiel und paßt nicht in unsre Zeit“ (97,2). Damit dürfte sich Trajan von der Zeit Domitians absetzen[35].

Der Christenbrief des Plinius und das Reskript Trajans bezeichnen also keinen wesentlichen Einschnitt im Verhalten der römischen Macht gegenüber den auf Jesus bezogenen Gemeinden. Im Gegenteil erweist sich das von Plinius eingeschlagene Verfahren als ein schon geläufiges[36]. Auf einem solchen Hintergrund wird es deutlich, dass das Festhalten am Namen Jesu und das Nichtverleugnen der Treue zu ihm zum Tod führen kann, wie das bei Antipas nach Apk 2,13 der Fall war. Zwischen Johannes und Plinius ist in diesem Zusammenhang ein kleiner terminologischer Unterschied beachtenswert. Plinius gebraucht zur Bezeichnung der Mitglieder der auf Jesus bezogenen Gemeinschaft den aus römisch-politischer Perspektive entstandenen Begriff *chrestiani*, der jahrzehntelang ausschließlich Außenbezeichnung und nicht Eigenbezeichnung war[37]; und so ist für ihn *Christus* selbstverständlich ein Name (96,5–7). In Apk 2,13 wird zwar kein Name genannt; der dort „mein Name“ sagt, ist in V. 12 als derjenige eingeführt worden, „der das zweischneidige, scharfe Schwert hat“ (vgl. Apk 1,16). Dass Johannes dabei an den Namen „Jesus“ denkt, lässt sich jedoch eindeutig zeigen. Einmal spricht er im selben sachlichen Zusammenhang von der „Treue zu Jesus“ (14,12) sowie vom „Zeugnis“ und von den „Zeugen Jesu“ (Apk 1,9; 12,17; 17,6; 19,10; 20,4); und wo er diesen selbst seinen Namen sagen lässt, ist es eben „Jesus“ (22,16). Mit diesem Namen wird er angerufen (22,20) und dieser Name steht auch im Schlussgruß (22,21). Zum anderen ist *christós* (χριστός) für Johannes „der Gesalbte“, wird also von ihm titular verstanden. Das liegt klar auf der Hand für Apk 11,15; 12,10; 20,4.6 und muss dann auch für die Stellen gelten, an denen er diese Bezeichnung mit dem Namen Jesus verbindet (Apk 1,1f.5).

Neben dem einen Antipas, der wahrscheinlich wegen seiner Prominenz namentlich genannt wird, stehen viele anonyme Opfer römischer Gewaltherrschaft. Dass sie ausschließlich in Visionen erwähnt werden, spricht nicht gegen ihre Tatsächlichkeit. Es wird sich immer wieder zeigen, dass die Visionen des Johannes nicht die Ausgeburten einer wilden Fantasie, sondern von tatsächlicher Erfahrung gesättigt sind. In Apk 6,9 schaut er bei der Öffnung des fünften Siegels „unter dem Altar die Seelen der Hingeschlachteten um des Wortes Gottes willen und um des Zeugnisses willen, das sie festhielten“. In der Vision vom tausendjährigen Reich sieht er in 20,4 die Seelen derjenigen auf Thronen sitzen, „die enthauptet sind um des Zeugnisses Jesu willen und um des Wortes Gottes willen“. Nach ihm führt Rom geradezu Krieg gegen alle, „die die Gebote Gottes einhalten und am Zeugnis Jesu festhalten“ (12,17). „Babylon“, „die große Hure“

[35] SATAKE schließt aus dieser Angabe, „dass zuvor, also vor allem in der Zeit Domitians, solche Verfahren nicht selten gewesen sind“ (Komm., S. 56).

[36] Das sei noch einmal gegen REICHERT, betont. Ihre Position wurde aufgenommen von WITULSKI, Kaiserkult, S. 84. Dessen Folgerung hinsichtlich der Datierung der Apokalypse, „daß das Datum des Reskripts des Traian an Plinius allenfalls den *terminus post quem* des Datums der Abfassung der Apk darstellen kann“ (Kaiserkult, S. 85), ist daher ohne Grundlage.

[37] Vgl. dazu WENGST, Völker, S. 70–72.

– Deckname und Bild für Rom –, ist „trunken vom Blut der Heiligen und vom Blut derer, die Jesus bezeugen“ (17,6). Noch weitergehend kann er schließlich sagen, dass an Rom „das Blut der Prophetinnen und Propheten, der Heiligen und aller Hingeschlachteten auf der Erde“ klebt (18,24). Hier geht der Blick über die messiasgläubigen Opfer hinaus auf alle Opfer von Roms mörderischer Herrschaft[38]. Es zeigt sich hier bei Johannes eine Solidarität der Opfer über die Grenzen der Gemeinde hinweg. Das ist ein Gegengewicht gegen sein sonstiges pauschales Reden von „den Menschen“ als einer verdorbenen und dem Verderben geweihten Masse.

Was ist das für eine Situation, in der an Jesus als Messias glaubende Menschen in der Provinz Asia in einer Weise auffällig werden, dass sie sich von der römischen Macht als tödlich bedroht erfahren? Wie lässt sich diese Situation näher beschreiben? Als ein entscheidender Punkt muss hier der Kaiserkult gelten, weil es sich bei ihm nicht um einen isolierten und isolierbaren Aspekt handelte, sondern um ein Phänomen, das das gesamte politische und gesellschaftliche Leben durchdrang. CLAUSS hält ihn „durchaus für das zentrale Problem für die Christen, weil die Omnipräsenz des Herrschers mit einer Omnipräsenz des Herrscherkultes Hand in Hand ging“[39]. So spricht er von „jenem omnipräsenten Klima der Religiosität des römischen Staates wie der römischen Gesellschaft“, zu dem „auch der Kult der Kaiser als lebender Gottheiten sowie derjenige der Staatsgötter“, nämlich der gestorbenen und divinisierten Kaiser, beitrugen[40]. Der Kaiserkult war nach PRICE „Teil des städtischen Lebens“, der „die gesamte Stadt einbezog“ und „eben nicht nur in Heiligtümern gefeiert wurde, sondern an allen wichtigen städtischen Zentren“[41]. Er hält ihn gerade für die Provinz Asia für „den wahrscheinlich wichtigsten Kult“[42]. CLAUSS beginnt seine gründliche Studie über den Herrscherkult im römischen Reich mit den beiden Sätzen: „Der römische Kaiser war Gottheit. Er war dies von Anfang an, seit Caesar und Augustus, er war es auch im Westen des römischen Reiches, in Italien, in Rom“[43]. Denn „eine Gottheit ist, wer einen Kult erhält“[44]. Der Kaiserkult manifestierte sich vor allem in den Festen, die das städtische Leben bestimmten und sich als attraktiv für die ganze Bevölkerung gaben[45], letzteres vor allem auch durch ergänzende Wettbewerbe im Theater, durch Athletenspiele und Tierkämpfe, durch Spenden und Festmahlzeiten[46]. Prozessionen „stellten eine Beziehung zwischen

---

38 Das entspricht der hier angezogenen Bibelstelle Jer 51,49: „Auch Babel ist am Fallen, ihr Erschlagenen Israels, wie für Babel gefallen sind die Erschlagenen der ganzen Erde.“ Dass die Wendung „*alle* Hingeschlachteten der *Erde*“ nicht auch Menschen außerhalb der Gemeinden im Blick habe, sondern „eine Erklärung der Wendung ‚Propheten und Heilige‘“ sein soll (so SATAKE, Komm., S. 368), ist mir nicht nachvollziehbar.

39 CLAUSS, Kaiser, S. 430f.

40 A.a.O., S. 387.

41 PRICE, Rituals, S. 107–109.

42 A.a.O., S. 130.

43 CLAUSS, Kaiser, S. 17.

44 A.a.O., S. 23.

45 A.a.O., S. 318f.; vgl. PRICE, Rituals, S. 101f.

46 Vgl. PRICE, Rituals, S. 109f.; CLAUSS, Kaiser, S. 333f.

den entscheidenden religiösen und politischen Zentren der Stadt her“[47]. Dabei sollten „die Türpfosten der Häuser mit Lorbeerkränzen behängt“ werden[48].

PRICE referiert eine aufschlussreiche Inschrift aus Sardes, nach der „der Landtag (τὸ κοινόν) der Griechen in der Provinz Asia sowie das Volk und die Gerusie von Sardes“ beschlossen haben, den Tag, an dem der älteste Sohn des Augustus, Gaius Julius Caesar, erwachsen geworden ist, jährlich mit Opfern und Gebeten zu begehen und dessen Standbild im Tempel seines Vaters aufzustellen und zu weihen[49]. Die an erster Stelle für diesen Tag angeführte Anordnung, von PRICE nicht genannt, ist besonders aufschlussreich, weil sie die gesamte Bevölkerung ausdrücklich und sehr konkret einbezieht: „An diesem Jahrestag sollen alle gut gekleidet Kränze tragen“ (ἐν ᾗ κατ’ ἐνιαυτὸν ἐν λαμπραῖς ἐσθῆσιν στεφανηφορεῖν ἅπαντας)[50]. Öffentliche Gelübde für das Wohl (*salus*) des Kaisers gab es von Augustus an[51]. Bei allen öffentlichen und privaten Eiden wurde der *genius* des Kaisers angerufen. „Spätestens seit der Mitte des 1. Jahrhunderts war der Kaisereid ein Huldigungsakt geworden, der mit dem Kaiserkult eng verknüpft war und die gesamte Reichsbevölkerung, römische Bürger und Peregrine, betraf“[52]. „Das Gedenken an den Schutzgott des Kaisers“ (*genius*) gilt nach CLAUSS für jede Mahlzeit; er hält das für „eines von zahlreichen Elementen, durch welche die lebende Gottheit den Menschen im Wortsinn präsent war“[53]. Schließlich sei mit ihm noch darauf hingewiesen, dass „es üblich (war), Büsten, Bilder und Statuen zumindest durch einen Gruß, einen Handkuß, zu ehren“[54].

Wer sich all dem entzog, konnte nur allzu leicht in den Verdacht der Illoyalität geraten. Es liegt eine Situation vor, wie sie auch der erste Petrusbrief voraussetzt. Von vielem, was der Mehrheit selbstverständlich ist, weichen die Mitglieder der Gemeinde in ihrem Verhalten ab. Bei keinem Tempelfest trifft man sie; sie machen nicht mit, wenn der Geburtstag und der Regierungsantritt des Kaisers gefeiert werden, und auch von anderen öffentlichen Feiern halten sie sich fern. Da sie ihre Versammlungen zudem noch während der Dunkelheit abhalten – dazu zwingt der von Sonnenaufgang bis Sonnenuntergang reichende Arbeitstag –, nimmt es nicht wunder, dass sie mit Argwohn betrachtet, ja aller bösen Taten verdächtigt und kriminalisiert werden. Es zeigt sich ein „Syndrom aus Isolation, Diskriminierung, Entfremdung, Mißtrauen, Unterstellung, Verleumdung, Haß und Feindschaft bis hin zu öffentlicher Kriminalisierung seitens der nichtchristlichen Verwandten oder Mitbürger“[55]. Das ist besonders deutlich in 1Petr 4,15f. Schon vorher geht der Verfasser auf Leidenserfahrungen vonseiten

---

47 PRICE, Rituals, S. 111; vgl. auch S. 112.

48 CLAUSS, Kaiser, S. 328. Einen knappen Überblick über den Kaiserkult bietet KLAUCK, Umwelt, S. 45–47.

49 PRICE, Rituals, S. 214; IGRR IV, Nr. 1756, Z. 6–21.

50 A.a.O., Z. 11.

51 Vgl. dazu WENGST, Pax, S. 65f.

52 CLAUSS, Kaiser, S. 225.

53 A.a.O., S. 227; vgl. S. 221.

54 A.a.O., S. 328.

55 BROX, Komm. 1Petr, S. 32.

der Umwelt ein. In V. 15f. hat er besonders im Blick, dass Gemeindeangehörige angeklagt und vor Gericht geschleppt werden. Dabei mahnt er in V. 15: „Dass ja niemand von euch leide als Mörder oder Dieb oder Übeltäter oder als jemand, der veruntreut!“ Alle derartigen Verdächtigungen sollen sich als nichtig herausstellen. V. 16 fährt dann fort: „Wenn aber als Christ“, wenn also nur noch der Vorwurf übrig bleibt: „Aber Christ oder Christin ist dieser Mensch doch!“, dann soll man auch dazu stehen, „dann soll man sich nicht schämen, sondern Gott mit diesem Namen preisen“[56]. Es bedurfte also lediglich einer Anzeige, Christ zu sein, um Menschen, die es tatsächlich waren, höchster Gefahr auszusetzen[57].

Die von Johannes vorausgesetzte Situation ist also sehr wahrscheinlich so vorzustellen, dass in einer vom Kaiserkult geprägten Atmosphäre Gemeindeglieder sich am öffentlichen Leben nicht beteiligten und so durch ihr weltfremdes Verhalten auffielen. Sie wurden beargwöhnt und verdächtigt, schließlich angezeigt. Das wiederum führte zu Hinrichtungen, die ihrerseits wieder in der Lage waren, eine Pogromstimmung zu schüren, die Schlimmes befürchten ließ.

Lässt sich diese allgemeine Situation, die so für die an Jesus als Messias glaubende Gemeinschaft in den Städten der Mittelmeerwelt von Beginn ihres Bestehens an gegolten hat, für die Apokalypse des Johannes zeitlich näher eingrenzen? Die älteste Angabe zur Datierung der Apokalypse findet sich bei Irenäus. Er nennt in einem bezüglich der Datierung in der Weise tendenziösen Kontext, dass ihm eine späte Entstehung genehm wäre, denjenigen, „der die Offenbarung geschaut hat“, und fährt dann fort: „Das ist aber vor gar nicht langer Zeit geschehen, sondern soeben erst am Ende der Regierung des Domitian“[58]. Domitian wurde im September 96 ermordet. Demnach wäre die Apokalypse um 95 verfasst worden[59].

Entgegen dieser Angabe wurde immer wieder eine Frühdatierung auf die Zeit unmittelbar nach Nero unternommen[60]. Dagegen spricht als gewichtigstes und entscheidendes Argument, dass in Apk 17,5 „Babylon“ als ein Deckname bezeichnet wird, der sich auf Rom beziehen muss. Das aber konnte nur in der Zeit nach 70 geschehen[61]. In neuerer Zeit erfuhr die Datierung des Irenäus in umgekehrter Richtung eine Veränderung, indem die Apokalypse erst unter Trajan[62] oder gar Hadrian[63] angesetzt wurde. Grundsätzlich ist eine Datierung zwischen 70 und 135 möglich. Für die Interpretation ist eine genauere Ansetzung m.E.

---

56 Hier zeigt sich im Übrigen der Kontext, in dem die von außen gegebene und dort gebrauchte Bezeichnung „Christen“ langsam als Eigenbezeichnung angenommen wird.

57 Vgl. das o. S. 60 erwähnte Verfahren, das Plinius der Jüngere als schon bewährtes aufgreift.

58 Iren.haer. V 30,3. Die von Irenäus vertretene Identifizierung des Autors mit dem Apostel Johannes hätte ihm durchaus eine spätere Datierung erlaubt, da er diesen „bis zu den Zeiten Trajans“ leben lässt (a.a.O. II 22,5).

59 Bei RIEMER, Tier, S. 8, Anm. 16, findet sich eine lange Forscherkatene derjenigen, die der Angabe des Irenäus zustimmen.

60 Als neueres Beispiel sei auf BERGER, Theologiegeschichte, S. 569–571, hingewiesen.

61 Vgl. z.B. YARBRO COLLINS, Crisis, S. 48.76; zur Sache vgl. u. S. 166.

62 Vgl. z.B. REICHERT, Konfusion, S. 248–250, und die bei ihr Anm. 74 auf S. 249f. genannte Literatur..

63 WITULSKI, Kaiserkult, S. 174; ders., Johannesoffenbarung, passim.

auch nicht entscheidend. Wichtig ist die Erkenntnis der Situation der Gemeinden, wie sie vor allem durch den Kaiserkult gegeben ist; und diese Situation ist während des genannten Zeitraums im Wesentlichen gleich geblieben[64]. Doch scheint mir WITULSKIs Datierung auf 132–135 nicht wahrscheinlich zu sein. Dagegen spricht einmal eine kanonsgeschichtliche Erwägung. Wäre die Apokalypse erst dann geschrieben worden, hätte sie zu wenig Zeit gehabt für ihre (Selbst-)Durchsetzung als Lesetext in einem größeren geographischen Raum, um bei der um die Mitte des 2. Jahrhunderts erfolgenden Herausgabe des Neuen Testaments aufgenommen und als dessen – relativ umfangreicher – Teil in den Gemeinden weithin akzeptiert werden zu können[65]. Als wichtiger sei zum anderen noch einmal das Zeugnis des Irenäus aus haer. V 30,3 angeführt, wonach die Apokalypse „soeben erst am Ende der Regierung des Domitian" verfasst worden ist[66]. Irenäus hat sein Hauptwerk, *adversus haereses* genannt, nach 180 in Lyon geschrieben. Er wurde jedoch um 135 in der Provinz Asia geboren, ist dort aufgewachsen und theologisch geprägt worden, bevor er nach Gallien ging[67]. In der Provinz Asia hat er als Jugendlicher noch den hochbetagten Polykarp, Bischof von Smyrna, gesehen[68]. Er lebte also bis zu seiner Übersiedlung nach Gallien im Entstehungs- und ersten Verbreitungsgebiet der Apokalypse. Wäre sie tatsäch-

---

64 Deshalb empfinde ich die beiden Bücher von WITULSKI, die aus seiner Habilitationsschrift hervorgegangen sind, als wenig hilfreich. Schon die Darstellung der Geschichte des Kaiserkultes in der Provinz Asia wird ganz und gar auf die These hin getrimmt, dass er unter Hadrian exorbitant zugenommen habe und also die Apokalypse unter ihm geschrieben sein müsse. Auch der Durchgang durch einige Texte der Apokalypse im zweiten Buch dient allein dieser These. Die Fragestellung wird auf die „kultisch-religiöse Kaiserverehrung" fixiert: „Wann läßt sich innerhalb der kultisch-religiösen Kaiserverehrung in der römischen Provinz *Asia* nach 45/50 und vor 155/60 n.Chr. eine massive Intensivierung feststellen, die mit der provinzweiten Propagierung der quasi-soteriologischen Bedeutung des verehrten amtierenden Regenten einherging?" (Johannesoffenbarung, S. 133) Zur Debatte stand vielmehr in einer vom Kaiserkult bestimmten Situation die Frage sozialer Integration und ökonomischer Partizipation überhaupt; und diese Frage wurde nicht entscheidend davon bestimmt, wer gerade Kaiser war. Die von WITULSKI diskutierte enge historische Frage der Datierung der Apokalypse trägt m.E. zu deren Verstehen wenig bei. Ebenfalls wenig hilfreich ist das Buch von BEILE, nach dem „die Apokalypse großenteils einen Kommentar zur Domitianischen Regierung darstellt", der „im Stil einer fortschreitenden Flugblattserie" erfolgt sei (Zwischenruf, S. 112). Vgl. S. 190: „Johannes wurde zum prophetischen Kommentator der ‚gotteslästerlichen' Regierung Domitians, dessen Charakter ihm eben auch erst allmählich präziser erkennbar wurde."

65 Dieser Einwand hängt freilich an der Richtigkeit der – mir einleuchtenden, aber umstrittenen – These von einer Herausgabe des Neuen Testaments Mitte des 2. Jahrhunderts: DAVID TROBISCH, Die Endredaktion des Neuen Testaments. Eine Untersuchung zur Entstehung der christlichen Bibel, NTOA 31, Freiburg Schweiz u. Göttingen 1996. Jedenfalls ist die Apokalypse in ihrem Adressatengebiet und darüber hinaus in ihrer Intention, die Widerständigkeit gegenüber den von der römischen Macht ausgehenden Gefährdungen zu stärken, verstanden und aufgenommen und weiter verbreitet worden; so hatte dieses Buch „als Trostquelle der blutenden Märtyrergemeinde seine erste grosse Zeit" (HOLTZMANN, Komm., S. 380).

66 „Der gewichtigste äußere Beleg für die Datierung der Apokalypse ist das Zeugnis des Irenäus" (YARBRO COLLINS, Crisis, S. 76); vgl. schon ZAHN, Einleitung, S. 457f.

67 Vgl. WYRWA, Irenäus, Sp. 229.

68 Iren.haer. III 3,4; Brief an Florinus, bei Eus.h.e. V 20,5.

lich erst 132–135 verfasst worden, wäre ihre so erst kürzliche Entstehung zur Jugendzeit des Irenäus noch bewusst gewesen[69]. Warum sollte er sie dann in die Zeit Domitians hochdatieren, zumal er ein Interesse an ihrer relativ späten Abfassung hat? Es spricht also in diesem Fall alles dafür, dass ein Kirchenvater in einer neutestamentlichen Einleitungsfrage auch einmal Recht hat[70].

Die Hypothese einer Abfassung der Apokalypse unter Domitian wurde dadurch diskreditiert, dass sie mit einer „domitianischen Christenverfolgung" verbunden wurde, die es, wie immer deutlicher wurde, nicht gegeben hat.

„Es hatte sich … in der christlichen Geschichtsschreibung die Tradition herausgebildet, diejenigen Kaiser als Christenverfolger zu präsentieren, die auch in den Augen der senatorischen Geschichtsschreibung schlechte Kaiser waren" (PFEIFFER, Flavier, S. 118). So schreibt Laktanz: „Nach ihm (Nero) erhob sich im Abstand von einigen Jahren ein weiterer nicht minder schlimmer Tyrann. Obwohl dieser ein verhaßtes Gewaltregime ausübte, saß er dennoch, solange es nur ging, auf dem Nacken seiner Untertanen und herrschte unangefochten, bis er seine ruchlosen Hände gegen den Herrn ausstreckte. Nachdem er sich aber zur Verfolgung des gerechten Volkes (= der Kirche) durch die Eingebung der Götzen hatte anstiften lassen, wurde er da erst seinen persönlichen Feinden in die Hände geliefert und mußte dafür büßen" (Todesarten 3,1f.; Übersetzung STÄDELE). Laktanz nennt Domitian nicht mit Namen und entspricht damit der von ihm im folgenden Abschnitt 3 angeführten *damnatio memoriae* nach Domitians Ermordung. Ähnlich wie bei Laktanz heißt es bei Euseb über Domitian: „Schließlich erwies er sich in seinem Hassen und Kämpfen gegen Gott als Nachfolger Neros. Setzte er doch als zweiter eine Verfolgung gegen uns in Gang" (h.e. III 17). Laktanz und Euseb schrieben im frühen 4. Jahrhundert. Sie kannten die großen Christenverfolgungen der ihrer Zeit jüngsten Vergangenheit und stilisierten nach diesem Modell ihre Beschreibungen der beiden „schlechten" Kaiser der frühen Zeit, Nero und Domitian. Als solche erscheinen sie in der römischen Geschichtsschreibung, weil sie den republikanischen Schein des Prinzipats nicht aufrecht erhielten, sondern ihre absolute Macht unverhohlen herausstellten und zudem auch in der Oberschicht hemmungslos morden ließen. Die „Christenverfolgung" unter Nero war auf die Stadt Rom beschränkt. Nach dem Brand Roms brauchte der Kaiser Sündenböcke, um das Gerücht einzudämmen, er selbst habe die Stadt anzünden lassen, um Platz für ihren glanzvollen Wiederaufbau zu bekommen. Er fand diese Sündenböcke in der als Minderheit und Außenseiter allgemein gehassten Gruppe der „Chrestianer", die dann aufgespürt und grausamst hingerichtet wurden (Tacitus, Annalen XV 44). Der in der 2. Hälfte des 2. Jahrhunderts schreibende Melito von Sardes stellt zwar auch Nero und Domitian nebeneinander: „Überredet von gewissen verleumderischen Leuten, haben Nero und Domitian als einzige von allen unsere Lehre in Verdacht bringen wollen." Dort sieht er den Ursprung anhaltender Denunziationen gegen Christen (bei Eus.h.e. IV 26,9); von „Verfolgungen" sagt er jedoch nichts. Nach dem zur selben Zeit wirkenden Hegesipp wurden Enkel eines Bruders Jesu als Nachkommen Davids angezeigt, von Domitian vernommen, als einfache Leute identifiziert und

[69] Der von WITULSKI angeführte „große zeitliche Abstand zwischen der Abfassung der Apk und der fünf Bücher von *adv. haer.*" von ungefähr 90 Jahren (Johannesoffenbarung, S. 26f.) schmilzt also beträchtlich zusammen. Seine weiteren Argumente sind negativ ein nichts beweisendes *argumentum e silentio*, Irenäus gebe hier keine Gewährsmänner an (S. 32) – muss er das für alles selbst Erfahrene und Gehörte? –, und positiv die als „gut denkbar" behauptete Aussage, diese Datierung sei „eine originäre Leistung des Irenäus" als Kombination aus seiner – nicht nachweisbaren – Lektüre Melitos und Suetons (S. 32f.).

[70] Ein nicht unerheblicher Gesichtspunkt ist auch, dass im Brief der Gemeinden aus Vienne und Lyon aus dem Jahr 177 über die bei ihnen erfolgten Martyrien zweimal die Apokalypse zitiert wird, davon einmal als zu erfüllende Schrift (Eus.h.e. V 1,10.58). Vgl. dazu BAUMEISTER, Brief, S. 346–350.

freigelassen (bei Eus.h.e. III 20,1–6). Von einer „Christenverfolgung" unter Domitian kann also keine Rede sein; zu den vermeintlichen „außerbiblischen Quellen" dafür vgl. RIEMER, Tier, S. 53–62.

Gegenüber der schlechten Presse, die Domitian in der antiken Historiographie hat, findet sich in der neueren Forschung geradezu eine Rehabilitierung. Dabei wird auf Verbesserungen hinsichtlich größerer Korrektheit im Rechtssystem und in der Provinzialverwaltung hingewiesen, die es unter ihm – zumindest anfangs – gegeben hat[71]. Allerdings hebt das keineswegs auf, dass er ein Terrorregime ausgeübt hat[72]. Die nach seiner Ermordung ausgesprochene *damnatio memoriae* lässt sich nicht auf verletzte Eitelkeit der senatorischen Elite zurückführen. Wenn hinsichtlich ihrer, „dass sein Name aus allen Urkunden zu tilgen war", festgestellt werden kann: „sogar auf Papyri in Ägypten folgten die Untertanen dieser Weisung"[73], dürfte sich deren von Domitians Politik empfangenes Glück in engen Grenzen gehalten haben.

Unter Domitian hat es also keine „Christenverfolgung" gegeben. Dennoch lassen sich im Blick auf ihn Punkte benennen, die die für die Datierung der Apokalypse entscheidende Aussage des Irenäus zwar nicht beweisen, aber doch stützen können. „Bei nahezu jedem Nachfolger des Augustus läßt sich die Identifizierung mit Iupiter nachweisen"[74]. Domitian ist jedoch der erste, der von 85 bis zu seinem Tod auf der Rückseite von Sesterzen mit dem Blitzbündel des Juppiter in der Hand erscheint[75]. Aufschlussreich ist in dieser Hinsicht auch die Schilderung Suetons über das Auftreten Domitians bei den von ihm im fünfjährigen Rhythmus eingerichteten Spielen in Rom zu Ehren des kapitolinischen Juppiter: „... auf dem Haupte trug er den goldenen Siegeskranz mit dem Bild Iuppiters, Iunos und Minervas. Neben ihm saßen der Priester des Iuppiter und das Kollegium der flavischen Priesterschaft im gleichen Aufzug, nur war auf ihrem Kranz noch sein Bildnis"[76]. Entsprechend pries ihn die zeitgenössische Dichtung. Statius stellte ihn bei der Beschreibung seines Reiterstandbildes auf dem Forum in Analogie zu Juppiter dar und bezeichnete ihn dabei als „die gegenwärtige Gestalt Gottes" bzw. als „Gott in seiner Anwesenheit" (*forma dei praesens*)[77]. CLAUSS zieht aus vielen Hinweisen den Schluss, „daß Domitian als

---

71 Vgl. nur PFEIFFER, Flavier, S. 69–73, und für das Adressatengebiet der Apokalypse die Aussage von RADT: „Unter den Söhnen und Nachfolgern des Vespasian, Titus und Domitian, ging es den kleinasiatischen Provinzen weiterhin (!) gut, ja die Verwaltung scheint nie weniger korrupt gewesen zu sein als unter dem strengen und grausamen Domitian" (Pergamon, S. 46) sowie RIEMER, Tier, S. 20–28.

72 Zu Recht kritisiert RISSI eine „Tendenz ..., ihn allzusehr weiß zu waschen" (Hure, S. 66).

73 PFEIFFER, Flavier, S. 80.

74 CLAUSS, Kaiser, S. 249.

75 MATTINGLY, Coins, S. 372, Nr. 345*; S. 377, Nr. 362†; S. 381, Nr. 381 (Abb. Tafel 75, Nr. 8); S. 386, Nr. 396; S. 389, Nr. 410 (Abb. Tafel 77, Nr. 5); S. 399, Nr. 443 (Abb. Tafel 79, Nr. 6); S. 403, Nr. 465 u. 466 (Abb. Tafel 80, Nr. 5); S. 406, Nr. 476 (Abb. Tafel 80, Nr. 11).

76 Sueton, Domitian 4,4; Übersetzung MARTINET.

77 Statius, Silvae I 62. BAILEY übersetzt mit "the god's present likeness" und versteht darunter "the statue itself" (Anm. 18 z.St.). Als weitere Möglichkeit nennt er "the mould from which it would be cast". In diesem Sinn gibt WIßMÜLLER die Wendung wieder: „die An-

lebende Gottheit in seinem Tempel (gemeint ist sein Palast in Rom!) kultische Verehrung genoß“[78]. Im selben Zusammenhang, in dem eben aus Statius zitiert wurde, lässt dieser etwas weiter den sagenhaften Marcus Curtius erscheinen und angesichts des Reiterstandbildes sagen: „Heil dir, großer Götter Spross und Erzeuger, göttliche Majestät, von der weit entfernt ich gehört“[79]. Ganz ähnlich redet Silius Italicus ihn an: „Dann regiere du, der Göttern entstammt und Göttliche hervorbringen wird, in väterlicher Herrschaft glückliche Länder!“[80] Zur Aussage über Domitian als Erzeuger von Göttern ist auf den unter ihm geschlagenen Aureus hinzuweisen, der auf der Rückseite ein nacktes Kind zeigt, Juppiter im Säuglingsalter, auf in Zonen eingeteiltem Globus sitzend, umringt von sieben Sternen; die Umschrift lautet: DIVUS CAESAR IMP(ERATOR) DOMITIANI F(ILIUS)[81]; gemeint ist Domitians früh verstorbener Sohn. CLAUSS spricht geradezu von einem „Konsekrationsprogramm“ Domitians, mit dem er verstorbene Verwandte zu Staatsgöttern machte[82]. Man kann die Domitian vergöttlichenden Aussagen zeitgenössischer Dichter[83] als Schmeicheleien abtun; aber man müsste dann fragen, wieso sie gerade gegenüber ihm erfolgten. Die Dichter entsprechen damit lediglich Domitians Selbststilisierung. In diesen Zusammenhang gehört auch, „daß impietas unter Domitian die strafrechtliche Bezeichnung des Majestätsverbrechens war“[84]. Er begnügte sich nicht mit der gängigen Bezeichnung *crimen laesae maiestatis*, weil er über das bisherige Maß hinausgehende Göttlichkeit für sich beanspruchte[85]. Dem entspricht die ihm gegenüber üblich gewordene Anrede: „unser Herr und Gott“ (*dominus et deus noster*). Sueton berichtet, dass Domitian beim Diktat einer Verfügung im Namen seiner Prokuratoren so begann: „‚Unser Herr und Gott befiehlt, daß folgendes zu geschehen habe.‘ Seitdem war es üblich, daß man ihn sogar in Briefen und im Gespräch so nannte“[86]. Dion Chrysostomos meint dazu bissig: „Herr und Gott genannt, in Wirklichkeit aber ein böser Dämon“[87]. Nach Cassius Dio hat jemand mit dieser Anrede und dem Versprechen, als Denunziant zu wirken, seinen Hals gerettet[88]. Schließlich ist anzuführen, dass Domitian in Ephesus einen zweiten

---

wesenheit des göttlichen Modells“. Auch dabei wäre Domitian als Gott verstanden. Martial nennt Domitian – vielleicht nicht ohne ironische Obertöne – „unseren Donnerer“ (Epigramme VI 19; *tonans* war ein Epitheton Juppiters). Weiteres zur Gleichstellung und gar Überbietung Domitians mit und gegenüber Juppiter findet sich bei CLAUSS, Kaiser, S. 125, im Blick auf andere Götter S. 126.

78 CLAUSS, Kaiser, S. 130. Vgl. auch ALFÖLDI, Ausgestaltung, S. 31: „... der Kaiser ist göttlich, also ist sein Haus ein Tempel.“ Er hält es für „bezeichnend“, dass Domitian „sein Haus ein Heiligtum zu nennen sich getraut“ (S. 32).

79 Statius, Silvae I 74f.

80 Silius Italicus, Punica III 625.

81 Vgl. die Abbildung bei SUTHERLAND, Münzen, S. 187, Nr. 347.

82 CLAUSS, Kaiser, S. 121–125.

83 Vgl. auch Statius, Silvae IV 3f.

84 PÖHLMANN, Opposition, S. 48.

85 Vgl. den gesamten Abschnitt auf S. 42–51 bei PÖHLMANN, Opposition.

86 Sueton, Domitian 13,2; Übersetzung MARTINET.

87 Dion, Reden 45,1 (Übersetzung ELLIGER).

88 Cassius Dio 67,13,3f. Zu „unser Herr und Gott“ vgl. u.a. auch Martial, Epigramme V 8,1; VII 34,8f.; VIII 2,6; IX 66,3. Wie WITULSKI diese und weitere Zeugnisse herunterspielt,

Kaisertempel bauen ließ. „In ihm stand die Kultstatue des Kaisers in vierfacher Lebensgröße“[89]. Für eine Datierung der Apokalypse in die Spätzeit der Regierung Domitians spricht weiter: In Apk 13 und 17 begegnet die Sage vom *Nero redivivus* in einer Gestalt, wie sie sich erst am Ende des 1. Jahrhunderts entwickelt haben kann[90].

In eine solche Ansetzung passen sich auch die Aussagen in **Apk 17,9–11** ein. In V. 9a ruft Johannes zur Aufmerksamkeit auf: „Hier kommt es auf den Verstand an, der Weisheit hat!“ Es soll etwas verstanden werden, was nicht unmittelbar auf der Hand liegt (vgl. 13,18). Dabei dürfte jedoch die Aussage von V. 9b wenig Kopfzerbrechen bereitet haben: „Die sieben Köpfe: Sieben Berge sind's, auf denen die Frau sitzt.“ Ein anderer Bezug als auf das siebenhügelige Rom erscheint hier kaum denkbar[91]. Schwieriger ist die Fortsetzung in V. 9c–11: „Auch Könige sind's sieben. Die fünf sind gefallen, der eine ist, der andere ist noch nicht gekommen; und wenn er kommt, muss er ein wenig bleiben. Und das Tier, das war und nicht ist – und er selbst ist ein achter und aus den Sieben ist er und ins Verderben geht er.“ Johannes folgt griechischem Sprachgebrauch, nach dem der Kaiser mit βασιλεύς bezeichnet wurde. Bei der Zahl „sieben“ mag man fragen, ob wirklich gezählt werden soll oder ob „alle“ gemeint sind. Da aber weitere Zahlen begegnen, soll wohl gezählt werden. Man kann sehr unter-

---

indem er ihre Autoren abqualifiziert (Kaiserkult, S. 71), ist mehr als seltsam. Nur gegenüber Sueton macht er ein eingeschränktes Zugeständnis: „Lediglich Suetonius darf eine einigermaßen vorurteilsfreie Berichterstattung unterstellt werden, wobei er in seiner Darstellung aber vom *panegyricus* des Plinius abhängig gewesen ist“. Den hatte er vorher desavouiert. Demgegenüber ist daran zu erinnern, dass Sueton immerhin professionellen Zugang zu den kaiserlichen Archiven hatte. WITULSKI fährt fort: „Noch weiter relativiert wird der Vorwurf, Domitian habe für seine Person unangemessene göttliche Ansprüche eingefordert, durch das Zeugnis des Statius. Dieser bezeugt im Gegensatz zu den oben angeführten Belegen, daß Domitian sich schon die Anrede *dominus* … verbeten habe“ (71f.). Diese Stelle, silvae I 83f., ist die einzige, die WITULSKI aus Statius bietet. Nach CLAUSS ist sie zu verstehen als Ausdruck eines Aktes der am Anfang erwarteten Bescheidenheit. „Doch irgendwann … hatte es die Gottheit nicht mehr nötig, ihre Göttlichkeit hinter einem Schleier der Höflichkeit zu verbergen“ (Kaiser, S. 120).

89 CLAUSS, Kaiser, S. 130. Dass dieser Tempel nicht nur Domitian, sondern auch seinen beiden flavischen Vorgängern, Vespasian und Titus, gewidmet war, wird von WITULSKI als Relativierung und Reduzierung von Gewicht und Bedeutung des amtierenden Kaisers interpretiert (Kaiserkult, S. 73). Demgegenüber ist wiederum auf CLAUSS zu verweisen, der mehrfach deutlich macht, dass bei der Verbindung der Weihung mit einem Gott das Gewicht auf der „lebenden Gottheit“, dem regierenden Kaiser, liegt. Von WITULSKI wird zwar auf S. 7 in Anm. 1 auf CLAUSS verwiesen, dessen einschlägiges Buch steht jedoch nicht im Literaturverzeichnis und wird, soweit ich sehe, auch sachlich nicht aufgenommen.

90 Näheres dazu u. S. 134.

91 Vgl. z.B. Horaz, Carmen saeculare 7. Ein 71 n.Chr. geschlagener Sesterz Vespasians zeigt „Roma behelmt, als Amazone gekleidet, auf einem Felsen sitzend, den Kopf auf der rechten Hand ruhend, den rechten Ellbogen auf einen weiteren Felsen gestützt, die linke Hand ausgestreckt, ein Parazonium aufrecht auf dem gebeugten linken Knie haltend; zur Linken fünf weitere Felsen, die mit den beiden bereits beschriebenen die sieben Hügel Roms repräsentieren“ (MATTINGLY, Coins, S. 187, Nr. 774 [Pl. 34,5]).

schiedliche Ergebnisse erreichen[92]. Eine erste Frage ist bereits, wo man mit der Zählung anfängt, da es unterschiedliche antike Traditionen gibt. Ich will nur die mir wahrscheinliche anführen[93]. Wenn man die Zählung mit Augustus beginnt, wären die fünf Gefallenen: Augustus, Tiberius, Caligula, Claudius und Nero. Die drei kurzfristigen Zwischenkaiser Galba, Otho und Vitellius würden nicht zählen. „Der ist", wäre Vespasian; der nur ein wenig bleibt, sein Sohn Titus, der nicht lange Kaiser war. Der achte, bei dem sich in der Identifizierung mit dem Tier der Gedanke der Repräsentation des Reiches durch den Kaiser zeigt[94] und von dem Johannes doch auch präsentisch spricht und im Blick auf den wieder die Legende vom *Nero redivivus* anklingt, wäre dann Domitian[95].

3. *Die Enthaltung von Götzenopferfleisch als status confessionis*

Die von außen bestimmte Situation führte innerhalb der Gemeinden zu unterschiedlichen Optionen und damit auch zu internen Auseinandersetzungen. In sie greift Johannes keineswegs schlichtend ein, sondern mit einer klaren eigenen Positionierung. Um was konkret gestritten wurde und wie und wofür Johannes selbst Partei ergreift, lässt sich am deutlichsten im Sendschreiben nach Thyatira erkennen (Apk 2,18–29)[96]. Mit ihm sei deshalb begonnen. Nachdem Johannes in V. 19 der Gemeinde ein umfassendes Lob ausgesprochen hat, setzt er in V. 20 mit Kritik ein. Diese Kritik richtet sich allerdings in erster Linie gegen eine bestimmte Person, gegen die Gemeinde jedoch auch insofern, als sie diese Person gewähren lässt. In V. 20 heißt es: „Aber ich habe gegen dich, dass du die Frau Isebel gewähren lässt, die behauptet, eine Prophetin zu sein. Aber sie lehrt und verführt meine Sklaven und Sklavinnen zu huren und Götzenopferfleisch zu essen." Der hier genannte Name „Isebel" ist selbstverständlich nicht der tatsächliche Name der betreffenden Frau. Es handelt sich vielmehr sozusagen um einen Ketzerhut, den Johannes mit diesem Namen vergibt. Er greift ihn aus der Schrift auf, um das Wirken dieser Frau zu kennzeichnen und damit zugleich zu disqualifizieren. Isebel ist nach 1Kön 16,31 die Tochter des Königs von Sidon, die Ahab, der König des Nordreichs Israel, aus wohl erwogenen politischen Gründen geheiratet hatte. Zu den Implikationen dieser Politik gehörte es allerdings, dass Isebel auch in Israel ihren heimatlichen Baalskult pflegte und förderte. Bevor Jehu bei seiner Revolution nach 2Kön 9,22 Ahabs Sohn Joram umbringt und danach auch dessen Mutter Isebel, sagt er zu Joram: „Noch gibt es die Hurerei deiner Mutter und ihre vielen Zaubereien." Hier werden Isebel mit dem Begriff „Hurerei" keine ethisch-sexuellen Verfehlungen vorgeworfen, sondern

---

92 Vgl. den Exkurs bei SATAKE, Komm., S. 350–352, mit Verweisen auf weitere Literatur. Eine Übersicht über neun unterschiedliche Zählungen bietet AUNE, Komm., S. 947f.

93 Zu ihr vgl. schon WEIZSÄCKER, Zeitalter, S. 518f.; HOLTZMANN, Komm., S. 403–405.

94 Vgl. u. S. 135.

95 Vgl. auch BÖCHER, Johannesapokalypse, S. 95f., sowie AUNE, Komm., S. 950, der auf römische Autoren hinweist, die „Domitian für einen zweiten Nero hielten". Vgl. z.B. Juvenal, Satiren IV 37f.: „Als der letzte Flavier die bereits halbtote Welt zerfleischte und Rom sklavisch diente dem kahlen Nero" (Übersetzung ADAMIETZ).

96 Vgl. zu diesem Sendschreiben GUTTENBERGER, Thyateira, S. 167–183.

kultisch-religiöse. Mit der Bezeichnung als „Isebel“ stellt Johannes diese Frau so dar, dass sie zum Abfall von Gott verführe[97].

Eine Selbstbezeichnung der angegriffenen Frau liegt jedoch bei dem Begriff „Prophetin“ vor. Johannes hält sie zwar für eine falsche Prophetin, aber er gibt zugleich zu erkennen, dass sie mit prophetischem Anspruch aufgetreten ist, und ebenso ist es klar, dass die Gemeinde sie als Prophetin anerkannt hat[98]. Sie war offenbar in Thyatira ansässig. Nach Did 11 ist Wanderschaft zwar für Apostel, aber nicht für Propheten konstitutiv. Dadurch hatte sie im Blick auf ihre Gemeinde von vornherein eine bessere Position als der Wanderprophet Johannes.

Ausdrücklich bemerkt sei, dass hier von einer Prophet*in* gesprochen wird. Prophetisch redende Frauen werden von Paulus in 1Kor 11,5 als in der Gemeindeversammlung von Korinth auftretend vorausgesetzt. Apg 21,9 werden vier jungfräuliche Töchter des Philippus erwähnt, die prophetisch begabt waren. Diese Gabe galt nicht als auf Männer beschränkt. Auch Johannes greift die Prophetin von Thyatira nicht an, weil sie eine Frau ist[99]. Bei ihm findet sich nichts den Pastoralbriefen Vergleichbares, wo den Frauen schlicht das Lehren untersagt wird: „Zu lehren aber erlaube ich einer Frau nicht“ (1Tim 2,12).

Was Johannes dieser Prophetin vorwirft, formuliert er so: Sie verführe die Mitglieder der Gemeinde „zu huren und Götzenopferfleisch zu essen“. Hier kann das „Huren“ nicht im wörtlichen Sinn verstanden sein[100]. Wer das gelehrt hätte, wäre von einer Gemeinde des 1. Jahrhunderts nie und nimmer als Prophetin anerkannt worden[101]. Für den metaphorischen Gebrauch sei an die vorher zitierte Stelle 2Kön 9,22 über die biblische Isebel und auf eine rabbinische Stelle verwiesen: „Jedem, der Götzendienst treibt, rechnet die Schrift es an, als breche er die Ehe hinter dem Ort (= Gott)“[102]. Mit der Nebeneinanderstellung von „Huren“ und „Essen von Götzenopferfleisch“ charakterisiert Johannes Letzteres als „Fremdgehen“ mit anderen Göttern, als Abfall von Gott.

---

97 Einen möglichen zusätzlichen Bezug von Apk 2,20 auf Ez 13,17 hat KOWALSKI herausgestellt (Rezeption, S. 433f.).

98 Wenn LÖHR sie als „die selbsternannte Prophetin in Thyatira“ bezeichnet (Nikolaiten, S. 43), macht er sich die Wertung des Johannes zu eigen.

99 Es kann keine Rede davon sein, dass Johannes „die Freiheit weiblichen Prophezeiens“ rückgängig mache, wie BERGER behauptet (Theologiegeschichte, S. 572). Diese Behauptung befremdet umso mehr, da BERGER vorher selbst zu Recht festgestellt hatte: „ApkJoh wendet sich nicht gegen das weibliche Element, sondern gegen die falsche Lehre“ (S. 540).

100 Nach LÖHR „ist der Schluß unausweichlich, daß auch das erstgenannte Verb (‚huren‘ in Apk 2,20) hier nicht bildlicher Ausdruck ist, sondern eine konkrete Handlungsweise im Alltag ausdrücken soll“ (Nikolaiten, S. 51). Als die benennt er dann die Lehre, „daß die jüdischen Ehevorschriften irrelevant sind, daß sie jedenfalls nicht zum Zwecke einer Perpetuierung der Trennung von Juden und Heiden eingesetzt und lebendig gehalten werden dürfen“ (S. 52). Das ist eine mögliche Hypothese, die mir jedoch gegenüber dem metaphorischen Verständnis weniger wahrscheinlich zu sein scheint.

101 Was HADORN, der mit Vehemenz für ein wörtliches Verständnis votiert und zudem die Lesart „*deine* Frau“ vertritt, „Isebel“ also für die Frau des Gemeindevorstehers hält, über Apk 2,20 schreibt (Komm., S. 53f.), kann man nur noch mit Schmunzeln zur Kenntnis nehmen.

102 MekhJ Jitro (BaChodesch) 8 (HOROVITZ/RABIN, S. 233).

Was ist mit dem Götzenopferfleisch gemeint? Das auf dem Markt angebotene Fleisch kam zu einem guten Teil von den Opferschlachtungen in Tempeln. Griechen nannten es deshalb ἱερόθυτον (*hieróthyton*), „heiliges Fleisch". Weil aber die dort verehrten Götter für Juden keine Götter, sondern Götzen waren, nannten sie dieses Fleisch εἰδωλόθυτον (*eidolóthyton*), wörtlich: „dem Götzenbild Geschlachtetes". Der Genuss solchen Fleisches betraf kein isoliertes religiöses Problem, sondern allgemein die Frage gesellschaftlicher Kommunikation, Partizipation und Integration. Für Angehörige unterer Schichten, bei deren Ernährung Fleisch kaum eine Rolle spielte, gab es die Möglichkeit des Fleischgenusses bei öffentlichen Feiern, die mit Tempeln und also auch Göttern und Göttinnen verbunden waren. Vereins- und Familienfeiern fanden im Rahmen von Opfermahlen in Tempeln statt. Das galt etwa auch für die Jahresfeiern von Handwerkergilden. Die Frage des Genusses von Götzenopferfleisch betraf also nicht bloß den privaten Bereich. Wie Anpassung an die nichtjüdische Umwelt in religiöser Hinsicht und ökonomischer Vorteil zusammengehen konnten, zeigt sehr schön ein kleines Beispiel aus einem anderen Bereich. In bAS 13a heißt es: „Rabbi Natan sagt: An einem Götzenfeiertag, an dem der Zoll erlassen wird, ruft man aus und sagt: ‚Jedem, der einen Kranz trägt und legt ihn auf seinen Kopf und auf den Kopf seines Esels, um den Götzendienst zu ehren, wird man den Zoll erlassen, und wenn nicht, wird man ihm den Zoll nicht erlassen.' Wenn sich dort ein Jude befindet, was soll er tun?" Und wie sollten sich die Mitglieder der messiasgläubigen Gemeinschaft verhalten? Sich allem radikal entziehen? Oder gab es Möglichkeiten, in gewissen Grenzen doch auch mit gutem Gewissen am öffentlichen Leben teilnehmen zu können?

Bevor dem Text des Johannes weiter gefolgt wird, sei der Versuch unternommen, die Situation aus der Perspektive der „Isebel" genannten Frau vorzustellen und sie nicht von vornherein für eine Irrlehrerin und Schreckensgestalt zu halten. Schließlich war sie in der von Johannes zunächst kräftig gelobten Gemeinde anerkannt, muss also für diese respektabel gewesen sein. Die Situation aus ihrer Perspektive zu sehen, geht natürlich nur mit etwas Phantasie, da wir über sie fast nichts wissen. Aber was ich im Folgenden ausführe, bleibt in einem denkmöglichen Rahmen. Ich stelle mir eine Frau wie Lydia vor, die Purpurhändlerin in Philippi, die aus Thyatira stammte: eine „emanzipierte" Frau, die mit Geschick und Erfolg ein Geschäft führte. Sie war Sympathisantin der jüdischen Gemeinde, eine Gottesverehrerin. Was die Juden sagten, hatte ihr imponiert: Dass es nur den einen Gott gibt; dass die Götter und Göttinnen nichts als Götzen sind, die nur deshalb Macht haben, weil die Menschen so tun, als hätten sie Macht und ihnen Macht einräumen; dass der Nächste zu lieben ist, weil er ein Mensch ist wie ich; dass da eine Gemeinschaft war, in der alle nicht nur geistlich zusammengehörten, sondern in der auch materiell füreinander gesorgt wurde, sodass niemand herausfiel. Sie hätte auch gerne ganz dazugehört. Am Tauchbad, das sie dann an sich hätte vollziehen lassen müssen, hatte es nicht gelegen; aber sie hätte dann auch alle diejenigen Vorschriften einhalten müssen, die sich auf die spezifisch jüdische Lebensweise bezogen. Davon empfand sie vieles nicht nur als kleinlich, worauf sie z.B. am Schabbat alles zu achten gehabt hätte. Wichtiger war: Dann wäre sie geschäftlich dem Ruin entgegen gegangen.

Nicht nur, dass ein Teil der Kundschaft sie für verrückt gehalten und boykottiert hätte. Sie hätte auch an offiziellen und offiziösen Veranstaltungen in Tempelrestaurants nicht mehr teilnehmen können, nicht einmal mehr an dort stattfindenden Familienfeiern und vor allem nicht an der Jahresversammlung ihrer Geschäftsvereinigung im Apollotempel. Der religiöse Rahmen dabei bedeutete ihr schon lange nichts mehr – und vielen ihrer Kollegen auch nicht; das war doch nur gesellschaftliche Konvention. Und dann waren in der Synagoge Propheten von auswärts aufgetaucht und hatten verkündigt: Der Messias, auf den das Volk Gottes warte, sei schon gekommen. Gott habe den von den Römern gekreuzigten Jesus von Nazaret von den Toten auferweckt und zum Herrn und Messias gemacht. Damit sei die neue Schöpfung schon angebrochen und Gott gebe daher seinen Geist allen, die darauf vertrauen. Deshalb zähle es nicht mehr, ob jemand frei oder versklavt sei, Mann oder Frau; und deshalb zähle es auch nicht mehr, ob jemand jüdisch oder nichtjüdisch sei. Allen habe Gott in diesem Messias Jesus seine rettende Hilfe erwiesen. Jede und jeder sei in ihm von Gott geliebt; jede und jeder gehöre voll und ganz dazu. Deshalb brauche kein Nichtjude sich beschneiden zu lassen, keine Nichtjüdin sich durch das Tauchbad auf die ganze Tora mit allen ihren Geboten verpflichten zu lassen. Es genüge die Taufe auf den Namen Jesu. Nach heftigen Auseinandersetzungen in der Synagoge, die sich über einige Zeit hinzogen, begann eine Gruppe von Jüdinnen und Juden sowie Gottesfürchtigen, zu der später auch andere hinzustießen, die vorher nichts mit der Synagoge zu tun gehabt hatten, sich neben den Versammlungen in der Synagoge auch privat zu treffen. In dieser Gruppe wehte ein neuer Geist der Geschwisterlichkeit, der Schranken unterschiedlichster Art überwand. In ihr spielte die Frau, die Johannes „Isebel“ nennt und die ich mir hier versuchsweise näher vorstelle, eine wichtige Rolle. Sie war froh, nun nicht mehr nur „in der zweiten Reihe“ dabei zu sein, sondern so, wie sie war, als erfolgreiche Geschäftsfrau, ganz dazu zu gehören. Und dann kam ein Wanderprophet nach Thyatira und verlangte in der Gemeinde, dass man kein heiliges Fleisch mehr esse, von dem er nur verächtlich als „Götzenopferfleisch“ sprach. Dann hätte sie auch gleich zum Judentum übertreten können! Sie musste diese Forderung als Rückfall in längst überwunden geglaubte Probleme empfinden. Da kommt einer her, offenbar einer, der das Neue an Jesus noch nicht recht begriffen hat, und macht eine Nebensache, das bisschen gesellschaftliche Konvention, zur Hauptsache. So viel hat sie vom neuen Geist mitbekommen, dass sie sich gegen solche Zumutung entschieden zur Wehr setzen kann und muss.

Ich breche hier ab mit meiner Phantasie. Es dürfte deutlich geworden sein, dass auf der von Johannes angegriffenen Gegenseite nicht etwas Verrucht-Verworfenes steht, etwas Exotisch-Abstruses, bei dem man sich nur wundern kann, dass es so etwas in der auf Jesus bezogenen Gemeinde einmal gegeben haben soll, sondern sozusagen etwas ganz Normales und durchaus Respektables. Die Prophetin von Thyatira versteht es einsichtig zu machen, dass der Genuss von Opferfleisch keinesfalls Abfall von Jesus bedeutet. Sie ist alles andere als ein Ausbund von Ketzerei. Es lässt sich vorstellen, dass sie in dieser Frage eine radikalisierte paulinische Tradition vertritt[103], während Johannes, wie noch zu zeigen sein wird, in der Tradition des „Aposteldekrets“ steht.

Für ihn bedeutet der Genuss von Götzenopferfleisch Abfall von Gott[104]. So formuliert er in Apk 2,21a: „Und ich habe ihr Zeit gegeben, dass sie umkehre“[105]. An was denkt er dabei? Wie und wo ist der Prophetin Zeit zur Umkehr gegeben worden? Das Sendschreiben ist als Rede des erhöhten Jesus vorgestellt. Konkret dürfte Johannes an seine eigene letzte persönliche Anwesenheit in der Gemeinde von Thyatira denken, in der er als Prophet in dieser Weise geredet hat. Der Prophet redet im Namen Jesu. Aber das tat auch die Prophetin von Thyatira. So ist in der Gemeindeversammlung Prophetie auf Prophetie gestoßen, Geist auf Geist. Johannes hat so geredet und die von ihm „Isebel“ genannte Frau anders; und beide beanspruchen, im Namen des Herrn Jesus zu sprechen[106]. Dazwischen steht die Gemeinde und muss die Geister unterscheiden.

Johannes erinnert also in V. 21 faktisch an sein eigenes prophetisches Reden gegen die Prophetin von Thyatira und stellt dann resigniert fest: „Aber sie will nicht umkehren von ihrer Hurerei“[107]. Indem er deren Position lediglich unter der Bezeichnung „Hurerei“ erscheinen lässt, qualifiziert er sie als Götzendienst vollständig ab[108]. Darauf lässt er in V. 22.23a eine Gerichtsdrohung folgen, zuerst gegen die Prophetin, dann gegen diejenigen, die ihr anhängen. Unter letzteren nimmt er eine Differenzierung vor, indem er – wiederum metaphorisch – von ihren Freiern und ihren Kindern spricht: „Siehe, ich werfe sie aufs Bett und diejenigen, die mit ihr die Ehe brechen, in große Bedrängnis, wenn sie nicht

---

103 LÖHR kennzeichnet das hinsichtlich der Nikolaiten als „eine adiaphoristische Position“ (Nikolaiten, S. 48f.; das Zitat auf S. 48).

104 Nach WOLTER „stellt Johannes die vom Kaiserkult bestimmte Alltagskultur, in der er die christlichen Gemeinden Kleinasiens vorfindet, unter Rückgriff auf die Leitmetapher der πορνεία dar, um seine Leser mit Hilfe dieses denunziatorischen Stereotyps affektiv im Sinne seiner Sicht der Dinge zu beeinflussen“ (Ethos, S. 199).

105 Sprachlich ähnlich ist eine Formulierung bei Flav.Jos.Bell. III 127: Als Vespasian mit seinem Heer nach Galiläa kommt, lässt er nicht sofort kämpfen, sondern will durch den bloßen Anblick den Feinden Schrecken einjagen „und Gelegenheit zur Umkehr geben“ (μετανοίας καιρὸν διδούς [metanoías kairón didoús]).

106 Vgl. GUTTENBERGER, Thyatira, S. 175: „Der Anspruch des Johannes und der Anspruch der Prophetin entsprechen einander; da sie offensichtlich verschiedene Positionen vertreten, konkurrieren sie auch.“

107 In MekhJ Beschallach (Schira) 5 (HOROVITZ/RABIN, S. 130) findet sich in Auslegung der Wendung נאדרי בכח aus Ex 15,6, die als „schön (נאה) bist Du und herrlich (אדיר) in Kraft“ verstanden wird, dreimal in Anrede an Gott die Aussage, „dass Du … Frist gabst, Umkehr zu vollziehen“ (der Flutgeneration, den Turmbauleuten und den Leuten von Sodom); und dreimal folgt die Feststellung: „Aber sie vollzogen keine Umkehr.“ Hierauf verweist SCHLATTER, Testament, S. 66f.

108 Aus dem Umstand, dass in Apk 2,21 πορνεία allein steht, folgert WITULSKI: „Die Verfehlung dieser Prophetin besteht also im wesentlichen darin, zur πορνεία und zum Tun des πορνεῦσαι, d.h. zur Verehrung eines anderen als des wahren Gottes, aufgerufen und dies auch selbst praktiziert zu haben“ (Johannesoffenbarung, S. 281). Dass in der Gemeinde jemand als Prophetin akzeptiert wurde, wer „die Teilnahme an Veranstaltungen im Rahmen der kultisch-religiösen Verehrung heidnischer Gottheiten“ propagierte (S. 278), erscheint mir als unvorstellbar. Es kann sich nur darum handeln, solche Teilnahme für Gemeindeangehörige unter Kautelen argumentativ zu ermöglichen.

umkehren von den Taten dieser Frau. Und ihre Kinder werde ich umbringen durch Pest.“ Die Gerichtsdrohung gegen die Prophetin mag in ihrer Ausgestaltung durch das vorherige Reden vom „Huren“ veranlasst sein. Aber dadurch wird ein wörtliches Verständnis dieses Redens nicht gestützt, wie das BOUSSET wollte: „... die Strafe nach Maßgabe der Versündigung: das Siechbett anstatt des Wollustlagers“[109]. BOUSSET versteht dann auch weiter wörtlich: „Die μοιχεύοντες sind ... die Buhlen des Weibes“, die Kinder ihre leiblichen Kinder[110]. Dass eine Frau mit solchem Lebenswandel in einer Gemeinde des 1. Jahrhunderts großes Ansehen genießen soll, ist allzu phantasievoll. Die Gerichtsdrohungen sind sonst endzeitlich verstanden, dann wahrscheinlich auch hier[111].

Johannes fährt in V. 23b fort: „Und erkennen werden alle Gemeinden, dass ich es bin, der Nieren und Herzen erforscht; und ich werde euch geben: jeder und jedem gemäß euren Taten.“ Die auch bei uns sprichwörtlich gewordene Wendung „auf Herz und Nieren prüfen“ kommt aus der biblischen Anthropologie, nach der das Herz das Personzentrum bezeichnet, den Sitz des Wollens und Trachtens, während die Nieren der innerste Sitz der Gefühlsregungen und auch des Gewissens sind. Am Gerichtshandeln Jesu, gerade auch an der Gemeinde, wird für alle in der Gemeinde sichtbar werden, dass ihm nichts verborgen bleibt. Damit erfolgt ein Rückbezug auf eine Umschreibung des hier als redend vorgestellten erhöhten Jesus in der Botenformel am Beginn dieses Sendschreibens: Er hat „Augen wie Feuerflammen“, einen durch alles hindurch dringenden Blick, dem nichts verborgen bleibt. Als prophetischer Seher partizipiert Johannes an diesem Durchblick und vermittelt die dabei gewonnene Sicht an die Gemeinde weiter.

In V. 24 wendet er sich an „die Übrigen in Thyatira“, womit deutlich wird, dass auch die Gemeinde in dieser Frage gespalten ist. Diese Übrigen werden charakterisiert als „alle, die diese Lehre nicht haben“. Es folgt eine weitere Charakterisierung: „die nicht die Tiefen Satans erkannt haben, wie sie – die anderen – behaupten“. Diese Schlussbemerkung zeigt deutlich an, dass Johannes hier zitiert, nämlich die Prophetin und ihre Anhänger. Umstritten ist jedoch, ob er wörtlich zitiert oder verballhornt. BOUSSET meint, es liege ein wörtliches Zitat vor[112]. Er versteht die von Johannes Angegriffenen als Libertinisten, die so argumentiert hätten: „... man müsse die Tiefen Satans kennenlernen, die satanische Macht des Heidentums persönlich ergründen“. Der Vorwurf des Libertinismus, der bei den Kirchenvätern gegen gnostische oder gnostisierende Ketzer aufkommt, dürfte mit der Wirklichkeit nichts zu tun haben, sondern ist Konsequenzmacherei ihrerseits. Das ergibt dann einen „schönen“ Vorwurf, mit dem man die Gegner moralisch fertigmachen kann. Mit der Bibliothek von Nag

---

109 BOUSSET, Komm., S. 219; ähnlich auch ROLOFF, Komm., S. 57; MÜLLER, Komm. S. 119, und lange vorher schon BENGEL, Sendschreiben, S. 103.

110 BOUSSET, ebd.

111 Zur Formulierung von V. 23a: ἀποκτενῶ ἐν θανάτῳ vgl. Ez 33,27. Im hebräischen Text steht: בדבר ימותו (*badéver jamútu* – „sie werden an der Pest sterben“). LXX übersetzt: θανάτῳ ἀποκτενῶ. Wörtlich übersetzt: „Ich werde mit dem Tod töten.“

112 BOUSSET, Komm., S. 220.

Hammadi liegen inzwischen hinreichend gnostische Originaltexte vor. Kein einziger von ihnen belegt die Richtigkeit dieses Vorwurfs. Wenn es sich aber um eine Verdrehung des Johannes handelt, wäre der eigene Anspruch der Gegenseite, die Tiefen *Gottes* zu erkennen. Das kann sich auf paulinische Tradition berufen. In 1Kor 2,10 schreibt Paulus: „Der Geist erforscht alles, auch die Tiefen Gottes." Diejenigen, die „die Tiefen Gottes" erkannt haben, haben damit vollkommene Erkenntnis[113]. Sie wissen auch, dass es keine Götter in der Welt gibt, sondern nur den einen Gott (vgl. 1Kor 8,4). Über diejenigen, die solche Erkenntnis haben, kann also, wenn sie in einen Tempel gehen, die dort verehrte Gottheit keine Macht gewinnen, weil es sie gar nicht gibt[114]. Für Johannes ist solche Argumentation offenbar satanisch. Und so verballhornt er den Anspruch, die Tiefen Gottes erkannt zu haben, in sein Gegenteil: Die Praxis erweist, dass es sich um Erkenntnis der Tiefen des Satans handelt. Die Gegenseite sah das natürlich anders. Wie schon erwähnt, dürfte die Prophetin von Thyatira in paulinischer Tradition gestanden haben. Sie konnte an Aussagen des Apostels in 1Kor 8 anknüpfen und sich dessen grundsätzliche Option für „die Starken" zu eigen machen.

Denjenigen, die sich davon distanzieren, verheißt Johannes am Ende von V. 24 und in V. 25: „Ich lege keine andere Last auf euch; nur, was ihr habt, das haltet fest, bis dass ich komme." Was ist mit ἄλλο βάρος (*állo báros*) gemeint? Worauf bezieht sich diese „Last"? Hätte Johannes damit Leiden im Blick, läge ein Rückbezug auf die Gerichtsdrohung vor: Die in ihr angekündigte „Last" wird es geben, aber keine andere. So versteht ROLOFF[115]. Dagegen ist aber einzuwenden: 1. Bei der Gerichtsdrohung sind „Isebel" und die Ihren Objekt, hier geht es jedoch um „die Übrigen". Sie haben schon eine „Last", die nicht die in der Gerichtsdrohung angesagte sein kann. 2. Gegen dieses Verständnis spricht auch der Zusammenhang mit V. 25. BOUSSET hält diese Deutung für ausgeschlossen, „da der Ausdruck im folgenden Vers κρατῆσαι nur auf das Festhalten an gesetzlichen Bestimmungen gedeutet werden kann"[116]. Dann liegt aber ein Bezug auf das sogenannte Aposteldekret am nächsten[117]. In Apg 15,28f. heißt es im Brief der Jerusalemer Gemeinde an die in Antiochia, womit die hinzukommenden Menschen aus den Völkern angesprochen werden: „Der heilige Geist und wir haben beschlossen, euch keine weitere Last aufzulegen außer diesen notwendigen Dingen: Haltet euch fern vom Fleisch der den Götzen geopferten Tiere, vom Blutgenuss, von Ersticktem und von torawidrigen geschlechtlichen

---

113 Vgl. schon HOLTZMANN, Komm., S. 435.

114 Ein solches Verständnis wäre der Sache nach auch möglich, wenn es sich beim „Erkennen der Tiefen Satans" um ein tatsächliches Zitat handelt, das dann so gedeutet werden müsste, „daß es sich bei dem σατανᾶς um eine realiter nichtige bzw. nicht existierende und machtlose Gestalt handelt" (so WITULSKI, Johannesoffenbarung, S. 285–288; das Zitat auf S. 286).

115 ROLOFF, Komm., S. 57.

116 BOUSSET, Komm., S. 221.

117 So BOUSSET, ebd.; MÜLLER, Komm., S. 120. Nach WITULSKI wäre dieser Bezug „ganz unverständlich und ohne jeglichen Hinweis für die Leser konstruiert worden" (Johannesoffenbarung, S. 283f.). Dieser Eindruck gilt aber nur für heutige Leserinnen und Leser, denen die konkreten Probleme, um die damals gestritten wurde, nicht mehr bewusst sind.

Beziehungen!“ Die Intention dieser Bestimmungen ist es, dass Jüdinnen und Juden, wenn sie mit nichtjüdischen Menschen zusammenleben, ihre Integrität wahren und ihre Identität dadurch leben können, dass letztere sich an rituelle Minimalforderungen der Tora halten. Es geht um die Ordnung des Zusammenlebens unter jüdischen Bedingungen in Entsprechung zu den Vorschriften von Lev 17f.[118] Johannes scheint sich in V. 24f. gegen den Vorwurf zu wehren, er führe eine Neuerung ein. Er setzt vielmehr die Enthaltung von Götzenopferfleisch als schon bestehendes Gebot voraus.

Die Besprechung von wesentlichen Teilen des Sendschreibens nach Thyatira hat also gezeigt, dass es in der Gemeinde gegensätzliche Positionen hinsichtlich der Frage gibt, ob der Genuss von Götzenopferfleisch erlaubt oder verboten ist. Dabei geht es nicht um eine isolierbare kultisch-rituelle Frage. Am Genuss von Götzenopferfleisch spitzt sich vielmehr die Alternative von gesellschaftlicher Partizipation oder gesellschaftlicher Isolierung zu. Johannes vertritt kompromisslos Letzteres; für ihn wird die Enthaltung von Götzenopferfleisch zum *status confessionis*.

Was sich am Sendschreiben nach Thyatira erkennen ließ, klingt ebenfalls in dem nach Pergamon an. Auch hier spricht Johannes zunächst ein Lob aus und weist dabei auf die von außen bestimmte schwierige Situation der Gemeinde hin. Nach Apk 2,13 weiß er, wo sie wohnt, nämlich da, „wo der Thron Satans steht“, „wo der Satan wohnt“. Diese Stelle hat verschiedene Deutungen erfahren: 1. Die Residenz des römischen Statthalters oder der Platz, an dem er Urteile fällte. Aber das wäre dann genauso von anderen in der Apokalypse genannten Städten der Asia zu sagen, die Gerichtsorte waren. 2. Der Tempel des Augustus und der Göttin Roma als ältestes und berühmtestes Zentrum des Kaiserkults in der Provinz[119]. 3. Der Zeusaltar[120]; auch in diesem Fall wäre ein Bezug auf den Kaiser gegeben, da sich Domitian als „neuer Juppiter“ (= Zeus) feiern ließ und auf Münzen mit dem Blitzbündel des Juppiter erscheint[121]. 4. Das Asklepiosheiligtum, wobei eine Verbindung hergestellt wird zwischen der Schlange als Symbol des Asklepios und der Bezeichnung des Satans als „alter Schlange“ in Apk 12,9[122]. Diese Möglichkeit scheint mir weniger wahrscheinlich zu sein, da der Satan in der Apokalypse, wie noch zu zeigen sein wird, mit der römischen

---

[118] Vgl. dazu ausführlich WENGST, Völker, S. 114–117.121–123, und die dort gegebenen Verweise auf JÜRGEN WEHNERT, Die Reinheit des „christlichen Gottesvolkes“ aus Juden und Heiden. Studien zum historischen und theologischen Hintergrund des sogenannten Aposteldekrets, FRLANT 173, Göttingen 1997.

[119] Z.B. HIRSCHBERGER, Israel, S. 101f.

[120] Z.B. DEISSMANN, Licht, S. 240, Anm. 8.

[121] Vgl o. S. 67 mit Anm. 75 sowie HOWGEGO, Geld, S. 91: „In der Reichsprägung können wir erst seit der Herrschaft des Domitian einen Trend zu einer spezifischen Gleichsetzung von Kaisern mit Göttern finden. Eine Münze aus einer Serie, die Domitian zur Darstellung bringt, zeigt den Kaiser, wie er einen Blitz hält und von Victoria bekrönt wird ... Der Blitz steht völlig im Einklang mit der zeitgenössischen Dichtung, in welcher Juppiter derjenige Gott ist, mit dem Domitian am häufigsten verglichen wird.“ Die Abbildung einer entsprechenden Münze findet sich auf S. 208, Nr. 126.

[122] ZAHN, Einleitung, S. 612; HADORN, Komm., S. 48; lange vorher schon KNORR VON ROSENROTH, Komm., S. 56.

Macht in Verbindung gebracht wird. Ob in V. 13 einer der beiden unter 2. und 3. genannten Orte gemeint ist, sei dahingestellt[123]. Es ist auch möglich, mit ROLOFF anzunehmen, „daß damit Pergamon insgesamt als Hochburg heidnischer Religiosität gekennzeichnet werden soll“[124]. Allerdings wäre zu betonen, dass es um solche Religiosität geht, die sich mit der römischen Macht verbindet, bzw. um diese Macht, die sich religiös überhöht und legitimiert.

Nach dieser Feststellung, die Verständnis für die schwierige Situation artikuliert, folgt als Lob, dass die Gemeinde am Namen Jesu festgehalten und die Treue zu ihm nicht geleugnet hat[125]. Unmittelbar anschließend in Apk 2,14 setzt Tadel ein, wenn auch in milder Form: „Weniges jedoch habe ich gegen dich: dass du dort Leute hast, die die Lehre Bileams halten, der den Balak lehrte, den Kindern Israels eine Falle zu stellen, damit sie Götzenopferfleisch äßen und hurten.“ In der Gemeinde gibt es Leute, in ihr werden Leute geduldet, die eine bestimmte, von Johannes entschieden abgelehnte Lehre vertreten. Er benennt diese Lehre zunächst nicht direkt, sondern kennzeichnet sie indirekt damit, dass er eine biblische Analogie zu ihr konstruiert. Indem er so eine Entsprechung zu einem negativ qualifizierten Beispiel der Schrift herstellt, hat er von vornherein auch die von ihm anvisierte Lehre der Gegenwart negativ qualifiziert. Er erwähnt „die Lehre Bileams, der den Balak lehrte, den Kindern Israels eine Falle zu stellen“. Mit den Bileamgeschichten in Num 22–24 stimmen diese Aussagen nicht überein. Nach dem biblischen Bericht dieser Kapitel will der Moabiterkönig Balak den Propheten Bileam engagieren, damit der das Volk Israel verfluche. Als Bileam nach vielem Hin und Her und einigen Wirren endlich kommt, kann er aber nicht anders, als Israel zu segnen. Eine negative Aussage über Bileam findet sich jedoch in Num 31,16: Midianitische Frauen wären durch Bileams Rat Israeliten zum Anlass für den Abfall von Israels Gott geworden. Das bezieht sich auf Num 25,1f., wonach Israeliten sich mit Moabiterinnen einließen und von diesen zu ihren Opfern eingeladen wurden. Beide Stellen sind in der jüdischen Tradition miteinander verbunden worden. Im Midrasch wird der Rat Bileams, nachdem er auf die Unmöglichkeit eines militärischen Sieges hingewiesen hatte, so dargestellt: „Ihr Gott hasst Unzucht. Macht, dass eure Frauen und eure Töchter sich für sie zur Unzucht hinstellen, und sie werden durch Unzucht überwältigt; ihr Gott legt Hand an sie. Denn so verhält es sich: Immer wenn die Israeliten seinen Willen tun, kämpft er für sie; denn es ist gesagt: ‚Der Ewige wird für euch kämpfen‘ (Ex 14,14). Wenn sie aber seinen Willen nicht tun, kämpft er gleichsam gegen sie; denn es ist gesagt: ‚Da verkehrte er sich ihnen zum Feind und kämpfte gegen sie‘ (Jes 63,10). Ja, noch mehr: Sie machen

---

[123] Außer den genannten Vorschlägen diskutiert WITULSKI noch vier weitere und verwirft sie alle (Johannesoffenbarung, S. 250–275). Er selbst will auf den 129 n.Chr. fertiggestellten Trajanstempel hinaus (S. 275–278). Bei einer erst danach erfolgten Abfassung der Apokalypse wäre das eine Möglichkeit, aber nicht die einzige. Die Ausschlussgründe WITULSKIS sind keineswegs durchgehend zwingend. Man betrachte das Modell der Stadt Pergamon im Pergamonmuseum in Berlin und merke, welch große Dominanz der Zeusaltar auch noch zu der Zeit hatte, da das Traianeum errichtet war.

[124] ROLOFF, Komm., S. 54. Vgl. schon BENGEL, Sendschreiben, S. 84: „... seinen Thron zu Pergamus als einem Hauptsitz des heidnischen Götzendienstes“.

[125] Vgl. dazu o. S. 59–61.

den Barmherzigen grausam; denn es ist gesagt: ‚Es ward der Ewige gleich dem Feind, vertilgte Israel‘ (Klgl 2,5)“[126]. Diese Tradition nimmt Johannes auf. Weder aus der Schrift noch aus der Tradition hat er als Inhalt der Lehre Bileams die Aufforderung Götzenopferfleisch zu essen. Das muss er aus seiner Gegenwart haben; daran hängt primär sein eigenes Interesse. Das heißt: Den aus der Tradition aufgenommenen Rat Bileams „zu huren“ interpretiert er als die Erlaubnis zum Genuss von Götzenopferfleisch, womit er Letzteres zugleich als Abfall von Gott qualifiziert. Den Vergleich mit der eigenen Gegenwart zieht Johannes ausdrücklich in V. 15: „So hast auch du Leute, die ebenso an der Lehre der Nikolaiten festhalten.“ Deren Lehre scheint also keine andere gewesen zu sein als die der Prophetin von Thyatira, nämlich die Unbedenklichkeit des Genusses von Götzenopferfleisch zu erklären. Wieder ist zu betonen, dass es dabei um die Frage gesellschaftlicher Partizipation und Integration überhaupt ging. „Zur Debatte stand hier die Frage der Assimilation: Welche heidnischen Gewohnheiten konnten Christen sich zu eigen machen um des wirtschaftlichen Überlebens, geschäftlichen Erfolges oder schlichter Geselligkeit willen?“[127] Dabei muss dieser Punkt im Selbstverständnis der Nikolaiten keineswegs im Zentrum ihrer Lehre gestanden haben. Für Johannes wird er aber zum Punkt, an dem sich die Geister scheiden.

So wenig wie die Prophetin von Thyatira muss und darf man die **Nikolaiten**, die bereits im Sendschreiben nach Ephesus erwähnt werden (Apk 2,6), zu „Libertinisten“ machen. Schon die Kirchenväter wussten nicht mehr über sie als das, was sie in Apk 2 fanden. Das hat sie aber nicht gehindert zu kombinieren und zu spekulieren, um sie fassbarer zu machen. BOUSSET sagt zu Recht: „Noch weniger Wert als die Überlieferung der Kirchenväter haben hier, wo die Dinge gänzlich aussichtslos stehen, die Ratereien moderner Exegeten“ (Komm., S. 206). Natürlich bezeugt der Name, dass sie sich auf einen Menschen namens Nikolaus beriefen. So hat schon Irenäus diesen Nikolaus mit dem von Apg 6,5 identifiziert, einem der sieben „Diakone“, die wohl eher das Führungsgremium der „Hellenisten“ waren (Iren.haer. I 26,3). Er wird dort als letzter genannt und als „ein Proselyt aus Antiochia“ gekennzeichnet. Eine solche Identifizierung ist natürlich nicht ausgeschlossen, zumal es späteren Kirchenschriftstellern Verlegenheit bereitet hat, dass ein Mann aus der frühen apostolischen Zeit Stammvater einer Ketzerei sein soll. Über ihn schreibt Euseb (Eus.h.e III 29,1–3). Er bringt dort ein Zitat des Klemens von Alexandria mit einem seltsamen Bericht, wie Nikolaus Häretiker geworden sein soll, den Klemens selbst nicht akzeptiert und der mit Nikolaus das Wort in Verbindung bringt: „Man muss das Fleisch verachten“, was Klemens als authentisch akzeptiert. Zu den Nikolaiten sei noch einmal auf LÖHR, Nikolaiten, verwiesen.

Der Gemeinde in Ephesus hält Johannes zugute, „dass du die Werke der Nikolaiten hasst“ (Apk 2,6). Die vorher in V. 2 lobend genannte „Mühe“ der Gemeinde hatte er dort so entfaltet: „... dass du Böse nicht ertragen kannst; und du hast diejenigen geprüft, die sich selbst Apostel nennen und es doch nicht sind, und du hast sie als Lügner entlarvt“[128]. Unter „Apostel“ sind an dieser Stelle

---

[126] SifBam § 147 (HOROVITZ, S. 211). Vgl. weiter BemR 20,23; bSan 106a.

[127] YARBRO COLLINS, Crisis, S. 87f.

[128] Unter Berufung auf Paulusstellen versteht Roloff κόπος (*kópos*) als aktiven missionarischen Einsatz (Komm., S. 49). Aber das wird vom Kontext der Apokalypse nicht gestützt. Bei Johannes zeigt sich auch nirgends Einfluss paulinischer Tradition.

nicht „die zwölf Apostel" von 21,14 verstanden (vgl. 18,20); die sind eine ehrwürdige Größe einer schon fernen Vergangenheit. Hier ist jetzt ein weiterer Apostelbegriff vorausgesetzt. Er bezieht sich auf von außen kommende Wanderapostel, wie sie aus der Didache bekannt sind, die ihre Botschaft in die Gemeinden hineintragen. Die wahrscheinlich von Johannes vorgestellte Situation wird durch die Beschreibung in Did 11,4–6 erhellt: „Jeder Apostel, der zu euch kommt, soll jedoch nur einen Tag bleiben; wenn es nötig ist, auch einen zweiten. Wenn er aber drei Tage bleibt, ist er ein Lügenprophet. Geht der Apostel weiter, soll er nichts bekommen außer Brot, bis er übernachtet. Wenn er aber Geld nimmt, ist er ein Lügenprophet." Den Hintergrund dieser Mahnung bildet der Umstand, dass es Schmarotzer gab, die sich als Apostel ausgaben und von den Gemeinden aushalten ließen und sich ein bequemes Leben zu machen versuchten. Eine solche Gestalt beschreibt Lukian in seiner Schrift über Peregrinus Proteus, der in seiner eigentümlichen Karriere auch eine christliche Phase hatte. Nach der Didache ist für den echten Apostel konstitutiv, dass er nicht sesshaft ist, sondern wandert. Über die vorzunehmende Prüfung von reisenden Gemeindegliedern überhaupt sagt die Didache in 12,1: „Jede Person, die im Namen des Herrn kommt, soll aufgenommen werden. Dann aber sollt ihr sie prüfen und euch Kenntnis über sie verschaffen. Ihr habt ja Einsicht, um rechts und links zu unterscheiden." Eine solche Prüfung hat in Ephesus offenbar im Blick auf reisende Apostel stattgefunden. Man muss sich klar machen, dass in der Provinz Asia und besonders in Ephesus sehr unterschiedliche Traditionen in der messiasgläubigen Gemeinschaft zusammen kamen: Paulus und die paulinische Tradition, wie sie sich dann in den Deuteropaulinen und den Pastoralbriefen niedergeschlagen hat; der Apokalyptiker Johannes, der eine Tradition aus dem Land Israel repräsentiert; Apollos, der aus Alexandria kam; der johanneische Kreis, der zwar auch aus dem Osten, wahrscheinlich einem Randgebiet des Landes Israel, stammt[129], aber dann doch in Ephesus Fuß gefasst haben muss und sich nach dem ersten Johannesbrief gespalten hat, sodass aus ihm eine gnostisierende Gruppe hervorging; Philippus, einer der führenden Sieben der Jerusalemer Hellenisten, der in Ephesus begraben sein soll[130]. Dass es dort heftige Auseinandersetzungen gegeben hat, war unvermeidlich.

In der Fortsetzung des Textes in Apk 2,3 lobt Johannes die Gemeinde weiter: „Und du zeigst Kraft im Ausharren und hast ertragen um meines Namens willen und bist nicht ermüdet." Dem Nichtertragenkönnen von V. 2, nämlich „Böse", wird nun ein Ertragen positiv gegenüber gestellt: „um meines Namens willen". Die Gemeinde hat also um ihres Bekenntnisses zu Jesus willen nicht näher beschriebene Benachteiligungen und Verfolgungsmaßnahmen ausgehalten und ist standhaft geblieben. Die antithetische Gegenüberstellung von Nichtertragen der von Johannes für falsch gehaltenen Apostel und Ertragen von Leiden um Jesu willen weist darauf hin, dass ein Ertragen dieser Apostel ein Nichtertragen der Leiden zur Folge gehabt hätte, dass sie also Lehre in einer Form anboten, die

129 Vgl. KLAUS WENGST, Bedrängte Gemeinde und verherrlichter Christus. Ein Versuch über das Johannesevangelium, München [4]1992, S. 160–163.

130 Zu ihm vgl. AXEL VON DOBBELER, Der Evangelist Philippus in der Geschichte des Urchristentums. Eine prosopographische Skizze, TANZ 30, Tübingen 2000.

den Konflikt mit der Umwelt minimierte. Das unterstützt deren dann folgende Identifizierung als Nikolaiten. Was diese lehrten, wird ja im Sendschreiben nach Pergamon durch die Entsprechung zur Lehre Bileams angedeutet; und das wiederum entspricht dem, was Johannes der Prophetin von Thyatira vorwirft.

In denselben Bereich, das Problem gesellschaftlicher Partizipation, wie es sich an der Frage nach der Erlaubtheit bestimmter Speisen zuspitzt, weisen Angaben im Sendschreiben nach Smyrna (Apk 2,8–11). In V. 10a fordert Johannes die Gemeinde auf: „Fürchte nichts, was an Leiden auf dich zukommt!" Er erwartet also für diese Gemeinde unmittelbar bevorstehendes Leiden. Er tut das kaum aus einer nur allgemeinen Einschätzung der Lage heraus, sondern doch wohl gerade deshalb, weil er nichts an dieser Gemeinde zu tadeln hat: Sie verweigert sich allen Ansprüchen, die zum Anspruch Jesu in Konkurrenz treten könnten. Sie sucht nicht gesellschaftliche Partizipation und Reputation auf Kosten des klaren Zeugnisses für Jesus. So ist sie eine exponierte und deshalb gefährdete Gemeinde. Nach dieser Aufforderung, sich nicht zu fürchten, nennt Johannes in V. 10b etwas, das durchaus Furcht veranlassen könnte: „Pass auf, der Teufel ist dabei, einige von euch ins Gefängnis zu werfen, damit ihr geprüft werdet. Ihr werdet zehn Tage lang Bedrängnis haben." Diese Aussage lehnt sich an Dan 1,12.14 an. Im Zusammenhang dieser Danielstelle wollen sich vier israelitische Jünglinge am Hof Nebukadnezars nicht an den Speisen und Getränken der königlichen Tafel kultisch verunreinigen. Sie schlagen deshalb dem Aufseher vor, es doch mit ihnen zehn Tage lang zu versuchen, dass sie nur Gemüse essen und Wasser trinken, ob das ihr Aussehen beeinträchtigt. Vor dem König muss man ja eine gute Figur abgeben. Ist auf diese Stelle nur wegen der „zehn Tage" angespielt, um die relativ kurze Frist zu betonen? Oder besteht auch ein inhaltlicher Zusammenhang? Nach KRAFT erwartet Johannes, „daß Christen verhaftet und gezwungen werden, Götzenopfer zu essen"[131], um damit ihren Abfall zu bekunden. Da das Essen von Götzenopferfleisch bzw. das Nichtessen für Johannes, wie schon gezeigt, eine zentrale Rolle spielt, ist diese Aussage KRAFTs sehr wahrscheinlich, zumal so auch ein enger inhaltlicher Zusammenhang mit der Danielstelle gegeben ist. Wie sollte Johannes eine solche Erwartung haben und auf die Danielstelle zurückgreifen, wenn er nicht schon von solchen Fällen gehört hätte? Das Hineinwerfen ins Gefängnis ist nicht mit Gefängnisstrafen in unserem Sinn zu verwechseln. Haft in der Antike ist vor allem Untersuchungshaft bis zum Urteil. Oft gab es nur die Alternative zwischen Freispruch oder Todesstrafe[132]. Weil die Todesstrafe im Bereich des Möglichen liegt, versteht sich die in V.10 am Ende folgende Mahnung: „Sei treu bis zum Tod! Und ich werde dir den Kranz des Lebens geben." Das treue Ausharren beim Bekenntnis zu Jesus wird hier angesichts der drohenden Todesstrafe angemahnt; Verleugnung würde davor bewahren. Die Treue zu Jesus, zum geschlachteten Lamm, erweist sich so zuletzt in der Konformität mit ihm, in der Weigerung, konkurrierende Treueverhältnisse einzugehen, die der Orientierung am ohnmächtigen Jesus nicht entsprechen, sondern widersprechen. Es ist gewiss

---

131 KRAFT, Komm., S. 61.

132 Vgl. die Aussagen des Paulus in Phil 1,12–22; weiter WENGST, Komm. Phlm, S. 39 und die dort gegebenen Verweise.

nicht zufällig, dass die Gemeinde in Smyrna von Johannes ausschließlich gelobt und gleichzeitig als materiell arm gekennzeichnet wird und dass es sich hinsichtlich der Gemeinde in Laodizea genau umgekehrt verhält. In den beiden Sendschreiben stehen sich sachlich die Reihen gegenüber: Armut – Widerstand – Lob (Smyrna) und Reichtum – Anpassung – Tadel (Laodizea). Johannes spricht der materiell armen Gemeinde von Smyrna Mut und Trost zu und hat nichts an ihr auszusetzen, während er die besser gestellte Gemeinde von Laodizea in scharfer, ja bissig-sarkastischer Form tadelt. Ein gutes Auskommen zu haben, verleitet offenbar dazu, sich mit der Umwelt zu arrangieren und Kompromisse einzugehen, die für Johannes nur eine Verdunkelung des Zeugnisses für die Herrschaft Gottes und seines Messias bedeuten.

Auf Aspekte des Sendschreibens nach Laodizea sei nun eingegangen. Die Situationsbeschreibung, die Johannes für diese Gemeinde in Apk 3,15 beginnt, redet zunächst bildlich: „Ich kenne deine Taten, dass du weder kalt noch heiß bist. Wärst du doch kalt oder heiß!“ BOUSSET bemerkt dazu: „Eins der großen Worte der Apk von klassischem Gepräge und packender psychologischer Wahrheit“[133]. Diese „packende psychologische Wahrheit“ sieht man dann durchgängig darin, dass „heiß“ positiv zu verstehen sei als klares Ja zu Jesus, als entschiedenes Zeugnis für ihn und „kalt“ negativ als Nein zu ihm, als Abfall[134].

Die Deutung, die „heiß“ als Zustimmung und „kalt“ als Ablehnung versteht, ist entschieden zu bezweifeln. Einmal ist es nicht unbedingt wahrscheinlich, dass Johannes lieber Ablehnung und Abfall will als ein nur zögerliches Bekennen. Wichtiger aber ist zum anderen: Das Wort für „heiß“ (ζεστός – *dsestós*) weist darauf hin, dass im Bildbereich an Wasser gedacht ist (ζεστός = kochend, von ζέω = „kochen“). Dafür sprechen auch die Gegenüberstellung mit ψυχρός (*psychrós*) sowie die Fortführung des Bildes in V. 16 mit dem Erbrechen des Lauwarmen. Kaltes Wasser ist aber nichts Negatives, wie etwa Mt 10,42 zeigt: „Wer einen dieser Geringsten mit einem Becher kalten Wassers tränkt, nur weil er ein Schüler ist – amen, ich sage euch, er wird seinen Lohn gewiss nicht verlieren.“ Das zeigt auch die Abfolge von Wasserqualitäten für die Taufe in Did 7,2: fließendes Wasser, kaltes Wasser, warmes Wasser. Heiß und kalt bezeichnen also in Apk 3,15 beide gute Zustände. Beide Male ist dieselbe entschiedene, weil eindeutige Haltung gemeint. Die hat die Gemeinde in Laodizea nach dem Urteil des Johannes nicht. Deshalb formuliert er in V. 16: „So, weil du lauwarm bist und weder heiß noch kalt, will ich dich erbrechen aus meinem Mund.“ Lauwarmes Wasser reizt zum Erbrechen. Genau das ist mit ἐμέω (*eméo*) gemeint. Eine Stelle bei Artemidor unterscheidet ausdrücklich ἐμέω (= „erbre-

---

133 BOUSSET, Komm., S. 231.

134 Eine sehr eigenartige Auslegung in dieser Richtung bietet JOSEPH GOEBBELS in einer Äußerung vom 19. November 1928: „Was Fleiß und Wissen und Schulweisheit nicht zu lösen verstehen, das kündet Gott durch den Mund derer, die er auserwählt hat... Wenn Hitler spricht, dann bricht von der magischen Wirkung seines Wortes aller Widerstand zusammen. Man kann nur sein Freund oder Feind sein. Aber die Lauheit speit er aus aus seinem Munde... Viele sind berufen, aber wenige nur auserwählt. Wir alle sind unerschütterlich davon überzeugt, daß er ihr Wortführer und Wegweiser ist“ (Der Angriff. Aufsätze aus der Kampfzeit, München ²1935, S. 217f.).

chen") von πτύω (= „ausspucken")[135]. Man bleibt ganz in dem von Johannes gebrauchten Bild, wenn man als sein Urteil formuliert, das er Jesus in den Mund legt: Für ihn ist die Gemeinde von Laodizea „zum Kotzen". Sie zeigt keine klare und entschiedene Haltung; sie ist „lau". Worin aber ihre Lauheit besteht, was Johannes ihr eigentlich vorwirft, hat er damit noch nicht gesagt, sondern bisher lediglich ein äußerst hartes Urteil gefällt.

Die Begründung folgt in V. 17. Johannes zitiert die Gemeinde: „Reich bin ich und ich habe Überfluss und keinerlei Mangel habe ich." Zumindest die ersten beiden Aussagen sind gewiss nicht wörtliches Zitat. Johannes legt sie den laodizenischen Gemeindegliedern in den Mund, um ihr außerordentliches Selbstbewusstsein und ihre Selbstzufriedenheit negativ zu charakterisieren. Er könnte hier auf Hos 12,9 anspielen, wo Ephraim hochmütig sagt: „Reich bin ich geworden." Oder auch auf Sach 11,5, wo es von skrupellosen Verkäufern heißt: „Gesegnet der Ewige, dass ich's zu Reichtum bringe!" Sachlich nahe liegt die bittere Feststellung des Paulus gegenüber der korinthischen Gemeinde in 1Kor 4,8: „Ihr seid schon reich geworden." Aus der Sicht der Laodizener wird sich die Sache so darstellen, dass sie auf ein bewegtes und reiches Gemeindeleben hinweisen können. So sagt ja auch Paulus positiv von der korinthischen Gemeinde in 1Kor 1,5: „In allem seid ihr reich geworden in ihm", nämlich im Gesalbten Jesus; und nach V. 7 haben sie keinen Mangel an irgendeiner Gnadengabe. Das dürfte auch für die Gemeinde in Laodizea gelten – nach ihrem eigenen Selbstverständnis. KRAFT spricht davon, dass die Gemeinde „reich an Geistesgaben" sei, und fährt dann fort: „Die Laodicener meinen, sie hätten den Zuspruch eines auswärtigen Charismatikers nicht nötig"[136]. Könnte hier der Anlass für das so negative Urteil des Johannes liegen? Er ist als Wanderprophet in Laodizea von einer selbstbewussten Gemeinde kühl und abweisend behandelt worden, die sich nicht von außen in ihre inneren Angelegenheiten hineinreden lassen wollte. Das Sendschreiben nach Laodizea also die psychologisch erklärbare Reaktion eines Beleidigten? Aber damit wäre noch nicht viel gesagt. Es sei vorerst festgehalten: Die Gemeinde hat ein starkes Selbstbewusstsein, das sich auf ein bewegtes geistiges und geistliches Leben stützt. Dieses Selbstbewusstsein wird von Johannes aber negativ als Selbstgefälligkeit qualifiziert. Möglicherweise sieht er auch, wie MÜLLER vermutet, „einen Zusammenhang zwischen der falschen religiösen Sicherheit und der wirtschaftlichen Situation"[137]. Dafür spricht die gebrauchte Terminologie. Dann aber könnte als der eigentliche Punkt seines Vorwurfs erscheinen: „In ihrer Sattheit scheint sie sich in der Welt eingerichtet zu haben"[138]. Das lässt sich aber nicht hinreichend aus V. 17a erschließen. Dazu wäre das Folgende zu befragen.

Gegenüber der Behauptung der Gemeinde reich zu sein, stellt V. 17b antithetisch fest, dass sie alle Merkmale der Armut zeigt: „Und du weißt nicht, dass du

[135] Artemidor, Traumbuch I 33.

[136] KRAFT, Komm., S. 85; vgl. schon BOUSSET, Komm., S. 231: „Nach ihrer eigenen Überzeugung ist die Gemeinde reich in ihrem inneren geistigen Leben und bedarf keiner weiteren Förderung."

[137] MÜLLER, Komm., S. 135.

[138] Ebd.

gerade elend bist, erbärmlich, bettelarm, blind und nackt." Es liegt hier der genau umgekehrte Fall wie in 2,9 im Sendschreiben nach Smyrna vor. Dort hatte Johannes die arme Gemeinde eine dennoch reiche genannt. Weil er die Situation in Laodizea so einschätzt, wie er sie in V. 17 beschrieben hat, gibt er in V. 18 einen darauf bezogenen Rat. Er rät, Gold, Gewänder und Augensalbe zu kaufen. Diese drei Dinge stehen in einem direkten Bezug zu Laodizea als einem Zentrum der Banken, der Textil- und Medizinherstellung. Wenn Johannes zum „Kaufen" auffordert, dürfte dabei weniger eine Anspielung auf Jes 55,1f. vorliegen. Dort wird dazu aufgerufen, ohne Geld zu kaufen – bei Gott –, und als Objekt wird Ess- und Trinkbares genannt: Brot, Milch und Wein. Hier bei Johannes wird es sich vielmehr um bittere Ironie handeln, eine „Anspielung auf die kommerzielle Mentalität der Laodizener"[139]. Die Gemeinde war wohl in materieller Hinsicht nicht schlecht gestellt. Das führte zu dem Bewusstsein, sich vieles leisten, „kaufen" zu können. Johannes schreibt: „Ich rate dir, von mir Gold zu kaufen, aus Feuerglut herausgeglüht, damit du reich wirst." An was ist dabei gedacht? 1Petr 1,7 spricht vom Erweis der „Echtheit eures Glaubens, ungleich wertvoller als vergängliches Gold, das durch Feuer erprobt wird". Das wird im Zusammenhang von Verfolgungen gesagt. Das im Feuer geläuterte Gold, das von Schlacken gereinigt und so wertvoller wird, ist also Bild für die Bewährung des Glaubens in ihn treffenden Bedrängnissen. Solches Gold von Jesus zu kaufen hieße also: sich offen und öffentlich, uneingeschränkt und eindeutig zu ihm zu bekennen und sich bei den dann zu erwartenden Nachstellungen zu bewähren, ὑπομονή (*hypomoné* – „Standhaftigkeit", „Ausdauer") zu zeigen. Die Lauheit, die Diffusität, die Johannes der Gemeinde in Laodizea vorwirft, dürfte also die mangelnde Öffentlichkeit ihres Jesuszeugnisses betreffen. Aller innergemeindliche Betrieb kann nicht darüber hinwegtäuschen, dass öffentlich die Ecken und Kanten dieses Zeugnisses nicht sichtbar werden, dass hier offenbar Anpassung an die allgemeinen gesellschaftlichen Konventionen erfolgt.

In diese Richtung weist auch der zweite Punkt: „Gekauft" werden sollen „weiße Gewänder, damit du umkleidet wirst und die Schande deiner Nacktheit nicht offen liegt". Weiße Gewänder bekommen nach 3,5 diejenigen, die siegen, nach 6,11 die hingeschlachteten Zeugen. Auch hier geht es also um standhafte öffentliche Zeugenschaft. Vor dem Blick des erhöhten Jesus ist bloße innergemeindliche Lebendigkeit nichts, nichts als schmachvolle Nacktheit. Gefordert ist nach außen sich richtender, widerständiger Zeugenmut. Als drittes fordert Johannes zum Kauf von „Augensalbe" auf, „um deine Augen einzuschmieren, damit du siehst". Das impliziert den Vorwurf, dass die Gemeinde jetzt blind ist. Sie ist blind dafür, dass Anpassung an die gesellschaftlichen Konventionen nicht in der Lage ist, die Herrschaft des Gesalbten Jesus glaubwürdig öffentlich zu bezeugen, dass sie vielmehr die Welt ihren vermeintlichen Herren überlässt. Ein klares öffentliches Zeugnis als „Augensalbe" wird ihr die Augen dafür öffnen, wie die Welt wirklich ist, und ihr klar machen, dass ein Paktieren mit ihr nur ein fauler Kompromiss sein kann.

[139] ROLOFF, Komm., S. 64.

Der Ratschlag des Johannes in V. 18 scheint also seinen eigentlichen Vorwurf an die Gemeinde in Laodizea offen zu legen: Diese Gemeinde hat sich ihre rege innere Betriebsamkeit durch äußere Anpassung an die gesellschaftlichen Konventionen erkauft. Sie schreckt vor einem eindeutigen öffentlichen Zeugnis ihrer Zugehörigkeit zu Jesus als dem messianischen endzeitlichen König zurück, weil sie das in schwere Konflikte mit ihrer Umwelt führen könnte. Das zeigt sich m.E. auch an V. 19a: „Ja, alle, die immer ich liebe, überführe ich und bringe sie zurecht." Johannes nimmt hier eine Aussage der biblisch-jüdischen Weisheit auf. In Sir 18,13 heißt es: „Das Erbarmen des Ewigen über alles Fleisch: Er überführt und bringt zurecht, lehrt und bringt zurück wie ein Hirte seine Herde." In Spr 3,12f. spricht der Vater zum Sohn: „Mein Sohn, achte nicht gering die Zurechtweisung des Ewigen noch verzage, wenn du von ihm zurechtgewiesen wirst. Denn wen der Ewige liebt, den weist er zurecht." Diese Stelle wird in Hebr 12,6 zitiert. Damit werden Leidenserfahrungen bewältigt, die gerade die Frommen und Gerechten machen. Mit erfahrenem Leiden wird so umgegangen, dass es als erziehendes Handeln Gottes angenommen wird. In Apk 3,19 richtet sich die Aussage gegen die Leidensscheu der Gemeinde in Laodizea. Sie wird aufgefordert, ihr Taktieren, das Konflikte zu vermeiden sucht, sein zu lassen; und sie wird eingeladen, sie dann treffende Bedrängnisse als Erziehungswerk Gottes zu verstehen, als einen der unmittelbaren Sicht verborgenen Ausdruck seiner Liebe.

In der Situationsbeschreibung im Sendschreiben nach Philadelphia heißt es in **Apk 3,8**: „Du hast ja nur wenig Kraft und doch hast du mein Wort gehalten und meinen Namen nicht verleugnet." Bei Letzterem dürfte konkret daran gedacht sein, dass Gemeindeglieder im Prozess vor dem Statthalter standhaft geblieben sind. Johannes nennt als Grund von Verfolgungen mehrfach das Halten des Wortes Gottes und das Festhalten am Zeugnis Jesu: 1,9; 20,4; vgl. auch 12,17; 14,12. Da Letzteres ziemlich sicher das Durchhalten des Bekenntnisses zu Jesus im Prozess meint, stellt sich die Frage, ob nicht auch der Bestimmung „um des Wortes Gottes willen" eine spezifische Bedeutung zukommt. Hier in 3,8 bezieht sich das „Halten" auf das Wort Jesu, in 12,17 und 14,12 auf die „Gebote Gottes". Konkret ausgesprochener Tadel betrifft in der Apokalypse im Grunde nur einen einzigen Punkt: das Essen von Götzenopferfleisch. Mir scheint die Annahme am nächstliegenden zu sein, dass genau das auch hier im Blick ist, dass Johannes an das Aposteldekret denkt, das ihm als von Gott durch Jesus geboten gilt. Die Gemeinde in Philadelphia hat dem gesellschaftlich-politischen Anpassungsdruck widerstanden; sie hat ihre gute Weltfremdheit bewahrt trotz sie dann treffender Anzeigen; und diejenigen, die von Anzeigen getroffen wurden, haben auch dann nicht den Namen Jesu verleugnet.

Ein besonderes Problem bieten die beiden einander parallelen Stellen in Apk 2,9 und 3,9 in den Sendschreiben nach Smyrna und Philadelphia. Es fällt auf, dass es sich hier um die beiden Sendschreiben handelt, in denen sich ausschließlich Lob für die jeweils angeschriebene Gemeinde findet. An den beiden Stellen jedoch liegt schärfste Polemik vor. Wen hat diese Polemik im Blick? Johannes spricht von „Juden", sagt jedoch beide Male, die ins Auge gefassten Leute behaupteten, jüdisch zu sein, wären es aber nicht. Das lässt zwei Möglichkeiten der Deutung zu: Entweder sind es tatsächlich Juden, denen es Johannes jedoch bestreitet, Juden im „eigentlichen" Sinn zu sein; oder es handelt sich um Nichtjuden, die sich aus bestimmten Gründen als jüdisch ausgeben. Beide Möglichkeiten haben ihr Für und Wider; keine lässt sich m.E. definitiv ausscheiden[140]. Daher scheint es mir angemessen zu sein, beide Möglichkeiten durchzuspielen.

Die Übersetzung der an beiden Stellen begegnenden Wendung, die vor allem der Polemik Ausdruck gibt, **(ἡ) συναγωγὴ τοῦ σατανᾶ** (*[he] synagogé tou sataná*) lässt ebenfalls zwei Möglichkeiten zu. Das wird jedoch in der Regel nicht gesehen. Dass das Wort συναγωγή (*synagogé*) im Kontext der Erwähnung von „Juden" begegnet, scheint eine fast unwiderstehliche Sogwirkung dahingehend zu haben, es gleichsam unübersetzt mit dem Fremdwort „Synagoge" wiederzugeben und also darunter das jüdische Versammlungshaus und möglicherweise im weiteren Sinn die jüdische Gemeinschaft zu verstehen. LUTHER selbst hat zwar an diesen Stellen unter συναγωγή auch das jüdische Versammlungshaus verstanden, aber nicht mit „Synagoge" übersetzt, sondern – wie auch sonst, wo dieses Wort das jüdische Versammlungshaus bezeichnet – mit „Schule". In seiner Erfahrungswelt war offenbar die jüdische Synagoge *der* verbreitete Ort, an dem gelehrt und gelernt wurde. Diese „Schule" überstand die Revisionen der Lutherbibel bis einschließlich der von 1912; erst die Revision von 1956 nahm eine Ersetzung durch „Synagoge" vor. Die alte Wiedergabe hat noch eine Auswirkung auf die Übersetzung der Apokalypse durch WALTER JENS gehabt. Bei ihm lautet Apk 3,9: „Ich sage Dir, und das ist wahr: Juden aus der Schule des Teufels – nein, nicht Juden: Schein- und Lügen-Hebräer sollen niederfallen, zu Deinen Füßen, und sollen erkennen, daß ich Dich liebe." In 2,9 formuliert er anders: „Ich weiß: Die Juden lästern Dich. Die Juden? Nein. Die Schein-Hebräer, die in Wahrheit Satans Kirchgemeinde sind." In Jak 2,2, wo mit συναγωγή die auf Jesus bezogene versammelte Gemeinde im Blick ist, hat LUTHER dieses Wort mit „Versammlung" wiedergegeben. Das ist seine erste und allgemeine Bedeutung. Es ist durchaus möglich, dass sie auch in Apk 2,9; 3,9 vorliegt. Dementsprechend übersetzt MARTIN LEUTZSCH in der „Bibel in gerechter Sprache": „Ich kenne … die Gotteslästerung derjenigen, die sich als jüdisch ausgeben, ohne es zu sein, sondern eine Versammlung des Satans sind" (2,9). „Da! Ich werde die aus der Versammlung des Satans, die lügen, weil sie sich selbst als jüdisch ausgeben, ohne es zu sein, bewegen – da! ich werde dafür sorgen, dass sie kommen und vor deinen Füßen anbeten und erkennen: Ich habe dich geliebt" (3,9).

Je nach dem, ob man wirkliche oder vorgebliche Juden gemeint sieht, gibt es für ein weiteres Wort zwei deutlich unterschiedene Übersetzungsmöglichkeiten, bei βλασφημία in 2,9. Wo das Wort als Verb und Nomen sonst in der Apokalypse begegnet (13,1.5.6; 16,9.11.21; 17,3), bezeichnet es immer von der nichtjüdischen Welt und besonders von ihrer römischen Spitze ausgehende Gotteslästerung. Dieses Verständnis ist auch hier möglich und wäre dann mit der These vorgeblicher Jüdischkeit zu verbinden. Im andern Fall würde sich die Lästerung gegen die Gemeinde richten. Dementsprechend übersetzt die Neue Zürcher Bibel: „… ich weiß, wie du verwünscht wirst von Seiten derer, die sagen, sie seien Juden, und es nicht sind, sondern eine Synagoge des Satans."

Für ein Verständnis, dass tatsächlich Juden gemeint sind, könnte angeführt werden: In Apk 2,9 steht die βλασφημία (*blasphemia*) im selben Satz als Objekt neben Bedrängnis und Armut als Dingen, die die Gemeinde negativ betreffen. Das ist eher verständlich, wenn es sich nicht um „Gotteslästerung", sondern um die Gemeinde treffende Verleumdung handelt. Wenn aber Johannes wirkliche Juden im Blick haben sollte, wie kann sein Text dann verstanden werden? An was ist gedacht, das eine so schlimme und böse Verurteilung – „Synagoge des

140 HIRSCHBERG, der sich ausführlich mit diesen beiden Stellen befasst, hat von vornherein nur die erste Option im Blick, wie die Hauptüberschrift und die ersten beiden Sätze auf S. 31 zeigen (Israel). Die andere Option wird dann zwar auf S. 33f. kurz diskutiert, aber schnell abgetan. Das dafür beigebrachte Argument MÜLLERs mit „innen" und „außen" ist keineswegs so eindeutig, wie es hingestellt wird.

Satans" – erklären kann? Die „Verleumdung" könnte im Zusammenhang von Verfolgungsmaßnahmen stehen, die den Tod zur Folge haben. Solche Maßnahmen aber vermag nur die römische Macht durchzuführen. Juden könnten dabei so mitgewirkt haben, dass sie Menschen als „Christianer" und damit als illoyale Aufrührer und Störenfriede der öffentlichen Ordnung bei den Behörden anzeigten[141]. Man kann versuchen, die Situation aus der Sicht der Judenheit von Smyrna und Philadelphia zu verstehen: Da treten immer wieder in ihrer Synagoge Landsleute auf, die behaupten, der Messias sei schon gekommen, Jesus von Nazaret, den Gott von den Toten auferweckt habe. Obwohl an sich schon unglaubwürdig, dass ein von den Römern Gekreuzigter der Messias sein soll, und ja auch von messianischer Veränderung der Welt nichts zu spüren ist, glaubten doch einige aus der Gemeinde an ihn. Vor allem aber fielen zahlreiche „Gottesverehrende" auf diese Botschaft herein, wohlhabende und spendable Sympathisanten der Synagoge, die nur den letzten Schritt, die Übernahme der Beschneidung und bzw. bei Frauen nur des Tauchbades, nicht tun wollten, um ihre gesellschaftliche Stellung nicht zu verlieren. Durch all das gab es Streit und Unruhe im Bereich der Synagoge. Außerdem galten die „Christianer" bei den Behörden als Aufrührer; man musste befürchten, mit ihnen in einen Topf geworfen zu werden. Das war gefährlich; der große Aufstand in Judäa (nach unserer Zeitrechnung 66–70) war noch nicht vergessen. Die Privilegien auf Befreiung vom Militärdienst und zur Freiheit eigener Gottesverehrung sowie der Rechtsstatus einer eigenen Volkskörperschaft waren gefährdet. Es musste als ein Akt des Selbstschutzes angesehen werden, die Unruhestifter bei den Behörden anzuzeigen und damit deutlich zu machen, dass man nichts mit ihnen zu tun habe. Das wiederum hatte für die messiasgläubige Gemeinde äußerst bedrohliche Folgen. Wer als „Christianer" angezeigt war und im Prozess das Bekenntnis zu dieser Zugehörigkeit durchhielt, musste mit der Todesstrafe rechnen. Wegen dieser tödlichen Konsequenz würde Johannes den Anspruch der jüdischen Gemeinde, „Versammlung des Ewigen" (עדת יהוה [*adát adonáj*]; LXX: συναγωγὴ κυρίου [*synagogé kyríu*]) zu sein (vgl. Num 27,17; 31,16; Jos 22,16.17), sarkastisch ins Gegenteil verkehren und sie „Synagoge des Satans" nennen, weil der Satan als Feind des Lebens darauf aus ist, den Tod zu bringen. Dieser den Tod bringende Feind konkretisiert sich in der römischen Macht, zu deren Komplizen die jüdische Gemeinde durch solches Tun in der Sicht des Johannes wird[142]. Zu beden-

141 Vgl. die Erwägung von BERGER: „Wenn Satan (Apk 12) hinter dem römischen Kaisertum steht, das Märtyrer schafft, dann ist die Synagoge Satans eine, die sich auf die Seite des Kaisers geschlagen hat. Es ist nicht ausgeschlossen, daß der Verfasser sie deshalb so nennt, weil im kleinasiatischen Raum, wie Act bezeugt, eine Zusammenarbeit von Juden mit den Behörden gegen Christen hin und wieder üblich war" (Theologiegeschichte, S. 574). Vgl. auch SATAKE, Komm., S. 160, zu Apk 2,9f.: „Wahrscheinlich hilft ‚die Synagoge des Satans' bei der Inhaftierung etlicher Christen ‚dem Teufel', indem sie Christen vor der Behörde denunziert."

142 WITULSKI schreibt: „*Durchaus denkbar* ist, daß Teile der jüdischen Bevölkerung Smyrnas, die sich der kultisch-religiösen Kaiserverehrung – und sei es nur aus politischen bzw. gesellschaftlichen Gründen – grundsätzlich *möglicherweise* aufgeschlossen zeigten und *u.U.* diese Anweisung auch befolgt haben (nämlich die Aufstellung von privaten Altären für den amtierenden Regenten Hadrian), diejenigen Christen bei den entsprechenden

ken ist dabei, dass hier einer spricht, der selbst Jude ist, ein Jude, der an Jesus als Messias glaubt und damit keineswegs – so wenig wie irgendein anderer seinesgleichen im 1. Jh. – seine jüdische Identität aufgegeben hat[143].

Zur Erhellung dessen, dass in Apk 2,9; 3,9 tatsächliche Juden gemeint seien, hat HIRSCHBERG die Situation jüdischer Gemeinden in der Provinz Asia am Ende des 1. Jahrhunderts untersucht (Israel, S. 31–81) und dabei auch spezifisch die Gemeinden in Smyrna und Philadelphia in den Blick genommen (S. 71–81). Klopft man allerdings die acht Seiten über Smyrna (S. 71–78) auf gesicherte Ergebnisse ab, muss man feststellen, dass wir fast nichts wissen können. Insgesamt gelingt aber eine Beschreibung, die eine Distanzierung der jüdischen Gemeinde gegenüber der auf Jesus bezogenen Gemeinschaft aus politischen und sozialen Motiven nachvollziehbar macht (S. 106–108). Weniger überzeugend scheint mir das anschließend über theologische Motive und den Synagogenausschluss Ausgeführte zu sein (S. 108–117). Gegenüber der Annahme, „daß die Ursache für diese Bezeichnung (‚Synagoge des Satans') in der Nichtanerkennung der Messianität Jesu seitens der jüdischen Gemeinschaft liege", hat JOCHUM-BORTFELD energisch herausgestellt, dass darauf in diesen Texten nichts hinweist, sondern dass sie ausschließlich „das Arrangement mit der Staatsmacht" betreffen (Stämme, S. 166–169; die Zitate auf S. 166 und 168). „Eine Beerbung Israels durch die Kirche kann damit nicht begründet werden" (S. 169).

Falls Johannes mit der Bezeichnung „Synagoge des Satans" die Judenschaft Smyrnas und Philadelphias meinte, war das schon damals eine böse Beschimpfung, wenn auch eine in gewisser Weise verstehbare Reaktion, die aus bedrängter Minderheitenposition heraus erfolgte. Der Text hat seine darin begründete relative Unschuld längst vor der Reichspogromnacht verloren, spätestens dann, als sich die Verhältnisse so änderten, dass die Kirche an der Macht partizipierte und sie sofort gegen die Juden einsetzte. Was in Apk 2,8–11 über die Situation der Gemeinde von Smyrna gesagt wird – Bedrängnis, Armut, Gefängnis, Tod –, „das sind Stichworte", schreibt SCHRAGE, „mit denen die Realität jüdischer Existenz beinahe (?) noch unzureichend beschrieben wird, denkt man an Deportationen, Konzentrationslager und spätere Gaskammern"[144].

---

staatlichen Behörden denunzierten, die sich weigerten, sich an dieser Form der kultisch-religiösen Verehrung Hadrians zu beteiligen" (Johannesoffenabrung, S, 292; Hervorhebungen von mir). Er meint, die jüdische Beteiligung an solch kultisch-religiöser Verehrung aus einer Inschrift belegen zu können, kommt dabei aber nicht ohne Unterstellungen aus (S. 293).

143 Die Charakterisierung des Johannes durch MÜLLER, Komm., S. 106: „ein ehemaliger Jude, der inzwischen Christ geworden ist", ist m.E. ein Anachronismus. Es sei noch einmal betont: Diese Sicht, dass Johannes tatsächliche Juden meint, ist eine Möglichkeit des Verstehens, aber nicht die einzige; und wenn sie zutrifft, ist sie nur ein Nebenaspekt in der Apokalypse. Die These von BEAGLEY, „dass sich Johannes mit dem Untergang und der Verwerfung Jerusalems befasst" (Sitz, S. 77), „dass die Juden die wirklichen Feinde des Gottesvolkes sind" (S. 28), die auf der schwachen Basis von Apk 2,9; 3,9 und der dunklen Stelle 11,8 beruht, scheint mir abwegig zu sein; vgl. S. 179: „Den Höhepunkt seiner Botschaft des Wehe erreicht der Seher in der Vision des Falls von Jerusalem in Gestalt der protzig gekleideten Hure namens ‚Babylon', trunken vom Blut des gläubigen Gottesvolkes." Das ist schlicht grotesk. Auch HIRSCHBERG behauptet, „daß die Auseinandersetzung mit dem Judentum in der Offb eine weitaus größere Rolle spielt als vielfach angenommen" (Israel, S. 298–300; das Zitat auf S. 299).

144 SCHRAGE, Meditation, S. 393.

Die andere Verstehensmöglichkeit würde die Aussage des Johannes wörtlich nehmen, dass die ins Auge gefassten Menschen behaupten, jüdisch zu sein, aber es nicht sind. Wenn Johannes in der Offenbarung vom Satan spricht, denkt er vor allem an die römische Staatsmacht; in ihr manifestiert sich für ihn der Satan, weil sie sich absolut setzt und im Kaiserkult göttliche Verehrung für sich beansprucht. Wir können nicht wissen, um was genau es damals in Smyrna und Philadelphia ging. Johannes könnte eine messiasgläubige Gruppe im Blick haben, die sich als jüdisch ausgab, um die dem Judentum gewährten Schutzrechte zu genießen, und dabei Kompromisse mit der Staatsmacht einging[145]. Diese Kompromisse hält Johannes für gotteslästerlich, weil sie nicht allein Gott die Ehre geben, sondern ein bisschen auch der so gewaltigen, religiös verbrämten Weltmacht. „Ich kenne … die Gotteslästerung aufseiten derer, die sich als jüdisch ausgeben, ohne es zu sein, sondern eine Versammlung des Satans sind." Der Weltmacht Reverenz zu erweisen, das ist die Gefahr, die auch der Gemeinde zu schaffen machen kann; und deshalb erwähnt Johannes diese Sache.

Apk 3,7–13 ist in den evangelischen Landeskirchen Deutschlands Predigttext am 2. Advent in der 6. Reihe und Apk 2,8–11 am zweitletzten Sonntag des Kirchenjahres in der 4. Reihe. Letzterer steht in engem zeitlichen Kontext mit der Reichspogromnacht. Es gab Stimmen, die meinten, dieser Text dürfe wegen V. 9 nicht mehr gepredigt werden. Aber das würde nur eine Verdrängung und Tabuisierung bedeuten, die der bösen Wirkungsgeschichte in naiver Rezeption nur Vorschub leisten würde. Die Texte werden weiter Predigttexte sein. Man muss dann ihre Rede von „den Juden" als „Synagoge Satans" thematisieren und problematisieren und den Predigttext vom zweitletzten Sonntag des Kirchenjahres in den Kontext des Gedenkens an die Reichspogromnacht stellen. Rückblickend wissen wir: Mitmachen und stille Zustimmung, Schweigen und ängstliches Sich-Durchlavieren, faule Kompromisse und verweigerte Solidarität haben Kirche und Christinnen und Christen allenfalls vor Unannehmlichkeiten bewahrt, aber weder dem Frieden gedient noch dem Zeugnis entsprochen, dass Jesus tot war und lebendig geworden, dass er der Erste und der Letzte ist. Das Schielen nach der Macht, um an ihr teilzuhaben oder sich vor ihr zu ducken, verleugnete Jesus als das „geschlachtete Lamm". Johannes jedenfalls hat nicht nach der Macht geschielt. Er spricht unerschrocken mit der Stimme Jesu. Auch wenn wir nicht mit solchem Anspruch zu predigen vermögen, so wäre doch schon viel durch die Einsicht gewonnen, dass Johannes seine Kenntnis der Lage, die die Kompetenz seines Redens begründet, nicht durch „objektive" Betrachtung und distanziertes Abwägen aller Faktoren gewonnen hat, sondern durch eine Wahrnehmung der Wirklichkeit aus der Perspektive derer, die unter ihr und in ihr leiden. Das ist die Perspektive, die ihm das Kreuz Jesu vorgibt. Dessen Gemeinde wird ihren Beitrag zu Frieden und Gerechtigkeit umso besser leisten, je mehr sie es lernt, sich diese Perspektive zu eigen zu machen.

---

[145] So hält KRAFT sie für Sektierer innerhalb der messiasgläubigen Gemeinschaft, die sich den Namen „Juden" nur beilegten, um Verfolgungen zu entgehen, die also sozusagen im Windschatten des Judentums überleben wollten (Komm., S. 60f.). Vgl. Schrage, Meditation, S. 395.

Es sei zusammenfassend auf die Situation der Gemeinden zurückgeblickt, wie sie sich aus den Sendschreiben ergibt: In den einzelnen Gemeinden zeigen sich unterschiedliche Situationen, aber sie sind eingebunden in einen einheitlichen Gesamtrahmen. Die Unterschiedlichkeit der Situation ergibt sich durch unterschiedliche Reaktionen auf dieselbe Herausforderung. Wo messiasgläubige Gemeinden ihre Andersartigkeit öffentlich bekunden, indem sie sich gesellschaftlichen Konventionen und herrschendem Konsens entziehen, machen sie bedrängende Leidenserfahrungen von Benachteiligung bis Verfolgung. Es gab auch eine Praxis, es zu solchen Konflikten nach Möglichkeit gar nicht erst kommen zu lassen, indem man an den Bräuchen der dominanten Umwelt teilnahm und also gesellschaftliche Kommunikation und Partizipation suchte. Ich habe an der Gestalt der Prophetin von Thyatira, die Johannes „Isebel" nennt, zu zeigen versucht, dass man dafür respektable Gründe haben konnte und auch theologische Legitimationen fand. Wer unbedenklich an den religiösen Begleiterscheinungen des Lebens in der nichtjüdischen Gesellschaft teilnimmt, wird kaum der Illoyalität verdächtigt und angezeigt werden. Warum soll man auch wegen einer solchen Banalität, wie sie das Götzenopferfleisch darstellt, sein Leben verlieren? Zwischen denen, die ausdrücklich und offensiv lehrten, Götzenopferfleisch zu essen, auf der einen Seite und Johannes, der jeden Kompromiss mit der nichtjüdischen Umwelt kategorisch ablehnt, auf der anderen Seite dürfte es eine Mehrheit in den Gemeinden „auf mittlerer Linie" gegeben haben, die zwar den Genuss von Götzenopferfleisch prinzipiell ablehnte, aber doch die eigene Orientierung an Jesus nicht unbedingt und demonstrativ herausstellen, sondern in der gegebenen brisanten Situation lieber taktierende Vorsicht walten lassen wollte. Warum ist Johannes die Sache mit dem Götzenopferfleisch so wichtig? Ist er einfach nur jüdisch-konservativ? Für ihn lautet die entscheidende Frage nicht, wie die gegebene Situation mit dem geringst möglichen Schaden überstanden werden kann, sondern wie in ihr die Herrschaft Jesu bezeugt wird, sein Anspruch auf die ganze Welt. Und da gibt es für ihn keinen Kompromiss. Von daher bezeichnet für ihn die Ablehnung des Genusses von Götzenopferfleisch den *status confessionis*. Das „Mitmachen" ist für ihn in keiner Weise in der Lage, die Herrschaft Jesu zu bezeugen. Es ist für ihn Opportunismus, der im Gegenteil denen die Welt überlässt, die sich Herrschaft über sie anmaßen. In der Verweigerung, im widerständigen Ausharren wird dagegen die Herrschaft Jesu bezeugt.

4. Der Ort der Gemeinde „in der Wüste" Mythologisierung als Verobjektivierung

Johannes sieht die Gemeinde in einer harten Auseinandersetzung stehen. In ihr ist sie – nach den allgemein geltenden Maßstäben – der schwächere, der unterlegene Teil. So erfährt sie Bedrängnis und Bedrückung. Diese Situation wird von Johannes in Apk 12 in mythologischen Bildern dargestellt und damit in eine andere Perspektive gerückt[146]. Er sieht in V. 1–3 zwei „Zeichen am Himmel“, einmal „eine Frau, umkleidet mit der Sonne, und der Mond unter ihren Füßen und auf ihrem Haupt ein Kranz von zwölf Sternen“, und zum anderen „einen großen, feuerroten Drachen“, den er in V. 9 mit dem Teufel identifiziert. Im Bild der Frau kommen für ihn Israel und die auf Jesus bezogene Gemeinde zusammen[147]; er bestimmt diese Gemeinde ganz und gar von Israel her[148]. Nach V. 4b.5 wird die hochschwangere Frau vom Drachen bedroht; bei der Geburt will er ihr Kind fressen, das jedoch wunderbar gerettet wird. Über die Frau heißt es danach in V. 6: Sie „floh in die Wüste“. Anders als im hier aufgenommenen Mythos[149] bleibt die Frau auch weiterhin der Bedrohung ausgesetzt[150]. Sie ist ja Bild der Gemeinde, die selbst noch Bedrohung erfährt. Die Wüste ist ein Aufenthaltsort für Flüchtlinge und Aufständische, ein Ort der Not und Bedrängnis. Aber sie ist zugleich auch ein Ort der Bewahrung. Diesen Aspekt bringt der Schluss von V. 6 deutlich zum Ausdruck: „wo sie dort einen Platz hat, von Gott

---

146 Zu Apk 12,1–5 vgl. u. Abschnitt III 2d.

147 Mit anderen interpretiert so der Sache nach auch HOLTZ, Komm., S. 92: „In der Gestalt der Frau ist die Gemeinde des Alten Bundes mit der Gemeinde Christi, der ‚christlichen‘, zusammengeschlossen.“ Die gebrauchte Terminologie weist allerdings auf offene Probleme hin. Die werden schon deutlich, wenn HOLTZ kurz vorher in der Frau „das Gottesvolk des in der Schrift (= unserem Alten Testament) bezeugten (alten) Bundes“ sieht, „den die ‚Sieger‘ der Sendschreiben Kap. 2f. beerbt haben … Es ist das wahre Gottesvolk, zu dem Israel berufen war und das in der Gegenwart der Offb in allen Bekennern des geschlachteten Lammes lebt, ohne daß auf ihre religiöse (oder gar ethnische) Herkunft reflektiert wäre“ (ebd.). Hier zeigt sich deutlich das Enterbungsmodell, über das zumindest nachgedacht werden müsste, wenn man meint, Johannes habe es vertreten. Nach HADORN ist am nächstliegenden „die Deutung auf die wahre, das Zwölfstämmevolk repräsentierende und fortsetzende Gemeinde“ (Komm., S. 129). Richtig wird diese Aussage, wenn man die Elemente weglässt, die die Vorstellung der Substitution enthalten, und die Frau als „die das Zwölfstämmevolk repräsentierende Gemeinde“ versteht; zur Anknüpfung an HADORN und zur Auseinandersetzung mit ihm vgl. u. Abschnitt VII 3. Die in der Forschung auch vorgebrachte Möglichkeit, „in der Himmelsfrau ein Symbol für das Volk Israel zu sehen“, ist in neuerer Zeit wieder von JOCHUM-BORTFELD stark gemacht worden (Stämme, S. 175–177; das Zitat auf S. 175). Sie ist m.E. durchaus nachvollziehbar und also nicht auszuschließen. Sie ist in dem von mir angenommenen Verstehensmodell enthalten, da Johannes Gemeinde nur als Israel denken kann.

148 Wenn TAEGER behauptet, „die Vorstellung eines das alte und neue Gottesvolk umfassenden Israel ist dem Apk-Autor ohnehin fremd“ (Johannesapokalypse, S. 98), so ist die darin sich ausdrückende Sicherheit ausschließlich in der Selbstverständlichkeit begründet, mit der er hinsichtlich der Apokalypse meint, von der „christlichen Gemeinde“ reden zu können. Er sieht sehr klar das sich dann ergebende Problem: „Dann stellt sich allerdings die alte Frage, wie sich zur Deutung der Frau auf die christliche Gemeinde die Aussage fügt, daß aus ihr der Messias bzw. Christus hervorgeht“ (S. 97). Was zur Beantwortung dieser Frage für Eiertänze aufgeführt worden sind, führt er anschließend an einigen Beispielen vor (S. 97f.) – und fügt schließlich noch einen eigenen hinzu (S. 98f.). Für Johannes kann die Frau deshalb sowohl Mutter des Messias als auch Urbild der messianischen Gemeinde sein, weil diese Gemeinde eben nicht die Israel gegenüberstehende „christliche Gemeinde“ ist. Er versteht sie innerhalb Israels als das auf sein verheißenes Ziel ausgerichtetes und zu diesem Ziel kommendes Israel. Zu dieser Israelbestimmtheit der Gemeinde sei noch einmal auf Abschnitt VII 3 verwiesen.

149 Vgl. dazu u. S. 124.

150 Vgl. ROLOFF, Komm., S. 128.

bereitet, damit man sie dort ernähre 1260 Tage". Hier schwingen biblische Anspielungen mit. Nach 1Kön 17,1–7 flüchtet Elija vor Ahab in die Wüste und wird dort wunderbar ernährt. Nach Ex 16 und Num 11 wird Israel beim Wüstenaufenthalt nach dem Auszug aus Ägypten wunderbar mit Wachteln und Manna gespeist. Noch einmal: Die Wüste ist der Ort der Bewahrung. Aber sie ist zugleich auch ein Ort der Bewährung. Im Bild der Frau in der Wüste lässt Johannes die Gemeinde seiner Zeit sich selbst betrachten. Diese Gemeinde erfährt sich „in der Wüste": Außenseiter der Gesellschaft in notvoller Bedrängnis. Johannes sagt ihr, dass sie sich darüber nicht wundern soll; denn genau das ist der ihr von Gott bereitete Ort. Zugleich gibt er ihr damit die Verheißung, bewahrt zu werden. Sie wird am Leben erhalten werden; sie weiß selbst nicht, wie. Und er gibt ihr die Versicherung, dass die Zeit ihrer notvollen Bedrängnis begrenzt ist; es wird damit nicht immer so weiter gehen. Das ist der Sinn der Aussage von den 1260 Tagen. Sie entsprechen dreieinhalb Jahren. Dreieinhalb ist die Hälfte von sieben, der Zahl der Vollkommenheit und Vollständigkeit, und so ist dreieinhalb Symbol des nur Bruchstückhaften, des Begrenzten.

In Apk 12,7–12 schiebt Johannes eine Passage über den siegreichen Kampf Michaels im Himmel gegen den Drachen ein, der zum Ergebnis hat, dass der Drache aus dem Himmel auf die Erde geworfen wird[151]. Danach knüpft V. 13 mit dem Gegenüber von Drache und Frau wieder an das in V. 6 Gesagte an: „Und als der Drache sah, dass er auf die Erde geworfen worden war, verfolgte er die Frau, die das Männliche geboren hatte." Was da knapp festgestellt worden war, dass nämlich die Frau in die Wüste floh, an einen von Gott bereiteten Ort, um dort ernährt zu werden, wird hier und im Folgenden breiter ausgeführt. Der besiegte Drache, der des messianischen Kindes nicht habhaft werden konnte – darin besteht seine Niederlage, dass er das nicht konnte, dass stattdessen der Messias die Herrschaft angetreten hat –, wendet sich nun gegen die Frau. Hier ist deutlich, dass jetzt bei der Frau als Urbild der von Israel her bestimmten Gemeinde an die bedrängte Gemeinde gedacht ist[152]. Die Gemeinde ist der irdische Statthalter der Herrschaft des Gesalbten Jesus. Sie bezeugt diese Herrschaft und steht für sie ein und bestreitet damit den Anspruch der „Weltmacht" auf das *regnum mundi*. Und so ist es nur konsequent, dass sie von der Wut der „Weltmacht", in der sich der Drache als ihr Urbild manifestiert, getroffen wird.

Nachdem also V. 13 angemerkt hatte, dass der auf die Erde geworfene Drache die Frau nach der Geburt ihres Kindes verfolgte, sagt V. 14: „Da wurden der Frau die beiden Flügel des großen Adlers gegeben." Ob „der große Adler" der in 8,13 genannte Adler sein soll, der im Zenit des Himmels fliegt und dreimal „Wehe" schreit, sei dahingestellt. Die Adlerflügel stehen in der biblischen Tradition metaphorisch für Rettung von Gott her. So heißt es Ex 19,4 im Blick auf Israels Auszug aus Ägypten, Gott habe Israel auf Adlerflügeln getragen[153]. In

---

151 Vgl. dazu u. Abschnitt IV 3.

152 Nach HOLTZ „hat zumindest implizit ein Wechsel hinsichtlich der historischen Identität der Frau statt, der gleichsam kategorialer Natur ist. Sie ist … zum Urbild der Kirche geworden" (Komm., S. 95). Bei diesem Urteil über den „Wechsel" ist die Israelbestimmtheit der Gemeinde nicht bedacht.

153 Vgl. Dtn 32,11.

Jes 40,31 wird von den auf Gott Hoffenden ausgesagt, dass sie „neue Kraft bekommen, auffliegen mit Flügeln wie Adler“. In Apk 12,14 liegt nicht die metaphorische Verwendung vor, sondern im beschriebenen Bild bekommt die Frau die Adlerflügel, um selbst damit zu fliegen. Die Intention ist allerdings genau dieselbe wie bei der metaphorischen Verwendung: Rettung von Gott her zu beschreiben. Diese Intention wird hier deutlich in dem theologischen Passiv, nach dem Gott als Gebender der Adlerflügel zu denken ist.

Die Frau erhält Adlerflügel, „damit sie in die Wüste fliege an ihren Ort, wo sie dort ernährt wird Zeit und Zeiten und eine halbe Zeit trotz der Schlange“. Johannes gibt hier die Wüste als den Ort der Gemeinde an. Wie schon bemerkt, ist es der Ort der Flüchtlinge und Aufständischen, der Außenseiter der Gesellschaft, der Ort am Rand. An diesem Ort weiß die Gemeinde nach Johannes nicht einmal, wovon sie sich ernähren soll. Aber sie wird an diesem Ort wunderbar am Leben erhalten. Wie schon in V. 6 weckt Johannes hier Erinnerungen an Elija und Israels Speisung mit Wachteln und Manna. Wie dort nennt er auch hier mit anderen Worten dieselbe Befristung. Dass die Wüste Ort der Bedrängnis und Bewahrung zugleich ist, macht auch die Schlusswendung von V. 14 klar, die über die Angaben von V. 6 hinausgeht: „trotz der Schlange“. Wörtlich übersetzt hieße die Wendung: „vom Angesicht der Schlange“. Hier liegt ein Hebraismus vor, eine wörtliche Wiedergabe des hebräischen מפני (*mipenéj*) ins Griechische. Dessen Bedeutung ist „um willen“ bzw. „wegen“. Das heißt: Die Lebenserhaltung wird der Gemeinde verheißen „wegen der Schlange“, also im Blick auf die von ihr ausgehende Gefahr, und das meint dann der Sache nach: „trotz der Schlange“. So entspricht es ja auch der tatsächlichen Erfahrung. Die Gemeinde ist nicht „fern von der Schlange“[154], weit weg von der römischen Macht, sondern die Gemeinde von Pergamon z.B. lebt nach 2,13 da, „wo der Satan wohnt“. Die Gemeinden der Apokalypse leben nicht geographisch in der Wüste; sie leben in Städten, aber mitten in den Städten eben doch „in der Wüste“, am Rande der Gesellschaft, Außenseiter, bedroht und bedrängt.

Die Verse 15 und 16 bringen – wieder in mythischen Bildern – ein weiteres Mal Bedrohung und wunderbare Rettung zum Ausdruck. Zunächst in V. 15 die Bedrohung. War vom Drachen gerade schon am Ende von V. 14 als Schlange die Rede, so geschieht das nun auch in V. 15: „Und die Schlange spie aus ihrem Schlund Wasser wie einen Strom hinter der Frau her, um sie vom Strom fortschwemmen zu lassen.“ Die Schlange ist jetzt deutlich als Meerungeheuer vorgestellt. Dass hier mit einem weiteren Bild noch einmal die Bedrohung der Gemeinde zum Ausdruck gebracht wird, dürfte deren Erfahrung von der Permanenz der Bedrohung Rechnung tragen. Demgegenüber weist V. 16 wiederum auf

---

[154] So die Übersetzung von JENS; „fern vo(n de)m Angesicht der Schlange“ haben die Revisionen der Lutherbibel seit 1956, die Elberfelder, die Zürcher und STIER. Der Sache nach ähnlich ist die „Bibel in gerechter Sprache“: „weg aus dem Gesichtsfeld der Schlange“. Die Neue Zürcher bietet: „geschützt vor dem Anblick der Schlange“; in diese Richtung raten auch die Einheitsübersetzung und die Gute Nachricht: „vor der Schlange sicher“. LUTHER selbst hatte sachlich angemessener übersetzt: „fur dem angesichte der Schlangen“, was die Revisionen bis einschließlich der von 1912 so bewahrten: „vor dem Angesichte der Schlange“.

einen Akt der Rettung hin: „Aber die Erde kam der Frau zu Hilfe und die Erde öffnete ihren Schlund und verschluckte den Strom, den der Drache aus seinem Schlund ausgespien hatte.“ Johannes geht hier wieder zur Bezeichnung „Drache“ über. Drache und Schlange bezeichnen für ihn völlig gleichsinnig das eine Chaos-Ungeheuer als Urbild des *Imperium Romanum*. Das hier gebrachte Bild von der Erde, die ihren Schlund auftut, wird Johannes aus Num 16,30–32 und Dtn 11,6 übernommen haben. Dort öffnet die Erde ihren Schlund, um die Rotte Korach zu verschlingen. Von daher dürfte Johannes auch hier als Urheber der Rettung Gott denken. Aber indem er die Erde als Subjekt der Rettung handeln lässt, könnte damit zum Ausdruck gebracht sein, dass Rettung vermittelt erfolgt.

V. 17 bleibt zunächst im mythischen Bild: „Und der Drache ward zornig über die Frau“, nimmt dann aber direkt die angeredete Leser- und Hörerschaft, die Gemeinden in den Städten der Asia, in den Blick: „Und er ging weg, um Krieg zu führen gegen die übrigen ihrer Nachkommenschaft, die die Gebote Gottes einhalten und am Zeugnis Jesu festhalten“. In der Gestalt der Frau lässt Johannes seine Leser- und Hörerschaft sich selbst als Gemeinde betrachten, ihre von Gott her gegebene Situation wahrnehmen. Mit dieser Betrachtung wird die konkret erfahrene Situation der Bedrohung und Bedrängnis nicht übersprungen oder ausgeblendet, aber sie wird doch transzendiert. In den mythologischen Bildern stellt Johannes der Gemeinde gleichsam ihre objektive Situation vor Augen, wie er sie sieht, und lässt sie so Distanz gewinnen zu der unmittelbar erfahrenen Bedrängnis. Der Drache ist schon besiegt, Rettung von Gott her bewirkt. Was auch immer mit ihr und ihren einzelnen Gliedern geschieht, ihr gilt von Gott her die Verheißung der Rettung. Dessen will Johannes seine Leser- und Hörerschaft vergewissern, bevor er in Apk 13 die Auseinandersetzung zwischen Imperium und Gemeinde ins Auge fasst.

Dass der Ort der Gemeinde „in der Wüste“ ist, lässt Johannes auch in Apk 15 anklingen, wenn er dort Exodusmotive einbringt. Durch das in V. 3 genannte „Lied des Mose“[155] ruft die in V. 2 vorangehende Erwähnung des „Meeres, durchsichtig wie Glas“ die Rettung am Schilfmeer in Erinnerung. In V. 6 sieht Johannes, wie „der Tempel im Himmel geöffnet wurde“, den er mit einem epexegetischen Genitiv als „das Zelt des Zeugnisses“ identifiziert, die „Stiftshütte“, den Vorgänger des Tempels in der Zeit der Wüstenwanderung. Dieses Zelt ist der Ort der Gegenwart Gottes; in ihm ist Gott mit seinem Volk unterwegs auf dessen beschwerlicher Wanderschaft. Johannes erwähnt deshalb neben dem Tempel das Zelt des Zeugnisses bzw. bezeichnet den himmlischen Tempel als solches Zelt, weil er das Exodusgeschehen im Blick hat, in das er seine Gemeinden einbezogen sieht. In dem, was hier in der Gegenwart geschieht, entdeckt er das Exodusgeschehen wieder. Indem er in diesen Zusammenhang das Bild vom Zelt des Zeugnisses einzeichnet, das die Gegenwart Gottes bei seinem Volk in der Wüste anzeigt, vergewissert er auch seine Gemeinden, die ihr Leben als eins „in der Wüste“ erfahren, dieser Gegenwart Gottes.

---

155 Vgl. dazu u. S. 261–264.

III. „… unserem Gott, der auf dem Thron sitzt, und dem Lamm“ Wem die Macht gehört

Johannes schreibt als scharfer Beobachter im Blick auf die Situation der Gemeinden. Aber vor allem redet er dabei von Gott. Das tut er deshalb, weil er nicht bereit ist, die als schlimm erfahrene Welt sich selbst oder dem Teufel – was dasselbe sein könnte – zu überlassen. Die Welt ist und bleibt, gegen allen Augenschein, Gottes Welt[1]. Johannes redet von Gott mit und aus seiner jüdischen Bibel; und er redet von Gott, indem er von Jesus spricht. Aber auch Letzteres geschieht unter stetem Bezug auf die Bibel. Wie er von Gott und Jesus redet und wie er sie ins Verhältnis zueinander setzt, dem soll in diesem Kapitel nachgegangen werden.

1. Der biblisch bezeugte Gott: Herrscher über die Welt und die Zeiten

Grundlegende Aussagen über Gott und Jesus macht Johannes gleich im brieflichen Präskript innerhalb der Salutatio, die dafür auffällig erweitert wird. Er will offenbar von vornherein den Dreh- und Angelpunkt für alle folgenden Erörterungen deutlich machen: Jesus in seiner unmittelbaren Zusammengehörigkeit mit Gott[2]. So werden gleich zu Beginn die wichtigsten Haltepflöcke eingerammt und Orientierungsmarken gesetzt.

Die Salutatio in Apk 1,4 lautet in ihrem ersten Teil genauso wie in den Paulusbriefen: „Freundlichkeit sei unter euch und Friede von …“[3]. Das hebräische שלום (*schalóm*) ist in der griechischen Übersetzung aufgeschlüsselt in χάρις καὶ εἰρήνη (*cháris kai eiréne*). *schalóm* bezeichnet ein unversehrtes Ganzes. Um das wiederzugeben, erschien das griechische *eiréne* allein offenbar als zu schwach. So hat man noch *cháris* vorangestellt. Der zweite Teil der Salutatio ist ganz unüblich. Bei Paulus lautet er stereotyp: „… von Gott, unserm Vater, und Jesus, dem Gesalbten, unserem Herrn“. In Apk 1,4 fällt zunächst eine grammatische Gewaltsamkeit auf. Johannes lässt auf die Präposition ἀπό (*apó*) bei der zunächst erfolgenden dreifachen Umschreibung Gottes keinen Genitiv folgen, obwohl das die substantivierten Partizipien an der ersten und dritten Position zugelassen

---

1 Nach SCHRAGE geht es der Apokalypse „um die Frage, wem die Welt und die Herrschaft über sie gehören“ (Ethik, S. 331).

2 Für eine solche Erweiterung eines Präskripts in der Salutatio durch christologisch-theologische Aussagen mit anschließender Doxologie gibt es eine sachliche Analogie bei Paulus in Gal 1,4f. Die Erweiterung dürfte in beiden Fällen in einer analogen Einschätzung der Situation begründet sein, einer brisanten Situation, in der die Verfasser ihre Adressaten als gefährdet ansehen und in der für sie alles auf dem Spiel steht.

3 Zu dieser Übersetzung vgl. WENGST, Völker, S. 146f.

hätten. Besonders gewaltsam ist jedoch das mittlere Glied, wo er ein finites Verb substantiviert[4]. Dass *apó* mit dem Genitiv zu konstruieren ist, weiß Johannes. So verfährt er sofort anschließend in V. 5 bei den beiden weiteren Herkunftsangaben für Freundlichkeit und Friede. Wenn er es hier nicht tut, ist das nicht grammatisches Unvermögen in einer ihm von Haus aus fremden Sprache, sondern es geschieht mit voller Absicht[5]: Die Umschreibung Gottes soll nicht dekliniert werden; sie wird wie manche Namen behandelt, die nicht deklinabel sind. Ich folge in meiner Übersetzung der grammatischen Gewaltsamkeit des Johannes und übersetze zunächst möglichst wörtlich: „Freundlichkeit sei unter euch und Friede von: der Daseiende und der Er war und der Kommende". Da im deutschen Partizipien eher ungewöhnlich sind[6], ist vielleicht eine Übersetzung mit durchgehend finiten Verben am angemessensten: „... von: der Er ist da und der Er war und der Er kommt."

Diese Gottesprädikation ist Aufnahme und Weiterbildung der berühmten Stelle Ex 3,14[7], wo Mose am Dornbusch als Antwort auf die Frage nach dem Namen Gottes die Antwort erhält: אהיה אשר אהיה (*ehejé aschér ehejé* – „Ich werde sein, der ich sein werde" oder: „Ich werde da sein, als der ich da sein werde"[8]). Gott lässt sich hier nicht mit einem Namen dingfest machen, sondern er will sich als Gott in der Geschichte erweisen, die er mit seinem Volk Israel haben wird. In der Treue zum Bund mit diesem Volk zeigt er seine Identität und hat darin seine Selbigkeit. Besonders aufschlussreich ist in dieser Hinsicht im Zusammenhang von Ex 3 Vers 12, wo Gott dem zaudernden Mose sagt: „Ja, ich will mit dir sein. Und das sei dir das Zeichen, dass ich dich gesandt habe: Wenn du das Volk aus Ägypten herausgeführt hast, werdet ihr Gott auf diesem Berg dienen." Aber damit er dieses Zeichen sehen kann, muss Mose sich erst einmal aufmachen und das Volk aus Ägypten herausführen.

Vor der Besprechung dessen, wie Apk 1,4 an Ex 3,14 anknüpft, sei auf andere, in gewisser Weise vergleichbare Stellen hingewiesen. Es gibt griechische Gottesprädikationen, die auf die drei Zeitformen Vergangenheit, Gegenwart und Zukunft aufgeteilt sind[9]. Am bekanntesten ist die Isisinschrift von Saïs, wo die verschleierte Isis spricht: „Ich bin alles, was war und ist und sein wird, und mein

4 „Für Puristen schreitet hier die Grammatik des Johannes von schlecht zu schlechter fort" (McDonough, Patmos, S. 211).

5 Dass „die Formulierung (im Nominativ) an unserer Stelle einfach als sein Schreibfehler zu verstehen" sei (Satake, Komm., S. 129), unterschätzt den Verfasser enorm. Zu einigen bemerkenswerten grammatischen Gewaltsamkeiten des Johannes vgl. Holtz, Sprache, S. 14–16. „... das Griechisch der J(ohannes-Apokalypse) ist kein Dokument sprachlichen Unvermögens, sondern eine ‚Kunstsprache' auf hebräisch-aramäischer Basis" (Böcher, Johannes-Apokalypse, Sp. 605).

6 Sie könnten mit der in manchen deutschen Gegenden keineswegs unmöglichen Formulierung wiedergegeben werden: „... im Dabeisein ... im Kommen".

7 Holtz nennt sie treffend „eine theologisch reflektierte ‚relecture' des Mose am Dornbusch offenbarten Gottesnamens" (Komm., S. 22).

8 Dem Text und seinem Kontext nicht gerecht wird die Übersetzung: „Ich bin, der ich bin" (so z.B. die [alte] Zürcher Bibel und die Elberfelder Bibel).

9 Zu der „Dreizeitenformel in der griechischen Literatur" vgl. ausführlich McDonough, Patmos, S. 41–57.

Gewand hat noch kein Sterblicher gelüftet" (ἐγώ εἰμι πᾶν τὸ γεγονὸς καὶ ὂν καὶ ἐσόμενον καὶ τὸν ἐμὸν πέπλον οὐδείς πω θνητὸς ἀπεκάλυψεν)[10]. Hier liegt eine pantheistische Allaussage vor, in der neutrisch formuliert wird. Apk 1,4 näher scheint die Zeusprädikation bei Pausanias zu stehen: „Zeus war, Zeus ist, Zeus wird sein, o großer Zeus!"[11] Von der Gottheit wird hier gesagt, was von Menschen gerade nicht gesagt werden kann, wie einige römische Grabinschriften zeigen[12]: *Non fueram, non sum, nescio; non ad me pertinet* – „War nie gewesen, bin nicht mehr. Ich weiß nichts davon; es trifft mich nicht"[13]. *Non fui, nun sum, non curo* – „Ich bin nicht gewesen, ich bin nicht, ich kümmere mich nicht darum"[14]. Besonders aufschlussreich ist die Aion-Inschrift von Eleusis aus augusteischer Zeit[15]. In ihr wird Aion beschrieben als „von solcher Art, dass er ist und war und sein wird". Die Widmung der Inschrift an Aion ist unmittelbar verbunden mit dem Ziel: „für die Macht Roms und den dauerhaften Bestand der Mysterien" von Eleusis[16]. Wenn im Anschluss an die Aussage, dass Aion „ist und war und sein wird", festgestellt wird: „... er hat weder Anfang noch Mitte noch Ende, ist von Veränderung frei", wird hier ausdrücklich gemacht, was für die griechischen Dreizeitenformeln überhaupt gilt: Der philosophische Hintergrund ist der Gedanke von der Unveränderlichkeit Gottes. Er dringt auch in das hellenistische Judentum ein. Das ist noch nicht der Fall bei der Übersetzung von Ex 3,14 in der Septuaginta: ἐγώ εἰμι ὁ ὤν. MCDONOUGH hat gezeigt, dass sich ὁ ὤν („der Seiende") als Bezeichnung Gottes vor der Septuaginta nicht findet; es ist „eine radikale Innovation" ihrer Übersetzer[17]. Die impersonale traditionell platonische Bezeichnung τὸ ὄν („das Seiende") wird hier gerade vermieden und durch die personale ersetzt. Bei Philon von Alexandria finden sich allerdings ὁ ὤν und τὸ ὄν nebeneinander[18]. Dass ihm dabei am Gedanken der Unveränderlichkeit Gottes liegt, wird am stärksten daran klar, dass er einen Traktat unter diesem Titel geschrieben hat: „Dass das Göttliche unveränderlich sei", in dem τὸ ὄν als Gottesbezeichnung häufig begegnet[19]. In der rabbinischen Auslegung von Ex 3,14 kann das griechische Dreizeitenschema aufgenommen werden: „Rabbi

---

10 Plutarch, Über Isis und Osiris 9 (moralia 354c; Übersetzung GÖRGEMANNS).

11 Pausanias, Reisen in Griechenland, X 12,10.

12 Römische Grabinschriften, Gesammelt und ins Deutsche übertragen von HIERONYMUS GEIST †, betreut von GERHARD PFOHL, München ^{2}1976.

13 A.a.O., Nr. 433.

14 A.a.O., Nr. 434.

15 SIG ^{3}3, S. 288f., Nr. 1125.

16 MCDONOUGH kennzeichnet die Veranlasser der Inschrift als „loyale römische Bürger, die den dauerhaften Bestand der römischen Macht ebenso wünschen wie die Erhaltung der eleusinischen Mysterien" (Patmos, S. 52). Aus ihr solle gelernt werden, „dass dieser Aion, der Bewahrer der Welt im Ganzen, selbstverständlich in der Lage ist, die römische Herrschaft und die eleusinischen Mysterien zu bewahren" (S. 53).

17 MCDONOUGH, Patmos, S. 137; vgl. den gesamten Abschnitt S. 131–137.

18 Zu Philon vgl. MCDONOUGH, Patmos, S. 80f.162–169. Er resümiert: „Ob Philon den Platonismus judaisiert oder das Judentum platonisiert hat, lässt sich unmöglich sagen. Klar jedoch ist, dass er eine Konvergenz beider in den Schlüsselbegriffen ὁ ὤν und τὸ ὄν findet" (S. 169).

19 Philo Deus 33.61.81 u.ö.

Jizchak sagt: Der Heilige, gesegnet er, sprach zu Mose: Sage ihnen: Ich bin's, ich, der ich gewesen bin, und ich, der ich jetzt bin, und ich in der kommenden Zeit. Deswegen steht hier dreimal ‚Ich werde sein' geschrieben"[20]. Dass hier nicht an die bleibende Unveränderlichkeit des göttlichen Seins und Wesens gedacht ist, sondern an Gottes helfende und rettende Gegenwart bei seinem Volk, zeigt sich im Kontext. Unmittelbar vorher heißt es als Gottesrede: „Nach meinen Taten werde ich genannt." Als Namen werden aufgezählt: „El Schaddaj, Z'vaot, Elohim, Adonaj. Wenn ich die Menschen richte, heiße ich Elohim. Wenn ich über die Sünden eines Menschen Strafen verhänge, heiße ich El Schaddaj. Wenn ich Krieg gegen die Frevler führe, heiße ich Z'vaot. Wenn ich mich über meine Welt erbarme, heiße ich Adonaj – gemäß dem, dass Adonaj nichts sonst bedeutet als das Maß des Erbarmens. Denn es steht geschrieben: ‚Adonaj, Adonaj, Gottheit, barmherzig und gnädig' (Ex 34,6). Das bedeutet: ‚Ich werde sein, der ich sein werde'; nach meinen Taten werde ich benannt." Und unmittelbar anschließend an das zuerst gebrachte Zitat wird fortgefahren: „Rabbi Ja'akov bar Abina aus Zippori: Der Heilige, gesegnet er, sprach zu Mose: ‚Sage ihnen: In dieser Sklaverei werde ich mit euch sein, und in einer anderen Sklaverei, in die sie gehen, werde ich auch mit ihnen sein.' Er sprach vor ihm: ‚Und das soll ich ihnen sagen? An der jetzigen Bedrängnis ist es doch schon genug!' Er sprach zu ihm: ‚Nein, vielmehr so sollst du zu den Kindern Israel reden: ‚Ich werde sein hat mich zu euch geschickt.' Dir tue ich es kund, ihnen aber tue ich es nicht kund.'" Der Formulierung von Apk 1,4 recht nah kommt der Targum Pseudo-Jonathan zu Dtn 32,39[21]. Dort wird die Aussage des hebräischen Textes: „Seht jetzt! Ich bin's; und da ist kein Gott bei mir" so umschrieben: „Seht jetzt! Ich doch bin's, der da ist und da war, und ich bin's, der künftig da sein wird; und da ist kein Gott außer mir."

Dass bei Johannes in Apk 1,4 – wie bei den Rabbinen und im Targum – das Interesse nicht auf der Unveränderlichkeit Gottes liegt, sondern dass er die biblisch-jüdische Tradition fortführt, zeigt sich vor allem bei dem dritten Glied, wenn er Gott nicht als den bezeichnet, der sein wird, sondern als den, der kommt. Da liegt für ihn der Akzent; darauf setzt er seine Hoffnung: auf Gottes helfendes und rettendes Kommen[22]. Von daher ist auch das erste Glied, ὁ ὤν, nicht im Sinne eines ewig gleich bleibenden Wesens zu verstehen, sondern als Gottes eintretendes und einstehendes Dasein und Dabeisein. Johannes folgt hier – und ebenso in 1,8; 11,17; 16,5 – nicht der zeitlichen Reihenfolge von Vergangenheit, Gegenwart und Zukunft, sondern stellt die Gegenwartsaussage, dass Gott da ist, betont voran.

Am Ende des erweiterten Briefpräskripts bietet Johannes in V. 8 ein Gotteswort, eine Selbstvorstellung Gottes, die die Prädikation von V. 4 aufnimmt und

---

20 ShemR 3,6 (SHINAN, S. 127f.). Vgl. SCHLATTER, Testament, S.12.

21 Darauf hat MCDONOUGH hingewiesen (Patmos, S. 183; vgl. auch S. 183–185).

22 Vgl. schon BECK, Komm., S. 4: „Das A und O desselben (des Buches) ist der Herr in seinem Kommen." Vgl. auch MCDONOUGH, Patmos, S. 216: „Die von Johannes vorgenommene Veränderung des erwarteten ‚wird sein' in ‚den, der kommt' ist ein Schritt von grundlegender theologischer Bedeutung. Gott definiert seine eigene Zukunft nicht als eine unbegrenzte Ausdehnung von Existenz, sondern als Befreiung für sein Volk."

erweitert: „Ich bin das Alpha und das O(mega), spricht der Ewige, Gott, der Er ist da und der Er war und der Er kommt, der Allherrscher.“ Gott stellt sich hier zunächst vor als das Alpha und das Omega, den ersten und letzten Buchstaben des griechischen Alphabets. Die Buchstaben (στοιχεῖα – *stoicheía*) symbolisieren die Elemente. Der erste und letzte Buchstabe umgreifen das ganze Alphabet und also alle Elemente, und so gilt hier Gott „als Innbegriff des Alls“[23]. Alpha und Omega betonen damit Gottes Allsouveränität. Gerade sie steht ja in den Erfahrungen des Johannes und seiner Leser- und Hörerschaft in Frage, die andere Macht leidend wahrnehmen und schmerzlich an sich erleben.

Dass hier Gott spricht, gibt Johannes dadurch ausdrücklich zu erkennen, dass er eine in den prophetischen Schriften der Bibel öfters begegnende Zitationsformel aufnimmt, in die er die schon in V. 4 gebrachte Prädikation einfügt: „spricht der Ewige, Gott, … der Allherrscher“.

Dahinter können unterschiedliche Wendungen des hebräischen Bibeltextes stehen. An einer Reihe von Stellen folgen als Gottesbezeichnungen aufeinander אדני יהוה צבאות, eingeleitet mit אמר (*amár* – „spricht“, „hat gesprochen“; so in Jes 10,24; 22,14.15) oder mit נאם (*n^{e}um* – „Spruch“; so in Jes 3,15; Jer 2,19; 49,5; 50,31). An erster Stelle steht das ausgeschriebene אדני (*adonáj* – wörtlich: „meine Herren“), das vor allem auch als Ersatz für den schon in der Antike nicht ausgesprochenen Gottesnamen gebraucht wird, in der deutschen jüdischen Tradition mit „der Ewige“ wiedergegeben. Folgt dem ausgeschriebenen *adonáj*, wie hier, der Gottesname, wird *adonáj* in der Aussprache nicht verdoppelt, sondern der Name als אלהים (*elohim* – „Gott“) gelesen. An dritter Stelle steht צבאות (*z'vaot* – „Heere“, „Zebaot“), womit Gottes Macht zum Ausdruck gebracht werden soll. An den genannten Stellen hat die Septuaginta durchgehend gekürzt. In Jes 3,15; 22,14 lässt sie die Wendung ganz weg, in Jer 30,21 (HT: 49,5) und Jer 27,31 (HT: 50,31) schreibt sie εἶπεν („sprach“) bzw. λέγει κύριος („spricht der Herr“), in Jer 2,19 λέγει κύριος ὁ θεός σου („spricht der Herr, dein Gott“) und in Jes 10,24; 22,15 λέγει κύριος σαβαωθ („spricht der Herr Zebaot“). Die Folge יהוה אלהי צבאות („der Ewige, Gott der Heere“) begegnet mit נאם („Spruch“) eingeleitet in Am 6,8 (ohne eine Entsprechung in der Septuaginta) und mit אמר („spricht“, „hat gesprochen“) eingeleitet in Jer 5,14; 35,17; 38,17; 44,7; Am 5,16.27. Die Septuaginta bietet dafür in Jer 42,17 (HT: 35,17) und Jer 38,17 (HT: 45,17) εἶπεν κύριος („sprach der Herr“) und in Jer 5,14; 51,7 (HT: 44,7) λέγει bzw. εἶπεν κύριος παντοκράτωρ („spricht“ bzw. „sprach der Herr, der Allherrscher“). In Am 5,16.27 jedoch folgt sie in einer möglichen Übersetzung wörtlich dem zu lesenden hebräischen Text: λέγει κύριος ὁ θεὸς ὁ παντοκράτωρ („spricht der Herr, Gott, der Allherrscher“). Das bietet sie auch in Am 3,13, wo sich die Wendung vermehrt um אדני (*adonáj*) am Anfang und eingeleitet mit נאם (*n^{e}um*) findet. Was die Wiedergabe von צבאות (*z'vaot*) in der Septuaginta betrifft, zeigt sich eine klare Verteilung. Ca. 55mal findet sich die Transkription σαβαωθ („Zebaot“), durchgängig im Jesajabuch, und ca. 100mal die Übersetzung mit παντοκράτωρ (*pantokrátor* – „Allherrscher“), durchgängig im Jeremia- und Zwölfprophetenbuch.

Der dargelegte Befund könnte zu der Annahme führen, Johannes sei von LXX Am 3,13; 5,16.27 abhängig. Das ist möglich. Aber ist es angesichts des Gesamtbefundes in der Septuaginta auch wahrscheinlich? Ungleich stärkerer Einfluss als vom Amosbuch zeigt sich bei Johannes vom Jesaja- und Jeremiabuch. Mir scheint es daher wahrscheinlicher zu sein, dass er die hebräische Wendung im Kopf hatte, wie sie ausgesprochen wird, und sie wörtlich übersetzte. Die Zitati-

---

[23] LOHMEYER, Komm., S. 33.

onsformel bringt ein, dass es um keinen anderen als den biblisch bezeugten Gott geht. Das unterstreicht noch einmal, dass das erste Glied in der aus V. 4 wiederholten Prädikation (ὁ ὤν) keinesfalls im griechischen Sinn als „der (ewig) Seiende" zu verstehen ist, sondern den sich in die Geschichte seines Volkes hinein ziehen lassenden, den mit ihm gehenden Gott bezeichnet. Ans Ende ist hier aber aus der Zitationsformel betont die Bezeichnung παντοκράτωρ (*pantokrátor* – „Allherrscher") gestellt. Sie begegnet in der Apokalypse neunmal, im ganzen übrigen Neuen Testament nur noch ein einziges Mal in 2Kor 6,18 in einer analogen Wendung. Man hat darauf hingewiesen, dass es sich dabei um einen Schlüsselbegriff der stoischen Gotteslehre handelt und von daher „die Reserve" der neutestamentlichen Schriftsteller ihm gegenüber zu erklären versucht[24]. In der Apokalypse ist er jedenfalls nicht aufgrund einer Anpassung an griechisches Denken aufgenommen worden, sondern er geht auf die angeführten biblischen Wendungen zurück. Sachlich erfolgt die Bezeichnung Gottes als des Allherrschers in der Apokalypse aus der Entgegensetzung der Herrschaft Gottes gegen die Herrschaft Roms. Nicht Rom ist *pantokrátor*, wenn es auch so aussieht, als habe es die ganze Welt unterworfen – und das ist ja auch sein Anspruch, dass dem so sei –, sondern Israels Gott, der in Jesus, dem Gesalbten, endzeitlich handelnd auf den Plan getreten ist und auf den Plan treten wird.

In Apk 4,8 führt Johannes die drei geläufigen biblischen Gottesbezeichnungen und die schon in 1,8 wiederholte Gottesprädikation aus 1,4 noch einmal an, verbunden mit dem dreimaligen „Heilig" aus Jes 6,3[25]. Er sieht vor Gottes Thron die vier Wesen, die er mit Elementen aus Ez 10,12 und Jes 6,2 beschreibt, und hört sie unablässig sprechen: „Heilig, heilig, heilig der Ewige, Gott, mächtig über alles, der Er war, der Er ist da und der Er kommt." Der erste Teil dessen, was die Wesen sagen, entspricht Jes 6,3. Gott ist „der Heilige" schlechthin; mit „heilig" wird er in seiner Andersheit und Einzigartigkeit bezeichnet. Aber „heilig" sind auch diejenigen, die er „heiligt", für sich als seine Zeuginnen und Zeugen mit Beschlag belegt. Das ist biblisch der Fall des Volkes Israel. „Ihr seid heilig – ja seid es! – denn heilig bin ich, Adonaj, Gott für euch" (Lev 19,2)[26]. Wie schon bei Paulus die Gemeindeglieder als von Gott Geheiligte „die Heiligen" sind[27], werden sie auch in der Apokalypse mehrfach so bezeichnet[28]. In Apk 4,8 liegt der Ton darauf, dass Gottes Einzigkeit, seine umfassende Macht und Souveränität im Himmel schon vorbehaltlos anerkannt wird – und sich deshalb auch auf der Erde durchsetzen wird[29]. So wird hier die Prädikation aus 1,4.8 noch einmal aufgenommen, jetzt jedoch in der Reihenfolge der Zeiten geboten. Damit soll die All-Souveränität Gottes in ihrer zeitlichen Dimension

24 So ROLOFF, Komm., S. 37.

25 Das Dreimalheilig aus Jes 6,3 ist auch aufgenommen in 1Hen 39,12 und 1Clem 34,6 und findet sich bis heute im synagogalen und kirchlichen Gebrauch.

26 Übersetzung „Bibel in gerechter Sprache".

27 Vgl. 1Kor 1,2.

28 Apk 5,8; 8,3f.; 11,8; 13,7.10; 14,12; 15,3; 16,6; 17,6; 18,24; 19,8; 20,9.

29 Nach MCDONOUGH ersetzt Johannes die Aussage aus Jes 6,3 („die ganze Erde ist voll seiner Herrlichkeit") durch die Dreizeitenformel, weil er „Jes 6,3 im Licht anderer Stellen des Alten Testaments liest, die von der Hoffnung sprechen, dass Gottes Herrlichkeit die Erde erfüllen *wird*", wie etwa Ps 72,18f. (Patmos, S. 225).

entfaltet werden, wodurch noch stärker herausgestellt wird, dass diese Prädikation auf den kommenden Gott zuläuft. Das geschieht hier sehr bewusst, wie sich am Verhältnis der Verse 2–8 zu den Versen 9–11 zeigt. Denn die Verse 2–8 zeichnen ein majestätisches himmlisches Bild. Sie stellen heraus, was im Himmel schon offenbar, auf Erden aber noch verborgen ist: die Allherrschaft Gottes. Auf Erden herrschen ja faktisch noch ganz andere. Das ist das Problem, das die Verse 9–11 angehen, indem sie auf Gott als den blicken, der daran geht, seine endzeitliche Herrschaft durchzusetzen[30]; und so werden die in V. 9f. dargestellten Aktionen im Futur formuliert. In V. 9 heißt es: „Und wenn die Wesen Preis, Ehre und Dank darbringen *werden*[31] dem, der auf dem Thron sitzt, der da lebt in alle Weltzeit“: Hier ist ein zukünftiger Akt im Blick, nicht das Dreimalheilig von V. 8. „Preis, Ehre und Dank“ sind auf lateinisch *gloria*, *honor* und *actio gratiarum* – Dinge, die im politischen Zeremoniell Herrschern zukommen, vor allem natürlich dem Kaiser in Rom[32]. Johannes entwirft hier ein himmlisches Gegenbild. Das wird V. 10 fortgesetzt: Dann „werden die vierundzwanzig Ältesten niederfallen vor dem, der da auf dem Thron sitzt, und dem huldigen, der da lebt in alle Weltzeit, und vor dem Thron ihre Kränze niederwerfen“. Für ein Verständnis im Sinne eines einmaligen futurischen Aktes spricht besonders das letzte Bild vom Niederwerfen der Kränze vor dem Thron. Es ist einem zeitgenössischen Huldigungsakt entnommen, dem *aureum coronarium*. Dabei handelt es sich um ein Geschenk an den Herrscher, wenn er z.B. in einer Stadt erscheint. Dieses Kranzgeschenk ist ein Akt der Anerkennung und des Dankes für gewährten Schutz[33]. Bei Johannes wird dieser Akt des Dankes und der Anerkennung gegenüber Gott vollzogen angesichts dessen, dass Gott dann endgültig alle Macht ergriffen und angetreten haben wird.

Die Prädikation Gottes als „Alpha und O(mega)“ wird ebenfalls noch einmal gegen Schluss des Buches aufgenommen und mit einer weiteren verbunden. In Apk 21,6 heißt es: „Ich bin das Alpha und das O(mega), der Ursprung und das Ziel.“ Die zweite Aussage wird üblicherweise in den Übersetzungen mit „der Anfang und das Ende“ wiedergegeben[34]. Aber es liegt hier keine bloße Verdoppelung der ersten Aussage vor, dass also noch einmal anders gesagt würde, dass

---

30 Vgl. MÜLLER, Komm., S. 142. Zum Verhältnis von V. 9–11 zu V. 2–8 vgl. auch JÖRNS, Evangelium, S. 30f.

31 Dass hier das Futur zu lesen ist, zeigen die beiden unbestrittenen Futurformen im Hauptsatz in V. 10.

32 „Die Ähnlichkeit zwischen den Hymnen in der Offenbarung und Herrscherhymnen, zu Ehren des Kaisers verfasst, zeigt, dass für die Kaiser gebrauchte Attribute von Johannes in den Hymnen der Offenbarung für Gott gebraucht wurden“ (AUNE, Komm., S. 316).

33 Vgl. AUNE, Influence, passim; ders., Komm., S. 308f, sowie den Exkurs Ancient Wreath and Crown Imagery auf S. 172–175. Tacitus, Annalen XV 29,1, berichtet von einem Treffen des mit der Führung der 5. Legion beauftragten jungen Corbulo mit König Tiridates, bei dem vereinbart wurde, „Tiridates solle vor dem Bild des Kaisers (Nero) sein königliches Diadem niederlegen und es aus der Hand Neros zurücknehmen“. Die Prozedur des Niederlegens wenige Tage später wird in Abschnitt 3 geschildert: „An dieses (das Bildnis Neros) trat Tiridates heran, nahm, nachdem der Sitte gemäß Opfertiere geschlachtet worden waren, vom Haupt das Diadem und legte es vor dem Bildnis nieder“ (Übersetzung HELLER).

34 Lediglich bei STIER heißt es: „der Uranfang und das Ziel“.

Gott souverän alles einbegreift. Der Kontext legt ein dynamisches Verständnis nahe; es geht nicht um die Betonung eines alles umfassenden gleich bleibenden Wesens Gottes, sondern um die Erreichung eines Zieles, das vom Zustand der Welt und dem Verlauf ihrer Geschichte radikal in Frage gestellt erscheint, hier aber von Gott bekräftigt wird. Vorher, in V. 5 sagt er: „Siehe, ich mache alles neu." Damit wird Jes 43,19 aufgenommen, wo es in Gottesrede heißt: „Siehe, ich mache Neues." Im Folgenden eröffnet Gott durch den Propheten dem exilierten Israel in seiner Trostlosigkeit eine Perspektive zum Leben, indem er einen Weg durch die Wüste bahnt und Wasser gibt. Das nimmt Johannes auf. Eine Perspektive zum Leben möchte er auch den von ihm angeschriebenen Gemeinden geben. Allerdings erfährt er die Situation als derart zugestellt, dass für eine Änderung „alles" neu werden und deshalb die Änderung radikal sein muss.

In V. 6 folgt der Prädikation die Verheißung: „Ich will denen, die dürsten, aus der Quelle des Lebenswassers geben – umsonst." Durst kennzeichnet die Gemeinde in der Gegenwart: Lebensdurst, Hunger und Durst nach Gerechtigkeit. Diesem Durst wird Stillung verheißen. Angeknüpft wird dabei an Jes 55,1: „Auf, all ihr Durstigen! Lauft zum Wasser! Und wer kein Geld hat, lauft herbei! Kauft und esst! Lauft herbei und kauft ohne Geld und ohne Bezahlung Wein und Milch!" Geschenktes Leben ist wirkliches Leben. Als Sprecher wird Gott in 21,5 mit einer Umschreibung eingeführt, die öfters in der Apokalypse begegnet: „der auf dem Thron sitzt", nämlich dem Thron im Himmel[35]. Damit bringt Johannes gegenüber der imperialen Macht Roms die überlegene Souveränität Gottes zum Ausdruck. Auch dieses Motiv – „Gott sitzt im Regimente"[36] – hat Johannes aus seiner Bibel. Es sei dazu nur hingewiesen auf die Aussage in Ps 47,9: „Gott herrscht als König über die Völker, Gott sitzt auf seinem heiligen Thron" und die prophetischen Visionen in 1Kön 22,19; Jes 6,1 und Dan 7,9, die Gott auf dem Thron im Himmel sehen.

Die Prädikation Gottes aus Apk 1,8 und 4,8 wird noch zweimal aufgenommen, in 11,17 und 16,5, allerdings ohne das dritte Glied. Auf 11,17 sei hier näher eingegangen. Dort fallen nach dem Blasen der siebten Posaune die 24 Ältesten im himmlischen Thronsaal vor Gott nieder und huldigen ihm mit den Worten: „Wir danken Dir: Ewiger, Gott, Allherrscher, der Er ist da und der Er war." Wie in 1,8; 4,8 ist hier zunächst die übersetzte gesprochene Abfolge der Gottesbezeichnungen אדני יהוה צבאות oder auch יהוה אלהי צבאות des hebräischen Bibeltextes geboten. Auffällig ist dann jedoch, dass in der folgenden Prädikation die letzte Aussage: „der Er kommt" nicht begegnet. Der Kontext zeigt, dass sie bewusst weggelassen ist; denn nach ihm ist Gott schon gekommen bzw. im Kommen begriffen. Da muss er nicht mehr als der Kommende proklamiert werden. Das zeigt die Begründung des Dankes in V. 17b: „Denn Du hast Deine große Macht eingenommen und die Herrschaft ergriffen." Bei den Verben findet sich hier ein Nebeneinander von Perfekt und Aorist: das Feststellen einer erfolgten Aktion und deren Resultat, wobei das Resultat zuerst genannt wird. Inhaltlich erfolgt ein Bezug auf 4,11. Hatte es dort geheißen: „Du bist würdig, die

35 Vgl. Apk 4,2f.9f.; 5,1.7.13; 6,16; 7,10.15; 19,4; 20,11.

36 So die 7. Strophe des Liedes von PAUL GERHARD, „Befiehl du deine Wege" (EG 361).

Macht zu nehmen", so wird hier nun festgestellt: „Du hast Deine Macht eingenommen." Diese Formulierung ist aufschlussreich. Gott hat nicht *die* Macht ergriffen, sondern *seine*. *Die* Macht ist *seine*, *ihm* kommt sie zu. Wird sie von anderen ergriffen, ist sie usurpierte Macht. Der Alleinanspruch Gottes auf Macht verurteilt daher Machtausübung von Menschen über Menschen als Usurpation. Diesem Alleinanspruch Gottes auf Macht entspricht somit auf Seiten der Menschen allein Geschwisterlichkeit. Das ist ein Aspekt. Zum anderen könnte man versucht sein zu fragen: Wenn *die* Macht *Gottes* Macht ist und wenn Gott *seine* Macht ergriffen hat, hat er sie dann zwischenzeitlich aus der Hand gelassen? Wenn er Gott ist und die Macht hat, wieso hat er sie dann nicht immer in der Hand und muss sie erst noch ergreifen? Aber hier darf man nicht spekulieren und schon gar nicht von oben her – das hieße an dieser Stelle: aus der Perspektive Gottes – systematisieren wollen. Es ist vielmehr angesichts solcher Formulierungen festzustellen: Menschen leiden unter der Macht anderer Menschen, die sie als missbrauchte Macht erfahren und als Usurpation werten – und sie hoffen darauf, dass Gott die ihm allein zukommende Macht doch auch für sie erfahrbar in die Hand nehme und manifest werden lasse. Johannes verkündet hier als himmlische Botschaft, dass das schon geschehen sei.

Der Dank in V. 17b nimmt auf, was vorher schon in Apk 11,15 „laute Stimmen im Himmel" proklamierten: „Die Herrschaft über die Welt ist unserem Herrn zugefallen und seinem Gesalbten; und er wird herrschen auf immer und allezeit." Was diese Stimmen im Himmel von sich geben, ist die Spitzenaussage der Apokalypse, auf die Johannes dauernd schon hinzielte, die er hier erstmals in definitiver Form macht, die er der Sache nach noch mehrmals wiederholen wird und die trotz aller Definitivität der Formulierung doch den Modus der Hoffnung hat: Und hier ist sofort auch wieder klar, dass diese Spitzenaussage eine politische ist. Denn das *regnum mundi*, „die Herrschaft über die Welt", hat gemäß den auf der Hand liegenden Fakten, gemäß der erfahrbaren und erfahrenen Macht der Kaiser in Rom inne. Das wird ihm bestritten. Das *regnum mundi* gehört Gott, der hier als „unser Herr" bezeichnet wird. Die biblische Tradition von der Herrschaft Gottes bietet für Johannes die Voraussetzung seines Redens. So formuliert etwa Ps 22,29: „Ja, dem Ewigen gehört die Königsherrschaft und er herrscht über Völker." Oder Ob 21 heißt es: „Dem Ewigen wird die Königsherrschaft zufallen." Der Aorist bei Johannes ist nicht gegenüber dem Futur bei Obadja zu profilieren, wie Ps 22,29 deutlich macht. Und auch bei Johannes steht die volle Einlösung ja noch aus. Die aoristische Form ist christologisch verursacht. Nach Gott wird „sein Gesalbter" genannt, der Messias. Auch diese Formulierung hat biblische Voraussetzungen. In Ps 2,2 stehen „der Ewige" (in der Septuaginta mit κύριος [*kýrios*] wiedergegeben) und „sein Gesalbter" nebeneinander. Apk 11,15 zeigt sehr klar, dass für Johannes der Begriff χριστός (*christós*) nicht zum Namen verblasst, sondern dass ihm der titulare Sinn bewusst ist. Die gegenüber den angeführten biblischen Stellen zusätzliche Erwähnung des Messias weist daraufhin, dass die Möglichkeit, von der Weltherrschaft Gottes aoristisch zu sprechen, durch Gottes Handeln an Jesus bedingt ist, durch seine endzeitlich-neuschöpferische Tat der Auferweckung Jesu von den Toten[37]. Gott hat die Herrschaft über die Welt angetreten, das *regnum mundi* in die Hand genommen. Das ist die Botschaft dieser Stelle. Aber ist das nicht einfach nur eine lächerliche Behauptung, die von der Wirklichkeit, d.h. von der faktischen Macht des Kaisers leicht falsifiziert wird? Eine Behauptung ohne jede Realität? Aber es gibt Menschen, die für diese Behauptung einstehen, die die Macht des Kaisers bestreiten, noch mit ihrem Tod bestreiten, Menschen, die sich dem politischen und gesellschaftlichen System ihrer Gegenwart entziehen. Es gibt die Gemeinde, die der proklamierten Herrschaft Gottes zu entsprechen sucht. Darüber wird im letzten Kapitel ausführlicher zu sprechen sein. Die Proklamation von V. 15 betont abschließend die Dauer der Herrschaft Gottes. Sie wird ihm nicht mehr aus der Hand gerissen werden, für sie wird es keine Unterbrechung mehr geben. Auch hier sind biblische Aussagen aufgenommen. Vom Wortlaut her kommt Ps 10,16 (= Ps 9,37 LXX) am nächsten: „Der Ewige wird herrschen auf immer und allezeit."

Mit seiner Bibel hält Johannes also unerschütterlich daran fest, dass Gott der Souverän ist[38], und gibt dem mit unterschiedlichen Prädikationen Ausdruck. Wie ist es dann jedoch zu verstehen, dass die eine und andere dieser Prädikationen im Munde Jesu begegnet? Wird damit Jesus gleichsam zu Gott gemacht? In welchem Verhältnis sieht Johannes Jesus zu Gott stehen? Zunächst sei auf die in dieser Hinsicht frappierendste Aussage im Munde Jesu eingegangen. In Apk 22,13 spricht er: „Ich bin das Alpha und das O(mega), der Erste und der Letzte, der Ursprung und das Ziel." Die mittlere Aussage begegnet in der Apokalypse nur im Munde Jesu, außer an dieser Stelle noch in 1,17. Auf sie wird bei der Besprechung des dortigen Zusammenhangs einzugehen sein. Aber können die beiden anderen Aussagen von jemand anders als von Gott selbst gemacht werden? Es ist zu beachten, dass im vorangehenden V. 12 das endzeitliche Gericht im Blick ist, das Jesus vollziehen wird. Wenn ihm unmittelbar danach Prädikationen in den Mund gelegt werden, die vorher im Text Gott kennzeichneten, wird er damit in seinem richterlichen Wirken als endzeitlicher Beauftragter Gottes gekennzeichnet. Auf eine solche Verhältnisbestimmung weist auch die schon erwähnte Stelle Apk 11,15, die „unseren Herrn und seinen Gesalbten" nebeneinander stellte. Sie tat das in Aufnahme von Ps 2, in dem der gesalbte König als Beauftragter Gottes erscheint. Aufgrund dieser endzeitlichen Beauftragung konnte in 11,17 und 16,5 in der Prädikation Gottes als „der Er ist da und der Er war und der Er kommt" das dritte Glied weggelassen werden, weil Gott in diesem Beauftragten Jesus schon gekommen bzw. im Kommen begriffen ist. Wie Jesus in eine solche Stellung gelangen konnte und wie er in der Apokalypse näherhin verstanden ist, dem soll im nächsten Abschnitt nachgegangen werden.

---

37 SATAKE weist darauf hin, dass Johannes „an keiner Stelle nach der gleichzeitigen Nennung von Gott und Christus ein Pronomen oder Verb im Plural" verwendet, und fährt fort: „Er ist dem Monotheismus verpflichtet" (Komm., S. 274).

38 „Die Herrschaft über die Geschichte und die Welt ist letzten Endes allein Gottes Sache" (SATAKE, Komm., S. 75).

2. *Gott als in Jesus Gekommener und Kommender*

a) „Ich war tot, und siehe: Ich bin lebendig auf immer und allezeit“

Johannes spricht nirgends terminologisch von der Auferstehung oder Auferweckung Jesu, weder mit den Verben ἀνίστημι (*anhistémi* – „aufstehen“) und ἐγείρω (*egeíro* – „aufrichten“, „[auf]wecken“) noch mit den davon abgeleiteten Nomina. Dennoch bildet sie auch für ihn das alles Reden von Jesus bestimmende Grunddatum. Das wird gleich an der ersten Stelle deutlich, an der er etwas ausführlicher christologische Aussagen macht, in Apk 1,5, nachdem er vorher Jesus schon dreimal erwähnt und dabei gleichsam formelhaft als „Gesalbten“ bezeichnet hatte (1,1f.5). In der Salutatio wird als dritter Urheber von „Freundlichkeit unter euch und Friede“ der Gesalbte Jesus genannt und dann so näher gekennzeichnet: „der treue Zeuge, der Erstgeborene der Toten und der Herrscher über die Könige der Erde.“ Diese drei Umschreibungen Jesu stehen in einem sachlichen Zusammenhang miteinander und gehen auf Schriftstellen zurück, die im Judentum messianisch gedeutet wurden[39], nämlich Ps 89,38.28.

An erster Stelle wird Jesus als „der treue Zeuge“ bezeichnet. μάρτυς (*mártys*) hat in der Apokalypse, wie schon erwähnt, noch nicht die technische Bedeutung von „Märtyrer“, aber der Begriff zeigt eine deutliche Tendenz dahin. Zeuge ist hier, wer die Herrschaft Gottes und seines Gesalbten bezeugt. Das kann aber in ihrer Situation in äußerster Zuspitzung die Alternative zwischen einer politischen Loyalitätserklärung, der ausdrücklichen Anerkennung der Herrschaft des Kaisers in einem religiösen Akt, und diesem Zeugnis für Gott und seinen Gesalbten annehmen[40]. Da dieses Zeugnis die Todesstrafe zur Folge haben kann, wird dieser Tod zum letzten Zeugnis des Eintretens für die Herrschaft Gottes und seines Gesalbten. So wird in 2,13, im Sendschreiben nach Pergamon, ein Antipas „mein treuer Zeuge“ genannt, „der bei euch getötet worden ist“. Antipas erhält also dort dieselbe Bezeichnung wie hier Jesus. Eine Parallelisierung Jesu mit seinen getöteten Zeugen zeigt sich auch an anderer Stelle, wenn Johannes von diesen als „geschlachteten“ spricht (6,9; vgl. auch 18,24) und Jesus als „wie geschlachtet“ bezeichnet (5,6)[41]. Jesus ist sozusagen der Erzzeuge, das Urbild aller Zeugen, das ohnmächtige Opfer imperialer Gewalt, der bis zu seinem Tode und gerade auch mit ihm einsteht für die der Gewalt Roms widersprechende Präsenz und Wirklichkeit Gottes auf Erden, in dem Gott dieser Gewalt seine Macht entgegenstellt.

Von den in der Apokalypse hergestellten Entsprechungen her zwischen Jesus und seinen getöteten Zeugen halte ich es für weitaus am wahrscheinlichsten, dass die Bezeichnung „der treue Zeuge“ für Jesus in V. 5 den irdischen Jesus im Blick hat und besonders seinen gewaltsamen Tod[42]. Vor allem ist dabei an die

---

39 Vgl. MÜLLER, Komm., S. 73.

40 Vgl. das o. S. 59–61 besprochene Verfahren des jüngeren Plinius (Briefe X 96,3.5).

41 Auf die kleine Differenz des „Wie“ wird u. S. 121 zu Apk 5,6 eingegangen.

42 Anders urteilt MÜLLER, der an die – in der Apokalypse natürlich auch vorkommende – gegenwärtige Offenbarungstätigkeit des Erhöhten denkt, die aufgezeigten Entsprechungen aber nicht beachtet (Komm., S. 73).

gleichlautende Kennzeichnung des Antipas in 2,13 zu erinnern. Die Prädikation des „treuen Zeugen" ist daher zeitgeschichtlich verankert. Zugleich liest Johannes sie in seiner Bibel. In Ps 89,38 wird David mit dem Mond verglichen, der als „treuer Zeuge in der Höhe" erscheint. Im selben Textzusammenhang hieß es vorher im Blick auf David in V. 28: „Ja, ich will ihn als Erstgeborenen einsetzen, als Höchsten unter den Königen der Erde." Hier begegnet sowohl die Prädikation „Erstgeborener" als auch die Überordnung über die Könige der Erde. Beides wird gleich anschließend in Apk 1,5 auf Jesus bezogen ausgesagt.

Zunächst wird Jesus als „Erstgeborener der Toten" bezeichnet. In der Variante „Erstgeborener aus den Toten" begegnet dieselbe Prädikation in Kol 1,18; ohne die Näherbestimmung „(aus) den Toten" erscheint sie noch in Röm 8,29 und Hebr 1,6. „Erstgeborener der Toten" ist Jesus als von den Toten Auferweckter. Die Fortsetzung im Kolosserbrief zeigt, dass mit seiner Auferweckung Erhöhung und Inthronisation verbunden sind. Dort heißt es: „damit er im All der Herrscher würde". Die Aufnahme dieser Prädikation an dieser Stelle der Apokalypse dürfte in folgender Weise ihr besonderes Profil gewinnen: Die vorangehende Zeugenprädikation stellte Jesus mit seinen getöteten Zeugen zusammen. Wenn er jetzt als „Erstgeborener der Toten" im Blick auf seine Auferweckung bezeichnet wird, dann impliziert das die Vorstellung von „Nachgeborenen", d.h. auch für die getöteten Zeugen Jesu wird der Tod nicht das Letzte sein, was über sie zu sagen ist.

Die dritte Prädikation, „Herrscher der Könige der Erde", klingt an Ps 89,28 an. Sie betont die gegenwärtige Stellung des Gesalbten Jesus, die aber nicht an der faktischen Wirklichkeit der Welt festzumachen ist und ihr deshalb widerspricht. Ihr Anspruch ragt weit über den Bereich der Gemeinde hinaus, ist geradezu weltumspannend. Die gebrauchte Terminologie ist politisch. „Könige der Erde" gab es faktisch, besonders im Osten des römischen Reiches, da hier Rom seine Herrschaft weithin mit einem Klientelsystem von abhängigen Vasallenfürsten ausübte. „Herrscher" über sie war der römische Kaiser. Das hier von Johannes für Jesus beanspruchte Wort ἄρχων (*árchon*) ist die griechische Entsprechung zu dem lateinischen *princeps*, also zu der wichtigsten Bezeichnung des römischen Kaisers seit Augustus[43]. Dessen Herrschaft wird mit dieser auf Jesus bezogenen Prädikation als vordergründiger Schein behauptet und stattdessen die weltumspannende Herrschaft Jesu proklamiert[44], die von ganz anderer Qualität ist[45].

Die drei Prädikationen stehen damit in einem klaren Zusammenhang: Tod – Auferweckung – gegenwärtige Herrschaft. Sie enthalten in der Tat so etwas wie

---

43 Auf die bedeutende politische Dimension dieses Titels weist AUNE hin (Komm., S. 40).

44 Nach KNORR VON ROSENROTH bezeichnet Johannes Jesus so, „damit er den Glaubigen einen Muth mache / daß sie sich durch keine Furcht für weltlicher Gewalt abwendig machen liessen seiner Lehr und Leben zu folgen" (Komm., S. 41). Das ist m.E. wesentlich näherliegend, als diese Kennzeichnung „vor dem Hintergrund einer überweltlichen Archontenvorstellung … zu sehen" (so KARRER, Brief, S. 119).

45 Im Anschluss an SCHÜSSLER-FIORENZA sieht JOCHUM-BORTFELD hinter ἄρχων den נשׂיא: „Er ist ein Fürst *inmitten* des Zwölfstämmevolkes (und nicht *über* dem Volk). Er ist kein absoluter Herrscher mehr, der das Land, das dem ganzen Volk gehört, in seine Verfügungsgewalt bringt" (Stämme, S. 130).

„eine kleine Christologie“[46], wobei aber zu betonen ist, dass diese Christologie deutlich politisch akzentuiert ist. Mit dem Zeugenbegriff wird Jesus in der Situation der Leser- und Hörerschaft der Apokalypse als Opfer römischer Herrschaft kenntlich gemacht und mit der Bezeichnung als *árchon* am Schluss als ihr Überwinder. Der Glaube an Jesus widerspricht dem Anspruch römischer Herrschaft und vertraut dessen anderer Herrschaft, die in der Auferweckung begründet ist. Indem der Blick der die Apokalypse Lesenden und Hörenden, die ja selbst potentielle Opfer römischer Herrschaft sind, in dieser Weise auf Jesus gerichtet wird, werden sie ermutigt, bei ihrer Zeugenschaft zu bleiben und also weiterhin durchzuhalten und zu widerstehen.

Als lebendig Gemachter, als „Erstgeborener der Toten“, als in einem Akt endzeitlicher Neuschöpfung an die Seite Gottes Gestellter wird Jesus in der Dimension Gottes gesehen, ohne damit zu Gott gemacht zu werden. Das wird auch deutlich, wo Johannes in seinem Buch Jesus erstmals selbst zu Wort kommen lässt, in 1,17f. Das geschieht in einer Selbstvorstellung im Anschluss an die zuvor beschriebene Vision, in der Jesus in eigentümlicher Gestalt erschien. An der Selbstvorstellung ist auffällig, dass sich die in der Vision geschaute Gestalt zwar eindeutig als Jesus zu erkennen gibt, dass dabei aber weder ein Name noch einer der üblichen christologischen Titel gebraucht wird[47], sondern es finden sich Umschreibungen. Das ist für die Apokalypse charakteristisch: Wer und was Jesus ist, wird nicht einfach vorausgesetzt oder rezitiert, sondern neu zu beschreiben versucht. Das geschieht hier wiederum in dreifacher Ausfaltung.

Zunächst stellt sich Jesus mit drei Bezeichnungen vor: „Ich bin der Erste und der Letzte und der Lebendige.“ In der biblischen Tradition werden solche Aussagen von Gott gemacht. So heißt es Jes 44,6: „Ich: der Erste und ich: der Letzte“ (LXX: „Ich der Erste und ich danach“). Ähnlich Jes 48,12: „Ich bin's; ich: der Erste, ich auch: der Letzte“ (LXX: „Ich bin der Erste und ich bin auf immer“)[48]. In Apk 1,4.8 und 21,6 wird sachlich und z.T. auch terminologisch Ähnliches von Gott ausgesagt. Wenn es hier Jesus von sich selbst sagt, so will Johannes damit deutlich machen: Gott tritt in ihm auf den Plan, handelt in ihm, und zwar als der, der er in seiner Treue immer schon war und bleiben wird. Mit „Erster und Letzter“ wird All-Souveränität in zeitlicher Hinsicht ausgesagt. Dass das von Jesus nicht absolut gilt, also losgelöst von seiner Beziehung auf Gott, sondern nur insofern der ewige Gott in ihm und durch ihn zum Zuge kommt, wird gleich der zweite Punkt deutlich machen. Es geht also nicht darum, dass Jesus an die Stelle Gottes tritt oder vergöttlicht wird. Doch zuvor ist noch auf das auffällige dritte Glied in diesem ersten Punkt der Selbstvorstellung Jesu einzugehen: „der Lebendige“. Die All-Souveränität in Bezug auf die Zeit gilt so wenig wie beim Gott Israels in abstrakter Zeitlosigkeit, sondern der zeitüberlegene Jesus erweist sich in der Zeit als der Lebendige. Man könnte auch formulieren, wenn man es denn so will: Von Jesus wird als dem Präexistenten gesprochen, weil er der Präsente ist. Vor allem aber wird die Lebendigkeit Jesu ausge-

---

46 KRAFT, Komm., S. 33.
47 Vgl. ROLOFF, Komm., S. 44.
48 Die Formulierung des Johannes ist also näher am hebräischen Text.

sagt im Blick auf sein Todesschicksal. Nicht die Weltmacht, die ihn brutal aus dem Weg geräumt hat, triumphiert. *Er* ist der Lebendige, nicht totzukriegen.

Dieser Aspekt wird im zweiten Punkt der Selbstvorstellung ausdrücklich ausgeführt. Dessen Aussagen basieren auf einem bestimmten Geschehen. „Und ich war tot, und siehe: Lebendig bin ich auf immer und allezeit.“ Ähnliche Aussagen begegnen im Blick auf den zweiten Teil biblisch wiederum von Gott. So heißt es in Dtn 32,40 in Gottesrede: „Lebendig bin ich auf immer.“ In Sir 18,1 wird Gott prädiziert: „Der auf immer Lebendige.“ Eigentümlich ist demgegenüber, dass sich der erhöhte Jesus ausdrücklich auf seinen Tod bezieht. Das ist nach der vorangehenden Prädikation eigentlich ein Unding. Wie kann vom Ersten und Letzten und Lebendigen ausgesagt werden, dass er „tot war“? Aber dieser Tod gehört offenbar unlösbar zu seiner Identität hinzu. So paradox es auch klingen mag: Er gehört hinzu als Teil seiner Lebendigkeit. Denn der Tod Jesu ist hier nicht verstanden als vorübergehender Betriebsunfall, der durch die Auferstehung schnell repariert und ausgebügelt worden wäre. Gewiss, Jesus ist nicht totzukriegen; seine legalen Mörder werden nicht triumphieren. *Er* triumphiert – dank Gottes endzeitlich-neuschöpferischer Tat der Auferweckung. Aber sein Triumph ist anders als der ihre. In ihn bleibt sein Schicksal eingezeichnet. Was in den Erscheinungserzählungen des Johannesevangeliums der Hinweis auf die Wundmale des Gekreuzigten deutlich macht[49], das wird hier in der Apokalypse durch die Erwähnung des Todes Jesu gerade in solchem Kontext angezeigt und später durch das Bild vom Löwen, der zugleich ein geschlachtetes Lamm ist, zum Ausdruck gebracht.

Als drittes sagt Jesus am Ende von V. 18: „Und ich habe die Schlüssel des Todes und des Hades.“ Die am Rand des NESTLE/ALAND angegebene Stelle Mt 16,19 ist zumindest in der Vorstellung sehr anders. Dort bekommt Petrus „die Schlüssel des Himmelreiches“ zugesagt; er kann dann sozusagen das Tor zum Leben aufschließen. Hier dagegen ist vom „Schlüssel des Todes und des Hades“ die Rede. Zunächst stellt sich die Frage, um was für einen Genitiv es sich handelt. Bei einem *genetivus obiectivus* wären die Schlüssel *zum* Tod und Hades gemeint. Tod und Hades wären damit als ein Bezirk vorgestellt, in dem die Toten eingeschlossen sind[50]. Bei einem *genetivus subiectivus* wären es die Schlüssel, die Tod und Hades in Händen haben. Sie wären damit als Mächte vorgestellt[51]. Weiter gedacht, läuft diese Vorstellung dann doch auch auf die erste hinaus: Die Schlüssel müssen ja etwas schließen, nämlich den Bereich, in den die Toten eingeschlossen sind. Dann lohnt der Streit um die nähere Vorstellung nicht. Wichtig ist die Intention der Aussage: Jesus als der Lebendige, der gestorben war und auf immer lebt, hat auch die Macht, Tod und Hades die Beute zu entreißen, hat die Macht, Tote lebendig zu machen. Die Weltgeschichte ist nicht tödlich geschlossen; die Weltgeschichte ist nicht das Weltgericht, sondern der von Gott Auferweckte schließt die Weltgeschichte, die über Leichen gegangen ist, wieder auf. Hier artikuliert sich Auferstehungshoffnung gegen die tödliche

---

[49] Vgl. Joh 20,20.25.27 und dazu WENGST, Komm. Joh II z.St.

[50] So z.B. MÜLLER, Komm., S. 85.

[51] So ROLOFF, Komm., S. 44.

Macht des Faktischen. In erster Linie dürfte Johannes dabei an die Märtyrer in der eigenen Gemeinschaft denken.

Von einem anderen Schlüssel, den Jesus hat, spricht Johannes in der Botenformel des Sendschreibens nach Philadelphia in Apk 3,7: „... der den Schlüssel Davids hat, der aufschließt und niemand schließt zu, der zuschließt und niemand schließt auf". Hier besteht eine sachliche Entsprechung zu dem Jesuswort an Simon Petrus in Mt 16,19: „Ich werde dir die Schlüssel des Himmelreiches geben; was immer du auf Erden bindest, wird auch im Himmel gebunden sein; und was immer du auf Erden lösest, wird auch im Himmel gelöst sein." In Apk 3,7 ist Jes 22,22 aufgenommen. Dort heißt es nach dem hebräischen Text: „Und ich gebe den Schlüssel zum Hause Davids auf seine Schulter (nämlich die des Wesirs Eljakim); er öffnet und es ist niemand, der zuschließt, und er schließt zu und es ist niemand, der öffnet." Die Septuaginta hat einen völlig anderen Text an dieser Stelle: „Ich gebe ihm die Herrlichkeit Davids; und er wird herrschen und niemand wird da sein, der widerspricht." Hier zeigt sich Johannes in aller Deutlichkeit vom hebräischen Text beeinflusst. In Jes 22,22 gilt die Aussage einem Wesir, der Macht über den Zugang zum königlichen Palast erhält. Diese Stelle ist in Apk 3,7 messianisch gedeutet: Jesus als der Gesalbte hat den „Schlüssel Davids", d.h. er hat die Macht über den Zugang zur Stadt Davids, nämlich zum neuen Jerusalem (V. 12) als dem Ort der durch nichts mehr beeinträchtigten Gegenwart Gottes.

Unmittelbar vor der Aussage über „den Schlüssel Davids" wird Jesus von Johannes als „der Heilige, der Wahrhaftige" prädiziert. In Apk 6,10 spricht er in derselben Weise von Gott. Dass Gott als „der Heilige" schlechthin gilt, wurde schon dargelegt[52]. Bei „wahrhaftig" ist auf hebräischem Sprachhintergrund vor allem an den Aspekt der Zuverlässigkeit zu denken. Die hebräische Entsprechung wäre נאמן (*ne^emán*). In der jüdischen Tradition wird אמן (*amén*) gedeutet als אלהים מלך נאמן (*elohím mélech n^emán* – „Gott ist ein wahrer/treuer /zuverlässiger König")[53]. An anderer Stelle heißt es: „Ein Wort von Dir kehrt nicht leer zurück; vielmehr: Gott, ein treuer König bist Du, Ewiger, du treuer Gott in allen seinen Worten"[54]. Ähnlich ist die Umschreibung Jesu in der Botenformel im Sendschreiben nach Laodizea in Apk 3,14; auch hier findet sich sonst auf Gott Bezogenes, womit Jesus in die Dimension Gottes gestellt wird: „... der Amen, der treue und wahrhaftige Zeuge, der Anfang der Schöpfung Gottes". Die Bezeichnung Jesu als „der Amen" ist singulär. Das dürfte sich auf Jes 65,16 beziehen. Dort wird von Gott zweimal als אלהי אמן (*elohéj amén*) gesprochen. *amén* hat die Bedeutung „gewiss!" und wird schon in der Antike responsorisch auf Gebete hin gebraucht. „Der Gott des Gewiss! / des Amen" bezeichnet also Gott als den, der sozusagen Brief und Siegel darauf gibt, was er zusagt und verheißt. Im folgenden Kontext von Jes 65 wird ein neuer Himmel und eine neue Erde angekündigt, was Johannes in seiner großen Schlussvision aufnehmen wird. Die Septuaginta übersetzt die Wendung *elohéj amén* mit ὁ θεὸς ὁ

[52] Vgl. o. S. 100.
[53] bShab 119b; bSan 111a.
[54] Sof 13,11; vgl. weiter BerR 1,11.

ἀληθινός: „der wahrhaftige/zuverlässige Gott". Wenn nun in Apk 3,14 Jesus als „der Amen, der treue und wahrhaftige/zuverlässige Zeuge" prädiziert wird, gilt er als die Bekräftigung aller Gebete zu Gott, insofern er selbst die Wirklichkeit Gottes gewiss und zuverlässig bezeugt. In Jesus wird die Treue und Zuverlässigkeit Gottes erkannt; in ihm wird sie Ereignis. Dass in ihm kein anderer als der in der Bibel von Beginn an bezeugte Gott zum Zuge kommt, wird durch die abschließende Prädikation in Apk 3,14 unterstrichen: „der Anfang der Schöpfung Gottes"[55]. Dass Johannes, so sehr er Jesus in die Dimension Gottes stellt, ihn dennoch nicht zu Gott macht, wird unmissverständlich daran deutlich, dass er ihn in Apk 3,12 viermal von „meinem Gott" reden lässt: vom „Tempel meines Gottes", vom „Namen meines Gottes", von der „Stadt meines Gottes" und vom „Himmel meines Gottes". In der Dimension Gottes erscheint Jesus in der ersten Vision der Apokalypse, der Beauftragungsvision in 1,9–20, innerhalb derer er in eigentümlicher Gestalt beschrieben wird. Auf diese Beschreibung in V. 12–16 sei nun eingegangen.

b) Die Vision des Menschensohngleichen

Nachdem Johannes in Apk 1,9 seine Situation auf Patmos angegeben hatte, benennt er am Beginn von V. 10 innerhalb ihrer ein besonderes Geschehen: „Ich befand mich[56] in der Kraft des Geistes." Dieselbe Wendung begegnet in 4,2; anschließend hat Johannes die Vision vom himmlischen Thronsaal. In 17,3 sagt er vom Deuteengel: „Und er brachte mich in der Geistkraft in die Wüste." An allen drei Stellen steht ἐν πνεύματι (wörtlich: „im Geist"). Ähnlich formuliert Hermas in Herm vis I 1,1: „Wiederum erhebt mich die Geistkraft und bringt mich an denselben Ort wie voriges Jahr", woraufhin Hermas eine Vision hat. Von daher ist der Sache nach die Wendung von Apk 1,10 gleichzusetzen mit der von Apg 22,17, wo der lukanische Paulus von sich spricht: γενέσθαι με ἐν ἐκστάσει (*genésthai me en ekstásei*) – er geriet außer sich und hatte dann eine Vision Jesu[57]. Als Gegenpol dieser Formulierung erscheint die von Apg 12,11, wo es von Petrus nach seiner Befreiung aus dem Gefängnis heißt, dass er „zu sich selbst kam", „bei sich selbst war". Es stehen sich also gegenüber auf der einen Seite, bei sich selbst zu sein, und auf der anderen, außer sich selbst bzw. in der Geistkraft zu sein[58]. Was Johannes am Anfang von V. 10 beschreibt, meint also

---

55 Im Hintergrund steht hier ein Motiv der biblisch-jüdischen Weisheitstradition; vgl. Spr 8,22–25; Weish 7,25–27, das auch in Kol 1,15.18; Joh 1,3 aufgenommen ist, in der Apokalypse jedoch nicht mit der Aussage von der Schöpfungsmittlerschaft verbunden wird. Zum Verständnis der auf Jesus bezogenen Aussage von präexistenter Schöpfungsmittlerschaft in Joh 1,1–3 vgl. WENGST, Komm. Joh I, S. 49–54.

56 Indem Johannes hier – wie auch schon in V. 9 – nicht mit ἦν („ich war") formuliert, sondern mit der passiven Form ἐγενόμην, könnte er damit zum Ausdruck bringen, dass er in diese Situation nicht durch eigene Anstrengung, sondern durch Gottes Fügung gekommen ist (vgl. o. S. 33).

57 Vgl. Apg 11,5 von Petrus.

58 AUNE übersetzt: „I fell into a prophetic trance" (Komm., S. 62.82); die Wendung ἐν πνεύματι „bezieht sich auf den Umstand, dass die Offenbarungserfahrungen des Johannes

ein Nicht-bei-sich-selbst-sein, ein Außer-sich-geraten, das er als Wirkung des Geistes begreift, ein Vom-Geist-ergriffen-werden, das in eine Verfasstheit versetzt, in der er Dinge hört und sieht, die normalerweise nicht zu hören und zu sehen sind, in der ein Hineinhören und Hineinsehen in die himmlische Wirklichkeit möglich ist. Anders ausgedrückt – und damit nehme ich schon zu Kap. 4 Gesagtes und noch später Auszuführendes auf: Johannes blickt mit seinen Visionen nicht in eine Hinterwelt. Vielmehr: Dadurch dass er Gottes gegenwärtig ist, dass er Gottes Gegenwart in Jesus wahrnimmt, schaut er hinter die Kulissen des römischen Welttheaters, blickt nicht nur auf den vordergründigen Schein, sondern durchschaut diese Inszenierung als teuflische Nachahmung und damit als Anmaßung, die keine Dauer haben wird.

In der ekstatischen Situation von 1,10 ist jedoch zunächst nicht von einem Sehen, sondern von einem Hören die Rede: „Da hörte ich hinter mir eine laute Stimme wie die einer Posaune." Da sich die ähnliche Wendung in 4,1 ausdrücklich auf diese Stelle zurück bezieht und dort eindeutig als Inhaber der Stimme an den Offenbarungsengel von 1,1 gedacht ist, muss das auch hier der Fall sein. Die Formulierung nimmt Ez 3,12 auf: „Da erhob mich die Geistkraft und ich hörte hinter mir die Stimme eines lauten Lärmens." Die Erwähnung der Posaune erinnert an Ex 19,16, wo es vor dem Erscheinen Gottes am Sinai u.a. heißt: „die überaus laute Stimme einer Posaune". Mit diesen Anspielungen ist für die mit der Bibel vertraute Leser- und Hörerschaft gesagt, dass nun eine Epiphanie vom Himmel her erfolgen wird[59]. Ebenfalls wird schon bei dieser Einleitung zur Vision deutlich, wie sehr Johannes bei der Beschreibung der von ihm erlebten Phänomene von seiner Lektüre der Schrift bestimmt wird. Nach V. 11 fordert ihn die Stimme auf, das, was er sieht, in eine Buchrolle zu schreiben und sie den sieben Gemeinden zu schicken, die dann einzeln aufgezählt werden. Auch hier lässt Johannes eine Bibelstelle anklingen. Die Aufforderung, visionär Geschautes in eine Buchrolle zu schreiben, findet sich in Jes 30,8. Nach V. 12 wendet sich Johannes um, „die Stimme zu sehen, die mit mir redete". Wen er dann jedoch zu sehen bekommt, ist nicht der Träger dieser Stimme, sondern jemand anders:

12...und als ich mich umgewandt hatte, sah ich sieben goldene Leuchter 13und inmitten der Leuchter den Menschensohngleichen, bekleidet mit einem bis auf die Füße reichenden Gewand und um die Brust gegürtet mit einem goldenen Gürtel. 14Sein Kopf aber und seine Haare: weiß wie weiße Wolle, wie Schnee, und seine Augen: wie flammendes Feuer, 15und seine Füße gleich Libanonkupfer, wie im Schmelzofen ausgeglüht, und seine Stimme: wie die Stimme von Was-

---

nicht ‚im Körper' stattfanden, sondern eher ‚im Geist', d.h. in einem visionären Trancezustand" (S. 83).

59 Johannes gebraucht hier und an vielen anderen Stellen die Vergleichspartikel „wie" („wie eine Posaune"). Nach HOLTZ will er damit „den metaphorischen Charakter der Sprache bewußt machen; die Welt Gottes ist nicht identisch mit der empirischen Welt, auch wenn sie (nur) mit deren Mitteln anschaulich gemacht werden kann". Er fügt hinzu: „Es ist eine naheliegende Gefahr, der man nicht erliegen darf, die Vorstellungsweise des Johannes für naiver als unsere eigene zu halten" (Komm., S. 28).

sermassen; [16]und er hatte in seiner rechten Hand sieben Sterne, und aus seinem Mund ging ein zweischneidiges, scharfes Schwert hervor, und sein Antlitz: wie die Sonne leuchtet in ihrer Kraft.

Was Johannes sieht, ist eine Erscheinung des erhöhten Jesus. Doch zunächst erblickt und beschreibt er sozusagen den Rahmen oder den Rand des Bildes: sieben goldene Leuchter. Was konnten er und seine Leser- und Hörerschaft damit assoziieren? Nahe liegend ist es, an den Ex 25,31.37 erwähnten goldenen Leuchter mit sieben Lampen, die Menora des Zeltes der Begegnung, zu denken. Ein solcher Leuchter wird auch Sach 4,2 visionär geschaut. Allerdings ist das ein Leuchter mit sieben Lampen, während hier von sieben Leuchtern die Rede ist. Aber diese Änderung dürfte sich für Johannes aus seiner Anwendung in V. 20 auf die sieben Gemeinden ergeben. Ein möglicher biblischer Bezug ist auch 1Kön 7,49, wo von 10 goldenen Leuchtern die Rede ist, je fünf links und rechts vom Allerheiligsten. Die Kennzeichnung der Leuchter als goldene weist in den kultischen Bereich. Werden die sieben goldenen Leuchter mit den sieben Gemeinden identifiziert, heißt das: Als goldene Leuchter und damit als „Kultgegenstände“ sind diese Gemeinden Gott geweiht, von ihm mit Beschlag belegt; sie gehören ihm. Zugleich wird in dieser Darstellung Jesus als der wirkliche „Erste“ dem *princeps* in Rom entgegengestellt[60].

Inmitten der Leuchter erblickt Johannes nach V. 13 „den Menschensohngleichen“. Wieder begeht er hier eine grammatische Gewaltsamkeit; auf ὅμοιον (*hómoion* – „gleich“) müsste ein Dativ folgen, zu dem auch viele Handschriften korrigieren. Johannes setzt jedoch den Akkusativ. Im Wörterbuch von BAUER wird das mit der Bemerkung „Ledigl(ich) Solözismus“ abgetan[61]. Das ist jedoch zu kurz gegriffen. Denn Johannes weiß sehr wohl, dass ὅμοιον bei einer nominalen Vergleichsaussage mit dem Dativ konstruiert wird, und er tut das in seiner Schrift in nicht weniger als zwanzig Fällen[62]. An den beiden Stellen, an denen er jedoch sagt, er sehe ὅμοιον υἱὸν ἀνθρώπου – außer hier noch in Apk 14,14 –, tut er das nicht. Das kann dann nicht ein Versehen oder gar sprachliche Unfähigkeit

60 Auf „diese Parallelisierung“ hat PETERSON hingewiesen; er fährt fort: „Nur so erklärt sich, daß der ‚Menschensohn-Ähnliche‘ im Himmel zwischen Kandelabern steht (1,13); er wird damit die Gegengestalt zu dem kaiserlichen Bild, das zwischen Kandelabern aufgestellt wird. Nur so versteht man, daß von seinen Füßen gesprochen wird, die wie Golderz blinken (1,15). Die Füße werden hervorgehoben, weil ihnen, wie den Füßen des Kaisers, Verehrung (Proskynese) gebührt. Nur so begreift man, daß der Ton seiner Stimme, die wie Kaskaden rauscht, hervorgehoben wird (das.). Seine Stimme übertönt gleichsam die Stimme des irdischen Imperators. Wenn er sieben Sterne in der Hand hält (1,16), so übernimmt er … ein kaiserliches Machtsymbol, und wenn sein Antlitz wie die Sonne glänzt (das.), so wird er zum Gegenbild des kaiserlichen *roi-soleil*. Von da aus wird begreiflich, daß auch seine Tracht beschrieben wird (1,13). Die Schilderung des kaiserlichen Kleides als Machtsymbol findet hier ein Gegenstück in der Beschreibung des Kleides des königlichen Hohenpriesters im Himmel, der als solcher den ‚Königen der Erde‘ überlegen ist“ (Imperator, S. 154).

61 BAUER, WB, S. 1149, Art. ὅμοιος 3. BOUSSET wertet es als „einfache grobe Nachlässigkeit“ (Komm., S. 160).

62 Apk 1,15; 2,18; 4,3 (bis); 4,6.7 (*tris*); 9,7 (bis); 9,10.19; 11,1; 13,2.4.11; 16,13: 18,18; 21,11.18.

sein, sondern geschieht mit voller Absicht. Wenn er hier anders formuliert als in zwanzig anderen Fällen, dann will er hier nicht vergleichend reden, die geschaute Gestalt nicht mit einem Menschen vergleichen, sondern indem er das regierende Nomen in denselben Kasus setzt wie das Wort ὅμοιος, gilt ihm die ganze Wendung als prägnante Bezeichnung einer bestimmten Gestalt; er versteht sie titular, ja gleichsam als Name, sodass man in der deutschen Übersetzung den Artikel setzen muss. Ich übersetze daher mit „der Menschensohngleiche". Johannes nimmt hier in eigenständiger Weise Dan 7,13 auf. Nach dieser Stelle, die er schon in 1,7 eingespielt hatte, „kommt einer mit den Wolken des Himmels wie ein Mensch(ensohn)". Die aramäische Wendung כבר אנש („wie ein Mensch[ensohn]") wird in der Septuaginta und in der Übersetzung von Theodotion wörtlich wiedergegeben mit ὡς υἱὸς ἀνθρώπου („wie ein Menschensohn"). Hier wird in der Tat vergleichend geredet. In der grammatisch anstößigen Wiedergabe ὅμοιος υἱὸς ἀνθρώπου bei Johannes wirkt sich die Auslegungsgeschichte dieser Danielstelle aus, in der sich ihr vergleichendes Reden zu einer bestimmten Gestalt verdichtet hat.

In der Vision von **Dan 7** werden zunächst vier Raubtiere gesehen, die die Weltreiche symbolisieren. Ihnen gegenüber steht dann die Vision dessen „wie ein Mensch", womit die kommende Herrschaft Gottes als „human" gegenüber der raubtierhaften Herrschaft menschlicher Imperien gekennzeichnet wird. Die Mensch(ensohn)gestalt ist hier keine individuelle Person, sondern eine Symbolgestalt für das endzeitliche Reich. In der Deutung in Dan 7,18.27 wird der „wie ein Mensch(ensohn)" bezogen auf „das Volk der Heiligen des Höchsten", also auf Israel (V. 21f.), von dem eine solche humane Herrschaftsausübung erwartet wird. In 1Hen 37–71 („Bilderreden") ist aus der Gestalt „wie ein Mensch(ensohn)" der „Menschensohn" geworden. Er bildet hier die zentrale endzeitliche Figur, eine individuelle Gestalt, die mit „dem Gerechten", „dem Gesalbten" und auch mit Henoch identifiziert wird (vgl. LEE, Befreiungserfahrungen, S. 241–277). Er wirkt in den Endereignissen als Richter, Erlöser und Offenbarer. In der Vision von 4Esr 13,1–13 und deren Deutung in V. 25–52 ist der Menschensohn eine präexistente Gestalt, der endzeitliche Richter der Völker und der Retter Israels. Auch hier wird er mit dem Messias identifiziert. In der Situation, in der der Verfasser dieser Schrift nach der Katastrophe des Jahres 70 schreibt, geht die Hoffnung auf die Restitution des Volkes Israel. In den synoptischen Evangelien begegnet der Begriff „Menschensohn" häufig als Bezeichnung Jesu im Kontext von Aussagen über sein erzähltes Wirken, über sein Leiden und Auferstehen und über sein Kommen als endzeitlicher Richter.

Diese Entwicklung vom symbolischen Vergleich in Dan 7 zu einer bestimmten Gestalt und deren Identifizierung mit Jesus setzt Johannes voraus. Den so verstandenen auferweckten Jesus, nämlich als den kommenden, von Gott beauftragten Richter, bezeichnet er in eigener Wiedergabe von Dan 7,13 als „den Menschensohngleichen". Bevor er – in Kap. 13 – die Vision von den vier Raubtieren aus Dan 7 aufnimmt, die bei ihm zu einem einzigen Untier werden, das Rom symbolisiert, bringt er gleich in der ersten Vision deren bzw. dessen sie und es überwindenden Gegenspieler, um so von vornherein zu klären, wem die Macht gehört. Ihn erblickt er „inmitten der Leuchter". Diese Zuordnung von Leuchtern und Jesus in ihrer Mitte dürfte ihm Symbol für die Präsenz Jesu in seiner Gemeinde sein. Bei ihr ist der, der wirklich und zuletzt die Macht hat.

Nach der Bezeichnung der erscheinenden Gestalt als des Menschensohngleichen beschreibt Johannes im Folgenden Einzelheiten dieser Gestalt: „... bekleidet mit einem bis auf die Füße reichenden Gewand“. Als biblischer Bezug kann hier Dan 10,5 genannt werden. Dort schreibt der als Verfasser vorgestellte Daniel: „Da sah ich, und siehe: ein Mann, bekleidet mit Byssus.“ Bei diesem Mann handelt es sich dort um den Erzengel Gabriel. In Ez 9,2.3.11 wird ein aus einer Sechsergruppe hervorgehobener Mann ebenfalls als „bekleidet mit Byssus“ charakterisiert. Die Septuaginta übersetzt dort das hebräische Wort für Byssus mit ποδήρης (*podéres*), also demselben Wort, das Johannes hier gebraucht. *podéres* bezeichnet einen Talar, ein fußlanges Gewand. Es wurde von hochgestellten Persönlichkeiten wie Königen und Hohenpriestern getragen. Eine eindeutige Festlegung auf einen bestimmten Typ ist für die Vision des Johannes nicht möglich und auch nicht nötig. Dieses erstgenannte Einzelphänomen hebt jedenfalls die hohe Stellung und Würde der geschauten Person hervor.

Die Beschreibung fährt fort: „... und um die Brust gegürtet mit einem goldenen Gürtel“: Auch hier sind dieselben Bezugsstellen wie eben anzuführen. Dan 10,5: „... und seine Hüften umgürtet mit Gold aus Ufas“. Ez 9,2: „... und ein safirener Gürtel um seine Hüften“. Gegenüber diesen Stellen ist in Apk 1,13 die hohe Gürtung um die Brust auffällig. Nach Flav.Jos.Ant. III 153 war so der Hohepriester gegürtet. Golden war der Gürtel des Königs, der des Hohenpriesters zumindest goldbestickt. Das hieße, dass in der Darstellung des Johannes wieder eine Mischung königlicher und hochpriesterlicher Motive vorliegt.

In V. 14 erfolgt erneut ein grammatischer Bruch. Bisher wurden die beschriebenen Phänomene, vom Verb „ich sah“ abhängig, im Akkusativ angeführt. Jetzt wird in der Aufzählung im Nominativ fortgefahren: „Sein Kopf aber und seine Haare: weiß wie weiße Wolle, wie Schnee.“ Hier wechselt auch die biblische Bezugsstelle, insofern wieder zu Dan 7 zurückgekehrt wird. Dort findet sich zwischen der Beschreibung der vier Raubtiere und dem Erscheinen des Menschensohngleichen eine Gottesvision. In ihr heißt es in V. 9: „Und ein Hochbetagter setzte sich, sein Gewand wie Schnee: weiß, und das Haar seines Hauptes wie Wolle: rein.“ Demgegenüber ist in der Rezeption dieser Stelle in Apk 1,14 eigenartig, dass Kopf und Haare zusammengestellt und auf beide gemeinsam die Vergleichsbilder Schnee und Wolle bezogen werden. Wichtiger aber ist die Feststellung, dass die Elemente einer Gottesvision der Beschreibung einer Vision des erhöhten Jesus dienen. So hält es BOUSSET für „bedeutsam, daß der Menschensohn in derjenigen Majestät erscheint, in der bei Dan der Alte der Tage, der Weltrichter Gott selbst gezeichnet ist“[63]. Das gebrauchte Bild in der Bezeichnung des Gesehenen – dem aramäischen Text am nächsten käme im Deutschen die Formulierung: „der Alte an Tagen“ – evoziert die Ehrwürdigkeit des Alters. Gott ist sozusagen der Alte schlechthin, der Ur-Alte; er ist Gott von Uranfang an. Wenn in der Vision des Johannes nun Jesus als der Menschensohngleiche Züge des „Hochbetagten“ aus Dan 7 bekommt, dann ist damit gesagt, dass sich Gottes Handeln im Handeln Jesu vollzieht, auch endzeitlich, dass Gott in Jesus nicht als der begegnet, der zufällig einen neuen Einfall hat, sondern als der Treue und Beständige, der er schon immer war.

---

[63] BOUSSET, Komm., S. 194.

In der weiteren Beschreibung dessen, den Johannes sieht, heißt es in V. 14: „… und seine Augen: wie flammendes Feuer“. Hier zeigt sich eine Vermischung von Dan 7,9 und 10,6. In 7,9 wird vom Thron des Hochbetagten ausgesagt: „flammendes Feuer“ und in 10,6 von den Augen Gabriels: „seine Augen: wie Feuerfackeln“. Der Vergleich der Augen mit flammendem Feuer bringt zum Ausdruck, dass sie alles durchdringen, dass nichts vor ihnen verborgen bleibt[64]. Das, was das Licht der Öffentlichkeit scheut, was vertuscht und unter den Teppich gekehrt werden soll: das Unrecht der Mächtigen, entgeht den Augen des himmlischen Richters nicht. Das ist die ursprüngliche Intention dieser aus der Apokalyptik stammenden Aussage, dass Gott alles sieht[65].

V. 15 fährt mit der Beschreibung der geschauten Gestalt fort: „… und seine Füße gleich Libanonkupfer, wie im Schmelzofen ausgeglüht“. Das Wort χαλκολίβανος (*chalkolíbanos*) begegnet nur an dieser Stelle und davon abhängigen Stellen. Es muss etwas wertvolles Metallisches gemeint sein. Spätere Ausleger deuten es als ἔλεκτρον (*élektron*), eine Gold-Silber-Legierung. Vom Wort her ist das nicht zu erklären. χαλκός (*chalkós*) bedeutet „Kupfer“, λίβανος (*líbanos*) entweder „Weihrauch“, was hier aber keinen Sinn ergäbe, oder „aus dem Libanon“[66]. Es ist m.E. nicht einzusehen, warum man nicht wörtlich mit „Libanonkupfer“ übersetzen soll.

Der im NESTLE/ALAND abgedruckte Text bietet ein weiteres Problem: Der Genitiv **πεπυρωμένης** (*pepyroménes*) hat keinerlei Bezug im Kontext. WALTER BAUER zählt das in seinem Wörterbuch zu „den sprachlichen Unzulänglichkeiten“ der Apokalypse (WB, Sp. 1462, Art. πυρόω 2). Aber so viel Griechisch kann Johannes, dass er dieses Elementare weiß, dass ein partizipiales Adjektiv im selben *casus* und *numerus* und *genus* stehen muss wie das zugehörige Nomen. Das zeigt er oft genug. Wir haben an den bisherigen Stellen mit grammatischen Gewaltsamkeiten gesehen, dass sie nicht auf sprachlicher Unzulänglichkeit, sondern auf Absicht beruhen. Eine Absicht ist hier jedoch schlechterdings nicht zu erkennen. Daher ist zu fragen, ob die im NESTLE/ALAND abgedruckte Lesart wirklich die ursprüngliche ist. Der Apparat bietet zwei Varianten: πεπυρωμένῳ – auf das Libanonkupfer bezogen – und πεπυρωμένοι – auf die Füße bezogen. Beide wären grammatisch korrekt. Einen wirklich sinnvollen Text ergibt aber nur die erste. Diese beiden Lesarten werden in der Regel als „nur Korrekturen“ der *lectio difficilior* πεπυρωμένης gewertet, die die ursprüngliche sei (so z.B. BAUER, ebd.). Aber jeder durch irgendeinen Zufall zustande gekommene Unsinn ist immer auch die *lectio difficilior*. Ich halte die einzig sachlich sinnvolle Lesart für die ursprüngliche. Von ihr ist durchaus ein Weg zu den anderen denkbar. Dass sich Abschreiber zwischen Ome-

---

64 „Dadurch angedeutet wird ein durchdringendes Erkänntnis“ (KNORR VON ROSENROTH, Komm., S. 46).

65 Die Vorstellung meint eben nicht den moralisierend erhobenen bürgerlichen Zeigefinger, der von Nietzsche zu Recht veralbert wird: das kleine Mädchen, das seine Mutter fragt, ob der liebe Gott wirklich alles sieht und überall hinguckt, und nach der Bejahung durch die Mutter weiterfragt: „Auch wenn ich auf dem Klo bin?“ und auf die abermals bejahende Antwort der Mutter so reagiert: „Das ist aber unanständig.“ Diese Geschichte habe ich als einen von Nietzsche stammenden Text im Wintersemester 1963/64 in einer Philosophievorlesung von Walter Schulz in Tübingen gehört. Ich konnte ihn nicht verifizieren. Ein Nietzschekenner bestätigte ihn mir als Nietzschetext, wusste aber die Fundstelle nicht zu nennen.

66 Die lateinische Übersetzung setzt χαλκόλιθος (chalkólithos) voraus, was eine Gold-Kupfer-Legierung, Gold mit rötlichem Glanz bezeichnet.

ga und Omikron vertun, ist alles andere als selten. Aus ΠΕΠΥΡΩΜΕΝΩΙ wurde also zunächst ΠΕΠΥΡΩΜΕΝΟΙ. Das wurde aufgrund des Itazismus als *pepiromeni* gesprochen. Warum daraus ΠΕΠΥΡΩΜΕΝΗΣ (gesprochen *pepiromenis*) wurde, bleibt das Geheimnis eines Schreibers. Wer jedoch hinreichend Handschriften kollationiert hat, weiß, dass jedenfalls beim Abschreiben die Toyota-Reklame zutrifft: „Nichts ist unmöglich." Nur sind in der Regel solche Unmöglichkeiten so offenkundig indiskutabel, dass sie erst gar nicht in die wissenschaftlichen Apparate aufgenommen werden. Dem Johannes jedoch traut man einen solchen unsinnigen grammatischen Fehler zu, dass man ihn als Urtext behauptet, weil man nicht erkannt hat, dass er da, wo er tatsächlich grammatisch fehlerhaft formuliert, es nicht aus Unvermögen tut, sondern mit Absicht um einer bestimmten Aussage willen.

Auch bei diesem Punkt der Beschreibung liegt ein Bezug auf Dan 10,6 vor, wo es von den Armen und Füßen Gabriels heißt: „wie das Aussehen hervorblitzenden Kupfers". Inhaltlich wird damit die Standfestigkeit zum Ausdruck gebracht – im Kontext des Danielbuches im Gegensatz zu den tönernen Füßen des großen Standbildes von Kap. 2, das die vier Weltreiche symbolisiert.

V. 15 fährt mit der Beschreibung fort: „... und seine Stimme: wie die Stimme von Wassermassen". Als biblische Bezugsstelle wird hier oft Ez 1,24 angegeben. Da heißt es in der Thronwagenvision von den vier Wesen: „Und da hörte ich das Rauschen (wörtlich: die Stimme) ihrer Flügel wie das Rauschen von Wassermassen." In Ez 43,2 wird von Gottes von Osten kommender Herrlichkeit gesagt: „Und ihr Rauschen (ihre Stimme): wie das Rauschen von Wassermassen." Da Johannes in seiner Vision nicht vom Kommen der geschauten Gestalt spricht, dürfte er bei φωνή (*phoné*) wohl doch an die Stimme denken, auch wenn der Erschienene noch gar nicht gesprochen hat. Daran wird deutlich, dass die literarische Sichtung das ekstatisch-visionäre Sehen überformt. Inhaltlich bringt er mit der Stimme gleich der von Wassermassen zum Ausdruck, dass diese Stimme durchdringen und sich Gehör verschaffen wird.

Mit V. 16 erfolgt wieder ein grammatischer Bruch, indem jetzt aufzählend mit Partizipien fortgefahren wird, was im Deutschen nicht gut nachgeahmt werden kann. Der Bruch erscheint hier insofern als sinnvoll, als damit der Wechsel zu einem neuen Aspekt dargestellt wird: „Und er hatte in seiner rechten Hand sieben Sterne." Diese Stelle fällt aus der ganzen Beschreibung dadurch heraus, dass sie ohne biblischen Bezug ist. Wenn Johannes sie dennoch bringt, muss ihm an dieser Aussage liegen. Die rechte Hand gilt als Sitz der Kraft und Macht[67]. In ihr hält der Menschensohngleiche sieben Sterne. Was ist damit gemeint? In V. 20 werden sie mit „den Engeln der Gemeinden" identifiziert[68], womit ein Bezug zu den Gemeinden hergestellt wird. Aber das ist nicht der Ursprung des Bildes und vielleicht auch nicht die einzige von Johannes mit ihm beabsichtigte Auslegung. Dass der Ursprung des Bildes vom Halten der Sterne in der rechten Hand im astralen Bereich liegt, versteht sich von selbst. Die sieben Sterne sind die sieben Planeten oder das Sternbild, das wir den großen Wagen nennen. So heißt es z.B. in der sogenannten Mithrasliturgie: „... er hat lichthaftes Aussehen, jung, goldenes Haar, im weißen Gewand, mit goldenem Kranz und langen Beinkleidern, in der rechten Hand hält er die goldene Stierschulter (=

---

[67] Vgl. Ps 20,7; 89,14; 118,16.
[68] Vgl. dazu o. S.54–56.

den großen Wagen mit den sieben Sternen), die den Himmel bewegt und zurückwendet“[69]. Bei den sieben Planeten ist an Sonne und Mond und die fünf der Antike bekannten Planeten gedacht. Sie werden z.B. aufgezählt in 2Hen 30,2f.[70] Sie sind oft als Schicksalsmächte verstanden oder auch als Symbol der Weltherrschaft. Wer sie in der Hand hält, bestimmt das Schicksal und den Lauf der Welt, hat umfassende Herrschaft in der Hand. In diesem Zusammenhang ist es interessant, dass sieben Sterne auch auf Kaisermünzen als Herrschaftssymbol begegnen[71]. Solche Assoziationen dürften bei der Aufnahme des Bildes in Apk 1,16 mitschwingen und also die Aussage intendieren: Der mit Jesus identifizierte Menschensohngleiche hat „das Schicksal“ in der Hand und ihm gehört die Weltherrschaft, nicht dem Kaiser in Rom.

Die Beschreibung fährt in V. 16 fort: „Und aus seinem Mund ging ein zweischneidiges, scharfes Schwert hervor.“ Jes 49,2 sagt der Gottesknecht: „Und er (Gott) machte meinen Mund wie ein scharfes Schwert.“ Das Schwert symbolisiert die richterliche Gewalt. Wenn es mit dem Mund in Verbindung gebracht wird, heißt das, dass das Wirken durchs Wort erfolgt. Dem entspricht sachlich auch der messianische Text Jes 11,4: „Und er wird mit Gerechtigkeit den Verelendeten zum Recht verhelfen und in Geradheit entscheiden für die Verarmten im Land. Und er wird den Gewalttäter schlagen mit seinem Mund und mit dem Hauch seiner Lippen die Frevler töten.“ Der erfahrenen Gewalt wird hier das ohnmächtige Wort entgegengesetzt und auf seine Wirkung und Macht vertraut. Das ist in Apk 1,16 mit dem aus dem Mund des Geschauten herausgehenden scharfen, zweischneidigen Schwert visionär ins Bild gesetzt. Auf dem Hintergrund der biblischen Stellen kennzeichnet Johannes Jesus hier als den messianischen Richter, dessen Wort letztgültig Recht schafft.

Abschließend steht in V. 16: „Und sein Antlitz: wie die Sonne leuchtet in ihrer Kraft“. In Ri 5,31 heißt es am Ende des Deboraliedes: „Daher werden vergehen alle Deine Feinde, Ewiger, und die ihn lieben, werden sein wie das Herausgehen der Sonne in ihrer Kraft.“ In Dan 12,3 wird so von den auferweckten Gerechten geredet: „Und die Einsichtigen werden leuchten wie der Glanz der Himmelsfeste und diejenigen, die vielen zur Gerechtigkeit verholfen haben, wie die Sterne auf immer und allezeit“[72]. Dieser letzte Punkt der Beschreibung in Apk 1 kennzeichnet also Jesus als den, der schon der Auferstehungswirklichkeit teilhaftig ist, ganz und gar in der Dimension Gottes steht.

Im Rückblick auf die Visionsschilderung ist als erstes festzuhalten, dass das, was Johannes „gesehen“ hat, so gut wie durchgängig auf literarischer „Sich-

---

69 DIETERICH, Mithrasliturgie, S. 14.

70 Vgl. dazu WOJCIECHOWSKI, Churches, S. 48f. Der anschließende Versuch, zwischen diesen Gestirnen und den Gemeinden der Sendschreiben jeweils einen sachlichen Bezug herzustellen (S. 49f.), scheint mir nicht gelungen zu sein.

71 Ein Aureus Domitians zeigt auf der Vorderseite „seine Gattin Domitia, während auf dem Revers, der sich auf die Vergöttlichung ihres gestorbenen Kindes bezog, dieses als kindlicher Jupiter dargestellt ist, der Erde und Himmel umfasst“, letzterer symbolisiert durch sieben Sterne (SUTHERLAND, Münzen, S. 199, Abbildung auf S. 188).

72 Vgl. Mt 13,43. In Mt 17,2 heißt es vom verklärten Jesus: „Und sein Angesicht leuchtete wie die Sonne.“

tung“ beruht und auf alle Fälle auch eine literarische Leistung ist[73]. Zweitens ist zu betonen, dass Jesus hier als machtvolle Hoheitsgestalt dargestellt wird, die königlich-messianische und hochpriesterliche Elemente in sich vereint. Drittens sei noch einmal angemerkt, dass das Schwert als Symbol seiner richterlichen Gewalt ausschließlich metaphorisch gebraucht ist. Seine Macht ist die des Wortes. Und viertens sei erinnert, dass Jesus inmitten der Leuchter erscheint, die auf die Gemeinden gedeutet werden. Es geht Johannes also um die herrscherliche und richterliche Präsenz Jesu in seinen Gemeinden. Diese Präsenz wird nicht zuletzt vollzogen durch die Prophetie des Johannes. Er betont die umfassende Macht des erhöhten Jesus und setzt dabei ganz und gar auf das Wort – auf das doch so ohnmächtig erscheinende Wort. Macht und Ohnmacht werden eindrücklich ins Bild gesetzt in der Darstellung des Gesalbten Jesus als Löwe und Lamm.

c) Der Gesalbte als Löwe und Lamm

In der Einleitung wurde der Anfang der Vision von der siebenfach versiegelten Buchrolle auf der Hand Gottes besprochen. Angesichts dessen, dass niemand sie zu öffnen und einzusehen vermochte, weinte Johannes. Er weinte, weil die Welt und ihre Geschichte in ihrem katastrophalen Verlauf zum Heulen ist und dieser Verlauf als ein tödlich geschlossener erscheint. In Apk 5,5 erfolgt jedoch die tröstliche Wende in dieser Vision. Einer der Ältesten um den Thron Gottes sagt zu Johannes: „Weine nicht! Sieh doch, gesiegt hat der Löwe aus dem Stamm Juda, die Wurzel Davids, die Buchrolle zu öffnen und ihre sieben Siegel.“ Die Aufforderung, nicht zu weinen, kann nur deshalb gegeben werden, weil ein Hinweis auf Öffnung des geschlossenen Weltlaufs möglich ist. Der Hinweis geht auf den „Löwen aus dem Stamm Juda“. Das bezieht sich auf Gen 49,9f. Dort heißt es im Segen Jakobs über Juda: „Ein Löwenjunges war Juda … Nicht weichen soll das Zepter von Juda noch der Herrscherstab zwischen seinen Füßen, bis dass komme, dem es zusteht[74], ihm gehört der Gehorsam der Völker.“ Diese Stelle hat selbst schon messianischen Klang und ist im Judentum messianisch ausgelegt worden[75]. In 4Esr 11,36–12,3 steht der Löwe, der Messias, dem das *Imperium Romanum* symbolisierenden Adler gegenüber und übermittelt ihm die Gerichtsbotschaft Gottes, woraufhin der Adler buchstäblich zerfällt.

Neben den „Löwen aus Juda“ ist in Apk 5,5 „die Wurzel Davids“ gestellt. Diese Wendung begegnet in der Bibel nicht, wohl aber die von der „Wurzel Isais“ (Jes 11,10). Dort geht die Hoffnung gerade nicht auf einen Davididen, sondern auf einen aus der Nebenlinie des Vaterhauses Davids (Jes 11,1). Die Formulierung „Wurzel Davids“ ist eine Harmonisierung mit der Tradition, die als Messias einen Davididen erwartet, wie sie ja auch in der Erwartung des „Löwen aus dem Stamm Juda“ zum Ausdruck kommt. Eine Verbindung von Gen 49 und Jes 11 ist auch in der rabbinischen Tradition belegt. In TanB Wajechi 12 heißt es: „Warum preisen dich (Juda) deine Brüder? (Gen 49,8) Weil alle

73 Vgl. MÜLLER, Komm., S. 82f.

74 Zum rätselhaften שִׁילֹה (*schilo*) vgl. EBACH, Komm. Gen 37–50, S. 600–605.

75 Vgl. 4Q 252 (4QcommGen A) V.

Israeliten nach deinem Namen ‚Juden' genannt werden. Und nicht nur das, sondern der Gesalbte wird aus dir hervorgehen, der Israel retten wird, wie es heißt: ‚Es wird ein Spross aufgehen aus der Wurzel Isais usw.' (Jes 11,1)"[76]. Wahrscheinlich dieselbe Verbindung zeigt sich in TestJud 24,5: „Dann wird das Zepter meines Königtums aufleuchten, und an eurer Wurzel wird ein Spross entstehen." Was in diesen Texten futurisch formuliert wird, der Sieg des Löwen, steht in Apk 5,5 im Aorist: „Gesiegt hat der Löwe aus dem Stamm Juda." Was ist das für ein Sieg? Tritt einer auf, der noch stärker ist als der „starke Engel" von V. 2, als irgendein noch so starker Engel sonst? Wird die Macht Roms, die den Weltlauf bestimmt, durch eine noch größere Macht bezwungen, die Großmacht gleichsam durch eine Supermacht? Aber dann hätte es ja auch irgendein Engel sein können. Gewiss hat der Löwe aus dem Stamm Juda, der Messias, Macht, unüberbietbare Macht, aber sie ist offenbar ganz anderer Art. Er hat gesiegt. Aber sein Sieg erfolgte anders als die Siege Roms. Vom „Siegen" ist in der Apokalypse vorher immer wieder die Rede in den Siegessprüchen am Ende der Sendschreiben. Dort ist klar, dass dieses Siegen – gemessen an den Siegen Roms – die Form vollständigen Unterliegens annehmen kann[77]. Es geht bei diesem Siegen um das Durchhalten des Zeugnisses im leidenden Widerstand[78], im Extremfall bis zum Tod. Nicht von ungefähr wird im letzten Siegesspruch in 3,21 das Siegen der zu Jesus Gehörenden mit dessen Gesiegthaben in eine vergleichende Parallele gesetzt: „Denen, die siegen, werde ich es geben, bei mir auf meinem Thron zu sitzen, wie auch ich gesiegt und mich zu meinem Vater auf seinen Thron gesetzt habe." Sein Sieg hatte die äußerst paradoxe Gestalt seines Todes am Kreuz. Was Rom zu überwinden vermag, wäre also dann nicht eine Macht, die dessen Macht noch eins draufzusetzen vermag, sondern gerade die Macht der Ohnmächtigen. So ist schon durch das Wort ἐνίκησεν (*eníkesen* – „er hat gesiegt") der eigenartige Bildwechsel vorbereitet, der sich dann von V. 5 zu V. 6 vollzieht. In der Ankündigung des Ältesten in V. 5 war ja von einem Löwen die Rede. In der in V. 6 fortgeführten Visionsschilderung ist dieser Löwe dann aber – ein Lamm, und gar ein geschlachtetes: „Da sah ich mitten zwischen dem Thron mit den vier Wesen und den Ältesten ein Lamm stehen – wie geschlachtet."

Das mit „Lamm" übersetzte griechische Wort **ἀρνίον** (*arníon*) kann allerdings auch „Widder" bedeuten. Dann läge also kein Bild der Schwäche, sondern der Stärke vor. So meint etwa BÖCHER, es träfe „nicht zu, daß schon die Gestalt des Lammes an sich auf die Seite der Niedrigkeit gehört". Für die Richtigkeit seiner Übersetzung mit „Widder" verweist er auf die

---

[76] In der in der vorigen Anmerkung genannten Genesisauslegung aus Qumran wird die Wendung über *schilo* aus Gen 49,10 so umschrieben: „bis der gerechte Gesalbte kommt, der Spross Davids" (4Q 252, V 3f.).

[77] So war im Sendschreiben nach Pergamon an Antipas erinnert worden, „der bei euch getötet worden ist" (2,13).

[78] Die „Bibel in gerechter Sprache" gibt das jeweils einleitende τῷ νικῶντι (wörtlich: *dem Siegenden*) mit „Wer sich nicht unterkriegen lässt" wieder. Es gelingt ihr damit, einen ganz wesentlichen Aspekt des hier Gemeinten zum Ausdruck zu bringen. Vgl. auch die – etwas hölzern wirkende – Umschreibung bei KROON, Komm., S. 52: „wer immer wieder aufsteht zu einer lebend(ig?)en, protestierenden Hoffnung".

Hörner als Symbol der Macht (5,6), auf seinen Zorn (6,16), seine Leittierfunktion (7,17) und den möglichen Bezug auf das Sternbild des Widders (5,6 nach Sach 4,10) (Johannesapokalypse, S. 47; ders.; Kirche, S. 40f.; ebenso PANGRITZ, Jerusalem, S. 5–33; positiv aufgenommen von FÜSSEL, Monstrum, S. 40 Anm. 14). Aber dass Johannes das Lamm nicht ausschließlich ohnmächtig sein lässt, sondern dass ihm – in paradoxer Weise – geradezu alle Macht zukommt, hat gleich zu besprechende Gründe. Man muss es deshalb nicht zum Widder machen, der sich im Übrigen gegenüber dem „Tier aus dem Meer" von Kap. 13, das Rom symbolisiert, immer noch harmlos genug ausnehmen würde. Als Machtsymbol wirkte das *arníon* auch nach dem „Löwen aus dem Stamm Juda" in V. 5 seltsam.

Das „Lamm" steht in gewolltem Kontrast zu dem vorher genannten Löwen. Dafür sprechen auch die möglichen biblischen Bezugsstellen. In Jes 53,7 wird der leidende Gottesknecht mit einem Lamm verglichen, das zur Schlachtbank geführt wird, und mit einem Schaf, das vor seinem Scherer verstummt. In Jer 11,19 heißt es vom Propheten: „Ich war wie ein argloses Lamm, das zur Schlachtbank geführt wird." KRAFT bemerkt zu Recht: „... an den alttestamentlichen Stellen, an denen sich die neutestamentliche Verwendung entscheidend vorbereitet, ist der Vergleich als Ausdruck für das ohnmächtige Leiden gewählt"[79]. Wenn „der Löwe aus dem Stamm Juda" also ein solches Lamm ist, dann heißt das, dass die Geschlossenheit der Gewaltgeschichte nicht durch noch größere Gewalt geöffnet wird, sondern gerade durch die Macht ohnmächtigen Leidens. Zu vergleichen wären hier weniger die Posaunen von Jericho als vielmehr die Tränen der Lady Meng; sie bringen die chinesische Mauer an der Stelle zum Einsturz, an der ihr ermordeter Mann begraben wurde[80].

Die Ohnmacht des Lammes wird zunächst noch gesteigert, wenn es von ihm heißt: „wie geschlachtet". σφάζω (*sphádso*) wird nicht nur vom Schlachten von Tieren gebraucht; es „ist im NT stets direkt oder im Bild auf die gewaltsame Tötung von Menschen bezogen"[81]. Johannes parallelisiert die Hinrichtung Jesu und die Hinrichtungen der anderen als Menschenschlächterei. Es liegt hier keine Opferterminologie vor, anders als in Jer 11,19. Das Getötetsein des Lammes bleibt „sichtbar"[82]. Die bleibende Erinnerung an erlittene Gewalt verhindert hier weitere Gewalt. Anders ist es in 13,3 bei einem der Köpfe des Untieres, der Nero symbolisiert. Auch von ihm heißt es zunächst: „wie tödlich hingeschlachtet". Doch dann fährt der Text fort: „Aber seine Todeswunde wurde geheilt." Das hat zur Folge: Der von seiner Wunde genesene Nero schlägt als *Nero redivivus* (= Domitian) wieder zu. Nicht so das Lamm; seine Todeswunde bleibt – wie in Joh 20,24–29 die Wundmale des Gekreuzigten als Identitätsmerkmale des Auferweckten bleiben[83]. Und dennoch und gerade: Es, das Lamm, ist der Löwe aus dem Stamm Juda, und es ist *so* dieser Löwe, der gesiegt hat. Im Zentrum des Himmels steht das geschlachtete Lamm, das irdisch völlig peripher ist:

---

[79] KRAFT, Komm., S. 108.

[80] CHOAN-SENG SONG, Die Tränen der Lady Meng. Ein Gleichnis für eine politische Theologie des Volkes, Basel 1982.

[81] EWNT 3, S. 755; vgl. 1Joh 3,12; Apk 6,4.9; 18,24.

[82] KRETSCHMAR, Offenbarung, S. 34. BOUSSET stellt mit Recht heraus, dass das Lamm „mit einer offenen Wunde ... erscheint" (Komm., S. 258).

[83] Vgl. WENGST, Komm. Joh 2, S. 316.

ohne Macht, hingerichtet in einem Winkel des Imperiums. Der Himmel des Johannes ist nicht Projektion der irdischen Verhältnisse und damit deren ideologische Legitimierung, wie das im Götter-Pantheon Roms der Fall ist, sondern in dieser Umkehrung – dass hier das Periphere ins Zentrum rückt – ist er für die imperialen Verhältnisse subversiv.

Wie aber ist das „*wie* geschlachtet" zu verstehen? Eine Möglichkeit wäre: Es liegt eine Vision vor; es ist visionäre Schilderung, die nicht direkt identifiziert, sondern nur Ähnlichkeit aussagt. Das leistet das „Wie". An anderen Stellen ist von diesem geschlachteten Lamm aber ohne „wie" die Rede, so auch bei den anderen Opfern Roms in 6,9 und 18,24. Dass in 5,6 bei dem geschlachteten Lamm ein „Wie" hinzugefügt wird, könnte auch so verstanden werden: Die Todeswunde ist nicht das Letzte, was beim Anblick des Lammes festgestellt werden muss. So gewiss sie sichtbar bleibt, so gilt es doch, von diesem geschlachteten Lamm paradox Macht auszusagen.

Anders argumentiert der Priester Fotis in dem Roman von **NIKOS KAZANTZAKIS, Griechische Passion** (Deutsch von WERNER KERBS, Berlin o.J.). Er sagt zu dem Hirten Manolios, der im Passionsspiel der Christusdarsteller ist: „„Christus ist nicht immer der, dessen Gesicht du einmal in Holz geschnitzt hast, Manolios, wohlwollend, friedfertig, die andere Wange hinwendend, wenn man ihm eine Ohrfeige gibt. Er ist mitunter auch streng und hart, er geht voran, und ihm folgen alle, die hier auf der Erde ungerecht behandelt worden sind. ‚Glaubt ihr, ich sei gekommen, den Frieden zu bringen auf Erden, ich bin gekommen, ein Feuer anzuzünden auf Erden, ich halte ein Schwert in meiner Hand.' Wessen Worte sind das? Christi Worte! So zeigt sich jetzt Christi Angesicht vor uns, Manolios!' Er schwieg. Nach einer Weile fuhr er fort: ‚Ich freue mich, meine Kinder, daß wir einen solchen Anführer haben. Das Lamm ist gut, doch wenn es rundum Wölfe gibt, ist der Löwe besser'" (Kap. 17, S. 404). Etwas weiter im Text heißt es: „„Ist die Stunde gekommen?' fragte Giannakos. ‚Sie kommt bald. Deshalb sage ich euch, vom morgigen Tage an sollen alle Frauen und Kinder lernen, mit Schleudern zu werfen. Wir müssen bereit sein!'" (S. 405). Und in Kap. 19 sagt der Priester Fotis vor dem Marsch aufs Dorf: „Wir wollen zeigen, daß die Tugend Fäuste besitzt. Christus ist nicht nur ein Lamm, er ist auch ein Löwe! Heute geht Er als Löwe mit uns!" (S. 434)

In der weiteren Beschreibung des Lammes in V. 6 wird ausdrücklich Macht von ihm ausgesagt: Es hat sieben Hörner. „Horn" ist Ausdruck der Macht und Stärke (vgl. Ps 18,2; Ez 29,21; Lk 1,60). Wenn das geschlachtete Lamm sieben Hörner hat, wird damit höchst paradox behauptet, dass gerade diesem Opfer der Gewalt vollkommene und umfassende Macht zukommt. Außer den sieben Hörnern hat das Lamm, wie gleich anschließend festgestellt wird, auch sieben Augen. Sie werden sofort auf „die sieben Geister Gottes" gedeutet. Diese Geister waren schon in 1,4 erwähnt worden. Sie standen dort an zweiter Stelle in der Salutatio als Urheber von „Freundlichkeit und Friede". Nach ROLOFF sind damit die sieben Thronengel gemeint, die in Apk 8,2 und an weiteren Stellen begegnen[84]. Doch werden diese Engel nie als Geister bezeichnet oder mit dem Geist identifiziert. Mir erscheint deshalb eine andere Möglichkeit als wahrscheinlicher. Die Zahl sieben ist auch hier Ausdruck der Vollständigkeit und Vollkommenheit und

[84] ROLOFF, Komm., S.32; ausführlich vertreten und über eine Stelle bei Clemens Alexandrinus im hellenistischen Synkretismus verortet von KARRER, Brief, S. 128–131. Vgl. auch AUNE, Komm., S. 34f.

bezeichnet den einen vollkommenen Geist Gottes[85], der sich jedoch in sieben Aspekten entfaltet, wie das in Jes 11,2f. dargelegt wird[86]. In der Botenformel des Sendschreibens nach Sardes in 3,1 wird der erhöhte Jesus als der bezeichnet, „der die sieben Geister Gottes hat“. Damit dürfte er als Vermittler dieses Geistes vorgestellt sein. In 5,6 heißt es nun von den sieben Geistern: „… gesandt auf die ganze Erde“. Damit wird der Schluss von Sach 4,10 eingespielt: „Sieben sind's, des Ewigen Augen: auf Streife durchs ganze Land.“ Im Zusammenhang von Apk 5 heißt das: Was auf der Erde geschieht, „sehen“ die Augen des Lammes durch den auf die Erde geschickten Geist Gottes. Dieser Geist Gottes, der bei seiner Gemeinde und besonders bei deren Propheten ist, inspiriert und befähigt sie zu einer unverstellten Wahrnehmung der Wirklichkeit, zu einer Wahrnehmung von unten, bei der die Gewalttat der Mächtigen, die vertuscht werden soll, nicht vertuscht bleibt, sondern offen gelegt wird[87]. Der Geist Gottes inspiriert und befähigt so zu einem standhaften Protest[88]. Der Löwe, der ein Lamm ist und gerade so gesiegt hat: Dieses Bild der Apokalypse vom Sieg des Lammes widerspricht der erfahrenen Wirklichkeit, in der die Lämmer gerade nicht siegen, sondern geschlachtet werden. Dieses Bild bietet daher ein Widerstandspotential, dieser Wirklichkeit im widersprechenden Leiden standzuhalten und damit Zeugnis zu geben für eine andere Wirklichkeit, eine Gegenwirklichkeit von Frieden und Gerechtigkeit, die stärker ist.

Ein Problem ist zu V. 6 noch anzusprechen, ob nämlich bei der Beschreibung Jesu als Lamm auch mitschwingt, dass er als **endzeitliches Pessachlamm** verstanden wird (so etwa ROLOFF, Komm., S. 75, und MÜLLER, Komm., S. 162). Das ist nicht auszuschließen; vgl. Joh 19,14.33.36 im Zusammenhang mit Joh 1,29; 1Kor 5,7. Aber innerhalb von Apk 5 wird das nicht unbedingt nahe gelegt. Bei der Deutung auf das Pessachlamm geht es um die Bedeutsamkeit dieses Lammes für andere, in Apk 5 jedoch um die Qualifikation dessen, der die Siegel der Buchrolle lösen, der den geschlossenen Zusammenhang der Weltgeschichte öffnen kann. Und da kommt Jesus in den Blick als Löwe und Lamm, als gerade in der Ohnmacht seines Kreuzestodes Mächtiger.

V. 7 konstatiert die Übergabe der Buchrolle an das Lamm. Es ist also befähigt, die Endereignisse zu vollstrecken und alle Macht zu übernehmen. Die entscheidende weltgeschichtliche Zäsur ist geschehen. Da Johannes Jesus als geschlachtetes Lamm darstellt, erblickt er diese Zäsur im Kreuzestod Jesu. Dieser Tod aber wird wiederum in der Perspektive von Ostern wahrgenommen.

---

85 Nach HADORN, Komm., S. 28, gilt die Siebenzahl hier „als Ausdruck der ‚Fülle des Geistes‘“.

86 Doch kommt man dort allein in der Septuaginta auf sieben Entfaltungen des Geistes: Weisheit, Einsicht, Rat, Kraft, Erkenntnis, Frömmigkeit, Gottesfurcht. Nach dem hebräischen Text sind es nur sechs.

87 Hier liegt die Intention dieser Geistaussagen. In ihrem „Hintergrund“ die „Auffassung von der Schöpfungsmittlerschaft Jesu Christi“ zu sehen (so HAHN, Geistverständnis, S. 8), erscheint mir als abwegig.

88 In Jes 29,10 gelten die Propheten als Augen Gottes; von dieser Stelle her wird in der rabbinischen Literatur עין (*ájin*) als Prophetie interpretiert, z.B. ShemR 38,4 (Wilna 66b). In SifDev § 41 dient Jes 29,10 als Begründung für die Deutung von „deine Augen“ auf die „Ältesten“, die „über die Gemeinde gesetzt sind“.

d) Das gerettete Kind

Am Beginn von Kap. 12 beschreibt Johannes eine eigenartige Vision. Die ersten fünf Verse lauten:

1Da erschien ein großes Zeichen am Himmel: eine Frau – umkleidet mit der Sonne, und der Mond unter ihren Füßen und auf ihrem Haupt ein Kranz von zwölf Sternen. 2Und sie war schwanger; sie schrie in Wehen und Geburtsschmerzen. 3Da erschien ein anderes Zeichen am Himmel – da: ein großer, feuerroter Drache mit sieben Köpfen und zehn Hörnern und auf seinen Köpfen zehn Diademe. 4Und sein Schwanz riss ein Drittel der Sterne vom Himmel und warf sie auf die Erde. Da stellte sich der Drache vor die Frau, die gebären sollte, damit er, wenn sie gebiert, ihr Kind fresse. 5Und die Frau gebar einen Sohn, ein Männliches, der alle Völker weiden soll mit eisernem Stab. Da wurde ihr Kind fortgerissen zu Gott, zu seinem Thron.

Die Ortsvorstellungen in diesem Abschnitt verschwimmen. Die beiden Zeichen können „*am* Himmel" erscheinen oder „*im* Himmel". Ab V. 4b ist jedoch die Erde als Schauplatz gedacht. Johannes gebraucht hier am Beginn von Kap. 12 erstmals den Begriff σημεῖον (*semeíon* – „Zeichen"), der danach noch öfter begegnen wird. Daraus ist aber nicht mit ROLOFF zu schließen, hier liege keine Vision vor, „sondern die Beschreibung einer allgemein wahrnehmbaren außergewöhnlichen Erscheinung am Himmel", nämlich „eine bestimmte Gestirnkonstellation"[89]. Letzteres ist Ausgangspunkt der hier aufgenommenen Tradition. Aber dass Johannes eine Vision schildern will, macht der Fortgang des Textes, die Auseinandersetzung zwischen Frau und Drache, eindeutig klar. Dass das Wort *semeíon* kein Ausweis für allgemeine Wahrnehmbarkeit ist, zeigt Apk 15,1. Dort wird dieses Wort für die Einleitungsvision der sieben Schalen gebraucht. Dasselbe gilt für das Prädikat ὤφθη (*óphthe*). In 11,19 steht es für die Vision der Bundeslade. Der Einleitungssatz von V.1 hebt also lediglich die Bedeutsamkeit der folgenden Vision hervor: „Eine Frau – bekleidet mit der Sonne, und der Mond unter ihren Füßen und auf ihrem Kopf ein Kranz von zwölf Sternen".

Zu der ersten Aussage, „bekleidet mit der Sonne" kann auf Ps 104,2 hingewiesen werden, wo es von Gott heißt, dass er sich mit Licht wie mit einem Mantel umgibt. Aber dieser Vergleich kann das Ganze von V. 1 nicht erklären. Dessen Ursprung – das liegt auf der Hand und gilt als Konsens – ist astralmythologischer Natur. Darauf weist der Zusammenhang von Sonne, Mond und zwölf Sternen, womit ursprünglich die zwölf Sternbilder des Tierkreises gemeint sind. Diesem Vorstellungskreis lässt sich auch die Frau in folgender Weise integrieren: Wenn die Sonne ins Zeichen der Jungfrau tritt, steht am Nachthimmel der Vollmond zu ihren, der Jungfrau, Füßen. Mit der Jungfrau des Tierkreises ist die Göttin Isis gleichgesetzt worden. Der Isis-Mythos – und stärker noch dessen griechische Fassung, der Leto-Mythos – bildet den Hintergrund der weiteren

89 ROLOFF, Komm., S. 126.

Erzählung[90]. Aspekte aus ihm konnten auch jüdisch rezipiert werden. So heißt es TestNaft 5,3f. in einem Traum, dass Levi die Sonne ergriff und Juda den Mond. „Und während Levi wie die Sonne ist, da gibt ihm ein Jüngling zwölf Palmzweige. Und Juda wurde glänzend wie der Mond, und zwölf Strahlen waren unter seinen Füßen." Levi und Juda sind hier als die Stämme genannt, aus denen der priesterliche und königliche Messias hervorgehen und die über Israel als das Zwölfstämmevolk herrschen werden. Das gibt einen Hinweis darauf, wie Johannes diesen Zug der Tradition – den Kranz mit den zwölf Sternen – verstehen konnte, nämlich von den zwölf Stämmen.

V. 2 bringt einen weiteren Zug im Bild der Frau: Sie ist hochschwanger; sie schreit in den Wehen und im Schmerz unmittelbar vor der Geburt. Das Bild der Schwangeren ist in der Bibel und in der Apokalyptik geläufig (vgl. Jes 26,17). Es dient als Vergleich für die bedrängte und ängstende Situation der Gemeinde in der Endzeit. Zugleich ist V. 2 auch Vorbereitung für die ab V. 4b folgende Fortsetzung, wo von der Geburt des messianischen Kindes erzählt wird. Auch der zugrunde liegende Mythos erzählt von Schwangerschaft und Geburt[91]. Diese Tradition wird von Johannes eigenständig verarbeitet.

V. 3 wendet sich der Gestalt des Drachen zu. Sie wird ähnlich eingeleitet wie die Frau in V. 1: „Da erschien ein anderes Zeichen am Himmel", nämlich „ein großer feuerroter Drache". Der ursprüngliche Hintergrund ist auch hier astralmythologisch. Denn dem Sternbild der Jungfrau steht das der Wasserschlange Typhon gegenüber. Sie wird rot vorgestellt. Für Johannes dürfte bei dieser Farbangabe aber ein anderer Aspekt im Vordergrund stehen. „Die rote Farbe wird, wie in 6,4, auf den mörderischen Charakter des Tieres gehen"[92]. Sie kennzeichnet für Johannes Roms blutige Herrschaft.

Hinter dem **Drachen** steht eine lange Geschichte. Allgemein kann gesagt werden: „Sein Bild verkörpert für die altorientalische Welt und damit auch für die biblische Tradition die Macht des Chaos, den gottfeindlichen Bereich" (MÜLLER, Komm., S. 233). So heißt es Jes 27,1: „An jenem Tag wird der Ewige heimsuchen mit seinem harten, großen und starken Schwert den Leviathan, die flüchtige Schlange, und den Leviathan, die gewundene Schlange, und wird den Drachen im Meer töten." In der Septuaginta steht nicht nur für „Drache", sondern auch für „Leviathan" δράκων (*drákon* – „Drache"). Hier ist also der Drache mit der Schlange gleichgesetzt und mit dem Meer verbunden. Ist in Jes 27,1 das endzeitliche Handeln Gottes gegenüber dem Leviathan im Blick, so an anderen Stellen das urzeitliche. Im Hintergrund steht dort die altorientalische Tradition vom Chaos-Drachen-Kampf. So heißt es Ps 74,13f.: „Du hast das Meer gespalten durch Deine Kraft, zerschmettert die Köpfe der Drachen über den Wassern. Du hast dem Leviathan die Köpfe zerschlagen und ihn zum Fraß gegeben dem wilden Getier" (ähnlich Jes 51,9). Nicht die Tötung des Drachen, sondern lediglich seine Eindämmung und Begrenzung ist im Blick in Hi 7,12, wenn Hiob fragt: „Bin ich denn das Meer oder der Drache, dass Du eine Wache gegen mich aufstellst?" Am 9,3 gilt der Grund des Meeres als Wohnbereich der „Schlange". Die Septuaginta übersetzt wiederum mit δράκων (*drákon*).

---

90 Zum religionsgeschichtlichen Hintergrund vgl. BERGMEIER, Sonnenfrau, S. 97–109; überhaupt zu Kap. 12 in dieser Hinsicht: YARBRO COLLINS, Combat Myth. Eine gute Übersicht bietet AUNE, Komm., S. 667–674.

91 Er ist in einer ägyptischen und einer griechischen Fassung erhalten. Beide Fassungen werden von MÜLLER, Komm., S. 243f., skizziert.

92 BOUSSET, Komm., S. 337.

Diese Tradition wird in der Bibel und im Judentum ausdrücklich auch auf den politischen Bereich bezogen. So wird in Ez 29,3 der Pharao als „großer Drache" angeredet. In PsSal 2,25 heißt es in einem Gebet: „Zögere nicht, o Gott, die Vergeltung auf ihr Haupt kommen zu lassen (= auf die römischen Truppen, die unter Pompeius Jerusalem geplündert hatten), den Hochmut des Drachen in Schmach zu verwandeln." Mit dem Drachen ist hier Pompeius gemeint. Dessen schmählicher Tod wird in PsSal 2,25–31 als Erfüllung dieses Gebets verstanden. Der ursprüngliche Mythos vom Chaos-Drachen-Kampf ist im Übrigen keineswegs unpolitisch; ganz im Gegenteil. Die Eingrenzung des chaotischen Elements, des Meeres, die Niederringung der Chaosmacht, des Drachen, durch den höchsten Gott ist urbildlich für das Wirken des Königs, der die bestehende Ordnung garantiert. Ihre Aufrechterhaltung entspricht dann schöpfungsgemäßer Norm. Aufstand gegen sie wäre Einbruch des Chaos in die Ordnung. Die politisch kritische Rezeption dieser mythischen Tradition im biblisch-jüdischen Bereich zeigt sich an den beiden zuletzt zitierten Stellen daran, dass weltliche Ordnungsmächte, der Pharao und Pompeius, mit dem Drachen identifiziert werden. Die von ihnen hergestellte Ordnung gilt demnach nicht als gottgewollt, nicht als schöpfungsgemäß, sondern geradezu als Chaos. In dieser Linie steht Johannes, wenn er den Drachen im römischen Reich in Erscheinung treten lässt. Dessen Ordnung ist in Wahrheit Chaos.

V. 3b beschreibt den Drachen weiter: Er hat sieben Köpfe, zehn Hörner und sieben Diademe. Auf den Drachen bezogen, bezeichnet die Siebenzahl sozusagen negative Vollkommenheit. Der Drache ist das ganz und gar Widergöttliche, das total Chaotische. Die sieben Diademe symbolisieren Herrschaft. Das Diadem ist ursprünglich das Stirnband des persischen Königs. Das Horn ist, wie schon gezeigt, in biblischer Tradition Symbol der Macht.

Nachdem Johannes so die beiden Zeichen nacheinander vorgestellt hat, die himmlischen Urbilder der Gemeinde[93] und des römischen Reiches, beschreibt er ab V. 4b ihre Konfrontation, wobei – ohne es auszusprechen – ein Ortswechsel auf die Erde vorgenommen wird. „Da stellte sich der Drache vor die Frau, die gebären sollte, damit er, wenn sie geboren habe, ihr Kind fresse." Das hier gemalte Bild, der vor der in Geburtsschmerzen wehrlosen Frau aufgerichtet stehende mörderisch-mächtige Drache, vermittelt „eine Situation von auswegloser Bedrohlichkeit"[94]. Johannes lässt damit die Situation transparent werden, wie er sie als äußerst bedrängende erfährt. Da es aber der Drache zunächst auf das Kind der Frau abgesehen hat, das Kind gleich anschließend als Messias gekennzeichnet wird und für Johannes der Messias natürlich Jesus ist, dürfte er bei diesem Bild auch und vor allem an die tödliche Bedrohung Jesu durch die römische Macht denken. Und diese Bedrohung ist ja auch zur Auswirkung gekommen im Tod Jesu am Kreuz als durch Rom vollzogene Hinrichtung. Das ist die ausweglos bedrohliche Situation: der fressbereite gewaltige Drache vor der wehrlosen Frau und ihrem ganz und gar ohnmächtigen Neugeborenen.

V. 5a fährt fort: „Und sie gebar einen Sohn, ein Männliches, der alle Völker mit eisernem Stab weiden wird." Das Weiden der Völker mit eisernem Stab – das meint Herrschaftsausübung über sie – wird Ps 2,9 dem Gesalbten, dem König Israels, verheißen[95]. Das hier in Apk 12,5 geborene Kind ist also der Messias

93 Zur Frau als Urbild der Gemeinde vgl. o. Abschnitt II 4.

94 ROLOFF, Komm., S. 127.

95 Johannes hatte diese Aussage von Ps 2,9 in derselben Weise schon in Apk 2,27 aufgenommen. In Ps 2,9 heißt es vom messianischen König im Blick auf die Völker nach dem

als der endzeitliche Weltherrscher, der über alle Völker herrschen soll[96]. Über – fast – alle Völker herrscht aber in der Gegenwart des Johannes faktisch Rom. So versteht es sich, dass der Drache, das Urbild Roms, dieses Kind verschlingen will[97]. Der Messias überlässt die Weltherrschaft nicht Rom; er bestreitet ihm vielmehr das *regnum mundi*, das als Herrschaft von Menschen über Menschen Anmaßung ist, und beansprucht es selbst, damit auf der Erde Geschwisterlichkeit werden kann.

„Und das Kind wurde hinweggerissen zu Gott, zu seinem Thron", heißt es in V. 5 weiter. Natürlich steht hier ein Stück des skizzierten Mythos im Hintergrund: die Geburt des Sonnengottes und seine unmittelbar darauf erfolgende Rettung angesichts der Bedrohung durch den Drachen. Aber an was denkt Johannes? Für ihn ist ja, wie der Text unmittelbar vorher deutlich machte, das Kind niemand anders als Jesus als der Messias. Die Kommentare stellen – meist etwas verwundert – fest, dass sich doch die Geschichte Jesu in dieser Beschreibung nicht wiederfinden lasse. ROLOFF hilft sich so: „Es geht hier um das spannungsvolle Nebeneinander von menschlicher Geburt und damit äußerster Gefährdung des Kindes einerseits und seiner Erhöhung durch göttliche Intervention andererseits. Aus der Konzentration auf dieses Nebeneinander erklärt sich auch das Fehlen des Kreuzes; der irdische Weg Jesu ist hier ebenso wenig im Blick wie sein Heilswerk und dessen Ertrag"[98]. Aber so betrachtet, d.h. auf der Suche nach direkten Entsprechungen zwischen der Lebensgeschichte Jesu und dem hier Beschriebenen, wird man überhaupt nicht fündig werden – außer dem bloßen Faktum der Geburt, das für sich genommen aber völlig nichtssagend ist. Es trifft nicht zu, was ROLOFF behauptet, dass menschliche Geburt *eo ipso* „äußerste Gefährdung" bedeute – und wenn, dann eher für die Mutter als das Kind. Der Text spricht auch nicht von Erhöhung, sondern von Entrückung (ἡρπάσθη [*herpásthe*]). Jesus ist aber nicht „entrückt" worden, schon gar nicht unmittelbar nach der Geburt. Dennoch denkt Johannes bei der Beschreibung von V. 5 an Jesus. Was gibt ihm die Möglichkeit dafür? Sie kann schlechterdings nicht in den beschriebenen Fakten liegen, die mit den Fakten der Geschichte Jesu nicht zusammenstimmen, sondern nur in den mit den Fakten beschriebenen Sachverhalten von Bedrohung und Rettung, genauer: äußerster Bedrohung und wunderbarer Rettung von Gott her. Nur unter diesen Aspekten kann Johannes den Mythos vom Sonnengott an dieser Stelle aufnehmen. So hatte ich schon das Bild von V.4b – der Drache vor der Frau, der bereit steht, das Kind zu fressen, das sie gebären wird – als die tödliche Bedrohung Jesu durch Rom verstanden. Das bestätigt sich jetzt hier: Bei der äußersten Bedrohung und der wunderbaren Ret-

---

hebräischen Text: „Du wirst sie zerbrechen mit eisernem Stock, wie Geschirr des Töpfers wirst du sie zerschlagen." Die Septuaginta setzt beim ersten Verb eine andere Vokalisation des hebräischen Textes voraus und übersetzt deshalb statt „du wirst zerbrechen" mit „du wirst weiden". Johannes liest wie die Septuaginta. Das Weiden mit eisernem Stock dürfte von ihm als Gerichtshandeln verstanden sein.

96 Vgl. Apk 19,5.

97 „Das Kind ist sein Konkurrent, weil es seinen Anspruch auf die Weltherrschaft in Frage stellt" (ROLOFF, Komm., S. 128).

98 ROLOFF, Komm., S. 128.

tung von Gott her – bei dem Passiv *herpásthe* handelt es sich um ein *passivum divinum* – kann Johannes in Bezug auf Jesus an nichts anderes denken als an seine Hinrichtung am Kreuz durch Rom und an seine Auferweckung durch Gott. Von daher erscheint es dann auch als sinnvoll, dass der Messias hier als Kind dargestellt wird, als nichts als ein neugeborenes, ohnmächtiges Kind, dem aber doch wie die Metapher vom eisernen Stab zeigt, alle Macht zukommt. Das entspricht sachlich der Beschreibung Jesu als Löwe und als Lamm in Kap. 5.

3. Als in Jesus Gekommener bleibt Gott der Kommende

Auch wenn in den Gottesprädikationen von Apk 11,17; 16,5 das dritte Glied („der Kommende") nicht gebracht wird, weil dort betont werden soll, dass Gott in Jesus schon gekommen bzw. im Kommen begriffen ist, bleibt die Aussage, dass Gott kommt, in Geltung. Denn das durch Entrückung zum Himmel gerettete Kind, der vom Tode auferweckte Jesus, ist nicht in himmlische Abgeschiedenheit verschwunden, sondern wird als Kommender erwartet. Und so bleibt auch der in ihm begegnende Gott „der Kommende". Das tritt schon ganz am Anfang klar hervor, wenn nach der Doxologie auf Jesus am Ende von 1,6 in V. 7 die Aussage folgt: „Siehe, er kommt mit den Wolken. Und sehen wird ihn jedes Auge und die ihn durchbohrt haben und betrauern werden ihn alle Stämme der Erde"[99]. Nach BOUSSET wird hier „das Motto des Buches" angeschlagen: „Er kommt!"[100] Bei diesem als Prophetenspruch gestalteten Motto handelt es sich um ein Mischzitat aus verschiedenen Stellen. Der Anfang aus Dan 7,13 ist der Übersetzung Theodotions näher, die ihrerseits wörtlich den aramäischen Text wiedergibt, als der der Septuaginta. Dan 7,13 lautet: „Und siehe, mit den Wolken des Himmels kam einer wie ein Menschensohn." Der bei Johannes folgende Text entspricht Sach 12,10. Dort heißt es nach dem hebräischen Text: „... zu mir blicken sie auf. Den sie durchbohrt haben – über ihn halten sie Totenklage ..." Die Septuaginta übersetzt an dieser Stelle recht ungenau. Vor allem hat sie statt des hebräischen דקרו (*dakáru*) („sie haben durchbohrt") κατωρχήσαντο (*katorchésanto* – „sie haben verhöhnt"). Johannes bietet mit ἐξεκέντησαν (*exekéntesan*) eine genaue Entsprechung zum hebräischen Text[101]. In unmittelbarer Nachbarschaft von Sach 12,10, in V. 14, begegnet auch die Wendung כל המשפחות (*kol hamischpachót* – „alle Sippen"), die von der Septuaginta mit *pásai hai phylaí* wiedergegeben wird. In Apk 1,7 ist diese Wendung noch um den Genitiv „der Erde" erweitert, wie das auch in Gen 12,3; 28,14 der Fall ist. Die hier vorliegende Zitatenkombination hat offenbar schon Tradition. In Mk 13,26 sind bereits Elemente von Dan 7,13 und Sach 12,10 miteinander verbunden, in Lk 21,27 übernommen und in Mt 24,30 weiter ausgebaut: „... und dann

99 Die sachliche Verbindung der vorangehenden Doxologie mit diesem Vers 7 hat ROLOFF treffend so beschrieben: „Von der gegenwärtigen, im Glauben der Gemeinde erfahrenen Herrschaft Jesu Christi schlägt der Prophetenspruch V. 7 den Bogen zu seiner noch ausstehenden sichtbaren Selbstdurchsetzung gegenüber allen Menschen" (Komm., S. 35).
100 BOUSSET, Komm., S. 189.
101 Vgl. Joh 19,37.

werden alle Stämme der Erde trauern und den Menschensohn kommen sehen auf den Wolken des Himmels …" Demgegenüber begegnet in Apk 1,7 wie in Joh 19,37 zusätzlich das Motiv vom Sehen dessen, den sie durchbohrt haben. Die genannten biblischen Stellen boten den messiasgläubigen Gemeinden die Möglichkeit, in ihnen das an Jesus Geschehene wieder zu entdecken und so auch dessen schmählichen Tod zu verarbeiten: Der Hingerichtete wird in Macht wiederkommen und mit allen anderen werden ihn nicht zuletzt seine Mörder sehen und seine Macht anerkennen müssen, indem sie einen Trauergestus vollziehen. Diese Tradition nimmt Johannes auf. Nach der Doxologie auf Jesus, die auf die vergangene Heilstat mit ihrer gegenwärtigen Wirkung blickte, folgt hiermit der Ausblick auf sein endzeitliches Kommen. Die vergangene Heilstat und die gegenwärtige Heilserfahrung werden so zum Unterpfand der Hoffnung auf den Abbruch der Gewaltgeschichte in universaler Dimension.

Dass der in Jesus begegnende Gott der Kommende bleibt, wird besonders deutlich im Schlusskapitel der Apokalypse. Als letztes Wort lässt Johannes gegen Schluss seines Buches Jesus sagen: „Ja, ich komme bald" (Apk 22,20). Schon zweimal war vorher in diesem Kapitel als Zwischenruf Jesu zitiert worden: „Siehe, ich komme bald" (22,7.12)[102]. Nun sagt er es zum dritten Mal und antwortet damit auf die Rufe zum Kommen aus V. 17, jetzt mit einem beteuernden „Ja" eingeleitet: „Ja, ich komme bald." Darauf wiederum lässt Johannes eine Zustimmung und die erneute Bitte um das Kommen folgen, wobei die Situation sicher so vorzustellen ist, dass die der Lesung dieses Buches zuhörende Gemeinde nun ihrerseits laut in diese Worte einstimmt: „Amen. Komm, Jesus, Herr!" Die Gemeinde macht sich die Zusage Jesu zu eigen: Ja, so soll es sein; er möge endlich kommen. Und sie wiederholt noch einmal eindringlich mit lautem Rufen die Bitte. Bei dieser Bitte: „Komm, Jesus, Herr!" dürfte es sich um eine freie Übersetzung ins Griechische des aramäischen Rufes *maraná ta* oder *marán etá* handeln, wie er nach Ausweis von 1Kor 16,22; Did 10,6 auch in griechisch sprechenden Gemeinden gebraucht wurde. An diesen Stellen findet sich der Ruf in griechischer Transkription: μαράνα θά. Aramäisch entspricht ihm: מרנא תא oder מרן אתא („unser Herr, komm!"). Das auch mögliche מרן אתא (*marán atá* – „unser Herr ist gekommen") ist von den auf den kommenden Herrn ausgerichteten Kontexten her ausgeschlossen. Dieser Ruf: „Unser Herr, komm!" war in den frühen messiasgläubigen Gemeinden wahrscheinlich mit der Vorstellung Jesu als des erhöhten Menschensohns verbunden, der zum Gericht herbeigerufen wird, in dem er Recht schaffen und den Seinen Gerechtigkeit widerfahren lassen möge[103]. Diese Bitte wird hier am Ende der Apokalypse aufgenommen. Darauf läuft sie hinaus. Es ist die Bitte der standhaltenden und durchhaltenden Gemeinde, die nur deshalb standhalten und durchhalten kann, weil sie die gewisse Hoffnung hat, dass schließlich doch Recht und Gerechtigkeit hergestellt werden wird. Dafür steht der kommende Gott ein.

---

102 Vgl. auch schon 2,16; 3,11.

103 Vgl. WENGST, Formeln, S. 49–54.

4. Eine Christologie des Protestes: Zeugnis und Widerspruch

Die für Johannes entscheidende Frage, wem die Macht gehört, beantwortet er in aller Klarheit: dem in seiner Bibel bezeugten Gott und seinem Gesalbten. An der Gestalt Jesu als des Gesalbten macht er deutlich, dass es die Macht des Ohnmächtigen ist. Diese Christologie lässt sich als eine Christologie des Protestes verstehen im doppelten Sinn des Wortes. Jesus ist der Zeuge schlechthin, der mit seinem Schicksal tiefster Ohnmacht und darin doch erfolgter Rettung von Gott her die Macht des Ohnmächtigen bezeugt und so Zeuge des rettenden Gottes ist. Dieses Zeugnis ist aber zugleich damit Widerspruch gegen alle angemaßte Macht von Menschen über Menschen, die rücksichtslos über Leichen geht. Dass Gott alle Macht gehört, daran hält Johannes fest in einer Situation erfahrener Ohnmacht, in der sich ganz andere als Gott in robuster Weise als mächtig und alle Welt beherrschend erweisen. Johannes lebt in einer Welt, in der die römische Macht militärisch unbezwingbar erscheint, politisch die Welt ordnet und wirtschaftlich prosperiert. Das nimmt er sehr scharf wahr, aber er stellt es in eine Perspektive, die er aus der Lektüre der Bibel und dem Zeugnis über Jesus gewonnen hat.

IV. „Wer ist dem Tier gleich und wer kann gegen es Krieg führen?“ Roms militärisch-politische Macht und ihre religiöse Überhöhung

Dass Gott und seinem Gesalbten alle Macht gehört, steht für Johannes von vornherein fest. Das bringt er in seinem Buch schon sehr früh in aller Klarheit zum Ausdruck und wiederholt es ein ums andere Mal. In der faktischen Erfahrung jedoch erweist sich Rom als die alles dominierende Weltmacht. In direkter Nennung erwähnt Johannes Rom an keiner Stelle. Dass er es jedoch mit verschiedenen Umschreibungen immer wieder im Blick hat, leidet keinen Zweifel und tritt in größter Deutlichkeit in Apk 17,5.9b hervor. Diese Stellen werden im Zusammenhang des nächsten Kapitels besprochen. Hier sollen nun Apk 13 und Teile aus Apk 12 in den Blick genommen werden, wo Rom unter dem Gesichtspunkt seiner unwiderstehlich erscheinenden militärischen Stärke und deren religiöser Überhöhung erscheint. Das wird von Johannes als satanisch charakterisiert.

1. Das Tier aus dem Meer Roms unwiderstehliche militärische Macht

In Apk 13,1–10 schreibt Johannes:

1Da sah ich aus dem Meer ein Tier aufsteigen mit zehn Hörnern und sieben Köpfen und auf seinen Hörnern zehn Diademe und auf seinen Köpfen Lästernamen. 2Und das Tier, das ich sah, war einem Panther ähnlich und seine Füße wie die eines Bären und sein Maul wie das eines Löwen. Da gab ihm der Drache seine Macht und seinen Thron und seine große Herrschergewalt. 3Und einen seiner Köpfe sah ich: wie tödlich getroffen; aber seine Todeswunde wurde geheilt. Da lief alle Welt in Bewunderung hinter dem Tier her; 4und sie huldigten dem Drachen, weil er dem Tier Herrschergewalt gegeben hatte, und sie huldigten dem Tier, sprachen: „Wer ist dem Tier gleich und wer kann gegen es Krieg führen?“ 5Da wurde ihm ein Maul gegeben, groß und lästerlich daherzureden; und ihm wurde Herrschergewalt gegeben 42 Monate zu wirken. 6Und da öffnete es sein Maul zu Lästerungen gegen Gott, zu lästern seinen Namen, seine Wohnung und die im Himmel Wohnenden. 7Da wurde es ihm gegeben Krieg zu führen gegen die Heiligen und sie zu besiegen. Da wurde ihm Herrschergewalt gegeben gegen jeden Stamm, jedes Volk, jede Sprache und Nation. 8Ihm werden alle huldigen, die die Erde bewohnen, jeder, dessen Namen nicht geschrieben steht im Lebensbuch des geschlachteten Lammes von Grundlegung der Welt an. 9Wer Ohren hat, soll hören! 10Wer in Gefangenschaft kommen soll, geht in Gefangenschaft; wer durchs Schwert getötet werden soll, wird durchs Schwert getötet. Hier gilt das Ausharren und die Treue der Heiligen.

Mit diesem Abschnitt gehört der folgende in V. 11–18 eng zusammen: Das Tier aus dem Meer und das Tier aus der Erde sind Personifikationen der politischen und religiös verbrämten Macht Roms. Rom selbst wird nicht genannt, sondern erscheint in Gestalt dieser Tiere, die sozusagen Ausgeburten des Drachen sind. Das ist nicht nur apokalyptische Verschlüsselung. Diese Verschlüsselung ist zugleich eine sehr beredte Symbolisierung; sie ist Enttarnung. Rom wird die Maske seiner hohen Ansprüche vom Gesicht gerissen; seine Herrschaft ist alles andere als human. Mit dieser Symbolisierung wird sie als „bestialisch" charakterisiert, im wahrsten Sinn des Wortes als „ungeheuerlich". Hinter den beiden Tieren werden zugleich alte Chaosmächte sichtbar: Leviathan und Behemot. Auch von daher gehören die beiden Abschnitte von Kap. 13 zusammen.

Der erste Abschnitt, V. 1–10, ist von seinem Beginn her und auch zu seinem größten Teil Visionsschilderung, bis V. 7 einschließlich in Tempora der Vergangenheit gehalten. Mit V. 8 wird dieser Visionsstil abgebrochen. Es folgt eine Aussage im Futur; Johannes könnte hier eine Erwartung aussprechen. Aber inhaltlich zeigt sich kein Unterschied zu V. 4. So bringt das Futur hier eher das Andauern des Geschauten in der gegenwärtigen Wirklichkeit zum Ausdruck. In V. 9f. schließt eine mit dem Weckruf eingeleitete Feststellung den Abschnitt ab.

V. 1 beginnt mit der Aussage: „Da sah ich aus dem Meer ein Tier heraufsteigen." Implizit war das Meer schon in Kap. 12 im Blick, insofern der Drache als Chaosmacht mit dem Meer verbunden ist[1]. Das Meer ist gewiss auch hier als Ausdruck des Chaotischen gemeint. Für Johannes dürfte noch ein anderer Aspekt hinzukommen, insofern das Mittelmeer in einer sehr spezifischen Weise zum römischen Meer geworden war[2]. Entsprechend entsteigt auch in 4Esr 11,1 der römische Adler dem Meer.

Der Drache aus Apk 12 war nach V. 18 „an den Strand des Meeres getreten". Aus dem Meer sieht Johannes dann das Tier aufsteigen. Es vollzieht sich sozusagen ein Gestaltwandel vom Drachen zum Tier. Dieser Gestaltwandel verbleibt in der Traditionsgeschichte des Drachen als eines Meerungeheuers. Mit der Bezeichnung θηρίον (*theríon*) nimmt Johannes noch eine weitere Linie auf, nämlich aus Dan 7. Dieses Kapitel gehört ebenfalls in den großen Zusammenhang der Chaos-Tradition[3]. Dan 7,3 heißt es: „Da stiegen vier große Tiere herauf aus dem Meer." An die darauf in V. 4–7 folgende Schilderung dieser Tiere knüpft Johannes unmittelbar an. Die erste Charakterisierung des Tieres bei Johannes hat allerdings mehrere Bezüge. Es „hat zehn Hörner und sieben Köpfe und auf seinen Hörnern zehn Diademe." Einmal besteht ein Bezug zu Dan 7

---

1 Vgl. den Exkurs o. S. 124f.

2 Zu diesem Aspekt vgl. u. S. 218. HADORN nimmt an, dass das Meer hier „wohl geographisch zu verstehen ist und das im *Westen* befindliche Meer bedeutet, wo für den Orientalen *Rom* liegt" (Komm., S. 139).

3 Dieser Aspekt wird verabsolutiert in einer zeitgeschichtliche Bezüge verneinenden, nur mythologischen Auslegung; als Beispiel dafür sei hier hingewiesen auf RIEMER, Tier, S. 33–117.

durch die zehn Hörner. Dort gehören sie nach V. 7.24 dem vierten Tier. Vor allem aber besteht ein Bezug zu Apk 12,3. Da werden, mit einer kleinen Variation, dieselben Attribute dem Drachen zugesprochen. Wie schon durch das Herantreten des Drachen an den Strand des Meeres, aus dem darauf das Tier aufsteigt, signalisiert wurde, werden also Drache und Tier in einen ganz engen Zusammenhang miteinander gebracht. Mit MÜLLER kann man sagen, dass das Tier „das irdische Abbild des Drachen" ist, sodass dem Johannes das römische Reich, das durch das Tier symbolisiert wird, als „die Inkarnation des Teufels" gilt[4]. Die sieben Köpfe werden in 17,9 als „die sieben Hügel" gedeutet. Hier ist der Bezug auf Rom als die Stadt auf den sieben Hügeln mit Händen zu greifen. In 17,9f. gelten die sieben Köpfe zugleich auch als sieben Kaiser[5]. Im Unterschied zu 12,3 sind hier die Diademe nicht den Köpfen, sondern den Hörnern zugeordnet, sodass es also zehn sind und nicht sieben. Das Diadem symbolisiert Herrschaft, das Horn Macht. Macht und Herrschaft werden also miteinander verbunden. Den Anlass dafür bietet vielleicht, dass der Verfasser in 17,12 die zehn Hörner als zehn Könige deutet und dann jedem von ihnen auch das Herrschaftssymbol zukommen lassen will.

Die nächste Charakterisierung des Tieres ist gegenüber 12,3 eine Erweiterung: „... und auf seinen Köpfen Lästernamen". Hier ist sicher an Titel der Kaiser gedacht. Bei ihnen handelt es sich nach Johannes deshalb um Lästerung, um Blasphemie, weil diese Titel allein Gott zukommen; und wenn die Kaiser sich damit belegen, handelt es sich um Usurpation. Gedacht sein dürfte dabei vor allem an die folgenden Titel: *divus* / θεῖος (*theíos* – „göttlich"), *imperator* / δεσπότης (*despótes* – „Herrscher"), die häufig als Münzaufschriften begegnen. Speziell bei Domitian kommt noch hinzu: *dominus ac deus* (κύριος καὶ θεός [*kýrios kai theós* – „Herr und Gott"])[6].

Die weitere Beschreibung des Tieres in V. 2a folgt Dan 7,4–6: „Und das Tier, das ich sah, war einem Panther ähnlich und seine Füße wie die eines Bären und sein Maul wie das Maul eines Löwen." In Dan 7,3–7 werden vier aus dem Meer aufsteigende Tiere nacheinander beschrieben: 1. wie ein Löwe mit Flügeln wie ein Adler; 2. gleich einem Bären; 3. gleich einem Panther mit vier Flügeln und vier Köpfen; 4. furchtbar und schrecklich, sehr stark mit großen eisernen Zähnen, das alles zermalmt und mit seinen Füßen zertritt. Diese vier Tiere symbolisieren in Dan 7 vier aufeinander folgende Weltreiche. Im vierten erblickt der Verfasser das Seleukidenreich seiner Zeit, unter dessen Herrschaft er und die Seinen zu leiden haben[7]. In der weiteren jüdischen Auslegungstradition ist das vierte Tier auf das römische Reich bezogen worden. Das ist der Fall in der Deutung der Adlervision in 4Esr 12,10–34. Da heißt es: „Der Adler, den du vom Meer aufsteigen sahst, das ist das vierte Reich, das in einem Gesicht deinem Bruder Daniel erschienen ist. Es wurde ihm aber nicht gedeutet, wie ich es jetzt

---

4 MÜLLER, Komm., S. 249.

5 Vgl. den Exkurs o. S. 69f.

6 Vgl. dazu o. S. 68.

7 Die „gewaltigen Zähne" gelten HAAG „als Hinweis auf die Kriegselephanten" (Komm. Dan, S. 58), was durch die Erwähnung der zertretenden Füße gestützt wird.

dir deute“ (4Esr 12,11f.)[8]. Der Bezug des vierten Tieres auf Rom findet sich auch in einem in Barn 4,3–5 aufgenommenen Traditionsstück, dessen Entstehung für die Zeit Vespasians angenommen werden muss. Im Kontext von Aussagen über die Verkürzung der Zeit am Ende heißt es in Barn 4,5 über einen kleinen König, von dem David spreche: „Und ich sah das vierte Tier, böse und stark und schlimmer als alle Tiere der Erde, und wie aus ihm zehn Hörner hervorbrachen und aus ihnen ein kleines Horn als Nebenschößling und wie es auf einmal drei von den großen Hörnern niedermachte.“ Das bezieht sich auf das Jahr 68/69, als Vespasian Kaiser wurde, nachdem nach Nero Galba, Otho und Vitellius nach jeweils sehr kurzer Regierungszeit ein gewaltsames Ende gefunden hatten[9].

Die Besonderheit der Aussage von Apk 13,2 besteht nun darin, dass sie sich nicht nur auf das vierte Tier bei Daniel bezieht, sondern dass Johannes alle vier Tiere zu einem einzigen Untier vereinigt. „Das besagt: Das Imperium Romanum ist die Kumulation aller Scheußlichkeiten und widergöttlichen Macht früherer Weltreiche. Es ist zu einem einzigen Raubtier geworden“[10]. Nach MÜLLER ist es „der Gipfel gottloser Macht auf Erden“[11]. Uneinsichtig ist dagegen die Behauptung LOHMEYERs, durch die Sammlung der Züge der vier Tiere auf dieses eine Tier seien „alle zeitgeschichtlichen Beziehungen ausgemerzt“[12].

Was aufgrund der bisherigen Darstellung im Blick auf die Beziehung zwischen Drachen und Tier schon implizit klar war, wird in V. 2b ausdrücklich festgestellt: „Und der Drache gab ihm seine Macht, seinen Thron und seine große Herrschergewalt.“ Es liegt hier so etwas wie die Inthronisation des Tieres durch den Drachen vor – als Gegenstück zur Inthronisation des Lammes in 5,7. Dass Johannes eine solche Analogie beabsichtigt, und zwar im Sinne der Nachäffung[13], wird der folgende Vers klar hervortreten lassen. Indem Johannes den Drachen *auctor* dessen sein lässt, was das Tier ausmacht, stellt er heraus, dass Roms Macht für ihn nicht nur „ungeheuerlich“, „bestialisch“ ist, sondern geradezu teuflisch.

V. 3 nimmt einen Einzelaspekt aus der Beschreibung des Tieres in den Blick: „Und einen seiner Köpfe sah ich: wie tödlich getroffen; aber seine Todeswunde wurde geheilt.“ Hier ist schon die Deutung der Köpfe auf Kaiser vorausgesetzt; und bei diesem „Kopf“, der durch tödliche Verwundung und Heilung ausge-

---

8 Übersetzung SCHREINER. Das Aufsteigen des Adlers aus dem Meer war in 4Esr 11,1 beschrieben worden.

9 Vgl. WENGST, Schriften, S. 105f.

10 SCHRAGE, Staat, S. 72; vgl. ders., Ethik, S. 343f.

11 MÜLLER, Komm., S. 249.

12 LOHMEYER, Komm., S. 110. Seine Erklärung der Lästernamen hängt völlig in der Luft. Der Versuch von RISSI, dem ersten Tier von Apk 13 eine Verbindung zu Dan 7 abzusprechen und von daher eine Deutung auf das römische Reich zu bestreiten (Hure, S. 32f.), hat wenig Überzeugungskraft – zumal er dann noch als eine „falsche Voraussetzung“ behaupten muss, „daß Kapitel 17 zum ursprünglichen Bestand des Buches gehört“ (S. 33); genauer: 17,8b–17 „verrät einen späteren Interpolator oder zweiten Herausgeber“ (S. 58). Das wird auf S. 61–73 ausgeführt.

13 „Diese *Inthronisation* des *Tieres* ist eine lächerliche Parodie der Thronbesteigung des Lammes“ (HADORN, Komm., S. 139).

zeichnet ist, muss an Nero gedacht sein, um den sich Legenden dieser Art rankten. Nero hatte im Jahre 68, als sein Sturz ohnehin unvermeidlich war, Selbstmord begangen. Nach Tacitus hat das den oberen Teil der Gesellschaft erfreut. Über die *plebs* jedoch schreibt er: „... die ärmliche, an Circus und Theater gewöhnte Masse aber, ebenso das Lumpenpack der Sklaven oder das nach dem Verbrauch von Hab und Gut auf Kosten von Neros Ruf unterhaltene Gesindel war niedergeschlagen und nur auf Gerüchtemacherei aus"[14]. So nimmt es nicht Wunder, dass bald Gerüchte entstanden, er sei gar nicht tot – Gerüchte, die sich über lange Jahre hin zu regelrechten Legenden weiter bildeten. Sueton schreibt: „Und überhaupt, als zwanzig Jahre später (nach Neros Tod), ich war damals ein junger Mann, jemand, dessen Herkunft im Dunkeln lag, auftrat und von sich behauptete, er sei Nero, da hatte dieser Name für die Parther etwas so Einnehmendes, dass sie diesen Nero gewaltig unterstützten und ihn nur mit Mühe den Römern überstellten"[15]. Tacitus berichtet für die Zeit nach Neros Tod: „... es liefen nämlich verschiedenartige Gerüchte über seinen Tod um, weshalb immer mehr Leute davon fabelten und auch daran glaubten, dass er noch lebe. Auf die Schicksale und Unternehmungen der übrigen Pseudo-Neros werde ich im weiteren Verlauf meiner Darstellung zu sprechen kommen." Und er erzählt dann die Geschichte von einem Sklaven oder Freigelassenen, der als „Nero" eine kurze Karriere mit gewaltsamem Ende machte[16]. Nach Dion Chrysostomos „wünscht sich doch bis zum heutigen Tage jedermann, Nero wäre noch am Leben. Die meisten glauben sogar, dass er noch lebt, obwohl er nicht nur einmal, sondern gewissermaßen viele Male gestorben ist gleich denen, die fest daran glaubten, dass er noch lebte"[17]. BOUSSET hat die verschiedenen Nachrichten systematisiert und stellt fest, „dass die Sage vom wiederkehrenden Nero in drei Gestalten vorliegt: 1) Sofort nach dem Tode Neros entstand das Gerücht, dass er nicht gestorben sei, sondern sich nur verborgen halte. 2) Bald nachher lässt sich der Glaube nachweisen, dass Nero sich bei den Parthern verborgen halte und mit diesen im Bunde wiederkehren werde. 3) Danach, etwa nach einem Menschenalter, entsteht die Sage, dass Nero gestorben sei, aber aus der Unterwelt wiederkehren werde ... Nun liegt hier die Sage offenbar schon in der dritten Gestalt vor. Nur darauf kann das Symbol von der Heilung der Todeswunde gedeutet werden"[18].

Wichtiger aber als diese zeitgeschichtliche Erkenntnis ist die Beachtung der Art und Weise, in der Johannes im Einzelnen die Nerolegende aufnimmt. Er sagt von dem einen Kopf: „wie geschlachtet". Das ist genau dieselbe Charakterisierung, die er in 5,6 dem Lamm gegeben hatte: „wie geschlachtet". Der hier gemeinte Kaiser erscheint also als Nachäffer Jesu. Er gewinnt seine Macht „durch Imitation". „Das Imperium und sein Kult erscheinen in der Johannesoffenbarung als Imitation der Gottesherrschaft ... So gibt es nur scheinbar zwei Mächte, denn

---

[14] Tacitus, Historien I 4,3 (Übersetzung BORST).

[15] Sueton, Nero 57,2 (Übersetzung MARTINET); vgl. auch OrSib V 101–103.

[16] Tacitus, Historien II 8f.; das Zitat 8,1 (Übersetzung BORST).

[17] Dion Chrysostomos, Reden 21,10 (Übersetzung ELLIGER); vgl. auch OrSib V 215–217.361–370.

[18] BOUSSET, Komm., S. 361. Auch das ist ein Argument für die Datierung der Apokalypse am Ende der Regierungszeit Domitians.

die zweite Macht beruht auf Trug; sie ist Talmi. Das ‚imperium' ist als ‚unecht' durchschaut. An anderen Stellen der Johannesapokalypse wird es als schon gerichtet und schon vernichtet gesehen. So könnte man im Blick auf die *Realität* des Drachens in einer Hinsicht sagen, dass sie nur als Trug existiert. Doch ist das nur die eine Hinsicht, denn – und darin scheint mir die mythopolitische Sicht von Apk 13 aufgeklärter zu sein als die neuzeitlichen Widerlegungen der Existenz des Teufels – die als Trug existierende Gewalt ist zugleich *reale Gewalt.* Die auf trügerischer Imitation beruhende Herrschaft des römischen Imperiums und seines Herrschers, der für sich Verehrung verlangt, wie wenn er Gott wäre, erweist sich als reales Imperium, wie man, ist die Imitation nur gut genug, mit einem gefälschten Scheck ‚echtes' Geld und mit falschen Wahlversprechungen tatsächliche Macht erlangen kann"[19]. Trug gewinnt Realität; usurpierte Macht wirkt sich aus als tatsächliche Gewalt. Ich hatte schon bei 5,6 auf einen möglichen kleinen, aber belangreichen Unterschied in der Beschreibung des Lammes und dieses Kopfes hingewiesen. Dort war zu betonen, dass die tödliche Wunde des Lammes sichtbar bleibt, die bleibende Erinnerung an erlittene Gewalt die eigene Ausübung von Gewalt ausschließt. Hier aber ist von Heilung der Todeswunde die Rede; und der *Nero redivivus* wird auch wieder zuschlagen. Umstritten ist, ob Johannes bei diesem *Nero redivivus* an eine zukünftige Gestalt denkt oder ob er ihn mit Domitian identifiziert. In 17,8.11, wo er diese Vorstellung noch einmal aufnimmt, gebraucht er futurische Formulierungen. Daraus schließt MÜLLER, also sei auch eine zukünftige Gestalt gemeint[20]. Aber das lässt sich beim Stil der Apokalypse nicht mit Gewissheit sagen. Ich lasse diese Frage daher vorerst offen.

Ein Aspekt dieser Stelle ist noch beachtenswert, der nur am griechischen Text, nicht aber an der deutschen Übersetzung hervortritt. Es heißt von der κεφαλή (*kephalé* – „Kopf"), dass *sie* tödlich verwundet ist, dann aber vom ganzen Tier, dass *seine* Todeswunde geheilt wurde. Schon BOUSSET stellte deshalb fest, dass hier „das eine Haupt und sein Geschick mit dem des Tieres identifiziert wird"[21]. Das heißt: Im Kaiser repräsentiert sich das ganze Imperium. Das entspricht genau der Reichsideologie[22].

Mit dem Ende von V. 3 beginnt ein neuer kurzer Abschnitt. Nach der Charakterisierung des Tieres und der Zuspitzung auf den einen besonderen Kopf kommen nun seine Verehrer in den Blick: „Da lief alle Welt in Bewunderung hinter dem Tier her." Was Johannes hier meint, kann man sich vielleicht an Filmaufnahmen von Massenveranstaltungen mit Hitler klar machen. Die Welt fällt auf den Trug herein, der damit Realität wird. Die trügerische Macht imponiert; die Macht der Gewalt findet ganz von selbst ihre Anhänger und Parteigänger, ihre Teilhaber und Propagandisten. Auch hier und im anschließenden Vers 4 beschreibt Johannes eine Nachäffung, eine Imitation. Denn wie auf die

---

19 EBACH, Apokalypse, S. 51. Vgl. auch HALVER, Mythos, S. 39: „Johannes ordnet auf eine neue Weise Gott und Satan einander zu. Er zeigt, wie der Satan der Affe Gottes ist, der in allem Gottes Tun zu erreichen sucht und doch nicht erreicht."

20 MÜLLER, Komm., S. 249.

21 BOUSSET, Komm., S. 361.

22 Das lässt sich besonders klar am Begriff *salus* zeigen; vgl. u. S. 158 zu Apk 12,10.

Inthronisation des Lammes in 5,8–13 ein Himmel und Erde umfassender Lobpreis und eine ebensolche Huldigung folgen, so schließt sich auch hier an die Inthronisation des Tieres eine Huldigung durch „alle Welt" an[23]. Zudem entspricht dem Verhältnis von Gott und Lamm das von Drachen und Tier. „Und sie huldigten dem Drachen, weil er dem Tier die Herrschaftsgewalt gegeben hatte." Wer der Macht der Gewalt vertraut, betet den Teufel an. Wenn Johannes hier noch einmal den Drachen als *auctor* römischer Staatsgewalt anführt, geht es ihm nicht um Mystifizierung, sondern ganz im Gegenteil um Kenntlichmachung: Die Staatsgötter, mit denen die bestehende strukturelle Gewalt des Reiches legitimiert wird, sind in Wahrheit die Macht des Chaotischen[24].

Neben die Huldigung gegenüber dem Drachen wird im weiteren Text von V. 4 die Huldigung gegenüber dem Tier gestellt. In dieser Parallelisierung zeigt sich wieder die Absicht, die Huldigung gegenüber der Macht der Gewalt als Teufelsanbetung bloßzustellen. Sie ist widergöttlich und lebensfeindlich. Die Huldigung gegenüber dem Tier geschieht mit einer rhetorischen Frage: „Wer ist dem Tier gleich und wer kann gegen es Krieg führen?" Zu der ersten Frage werden als zu vergleichende Texte der jüdischen Bibel meist nur Ex 15,11 und Ps 89,7 angeführt. Ex 15,11 lautet: „Wer ist wie Du unter den Göttern, Ewiger? Wer ist wie Du verherrlicht in Heiligkeit, Ehrfurcht gebietend mit Ruhmestaten und Täter von Wundern?" Und Ps 89,7: „Ja, wer in den Wolken kommt dem Ewigen gleich? Wer ist ihm ähnlich unter den Göttersöhnen?" Indem diese Stellen als Huldigung gegenüber dem Tier zitiert werden, wird damit angezeigt, dass die Imitation Wirklichkeit gewinnt. EBACH hat dargelegt, dass das nur eine Seite der Rezeption ist. An dieser Stelle schießen zwei gegenläufige Zitate der jüdischen Bibel zusammen[25]. Die andere Seite bezieht sich auf die Schilderung des Leviathan in Hi 40,25–41,26. Von ihm heißt es in Hi 41,25: „Keine Macht auf der Erde ist ihm gleich; er ist gemacht, um zu erschrecken." Im römischen Reich manifestiert sich demnach dieser Leviathan als Chaosmacht; die Chaosmacht wird zur politischen Ordnungsmacht. Ihr wird die Huldigung entgegengebracht, die eigentlich nur Gott selbst zukommt; „und damit", schreibt EBACH, „wird der Trug Realität, die Imitation zu Wirklichkeit. Die Wirklichkeit dieses Imperiums ist die des Leviathan. Abermals zeigt sich: Täuschung und Faktizität schließen einander nicht aus. Das Tier des Drachen ist wahrer Leviathan (= der römische Staat ist in Wahrheit und faktisch Chaosmacht), *indem* er falscher Gott ist"[26].

Die Huldigungsfrage gegenüber dem Tier hat noch einen zweiten Teil: „Wer kann gegen es Krieg führen?" Diese Frage ist in den vorher assoziierten Bibelstellen nicht vorgegeben. Sie ist von Johannes selbst hinzugefügt, muss also

---

23 Vgl. zur Proskynese ALFÖLDI, Ausgestaltung, S. 46f.: „Dieser Huldigungsakt bestand aus einer zusammengesetzten Handlung, in welcher vor allem ‚zu Füßen fallen' und ‚küssen' inbegriffen waren."

24 Diese Stelle hat eine sachliche Parallele in der Szene der Versuchungsgeschichte Jesu, in der ihm der Teufel alle Königreiche der Welt zeigt und ihm anbietet, sie ihm zu übergeben, wenn er ihm huldigt (Mt 4,8f./Lk 4,5–7). Auch dieser Geschichte gilt damit das römische Reich, das ja faktisch die Herrschaftsgewalt über alle Welt innehat, als teuflisch.

25 EBACH, Apokalypse, S. 52f.

26 A.a.O., S. 53.

einer besonderen Absicht entspringen. Die Frage bezieht sich auf die unwiderstehliche militärische Macht Roms. Dieser Eindruck, den Johannes hier alle Welt wiedergeben lässt, war in der Tat verbreitet und beruhte auf bitterer Erfahrung. Nach Josephus ist in Betracht zu ziehen, „dass die Macht der Römer unwiderstehlich sei“[27]. Er selbst legt das den Aufständischen in Jerusalem vor dem Fall der letzten Mauer dar[28]. Auch Plutarch spricht von „den unwiderstehlichen römischen Waffen“[29]. Indem Johannes im zweiten Teil der Huldigungsfrage diesen Bezug herstellt, macht er deutlich, dass die Verehrung des Imperiums nichts anderes ist als die Anbetung nackter Gewalt, die Glorifizierung militärischer Stärke. Solche Verehrung gilt allemal einem Monstrum; es hat seinen Grund, dass Johannes Rom als tierisches Ungeheuer zeichnet.

Nach der Darstellung der Huldigung blicken die Verse 5–7 auf das, was das Tier tut. Dabei zeigt sich aber in der Art, wie Johannes formuliert, eine eigenartige Besonderheit. Bei allem, was er hier von dem Tier als dessen Aktivitäten aussagt, stellt er voran: „Es wurde ihm gegeben“ (ἐδόθη). Das geschieht viermal. Es wurde ihm gegeben, es wurde ihm eingeräumt, das zu tun, was es tut. Logisches Subjekt kann in diesem Passiv nur Gott sein. Eben noch, in V. 4, hatte es wie schon in V. 2 geheißen, dass der Drache dem Tier seine Macht gegeben habe. Wenn man diese Aussagen für sich betrachtet, könnte es scheinen, Johannes denke dualistisch: Gott und der Drache stehen sich als antagonistische Prinzipien gegenüber, das Gute und das Böse. Und so schreibt KRAFT zu V. 2: „Die Bevollmächtigung des Antichristen durch den Satan macht den Unterschied zwischen apokalyptischem Dualismus und biblischem Schöpfungsglauben deutlich“[30]. Nach ihm gehört also Apk 13 zum „apokalyptischen Dualismus“ und steht nicht mehr auf dem Boden des „biblischen Schöpfungsglaubens“. Und so heißt es in der Fortsetzung des Zitates: „Nach biblischer Auffassung gibt nur Gott den Menschenkindern Macht und Majestät“[31]. Dafür verweist er auf Röm 13,1 und 1Clem 61,1 und stellt fest: „In beiden Fällen ist das im Hinblick auf die Macht des römischen Kaisers gesagt.“ Das – und d.h. die theologische Legitimation faktischer Macht – ist offenbar nach KRAFT biblisch. Apk 13 dagegen – und d.h. die Kritik faktischer Macht – ist unbiblisch. Das ist allerdings allzu schlicht[32]. Im Blick auf Apk 13 ist festzustellen, dass das Ausspielen des „biblischen Schöpfungsglaubens“ gegen den „apokalyptischen Dualismus“ das schon erwähnte viermalige *edóthe* in V. 5–7 nicht beachtet. Neben der zweimaligen Aussage, dass der Drache dem Tier seine Macht gegeben hat, steht viermal die andere, dass ihm „gegeben worden ist“, das zu tun, was es tut – nämlich von Gott her. ROLOFF stellt zu Recht fest, dass damit „eine Grenze gegen dualistisches Denken aufgerichtet“ ist[33]. Doch genügt kaum die zuvor von ihm gemach-

---

27 Flav.Jos.Bell. I 135.

28 Flav.Jos.Bell. V 364–374.

29 Plutarch, Lucullus 26.

30 KRAFT, Komm., S. 175.

31 Ebd.

32 Zu den problematischen Aussagen des 1. Klemensbriefes in dieser Hinsicht vgl. WENGST, Pax, S. 131–146.234–243; zur differenzierten Sicht des Paulus S. 92–112.212–223.

33 ROLOFF, Komm., S. 137.

te Feststellung: „Auch der Widersacher Gottes kann nichts tun ohne Gottes Dulden und Zulassen, das irgendwann ein Ende haben wird“[34]. Das Nebeneinander des Gebens des Satans und des Gegebenwordenseins von Gott her ist weiter zu bedenken. Johannes bemüht sich nicht um einen logischen Ausgleich beider Aussagen; er bringt sie nicht in ein widerspruchsfreies System. Er macht sie beide nebeneinander und muss sie offenbar machen. Logische Widerspruchsfreiheit wäre hier nur um einen sehr hohen Preis zu haben. Das kann man sich daran klar machen, wenn jeweils nur eine Aussage gemacht würde. Dann wäre zwar Widerspruchsfreiheit erreicht, aber was wäre damit gewonnen? Würde nur ausgesagt, dass der Drache dem Tier seine Macht gegeben hätte, würde die Welt im wahrsten Sinn dem Teufel überlassen. Das wäre „apokalyptischer Dualismus“, wie KRAFT ihn versteht; aber es ist nicht der Dualismus der Apokalypsen. Würde auf der anderen Seite nur gesagt, dass dem Tier von Gott gegeben worden ist, das zu tun, was es tut, dann würde eine teuflische Wirklichkeit auch noch theologisch legitimiert. Der erste Klemensbrief steht zumindest in dieser Gefahr, wenn er ihr nicht gar erlegen ist. Johannes muss also beide Aussagen machen. Wie sollte angesichts der Erfahrungen, die er und die Seinen machen, angesichts der blutig erlittenen Herrschaft Roms, der Glaube an Gott als Schöpfer und Herrn der Welt anders festgehalten werden können als – im Widerspruch?! Die logische Widersprüchlichkeit ist nichts anderes als die Konsequenz dessen, dass Gott selbst an der widersprüchlichen Wirklichkeit teilhat, an ihr leidet und ihr widerspricht und so dem Widersprechen Raum gibt. Die widersprüchliche und dualistisch erscheinende Redeweise macht deutlich, dass Gott noch nicht am Ziel ist. Deshalb redet Johannes vom kommenden Gott. Er tut das, weil er sich nicht abfinden will mit dem Unrecht und der Gewalt, der Not und dem Elend, den Tränen, die aus Leid und aus Wut vergossen werden müssen. Gott ist noch nicht am Ziel. Aber als der kommende Gott überlässt er diejenigen nicht der Hoffnungslosigkeit, die auf ihn ihr Vertrauen setzen.

Was dem Tier nach dem Anfang von V. 5 zunächst „gegeben worden ist“, ist „ein Maul, groß und lästerlich daherzureden“. Das ist wieder „Zitat“. In Dan 7,8 heißt es von einem kleinen hervorbrechenden Horn am vierten Tier, womit Antiochus IV. gemeint ist: Das hatte „ein Maul, das groß daherredete“ (vgl. Dan 7,11.20). Mit großer Macht verbindet sich massive Propaganda. Über den Danieltext hinaus geht die Angabe „und lästerlich“. Die sich in Propaganda umsetzende und in ihr sich äußernde Macht des Tieres ist zugleich gotteslästerlich, weil sie sich an die Stelle Gottes setzt. Wiederum wird diese Macht damit als Usurpation gekennzeichnet. Die Widersprüchlichkeit, in die sich Gott nach Johannes begibt, liegt an dieser Stelle besonders klar auf der Hand. Das Tier usurpiert die eigentlich nur Gott zukommende Macht und lästert damit Gott, aber genau das ist ihm von Gott gegeben! Dass bei diesem *edóthe* nicht an den Drachen als logisches Subjekt gedacht ist, sondern wirklich an Gott, ergibt sich eindeutig aus V. 5b: „Und es wurde ihm Herrschaftsgewalt gegeben zu wirken 42 Monate.“ Mit der Zeitangabe ist die aus Daniel stammende Vorstellung von der durch Gott bemessenen Frist der Endzeit aufgenommen. In Dan 7,25 und

[34] Ebd.

12,7 ist von dreieinhalb Zeiten die Rede. Die erste Stelle spricht vom Gottesvolk als „den Heiligen des Höchsten“, die in die Hand des Antiochus IV. gegeben werden „eine Zeit und zwei Zeiten und eine halbe Zeit“. An der zweiten Stelle schwört der Mann in Leinenkleidern, der über dem Wasser des Stromes steht, „dass es eine Zeit und zwei Zeiten und eine halbe Zeit währen soll“. Dreieinhalb Jahre betrug in der Tat die Herrschaft des Antiochus über Jerusalem. Da kommt die Zahl wohl her. Aber zugleich hat sie eine symbolische Bedeutung. Die dreieinhalb Zeiten bilden bei Daniel die Hälfte der 70. und also letzten Weltwoche; sie füllen sie nicht aus. Diese dreieinhalb Zeiten der Bedrängnis sind daher eine begrenzte Zeit. Dieser Aspekt der begrenzten Zeit gilt auch für Johannes. Er ergibt sich auch von daher, dass dreieinhalb als die Hälfte von sieben Ausdruck der Unvollständigkeit und Unvollkommenheit, eben eine „Halbheit“ ist. Die Zeit der endzeitlichen Bedrängnis ist von Gott her begrenzt; in ihr wird er die Gemeinde bewahren. Den dreieinhalb Zeiten gibt Johannes auf unterschiedliche Weise Ausdruck: mit der Angabe von 42 Monaten (Apk 11,2; 13,5) oder 1260 Tagen (Apk 11,3; 12,6) oder mit der Wendung „eine Zeit und Zeiten und eine halbe Zeit“ (Apk 12,14). Dass in Apk 13,5 von der Begrenzung des Wirkens des Tieres die Rede ist, weist eindeutig auf Gott als Subjekt. Rom selbst möchte ja „ewig“ sein. Johannes macht also die Aussage, dass Gott dem Tier Macht gegeben, zugleich aber seinem Wirken eine zeitliche Grenze gesetzt hat. Wieder ist die Widersprüchlichkeit deutlich. Die dem Tier gegebene Herrschaftsgewalt wirkt sich ja widergöttlich und lebensfeindlich aus. Aber Johannes will die Welt nicht dem Teufel überlassen. Er will sich in den Erfahrungen von Bedrohung und Bedrängnis, die er samt seinen Geschwistern macht, nicht dem ausschließlichen Wirken teuflischer Mächte ausgesetzt sehen, sondern gerade darin immer noch dem Wirken Gottes vertrauen können.

V. 6 stellt dar, dass das Tier auch ausführt, wozu ihm Macht gegeben worden ist: „Und es öffnete sein Maul zu Lästerungen gegen Gott, zu lästern seinen Namen, seine Wohnung und die im Himmel Wohnenden.“ Auch hier liegen wieder Zitatanspielungen auf Daniel vor: 7,25; 11,36. An der erstgenannten Stelle heißt es im Blick auf Antiochus IV.: „Er wird Reden gegen den Höchsten führen und die Heiligen des Allerhöchsten aufreiben.“ Hinsichtlich des Lästerns dürfte Johannes wieder an die Amtsbezeichnungen des römischen Kaisers denken. So bemerkt ROLOFF: „Das Lästerliche dieser Rede besteht nicht in der direkten Schmähung Gottes, sondern in dem faktischen Anspruch, sich an Gottes Stelle zu setzen“[35]. Die weiteren Angaben haben wohl kein eigenes Gewicht, sondern bezeichnen nur die zu Gott gehörende himmlische Welt[36].

V. 7a nennt eine weitere Aktivität, die dem Tier eingeräumt ist: „Und es wurde ihm gegeben, Krieg zu führen gegen die Heiligen und sie zu besiegen.“ Wieder liegen Assoziationen an Daniel vor: „Und ich sah das Horn kämpfen gegen die Heiligen und es gewann die Oberhand über sie“ (Dan 7,1; vgl. V. 25). Außer dass die Bezeichnung „Heilige“ von den beiden Dan-Stellen her vorgegeben ist, dürfte sie doch auch sehr bewusste Wahl sein. „Die Heiligen“ bezeichnet

---

[35] ROLOFF, Komm., S. 137.

[36] Vgl. BOUSSET: „... das Zelt Gottes ist der Himmel, die im Himmel Zeltenden sind die Engel, das Himmelsheer“ (Komm., S. 363).

die Gemeinde als die ganz und gar zu Gott Gehörigen, die seiner Herrschaft Unterstellten und also auch seine Herrschaft Bezeugenden und zugleich damit die Herrschaft des Tieres Bestreitenden. Johannes schreibt keine Erfolgsgeschichte. Das „Siegen" ist den anderen „gegeben". Auch das ist ein Umgang mit der Niederlage, in die er und die Seinen hinein gezwungen worden sind. Nicht Rom selbst ist letztlich das Subjekt seines Sieges. Es wurde ihm gewährt, so zu handeln, wie es wollte. Sein Sieg wird festgestellt; es hat in dem von ihm vom Zaun gebrochenen Krieg die nötige Macht zum Sieg. Aber es wird ihm sofort bestritten, dass es *sein* Sieg ist, ein aus eigener Souveränität und Machtvollkommenheit heraus errungener Sieg. Das ist aber gerade keine Legitimierung des kriegerischen Rom. Bei der hier von Johannes gebrauchten Redeweise (*edóthe*) geht es ihm um die Möglichkeit der Machtbestreitung im Erleiden der Macht, ohne sich über dieses Leiden illusionär hinweg zu täuschen. Es geht ihm darum, den Protest durchhalten zu können jenseits von Resignation und Illusion.

In diesem Abschnitt über das, was Rom „gegeben" ist, stellt V. 7b abschließend fest: „Und es wurde ihm Herrschergewalt gegeben über alle Stämme, Völker, Sprachen und Nationen." Dass Rom faktisch Weltmacht ist, wird hier wahrgenommen. Daran gibt es, macht man sich keine Illusionen, nichts zu deuteln. Eine weltumspannende neue Einheit geschaffen zu haben, entspricht römischem Selbstverständnis und wird in der Reichspropaganda herausgestellt und von Bewunderern Roms bis heute nachgesprochen. An dieser ungeheuren Machtfülle Roms blickt Johannes nicht vorbei. Und er redet – wiederum im Passiv – auch in diesem Zusammenhang von Gott. Aber er tut es völlig anders als etwa Josephus. Der macht sich bei der Belagerung Jerusalems durch die Truppen des Titus zum Sprachrohr Roms und ruft nach seiner eigenen Darstellung den Verteidigern zu: „Vernünftigerweise kann man allenfalls unbedeutende Herrscher missachten, aber nicht solche, denen die ganze Welt untertan ist. Was ist denn bisher der Herrschaft der Römer entgangen, abgesehen von einigen Gebieten, die wegen ihrer Hitze oder Kälte unbrauchbar sind? Überall hat sich das Glück ihnen zugeneigt, und Gott, der unter den Völkern die Herrschaft von einem zum anderen übergehen lässt, steht jetzt zu Italien. Als mächtigstes Gesetz gilt eben tatsächlich bei den Tieren wie bei den Menschen, dass man dem Stärkeren weichen muss und dass die Macht nur erlangt, wer die schärfsten Waffen führt"[37]. Auch Josephus nimmt die weltweite Macht Roms wahr; auch er bringt Gott ins Spiel. Aber wie anders als Johannes! Josephus lässt sich von der Macht Roms so sehr imponieren, dass Gott zur Mystifizierung und Legitimierung des hier proklamierten Rechts des Stärkeren verkommt. Bei Johannes dagegen wird Gott herrschaftskritisch ins Spiel gebracht. Roms Macht gilt ihm zwar als von Gott gewährte, aber doch zugleich auch als teuflisch usurpierte. Das kommt in dem am Ende von V. 7 aufgenommenen Motiv von der Herrschaft über die Völker zum Ausdruck. Die hier von Rom ausgesagte Herrschaft über alle Völker ist antithetisch zu der Aussage von 5,9, dass sich das Lamm aus allen Völkern Menschen erworben hat. Das ist kaum als Begrenzung auf wenige Erwählte zu verstehen, sondern eher im Sinne eines repräsentativen Teils. Das zeigt die Pro-

---

[37] Flav.Jos.Bell. V 366f. (Übersetzung MICHEL/BAUERNFEIND).

lepse in 5,13[38]. Gerade die Aussage, dass dem Tier „gegeben worden ist", dient nicht der Legitimierung der Macht Roms wie bei Josephus, sondern im Gegenteil ihrer Bestreitung.

V. 8 verlässt den Visionsstil und spricht in der Form prophetischer Rede: „Ihm werden alle huldigen, die die Erde bewohnen." MÜLLER meint aufgrund des Wechsels der Form, dass jetzt eine Ankündigung vorliege. Johannes erwarte eine künftige weltweite Verfolgung, in der das hier angesagte Geschehen eintreten werde[39]. Aber es wird ja nichts anderes angekündigt, als in V. 3b.4 in der Vision schon geschildert worden war. Johannes hat also gegenwärtiges Geschehen vor Augen. Die futurische Form besagt dann allenfalls, dass er dessen Andauern für die noch verbleibende Zeit erwartet. Auffällig ist in V. 8 das maskuline Objekt αὐτόν (*autón* – „ihn"). Vorher war vom Tier die Rede, dessen *genus* neutrisch ist, sodass es αὐτό (*autó* – „es") heißen müsste. KRAFT bezieht das maskuline Personalpronomen auf den Drachen[40]. Aber dessen letzte Nennung in V. 4 liegt sehr weit zurück. Mir erscheint daher die Annahme als wahrscheinlicher, dass Johannes dabei an den regierenden Kaiser als Exponenten des Tieres, des Imperiums, denkt[41].

Der abschließende Relativsatz in V. 8 bringt eine Einschränkung: Dem Kaiser huldigen „alle, die auf der Erde wohnen, jeder, dessen Name nicht geschrieben steht im Lebensbuch des geschlachteten Lammes von Grundlegung der Welt an"[42]. Vom Lebensbuch war im Siegesspruch in Apk 3,5 die Rede. In ihm sind die Namen derer verzeichnet, die Anteil an der Welt Gottes erhalten. Diese Vorstellung stammt aus der Erfahrung der Namen- und Wesenlosigkeit der kleinen Leute und streitet gegen diese Erfahrung. Sie haben einen unverlierbaren Ort, wo ihre Namen verzeichnet sind, wo ihr Name Klang und Geltung hat, wo er nicht vergessen wird. Diese Vorstellung findet sich schon biblisch und dann weiter in der jüdischen Tradition. In Mal 3,16 heißt es: „Vor Gott wird ein Buch geführt zum Gedächtnis derer, die den Ewigen achten und mit Gottes Namen rechnen"[43]. Über die Formulierung von Apk 3,5 hinaus heißt es hier in 13,8: „von Grundlegung der Welt an". Diese Wendung begegnet im Neuen Testament öfters im sachlichen Zusammenhang des Erwählungsgedankens[44]. Dabei geht es nicht um konventikelhaften Dünkel. Diese Vorstellung dient vielmehr als Ausdruck der Gewissheit über Gottes freundliche Zuwendung. Sie beschreibt Gottes Treue und appelliert zugleich an sie. Das Lebensbuch ist nicht ein Buch himmlischer Kontoführung. Indem in ihm die Namen der zum Leben Bestimmten von

---

38 Vgl. u. S. 256; vgl. weiter Apk 21,3; 22,2.

39 MÜLLER, Komm., S. 251f.

40 KRAFT, Komm., S. 177.

41 So z.B. WITULSKI, Johannesoffenbarung, S. 153–158, der allerdings zwischen individueller (ein Kaiser) und kollektiver Deutung (das Imperium) eine Alternative aufbaut.

42 Im griechischen Text findet sich ein grammatisch eigenartiger Übergang vom Plural zum Singular. Dem versuche ich in der Übersetzung Ausdruck zu geben durch die Einfügung des Wortes „jeder".

43 Außer mehrfach in der Apokalypse begegnet dieses Motiv im Neuen Testament noch in Phil 4,3; Lk 10,20 und Hebr 12,23.

44 Ekklesiologisch in Eph 1,4; Apk 17,8; vgl. Mt 25,34, christologisch in Joh 17,24; 1Petr 1,20.

Anfang an aufgezeichnet sind, bezeichnet es damit den Zugriff Gottes auf die Menschen vor all ihrem Tun. Bezogen auf die Situation des Johannes heißt das: Das Nichtanbeten des Tieres und damit die Fähigkeit zum Widerstand wird nicht dem eigenen Vermögen zur Standhaftigkeit zugute geschrieben, sondern in Gottes erwählendem Handeln begründet gesehen. Dann kann man aber auch von der anderen Seite her mit MÜLLER formulieren, wobei mir weniger an seinem ersten, viel aber am zweiten Satz liegt: „Jeder, der nicht vom Anfang der Welt in das Buch des Lebens eingetragen ist, verfällt dem Götzendienst des Kaiserkultes. Die Gläubigen aber sind zum Widerstand vorherbestimmt“[45]. KROON hört sie im Blick auf das Tier sagen: „Aber das ist keine Macht, das ist Gewalt, das ist Unrecht ...! Die blicken die Dinge von unten her an ... Und von diesem Blickwinkel aus sieht die Welt ganz anders aus“[46].

Das Lebensbuch ist hier zusätzlich als Buch des geschlachteten Lammes gekennzeichnet. BOUSSET hält das für eine Glosse, „von einem Abschreiber herzlich ungeschickt eingefügt“[47]. MÜLLER stimmt dieser Streichung zu[48]. ROLOFF, KRAFT und LOHMEYER verzichten auf eine Interpretation. Mir scheint sich ein doppelter Sinnbezug durch diese Kennzeichnung des Buches nahe zu legen: Einmal ist das geschlachtete Lamm, wie bei 5,6 gezeigt, für Johannes das stärkste Protestsymbol gegen Roms mörderische Herrschaft. Das führt er an dieser Stelle wieder an, wo es um die Verweigerung gegenüber den Ansprüchen Roms geht. Zum anderen liegt ein Bezug auf 5,9 vor: Die im Buch des Lebens Stehenden sind die vom Lamm Erworbenen, sind diejenigen, die sich auf seinen Protest, sein Zeugnis und seinen Widerstand einlassen, ihn für sich übernehmen und weiterführen.

In V. 9 folgt ein Weckruf, wie er in jedem Sendschreiben begegnet. Wenn er jetzt hier gemacht wird, unterstreicht das die Bedeutsamkeit der folgenden Aussage in V. 10: „Wer in Gefangenschaft kommen soll, geht in Gefangenschaft; wer durchs Schwert getötet werden soll, wird durchs Schwert getötet. Hier gilt das Ausharren und die Treue der Heiligen“. Johannes orientiert sich an dieser Stelle an Jer 15,2. Dort soll der Prophet die Leute von Gott wegschicken, dass sie fortgehen; und wenn sie fragen, wohin sie fortgehen sollen, bekommen sie zur Antwort in prädikatlosen Sätzen: „Wer des Todes – zum Tod! Wer des Schwerts – zum Schwert! Wer des Hungers – zum Hunger! Wer des Verschleppens – zur Verschleppung!“[49] Warum bringt Johannes diese Aussage an dieser Stelle und was meint er mit ihr? Er hat im Vorangehenden die ungeheure Macht Roms herausgestellt. Er hat sie zwar von Gott her relativiert; aber er hat dadurch doch auch keine Illusionen über diese Macht und die Art und Weise ihres Gebrauchs aufkommen lassen. Wer sich ihr verweigert – alle beten sie an, aber

---

45 MÜLLER, Komm., S. 252. Vgl. auch ROLOFF, Komm., S. 138: „Sie allein verweigern die Anerkennung dieses Reiches der Lästerung und selbstherrlichen Gewalt. Damit stellen sie sich außerhalb des Konsenses der weltweiten menschlichen Gesellschaft und ziehen sich deren Haß zu.“

46 KROON, Komm., S. 127.

47 BOUSSET, Komm., S. 364.

48 MÜLLER, Komm., S. 252.

49 Übersetzung TORCZYNER.

Johannes will Verweigerung –, soll sich über die Konsequenzen im Klaren sein. Die werden hier ganz nüchtern festgestellt. Man sollte in die Auslegung dieser Stelle weder einen heroischen noch einen fatalistischen Zungenschlag hineinbringen. Johannes will illusionslosen, aber auch von Resignation freien Widerstand, sonst nichts. Eine m.E. falsche, nämlich fatalistische Dimension bringt MÜLLER in die Interpretation hinein, wenn er meint: Hier „ergeht der Aufruf, daß die Christen in jedem Geschick, das sie trifft, den Ratschluß Gottes erkennen sollen“[50]. Kleine Verschiebungen bringen hier sehr viel ins Rutschen. Es macht einen großen Unterschied aus, ob ich mich im schlimmen Erleiden doch immer noch von der Hand Gottes gehalten wissen darf oder ob ich darin gleich den Ratschluss Gottes erkennen soll. Es ist der Unterschied zwischen Fatalismus und Protest. Diejenigen, die das Schicksal schon erlitten haben, das Johannes hier illusionslos vor Augen stellt, lässt er in 6,10 lauten Protest hinausschreien[51].

MÜLLER schreibt weiter: „Das in Vers 10 geforderte Verhalten schließt einen aktiven Widerstand oder Kampf gegen den damaligen Staat aus“[52]. Diese Aussage ist vom Text nicht gedeckt – oder nur, wenn man ihn in fatalistischer Weise versteht. Der Text trifft eine Feststellung, er ist keine Mahnung. Hier wird kein Verhalten gefordert, sondern die Konsequenz des Widerstands ausgesprochen – und den Widerstand will Johannes. Über bewaffneten Widerstand sagt er nichts; der ist außerhalb seines Gesichtsfeldes[53].

Er schließt diesen Zusammenhang mit der Bemerkung ab – und darauf liegt hier das Gewicht: „Hier gilt das Ausharren und die Treue der Heiligen!“ In der Verweigerung des „Mitmachens“, im Widersprechen und Widerstehen wird bestritten, dass die Welt denen gehört, die sich Herrschaft über sie anmaßen. Das vom Glauben an die Herrschaft Gottes und seines Gesalbten getragene widerständige Ausharren ist Zeugnis dieser Herrschaft Gottes und seines Gesalbten. Von daher kann dieser Schlusssatz von 13,10 als Zusammenfassung all dessen gelten, was Johannes sagen will. Ihn wiederholt er in erweiterter Form in 14,12: „Hier gilt das Ausharren der Heiligen, die die Gebote Gottes halten und die Treue zu Jesus.“ Orientierung an Gottes Geboten und Treue zu Jesus: Das ist es, worauf Johannes hinaus will, und darin manifestiert sich und bewährt sich das geforderte Ausharren.

---

50 MÜLLER, Komm., S. 252.

51 Zu einem anderen Verständnis von V. 10 aufgrund einer anderen als Urtext angenommenen Lesart vgl. SATAKE, Komm., S. 301f.

52 MÜLLER, Komm., S. 252.

53 BOUSSET allerdings sieht hier die Mahnung ausgesprochen: „Die Christen sollen sich nicht bewaffnet gegen die kaiserliche Macht zur Wehr setzen“ (Komm., S. 365). Unmittelbar anschließend meint er jedoch zu Recht: „Es fragt sich allerdings, ob die hin und her im römischen Reich zerstreuten Christen hieran überhaupt denken konnten.“ Dann ist eine solche Mahnung überflüssig und es also alles andere als wahrscheinlich, dass Johannes sie aussprechen wollte.

2. *Das Tier aus der Erde* *Propaganda der Macht und Macht der Propaganda*

Dem „Tier aus dem Meer" lässt Johannes in Apk 13,11–18 ein „Tier aus der Erde" folgen, das er in folgender Weise beschreibt:

11Da sah ich ein anderes Tier aus der Erde heraufsteigen; es hatte zwei Hörner
gleich einem Lamm und redete wie ein Drache. 12Und alle Herrschergewalt des
ersten Tieres wirkt es vor ihm. Und es wirkt, dass die Erde und alle, die sie
bewohnen, dem ersten Tier huldigen, dessen Todeswunde geheilt worden war.
13Und es wirkt große Zeichen, sodass es auch bewirkt, dass Feuer vom Himmel
auf die Erde hernieder fährt vor den Menschen; 14und es täuscht diejenigen, die
auf der Erde wohnen, aufgrund der Zeichen, die vor dem Tier zu wirken ihm
gegeben worden ist. Es sagt denjenigen, die auf der Erde wohnen, für das Tier
ein Bild zu machen, das die Schwertwunde hat und lebendig wurde. 15Und es
wurde ihm gegeben, dem Bild des Tieres Geist zu geben, dass das Bild des Tieres auch rede und handle, damit alle, die dem Bild des Tieres nicht huldigen,
getötet würden. 16Und es veranlasst alle – die Kleinen und die Großen, die
Reichen und die Armen, die Freien und die Versklavten –, dass sie sich ein
Kennzeichen auf ihre rechte Hand geben oder auf ihre Stirn, 17damit ja niemand
kaufen oder verkaufen könne – außer wer das Kennzeichen hat, den Namen
des Tieres oder die Zahl seines Namens. 18Hier kommt es auf Weisheit an.
Wer Verstand hat, soll die Zahl des Tieres berechnen. Es ist ja die Zahl eines
Menschen; und seine Zahl ist 666.

In diesem Abschnitt wird nach dem Tier aus dem Meer nun ein zweites Tier eingeführt, ein Tier aus der Erde. Vorab sei die mir wahrscheinlichste Deutung dieses zweiten Tieres skizziert, die dann im Durchgang durch den Text begründet werden soll. Das zweite Tier lässt sich am besten als Repräsentanz der Oberpriesterschaft des Kaiserkultes verstehen[54]. Diese „hohen Tiere" – die Oberpriester des Kaiserkultes entstammten der Aristokratie der Provinz – sorgen „für die Staatsideologie und Staatsmetaphysik, für Staatskult und Staatssymbolik"[55]. Sie propagieren und betreiben den Kaiserkult in der Provinz als Ausdruck politischer Loyalität gegenüber Rom. Wie schon ausgeführt, hatte dieser Kult unter Domitian großen Aufschwung erlebt. Nach Augustus entwickelte sich „der Kaiserkult mehr und mehr und wurde … zum einigenden Bande des Imperiums, zum Symbol der Treue aller Bürger gegenüber Kaiser und Staat"[56]. Er war der religiöse Kitt, der das Imperium zusammenhielt, hatte also eine hochpolitische Funktion. Beachtenswert ist, dass das von Johannes in diesem Zusammenhang gebrachte Bildmaterial nur zum Teil aus der Bibel stammt[57]. Lediglich der Umstand, dass im Gesamtzusammenhang von Kap. 13 von zwei Tieren die Rede ist,

---

54 So schon BOUSSET, Komm., S. 365f.
55 SCHRAGE, Staat, S. 74.
56 FRANKE, Kleinasien, S. 11.
57 Darauf weist ROLOFF hin: Komm., S. 139.

von denen eins aus dem Meer und eins vom Land kommt, erinnert an Leviathan und Behemot in Hi 40f.; 4Esr 6,51f.; 1Hen 60,7f. Aber die Beziehung der beiden Tiere zueinander ist hier völlig anders, ebenso sind es die Einzelzüge. Das führt ROLOFF zu der Annahme, dass „Johannes dieses Bild selbständig geschaffen hat“[58]. Es ist daher an dieser Stelle ein sehr starker zeitgeschichtlicher Bezug anzunehmen. ROLOFF formuliert zusammenfassend: „Johannes will in einer auf das Typische abhebenden Weise alle jene Institutionen, Menschen und Kräfte charakterisieren, die die im Kaiserkult gipfelnde religiöse Verehrung des Imperiums und seiner Macht fördern“[59].

WITULSKI vertritt zu Apk 13 die These: „Hadrian als derjenige, der die Provinz *Asia* auf dem Seeweg erreicht und auch wieder verlassen hat, verkörpert das ἐκ τῆς θαλάσσης θηρίον ἀναβαῖνον, der in Laodikaia in Phrygien geborene und in Smyrna lebende, also in der Provinz *Asia* verwurzelte Antonius Polemon das θηρίον ἀναβαῖνον ἐκ τῆς γῆς“ (Johannesoffenbarung, S. 219). Das Kapitel ließe sich „unmittelbar auf das Wirken des Kaisers Hadrian und seines Freundes und Mentors, des Sophisten Antonius Polemon, zwischen 123 und 132 n.Chr., dabei insbesondere auf deren gemeinsame Aufenthalte in der Provinz *Asia* und die 132 n.Chr. vollzogene Weihe des Ζεῦς᾽Ολύμπιος-Heiligtums in Athen, beziehen oder aber plausibel mit ihrem Wirken in Verbindung bringen“ (S. 237). Diese These soll zwischen den beiden Zitaten mit großem gelehrten Aufwand begründet werden. Wie es um die Evidenz dieses Unternehmens steht, zeigt das gehäufte Vorkommen von Wendungen wie: „durchaus denkbar“, „durchaus wahrscheinlich“, „offensichtlich“, „lassen die Annahme wahrscheinlich erscheinen“, „durchaus plausibel“, „durchaus mit Grund vermuten“, „zumindest nicht unplausibel“, „nicht unmöglich“. Die Zurichtung des Textes auf diesen engen zeitgeschichtlichen Zusammenhang bringt ihn gerade nicht zum Sprechen.

V. 11 formuliert in Entsprechung zu V. 1: „Da sah ich ein anderes Tier aus der Erde heraufsteigen.“ Gemeint ist nicht ein Aufstieg aus der Unterwelt. „Erde“ steht hier im Unterschied zu „Meer“ und meint also das Festland. Nach dem Meer als dem römisch gewordenen Mittelmeer ist also jetzt das Festland der Provinz Asia im Blick. Von den Römern wird die einheimische aristokratische Priesterschaft des Kaiserkults unterschieden. Von Leviathan und Behemot her ist die unterschiedliche Herkunft vom Meer und vom Festland nicht zu erklären. Auch der Hinweis von ROLOFF auf das Wehe gegen Land und Meer in 12,12 hilft nicht. In keinem der beiden Tiere wird das Wehe gegen das Meer erfüllt. In dem über 13,11–18 hinausgehenden Text der Apokalypse kommt die Gestalt des zweiten Tieres zwar noch vor, aber nicht mehr unter dieser Bezeichnung, sondern als „der Lügenprophet“[60] (16,13; 19,20; 20,10). Es ergibt sich somit folgende Dreierreihe: Drache – Tier aus dem Meer – Tier aus der Erde bzw. Lügenprophet. Man spricht hier gerne von einer „satanischen Trinität“, so zuerst

---

58 Ebd.

59 A.a.O., S. 140.

60 Für WITULSKI legt diese Formulierung „die Annahme nahe, daß diese Gestalt individuell zu verstehen ist, d.h. daß der Apokalyptiker bei der Einführung der Figur des zweiten θηρίον eine einzelne Person vor Augen gehabt hat“ (Johannesoffenbarung, S. 159f.). Aus dieser „Annahme“ zieht er dann sofort als gesicherte Folgerung, dass „diese Gestalt nicht auf Kollektive … bezogen werden“ könne (S. 160). Er identifiziert sie mit dem Sophisten Antonius Polemon (vgl. besonders S. 226–236).

Johann Heinrich Jung-Stilling (1740–1817). Und in der Tat: Diese Reihe entspricht antithetisch der anderen: Gott – sein Gesalbter – heiliger Geist bzw. Propheten. Es liegt also wieder das Motiv der Nachäffung vor. Der Teufel und was zu ihm gehört, wirkt durch Imitation. Dieses Motiv der Imitation begegnet auch in Apk 17,8, wenn Johannes das (erste) Tier so gedeutet bekommt: „Das Tier, das du sahst, war und ist nicht und wird hinaufsteigen aus der Unterwelt und geht ins Verderben." Es liegt hier eine seltsame Analogie zur Charakterisierung Gottes in 1,4.8; 4,8 vor – mit zugleich bezeichnenden Unterschieden. Von beiden heißt es: „war". Aber in der Gegenwart wird vom Tier Existenz verneint; wirkliche Existenz wird ihm abgesprochen: „Es ist nicht." Und für die Zukunft heißt es bei ihm nicht: „Es kommt." Zukunft wird ihm ebenfalls abgesprochen. Es wird zwar aus der Unterwelt hinaufsteigen – das beschreibt Johannes in 20,7f. –, aber seine Zukunft ist das Verderben. Der Teufel, der keine wirkliche Existenz und keine Zukunft hat, gelangt zu Wirklichkeit, wenn seine Imitation geglaubt, wenn sie ihm als „echt" abgenommen wird. Die Gegenüberstellung der beiden Reihen macht auch deutlich, weshalb das zweite Tier in der Fortsetzung als Lügenprophet dargestellt und ausgelegt werden kann. Der heilige Geist kommt konkret zur Wirkung im Reden der Propheten, die im Namen des erhöhten Jesus sprechen. Von dieser Analogie her wirkt das zweite Tier als Lügenprophet. Es ist der Propagandist des ersten Tieres.

Die Beschreibung des zweiten Tieres ist sehr knapp gehalten: „Es hatte zwei Hörner gleich einem ἀρνίον (*arníon*)." Das kann „Lamm" oder „Widder" bedeuten. Die Doppeldeutigkeit dürfte bewusst gewählt sein. Es ist einmal dasselbe Wort, mit dem auch Jesus als das Lamm bezeichnet wurde. Damit ginge es wieder um den Aspekt der Nachäffung. Zum anderen liegt ein klarer Bezug auf Dan 8,3 vor: „Und da: Ein Widder stand vor dem Wasser, der hatte zwei hohe Hörner." Im hebräischen Text steht איל (*ájil*), von Septuaginta und Theodotion mit κριός (*kriós*) wiedergegeben. Johannes dürfte gerade um der Doppeldeutigkeit willen ἀρνίον (*arníon*) gewählt haben. Das Horn ist natürlich wieder Symbol der Macht. Beim Vergleich der „Personen" der satanischen Trias fällt auf, dass der Drache und das Tier aus dem Meer jeweils zehn Hörner haben (12,3; 13,1), das Tier aus der Erde jetzt aber nur zwei. Damit wird ihm deutlich geringere Macht zugesprochen. Daraus ist zu schließen: Der Drache inkarniert sich zwar im ersten Tier, aber das erste Tier inkarniert sich nicht in gleicher Weise im zweiten, sondern das zweite Tier ist dem ersten in bestimmter Funktion zugeordnet.

Diese Funktion gibt das letzte Sätzchen von V. 11 an: „Und es redete wie ein Drache." Die Funktion des zweiten Tieres besteht vor allem im Reden, in Propaganda. Diese Propaganda wird sofort als teuflisch charakterisiert – die Propaganda, die die kaiserliche Politik als Heil für die ganze Welt preist, als Friede und Wohlfahrt für alle, und damit verschleiert, dass sie nur die Reichen noch reicher macht. Das zweite Tier ist lediglich, wie Roloff formuliert, „ein Sprachrohr des Drachen" und hat „keine eigene Gewalt"[61]. Das spricht der Beginn von V. 12 in einer eigenartigen Formulierung ausdrücklich aus: „Und alle Herrschergewalt des ersten Tieres wirkt es vor ihm." Noch einmal ist deutlich,

---

[61] Roloff, Komm., S. 140.

dass das zweite Tier keine eigene *potestas*, keine eigene Herrschaftsmacht hat, sondern nur eine vom ersten Tier abgeleitete[62]. Das ist weiter zu entfalten, vor allem der Aspekt des Vollzugs der Herrschaftsgewalt des ersten Tieres vor ihm selbst. Damit wird ein eigenartiger Kreislauf angedeutet: Die Propaganda, die sich im Reden des zweiten Tieres vollzieht, ist Zelebration und Selbstdarstellung der Herrschaftsgewalt. Man denke an Aufmärsche und Feiern in Nazideutschland, vor allem an die Parteitage in Nürnberg. Die Feier der Herrschaftsgewalt dient aber zugleich ihrer Erhaltung, ja mehr noch: Sie verhilft der usurpierten Macht erst zur vollen Wirklichkeit, speist sie mit praller Realität. Erst wenn niemand mehr widerspricht, wenn niemand mehr sich querstellt, wenn alle mitmachen, wird diese Macht wirkliche Macht, kann sie sich hemmungslos in voller Willkür austoben. Von der Zelebration der Macht vor ihr selbst, von dieser Propaganda, geht ein ungeheurer Sog aus, ein enormer Anpassungsdruck, der nach Apk 13,3b.4 dazu führt, dass alle Welt dem Tier huldigt und sagt: „Wer ist dem Tier gleich?“ Genau das wird jetzt in der Fortsetzung von V. 12 aufgenommen: „Und es wirkt, dass die Erde und alle, die sie bewohnen, dem ersten Tier huldigen.“ Das unterstreicht, dass das zweite Tier die Abteilung Propaganda vertritt; und da ist es am nächstliegenden für die Zeit des Johannes konkret – jedenfalls in erster Linie – an die Priesterschaft des Kaiserkultes zu denken. In ihr sind die führenden Kreise der Provinz vertreten. Sie profitierten von den bestehenden Verhältnissen; sie hatten ein Interesse an der Aufrechterhaltung der römischen Herrschaft; sie verkündeten diese Herrschaft als gut für alle. Ihnen lag daher alles an der Loyalität der Provinzbevölkerung gegenüber dem kaiserlichen Herrscher. Sie zelebrierten seine Macht im Kaiserkult und brachten sie zugleich zur Verwirklichung durch die Teilnahme der Bevölkerung am Kult, durch die sich darin bekundende Loyalität und Akzeptanz der bestehenden Herrschaftsausübung. „Am stärksten waren von einer gegen die autoritären Symbole des Reiches, die römischen Götter und den Herrschergott, gerichteten Bewegung die Kaiserpriester betroffen; ihnen müssen sich, sofern diese Bewegung auch den alten Landesgöttern gilt, die übrigen Priesterkollegien, die zugleich die stärksten Faktoren im wirtschaftlichen und politischen Leben sind, sowie das Koinon und die Munizipalbehörden anschließen“[63]. Also nicht zuletzt von wirtschaftlich-politischen Interessen her geht vom Kaiserkult ein Druck aus, sich in die Feier der Macht einbeziehen zu lassen.

Am Ende von V. 12 wird das erste Tier unter Aufnahme einer Aussage von V. 3 in einem Relativsatz noch einmal charakterisiert: „dessen Todeswunde geheilt worden war“. War in V. 3 von der tödlichen Wunde eines Kopfes des Tieres die Rede, so hier nun von der Todeswunde des Tieres selbst. Das zeigt wieder die Identifikation von Kaiser und Reich. Die Wiederaufnahme von V. 3 an dieser Stelle hilft m.E. zugleich aber auch, ein dort offen gelassenes Problem zu entscheiden, ob nämlich der mit dem tödlich getroffenen Kopf gemeinte *Nero redivivus* eine künftige Gestalt meine oder Domitian als den für Johannes ge-

---

62 Das zweite Tier „bringt die dem ersten Tier gegebene ἐξουσία zum Vollzug und zur Verwirklichung. Das gilt dem in den Provinzen zur höchsten Blüte und Ausbreitung gelangten Priestertum des Kaiserkultus“ (BOUSSET, Komm., S. 366).

63 WEBER, SAECULI, S. 13.

genwärtigen Kaiser. Hier ist nun klar, dass Johannes den Kaiserkult seiner Gegenwart im Blick hat. Das bedeutet dann aber auch, dass die Huldigung gegenüber dem Tier mit der geheilten Todeswunde dem gegenwärtigen Kaiser gilt. Für Johannes wäre demnach Domitian der *Nero redivivus*.

V. 13 beschreibt das Wirken des zweiten Tieres weiter: „Und es wirkt große Zeichen." Johannes nimmt hier die Tradition auf, dass der endzeitliche Widersacher Wunder vollbringt[64]. Bei dem dann beispielhaft genannten Zeichen – Feuer vom Himmel kommen lassen – könnte es zunächst scheinen, als ließe es sich nicht zeitgeschichtlich verstehen. Biblisch wird 1Kön 18,38 assoziiert, der Kampf Elijas mit den Baalspriestern, als er nach deren vergeblichen Opferversuchen Gott über seinem Opfer anruft, worauf Feuer vom Himmel fällt und sein Opfer verzehrt. Auch nach 2Kön 1,1–15 lässt Elija Feuer vom Himmel fallen, das die beiden Trupps frisst, die ihn verhaften sollen[65]. Eine erste zeitgeschichtliche Assoziation bzw. eine Brücke zum biblischen Text könnte vorliegen, wenn Johannes 1Kön 18,39 mit im Blick hatte. Dort reagiert das Volk auf das Wunder des Elija mit dem Ausruf: „Der Ewige ist Gott, der Ewige ist Gott." „Herr und Gott" war die gegenüber Domitian üblich gewordene Anrede[66]. Von daher könnte Johannes das Zeichen von V. 13 als Elija nachäffendes Wunder einführen. Es gibt aber noch einen viel direkteren zeitgeschichtlichen Bezug. Das vom Himmel niedergehende Feuer kann als die Erde treffende Blitze verstanden werden. Das Blitzbündel, in der Hand gehalten, ist ein Gottesprädikat für Juppiter. Das haben Kaiser übernommen und sich, so dargestellt, gleichsam vergöttlicht. Gerade und besonders auch Domitian hat sich so als Juppiter darstellen lassen[67]. Vor ihm hat das schon Caligula getan. Von ihm erzählt Sueton, dass er oft auftrat, „den Blitz, Dreizack oder Schlangenstab in Händen"[68]. Von demselben Kaiser berichtet Cassius Dio in einem Kontext, in dem er dessen kultische Verehrung bespricht: „Mit Hilfe einer Maschine antwortete er auf Donnerschläge, und wenn es blitzte, sandte er damit Blitze entgegen"[69]. Er inszenierte also sozusagen ein paralleles Wirken des himmlischen und irdischen Juppiter. An solche im Kaiserkult gebrauchten Blitz- und Donnermaschinen könnte also in Apk 13,13 gedacht sein[70].

V. 14 stellt die Wirkung der Wunder des zweiten Tieres fest: „Es täuscht diejenigen, die auf der Erde wohnen, aufgrund der Zeichen, die vor dem Tier zu wirken ihm gegeben worden ist." Propaganda ist Täuschung im Interesse des Machtgewinns und der Machterhaltung. Die Täuschung besteht darin, dass als real ausgegeben wird, was nichtig ist; und indem das Vorgetäuschte als bare Münze genommen wird, gewinnt es auch Realität. Johannes führt weiter aus, wie die Täuschung in Szene gesetzt wird: Das zweite Tier „sagt denjenigen, die auf der Erde wohnen, für das Tier ein Bild zu machen, das die Schwertwunde

[64] Vgl. Mk 13,22; 2Thess 2,9.
[65] Diese Stelle wird Apk 11,5; 20,9 aufgenommen.
[66] Vgl. o. S. 68.
[67] Vgl. o. S. 67.
[68] Sueton, Caligula 52 (Übersetzung MARTINET).
[69] Cassius Dio, Geschichte 59,28,6 (Übersetzung VEH).
[70] Vgl. dazu ausführlich SCHERRER, Signs, S. 604–609.

hat und lebendig wurde". Ich hatte wahrscheinlich zu machen versucht, dass Johannes den *Nero redivivus* mit Domitian identifiziert. Dass er den *Nero redivivus* auch hier im Blick hat, ist klar. Ebenso klar ist die erneute Betonung des Motivs der Nachäffung. Dass er „lebendig wurde", war in 2,8 von Jesus ausgesagt worden. Unter der Voraussetzung der Identifizierung des *Nero redivivus* mit Domitian bekommt die Aussage in V. 14b für die Zeit des Johannes einen ganz unmittelbaren aktuellen Bezug. Dann ist mit dem „Bild" das riesige Standbild Domitians in seinem Tempel in Ephesus gemeint. Nach den erhaltenen Resten muss es 7 Meter hoch gewesen sein. Allein der wieder gefundene Kopf misst 1,18 m. „Im Kultbild soll die göttliche Macht des Kaisers greifbar und gegenwärtig sein"[71]. Nach der Ermordung Domitians und der über ihn ausgesprochenen *damnatio memoriae* wurde die Statue umgestürzt.

Johannes fährt in V. 15a fort: „Und es wurde ihm gegeben, dem Bild des Tieres Geist zu geben"[72]. Die Propaganda, der Kult und das Zeremoniell der Macht schaffen es, dass Symbole der Macht „lebendig" werden, selbst Macht ausüben. Man denke nur an „die Fahne" und „die Hymne" und ihren Einsatz in Wahlkämpfen, ganz zu schweigen von militärischen Ritualen. Vergleichbares ist auch für die Rituale des Kaiserkultes zu konstatieren. Johannes denkt aber auch, wie V. 15b zeigt, an besondere Phänomene antiken Wunderglaubens, was er aber zugleich mit konkreter schmerzlicher Erfahrung verbindet. Dem Bild des Tieres wurde also Geist gegeben, „dass das Bild des Tieres auch rede und handle, damit alle, die dem Bild des Tieres nicht huldigen, getötet würden".

Hier fließt Verschiedenes zusammen:

1. Der antike Glaube an redende und Wunder wirkende Götterbilder. Dafür können folgende Belege angeführt werden: Nach PsClem Rec. III 47,2 sagt Simon Magus: „Ich habe Statuen sich bewegen lassen, Entseeltes beseelt." In der Apologie des Athenagoras heißt es in Kap. 26: „Troas hat Bilder des Neryllinos, der ein Zeitgenosse von uns ist (die Apologie ist um 180 verfasst); Parion hat Bilder des Alexander und des Proteus; von Alexander befindet sich jetzt noch auf dem Marktplatz Grab und Bild. Während nun die übrigen Neryllinosbilder uns zum Schmuck der Stadt dienen, sofern überhaupt derartiges einer Stadt Schmuck verleiht, steht eines in dem Rufe, dass es weissage und Kranke heile. Deshalb bringen die Leute von Troas dieser Statue Opfer dar, salben sie und setzen ihr goldene Kränze auf. Was die Statuen des Alexander und Proteus betrifft …, so soll die des Proteus ebenfalls weissagen, und der des Alexander … bringt man öffentliche Opfer dar und feiert sie wie einen Gott, der erhört hat" (Übersetzung EBERHARD). Lukian schreibt über einen Tempel in Hierapolis: „Alles in diesem herrlichen Tempel ist voll kostbarer Kunstwerke, uralter Weihgeschenke und einer Menge sehenswürdiger Sachen; besonders haben die Marmorbilder etwas so Ehrfurchtgebietendes, daß man sie ohne Mühe für Götter halten kann; oder vielmehr die Götter selbst zeigen sich hier auf eine sonderbare Art gegenwärtig, dergestalt, daß die Bilder nicht selten schwitzen, in Bewegung kommen und auf einmal zu orakeln anfangen. Ja, es gibt viele Leute, welche bezeugen, daß sie öfters noch laute Töne und Stimmen im Tempel gehört hätten, nachdem er schon zugeschlossen gewesen und also niemand mehr darin sein konnte" (De Dea Syriae 10; Übersetzung WIELAND). Etwas später in dieser Schrift schreibt Lukian über den in einer Bildsäule dargestellten Apollo in diesem Tempel, er bewege „sich selbst und verrichte die ganze Operation des Wahrsagens von Anfang bis Ende ohne fremde Hülfe" (ebd. 35f.). Wie er das

71 MÜLLER, Komm., S. 254.

72 Zur Belebung von Statuen vgl. die bei AUNE, Komm., S. 762–764 angeführten Stellen.

im Einzelnen tut, wird in der Fortsetzung des Textes beschrieben (36f.). An anderer Stelle beschreibt Lukian aber auch, wie ein Schwindler sich solchen Wunderglauben zunutze macht: Alexander von Abunoteichos. Er fertigte einen Drachenmenschenkopf an, dessen Mund und Zunge durch Haare beweglich waren. Dazu besaß er eine zahme Schlange. Vorher hatte er auf tolle Weise die Geburt des Schlangengottes Asklepios inszeniert. Er zeigte sich dann im Halbdunkel zusammen mit Schlange und Kopf so, dass der tatsächliche Schlangenkopf nicht zu sehen war und der künstliche als solcher erschien. Aus Kranichgurgeln hatte er ein Rohr angefertigt, dessen eines Ende zum Kopf führte, während am anderen Ende ein Mitarbeiter Orakel sprach. Solche Orakel hießen dann „autophone Orakel“ (Lukian, Alexander 10–27, das Zitat in 26; vgl. auch hierzu SCHERRER, Signs, S. 601f., Weiteres auf S. 602–604). 2. liegt ein klarer Bezug auf Dan 3,5f. vor. Dort ist von einem goldenen Bild Nebukadnezars die Rede, das von allen angebetet werden soll; mit dem Tode wird bedroht, wer die Huldigung verweigert. 3. spielen hier Erfahrungen der eigenen Zeit und Gemeinde des Johannes herein, wie sie in Prozessen vor dem Statthalter gemacht werden, wenn es zum Loyalitätstest kommt (vgl. Plinius, Briefe X 96,5). Nach Plinius wird für diesen Loyalitätstest auch das Kaiserbild herbeigeschleppt.

Diese drei Punkte fließen zusammen. Dominant ist die eigene Erfahrung des Kaiserkults in der Gegenwart und die von ihm ausgehende Bedrohung. Sein großer Erfolg wird im Text erklärt durch die von manchen Standbildern ausgehende Faszination. Durch die biblische Assoziation wird er als widergöttlich eingeordnet; und die eigene bedrohte Situation wird dort wieder entdeckt. Mit dieser Erinnerung verbindet sich dann zugleich die Hoffnung, dass – wie es im biblischen Bericht Rettung für die Gott treu Bleibenden gibt – es auch jetzt Rettung geben wird.

V. 16 beschreibt die umfassende Wirkung, die von der Faszination des Kaiserkults, inszeniert durch das zweite Tier, ausgeht: „Und es veranlasst alle – die Kleinen und die Großen, die Reichen und die Armen, die Freien und die Versklavten –, dass sie sich ein Kennzeichen auf ihre rechte Hand geben oder auf ihre Stirn.“ Zunächst ist hier die umfassende Aufzählung hervorzuheben. Dreimal werden Gegensatzpaare genannt, die alle den sozialen Bereich betreffen. Es verhält sich hier anders als in Apk 6,15. Dort ist nur am Schluss das soziale Gegensatzpaar „alle Versklavten und Freien“ genannt; voran steht eine differenzierte Aufzählung nur der Oberen. Die Faszination, die das zweite Tier bewirkt, ist offenbar umfassend, schließt alle ein, unabhängig davon, wo sie sozial stehen. Der Kaiserkult – wie in Nazideutschland der Führerkult – schlägt alle in seinen Bann. Schließlich hat er bei den Festen auch den Armen etwas zu bieten. Er gehört zu einem bestimmten Kennzeichen der Zeit, das man mit einem Zitat von Juvenal mit „Brot und Spiele“[73] auf den Begriff gebracht hat. Das gilt vor allem für die Stadt Rom selbst. Dort haben die Kaiser die Lebensmittelspenden an die Plebs und die unterschiedlichen Spiele bewusst als Mittel zur Gewinnung der Massenloyalität und also zur Machterhaltung und Herrschaftsstabilisierung eingesetzt. Das Mitmachen, wie es sich ausdrückt in der Reverenz gegenüber den Herrschaftssymbolen, im nicht Auffallen und im sich Anpassen, in der Beteiligung an den Feiern der Macht, wird zum Signum der Gesellschaft. Das dürfte der primäre sachliche Sinn des χάραγμα (*chāragma*) sein, des „Zeichens“, das sich alle selbst geben. Es stimmt nicht, wenn gesagt wird: „Ich konnte ja gar

---

[73] Juvenal, Satiren X 81.

nicht anders. Ich musste mitmachen; schließlich haben alle mitgemacht." Johannes beobachtet schärfer. Die Faszination ist da, ein Sog besteht, und es gibt auch starken Druck. Aber das Zeichen bringen sie sich alle selbst an. Und es gibt ja auch die anderen: diejenigen, die sich verweigern.

Das ist die m.E. mit dem χάραγμα (*cháragma*) gemeinte Sache. Hinsichtlich der mit dem Begriff verbundenen Vorstellungen fließt wieder Verschiedenes zusammen: 1. Der Begriff „ist das eingeritzte oder -geätzte, -gebrannte, -geschriebene *Zeichen* oder *Mal*"[74]. Es kann von daher eine Inschrift sein, alles Geschriebene, insbesondere auch ein Stempel. So hat man für Apk 13,16 gerne an den Kaiserstempel gedacht, so etwa WILCKENS in dem genannten Artikel, vorher schon DEIẞMANN[75]. Es handelt sich dabei um einen Stempel, „der den Namen und die Regierungsjahreszahl des Kaisers enthält". Er wurde „auf Kaufbriefe und ähnliche Urkunden" gedrückt. *cháragma* bezeichnet weiter „das Gepräge von Münzen". Der Plural *charágmata* bedeutet dann „Geld". Kaiserstempel und Kaiserinschrift auf Münzen sind Ausdruck der kaiserlichen Herrschaft. Wo im Namen des Kaisers abgestempelt wird, wo sein Geld umläuft, da gilt sein *imperium*, da ist sein *regnum*. Das führt auf den nächsten Aspekt, nämlich den der Zugehörigkeit. Gemeint ist dann 2. mit *cháragma* eine Kennzeichnung durch Tätowierung oder Einbrennen. Das gab es in verschiedenen Bereichen: beim Vieh, bei Sklaven, besonders bei entlaufenen und wieder eingefangenen, aber auch bei Soldaten. Und es gab auch die „Einbrennung von Zeichen der Gottheit an Heiligtümern"[76]. So wurde nach 3Makk 2,29f. den Verehrern des Dionysos ein Efeublatt eingebrannt. Möglicherweise liegt 3. auch eine antithetische Anspielung auf Jes 44,5 vor. Dort werden Benennungen Israels angeführt, die es als Eigentum Gottes kennzeichnen. Darunter heißt es: „… und ein anderer wird auf seine Hand schreiben: Dem Ewigen zu eigen." Demgegenüber würde in Apk 13,16 gesagt, dass sich die Menschen nicht dem verschreiben, dem sie in Wirklichkeit zu eigen sind, sondern seinem ihn imitierenden Widersacher.

Mit all dem ist noch nicht erklärt, dass sich die Menschen das Zeichen auf die rechte Hand oder die Stirn machen. Die Situation darf nicht so vorgestellt werden, als habe jeder am Kaiserkult Teilnehmende zur Bestätigung der Teilnahme einen Stempel auf Hand oder Stirn bekommen und alle Menschen seien als so Abgestempelte umhergelaufen. Der Text spricht von Selbstsignierung. So wird noch eine 4. Anspielung vorliegen, was speziell Hand und Stirn betrifft. Dass diese beiden Körperteile erwähnt werden, dürfte auf der biblisch-jüdischen Sitte des Anlegens von Gebetsriemen beruhen, von T'fillin[77]. Eine der biblischen Grundstellen für diesen Brauch ist Dtn 6,6–8 im unmittelbaren Anschluss an das *sch'má jisraél* und das Gebot der ungeteilten Gottesliebe: „Die Worte, die ich dir heute gebiete, sollen dir am Herzen liegen. So schärfe sie deinen Kindern ein und sprich davon, ob du nun zu Hause oder unterwegs bist, wenn du dich hinlegst und wenn du aufstehst. Du sollst sie dir zum Zeichen auf deine Hand binden und sie sollen dir ein Schmuckstück zwischen deinen Augen

---

74 WILCKENS, χάραγμα, S. 405.

75 DEIẞMANN, Licht, S. 289f.; dort auch eine Faksimile-Abbildung.

76 WILCKENS, a.a.O., S. 406.

77 Vgl. KRETSCHMAR, Offenbarung, S. 43f.

sein"[78]. Die Kapseln der Gebetsriemen enthalten zentrale Texte, die die Zugehörigkeit des Volkes zu seinem Gott zum Ausdruck bringen. Das Zeichen des Tieres auf der rechten Hand – statt wie bei den T'fillin üblicherweise auf der linken – oder Stirn ist also eine Perversion der Zugehörigkeit zu Gott.

V. 17 bringt einen in diesem Zusammenhang wesentlichen Aspekt ein, nämlich den wirtschaftlichen. Das zweite Tier veranlasst es danach auch, „damit ja niemand kaufen oder verkaufen könne – außer wer das Kennzeichen hat". BOUSSET äußert hier Unverständnis: „Was soll in diesen Zeiten der höchsten Not das Kaufen und Verkaufen!"[79] Wir befinden uns in den Städten der Provinz Asia zur Zeit Domitians schon lange in der Geldwirtschaft; und wie groß die Not für bestimmte Bevölkerungsgruppen auch gewesen sein mag, ohne Kaufen und Verkaufen läuft nichts. Es geht hier schlicht und fundamental um soziale Partizipation. Die Situation ist so, dass nur, wer mitmacht, wer „dazu gehört", auch am wirtschaftlichen Leben und damit allgemein am gesellschaftlichen Leben teilnehmen kann. „Jedem, der das Malzeichen des Tieres nicht hat, droht wirtschaftlicher Boykott und Vernichtung"[80]. Auf der sachlich gemeinten Ebene heißt das: wer sich dem allgemein üblichen Leben entzieht, das vom Kaiserkult entscheidend mitbestimmt wird. ROLOFF denkt daher zu Recht an „Pressionen ..., die auf einen faktischen Ausschluß aus der heidnischen Gesellschaft hinausliefen"[81]. YARBRO-COLLINS möchte diese Aussage von V. 17 vom Kaufen und Verkaufen in Verbindung mit dem Malzeichen noch präziser verstehen[82]. Sie bezieht das Zeichen darauf, dass römische Münzen auf der Vorderseite in der Regel Bild und Name des regierenden Herrschers trugen. „Die Unmöglichkeit zu kaufen oder zu verkaufen, wäre dann das Ergebnis der Weigerung, römische Münzen zu gebrauchen"[83]. Dann wäre ein aktiver Münz- und Währungsboykott der Gemeindeglieder vorausgesetzt. Aber dagegen spricht: Die Aktivität, dass nur die Träger des Malzeichens des Tieres kaufen und verkaufen können, geht vom zweiten Tier aus, nicht von den Gemeindegliedern. Außerdem gilt das Malzeichen als Selbstsignierung durch alle Menschen. Könnte Johannes so vom umlaufenden Geld sprechen? So bleibe ich lieber bei dem vorher herausgestellten allgemeinen Sachverhalt, dass diejenigen, die nicht am religiös-kultischen öffentlichen Leben teilnehmen, auch mit wirtschaftlichen Konsequenzen rechnen müssen[84].

78 Übersetzung „Bibel in gerechter Sprache".
79 BOUSSET, Komm., S. 369.
80 MÜLLER, Komm., S. 255.
81 ROLOFF, Komm., S. 142.
82 YARBRO COLLINS, Crisis, S. 124–127.
83 A.a.O., S. 126.
84 WITULSKI meint, „daß der Begriff χάραγμα als *terminus technicus* im Rahmen des Münzwesens verwendet worden ist", und vertritt die „Annahme ..., daß dieser Begriff im Gesamtzusammenhang von Apk 13,16f im Sinne einer Münze, auf der der Name des aktuell amtierenden Kaisers bzw. die seinem Namen beigeordnete Zahl seiner Consulate eingraviert ist, gedeutet werden muß. Im Blick auf Apk 13,16 bedeutet dies, daß hier durchaus an die Ringe, Kränze oder Diademe, in welche diese Münzen eingesetzt sind, zu denken ist" (Johannesoffenbarung, S. 177; ausführlich zu Apk 13,16f. auf S. 166–178). Dass am Geschäftsleben nur teilnehmen konnte, wer so etwas trug, ist m.W. nirgends belegt.

In seiner Rede an die Bürger von Kelainai in Phrygien sagt Dion von Prusa: „Ferner finden bei euch jedes zweite Jahr die Gerichtsverhandlungen statt und locken eine unübersehbare Menschenmenge herbei, Prozessierende, Richter, Redner, leitende Beamte, Diener, Sklaven, Kuppler, Maultiertreiber, Händler, Dirnen, Handwerker. So können die Besitzer ihre Waren um einen recht hohen Preis an den Mann bringen, und nichts in der Stadt ist unbeschäftigt, weder die Zugtiere noch die Häuser noch die Frauen – und das ist kein geringer Beitrag zum allgemeinen Wohlstand. Wo nämlich die größte Menschenmenge zusammenkommt, da muß auch das meiste Geld zusammenfließen" (35,15f.; Übersetzung ELLIGER). Was Dion hier von einer relativ kleinen Stadt sagt, die nur alle zwei Jahre Gerichtsort ist, trifft in viel stärkerem Maß auf größere Städte und ihre Feste zu. Die Rede vom „allgemeinen Wohlstand" verschleiert allerdings, dass durch solche Anlässe die soziale Schere weiter auseinander geht. Das zeigt die Aussage vom „recht hohen Preis" mit aller Deutlichkeit. Die Verteuerung der Lebenshaltungskosten trifft die Armen. Und wer sich aus prinzipiellen Gründen von solchen Veranstaltungen fernhält, bekommt nicht einmal das, was andere Arme an und von ihnen erlangen.

Am Schluss von V. 17 wird das *cháragma* näher charakterisiert, zunächst als: „der Name des Tieres". Aus V. 18 wird sich ergeben: der Name eines Menschen, eines Kaisers. Johannes denkt also wieder an *Nero redivivus*. Von hier aus liegt es in der Tat nahe, an den Kaiserstempel zu denken. Es läge dann wieder das Motiv der Nachäffung vor. Diese Eigentumssignierung im Blick auf den Kaiser steht in deutlicher Antithese zu der Versiegelung der 144000 in Apk 7,4[85]. Damit ist sachlich die Taufe gemeint, die auf den Namen Jesu als des Herrn erfolgt. Wieder stehen sich Jesus und der Kaiser strikt entgegen.

Der Schluss von V. 17: „... oder die Zahl seines Namens" ist Überleitung zu V. 18. Jetzt kommt etwas Geheimnisvolles. Das zeigt die Einleitung: „Hier ist Weisheit gefragt." Das ist eine Anspielung auf Dan 1,17; 5,12, wo es heißt, dass Daniel Weisheit hatte, Träume, Geheimnisse usw. zu erkennen. „Wer Verstand hat, überlege die Zahl des Tieres, denn es ist die Zahl eines Menschen, und seine Zahl ist 666." Verstand zu haben, will man sich natürlich gerne nachsagen lassen; und so gibt es zu dieser Zahl eine lange Auslegungsgeschichte mit viel Raterei. Im Prinzip gibt es drei unterschiedliche Zugangsweisen: 1. Die arithmetische Deutung versteht 666 als Dreieckszahl mit dem Grundwert 8. Wenn man die Zahlen 1 bis 8 addiert, erhält man 36, und wenn man wiederum 1 bis 36 addiert, erhält man 666 – und dann kann man aus der Zahl 8 etwas gewinnen wollen[86]. Aber dagegen spricht, dass die Zahl hier als die Zahl eines Menschen bezeichnet wird. Die Leser- und Hörerschaft weiß doch längst, wer gemeint ist, nämlich *Nero redivivus* und also Domitian. Das spricht auch gegen die 2. Deutung, die symbolisch-theologische. Sie findet sich bereits bei Irenäus[87]. Er ordnet die Zahl in seine Theologie von der Rekapitulation ein und versteht dabei die Angaben der Apokalypse schon als einen Endzeitfahrplan. Die 3. Lösungsmöglichkeit ist die der Gematrie, die darauf beruht, dass die Buchstaben zugleich einen Zahlwert haben, also auch in Zahlen umgesetzt werden können[88]. Hinsichtlich Neros ergibt sich dann die Zahl 666, wenn man „Kaiser Nero" auf

---

[85] Vgl. dazu u. S. 238.

[86] So z.B. LOHMEYER, Komm., S. 118f.

[87] Iren.haer. V 28,2; 30.

[88] Als ein Beispiel für Gematrie vgl. Barn 9,8. Im Blick auf die hier vorgeführte Auslegung zeigt der Verfasser im folgenden Vers 9 großen Stolz.

Hebräisch schreibt: נרון קסר[89]. Zugleich kann im dreimaligen Vorkommen der Zahl 6 in 666 das Moment der Unvollkommenheit ausgedrückt sein, da sich die 6 zwar der 7 als dem Symbol der Vollkommenheit nähert, aber sie doch nicht erreicht.

3. Der Drache und der Kampf im Himmel gegen ihn

Bei der Besprechung des ersten Tieres von Apk 13 war schon deutlich geworden, dass Johannes die mit diesem Tier symbolisierte römische Macht in eine enge Beziehung zum „Drachen", zum Teufel, setzt. Warum „verteufelt" er Rom? Warum redet er in dieser Weise mythologisch? Das kann an Aussagen in Apk 12 deutlich werden. Zugleich macht Johannes durch Ausführungen in diesem Kapitel klar, dass Roms Macht nicht ebenbürtig neben der Macht Gottes und seines Gesalbten steht. Bevor er Rom in den Bildern von Kap. 13 auftreten lässt, hat er bereits herausgestellt, dass es von vornherein eine schon besiegte Macht ist.

Den Drachen als das „andere Zeichen am Himmel" hatte Johannes in Apk 12,3 so beschrieben: „... mit sieben Köpfen und zehn Hörnern und auf seinen Köpfen zehn Diademe"[90]. Die Siebenzahl bezeichnet hier sozusagen negative Vollkommenheit. Der Drache ist das ganz und gar Widergöttliche, das total Chaotische. Hörner und Diademe symbolisieren Macht und Herrschaft. Die aber stehen, wie V. 4a zeigt, im Dienst des Chaotischen: „Sein Schwanz riss den dritten Teil der Sterne vom Himmel und warf sie zur Erde." Damit sind im Fortgang der Apokalypse an dieser Stelle schon zwei Drittel der Sterne vom Himmel verschwunden. Denn nach 8,12 wurde das erste Drittel beim Blasen der vierten Posaune „geschlagen"[91]. Diesen Zug, dass der Drache Sterne vom Himmel wirft, hat Johannes aus Dan 8,10 übernommen. Dort ist von dem kleinen Horn eines Ziegenbocks die Rede, das Antiochus IV. symbolisieren soll und das bis zum Himmel wächst und Sterne zur Erde wirft und zertritt. Dieses Motiv unterstreicht sowohl in Dan 8,10 als auch in Apk 12,4 die chaotisch-zerstörerische Macht des jeweils so Handelnden. Diejenigen, die sich hier jeweils als Ord-

---

89 Die hier verwandten Buchstaben haben die folgenden Zahlenwerte: ק = 100, ס = 60, ר = 200, נ = 50, ר = 200, ו = 6, נ = 50. Das ergibt zusammen 666. Die – Vorgänger aufnehmende – Argumentation von WITULSKI, „offensichtlich" impliziere die Formulierung von V. 18, „daß es hier um zwei unterschiedliche Personen geht, deren Namen in ihrem jeweiligen Zahlenwert zwar gleich, als solche aber voneinander verschieden sind" (Johannesoffenbarung, S. 182–189; das Zitat auf S. 182), hat etwas Zwanghaftes, ist aber nicht zwingend. Ich sehe nicht, dass man bei der Diskussion zur Zahl 666 über das hinaus gekommen wäre, was bereits BOUSSET referiert und ausgeführt hat (Komm., S. 369–374). Vgl. aber auch WEISSINGER, Ziffer, passim.

90 Die Frage, „wie die zehn Hörner sich auf die sieben Häupter der Tiere verteilen" (BOUSSET, Komm., S. 337; er denkt auch an Apk 13,1), ist nicht nur „vergeblich", sondern hinsichtlich einer Vision auch überflüssig. Die Bedeutung der geschauten Dinge ist jedenfalls klar.

91 Dass man hier allerdings nicht so genau zählen darf, zeigt Apk 6,13, wo schon alle Sterne zur Erde gefallen waren.

nungsmächte gebärden, wirken im Gegenteil chaotisch und zerstören die Ordnung.

Johannes hatte am Beginn von Apk 12 die Frau und den Drachen als die beiden Zeichen am Himmel gegenüber gestellt und anschließend begonnen von der Verfolgung der Frau durch den Drachen zu sprechen. In V. 7 jedoch nimmt er einen abrupten Szenenwechsel vor. In V. 4b–6 war eine Situation auf der Erde vorgestellt. Jetzt erfolgt ein Einschub, der im Himmel spielt. In Apk 12,7–9 heißt es:

[7]Da gab es Krieg im Himmel: Michael und seine Engel, um Krieg zu führen gegen den Drachen. Und der Drache führte Krieg und seine Engel [8]und er gewann nicht die Oberhand, noch wurde länger ihr Platz im Himmel gefunden. [9]Da wurde der große Drache hinausgeworfen, die alte Schlange, genannt Teufel und Satan, der Verführer der ganzen Menschenwelt; er wurde auf die Erde geworfen und seine Engel wurden mit ihm hinausgeworfen.

Dieser Abschnitt stellt heraus, dass der Drache ein schon besiegter ist. Es geht sozusagen um die Klärung der objektiven Machtverhältnisse. Johannes macht damit seiner Leser- und Hörerschaft klar, dass die Machtverhältnisse, wie sie subjektiv von ihr erfahren werden – so bedrängend das auch sein mag –, doch keine bleibende Wirklichkeit sind. Das ist der eine Punkt. Zum anderen ist zu beachten, dass er vom Sieg über den Drachen an der Stelle spricht, an der er zuvor die Bedrohung und Rettung des messianischen Kindes erwähnt, also die christologischen Kerndaten von Tod und Auferweckung Jesu in den Blick genommen hatte. So klar es auf der Hand liegt, dass er in der Erzählung einfach der Tradition folgt, wonach Michael im Krieg mit dem Drachen Sieger bleibt, dürfte von dieser Kontextbeziehung her doch anzunehmen sein, dass der innere Grund für den Sturz des Drachen für Johannes im Geschehen von Tod und Auferweckung Jesu liegt. Nach diesem Vorblick auf den Abschnitt im Ganzen seien nun seine Einzelheiten besprochen. Michael und seine Engel unternehmen es, gegen den Drachen Krieg zu führen.

Den Hintergrund bildet hier die **Vorstellung von den Völkerarchonten**, nach der jedem Volk unter den Engeln ein ἄρχων (*árchon*) zugewiesen ist, ein „Fürst". Michael ist der Engelfürst Israels. Nach Dan 10,13 kämpft er gegen den Engelfürsten des persischen Reiches (vgl. Dan 10,21). Nach Dan 12,1 tritt er in der Endzeit für Israel ein. Von einem Streit zwischen dem Erzengel Michael und dem Teufel um den Leichnam des Mose weiß Jud 9 zu erzählen. Apk 12 nahe kommt ein Abschnitt in den Qumrantexten. In 1QM XVII 5–9 heißt es: „Heute ist seine (Israels) festgesetzte Zeit, um den Fürsten der frevelhaften Herrschaft zu unterwerfen und zu erniedrigen. Er (Gott) schickt ständig bleibende Hilfe den in seinem Bund Erwählten durch die Kraft des herrlichen Engels für die Herrschaft Michaels im immerwährenden Licht: um den Bund Israels mit Freude hell zu machen, den Frieden und den Segen für die Erwählten Gottes, um die Herrschaft Michaels über die Göttlichen zu erhöhen und die Herrschaft Israels über alles Fleisch." Dem Sieg Michaels im Himmel entspricht der Sieg des auserwählten Israel auf der Erde, der Niederlage des Engels der Frevelherrschaft die Niederlage der Frevler, die die Feinde der Auserwählten sind. MÜLLER hält als Besonderheit von Apk 12 gegenüber diesen Traditionen fest, dass hier „der Krieg zwischen den Engelheeren nicht mehr die endgültige Heilszeit einleitet, sondern nur ein Glied in der Kette eschatologischer Ereignisse bildet“ (Komm., S. 237). Dieser Unterschied, der besondere Akzent, den Johannes damit setzt, wird im nächsten Abschnitt prägnant herausgestellt, dem Lied, das auf das hier beschriebene Geschehen antwortet.

Nachdem also in V. 7a Michael und seine Engel als die eine Krieg führende Partei vorgestellt worden sind, folgt in V. 7b die Gegenüberstellung mit der anderen: „Und der Drache führte Krieg und seine Engel.“ Nach der Gegenüberstellung der beiden als Feldherren, nicht als Duellanten vorgestellten Kontrahenten, stellt V. 8a schlicht fest: „Und er (der Drache) gewann nicht die Oberhand.“ Dass der Drache siegen könnte, wird nicht von ferne ins Kalkül gezogen – auch nicht in erzählerischer Form, dass von einem hin und her wogenden Schlachtgeschehen berichtet würde. An Kriegsberichterstattung ist Johannes nicht interessiert. Das Ergebnis ist von vornherein klar, wie V. 8b feststellt: „Und es gab keinen Platz mehr für sie (den Drachen und seine Engel) im Himmel.“ Dort war also, gemäß der Tradition vom Satanssturz[92], ihr Wohnort vorgestellt. In der jüdischen Bibel gehört der nur an drei Stellen begegnende Satan zum Hofstaat Gottes – darauf ist im folgenden Exkurs einzugehen – und ist nicht die Verkörperung des Bösen schlechthin. Hier aber ist er der Widersacher Gottes und seines Gesalbten und hat deshalb keinen Platz mehr im Himmel. ROLOFF dürfte die Zusammenhänge richtig sehen, wenn er schreibt: Der Himmel ist „der Ort Gottes, an dem nun auch Jesus aufgrund seiner Erhöhung seine Herrschaft versieht. Wo aber Jesus herrscht …, dort hat der Widersacher Gottes weder Raum noch Recht“[93]. Also wird er hinausgeworfen, wie V. 9 feststellt. Johannes verbindet diese Feststellung mit einer Aufzählung von Bezeichnungen des Drachen: „die alte Schlange, genannt Teufel und Satan, der Verführer der ganzen Menschenwelt“.

Über **Begriff und Gestalt des Drachen** wurde o. im Exkurs auf S. 124f. gehandelt. In der altorientalischen Welt steht dahinter die Chaosmacht. Sie ist in der jüdischen Bibel aufgenommen in den Bezeichnungen „Leviathan“ und תנין (*tannín*). Entsprechende Stellen wurden genannt. In der Septuaginta werden beide Begriffe mit δράκων (*drákon*) wiedergegeben. Nach der Bezeichnung „der große Drache“ steht als nächste „die alte Schlange“. Gedacht sein kann dabei an die Schlange der Paradiesgeschichte in Gen 3 (vgl. zu diesem Bezug LABAHN, Paradiesgeschichte, S. 303–305). Schon in jüdischer Tradition wird sie mit dem Teufel identifiziert, wenn es in Weish 2,24 im Kontext eines Blicks auf die Urgeschichte heißt: „Aber durch den Neid des Teufels kam der Tod in die Welt.“ Näher liegt es aber vielleicht, an die Schlange als Seeungeheuer zu denken, eine Parallelerscheinung des Drachen, der ja als Chaosmacht ebenfalls mit dem Meer verbunden ist. Hier sind die schon beim Drachen genannten Stellen Jes 27,1 und Am 9,3 noch einmal anzuführen. Am 9,3 spricht von der gefährlichen Schlange am Meeresgrund (נחש [*nachásch*]; LXX: *drákon*) und in Jes 27,1 werden Drache und Schlange identifiziert. Johannes fährt in der Aufzählung von Bezeichnungen fort: „der Teufel und Satan genannt wird“. Er bringt hier zwei Benennungen. διάβολς (*diábolos*) ist griechische Übersetzung des hebräischen שטן (*satán*), σατανᾶς (*satanás*) dessen gräzisierende Transkription. Der Satan begegnet in der jüdischen Bibel nur gelegentlich in relativ späten Schriften. Am bekanntesten ist sein Auftreten in der Vorgeschichte des Hiobbuches (Hi 1,6–12; 2,1–7). Dort gehört er zum himmlischen Hofstaat Gottes, in dem er in etwa die Rolle des Staatsanwaltes, des Vertreters der Anklage, gegenüber den Menschen wahrnimmt. Das gilt auch für Sach 3,1f.

92 Vgl. etwa TestJud 25,3; Lk 10,18.
93 ROLOFF, Komm., S. 129.

Dort heißt es in einer Vision in Bezug auf den Hohenpriester Jeschua: „... wie er vor dem Boten des Ewigen steht, und der Satan steht zu seiner Rechten, ihn zu verklagen". In 1Hen 40,7 begegnet die Gestalt im Plural, aber die Funktion ist dieselbe: „Und die vierte Stimme hörte ich, wie sie die Satane abwehrte und ihnen nicht erlaubte, an den Herrn der Geister heranzutreten, um die anzuklagen, die auf dem Festland wohnen" (Übersetzung UHLIG). Die Identifizierung des Satans in Apk 12,9 mit Drache und Schlange, also der widergöttlichen Chaosmacht, setzt eine Entwicklung voraus, in der die Satansgestalt in zunehmend negativere Sicht geriet, bis sie zum Inbegriff des Bösen wurde. Das kann sich mit der Funktion des Anklagens dann verbinden, wenn das Anklagen des Satans den Sinn gewinnt, die damit Überführten für sich zu beanspruchen. So ist es in der eben zitierten Henochstelle der Fall. Johannes ist sich bewusst, dass διάβολος Übersetzung von שטן ist. Das zeigt sich daran, wenn er hier in 12,9 eine Reihe von Bezeichnungen für diese Gestalt aufzählt und nur diese beiden mit „und" verbindet. Schon die Septuaginta gibt שטן mit διάβολος wieder. Abschließend nennt Johannes in einer Partizipialprädikation der widergöttlichen und lebensfeindlichen Macht ihr Täuschen, Irreführen und Verführen derer, die die Erde bewohnen. Irreführung der Gemeinde hatte Johannes vorher in Apk 2,20 der von ihm „Isebel" genannten Prophetin von Thyatira vorgeworfen, weil sie lehrt „zu huren und Götzenopferfleisch zu essen". Als Irreführung galt hier die theologische Ermöglichung von weltförmigem Verhalten, von Anpassung der Gemeinde an die herrschende Macht. In Apk 13,14 ist es das zweite, die Priesterschaft des Kaiserkults symbolisierende Tier, das die Menschen irreführt – nämlich dazu verführt, dem ersten Tier, dem römischen Reich, zu huldigen, anzuerkennen, dass es alle Macht innehabe. Das wird in Apk 19,20 aufgenommen. Nach Apk 18,23 sind alle Völker durch die Zauberei der Stadt Babylon, Roms, getäuscht worden. Johannes sagt das im Zusammenhang von Handel und Gewalttat, sodass als alle Welt täuschende Zauberei das politisch-wirtschaftliche Ausbeutungssystem Roms anzusehen ist. Als die Völker Täuschender wird schließlich in Apk 20,3.8.10 wieder der Teufel selbst beschrieben. Dieser Überblick macht deutlich, dass sich sein Täuschen nach Johannes konkret vollzieht in der verführerischen Macht Roms, die die Menschen in ihren Bann schlägt.

Durch diese abschließende Angabe der Tätigkeit des Drachen als eines Verführers und Täuschers verbindet Johannes die Aufzählung von Bezeichnungen der widergöttlichen und lebensfeindlichen Macht mit dem größeren Kontext seines Werkes und damit auch mit seinem aktuellen Interesse in der Auseinandersetzung zwischen Gemeinde und römischer Staatsmacht. Roms verführerische Macht ist des Teufels[94]. In ihm hat sie ihre Basis. Aber diese Basis – das ist die Intention des Johannes in diesem Abschnitt 12,7–9 – ist mehr als wacklig. Denn: „Er ist hinausgeworfen worden auf die Erde und seine Engel sind mit ihm hinausgeworfen worden." Von Gott her, im Himmel, ist die Entscheidung bereits gefallen. Trotz aller augenscheinlichen Macht steht Rom als konkrete Repräsentanz des Drachen auf schon verlorenem Posten. Johannes will seiner Leser- und Hörerschaft vor Augen führen, dass die Weltgeschichte, die sie als römische Gewaltgeschichte nach wie vor erleidet, keine Zukunft hat, dass der Anspruch des ewigen Rom ohne Basis ist, weil der Teufel als Basis der Gewaltgeschichte schon gefallen ist. Das also leistet die mythologische Rede von Apk 12: Sie hebt die Auseinandersetzung, in der Johannes sich vorfindet, die Auseinandersetzung zwischen Rom und messiasgläubiger Gemeinde, buchstäblich auf eine höhere Ebene, auf der die Machtfrage schon zuungunsten der auf der Erde so dominant

[94] Wie Johannes das Böse letztlich begreift, ist nach SCHÜSSLER FIORENZA „heute am besten zu verstehen als *systemimmanentes Übel* und *strukturelle Sünde*" (Komm., S. 87).

und unbesiegbar erscheinenden Seite entschieden ist. Der Drache ist ein schon Besiegter. Es gibt einen überlegenen Ort, an dem er nichts zu bestellen hat. Im Himmel hat er keinen Platz mehr; dort gilt die alleinige Herrschaft Gottes. Der Drache ist auf die Erde hinabgeworfen, wo er nur noch sein im Grunde schon verlorenes letztes Gefecht führen kann. Das Ewiggestrige tödlicher Gewalt hat keine Zukunft; seine Zeit ist begrenzt. Die mythologische Redeweise erlaubt es also zu bestreiten, dass Roms zwingende Macht die alles bestimmende Wirklichkeit ist, die einzige Wirklichkeit. Die Mythologisierung ist so zugleich eine Verobjektivierung. Sie schafft Abstand zur konkreten bedrängenden Situation, die buchstäblich den Atem zu nehmen droht und den Blick verengt. Sie verschafft Überblick und gibt Atem – langen Atem – zum Durchhalten und Aushalten in der gegenwärtigen Auseinandersetzung.

Nach dem Bericht über den Kampf im Himmel und dessen Ausgang gibt Johannes in einer anschließenden Audition in Apk 12,10–12 eine himmlische Kommentierung dieses Geschehens wieder. Er hört eine gewaltige Stimme im Himmel, beginnend mit einem Siegesruf: „Jetzt ist das Heil, die Kraft und die Herrschaft unserem Gott zugefallen und die Macht seinem Gesalbten.“ Was schon in 11,15 beim Blasen der siebten Posaune in aller Grundsätzlichkeit festgestellt wurde, das wird hier in Erweiterung wiederholt. Wie dort geschieht das in politischer Terminologie. Auch hier wird die βασιλεία (*basileía*), das *regnum*, genannt. Zusätzlich aber und an erster Stelle die σωτηρία (*sotería*), die *salus* („Heil“, „Rettung“). Die Verwendung dieses Wortes an dieser Stelle ist nur vom politischen Bereich her verständlich. Die *salus* des Kaisers gilt als die Voraussetzung der *salus* der Welt. Das zeigt sich in aller Deutlichkeit im Panegyricus des Plinius d.J. auf Kaiser Trajan, wenn er dort Juppiter anspricht: „Wir überhäufen dich nicht mit Wünschen. Wir flehen nämlich nicht um Frieden, noch um Eintracht, noch um Sicherheit, noch um Wohlstand, noch um Ämter; das alles ist als unser aller Wunsch in dem einen zusammengefasst: das Heil des Prinzeps (*salus principis*)“[95]. Schon vorher hatte Plinius als Bitte an die Götter formuliert, „dass alles, was immer du tust und tun wirst, günstig ausgehe für dich, für den Staat und für uns oder – um das zu Wünschende kürzer zu sagen – allein für dich, in dem der Staat und wir einbeschlossen sind“[96]. In Apk 12,10 folgen noch δύναμις (*dýnamis*) und ἐξουσία (*exusía*). Dem einen entspricht *virtus* (hier wohl am ehesten „Geltung“), dem anderen *potestas*, was die Herrschaftsgewalt bezeichnet[97]. Am Beginn des Siegesrufes wird ein zeitlicher Akzent gesetzt: jetzt. So wie Johannes die Teile von Apk 12 einander zuordnet, kann sich dieses Jetzt nur auf Tod und Auferstehung Jesu beziehen. Das gilt ihm als der entscheidende Wendepunkt.

V. 10b gibt eine Begründung: „Denn hinausgeworfen worden ist der Ankläger unserer Geschwister, der sie vor unserem Gott anklagt Tag und Nacht.“ Der

---

[95] Plinius d.J., Panegyricus 94,2.

[96] Ebd. 72,1. Vgl. PETERSON, Imperator, S. 159: „Weil die Aktualisierung der staatlichen Gewalt an der Person des *princeps* haftet, darum wird seine *salus* das Zentrum aller Wünsche, Gebete und Opfer für ihn.“

[97] „Keine andere Schrift des NT gebraucht dieses Wort so häufig wie die Apc“ (JÖRNS, Evangelium, S. 112).

Satan erscheint hier in der aus Hi 1f. und Sach 3,1f. bekannten Rolle als Ankläger. Im Neuen Testament wird er so nur hier bezeichnet[98]. Das bedeutet keine Einschränkung der ausschließlich negativen Rolle, die dem Satan als widergöttlicher und lebensfeindlicher Macht in der späteren Zeit zukommt. Die Funktion des Anklagens wird vielmehr dieser negativen Rolle integriert, insofern das Anklagen bewirken soll, dass Gottes Heilsabsicht gegenüber den angeklagten Menschen nicht zum Zuge komme.

Als **Beispiel einer rabbinischen Auslegung** sei ShemR 21,7 (Wilna 41b) angeführt: „Rabbi Chana bar Chanina sagte: ‚Zur Stunde, da die Israeliten aus Ägypten auszogen, trat der Engel Sammael auf, um sie anzuklagen.‘ Rabbi Chana bar Chanina legte es im Namen seines Vaters aus: ‚Gleich einem Hirten, der seine Herde einen Fluss durchqueren ließ. Da kam ein Wolf, um sich über die Herde herzumachen. Was tat der Hirte, der erfahren war? Er nahm einen großen Ziegenbock und überließ ihn dem Wolf. Er sagte: ‚Soll er mit dem kämpfen, bis wir den Fluss durchquert haben; und danach hole ich ihn.‘ Ebenso trat in der Stunde, da die Israeliten aus Ägypten auszogen, der Engel Sammael auf um sie anzuklagen. Er sprach vor dem Heiligen, gesegnet er: ‚Herr der Welt, bis jetzt sind diese Götzendiener gewesen. Da willst Du ihnen das Meer spalten?‘ Was tat der Heilige, gesegnet er? Er überließ ihm den Hiob, der einer von den Ratgebern Pharaos war. Über ihn steht geschrieben: *Ein Mann ohne Tadel und geradlinig* (Hi 1,1). Er sprach zu ihm: ‚Der ist in deiner Hand.‘ Der Heilige, gesegnet er, sagte: ‚Solange er mit Hiob beschäftigt ist, steigen die Israeliten zum Meer hinauf und steigen hinunter und danach rette ich den Hiob.‘“

Die Rolle Satans als Ankläger ist in diesem Midrasch mit einem Wolf verglichen; er reißt von Gott hinweg. Diese Funktion des Anklagens zur Vereitelung der Heilsabsicht Gottes, sagt Johannes in Apk 12,10, kann der Satan nicht mehr wahrnehmen, weil er hinausgeworfen worden ist. Er kann sie nicht mehr wahrnehmen bei den hier genannten „Geschwistern“, die dadurch ausgezeichnet sind, dass sie die vorher proklamierte Herrschaft Gottes und seines Gesalbten bei sich zum Zuge kommen lassen. So präzisiert die Fortführung der Begründung in V. 11: „Und weil sie ihn besiegt haben um des Blutes des Lammes willen.“ Jesus nimmt hier sozusagen die Rolle des großen Bockes und die Rolle Hiobs in dem eben zitierten rabbinischen Text wahr – allerdings in universal-endzeitlicher Dimension. In Apk 5,9 heißt es, dass das Lamm sie durch sein Blut für Gott erworben hat. Ihm gehören sie; sie sind, wie ROLOFF formuliert, „Gottes Eigentum …, über das keine andere Macht mehr verfügen darf“[99]. Was zwischen Gott und ihnen steht, was sie von Gott trennen könnte, ist durch Jesus aus dem Weg geräumt. Sich darauf einzulassen, macht ihren Sieg aus. Und so steht parallel zum Blut des Lammes „das Wort ihres Zeugnisses“, das festgehaltene Bekenntnis, das der Macht des ohnmächtigen Lammes auch vertraut angesichts anderer sich aufdrängender Macht und gegen sie. Damit deutet sich auch hier wieder an, was beim Wort „siegen“ schon mehrfach deutlich geworden ist, dass dieses

---

98 Das griechische Wort κατήγωρ (katégor) findet sich als Fremdwort auch in rabbinischen Texten für Satan (z.B. ShemR 18,5 [Wilna 35a]). Als Michaels Gegenspieler gilt an einer Reihe von Stellen Sammael (= Satan), der im Übrigen auch als Engelfürst Esaus (= Roms) bezeichnet wird (z.B. BerR 77,3 [THEODOR/ALBECK, S. 912]; BerR 78,3 [ebd. S. 921]).

99 ROLOFF, Komm., S. 131.

Siegen kein augenfälliges und triumphierendes ist, sondern unter dem Schein des Gegenteils erfolgt.

Das unterstreicht der letzte Satz von V. 11: „Und sie hielten nicht um jeden Preis an ihrem Leben fest." Das scheint mir die angemessenste Wiedergabe des hier stehenden griechischen Satzes zu sein. Die wörtliche Übersetzung ergibt im Deutschen kaum einen Sinn: „Sie liebten nicht ihr Leben bis zum Tod." Hier ist deutlich das Martyrium im Blick – und zwar wird davon im Aorist gesprochen. Das lässt im Blick auf die gemeinten Personen erwägen, dass nicht die lebenden Messiasgläubigen im Blick sind, sondern wie in 6,9–11 die hingerichteten. Als Sprecher von V. 10–12 wären dann Engel vorgestellt. Apk 19,10 zeigt, dass diese durchaus von den Märtyrern als „unseren Geschwistern" sprechen können. Dort sagt der Deuteengel zu Johannes: „Dein und deiner Geschwister Mitsklave bin ich, die das Zeugnis Jesu haben" (vgl. 22,9). Das würde dann auch besser zu dem folgenden V. 12 passen, nach dem der unangefochtene Sieg erst nur für den Bereich des Himmels errungen ist.

Der Himmel wird in V. 12a zum Jubel aufgefordert: „Deshalb freue dich, Himmel, und ihr, die ihr in ihm wohnt!" Der Ton liegt hier darauf, dass nur erst die himmlische Welt sich freuen kann. Die anklingenden biblischen Bezugsstellen fordern zu umfassendem Jubel auf. In Ps 96,11 heißt es: „Der Himmel freue sich und die Erde sei fröhlich, das Meer brause und was darinnen ist!"[100] So tritt das besondere Profil von Apk 12,12 umso schärfer hervor, wenn auf die Aufforderung zum Jubel im Himmel der Wehruf über Erde und Meer folgt: „Wehe dem Land und dem Meer, denn der Teufel ist zu euch hinabgestiegen voll ungeheurer Wut, weil er weiß, dass er nur noch kurze Zeit hat." Die Proklamation des schon erfolgten Sieges verleitet Johannes nicht zu einer illusionären Sicht der Wirklichkeit, zu einem träumerischen Überspringen schlimmer Realitäten. Im Gegenteil: Die Erfahrung schlimmer Wirklichkeit ist ja Voraussetzung seines Schreibens. Und es ist auch nicht so, dass er diese Wirklichkeit gewissermaßen wegschreibt. Sie gilt ihm vielmehr als das zu Erwartende, weil hier ein schon Besiegter seine Macht auf einem ihm noch verbliebenen Feld austobt. Darin besteht aber zugleich auch der Trost, den er zu geben hat. Die hier sich austobende Macht hat keine Zukunft; sie ist das Ewig-Gestrige tödlicher Gewalt. Dass gerade die Proklamation der Herrschaft Gottes und seines Gesalbten für diejenigen, die sich darauf einlassen und diese Herrschaft ihrerseits proklamieren und damit von anderen ausgeübte usurpierte Herrschaft bestreiten, eine Verschärfung der Auseinandersetzung zur Folge hat, liegt auf der Hand. Aber der wesentliche Punkt ist, dass die so unwiderstehlich und unbesiegbar erscheinende Macht Roms schlechterdings keine Perspektive hat, weil sie eine schon gefallene ist.

---

[100] Vgl. Jes 44,23; 49,13.

V. „Fracht von Gold und Silber, Edelsteinen und Perlen …“ Roms wirtschaftliche Prosperität

In Apk 13 hatte Johannes in zugleich verschlüsselnden und demaskierenden Bildern Roms ungeheure militärische Macht dargestellt, dabei aber durch die in Apk 12 aufgenommene und verarbeitete Tradition vom Satanssturz aus dem Himmel von vornherein klar herausgestellt, dass diese Macht eine begrenzte und im Grunde schon besiegte ist. Ähnlich verhält es sich in Apk 17f.[1], wo er besonders den Aspekt der wirtschaftlichen Prosperität Roms und des davon ausgehenden Glanzes in den Blick nimmt. In diesem Zusammenhang spricht er öfters von Rom mit dem Decknamen „Babylon“. Das geschieht unter Aufnahme von Aussagen seiner Bibel ausschließlich im Kontext des Gerichts. Schon die erste Erwähnung Babylons in 14,8 stellt im Zitat von Jes 21,9 fest: „Gefallen, gefallen ist Babylon“[2]. Die durch den auf sie zentrierten Welthandel so glänzend dastehende Metropole wird nur als schon zerstörte in den Blick genommen. Außer von „Babylon“ spricht Johannes hinsichtlich des wirtschaftlichen Aspekts von Rom vor allem als „großer Hure“. Auch sie erscheint von vornherein unter der Perspektive des an ihr vollzogenen Gerichts.

1. Die Vision von der großen Hure

In Apk 16 hatte Johannes das Ausgießen der sieben Schalen berichtet und damit nach den Siegeln und Posaunen die dritte Siebenerreihe abgeschlossen. Aber das Ende ist damit noch nicht erreicht. Die sechste Schale – der Aufmarsch der von der satanischen Trinität inspirierten Heere zur Entscheidungsschlacht – führt zu einem halbfertigen Bild (16,16), das nach Vollendung schreit, die erst ab Apk 19,11 vorgenommen werden wird. Die siebte Schale bewirkt es, dass die Metropolis Babylon außer Funktion gesetzt wird (16,17–21). Als Finale wäre die dort gegebene Schilderung etwas schwach. So nimmt es nicht wunder, dass jetzt noch ein großer Zusammenhang angeschlossen wird: das Gericht an der Hure Babylon in 17,1–19,10. Auf die schnelle Ausgießung der sieben Schalen folgt ein umfangreiches Visionsbild, das das Gericht an Rom ausmalt. Die Metropole wird nun als Hure Babylon dargestellt. Johannes schreibt in Apk 17,1–6:

1Da kam einer von den sieben Engeln, die die sieben Schalen hatten, und redete mit mir, sprach: „Auf, ich will dir das Gericht über die große Hure zeigen, die

[1] Nach HAHN bereitet Kap. 17f. „kaum Schwierigkeiten. Es ist eine sehr drastische Schilderung der Hure Babylon, über ihre Verfallenheit an die Sünde und ihre Gottlosigkeit“; sie sei „Symbol für das sündhafte und gottlose Imperium Romanum“ (Apokalyptik, S. 136). Der Abschnitt über die Apokalypse des Johannes (S. 126–139) bietet kaum mehr als eine knappe Paraphrase des Textes.

[2] Vgl. dazu u. S. 189f.

am großen Wasser sitzt, [2]mit der die Könige der Erde gehurt haben; und trunken geworden sind von dem Wein ihrer Hurerei, die die Erde bewohnen.“ [3]Und er führte mich im Geist weg in die Wüste. Da sah ich eine Frau, sitzend auf scharlachrotem Tier, voll von lästerlichen Namen, mit sieben Köpfen und zehn Hörnern. [4]Die Frau war bekleidet mit Purpur und Scharlach und geschmückt mit Gold, Edelsteinen und Perlen; sie hatte einen goldenen Becher in der Hand, voll von Gräueln – und der Dreck ihrer Hurerei; [5]und auf ihrer Stirn ein Name geschrieben, ein Geheimnis: „Babylon, die große, die Mutter der Huren und der Gräuel der Erde.“ [6]Da sah ich die Frau trunken vom Blut der Heiligen und vom Blut der Zeugen Jesu. Ich staunte, als ich sie sah, groß das Erstaunen.

Der Abschnitt ist gegliedert in die Einleitung zur Vision (V. 1–3a) und in die Vision selbst (V. 3b–6). Der Beginn von V. 1, dass einer von den sieben Engeln kam, die die sieben Schalen hatten, verknüpft dieses Stück literarisch mit dem vorigen. Der Engel kündigt an: „Auf, ich will dir das Gericht über die große Hure zeigen.“ Zum ersten Mal begegnet hier der Begriff „Hure“. Es wird nicht sofort gesagt, wer damit gemeint ist. Doch wer die Apokalypse bis hierhin gelesen hat, hat bereits eindeutige Hinweise für das Verständnis dieser Bezeichnung erhalten. Vom Gericht war schon vorblickend in 14,6–20 gesprochen worden: Dort erging es über „das große Babylon“. Von ihm hieß es, dass „vom Wein seiner leidenschaftlichen Hurerei alle Völker getrunken haben“. Dass „Babylon“ für Johannes Deckname für Rom ist, wird er gleich in V. 5 andeuten. Wie aber kommt es, dass er eine Stadt als „Hure“, als Prostituierte darstellt? Zunächst ist eine Voraussetzung allgemeiner Art anzuführen, dass es nämlich gemeinantiker Brauch war, Städte durch Frauengestalten zu symbolisieren. Aber wie kommt Johannes zu der speziellen Beschreibung Roms als Hure?[3] Was gewinnt er mit dieser Metapher? Auch hier formuliert er nicht völlig neu, sondern nimmt biblische Tradition auf. Darauf ist zunächst das Augenmerk zu lenken.

Johannes hat **das Bild der Hure** seiner jüdischen Bibel entnommen. In Jes 1,21 wird Jerusalem eine Hure genannt. Der Aspekt, der damit zum Ausdruck gebracht werden soll und der zugleich diese Bezeichnung im Zusammenhang ermöglicht, ist der der Untreue: „Ach, wie ist sie zur Hure geworden, die treue Stadt! Von Recht war sie erfüllt; Gerechtigkeit übernachtete in ihr. Und jetzt: Mörder!“ Die Untreue gegenüber Gott manifestiert sich im Unrecht der Oberschicht: „Deine Fürsten sind Abtrünnige und Diebsgesellen. Allesamt lieben sie Bestechung und machen Jagd auf Geschenke. Der Waise verhelfen sie nicht zum Recht und die Sache der Witwe kommt nicht vor sie“ (V. 23). Mit der Untreue gegenüber Gott, die zunächst das Hurenbild veranlasst, ist die Gewinnung wirtschaftlichen Vorteils verbunden. In ihrer Geilheit nach Geld treten die Mächtigen das Recht mit Füßen; so machen sie aus Gottes treuer Stadt eine Hure. Auch in Ez 16 und 23 bezieht sich der Vorwurf der Hurerei auf Jerusalem. Dort ist damit der Götzendienst gemeint, das „Fremdgehen“ mit anderen Kulten. In Nah 3,4 wird die Stadt Ninive eine Hure genannt. Das ganze Kapitel kündigt dieser assyrischen Metropole den Untergang an. V. 4 nennt dafür als Begründung: „Aufgrund der Menge der Hurereien der Hure, der gefälligen Schönen, der Meisterin der Zauberränke, die durch ihre Hurereien Völker verkaufte und durch ihre Zauberränke Sippen ...“ Dabei ist offenbar nicht nur an

---

[3] Dass Johannes sich in Apk 17,3–6 „als Voyeur“ erweise (so SALS, Biographie, S. 70f.), ist mir nicht nachvollziehbar.

die militärische Expansion Assyriens und seine Deportationspolitik gedacht, sondern auch an seine wirtschaftliche Macht und Faszination. Darauf weist Nah 3,16 hin: „Deine Händler hast du vermehrt über die Zahl der Sterne des Himmels hinaus.“ Ein Zusammenhang von Hurerei und Handel ergibt sich aus dem Aspekt der Käuflichkeit. Eine Gesellschaft, in der alles käuflich ist, kann als Hurengesellschaft bezeichnet werden. Dieser Zusammenhang findet sich deutlich an der für Apk 17 wohl wichtigsten Stelle, in Jes 23,15–18. Dort ist die Handelsmetropole Tyrus im Blick. Sie wird aufgefordert, ein Hurenlied zu singen: „Nimm die Harfe! Durchschweife die Stadt! Spiele schön, singe viel, dass man sich deiner wieder erinnere!“ (V. 16) Im weiteren Text heißt es dann, dass sie wieder zu Hurenlohn kommen wird; „und sie wird huren mit allen Königreichen der Erde“ (V. 17). Im folgenden V. 18 werden Hurenlohn und Handelsgewinn nebeneinander gestellt. Das aber bedeutet, dass der Handelsgewinn als Hurenlohn und somit der weltweite Handel als Hurerei charakterisiert wird. Das Welthandelssystem ist ein Hurensystem. Es macht die Metropolen üppig und fett und plündert die Länder und Völker aus. Hinzuweisen ist hier auch auf Ez 28,16, wo dem König von Tyrus gesagt wird: „Durch die Menge deines Handels füllte sich in deiner Mitte Gewalttat an.“ Das hier gebrauchte Wort חמס (*chamás*) ist das Wort der hebräischen Bibel, das am ehesten strukturelle Gewalt bezeichnen kann. Der Handel, so wie er erfolgt, bestimmt von der Metropole, erzeugt Gewaltstrukturen, in denen er dann weiter verläuft. Dadurch ist garantiert, wem er in erster Linie nützt: der Metropole. Dass Johannes bei seiner Kennzeichnung Roms als großer Hure diese Tradition aufnimmt und fortführt, wird noch deutlich werden. Es reicht nicht aus, wie es in den Kommentaren durchweg geschieht, die Hurenmetapher mit dem als Götzendienst verstandenen Kaiserkult in Verbindung zu bringen. Der war schon beim zweiten Tier von Kap. 13 im Blick.

Die entscheidenden Aspekte bei der Rezeption der Hurenmetapher durch Johannes sind folgende: Es geht um den wirtschaftlichen Bereich; der wird charakterisiert durch Käuflichkeit und Begehrlichkeit. Weiter ist schon in der biblischen Tradition damit die Gerichtsaussage verbunden: Dieses durch Käuflichkeit und Begehrlichkeit gekennzeichnete System wird keinen Bestand haben.

Der Schluss von V. 1 gibt ein erstes Kennzeichen der Hure an: „die am großen Wasser sitzt“. Hier ist Jer 51,13 aufgenommen (LXX: 28,13), wo es von Babylon heißt: „Die du am großen Wasser wohnst und viele Schätze hast.“ Das gibt historische Wirklichkeit wieder, insofern „das alte Babylon … an vielen Kanälen (lag), in die der Euphrat sich verzweigte“[4]. Da das für Rom nicht zutrifft – der Tiber ist kein sonderlich großer Fluss –, begnügt sich BOUSSET unter Verweis auf die Jeremiastelle mit der Feststellung, dass „es sich hier wieder nur um Herübernahme einer älteren apokalyptischen Tradition handelt“[5]. Aber Johannes muss sich dabei etwas gedacht haben. In der Deutung legt er diesen Zug in V. 15 so aus: „Das Wasser, das du gesehen hast, an dem die Hure sitzt, sind Völker, Scharen, Nationen und Sprachen.“ Ausgesagt wird also die weltumspannende Herrschaft Roms; und dann muss man bei dem „großen Wasser“ konkret an „das ganze Mittelmeer“ als von Rom beherrschtes denken[6].

Der Anfang von V. 2 fügt einen weiteren Relativsatz an: „mit der die Könige der Erde hurten“. Im Blick sind Rom und seine Vasallen. Wieder zeigt sich hier die östliche Perspektive des Johannes, da im Osten Rom weithin durch Klientelkönige herrschte. Die Könige der Erde haben sich mit Rom eingelassen; sie

---

4 ROLOFF, Komm., S. 168.

5 BOUSSET, Komm., S. 403.

6 Vgl. FÜSSEL, Monstrum, S. 60.

haben ihr Vergnügen mit der römischen Hure und bezahlen dafür mit der Aussaugung ihrer Länder. Die Eliten der Unterworfenen und Abhängigen sind in Komplizenschaft mit der Metropole verbunden. Dass das auch in 18,3 noch einmal genannte Huren der Könige so zu verstehen ist, macht 18,9 eindeutig klar: Dort steht parallel zum Huren der Könige ihr luxuriöses Leben. Die hier in 17,2 gebrauchte Formulierung klingt an Jes 23,17 an, diejenige Stelle also, die den von der Stadt Tyrus ausgehenden Handel als Hurerei bezeichnete. An diese Tradition knüpft Johannes an.

In V. 2 fährt er fort: „Und trunken geworden sind von dem Wein ihrer Hurerei, die die Erde bewohnen." Das Bild ist wieder der biblischen Tradition entnommen. Jer 51,7 heißt es: „Ein goldener Becher, der alle Welt trunken gemacht hat, war Babylon in der Hand des Ewigen. Alle Völker haben von seinem Wein getrunken; darum sind die Völker so toll geworden." Zu erinnern ist auch an die schon erwähnte Stelle Nah 3,4, wonach die Hurerei und Magie Ninives alle Völker in Bann schlägt, wobei der Zusammenhang mit dem Handel angeklungen war. In dieser Weise ist auch die Aussage in Apk 17,2 zu verstehen: Die Könige haben mit Babylon gehurt, d.h. die Großen der Völker machen mit Rom ihre Geschäfte. Alle Menschen sind vom Wein der Hurerei Babylons betrunken geworden, d.h. das weltweite Handelssystem schlägt alle in seinen Bann. Das vom Handel erzeugte Klima allgemeiner Käuflichkeit und der davon und dabei angefachte Drang nach Geld und Waren machen alle süchtig. Jede und jeder will Geschäfte machen; alle wollen sie Anteil haben an ein bisschen Reichtum.

Bis hierhin reicht die Rede des Engels, mit der er die Vision ankündigt und damit zugleich auch schon inhaltlich charakterisiert. Der Beginn von V. 3 bringt vor der eigentlichen Visionsschilderung noch die Angabe eines Ortswechsels: „Da brachte er mich im Geist weg in die Wüste." Überlegungen, ob Johannes die Vision wirklich in der Wüste gehabt habe, sind überflüssig. Er schreibt ja selbst, dass das Verbringen „im Geist" geschah. Es liegt eine bewusste Gegenüberstellung zur Vision vom neuen Jerusalem in 21,10 vor. Dort bringt ihn der Engel im Geist weg „auf einen großen und hohen Berg". Hinsichtlich der Wüste in 17,3 könnte an Jes 21,1 gedacht sein, wonach von der Wüste her der Untergang Babylons kommt, der dann ab V. 2 als Offenbarung angekündigt wird. Zur antithetischen Entsprechung von 17,3 und 21,10 schreibt BOUSSET: „Babel, das der Verwüstung anheimfällt, schaut der Seher in der Wüste, das vom Himmel kommende Jerusalem auf dem Berg"[7].

Mit V. 3b beginnt die Vision: „Da sah ich eine Frau auf einem scharlachroten Tier sitzen." Wie aus dem weiteren Text hervorgeht, ist das Tier kein anderes als das erste Tier von Apk 13, also Rom. Aber auch die Frau – das machte ja schon die Ankündigung des Engels deutlich – ist Rom. Liegt aber dann nicht eine eigenartige Doppelung vor, wenn sowohl das Tier als auch die auf ihm reitende Frau Rom symbolisieren? Der Hinweis auf die Darstellung von auf Tieren reitenden Frauengestalten[8] zeigt nur die Möglichkeit der Beschreibung des Johannes, aber noch nicht ihren Sinn. KRAFT sieht hier eine Darstellung der *Dea Roma*. Das wäre eine Möglichkeit. Aber damit wäre noch nicht aufgenommen, was

---

7 BOUSSET, Komm., S. 403.

8 Vgl. die Münzbilder Nr. 401 und 440 bei FRANKE, Kleinasien.

sich bei der Besprechung der biblischen Texte als ein wichtiger Aspekt der Hurenmetapher ergeben hatte: der Aspekt des Handels. Ich formuliere deshalb eine andere Hypothese, deren Tragfähigkeit sich bei der weiteren Auslegung erweisen muss: „Tier“ und „Hure“ bringen jeweils einen bestimmten Aspekt römischer Herrschaft zum Ausdruck. Am ersten Tier in Apk 13, das hier als Reittier wieder aufgenommen ist, wurde seine alles niederzwingende Gewalt hervorgehoben, vor der alle Welt in die Knie geht und staunend ausruft: „Wer ist dem Tier gleich und wer kann gegen es Krieg führen?“ (13,4) Das Tier stellt also Rom in seiner unwiderstehlichen militärischen Macht dar. Demgegenüber gibt die Hurenmetapher dem wirtschaftlichen Aspekt römischer Herrschaft symbolischen Ausdruck. Zugleich wird damit, dass die Hure auf dem Tier sitzt, auch angezeigt, dass die Wirtschaft auf der militärischen Absicherung und Behauptung des Imperiums basiert.

Gegenüber der Beschreibung des Tieres in Apk 13 ist seine Kennzeichnung als „scharlachrot“ neu. Das hier gebrauchte Wort κόκκινος (*kókkinos*) bezeichnet einen sehr teuren Farbstoff. Im Kontext von Apk 17 soll damit wohl ein erster Hinweis auf Luxus gegeben werden. Das wird die nähere Beschreibung der Frau in V. 4 bestätigen. Doch zunächst wird am Schluss von V. 3 das Tier weiter gekennzeichnet: „voll von lästerlichen Namen, mit sieben Köpfen und zehn Hörnern“. Der Anschluss ist allerdings in zweifacher Weise merkwürdig: 1. Das Tier ist auch im griechischen Text neutrisch, die Partizipien, mit denen der Anschluss vollzogen wird, allerdings sind maskulin. Es liegt also eine *constructio ad sensum* vor. Gedacht ist daher an den regierenden Kaiser, der das Imperium in seiner Person verkörpert. 2. Das erste Partizip steht wie sein Bezugswort im Akkusativ, das zweite jedoch im Nominativ. Das ist eine Eigentümlichkeit des Johannes, mit der er das dann Gesagte unterstreicht. Mit der Erwähnung der lästerlichen Namen, der Köpfe und Hörner ist der Bezug auf das erste Tier in Apk 13 eindeutig.

Die beiden folgenden Verse 4 und 5 beschreiben die Frau, zunächst ihre Kleidung: „Die Frau war bekleidet mit Purpur und Scharlach.“ Bei Purpur und Scharlach handelt es sich um Luxusstoffe. Sie charakterisieren das Erscheinungsbild der dominierenden Gesellschaftsschicht der Metropole. „Scharlach und Purpur sind beide ein Symbol für die Üppigkeit und Pracht Roms“[9]. Auf die Beschreibung der Bekleidung folgt die des Schmucks: „geschmückt mit Gold, Edelsteinen und Perlen.“ Wieder wird damit der Luxus herausgestellt. Das ist ja nicht das übliche Erscheinungsbild einer Prostituierten. Im Klagelied über den König von Tyrus in Ez 28 heißt es in V. 12f., dass er ein Abbild der Vollkommenheit war, geschmückt mit Edelsteinen, Gold und Perlen. In dem schon zitierten Vers 16 wird dann jedoch weiter gesagt: „Durch diesen großen Handel wurdest du voll von Gewalttat.“ Der von der Metropole ausgehende Handel erzeugt Gewaltstrukturen, in denen er dann weiter verläuft. Dass Johannes bei der Beschreibung der Hure als Luxusweib an Rom als Handelsmetropole denkt, zeigt sich daran, dass die hier genannten Luxusgüter in Apk 18,12f. bei der Aufzählung des nach Rom Verfrachteten in der ersten Gruppe wieder erscheinen.

---

9 BOUSSET, Komm., S. 404.

Die Visionsschilderung fährt fort mit der Beschreibung, dass die Frau einen goldenen Becher in der Hand hält. Damit wird an V. 2 angeknüpft, wonach die Erdenbewohner vom Wein ihrer Hurerei betrunken geworden sind. Hier wie dort liegt ein Bezug auf Jer 51 vor. Am Schluss von V. 4 wird als Inhalt des Bechers angegeben: „voll von Gräueln – und der Dreck ihrer Hurerei". Grammatisch ist Johannes wieder unkorrekt. Je weniger glatt er hier formuliert, umso schärfer stellt er seine Wertungen heraus. Von den gebrauchten Worten her (βδελύγματα [*bdelýgmata*], ἀκάθαρτα [*akátharta*]) könnte man seine Aussagen sozusagen rein kultisch verstehen. So interpretieren MÜLLER und ROLOFF ausschließlich unter Bezug auf den Kaiserkult[10]. Das ist gewiss auch ein Aspekt, aber nach der bisher hier gegebenen Interpretation sicher nicht der einzige. Im Blick dürfte auch die gewaltförmige Wirtschaftsordnung sein.

V. 5 fährt fort: „... und auf ihrer Stirn ein Name geschrieben." LOHMEYER kommentiert: „Nach römischer Sitte ... trugen römische Dirnen ihre Namen auf dem Stirnband, das der Kopfschmuck der römischen Frau ist"[11]. ROLOFF meint allerdings: „Schwerlich wird Johannes hier darauf anspielen, daß die Prostituierten in Rom ein Schildchen mit ihrem Namen tragen mußten"[12]. Aber auf was sollte Johannes sonst anspielen, nachdem er die Frau so deutlich als Hure bezeichnet hat und es auch gleich wieder tut? Bevor der auf der Stirn geschriebene Name genannt wird, fügt er das Wort „Geheimnis" ein, womit er den dann genannten Namen als Decknamen kenntlich macht: „das große Babylon". Es ist also eine andere Stadt gemeint als Babylon. Als Deckname konnte „Babylon" nur in jüdischen Kreisen nur in der Zeit nach 70 und nur für Rom gebraucht werden: Wie einst Babylon Jerusalem und den ersten Tempel zerstört hatte, so hatte jetzt Rom Jerusalem und den zweiten Tempel zerstört[13]. In dieser Identifizierung Roms als „Babylon" war jedoch zugleich die Folgerung eingeschlossen: Wie Gottes Gericht das alte Babylon eingeholt hat, so würde das auch bei dem neuen Babylon der Fall sein. Für die Bezeichnung Roms als Babylon seien weitere jüdische Zeugnisse angeführt. „Der König Babels aber wird sich erheben, der Zion nun zerstörte" (2Bar 67,7). In OrSib V 143 heißt es über Nero: „Es wird fliehen aus Babylon der furchtbare und schamlose Herrscher." Und in 158–161 heißt es: „Es wird aber kommen vom Himmel herab ein großer Stern in die schreckliche Salzflut und wird verbrennen das tiefe Meer und Babylon selbst und das Land Italiens, um dessentwillen umkommen viele Heilige und Gläubige der Hebräer und das wahrhaftige Volk"[14].

---

10 MÜLLER, Komm., S. 288f.; ROLOFF, Komm., S. 168f.

11 LOHMEYER, Komm., S. 141.

12 ROLOFF, Komm., S. 169.

13 Die Erwähnung „des großen Roms" in OrSib V 139 wird in 143 als „Babylon" aufgenommen. Vgl. auch OrSib V 398f.: „... seit ich zum zweiten Mal das Haus (gemeint ist der Tempel in Jerusalem) niederstürzen sah vornüber, von Feuer überflutet durch eine unreine Hand" (Übersetzungen MERKEL). In TanB Tasria 16 (S. 21b) wird in der Auslegung von Jes 47,1 gesagt, hier werde „Edom" (= Rom) „Tochter Babel" und „Tochter der Chaldäer" genannt. Auf die Frage, was „Tochter Babel" bedeute, wird geantwortet: „Babels Zwillingsschwester: Wie Babel mein Haus zerstört hat, so hat auch diese mein Haus zerstört." Unmittelbar danach folgt die Gerichtsansage.

14 Vgl. auch 1Petr 5,13.

Das „große Babylon“, Rom, wird von Johannes in V. 5 weiter bezeichnet als „die Mutter der Huren und der Gräuel der Erde.“ Auch das ist von der bisherigen Interpretation her auf die Handelswirtschaft verständlich, weniger im Blick auf die Interpretation auf den Kaiserkult. Denn Rom selbst war ja nicht Zentrum des Kaiserkultes. Wohl aber war Rom das Wirtschaftszentrum schlechthin. Es hatte Unterzentren in den Provinzen, die sich ihrerseits vom Land abhoben, das sie aussaugten. So wird das Bild von Rom als „Mutter der Huren“ durchsichtig.

V. 6 schließt die Vision ab: „Da sah ich die Frau trunken vom Blut der Heiligen und vom Blut der Zeugen Jesu“[15]. Hier kommt noch einmal die unmittelbare Gewalt in den Blick, die sich gegen alle richtet, die sich dem System entziehen wollen. In diesem Zusammenhang blickt Johannes nur auf die Opfer aus dem eigenen Bereich, die Märtyrer. Die Metropole berauscht sich auf Kosten der Peripherie; sie feiert ihre prunkvollen Feste auf einem Strom von Blut und Tränen.

2. Die „Dynamik des Luxus“

In Apk 18,1f. hört Johannes in einer Vision, von einem Engel verkündet, dass „Babylon“ gefallen und verwüstet worden sei[16]. Dieses Geschehen wird anschließend in V. 3 – unter Rückgriff auf schon vorher gemachte Aussagen – zunächst so begründet: „Denn vom Wein ihrer leidenschaftlichen Hurerei haben alle Völker getrunken.“ Nach Apk 14,8 hatte Babylon alle Völker mit diesem Wein getränkt; nach dieser Stelle jetzt haben sie selbst getrunken. Beides gehört zusammen. Nach dem vorher zu Apk 17,6 Ausgeführten ist auch hier nicht nur der Kaiserkult im Blick, sondern das wirtschaftlich-politisch-religiöse System im Ganzen. Es berauscht alle und an ihm berauschen sich alle. Sie lassen sich diesen „Becher“ in die Hand drücken und greifen doch zugleich selbst gierig nach ihm. Auch hier ist auf biblische Stellen angespielt, vor allem auf Jer 51,7. Diese Stelle stand schon hinter Apk 17,2. Weiter klingt Jer 25,15 an: „Nimm diesen Becher mit dem Wein meines Zorns aus meiner Hand und lass daraus alle Völker trinken, zu denen ich dich sende.“ In Apk 18,3 schießen zwei verschiedene Linien zusammen: einmal der Wein der Hurerei „Babylons“, im Klartext also die berauschende Wirkung des römischen Systems, und zum anderen der Zorn Gottes, sein Strafgericht. Für Johannes kommt beides so zusammen, dass der Genuss des „römischen Weines“ den Zorn Gottes, sein Gericht, zur Folge haben wird. In denselben Zusammenhang gehört es, wenn in Apk 18,23 als eine Begründung für das Gericht an „Babylon“ angegeben wird: „Durch deine Magie wurden alle Völker verführt.“ Der Schein der Welt der Waren, der doch nicht die wahre Welt ist, hat die Menschen geblendet und sie haben sich blenden lassen. Befangen in dieser Verblendung und Selbstverblendung setzen sie auf Vergängliches und Nichtiges, das in der Vision des Johannes schon vergangen und zunichte geworden ist.

---

[15] SATAKE stellt heraus, dass „vom Blut trinken“ biblisch „ein Bild für die Massenermordung (Dtn 32,42; Jes 34,7; 49,26; Jer 46,10; Ez 39,19 u.a.)“ ist (Komm., S. 346).

[16] Zu Apk 18,1f. vgl. u. S. 189–191.

„Und die Könige der Erde haben mit ihr (‚Babylon') gehurt", fährt Johannes in der Begründung des erfolgten Gerichts in V. 3 fort[17]. Das ist fast wörtliche Aufnahme aus Apk 17,2. Gemeint ist die Zusammenarbeit von Vasallenkönigen mit Rom, die für die Erhaltung ihrer Herrschaft mit der Aussaugung ihrer Völker bezahlen. Dass bei all dem in diesem Zusammenhang in erster Linie an die Errichtung des Welthandelssystems gedacht ist, zeigt die Fortsetzung, die über Apk 17 hinausgeht. Das politisch-militärische System funktioniert als Sicherung wirtschaftlicher Ausbeutung. Johannes beobachtet scharf: „... und die Großhändler der Erde sind reich geworden von der Dynamik ihres (der Stadt ‚Babylon') Luxus." Der Luxus der parasitären Metropole wird zu einer eigenen „Macht" (δύναμις – *dýnamis*); es kommt zu einer vom Luxusbedarf gesteuerten „Dynamik", die das Wirtschaftsleben organisiert, steuert und bestimmt[18]. Wer dieser Steuerung unmittelbar folgt – das sind die Großhändler –, wird reich. LUTHER hatte das hier stehende griechische Wort ἔμποροι mit „Kaufleute" wiedergegeben; und diese „Kaufleute" stehen auch noch in der Revision von 1984 und finden sich in vielen modernen Übersetzungen[19]. Das könnte irreführend wirken. Es geht hier nicht um Besitzer von „Tante-Emma-Läden". Für einen kleinen Kaufmann, einen „Krämer", wird im Griechischen das Wort κάπηλος (*kápelos*) gebraucht. Die in Apk 18,3 genannten *émporoi* waren sozusagen die Wirtschaftsbosse der Antike. Sie betrieben Handel im großen Stil und gehörten in der Regel dem römischen Ritterstand an, während den Senatoren der Handel verboten war. In 18,23 werden die Großhändler „die Fürsten / die Großen (μεγιστᾶνες) der Erde" genannt[20]. Mit dieser Formulierung nimmt Johannes Jes 23,8 auf. Dort heißt es über Tyrus: „Seine Großhändler waren Fürsten (שׂרים – *sarím*), seine Handelsleute die Geehrten der Erde"[21]. Die Großhändler lassen durch ihr Wirken die Metropole zu ihrem Luxusleben kommen und sie selbst kommen dabei zu Geld – beides auf Kosten der Mehrheit der Provinzbevölkerung. Über Roms Luxus schreibt Plinius der Ältere an einer Stelle, an der er über das arabische Meer spricht: „Es stiftet uns die Perlen, und nach der niedrigsten Schätzung rauben Indien, die Serer und jene Halbinsel unserem Reiche alle Jahre 100 Millionen Sesterzen: soviel kostet uns Luxus und Frauen!"[22] An ande-

---

[17] AUNE findet diesen Grund für „Babylons" Fall „äußerst dürftig" (Komm., S. 987), was allerdings daran liegt, dass er die Metaphorik nicht erkennt (S. 988) und davon überzeugt ist, Apk 18 handle „überhaupt nicht über die Frage ökonomischer Ausbeutung" (S. 990); vgl. jedoch auch seine eigene Aussage zu Apk 18,23 auf S. 1010.

[18] Zum Luxus in Rom vgl. die beiden Bände von WEEBER über den privaten und öffentlichen Luxus. Im Blick auf den ersten spricht er von einem „Wettbewerb ostentativer Prachtentfaltung, der zusehends an Eigendynamik gewann und immer höhere Einsätze forderte" (Schwelgerei, S. 7).

[19] So in der Einheitsübersetzung, der Elberfelder Bibel, der Neuen Zürcher, der Guten Nachricht und bei WALTER JENS. Die „Bibel in gerechter Sprache" ist präziser: „Großkaufleute".

[20] Das Wort μεγιστᾶνες begegnet auch in der Aufzählung der Spitzen der Gesellschaft in Apk 6,15.

[21] Wieder lässt Johannes erkennen, dass er nicht von der Septuaginta abhängig ist. Sie hat שׂרים mit ἄρχοντες (*árchontes*) wiedergegeben.

[22] Plinius d.Ä., Naturkunde XII 84 (Übersetzung KÖNIG).

rer Stelle merkt er zu der Feststellung an, dass nie zwei völlig gleiche Perlen gefunden werden: „Daher hat ihnen auch der römische Luxus den Namen ‚Einmalige' gegeben"[23]. Für „Luxus" steht lateinisch *delicia*. Es ist dasselbe Wort, mit dem das griechische στρῆνος (*strénos*) in der lateinischen Übersetzung von Apk 18,3 wiedergegeben wird.

3. Die Trostlosigkeit totaler Merkantilität: Totenklage über „Babylon"

In Apk 18,9–19 nimmt Johannes die Gattung des Totenklageliedes auf. Wenn es über Lebenden gesungen wird, ist das eine Beschwörung ihres Todes. Das unmittelbare Vorbild sind Ez 26, das Gericht über Tyrus, und besonders Ez 27, das Klagelied über Tyrus. Dass hier der wirtschaftliche Aspekt im Mittelpunkt steht, ist unübersehbar. Johannes schreibt:

9Und weinen und klagen werden über sie die Könige der Erde,
die mit ihr gehurt und im Luxus dahingelebt haben,
wenn sie sehen den Rauch ihres Brandes,
10von ferne stehend aus Furcht vor ihrer Qual, sprechend:
„Wehe, wehe, du große Stadt,
Babylon, du starke Stadt,
weil in einer einzigen Stunde dein Gericht gekommen ist."

11Und die Großhändler der Erde weinen und klagen über sie,
weil ihre Fracht keiner mehr kauft:
12Fracht von Gold und Silber,
Edelsteinen und Perlen,
Byssusstoff und Purpur, Seide und Scharlach,
alle Zitrushölzer, alle Produkte aus Elfenbein,
alle Produkte aus Edelhölzern, Kupfer, Eisen und Marmor,
13Zimt und Kardamon, Räucherwerk, Salböl und Weihrauch,
Wein und Öl, Feinmehl und Weizen,
Rinder und Schafe, Pferde und Reisewagen
und Sklaven – sogar beseelte Menschen.
14Und das Obst, daran deine Seele Lust hatte,
ist aus dir verschwunden;
allen Glanz und alle Kostbarkeit hast du verloren
und nie mehr wird man sie finden.
15Die Großhändler dieser Dinge, die reich geworden sind an ihr,
von ferne werden sie stehen aus Furcht vor ihrer Qual,
weinen und klagen werden sie, sprechend:
16„Wehe, wehe, du große Stadt,

23 A.a.O. IX 112.

umkleidet mit Byssus, Purpur und Scharlach
und geschmückt mit Gold, Edelsteinen und Perlen!“,
17weil er in einer einzigen Stunde verwüstet worden ist:
dieser so große Reichtum.

Und jeder Steuermann und jeder Küstenfahrer,
die Schiffer und alle, die auf dem Meer arbeiten,
von ferne standen sie 18und schrien,
als sie den Rauch von ihrem Brand sahen, sprechend:
„Wer ist wie die große Stadt?“
19Da warfen sie Staub auf ihre Häupter und schrien,
weinten und klagten, sprechend:
„Wehe, wehe, du große Stadt,
in der alle reich geworden sind, die Schiffe auf dem Meer hatten,
von der Fülle ihrer Kostbarkeiten!“,
weil sie in einer einzigen Stunde verwüstet worden ist.

Der Abschnitt weist eine klare Dreiergliederung auf. Drei Gruppen von Klagenden treten nacheinander auf: die Könige, die Großhändler und die Schiffsleute. Alle drei begegnen auch in Ez 26f.[24] Johannes hat nicht einfach von dort abgeschrieben[25]. Sie sind von ihm sehr überlegt eingefügt. Er hat bewusst eine auf die Zeitgeschichte bezogene Zusammenstellung vorgenommen: Die Könige stehen für die politisch-militärische Macht; entsprechend wird von ihnen im Wehruf in V. 10 Babylon „die *starke* Stadt“ genannt. Die Großhändler sind die Lenker der Waren- und Geldströme. Mit ihnen ist der Handel im Blick, der politisch-militärisch abgesichert wird und der auf den gehobenen Bedarf der Metropole zugeschnitten ist. Entsprechend beschreiben die Großhändler im Wehruf in V. 15 die große Stadt als mit Luxusstoffen ausstaffiert und mit edlem Schmuck dekoriert (vgl. Apk 17,4). Die Schiffsleute schließlich stehen für die Handelswege, die ebenfalls politisch-militärisch abgesichert werden. Ein wesentliches Element der *Pax Augusta*, später *Pax Romana*, war die Beseitigung der Seeräuberei durch Augustus[26]. Entsprechend wird im Wehruf in V. 19 die große Stadt als Quelle des Reichtums für die Reeder genannt.

Alle drei Klagen variieren zwar voneinander, haben aber doch auch gleich bleibende Stereotypen: eine Einleitung, die die Klagenden nennt sowie als deren Tätigkeit eben das Klagen, das Sehen des Rauchs vom Brand der Stadt[27] und bzw. oder das Stehen von ferne. Dabei wird zweimal als Grund die Furcht vor ihrer Qual genannt. Dann folgt das eigentliche Totenklagelied mit Wehruf, Nen-

---

24 Vgl. zum Bezug von Apk 18,9–24 zu Ez 26f. HIEKE, Seher, S. 11: „Aus leserorientierter Perspektive steigert die Verbindung der beiden Textwelten die Gewissheit, dass Gott ein solches fürchterliches Gericht auch wahr machen kann: Gott kann und wird die stolze feindliche Stadt (Rom) vernichten, wie er es schon früher immer wieder getan hat.“

25 Gegen MÜLLER, der meint, die Seeleute, die in 18,3 nicht erwähnt werden, erklärten sich nur als Erweiterung unter dem Einfluss von Ez 27,27–29 (Komm., S. 308).

26 Vgl. Augustus, Taten 25.

27 Dieser Aspekt fehlt bei den Großhändlern.

nung dessen, wem er gilt, und Begründung. Besonders ausgeweitet ist der mittlere Teil, der die Großhändler und damit den Handel betrifft. Darauf liegt hier das Gewicht. Das unterstreicht noch einmal, dass Johannes in Apk 17f. besonders den wirtschaftlichen Aspekt im Blick hat. Schließlich ist beim Überblick über das ganze Stück noch anzuführen, dass es eine auffällige zeitliche Variierung in den drei Teilen bietet: Im ersten Teil steht das Futur, im zweiten das Präsens, bei der Wiederholung in V. 15 allerdings ebenfalls das Futur, und im dritten der Aorist und das Imperfekt. Das heißt, dass die Beschwörung des Untergangs immer dringlicher wird.

Aus dem ersten Teil, der Klage der Könige, sei nur ein Aspekt hervorgehoben. Ihre Kennzeichnung entspricht zunächst der von Apk 17,2: Sie haben mit Babylon „gehurt". Das damit Ausgesagte wird hier bestätigt und bestärkt durch die Hinzufügung von: „Sie haben in Luxus dahingelebt." Sie haben sich begehrlich mit der Metropole eingelassen und haben davon profitiert.

Der zweite Teil hat die Großhändler im Blick. V. 11 gibt sofort den Grund ihrer Klage an: „weil ihre Fracht niemand mehr kauft". Hier offenbart sich die totale merkantile Mentalität, für die Kaufen und Verkaufen alles ist. Da geht eine ganze Welt zugrunde; und sie klagen, dass niemand mehr ihre Warenmassen kauft! Das ist das Einzige, was sie interessiert. Das macht ihr ganzes Leben aus. Und wenn das weg ist, ist alles hin. Daher ist ihr Weinen und Klagen auch ein völlig hoffnungsloses. Hier wird noch einmal in einem Aspekt deutlich, weshalb Johannes auf „Babylon" die Hurenmetapher anwenden kann: aufgrund der hier zum Ausdruck kommenden totalen Käuflichkeit.

Die Verse 12f. bieten eine ins Einzelne gehende Aufzählung der Fracht. Sie führen an, was alles nach Rom geschleppt wurde. Bei dieser Aufzählung zeigt sich eine gewisse Gruppierung. Am Beginn stehen die Edelmetalle Gold und Silber. Aus ihnen wurden die wertvollsten Münzen geschlagen. Davon hinreichend zu besitzen, war in wirtschaftlicher Hinsicht fundamental. Aus diesen Edelmetallen wurde zudem Schmuck hergestellt. Seneca erwähnt Gewänder, in die Gold eingewebt ist, „von Gold schwere Kassettendecken", „Goldgeschirr" sowie silberne Wasserhähne[28]. An zweiter Stelle stehen Edelsteine und Perlen, also Schmuck[29]. Perlen gehörten zu den teuersten Produkten[30]. Es folgen kostbare Stoffe für die vornehme Kleidung: „Byssusstoff und Purpur[31], Seide und Scharlach". Aus Zitrushölzern an der nächsten Stelle wurden sündhaft teure Luxustische hergestellt. WEEBER setzt den entsprechenden Abschnitt unter die Überschrift: „Wahnsinn in Holz – Männerliebling Tisch"[32]. „Alle Produkte aus

---

28 Seneca, Briefe 90,9.45; 94,70; 86,6.

29 Zum Schmuck vgl. WEEBER, Schwelgerei, S. 121–125.

30 Vgl. WEEBER, Schwelgerei, S. 105–110, sowie die Pliniuszitate o. S. 168f.

31 Zum Purpur vgl. WEEBER, Schwelgerei, S. 91–95; als Statussymbol „spielte der Purpur eine führende Rolle" (S. 91).

32 WEEBER, Schwelgerei, S. 111–114. Er verweist auf Plinius d.Ä., Naturkunde XIII 91–102, der anlässlich der Erwähnung des Zitrusholzes über daraus gefertigte Tische und dafür erzielte horrende Preise berichtet. Bei Plinius steht auch, was WEEBER als Überschrift gesetzt hat: *mensarium insania* (XIII 91). WEEBER merkt an: „Der Verarbeitungsprozess des Citrusholzes trägt deutliche Züge einer kolonialen Ausbeutungsmentalität" (Schwelgerei, S. 113).

Elfenbein, alle Produkte aus Edelhölzern, Kupfer, Eisen und Marmor" in der nächsten Gruppe betreffen ebenfalls das vornehme Interieur, der Marmor, bei dem es ein breites Angebot an verschiedenen Farben und Maserungen gab, natürlich auch das Bauen überhaupt[33]. Danach kommen Stoffe, die wohlriechende Düfte erzeugen, durch Parfümierung oder Verbrennen[34], gepflegtes Leben für den gehobenen Geschmack[35]: „Zimt und Kardamon, Räucherwerk, Salböl und Weihrauch". Die bisher genannten Dinge finden sich fast alle in der von Plinius angeführten Liste der teuersten Produkte[36]. Es folgen anspruchsvollere Lebensmittel: „Wein und Öl, Feinmehl und Weizen". Am Schluss stehen Vieh, Transportmittel und Sklaven: „Rinder und Schafe, Pferde[37], Reisewagen und Sklaven". Letztere werden zunächst als σώματα (*sómata* – „Leiber") bezeichnet, dann betont als „beseelte Menschen" (ψυχαὶ ἀνθρώπων)[38]. Mit dieser Zusammenstellung hebt Johannes die Ungeheuerlichkeit dessen hervor, dass sogar Menschen zur Handelsware gemacht werden. Das bedeutet eine massive implizite Kritik an der Sklaverei. Ganz überwiegend sind also in dieser Aufzählung Luxusartikel genannt.

In ihr findet sich auch das Grundnahrungsmittel Weizen, bezeichnenderweise nicht Gerste[39]. Schon in der frühen Kaiserzeit waren Rom und Italien nicht mehr in der Lage, sich selbst zu ernähren; sie waren abhängig von Weizenimporten[40]. Eine der Ursachen dafür war die Umstrukturierung der Landwirtschaft durch die Ausdehnung des Großgrundbesitzes mit dem mehr Gewinn bringenden Anbau von Öl und Wein. Dennoch gab es auch Import von beidem. Die billigen Importe erlaubten das Anlegen großzügiger Parkanlagen[41].

Die Angaben des Johannes lassen sich von anderen antiken Quellen her bestätigen, die allerdings aus anderer Perspektive geschrieben sind und dieselbe Wirklichkeit positiv beurteilen. Aelius Aristides spricht in seiner Romrede vor Kaiser Antoninus Pius davon, dass die Länder rund ums Mittelmeer die Römer stets mit ihren Erzeugnissen versorgen. „Herbeigeschafft wird aus jedem Land und aus jedem Meer, was immer die Jahreszeiten wachsen lassen und sämtliche Gebiete, Flüsse, Seen und die Kunstfertigkeit von Griechen und Barbaren her-

---

33 Zum Marmor vgl. WEEBER, Luxus, S. 139–156; ders., Schwelgerei, S. 54f. Hinsichtlich der privaten Verwendung der aufgezählten Materialien verweist er darauf, dass schon Cato „ausdrücklich gegen mit kostspieligem Citrusholz, Elfenbein und punischen Marmorböden ausgestattete Landhäuser polemisiert" (Schwelgerei, S. 45). Aus Kupfer bzw. Bronze wurden „teure Statuen, Lampen und andere kunstgewerbliche Gegenstände" angefertigt (WEEBER, Luxus, S. 141; vgl. die Abbildungen in Schwelgerei, S. 100.101.103).

34 Weihrauch spielte vor allem bei Totenfeiern eine Rolle; vgl. WEEBER, Luxus, S. 29.

35 WEEBER konstatiert „eine zunehmende Verwendung von Salben und Parfums seit dem 1. Jahrhundert v.Chr." (Schwelgerei, S. 116; vgl. S. 115–121). Zimt kam aus China und Sri Lanka, Kardamon aus Nepal (S. 120).

36 Plinius d.Ä., Naturkunde XXXVII 204.

37 Zum Aufwand an Pferden für Wagenrennen vgl. WEEBER, Luxus, S. 29.

38 Zur Formulierung vgl. Ez 27,13; insgesamt zeigen sich in der Aufzählung Berührungen mit Ez 27, aber Johannes formuliert sehr eigenständig. Zu Sklaven unter dem Gesichtspunkt des Luxus vgl. WEEBER, Schwelgerei, S. 127–136: „Sklavenluxus, Luxussklaven".

39 Vgl. das zu Apk 6,6 Ausgeführte u. S. 179.

40 Vgl. Tacitus, Annalen XII 43.

41 A.a.O. III 54,4.

vorbringen[42]. Wenn jemand das alles betrachten wollte, müsste er daher entweder die ganze Welt durchwandern und es so in Augenschein nehmen oder aber in diese Stadt kommen. Was immer nämlich bei den einzelnen Völkern erzeugt und angefertigt wird, von dem ist es unmöglich, dass es nicht hier wäre, und zwar ständig und im Überfluss"[43] – Erdbeeren im Dezember. So preist Aristides auch den „freien Markt". Roms Hafen Ostia gilt ihm als „der gemeinsame Handelsplatz aller Menschen und der gemeinsame Markt für die Erzeugnisse der Erde"[44]. Dass „gemeinsam" in Wirklichkeit zuerst und vor allem „für Rom" heißt, geht aus dem vorher gebrachten Zitat mit aller wünschenswerten Klarheit hervor. Wer den Markt preist, vertritt auch die Leistungsideologie: „Allen stehen alle Wege offen. Keiner ist ein Fremder ... Alle strömen wie auf einem gemeinsamen Markt zusammen, ein jeder, um das zu erlangen, was ihm gebührt"[45] – jeder kann, wenn er nur will und genug leistet, vom Tellerwäscher zum Millionär werden. Dass hier vor allem die Unterschichten in den Provinzen großzügig übersehen sind – selbst in Rom gab es gelegentlich Getreidemangel und also Hunger –, bedarf keiner weiteren Worte. Der gehobene Bedarf der Privilegierten war jedoch gedeckt. Ein Satz aus einem Seneca zugeschriebenen Stück fasst das knapp und präzis zusammen: „Die Siegerin Luxus reißt mit längst schon gierenden Händen der Erde unermessliche Schätze an sich, um zu vergeuden"[46]. Über zwei in Rom bekannte Gourmets schreibt Seneca: „Sieh dir Nomentanus an und Apicius, der Länder und des Meeres – wie sie sagen – Güter verdauend und auf dem Tisch inspizierend aller Völker Tiere, sieh ebendieselben auf ihrem Rosenlager, betrachtend ihre Kochkunst, die Ohren an der Stimmen Klang, an Darbietungen die Augen, an Delikatessen ihre Gaumen erfreuend; von weichen und leichten Wärmekissen wird ihr ganzer Körper angeregt, und damit die Nase nicht inzwischen unbeschäftigt bleibt, wird mit mannigfachen Wohlgerüchen geträufelt der Ort selbst, an dem man der Genußsucht opfert"[47].

V. 14 fällt aus dem Schema der vorangehenden Aufzählung heraus. Hier wird noch ein besonderer Aspekt angeführt: „Und das Obst, daran deine Seele Lust hatte, ist aus dir verschwunden; allen Glanz und alle Kostbarkeit hast du verloren und nie mehr wird man sie finden." Zu den Landgütern gehörten Obstgärten. Hier ist nicht an den Handel gedacht, sondern an eigene schöne Erzeugnisse, die es dann auch nicht mehr geben wird.

In Wiederaufnahme von V. 11 leitet V. 15 zurück ins Schema der drei Klageteile und führt es nun durch, fällt jetzt allerdings wieder ins Futur, nachdem in V. 11 das Präsens gestanden hatte: „Die Großhändler dieser Dinge, die reich

---

42 Zu dem bei Sueton, Vitellius 13, beschriebenen Mahl des Kaisers bemerkt WEEBER: „Vitellius hatte den Kapitänen seiner Flotte befohlen, die Leckerbissen vom Partherreich bis zur Straße von Gibraltar zusammenzusuchen. Zumindest der Symbolgehalt stimmte auf diese Weise: Es war ein wahrhaft herrscherliches Essen, bei dem das ‚Beste' aus dem gesamten Imperium kombiniert wurde" (Schwelgerei, S. 27).

43 Aelius Aristides, Romrede 11 (Übersetzung KLEIN). Vgl. zum Ganzen WENGST, Pax, S. 47–50.

44 A.a.O. 7; vgl. 60.

45 A.a.O. 60.

46 Seneca, Octavia 434f.

47 Seneca, De vita beata XI 4; Übersetzung ROSENBACH.

geworden sind an ihr, von ferne werden sie stehen aus Furcht vor ihrer Qual, weinen und klagen werden sie." In V. 16.17a bringen sie ihre Klage vor: „Wehe, wehe, du große Stadt, umkleidet mit Byssus, Purpur und Scharlach und geschmückt mit Gold, Edelsteinen und Perlen!" Außerhalb der Klage steht als Begründung: „weil er in einer einzigen Stunde verwüstet worden ist: dieser so große Reichtum."

Im dritten Teil, bei den Schiffsleuten, sind folgende Besonderheiten herauszustellen: Erstens findet sich ein zusätzlicher Klageritus: Sie streuen sich Staub auf die Häupter. Das ist Aufnahme aus Ez 27,30. Zweitens wird in V.18b gefragt: „Wer ist der großen Stadt gleich?" Ganz ähnlich hatte in Apk 13,4 alle Welt in anbetendem Staunen gefragt: „Wer ist dem Tier gleich?" Durch die bewusste Wiederaufnahme hier in – jedenfalls visionär – völlig veränderter Situation wird die Hohlheit der Größe des Tieres zum Ausdruck gebracht. Diese Frage, wer der großen Stadt gleich sei, wird jetzt ja gestellt angesichts ihrer rauchenden Trümmer. Sie ist so ein höhnendes Echo auf die weltumspannende Anbetung des großen Tieres in Apk 13,4. Drittens steht in V. 17 eine in sich differenzierte umfassende Aufzählung: „jeder Steuermann und jeder Küstenfahrer, die Schiffer und alle, die auf dem Meer arbeiten". κυβερνήτης (*kybernétes*), hier wörtlich mit „Steuermann" wiedergegeben, meint eigentlich in unserem Sinn den Kapitän. Die folgende Formulierung – ὁ ἐπὶ τόπον πλέων (*ho epí tópon pléon*) – ist schwierig zu verstehen; man rät auf „Küstenschiffer"[48]. Die ναῦται (*naútai*) sind die Matrosen. Mit der Schlusswendung ὅσοι τὴν θάλασσαν ἐργάζονται werden alle zusammengefasst, die das Meer beruflich befahren. Sie alle klagen, weil sie alle ihre Arbeit verlieren, wenn die große Stadt fällt. Innerhalb ihrer Klage in V. 19 haben sie aber eine ganz bestimmte mit ihnen verbundene Gruppe im Blick, die am stärksten betroffen ist: die Reeder. Sie sind „von der Fülle ihrer (der großen Stadt) Kostbarkeiten reich geworden". Da ist sie wieder: „die Dynamik des Luxus" (Apk 18,3): Darauf, auf den Bedarf der Metropole, wird die Produktion abgestellt, daran orientiert sich der Handel, das strukturiert die Handelswege, dafür wird der Frachtraum gebraucht.

In Apk 18,9–19 starren Könige, Großhändler und Seefahrer mit gebanntem Blick auf die rauchenden Trümmer Roms und brechen in Klagen aus. Sie, die auf Rom fixiert waren, bleiben es auch in seinem Untergang. Wie Lots Frau sind sie zur Salzsäule erstarrt (Gen 19,26); es gibt für sie keine hoffnungsvolle Perspektive. Den Blick derer, die sich nicht auf Rom fixieren ließen, wird Johannes über den Untergang hinweg auf das neue Jerusalem richten, sodass der Blick auf den – visionären – Untergang nur vorübergehend erfolgt. Dieser vorübergehende Blick auf den Untergang des mächtigen Rom ist nicht überflüssig. In ihm spricht sich die Hoffnung aus, dass die Gewalttätigen, die Sieger der Geschichte, nicht auf immer über ihre Opfer triumphieren.

---

48 So, unter Aufnahme von DE WETTE, schon BOUSSET, Komm., S. 423. Dafür könnte Apg 27,2 einen Anhalt bieten. Anders SATAKE, Komm., S. 364.

VI. „Gott hat sein Recht an ihr vollzogen“ Das Gericht Gottes an „Babylon“

Trotz aller bedrückenden Erfahrungen lässt Johannes von vornherein keinen Zweifel daran, dass Gott und seinem Gesalbten alle Macht gehört. Im Gegensatz dazu stehend hat er in den Bildern vom „Tier“ und von „Babylon“ Roms scheinbar alles umfassende Größe und seine im Krieg unbezwinglich erscheinende Dominanz herausgestellt. In seiner Darstellung kommt es dann zum Gerichtshandeln Gottes an „Babylon“ und zum Krieg von Gottes Gesalbtem gegen das Tier und dessen Verbündete. Auch das geschieht in visionären Bildern. Besonders die Bilder vom Krieg weisen teilweise sehr realistische Züge auf, machen im Ganzen aber doch einen eigenartig unwirklichen Eindruck. Auch hier zeigt sich das schon beobachtete Phänomen. Johannes bietet in seinen Visionen keine wilden, freischwebenden Spekulationen. Es findet sich vielmehr eine eigentümliche Verbindung von realer Erfahrung und realem Erleiden, von aus bestimmter Perspektive wahrgenommener Wirklichkeit mit der Lektüre der Schrift. Das leidend Erfahrene und Wahrgenommene wird in visionären Bildern in Aufnahme biblischer Aussagen ausgedrückt und damit zugleich verfremdet; es bleibt nicht für sich, sondern es erfolgt eine Öffnung, die über es hinausweist. Was Johannes und seine Geschwister erdulden müssen, was er beobachtet, das entdeckt er wieder bei seiner Lektüre der heiligen Schrift, die ihm zugleich Hoffnungsperspektiven vorgibt über die als verstellt erscheinende Gegenwart hinaus. Die von gegenwärtiger Erfahrung geleitete Lektüre wird ihrerseits zum Raster für diese Erfahrung und dient damit als deren Ausdrucksmittel. Beobachtung und Sichtung verdichten sich so in visionären Schilderungen, die über eine als schlimm erfahrene Gegenwart hinausweisen und eine Perspektive aufzeigen jenseits des als katastrophal erlebten ständigen Weiterlaufens der Geschichte. Für Johannes ist der Krieg schon da. Was er erwartet, ist sein Ende; deshalb setzt er auf „die letzte Schlacht“. Wie er die Gegenwart als den auf sein Ende zulaufenden Krieg mit Hilfe der Schrift deutet, zeigt sich gleich in den ersten Siegelvisionen von den Reitern.

1. Der Krieg ist schon da

Nachdem in Apk 5 mit dem Gesalbten, dem „Löwen aus dem Stamm Juda“, der sich als geschlachtetes Lamm erwiesen hatte, jemand gefunden worden war, der es vermochte, die Siegel der Buchrolle auf der Hand Gottes zu öffnen, wird in Apk 6 in relativ schneller Folge die Öffnung der ersten sechs Siegel erzählt. Johannes hatte durch dic Darstellung seiner eigenen Person innerhalb der Vision, sein Weinen und sein Getröstetwerden, deutlich gemacht, dass die durch die Öffnung der Siegel lesbar gewordene Geschichte nicht mehr die des „Immer so weiter“ ist, sondern die auf ihr Ende zulaufende. Die ersten vier Siegel gehören eng zusammen. Das zeigt ihre Verbindung mit den vier Reitern, die nacheinander bei jeder Siegelöffnung jeweils im selben Schema auftreten. In Apk 6,1–8 heißt es:

1Und ich sah, als das Lamm eins von den sieben Siegeln öffnete: Da hörte ich
eins von den vier Wesen sprechen wie Donnerstimme: „Komm!“ 2Da sah ich,
und siehe: Ein weißes Pferd und der darauf saß hatte einen Bogen und es ward
ihm ein Kranz gegeben und er zog aus als Sieger und dass er siege.
3Und als es das zweite Siegel öffnete, hörte ich das zweite Wesen sprechen:
„Komm!“ 4Da zog ein anderes Pferd heraus, feuerrot; und dem, der darauf saß,
ward es gegeben den Frieden von der Erde zu nehmen und dass sie einander
abschlachten und es ward ihm ein großes Schwert gegeben.
5Und als es das dritte Siegel öffnete, hörte ich das dritte Wesen sprechen:
„Komm!“ Da sah ich, und siehe: Ein schwarzes Pferd und der darauf saß hatte
eine Waage in seiner Hand 6und ich hörte etwas wie eine Stimme inmitten der
vier Wesen sprechen: „Ein Maß Weizen für einen Denar und drei Maß Gerste
für einen Denar, aber das Öl und den Wein sollst du nicht schädigen!“
7Und als es das vierte Siegel öffnete, hörte ich die Stimme des vierten Wesens
sprechen: „Komm!“ 8Da sah ich, und siehe: Ein fahles Pferd und der auf ihm saß
– sein Name: Tod und der Hades folgte ihm und es ward ihm Macht gegeben
über den vierten Teil der Erde zu töten mit Schwert, Hunger und Pest und
durch die wilden Tiere der Erde.

Das Schema ist viermal dasselbe: Das Lamm öffnet ein Siegel; Johannes hört die Stimme je eines der vier Wesen; das sagt: „Komm!“ und ein Reiter tritt auf, der dann näher gekennzeichnet wird und mit dem Unheil verbunden ist. Dabei sind die biblischen Plagereihen rezipiert. Johannes verbindet sie mit den Reitern. Das Motiv der Reiter auf verschieden farbigen Pferden hat er aus Sach 1,8 und Sach 6 frei aufgenommen. In Sach 1,8 ist ein Reiter genannt und hinter ihm rote, rötliche und weiße Pferde. Sach 6 erwähnt vier Wagen mit verschieden farbigen Pferden davor: rot, schwarz, weiß, gesprenkelt-scheckig (Sach 6,2; vgl. V. 6f.). Johannes hat also die von ihm konkret genannten Farben nur zum Teil von dort übernommen. Er orientiert sich stärker an den griechischen Grundfarben: weiß, schwarz, grün, rot[1]. In der Bezeichnung für rot gebraucht er jedoch nicht das üblicheWort ἔρυθρος (*érythros*), sondern πυρρός (*pyrrós*), wie es für „rot“ in der Übersetzung der Septuaginta in Sach 1,8 und 6,2 der Fall ist und wie es Johannes in Apk 12,3 für den Drachen gebraucht. Die Pferde sind Symbole des Krieges und der Macht[2]. Das wird im Einzelnen deutlich werden.

In V. 1 sieht Johannes auf den Befehlsruf des Wesens „Komm!“ hin sogleich ein weißes Pferd und beschreibt dessen Reiter. Er hat einen Bogen, also eine Waffe, erhält einen Kranz, wird damit als Sieger, als Triumphator geschildert und dementsprechend gleich anschließend ein Sieger genannt, der sich daran macht, seinen Siegeszug fortzusetzen. Aufgrund dessen, dass hier mit dem Auf-

---

1 Vgl. HERMANN, Farbe, Sp. 384.
2 Vgl. nur Jes 30,16; 31,1.

treten des Reiters nicht ausdrücklich eine Plage genannt wird, dass „Kranz“ und „siegen“ [3] vorher in den Sendschreiben als positive Begriffe gebraucht wurden, und aufgrund dessen, dass in Apk 19 Jesus als Reiter auf einem weißen Pferd dargestellt wird, hat man auch diese Stelle in 6,1f. christologisch interpretiert[4]. Aber das scheint ausgeschlossen zu sein. „Die Interpretation des ersten Reiters auf Christus oder den siegreichen Gang des Evangeliums scheitert ... daran, dass sie die offensichtliche Verwandtschaft bzw. Parallelität zwischen den Reitern ignoriert“[5]. Auch wenn der erste Reiter gegenüber den folgenden drei Reitern Unterschiede aufweist, steht er doch keinesfalls im Gegensatz zu ihnen. Das aber heißt: Er kann nicht aus der Reihe der vier Reiter herausgelöst werden; er steht in ihr. Wenn auch in verhaltener Weise, so ist er doch wie die anderen eine negative Figur. Den Grund der Verhaltenheit in der Darstellung kann man erkennen, wenn man die zeitgeschichtliche Deutung akzeptiert, die m.E. zu Recht immer wieder versucht worden ist. Sie geht von der Kennzeichnung des Reiters als mit dem Bogen bewaffnet aus. Der Bogen war die typische Bewaffnung der parthischen Reiterheere[6]. Außerdem ist weiß die Farbe des Orients. Daher wird der erste Reiter das Partherreich symbolisieren[7], das im Osten fast eine ständige Bedrohung der Herrschaft Roms bedeutete und auch immer wieder Erfolge hatte. Johannes scheint also parthische Erfolge gegen Rom als Siege zu deuten und weitere zu erwarten. Die Verhaltenheit in der Darstellung erklärt sich vielleicht daher, dass Johannes überhaupt nichts dagegen hat, wenn die römische Macht vom Partherreich bedrängt wird. Er teilt offenbar bis zu einem gewissen Grad die allgemeine vorderorientalische Hoffnung vom Sieg des Ostens über den Westen[8]. Das zeigt sich auch in Apk 16,12 bei den Schalenvisionen. Obwohl

---

3 Der Zusammenhang von „siegen“ und „Kranz“ ist in der Erfahrungswelt vorgegeben. Nach Xenophon, Hellenika I 7,33, gilt es als angemessen, „die Sieger mit Kränzen auszuzeichnen“.

4 Das ist die älteste überlieferte Deutung: Iren.haer. IV 21,3. In neuerer Zeit findet sie sich bei BORNKAMM, Komposition, S. 219f. Nach SCHÜSSLER FIORENZA „hat der erste Reiter die Funktion eines Vorläufers des siegreichen Parusie-Christus“ (Komm., S. 63).

5 MÜLLER, Komm., S. 164; vgl. auch BÖCHER, Johannesapokalypse, S. 55. HADORN führt als Argument an „die Komposition des visionären Gemäldes, in welchem der Christus bereits vertreten ist, und zwar durch das die Siegel öffnende Lamm, das nicht zugleich mit dem Reiter identisch sein kann“ (Komm., S. 82).

6 Bei einer Audienz für Abgesandte des Antonius sitzt der Partherkönig Phraates auf einem goldenen Stuhl und lässt die Bogensehne schnellen (Cassius Dio, Geschichte 49,27,4).

7 Vgl. z.B. MÜLLER, Komm., S. 167, der Vorgänger nennt. Nach PÖHLMANN soll „der Bogen in Apk 6,2 den ersten Reiter als die Verkörperung des Partherkönigs im Vollbesitz seiner königlichen Macht erweisen“ (Opposition, S. 470); zur angeführten Dio-Stelle vgl. S. 479.

8 Vgl. dazu KIPPENBERG, Orient, S. 40–48. Diese Hoffnung ist auch bei Tacitus belegt, der sie jedoch römisch wendet. Bei der Belagerung Jerusalems durch die Truppen des Titus spricht er davon, dass die Mehrzahl der Eingeschlossenen überzeugt war „von dem in den alten priesterlichen Aufzeichnungen enthaltenen Wort, daß eben zu dieser Zeit das Morgenland erstarke und daß man von Judäa aus sich der Weltherrschaft bemächtigen werde. Dieser rätselhafte Ausdruck hatte auf Vespasian und Titus hingedeutet, die Volksmenge aber legte menschlicher Begehrlichkeit entsprechend diese so hochwichtige Weissagung zu ihren Gunsten aus und ließ sich nicht einmal durch allerhand Mißerfolge zur Anerkennung der Wahrheit bekehren“ (Historien V 13,2; Übersetzung BORST).

schon die dritte Schale die Flüsse überhaupt genannt hatte, wird bei der sechsten Schale in V. 12 „der große Fluss Euphrat“ besonders angeführt. Das kann nur zeitgeschichtlich bedingt sein. Der Euphrat bildete die Grenze zwischen dem *Imperium Romanum* und dem Partherreich. Von diesem Grenzfluss wird als Folge des Ausgießens der Schale gesagt: „Da vertrocknete sein Wasser, damit der Weg bereitet werde für die Könige vom Aufgang der Sonne“[9]. Wenn zur Zeit des Johannes die Euphratgrenze von Osten her überschritten werden soll, und zwar von „den Königen des Ostens“, kann das nur bedeuten, dass die Parther Rom bedrängen. Dafür hat Johannes offensichtlich Sympathien. Doch ist diese realpolitische Möglichkeit für ihn keine wirkliche Alternative. Er setzt seine Hoffnung nicht auf einen parthischen Sieg über Rom. Das zeigt auch seine Einordnung des ersten Reiters unter die anderen. Eine *Pax Parthica* wäre nicht grundsätzlich anders als die *Pax Romana*. Hoffnungsvoll ist ihm nur, dass er diese Ereignisse als Endzeitgeschehen begreifen kann, in dem alle Gewaltgeschichte ihr Ende, ihren Abbruch findet, auch die im parthischen Bogen symbolisierte[10].

Der zweite Reiter kommt auf rotem Pferd. Es hat also die Farbe des Drachen[11]; sie weist auf das im Krieg gewaltsam vergossene Blut hin[12]. Auch dieser Reiter trägt eine Waffe, ein großes Schwert. Und mit dem Schwert ist es ihm gegeben, den Frieden von der Erde zu nehmen. So zielt sein Handeln auf allgemeine gegenseitige Schlächterei[13]. Für Johannes ist das keine Ankündigung irgendeiner fernen Zukunft. Ihm gilt ja der Tod Jesu als die entscheidende Zäsur. So beschreibt er gegenwärtiges Geschehen, wie schon der erste Reiter als Symbol des Partherreiches deutlich machte. Dann aber bedeutet die Aussage von der Wegnahme des Friedens von der Erde *nicht*, dass dem Johannes die gegenwärti-

---

9 Die Aussage ist zum Teil biblisch vorgeprägt in Jes 11,15. Danach zerschlägt Gott den Euphrat in sieben Bäche, „sodass man ihn mit Schuhen durchqueren kann“. Er tut das für die Rückkehr der Exilierten ins Land Israel.

10 Parthische Reiterheere hat Johannes wohl auch in 9,14–16 im Blick. Dort wird im Zusammenhang der Erwähnung „des großen Flusses Euphrat“ „die Zahl der Reitertruppen“ genannt. Wörtlich übersetzt hieße sie: „zweimal zehntausend mal zehntausend“. Die Angabe soll sicher nicht berechnet werden. Gemeint ist eine ungeheuer große Zahl. Im Deutschen würde dem wohl am ehesten entsprechen: „Aber- und Abertausende“.

11 Vgl. o. S. 90f.132.154 zu Apk 12,3.

12 In bSan 93a wird in dem Reiter von Sach 1,8 Gott gesehen und die Wendung „auf einem roten Pferd“ so gedeutet: „Der Heilige, gesegnet er, wollte die ganze Welt zu Blut verwandeln“, wovon er jedoch absieht, weil er Gerechte erblickt. PÖHLMANN erkennt noch eine weitere Dimension: „Jeder bibelkundige Jude kannte und kennt aus Gen 25,30 das Wortspiel zwischen אדוֹם (adóm = „rot“) und אֱדוֹם (edóm = „Edom“). Ferner ist allen jüdischen Bibelauslegern die überaus häufige Gleichsetzung von Esau = Edom = Rom geläufig“ (Opposition, S. 496).

13 Zu den ersten beiden Reitern vgl. BECK, Komm., S. 103f.: „Blendet der erste mit seinem Triumphpferd und Siegeskranz, mit der Zauberfarbe des Eroberungsruhms, ja des Friedensstifters, als wäre die Blutfarbe des Kriegs abgewaschen und dauerhafter Friede gegründet, so kommt nun der zweite Reiter in unverhüllter Blutfarbe auf einem feuerrothen Pferd und mit dem großen Schlachtschwert. Der Krieg nimmt nun erst recht seine scheußliche, blutige Würgergestalt und zwar in ausgedehntestem Umfang an“ (im Original teilweise hervorgehoben).

ge Zeit als Friedenszeit gilt, die demnächst beendet werden wird, sondern dann steckt in dieser Aussage das Urteil, dass die eigene Gegenwart gerade *keine* Friedenszeit ist, sondern eine Zeit gegenseitigen Abschlachtens. Das setzt er dem Anspruch der *Pax Romana* entgegen[14]. Wer so in Antithese zur offiziellen Propaganda und zu einer verbreiteten Stimmung seine Gegenwart wahrnimmt, der nimmt sie von unten wahr, der hat ihre Gewalt leidend erfahren, der übersieht nicht die ständigen Kriege an den Rändern des Imperiums[15]. Die ganze Schärfe des Urteils des Johannes zeigt sich im Vergleich mit späteren christlichen Autoren, die die mit Augustus beginnende Zeit als Friedenszeit mit Jesus und dem Christentum in einen positiven Zusammenhang bringen. Der Bischof Melito von Sardes schreibt im Jahr 175 in seiner Apologie an Kaiser Mark Aurel: „Unsere Philosophie erwachte dereinst kräftig im Schoße von Barbaren, reifte unter der ruhmreichen Regierung deines Vorgängers Augustus unter deinen Völkern zur Blüte und brachte vor allem deiner Regierung Glück und Segen. Von da ab nämlich erhob sich die römische Macht zu Größe und Glanz … Dass unsere Lehre zugleich mit dem Reich, das glücklich begonnen hatte, zu dessen Wohle erblühte, ergibt sich am deutlichsten daraus, dass ihm von den Zeiten des Augustus an nichts Schlimmes widerfahren ist, dass es im Gegenteil – wie es aller Wunsch ist – lauter Glanz und Ruhm geerntet hat“[16].

Bei der Öffnung des dritten Siegels in V. 5 tritt ein schwarzes Pferd auf und sein Reiter hält einen Waagebalken in der Hand. Eine Stimme gibt die Deutung: „Das Maß Weizen für einen Denar und drei Maß Gerste für einen Denar, aber das Öl und den Wein sollst du nicht schädigen!“ Auch das ist keine Spekulation, sondern bittere Erfahrung für viele, dass im Kriegsfall und im Zusammenhang mit Kriegen die Preise von Grundnahrungsmitteln derart in die Höhe gehen, dass Hunger die Folge war[17]. Das hier mit „Maß“ übersetzte griechische Wort χοῖνιξ (*choínix*) bezeichnet die für eine Person nötige Tagesration[18]. Weizen ist ein Grundnahrungsmittel. Nach Josephus kostete in einer schlimmen Notsituation ein Modius (8,75 l) Weizen elf Drachmen[19]. Gerste war das Korn für arme Leute. Im Gastmahl des Athenaios wird Gerste verächtlich als „Hühnerfutter und nicht Menschennahrung“ bezeichnet[20]. Die hier angegebenen Preise sind das

---

[14] Vgl. PÖHLMANN, Opposition, S. 464: „Rom ist kein Werkzeug göttlicher Gerechtigkeit und Ordnung, es schafft nicht inneren Frieden und Ruhe für alle guten Bürger, wie die Prediger der pax romana glauben. Rom ist keine Ordnungsmacht, sondern eine widergöttliche Chaosmacht.“

[15] Von den ständigen Kriegen an den Rändern sind z.B. die Annalen des Tacitus voll.

[16] Zitiert bei Euseb, Kirchengeschichte IV 26,7f. (Übersetzung HAEUSER). Ist es Zufall, dass dieser Römerfreundschaft in Melitos Passahomilie Judenfeindschaft gegenübersteht?

[17] PÖHLMANN kontrastiert damit, „daß die Waage in flavischer Zeit erstmals in größerem Stil als politisches Propagandasymbol für die gleichmäßige Versorgung der Bevölkerung Roms und der Provinzen mit Getreide herausgestellt worden ist“ (Opposition, S. 506; vgl. S. 508).

[18] Bei Diogenes Laertius VIII, Pythagoras 18, wird die *choínix* als ἡμερησία τροφή („tägliche Nahrung[smenge]“, „täglicher Proviant“) bezeichnet.

[19] Flav.Ios.Ant. XIV 28.

[20] Athenaios, Gelehrtenmahl V 214e–f. Nach Cassius Dio konnte Antonius in einer schwierigen Belagerungssituation „seinen Leuten statt Weizen nur Gerste verabreichen“ (Geschichte 49,27,1; Übersetzung VEH).

acht- bis sechzehnfache des Normalpreises. Das mag übertrieben sein. Aber Teuerung und Hungerszeiten hat es im zeitlichen und lokalen Umkreis des Johannes real gegeben. Josephus berichtet vom belagerten Jerusalem des Jahres 70, dass nach den Volksmassen schließlich auch die Kämpfer vom Hunger betroffen wurden[21]. „Als Nahrung diente einigen auch ein Büschel altes Heu; manche nämlich sammelten Fasern und verkauften das kleinste Gewicht um vier attische Drachmen“ [22]. Auch außerhalb unmittelbarer Kriegsgebiete lebende Menschen konnte der Hunger infolge des Krieges ereilen. Tacitus berichtet, dass dem römischen Heer unter Domitius Corbulo auf seinem Marsch durch Armenien im Jahre 60 n.Chr. Nahrungsmittelknappheit zu schaffen machte. „Man kam dann in ein bebautes Gebiet und erntete das Getreide ab“[23]. Damit war das Problem für das römische Heer gelöst. Über die Folgen für die Bewohner schweigt sich Tacitus aus; sie sind jedoch leicht vorstellbar. Selbst in den Städten der Provinz Asia, in denen die Gemeinden lebten, an die Johannes seine Schrift richtet, konnte es zu kriegsbedingtem Hunger kommen. Diese Städte waren bei Erntemangel auf Getreideimporte angewiesen, die aus den Gebieten am Nordufer des Schwarzen Meeres kamen. Von dort aus waren aber auch die römischen Heere im Osten und im Donauraum zu versorgen. Deren Verstärkung bei kriegerischen Aktionen musste den Getreidebedarf erhöhen, sodass der Krieg an den Rändern auch negative Auswirkungen auf die Versorgung der Städte der Asia hatte. Die Stimme beim Auftreten des dritten Reiters sagt jedenfalls nichts Phantastisches: Horrende Preise für das Grundnahrungsmittel Weizen und für Gerste als das Lebensmittel der kleinen Leute gab es immer wieder. Der gleichzeitige Überfluss an Öl und Wein ist Ausdruck der im ersten Jahrhundert erfolgenden Ausweitung des Latifundienbesitzes mit dem gewinnbringenden Anbau dieser Früchte[24]. „Das schwarze Pferd steht für die harte Tatsache, daß die krasse Ungleichheit in der Verteilung lebensnotwendiger Güter sich in außergewöhnlichen Notzeiten noch verschlimmert“[25].

Bei der Öffnung des vierten Siegels in V. 7 sieht Johannes ein Pferd, dessen Farbe mit χλωρός (*chlorós*) angegeben wird. *chlorós* ist eigentlich „grün“. Aber es kann hier nicht das Grün frischen Grases gemeint sein – nicht, weil es keine Pferde von solcher Farbe gibt; das wäre ja immerhin visionär möglich. Vom Textzusammenhang her muss „grün“ hier in dem Sinn gemeint sein, wie auch wir davon sprechen, dass jemand „grün“ oder „grünlich“ aussehe, dem brechübel ist. Dieses Grün ist identisch mit der Leichenblässe, sodass als Farbbezeichnung für ein Pferd mit „fahl“ übersetzt werden kann. Und ganz entsprechend wird als Reiter dieses Pferdes auch der Tod angegeben – nach Krieg und

---

21 Flav.Ios.Bell. VI 1.157.193ff.

22 A.a.O. 198.

23 Tacitus, Annalen XIV 24,2 (Übersetzung HELLER).

24 Vgl. zu dem in Apk 6,6 angesprochenen Problemzusammenhang ausführlicher WENGST, Pax, Anm. 46 auf S. 246f.

25 BOESAK, Engel, S. 69. Vgl. schon BECK, Komm., S. 105: „... für den Arbeiter sind es sonach übermäßig gesteigerte Preise der Nahrungsmittel. Dagegen bleibt unbeschädigt Oel und Wein; also Freude und Genuß bleibt für Vermögliche immer noch offen und so steht neben dem harten Leben in den unteren Ständen ein Genußleben in den oberen Klassen.“ Ähnlich HADORN, Komm., S. 83.

Hunger ist das nur konsequent. Auch das ist keine wahnwitzige Zukunftsspekulation, sondern Widerspiegelung bitterer Erfahrung. Im Gefolge des Todes erscheint dann noch der Hades, die personifizierte Unterwelt, gleichsam als Einsammler der Leichen. Abschließend stellt V. 8 fest, dass ihm Macht gegeben wurde über ein Viertel der Erde, um zu töten mit dem Schwert – das weist auf den Krieg –, mit Hunger – das weist auf die Teuerung – und mit der Pest[26]. Auch das ist eine leidvolle Erfahrung, dass mit Kriegszügen oft genug die Pest verbunden war. Als viertes werden schließlich noch die wilden Tiere genannt. MÜLLER sieht darin die Erfahrung ausgedrückt, „daß in von Kriegen verwüsteten Gebieten wilde Tiere die Zerstörung vollenden"[27]. Das ist möglich. Allerdings könnte für die Städte der Asia eine andere Assoziation noch näher liegen. Für die Menschen in diesen Städten waren wilde Tiere nicht in erster Linie Bewohner einer fernen Wildnis, sondern eine sehr nahe Realität als Akteure in ihren Amphitheatern bei Schaukämpfen mit Gladiatoren und als Hinrichtungsort[28].

Johannes beschreibt seine Vision mit Zitaten und Zitatanspielungen. Auf die Aufnahme des Reitermotivs aus dem Sacharjabuch wurde schon hingewiesen. Dort ist mit der prophetischen Vision in Sach 1,12–17 die Ankündigung des Erbarmens Gottes verbunden. Das Motiv wird damit zum Träger der Hoffnung auf heilvolle Wende, der Hoffnung, dass es nicht immer so weiter geht. Die Reiter bringen nicht erst künftiges Unheil; dieses Unheil ist in der Erfahrung des Johannes längst schon Gegenwart. Dass es jedoch damit nun zu Ende geht, das ist seine Botschaft in der Reitervision. Weitere Anspielungen unterstreichen das. Die Zusammenstellung von Pest, Hunger, Schwert und wilden Tieren ist ihm ebenfalls in der Schrift vorgegeben, am deutlichsten in Ez 5,12.17: „Es soll ein Drittel von dir an der Pest sterben und durch Hunger vernichtet werden in deiner Mitte, und das zweite Drittel soll durchs Schwert fallen rings um dich her, und das letzte Drittel will ich (Gott) in alle Winde zerstreuen und will hinter ihm her das Schwert ziehen… Ja, Hunger und wilde Tiere will ich unter euch schicken, die sollen euch kinderlos machen, und es soll Pest und Blutvergießen bei dir umgehen und ich will das Schwert über dich bringen." Bei Ezechiel handelt es sich um Gerichtsankündigungen gegenüber Jerusalem vor seiner Eroberung und Zerstörung durch Nebukadnezar im Jahr 587/86. Von Johannes werden sie in den Zusammenhang der Endzeit gestellt. Indem er sie aufnimmt, indem er mit ihnen spricht, bringt er Gott ins Spiel. Das tut er fast ausdrücklich, indem er mehrfach sagt, dass den Reitern „gegeben worden ist", das zu tun, was sie tun, wobei Gott als logisches Subjekt gedacht ist. Damit stellt er Gott als Souverän der Geschichte heraus. Das bedeutet keinen Fatalismus und schon gar nicht Legitimierung des Unheils, sondern es bestreitet denen die Macht, die das gegenwärtige Unheil produzieren, und begrenzt ihre Zeit. Die leidend erfahrene Gegenwart ist hier begriffen als auf ihren Abbruch zulaufende Gewaltgeschichte. Es geht also bei diesen ersten vier Siegeln, bei diesen berühmten „apokalypti-

---

26 θάνατος (thánatos – eigentlich „Tod") ist hier wieder ein Septuagintismus für דבר (déver = „Pest").

27 MÜLLER, Komm., S. 169.

28 Vgl. WENGST, Pax, S. 59f., und die dort angegebenen Stellen.

schen“ Reitern, nicht um die Ankündigung kommender außergewöhnlicher Strafgerichte Gottes, sondern um den Umgang mit schon gegenwärtigen als schlimm erfahrenen Ereignissen.

Ähnlich wie mit den Reitern bei Öffnung der ersten vier Siegel verhält es sich mit dem Blasen der fünften Posaune als dem ersten Wehe in 9,1–11. Auch dort geht es um den schon erfolgenden Krieg und seine Auswirkungen. Johannes sieht einen aus dem Himmel stürzenden Stern, der personifiziert vorgestellt wird. Er öffnet den Schacht zur Unterwelt, aus dem daraufhin Rauch aufsteigt, der die Sonne verfinstert (V. 1f.). Weiter heißt es in V. 3–11:

[3]Und aus dem Rauch kamen Heuschrecken heraus auf die Erde und es wurde ihnen Macht gegeben, Macht, wie sie die Skorpione auf der Erde haben. [4]Und es wurde ihnen gesagt, dass sie das Gras der Erde nicht schädigen sollen, nichts Grünes, keinen Baum, nur die Menschen, die das Siegel Gottes nicht auf der Stirn haben. [5]Und es wurde ihnen gegeben, dass sie sie nicht töten, sondern dass sie gequält werden sollen fünf Monate und ihre Qual soll sein wie die Qual von einem Skorpion, wenn er einen Menschen sticht. [6]Und in jenen Tagen werden die Menschen den Tod suchen, aber sie werden ihn nicht finden; und sie werden begehren zu sterben, aber der Tod flieht vor ihnen. [7]Und die Gestalten der Heuschrecken gleichen Pferden, gerüstet zum Krieg, und auf ihren Köpfen etwas wie goldgleiche Kränze und ihre Gesichter wie Menschengesichter [8]und sie hatten Haare wie Frauenhaar und ihre Zähne waren wie die von Löwen [9]und sie hatten einen Brustkorb wie die Brust aus Eisen und das Geräusch ihrer Flügel war wie das Geräusch vieler Pferdewagen, die in den Krieg ziehen, [10]und sie haben Schwänze gleich Skorpionen und Stachel und in ihren Schwänzen liegt ihre Kraft, die Menschen zu schädigen fünf Monate lang. [11]Als König haben sie über sich den Engel der Unterwelt, sein Name ist auf Hebräisch Abbadon und auf Griechisch hat er den Namen „Verderber“.

In diesem Abschnitt ist die achte ägyptische Plage aufgenommen, die Heuschreckenplage (Ex 10,1-20). Außerdem dient Joel 1f. als biblisches Vorbild. Auch wenn diese Texte hier ins Phantastische gesteigert zu sein scheinen[29], geschieht das doch nicht ohne Bezug auf Wirklichkeit. Den realen Hintergrund bildet einmal die Erfahrung tatsächlicher Heuschreckenplagen, die für kleine Bauern durchaus apokalyptische Ausmaße annehmen konnten, insofern sie ihnen ihre wirtschaftliche Existenz vernichteten und Hunger und Tod zur Folge hatten. So hält LOHMEYER die Schilderung hier für „begreiflich“ „aus der häufig bezeugten orientalischen Anschauung heraus, für die aus der Erfahrung der Furchtbarkeit und Plötzlichkeit der alles vernichtenden Heuschreckenschwärme ihre Gestalt zu einer höllischen Phantasmagorie von erschreckender Realität geworden ist“[30].

Wenn nach V. 3 aus dem Rauch Heuschrecken herauskommen, ist realer Hintergrund dieser Vorstellung die Erfahrung, dass riesige Heuschrecken-

---

[29] Nach BOUSSET sind die hier geschilderten Heuschrecken „reine mythologische Fabelwesen, wie sie ‚die religiöse Phantasie des Orients‘ vielfach gebildet hat“ (Komm., S. 301).

[30] LOHMEYER, Komm., S. 78.

schwärme in der Tat als Verfinsterung wirken. Es kommt aber sofort ein über die Natur hinausgehender Zug hinein, wenn gesagt wird, dass die Heuschrecken Macht erhielten, wie Skorpione zu stechen. Der giftige Stich des Skorpions ist sprichwörtlich. V. 4 formuliert einen Auftrag an die Heuschrecken: Was sie normalerweise tun, sollen sie gerade nicht tun. Gras, Grünes und Bäume sollen sie nicht schädigen[31]. Sie sollen nur diejenigen Menschen schädigen, die nicht das Siegel Gottes auf der Stirn haben (vgl. Apk 7,9), also alle Ungetauften. Die Menschen außerhalb der Gemeinde erscheinen hier pauschal, ohne jede Differenzierung, als *massa perditionis*[32]. Dahinter steckt kaum ein Dünkel Erwählungsbewusster, sondern eher die Erfahrung einer bedrängten Minderheit, die Menschen außerhalb der Gemeinde als potentielle Bedrohung erlebt.

Nach V. 5 erhalten die Heuschrecken den Auftrag, die Menschen nicht zu töten, sondern fünf Monate lang mit Skorpionstichen zu quälen. Die fünf Monate sind eine „runde Bezeichnung für einen längeren Zeitraum", der „mit der ungefähren Lebenszeit von Heuschrecken zusammen(trifft)"[33]. Als Spitze der Qual nennt V. 6 den Todeswunsch, der aber unerfüllt bleibt. Das wird am Schluss plastisch ausgemalt durch die Personifikation des Todes, der vor denen flieht, die zu sterben wünschen[34].

Für die auffällige Beschreibung der Heuschrecken in V. 7–11 hat man auf ähnlich klingende Schilderungen anderswo hingewiesen. So steuert LOHMEYER in den Beilagen zu seinem Kommentar mittelalterliche arabische Texte bei. Einer geht zurück auf CARSTEN NIEBUHR, Beschreibung von Arabien, 1772, S. 173: „Ich hörte aber von einem Araber aus der Wüste in der Gegend von Basra eine besondere Vergleichung der Heuschrecke mit anderen Tieren. … Er verglich den Kopf einer Heuschrecke mit dem Kopfe eines Pferdes, ihre Brust mit der Brust eines Löwen, ihre Füße mit den Füßen eines Kamels, ihren Leib mit dem Leib einer Schlange, ihren Schwanz mit dem Schwanz eines Skorpions, ihre Fühlhörner (wenn ich mich recht erinnere) mit den Haaren einer Jungfrau. Kurz, diese Vergleichung scheinet die Offenbarung Johannis 9,7.8.9.10 zu erklären"[35].

Damit ist aber noch nicht verstanden, warum Johannes seinen Text in solcher Weise bietet, wie er es tut. Der Text muss noch einmal im Ganzen und in seinen Einzelheiten in den Blick genommen werden. Nach V. 4 sollen die Heuschrecken gerade das nicht tun, was ihnen eigentümlich ist: Sie sollen nichts Pflanzliches fressen. Daran zeigt sich m.E. deutlich, dass Johannes zwar von der achten

---

[31] Dass nach Apk 8,7 schon alles grüne Gras bei der ersten Posaune verbrannt ist, zeigt wiederum lediglich an, dass die Aussagen des Johannes nicht systematisiert werden können und dürfen, sondern an ihrem Ort je ihre bestimmte Funktion haben.

[32] Anders Apk 6,15!

[33] LOHMEYER, Komm., S. 79.

[34] Vgl. ApkEl 25,9–11: „Viele werden begehren den Tod in jenen Tagen. Der Tod aber wird sie fliehen" (Übersetzung SCHRAGE; vgl. auch 27,7–9). Zu V. 6b vgl. auch AUNE: „Das ist ein antiker Allgemeinplatz, der sowohl im Judentum … begegnet als auch in der griechisch-römischen Literatur" (Komm., S. 531, mit Stellenangaben).

[35] LOHMEYER, Komm., Beilage 6, S. 205. Als Beilage 7 auf S. 205f. zwei mittelalterliche arabische Texte ähnlicher Art.

ägyptischen Plage, der Heuschreckenplage, ausgeht, dass er aber gar nicht an reale Heuschrecken denkt. Die Heuschrecken bekommen zunächst eine Ergänzung: Sie stechen wie Skorpione. Die Stiche von im Land Israel vorkommenden Skorpionen sind äußerst schmerzhaft, töten aber nicht, jedenfalls nicht erwachsene Menschen. An was Johannes denkt, müsste also die nähere Beschreibung der Heuschrecken in V. 7–10 zeigen. Dass es sich hier nur um „eine phantasievolle Beschreibung mit damals üblichen Mitteln" handle[36], die irgendwelche dämonischen Mächte darstellen wolle, scheint mir schon von der Stelle der hebräischen Bibel her unwahrscheinlich zu sein, die zu dieser Schilderung entscheidend beigetragen hat, nämlich Joel 1f. Dort symbolisieren die Heuschrecken den kriegerischen Zug eines feindlichen Volkes. Ich zitiere einige Sätze: „Denn ein Volk zieht herauf gegen mein Land, stark und nicht zu zählen. Seine Zähne: die Zähne eines Löwen und das Gebiss einer Löwin hat es" (1,6). Auch nach 2,2 kommt „ein großes und starkes Volk". Von ihm heißt es in 2,3: „Wie ein Garten Eden war das Land vor ihnen und hinter ihnen eine wüste Steppe." 2,4f.: „Sie haben die Gestalt von Pferden und rennen wie Rosse; wie das Geräusch von Kriegswagen; über die Berge hoch poltern sie; wie das Geräusch der Feuerflamme, die Stroh frisst; wie ein starkes Volk, gerüstet zum Krieg." Der Vergleich eines Heerzuges mit einem Heuschreckenschwarm liegt außerordentlich nahe: Ein Heerzug hat in der Tat „verheerende" Wirkung für die Zivilbevölkerung. Die Menschen werden zwar nicht unbedingt getötet, aber schwer belastet[37].

An solche äußerst reale Erfahrung dürfte Johannes bei diesem auf den ersten Blick so phantastischen Gemälde denken. Dafür sprechen folgende Züge: Die Heuschrecken „gleichen Pferden, gerüstet zum Krieg". Sie machen „das Geräusch vieler Pferdewagen, die in den Krieg ziehen". Sie haben eiserne Brustpanzer und Löwenzähne; es wird also geraubt und geplündert. Die goldgleichen Kränze auf den Pferdeköpfen lassen sich als Siegeszeichen verstehen. Dass sie Menschengesichter haben, soll eben deutlich machen, dass Johannes an ein Heer von Menschen denkt[38]. Die stacheligen Skorpionschwänze werden aus dem Vorangehenden wiederholt. Sie symbolisieren die zwar nicht in jedem Fall tödliche, aber doch außerordentlich quälende Bedrückung eines durchziehenden oder Quartier suchenden Heeres. Johannes beschreibt also nicht irgendwelche dämonischen Heuschrecken mit kriegerischen Zügen, sondern er charakterisiert einen realen Heerzug als dämonisch, weil er für die Bevölkerung die bedrückende Wirkung eines Heuschreckenschwarms hat.

---

[36] So MÜLLER, Komm., S. 134.

[37] Vgl. den schon zitierten Tacitustext zum Feldzug des Domitius Corbulo in Armenien, als seinem Heer Hunger zu schaffen macht und es dann in bewohntes Gebiet kommt und das Problem durch Abernten der Getreidefelder löst, o. S. 180 mit Anm. 23.

[38] BEILE weist darauf hin, dass sich das Bild der Heuschrecke „mit dem Bild römischer Geschütze (verbindet), deren Spannrahmen aus Gelenksehnen von Tieren und aus Frauenhaaren … bestanden" (Zwischenruf, S. 228). Das könnte die Erwähnung der Frauenhaare erklären (vgl. die Skizzen auf S. 289). Nach Vitruv X 11,2 sind „die Stränge (für Ballisten = Wurfgeschütze) aus Weiberhaaren oder Sehnen" (Übersetzng FENSTERBUSCH; vgl. Abb. 19).

In V. 11 wird ein König der Heuschrecken erwähnt, obwohl Heuschrecken, wie schon Spr 30,27 feststellt, keinen „König" haben. Als dieser König wird der Engel der Unterwelt angeführt, der nur an dieser Stelle begegnet. Sein Name wird auf Hebräisch genannt: *abbadón*. In der jüdischen Bibel wird dieser Begriff parallel zu *sch^{e}ol* gebraucht, z.B. Hi 26,6. Er bezeichnet also das Totenreich. Hi 28,22 findet er sich zusammen mit dem Tod personifiziert. In Apk 9,11 wird der Name abschließend ins Griechische übertragen: ἀπολλύων (*apollýon* = „Verderber"). Die griechische Namensform soll sicher auch auf den Gott Apollon anspielen, „der als Pestgott und Würgeengel schon bei Aeschylos bekannt ist"[39]. Die Übersteigerung und die Unterstellung unter den Engel der Unterwelt sowie die Einordnung in die Posaunenvisionen leisten es, die als schlimm erfahrene Gegenwart so zu begreifen, dass sie nicht ins Endlose weiterlaufen wird, sondern den Abbruch vor sich hat[40].

2. *Das Gericht als Evangelium*

Nach Apk 14,6f. sieht Johannes „einen anderen Engel hoch am Himmel fliegen; der hatte eine ewige Freudenbotschaft, um sie denjenigen zu verkündigen, die auf der Erde wohnen, allen Nationen, Stämmen, Sprachen und Völkern. Er sprach mit lauter Stimme: ‚Fürchtet Gott und gebt ihm Ehre! Denn gekommen ist die Stunde seines Gerichts. Und huldigt dem, der Himmel und Erde gemacht hat, das Meer und die Wasserquellen!'" Die Lokalisierung „hoch am Himmel", die sich auch hinsichtlich des Adlers mit den drei Wehe in 8,1 findet, nimmt Johannes wohl deshalb auf, weil es um die Ankündigung des die ganze Welt betreffenden Gerichtsgeschehens geht. Mehr Gewicht als diese Lokalisierung hat jedoch die folgende Angabe: Der Engel hat eine „ewige Freudenbotschaft" (εὐαγγέλιον), ein „ewiges Evangelium". Da Johannes *sieht*, dass der Engel ein *euaggélion* hat und die darauf bezogene Tätigkeit des *euaggelísai* in der Fortsetzung auch ausdrücklich genannt wird, muss das *euaggélion* selbst sichtbar sein, also Buch- oder Rollenform haben. Aber es ist hier kein „Evangelium" gemeint in dem dann in der Kirche technisch gewordenen Sinn, keine Darstellung der Geschichte Jesu. Was Johannes sieht, ist eine andere aufgeschriebene Freudenbotschaft. Ihr Inhalt besteht aber auch nicht in dem, was bei Paulus „Evangelium" heißt: die auf Tod und Auferweckung Jesu bezogene Verkündigung. Der Inhalt ist hier anderer Art und wird noch angegeben. Zunächst aber werden die Adressaten der Botschaft angeführt: „um sie (die Freudenbotschaft) denen zu verkünden, die auf der Erde wohnen, allen Nationen, Stämmen, Sprachen und Völkern". Es ist also eine umfassende Adressatenschaft intendiert. Hier ist einmal mehr der Widerspruch gegen die von Rom bestimmte Wirklichkeit greifbar. Denn die *euaggélia*, die Freudenbotschaften, die römische Kaiser an alle

---

39 MÜLLER, Komm., S. 195.

40 Eine eindrückliche eigenständige künstlerische Rezeption von Apk 9,1–11 findet sich in einem Holzschnitt von Ernst Ludwig Kirchner aus dem Jahr 1917 (Abbildung bei ULMER, Apokalypse, S. 222, Nr. 58a; bei der Beschreibung auf S. 127f. sind Nr. 58a und 58b verwechselt).

Welt richteten[41], waren für viele keineswegs erfreulich, nämlich nicht für die vielen Menschen in den Provinzen und abhängigen Königreichen, die unter der römischen Ausbeutung litten. Auch bei Johannes geht die Botschaft an alle Welt, dürfte aber ebenfalls nicht für alle erfreulich sein, nämlich spiegelverkehrt für diejenigen nicht, die durch die römische Herrschaft privilegiert waren.

Am Beginn des „Evangeliums“, das zunächst der erste Engel in V. 7 ausrichtet, steht – seltsamerweise – ein Imperativ: „Fürchtet Gott und gebt ihm die Ehre!“ Aber dieser Imperativ hängt eng mit dem folgenden Satz zusammen, der als Begründung angeschlossen ist: „Denn gekommen ist die Stunde seines Gerichts.“ Gott die Ehre zu geben und ihn zu fürchten, gehört in den Zusammenhang des Gerichts. Da geht es um die Wahrheit in der Anerkenntnis der wirklichen Machtverhältnisse. Oder anders ausgedrückt: Angesichts Gottes, der alle Macht hat, geht es um rückhaltloses Aufdecken dessen, was ist. Dann bleibt gar nichts anderes übrig, als Gott zu achten und ihm die Ehre zu geben[42]. Das also ist die Aussage dieses „Evangeliums“, dass Gottes Gericht gekommen ist. Es mag seltsam erscheinen, dass die Freudenbotschaft eine Gerichtsansage ist. Für Johannes ist das überhaupt nicht seltsam; und so ist auch klar, dass es für die einen Freudenbotschaft, für die anderen jedoch Schreckensnachricht ist. In diesem Gericht tritt der wirkliche Herr der Welt auf den Plan. Da ist es dann aus mit aller angemaßten Herrschaft. Und diejenigen, die unter dem ständigen Weitergehen usurpierter Herrschaft leiden, können endlich aufatmen, weil damit Schluss ist.

An diese Aussage, dass die Stunde des Gottesgerichtes gekommen sei, schließt sich in der Fortsetzung von V. 7 ein erneuter Imperativ an: „Huldigt dem, der den Himmel und die Erde gemacht hat, das Meer und die Wasserquellen!“ Das „Evangelium“ ist also von Imperativen umschlossen. Bei diesem zweiten Imperativ ist es wiederum deutlich, dass er ein Gegenbild zur Huldigung aller Welt vor dem Tier darstellt (Apk 13,4). Die Huldigung soll nicht gegenüber Rom und seinen Machtsymbolen erfolgen, sondern gegenüber dem Schöpfer von allem. Ihm kommt Verehrung zu und nicht einem Menschen, erscheine er noch so groß.

3. *Gericht und Vergeltung an Babylon*

Aus der Situation heraus, in der das Leiden durchgehalten wird im Vertrauen auf die Gegenmacht Gottes, der die Gewaltgeschichte abbricht, werden die Gerichts- und Vergeltungswünsche des Johannes verstehbar, die vor allem auch in kriegerischen Bildern ausgemalt werden. Auf Rom wird zurückfallen, was es selbst anderen angetan hat. Das wird besonders in Apk 18 deutlich. Doch sei zunächst betrachtet, wie er in Apk 6,12–17 die Öffnung des sechsten Siegels beschreibt:

---

41 Erinnert sei an die Kalenderinschrift von Priene; vgl. den übersetzten Text in: JOHANNES LEIPOLDT u. WALTER GRUNDMANN, Umwelt des Urchristentums II. Texte zum neutestamentlichen Zeitalter, Berlin 1972, S. 107–109.

42 Vgl. Jos 7,19.

[12]Da sah ich, als es das sechste Siegel öffnete: Es gab ein großes Erdbeben und die Sonne wurde schwarz wie ein härener Sack und der Mond wurde ganz wie Blut [13]und die Sterne des Himmels fielen auf die Erde, wie ein Feigenbaum seine Winterfrüchte abwirft, vom starken Wind geschüttelt, [14]und der Himmel spaltete sich wie eine Buchrolle, die zusammengerollt wird, und alle Berge und Inseln wurden von ihren Orten entfernt. [15]Und die Könige der Erde, die Fürsten, die Militärtribunen, die Reichen und die Starken, alle Versklavten und Freien versteckten sich in die Höhlen und in das Felsengebirge [16]und sprachen zu den Bergen und Felsen: „Fallt auf uns und verbergt uns vor dem Angesicht dessen, der auf dem Thron sitzt, und vor dem Zorn des Lammes!“ [17]Denn gekommen ist der große Tag ihres Zornes – und wer kann bestehen bleiben?

Dieser Abschnitt schildert zunächst kosmische Katastrophen und hat dann seinen Zielpunkt in V. 15–17. Sein Anfang hat durchgehend biblische Bezugsstellen. Zum Teil stammen sie aus Theophanieschilderungen, die hier auf die Endzeit bezogen werden. Aus Begleiterscheinungen der Epiphanie Gottes werden Begleiterscheinungen seines Kommens am Ende. Das erste genannte Phänomen, ein Erdbeben, entspricht noch allen zugänglicher Erfahrung. Mögliche biblische Bezugsstelle ist Ez 38,19 in der Weissagung gegen Gog: „An dem Tag wird ein großes Erdbeben auf dem Land Israel sein.“ Die folgenden Vorstellungen gehen über die Erfahrung hinaus. Sonne und Mond verlieren ihren Schein. Dazu kann Joel 3,4 angeführt werden: „Die Sonne wird sich in Finsternis verwandeln und der Mond in Blut, bevor der Tag des Ewigen kommt, groß und Ehrfurcht gebietend.“ Nach V. 13 fallen die Sterne vom Himmel, die als Lampen am Himmelsgewölbe vorgestellt sind. Das könnte sich auf Jes 13,10 beziehen. Dort sind im Zusammenhang des „Tags des Ewigen“ Sterne, Sonne und Mond zusammengestellt, ebenfalls unter dem Gesichtspunkt, dass sie nicht leuchten. Ähnlich verhält es sich in Ez 32,7f.; Joel 2,10. Danach, in V. 14, verschwindet das Himmelsgewölbe selbst. Damit ist Jes 34,4 aufgenommen: „Und der Himmel wird aufgerollt werden wie eine Buchrolle.“ Schließlich geraten die Inseln und Berge aus ihren Verankerungen. Insgesamt gilt also: Der Kosmos ist aus den Fugen geraten[43].

Für Johannes bildet die hier beschriebene kosmische Katastrophe den Rahmen für das in V. 15–17 dargestellte Handeln von Menschen. Darauf kommt es ihm in diesem Zusammenhang an. Dabei findet sich eine interessante Reihung, in der zunächst die Spitzen der Gesellschaft genannt werden. BOESAK spricht treffend von der „Hackordnung“[44]. An der Spitze stehen „die Könige“, lokale Vasallen, durch die Rom im Osten des Imperiums herrschte und die das Geschäft für sich und für Rom besorgten. An zweiter Stelle stehen die μεγιστᾶνες

43 Die hier beschriebenen Phänomene mit der möglichen und drohenden Zerstörung der Erde durch Menschen zu identifizieren, wie das durch fundamentalistische Kreise in den 80er Jahren des vorigen Jahrhunderts verstärkt geschah, scheint heute zum Glück wieder etwas aus der Mode gekommen zu sein. Es wäre auch eine groteske Verkennung der Apokalypse. Was sie in diesen Versen beschreibt, gilt ihr als menschlicher Verfügung radikal entzogen.

44 BOESAK, Engel, S. 81.

(*megistánes* – „Große“, „Fürsten“). In Mk 6,21 werden so „die Großen“ im Hofstaat des Herodes Antipas genannt. Es sind die Vornehmen, die Aristokraten. In Apk 18,23 werden die Großhändler, römische Ritter, so bezeichnet. Es folgen die Militärtribunen, Kommandanten über 1000 Mann. Nach den politischen und militärischen Spitzen werden anschließend bezeichnenderweise die Reichen genannt. Mit ihnen kommt also der wirtschaftliche Aspekt in den Blick, der auch bei den „Großen“ schon mitschwang. Politik und Militär sichern die Wirtschaft und dienen ihr, d.h. konkret den Geschäften der Reichen. Die danach genannten Starken bezeichnen in solcher Reihe gewiss keine körperlichen Kraftprotze, sondern sie gehören mit den Reichen ganz eng zusammen als gesellschaftlich und wirtschaftlich Einflussreiche. An dieser Stelle wird die Reihe abgebrochen, und es folgt – durch πᾶς (*pas*) summarisch verallgemeinert und im kollektiven Singular formuliert: „jeder Versklavte und Freie“, im Deutschen besser im Plural wiederzugeben: „alle Versklavten und Freien“. Durch die Nennung der gesellschaftlichen Antipoden soll also von allen Menschen gesprochen sein. Das hätte natürlich auch durch andere Entgegensetzungen geschehen können, durch die geschlechtliche (jeder Mann und jede Frau) oder die religiös-nationale (Juden und Griechen, Israel und die Völker). Aber es geschieht durch die soziale Entgegensetzung und das passt zu der vorangehenden Aufreihung der gesellschaftlichen Spitzen[45]. Johannes will gewiss alle Menschen einbegriffen sehen. Deshalb heißt es am Schluss: „alle Versklavten und Freien“. Aber dass er zuvor konkret nur die Spitzen der Gesellschaft aufzählt, kann nicht bedeutungslos sein. Sie vor allem hat er im Blick und nicht eine unbestimmte Allgemeinheit von Menschen, wenn er fortfährt: „Sie versteckten sich in die Höhlen und in das Felsengebirge.“ Die biblischen Bezugsstellen sind Jes 2,10.19.21. Diese Stellen sprechen von einer Flucht in die Höhlen und Berge angesichts des Kommens Gottes an seinem Tag. Jes 2,12 liegt eine gewisse sachliche Nähe vor, wenn es heißt, dass der Tag des Ewigen über alles Hohe und Erhabene kommen wird, um es zu erniedrigen. Aber zugleich dürfte auch ein zeitgeschichtlicher Bezug vorliegen. Denn ein Sichverstecken in den Höhlen und Bergklüften gab es in der Erfahrungswelt des Johannes und seiner Tradition. Aus der judäischen Bergwüste heraus war der makkabäische Aufstand geführt worden und auch der jahrzehntelange Kampf unterschiedlicher Sozialbanditen vor dem offenen jüdisch-römischen Krieg. In den Bergen hielten sich die Aussteiger aus der Gesellschaft auf, Aufständische und entlaufene Sklaven, die sich dort zu Räuberbanden zusammen schlossen oder den Anschluss an schon vorhandene suchten. Die von Johannes aufgezählten Spitzen der Gesellschaft sind genau diejenigen, die das größte Interesse daran haben, dass die Versteckten verfolgt und aufgespürt werden. Dafür haben sie auch einiges getan. Gerade sie sollen nun deren Schicksal erfahren. Und so möchten sie verborgen sein wie sonst Aufständische und Räuber vor den Mächtigen. Nur: Sie möchten verborgen sein vor dem, vor dem das schlechterdings nicht geht. So heißt es in V. 16: „Und sie sagten zu den Bergen

45 ROLOFF schreibt zu dieser Stelle: „Vertreter aller Gesellschaftsschichten stehen vor dem Richter gleich da; hier gibt es keine Unterschiede mehr zwischen Reichen und Armen, Mächtigen und Machtlosen“ (Komm., S. 86). Mir erscheint es jedoch wichtig festzuhalten, dass es in solcher Vereinerleiung gerade nicht dasteht.

und zu den Felsen: ‚Fallt auf uns und verbergt uns vor dem Angesicht dessen, der auf dem Thron sitzt, und vor dem Zorn des Lammes!‘“ In Hos 10,8 heißt es von den Menschen des Nordreiches, denen das Gericht angekündigt wird: „Und sie werden zu den Bergen sagen. ‚Bedeckt uns!‘ Und zu den Hügeln: ‚Fallt auf uns!‘“[46] Johannes hat nicht nur die Hügel durch „Felsen“ ersetzt, was sicherlich zeitgeschichtlich bedingt ist – die Felswüste als Zufluchtsort der Desperados –, sondern er hat den Satz auch noch fortgeführt: Das Verbergen soll vor Gott erfolgen, was absurd ist. Aber auch da ist bei ihm noch nicht Schluss. Er fügt noch hinzu: „… und vor dem Zorn des Lammes“[47]. Traditionsgeschichtlich voraus liegt hier die Formulierung vom Zorn Gottes, der über die Gewalttäter und das von ihnen angerichtete Unrecht ergeht. Johannes hat also einmal mehr Jesus in die Funktion Gottes einbezogen[48]. Aber in der eigenartigen Formulierung „Zorn des Lammes“ steckt noch mehr. Vielleicht kann man mit Hilfe des koreanischen Begriffs HAN noch einen Schritt weiter kommen[49]. Er bezeichnet das Grundgefühl unterdrückter und aufgestauter Wut des ausgebeuteten und leidenden Volkes, aber auch sein daraus hervorbrechendes Protesthandeln. Von daher ließe sich „der Zorn des Lammes“ beschreiben als die endlich zum Ausbruch und zur Wirkung kommende aufgestaute Wut der Ohnmächtigen und Bedrängten. Gott macht sich zum Bundesgenossen der unterdrückten Wut der Ohnmächtigen. Die offenen Rechnungen werden beglichen. Den Gedemütigten wird zu ihrem Recht verholfen. Ihnen wird Jesus als das Lamm zur Identifikationsgestalt für die Erfahrung eigener Niederlagen, für die Leiden, die Ohnmacht, für den Zorn und die Wut. Als Lamm, das zugleich Löwe ist, wird er darin aber auch zum Haft- und Angelpunkt, den Protest durchzuhalten und Hoffnung zu bewahren. Entsprechend schreibt Johannes in Apk 15,1, dass mit den letzten sieben Plagen „die Wut Gottes ans Ziel kommt“. Gottes Wut steht dafür ein, dass diejenigen, die sich durchgesetzt haben und dabei über Leichen gegangen sind, nicht das letzte Wort behalten.

Wie nach Apk 6,15f. die Spitzen der Gesellschaft die Erfahrung derer machen, die sie verfolgten, so fällt nach Apk 18 auf „Babylon“ zurück, was es immer wieder angerichtet hat. Nach V. 1 sieht Johannes „einen anderen Engel: Herab stieg er vom Himmel, große Macht hatte er und die Erde wurde erleuchtet von seinem Glanz“. Dass ein Engel vom Himmel steigt und etwas verkündet, ist ein häufiges Motiv in der Apokalypse. Hier liegt insofern eine Steigerung vor, die die Bedeutsamkeit des Folgenden herausstreicht, als der Engel als mit großer Vollmacht ausgestattet vorgestellt und von seinem die Erde erhellenden Glanz gesprochen wird. Letzteres wird in Ez 43,2 von Gott selbst ausgesagt. Dass der Engel mit lauter Stimme schreit, kennzeichnet seine dann folgende Rede als

46 In Lk 23,30 ist diese Stelle – mit Umkehrung der Zuordnungen – wörtlich aufgenommen. Dort spricht Jesus zu den weinenden Frauen von Jerusalem auf dem Weg zum Kreuz.

47 Vgl. HADORN, Komm., S. 88: „Allerdings kommt uns die Verbindung ‚Zorn des Lammes‘ wie eine contradictio in adjecto vor, aber doch nur infolge der verkehrten Vorstellung von dem weichlichen sanften Jesus, dem Lämmlein.“ Mit der Wendung vom „Zorn des Lammes“ kann AUNE so wenig anfangen, dass er erklärt, sie sei „wahrscheinlich eine redaktionelle Hinzufügung zum Text“ (Komm., S. 420).

48 Vgl. ROLOFF, Komm., S. 86.

49 Vgl. RAISER, Botschaft, S. 146.

inspirierte und offenbarende. Was er in V. 2 als ersten Satz proklamiert, hatte in Apk 14,8 schon ein anderer Engel gesagt: „Gefallen, gefallen ist Babylon, die große.“ Von „Babylon“ ist immer nur im Kontext des Gerichts die Rede. Es handelt sich bei der Benennung Roms mit Babylon nicht nur um einen Decknamen, sondern auch um eine Hoffnungsaussage: Wie Gottes Gericht das alte Babylon eingeholt hat, so wird es auch das neue Babylon einholen. Als Johannes das schreibt, steht Rom noch in voller Blüte. Aber dessen Untergang wird von ihm visionär vorweggenommen. Was von vornherein klar war, dass „das Tier“ nur eine befristete Zeit hat, dass seine Herrschaft nur ein letztes Wüten des Drachen nach im Grunde schon verlorener Schlacht ist, das wird hier nun in aoristischer Formulierung als schon eingetreten festgestellt: „Gefallen, gefallen ist Babylon, die große.“ Zu dem Attribut „große“ ist „Stadt“ zu ergänzen. Johannes formuliert wieder unter Aufnahme biblischer Texte. In Jes 21,9 heißt es nach dem hebräischen Text: „Gefallen, gefallen ist Babel.“ Die Septuaginta hat: πέπτωκεν βαβυλών (*péptoken Babylon*). Wieder ist deutlich, dass die Bibel des Johannes die hebräische Bibel ist: נפלה נפלה בבל (*náfelah náfela bavél*). Er hat einmal die Verdoppelung des Verbs und bietet es auch nicht wie die Septuaginta im Perfekt, sondern im Aorist. Die Kennzeichnung Babylons als groß könnte aus Dan 4,27 – nach der Zählung im aramäischen Text – stammen. Dort spricht König Nebukadnezar, als er sich auf dem Dach des Palastes ergeht und die Stadt betrachtet, selbstgefällig: „Ist das nicht das große Babel (בבל רבתא – *bavél rabtá*), das ich erbaut habe zur Königsstadt durch meine große Macht und zur Ehre meiner Herrlichkeit?“ Die Septuaginta und Theodotion haben hier – nach ihrer Zählung Dan 4,30 – βαβυλὼν ἡ μεγάλη (*babylón he megále*). Das biblische Zitat gibt der Aussage, dass „Babylon“ (= Rom) fallen wird, von Gott her Gewissheit.

Die Fortsetzung der Proklamation, dass Babylon gefallen sei, beschreibt in Apk 18,2 die Folge des Falls: die Unheimlichkeit zerstörter, von Menschen verlassener und weiter zerfallender Städte: „Und sie ward eine Behausung von Dämonen und ein Gefängnis aller unreinen Geister und ein Gefängnis aller unreinen Vögel und ein Gefängnis aller unreinen und verhassten Tiere.“ Auch hier nimmt Johannes biblische Schilderungen auf. Nach Bar 4,35 wird das verödete Babylon von Dämonen bewohnt, nach Jes 13,21f. von Wüstentieren, Eulen, Straußen, wilden Hunden, Schakalen und שְׂעִירִים (*s^e^irim*). Die Septuaginta übersetzt dieses hebräische Wort mit δαιμόνια (*daimónia*). Gemeint sind wohl bocksgestaltige Dämonen, Satyrn. Ähnlich wird Jes 34,11–15 von Edom gesprochen. Dort begegnen die *s^e^irim* mehrfach, von der Septuaginta teils mit *daimónia* übersetzt, teils mit ὀνοκένταυροι (*onokéntauroi*). Es ergibt sich jedenfalls ein Bild totaler Verwüstung, das mit diesen Aussagen gezeichnet wird.

Was Johannes in Apk 18,2 beschreibt – eine ihrer Einwohner beraubte, verwüstete und niedergebrannte Stadt, in der sich nur noch allerlei Getier aufhält –, ist alles andere als seine phantastische Imagination, sondern von römischen Heeren immer und immer wieder produziert worden. Niedermetzelung der waffenfähigen Männer, Verkauf der übrigen Einwohner in die Sklaverei, sofern sie nicht auch umgebracht wurden, Plünderung, Brandlegung und Schleifung sind geradezu Stereotypen in der Beschreibung eroberter Städte. Ein Beispiel aus der

Eroberung Galiläas durch die Truppen Vespasians sei zitiert, wie Josephus es beschreibt: „Vespasian rückte gegen die Stadt Gabara heran und nahm sie im ersten Ansturm, da sie von allen kampffähigen Männern verlassen war. Nach seinem Sieg ließ er alle erwachsenen Männer niedermachen, und die Römer schonten dabei weder alt noch jung … darauf ließ er nicht allein die Stadt, sondern auch alle umliegenden Dörfer und Landstädtchen anzünden; die meisten fand er verlassen vor, in den anderen ließ er die Bevölkerung in die Sklaverei verkaufen“[50]. Über die von Titus befohlene Zerstörung Jerusalems bemerkt er, „daß den künftigen Besuchern dieser Gegend keine Anhaltspunkte für die Annahme gegeben werden sollten, hier hätten jemals Menschen gewohnt“[51]. Weil das, was in der Vision in Apk 18,2 als Schicksal Roms ausgesagt wird, jetzt von ihm schon lange und immer wieder geübte Praxis ist, bringt diese visionäre Vergeltung den Wunsch zum Ausdruck, dass auf Rom zurückfalle, was es selbst ständig tut, und ist so eine eindrückliche Mahnung gegen die Vergleichgültigung solcher Praxis. Was da geschieht, ist nicht gleichgültig, es wird nicht vergessen; die Rechnung ist noch offen.

In Apk 18,5 stellt Johannes über „Babylon“ fest: „Ihre Sünden reichten bis zum Himmel.“ Mit diesem Bild soll die ungeheure Größe der Schuld zum Ausdruck gebracht werden. Sie schreit nicht nur gen Himmel, sie stößt schon geradezu an ihn an. „Und Gott gedachte ihrer Unrechtstaten.“ Nach 1Hen 99,3 bedient sich das Gedächtnis Gottes der Gebete der Heiligen. Dem entspricht, dass nach Apk 5,8 und 8,3 die Gebete der Heiligen als himmlische Räucheropfer gelten[52]. Durch sie werden die Unrechtstaten „Babylons“ Gott ins Gedächtnis gerufen, sodass er nun endlich handelt. Im Blick auf das Verständnis der Unrechtstaten (ἀδικήματα – *adikémata*) ist daran zu erinnern, dass kurz vorher in Apk 18,3 von der „Dynamik des Luxus“ die Rede war, die das Welthandelssystem gewaltförmig macht, sodass es Unrecht produziert.

Nachdem Apk 18,5 festgestellt hatte, dass sich Gott der Unrechtstaten Babylons erinnert, geht V. 6 zum Aspekt der Vergeltung über: „Teilt ihr aus, wie auch sie ausgeteilt hat!“ Hier können nicht die in V. 4 zum Auszug aus „Babylon“ Aufgeforderten angeredet sein[53]. Von allem anderen abgesehen: Sie haben nicht die Macht zu diesem Handeln. So werden die auch sonst in der apokalyptischen Literatur bekannten Strafengel gemeint sein[54], die im Auftrag Gottes handeln (Apk 18,8). Der hier formulierte Gedanke der Vergeltung gehört in den Kontext des Tun-Ergehen-Zusammenhangs. Das zeigt schon die Wortwahl. ἀπόδοτε (*apódote*) heißt wörtlich übersetzt: „Gebt zurück!“ Das ist gemeint im Sinn von „erstatten“, „bezahlen“. Hebräisch würde dem שלמו (*schallemú*) entsprechen. Durch das Tun Babylons ist eine unvollständige, unabgeschlossene, unabgegoltene Situation entstanden; sie muss jetzt vollständig gemacht werden, damit שלום (*schalóm*) hergestellt ist. Es sind noch Rechnungen offen, die beglichen werden müssen. Auch hier nimmt Johannes Stellen seiner jüdischen Bibel

---

50 Flav.Jos.Bell. III 132–134 (Übersetzung MICHEL/BAUERNFEIND).

51 A.a.O. VII 1–3.

52 Näheres zu diesen Stellen u. S. 251f.

53 So jedoch AUNE, Komm., S. 994.

54 Vgl. nur 1Hen 56,1.

auf. In Ps 137,8 heißt es: „Tochter Babel, du Vergewaltigerin: Glücklich, wer dir die Tat vergilt (ישלם – *j^e schallém*), die du uns getan!“ Das eigene schlimme Tun möge auf Babel zurückfallen. Jer 50,15 fordert auf: „Wie sie getan hat, tut ihr an!“ (Vgl. Jer 50,29.)

In V. 6b wird die Aussage zur doppelten Erstattung gesteigert: „Vergeltet ihr doppelt gemäß ihren Taten! In dem Becher, in dem sie gemischt hat, mischt ihr doppelt!“[55] Hier zeigt sich vielleicht, dass die Hoffnung auf den Untergang Roms nicht frei ist von Rachegelüsten. Das wird auch an den Stellen deutlich, die vom „See von Feuer und Schwefel“ sprechen. In ihn werden nicht nur Teufel, Tod und Hades geworfen (Apk 20,10.14), sondern auch Rom und seine Propagandisten; „und sie werden Tag und Nacht gefoltert werden in alle Ewigkeit“ (20,10). In ihn werden weiter alle geworfen, die nicht im Buch des Lebens stehen (20,15), also alle, die sich „dem Tier“ gegenüber nicht verweigert haben (13,8), und damit auch diejenigen unter den Gemeindegliedern, die zum Bekenntnis zu feige waren. Hier ist an den Schlusssatz von JÜRGEN EBACHs Beitrag über Jes 11 und die vierte Ekloge Vergils zu erinnern: „An ihren Wünschen sollt ihr sie erkennen!“[56] Was lässt der Wunsch doppelter Vergeltung und gar der ewiger Qual für die Feinde erkennen? Lässt er nicht das ganze Ausmaß einer schlimmen Situation erkennen, wie Johannes sie erfährt? Auch das Wünschen ist augenscheinlich nicht ganz unabhängig von der sozialen und politischen Situation, in der jemand sich befindet. Sind Privilegierte vielleicht auch für eine „höhere“ Ethik privilegiert, die den Opfern von ihrer Situation her verstellt ist? Die Intention der Aussagen über die Vergeltung ist jedenfalls, dass jetzt verübte Untaten, jetzt vorhandene Ungerechtigkeit nie und nimmer vergleichgültigt werden dürfen[57]. In diesem Sinn fährt Johannes in V. 7 fort: „Wie viel sie in Glanz und Luxus dahingelebt hat, so viel gebt ihr an Qual und Leid.“ Es geht hier um ausgleichende Gerechtigkeit – nicht als etwas von außen Aufgesetztes, sondern sozusagen als innere Logik. Die aus V. 3 hier wieder aufgenommene „Dynamik des Luxus“ ruft auf der anderen Seite Not und sogar Folter hervor, Leid, Klage und Trauer. Genau das ist die Situationsbeschreibung des Johannes und seiner Geschwister. Was also das Luxusleben der Metropole jetzt schon ständig für die anderen produziert, das fällt hier auf sie selbst zurück.

Johannes schreibt in V. 7 weiter: „Denn in ihrem Herzen spricht sie: ‚Ich sitze als Königin und Witwe bin ich nicht und Leid sehe ich gewiss nicht.‘“ Die Arroganz und Selbsttäuschung der Macht wird in Anlehnung an Jes 47,8 formuliert. Dort sagt ebenfalls Babel „in ihrem Herzen“ zu sich selbst: „Ich bin da und es gibt keine andere. Ich werde nicht als Witwe dasitzen noch Waisenschaft erfahren.“ Witwen- und Waisenschaft stehen als Ausdruck für Armut und Ver-

---

55 Zum Motiv der doppelten Vergeltung verweist SATAKE auf Jes 40,2; Jer 16,18 und nimmt als Hintergrund an „die juristische Vorschrift der doppelten Entschädigung dessen, was man gestohlen hat (vgl. Ex 22,3.6.8)“ (Komm., S. 359).

56 EBACH, Ende, S. 89.

57 M.E. entsteht eine Schieflage, wenn AUNE meint: „Die bedeutende ethische Unterscheidung zwischen Bestrafung und Rache wird in diesem Abschnitt nicht reflektiert“ und anschließend einen Bogen vom sokratischen Verbot des Vergeltens von Unrecht zu entsprechenden neutestamentlichen Aussagen schlägt (Komm., S. 993).

lassenheit – also das, was diese Macht ständig produziert und wovon sie eingeholt werden wird. So schließt V. 8 diesen Zusammenhang ab: „Deshalb: An einem einzigen Tag werden ihre Schläge kommen: Pest, Leid und Hunger, und im Feuer wird sie niedergebrannt werden; denn stark ist der Ewige, Gott, der sie richtet“[58]. Die Erfahrungen, die ein großer Teil der Menschen in den Provinzen schon lange macht, werden die Metropole erreichen. Darüber hinaus wird ihr hier die Zerstörung durch Feuer angekündigt. Auch das ist etwas, was im Krieg die Besiegten immer wieder erfahren haben[59].

Dass die Konsequenzen verfehlten Handelns die Handelnden selbst einholen, führt Johannes auch in Apk 14,9–11 aus. Er blickt dort auf diejenigen, für die der Fall „Babylons“ keine Freudenbotschaft ist: „Wenn jemand dem Tier huldigt und sein Bild und das Mal auf Stirn oder rechte Hand nimmt“ (V. 9). Es sind diejenigen, die im Kult der Macht des Stärkeren gefangen sind, die das Malzeichen nehmen, die mitmachen und so die die Herrschaft Gottes bestreitende Herrschaft des Tieres stabilisieren, die sich berauschen lassen vom scheinbaren Glanz des Systems. Sie sollen sich klarmachen, dass ihr Handeln auch Konsequenzen für sie selbst hat. Diese Konsequenzen werden von Johannes in V. 10f. unerbittlich angeführt. Er malt sie in unterschiedlichen Bildern aus. Dabei greift er in V. 10a ein zuvor schon gebrauchtes Bild auf. In V. 8 hatte er gesagt, dass „Babylon“ allen Völkern vom Wein ihrer leidenschaftlichen Hurerei zu trinken gegeben hatte. Jetzt heißt es von den das Tier Verehrenden, die sich vom Glanz des Systems berauschen ließen: „Sie werden auch trinken vom Wein der Wut Gottes, ungemischt eingeschenkt im Becher seines Zorns.“ Wer vom Becher Babylons trinkt, bekommt auch den Becher Gottes zu trinken. Wer mit „Babylon“ mitläuft, wird notwendig auch in seinen Fall mit hineingezogen. „Mitgegangen, mitgefangen“, heißt es. Die Redeweise, die Johannes hier gebraucht, ist wieder biblisch inspiriert. Jes 51,17 wird Jerusalem angesprochen: „Du hast getrunken aus der Hand des Ewigen den Becher seiner Wut“[60]. Nach Jer 25,15 sagt Gott zum Propheten: „Nimm diesen Zornweinbecher aus meiner Hand und lass davon alle Völker trinken, zu denen ich dich schicke.“

V. 10b geht in einen anderen Bildbereich über: „Und sie werden gequält werden in Feuer und Schwefel vor heiligen Engeln und vor dem Lamm.“ Die Zusammenstellung von Schwefel und Feuer im Zusammenhang göttlichen Gerichtshandelns dürfte auf Gen 19,24 zurückgehen; dort sind die Städte Sodom und Gomorra betroffen. Dieselbe Aussage, dass Gott „Feuer und Schwefel regnen lässt“, begegnet in Ps 11,6, bezogen auf Frevler. In Ez 38,22 stehen Feuer und Schwefel neben anderen unangenehmen Dingen in der Weissagung gegen Gog und Magog. Was hier in Apk 14,10 formuliert ist, sieht wie eine grausame Rachephantasie aus, die im folgenden V. 11 noch verschärft wird: „Und der Rauch von ihrer Qual steigt in alle Zeiten auf und sie haben keine Ruhe Tag und

58 Bei dem hier mit „Pest“ übersetzten Wort steht im griechischen Text wie schon in 2,23; 6,8 θάνατος (*thánatos*), also eigentlich „Tod“, womit aber in diesen Kontexten wahrscheinlich „Pest“ gemeint ist.

59 Daran knüpft der schon besprochene anschließende Abschnitt Apk 18,9–19 an, in dem der Untergang Roms im visionären Vorblick am eindrucksvollsten beschrieben wird.

60 Ähnlich V. 22 im hebräischen Text, nicht in Septuaginta.

Nacht.“ Auch hier liegt ein biblischer Bezug vor. In Jes 34,8f. heißt es vom Land Edom, dass es zu brennendem Pech werden wird, das Tag und Nacht nicht verlöscht, „auf immer wird sein Rauch aufsteigen“. In Aufnahme dieser Stelle wird also in Apk 14,11 die nicht endende Dauer des Gerichts betont. Vielleicht fällt der Zugang zu einer solchen Aussage etwas leichter, wenn man sie als Gegenbildung zum Anspruch auf ewige Dauer des *Imperium Romanum* versteht[61]. Es handelt sich dann wiederum nicht um eine Aussage fürs dogmatische Lehrbuch, gemacht in der ruhigen und abgehobenen Atmosphäre der Studierstube, sondern um eine Kampfansage mitten in einer erbitterten Auseinandersetzung. Im Blick auf die zweite Aussage, dass es für die Gequälten Tag und Nacht keine Ruhe geben wird, könnte erwogen werden: Tag und Nacht keine Ruhe haben die jetzt Bedrohten und Verfolgten, die Flüchtlinge, diejenigen, denen Anzeige und Verhaftung droht. Solches Geschick wird hier denen angesagt, die sich in ihrer Anpassung an das herrschende System sicher wähnen. Sie werden in V. 11b noch einmal ausdrücklich benannt: „die dem Tier huldigen und seinem Bild und wenn jemand das Malzeichen seines Namens nimmt“. Auffälligerweise werden hier nicht die eigentlich Verantwortlichen des Systems angeführt, die Spitzen, sondern sozusagen das Fußvolk, die Mitläufer. Die sind es aber, mit denen die Gemeinden es normalerweise zu tun haben. Und da sieht Johannes auch ihre Gefährdung: sich dem Sog des Mitläufertums anzupassen, um damit Sicherheit zu gewinnen. Die harten Bilder des Johannes wollen zeigen, dass darin Sicherheit gerade nicht gegeben ist.

Im November 1945 veröffentlichte **George Orwell** einen Essay unter dem Titel **Rache ist sauer**[62]. In ihm berichtet er von einer „Episode, die ich vor kurzem in diesem Jahr in einem Kriegsgefangenenlager in Süddeutschland erlebt habe“. Er wurde zusammen mit einem Kollegen von einem bei der amerikanischen Armee für Verhöre eingestellten „kleinen Wiener Juden … von etwa fünfundzwanzig Jahren“ zu einem besonderen Teil des Lagers gebracht, einem Hangar, an dessen einem Ende „ungefähr ein Dutzend Männer in einer Reihe auf dem Zementboden“ lagen, „SS-Offiziere“. Einer von ihnen „hatte seltsame und schrecklich deformierte Füße“. „‚Der ist ein wirkliches Schwein!‘ sagte er (der kleine Jude), holte plötzlich mit seinem schweren Armeestiefel aus und versetzte dem ausgestreckt daliegenden Mann einen fürchterlichen Tritt gegen die Anschwellung eines seiner deformierten Füße.“ Danach schrie er ihn an aufzustehen. „Der Gefangene rappelte sich mühsam auf und nahm eine unbeholfene Achtungstellung ein.“ In Erregung „erzählte der Jude uns die Geschichte des Gefangenen. …

---

61 Die Vorstellung von Rom als „ewiger Stadt“ ist in augusteischer Zeit ausgebildet worden. Der Begriff *urbs aeterna* findet sich zuerst bei Tibull, Gedichte II 5,23f., und Ovid, Fasti 3,72. In ähnlicher Weise spricht Livius von Rom als einer „für die Ewigkeit (*in aeternum*) gegründeten Stadt“ (Geschichte IV 4,4; vgl. XXVIII 28,11). In denselben Zusammenhang gehört es, wenn nach Vergil, Aeneis I 279, den Römern ein *imperium sine fine* verheißen wird. Vgl. dazu – aus einer Perspektive hemmungsloser Rombewunderung geschrieben – Carl Koch, Roma aeterna, in: Prinzipat und Freiheit, hg.v. Richard Klein, WdF 135, Darmstadt 1969, S. 23–67, zur augusteischen Zeit S. 57–67. Unter Vespasian wurde eine Silbermünze mit der Aufschrift *Roma perpetua* geprägt (Mattingly-Sydenham, Coinage, S. 51 [Nr. 309], und Mattingly, Coins, S. 86 [Nr. 423]). Unter und seit Hadrian findet sich die Münzaufschrift *Roma aeterna* öfters, z.B. in Mattingly-Sydenham, Coinage, S. 370 (Nr. 265).

62 George Orwell, Rache ist sauer. Essays, Aus dem Englischen von Felix Gasbarra, Zürich 1975, S. 71–76.

Man konnte ziemlich sicher sein, daß er Konzentrationslager befehligt und Folterungen sowie Erhängungen angeordnet hatte. Kurz gesagt, er repräsentierte alles, wogegen wir in den vergangenen fünf Jahren gekämpft hatten." ORWELL kommentiert diese Szene: „Es ist absurd, einen deutschen oder österreichischen Juden dafür zu tadeln, daß er erlittenes Leid den Nazis heimzahlt. Der Himmel weiß, was für eine Rechnung dieser Mann hier zu begleichen haben mochte; höchstwahrscheinlich war seine ganze Familie ermordet worden; und letzten Endes ist selbst ein willkürlicher, harter Fußtritt für einen Gefangenen eine überaus geringe Sache, verglichen mit jenen Greueltaten, die das Hitlerregime begangen hat." Er fährt dann fort: „Doch diese Szene und vieles andere, was ich in Deutschland sah, haben mir eindringlich vor Augen geführt, daß die ganze Vorstellung von Vergeltung und Bestrafung eine kindische Traumvorstellung ist. Strenggenommen gibt es so etwas wie Vergeltung oder Rache gar nicht. Rache ist eine Handlung, die man begehen möchte, wenn und weil man machtlos ist; sobald aber dieses Gefühl des Unvermögens beseitigt wird, schwindet auch der Wunsch nach Rache. Wer wäre nicht 1940 bei dem Gedanken, SS-Offiziere mit Füßen getreten und erniedrigt zu sehen, vor Freude in die Luft gesprungen? Doch wenn dieses Handeln möglich wird, erscheint es einem nur noch pathetisch und widerlich."

Nach Apk 20,14 werden „der Tod und der Hades in den Feuersee geworfen". Die Vernichtung des Todes ist die Negation der Negation. Entsprechend steht am Ende des Verses ein Definitionssatz: „Das ist der zweite Tod, der Feuersee." Der Feuersee ist damit bildlicher Ausdruck für die endgültige Nichtung des Nichtigen. Dieser Nichtung waren vorher schon anheimgefallen die beiden Tiere (19,20) und der Teufel (20,10), also Strukturen und Institutionen, die Produzenten des Todes sind. Doch verfallen ihr in V. 15 auch Menschen, die sich dieser Produktion von Tod zur Verfügung stellen: „Und wer nicht im Buch des Lebens eingetragen gefunden wurde, wurde in den Feuersee geworfen." Unausgeglichen daneben steht jedoch die Aussage von Apk 22,2, dass die Blätter des Lebensbaumes zur „Heilung der Völker" dienen. Hier eine Systematik zu versuchen, kann nicht gelingen. Wahrscheinlich hat jede der beiden Aussagen nur dann ihr Recht, wenn die andere, ihr widersprechende unausgeglichen daneben gestellt wird[63].

4. *Das Gericht und der Strom von Blut*

Schon in Apk 14 wird der Vollzug des Gerichts proklamiert. Die biblische Feststellung: „Gefallen, gefallen ist Babylon", bereits in 14,8 zitiert und in 18,2 wiederholt, wurde im vorigen Abschnitt besprochen. Innerhalb der Einheit Apk 14,6–20 beginnt mit V. 14 eine neue Vision. Sie bildet den dritten Teil dieser Einheit und beschreibt den symbolischen Vollzug des Gerichts. „Da sah ich – und siehe: eine weiße Wolke – und auf der Wolke den Menschensohngleichen sitzen"[64]. Am Beginn dieser Gerichtsvision steht der Menschensohngleiche. Es

---

63 Als ich vor über vierzig Jahren dem fast erblindeten Günther Dehn aus HEINZ ZAHRNT, Die Sache mit Gott, München 1966, vorlas und bei einer Passage war, in der ZAHRNT über die Allversöhnung schwärmte, unterbrach er mich und sagte: „Ich weiß nicht, ob ich im Himmel Hitler umarmen möchte."

64 Johannes hat in diesen Vers wieder grammatische Stolpersteine eingebaut. Auf das Signal „und siehe" lässt er die „weiße Wolke" im Nominativ folgen. Den dann erwähnten „Men-

sei daran erinnert, dass Johannes nicht die in der Tradition übliche Bezeichnung „Menschensohn“ gebraucht, sondern in Aufnahme von Dan 7,13 sozusagen ganz biblisch spricht[65]. Schon bei Daniel sind mit dem Menschensohn „die Wolken des Himmels“ verbunden. Hier ist es eine „weiße Wolke“, wobei die Angabe „weiß“ himmlische Qualität indiziert.

In der Fortsetzung von V. 14 wird der Menschensohngleiche weiter beschrieben. Zunächst heißt es von ihm: „Er hatte auf seinem Kopf einen goldenen Kranz.“ Das Symbol des Kranzes kennzeichnet den Sieger. Der goldene Kranz ist königliches Attribut. Auf der Bildebene ist hier eine Vermischung von Attributen des Menschensohnes und des messianischen Königs zu beobachten[66]. Das Motiv des goldenen Kranzes spielt allerdings für die weitere Vision keine Rolle, sehr wohl aber das nächste Kennzeichen, das der Menschensohngleiche nach dem Schluss von V. 14 hat: „... und in seiner Hand eine scharfe Sichel“. Die Sichel ist als Instrument für die Ernte im Blick; und die Ernte ist schon traditionell ein Bild für das Gericht. Darauf legt Johannes im Folgenden das Gewicht. Dabei knüpft er deutlich an Joel 4,13 an: „Schickt die Sichel! Denn die Ernte ist reif. Kommt, tretet! Denn die Kelter ist voll. Das Becken läuft über; denn ihre Bosheit ist groß.“ Getreideernte und Weinlese sind hier miteinander verbunden; und der Schlusssatz zeigt, dass sie als Gerichtsbild verstanden sind[67]. Das alles nimmt Johannes auf. In V. 15f. führt er das Bild der Getreideernte aus, in V. 17–20 das der Weinlese, wobei auf letzterem das größere Gewicht liegt. Bei beiden Bildern zeigt sich aber dieselbe Struktur, dass nämlich zunächst ein Befehlswort gegeben und dann dessen Vollzug beschrieben wird.

In V. 15 tritt wiederum ein Engel auf: „Und ein anderer Engel kam heraus aus dem Tempel.“ Johannes nimmt hier ein Versatzstück aus einer vorangegangenen Vision auf. Eine Rolle hatte der himmlische Tempel in Apk 11,19 gespielt. Doch hat diese Ortsangabe in V. 15 keine weiterführende Bedeutung. „Er schrie mit lauter Stimme zu dem auf der Wolke Sitzenden.“ Das Wort κράζω (*krádso*) wird gebraucht, um etwas als inspirierte Rede kenntlich zu machen. Damit wird die Bedeutsamkeit dessen hervorgehoben, was der Engel zu sagen hat. Dem dient auch die Kennzeichnung: „mit lauter Stimme“. ROLOFF findet es „höchst auffällig ..., daß der Menschensohn-Ähnliche hier innerhalb einer Reihe von Engeln erscheint. So muß er nach V. 15 mit dem Beginn des Gerichts warten, bis ihm ein ‚anderer Engel‘ den Befehl dazu erteilt“[68]. Er rechnet deshalb

---

schensohngleichen“ setzt er, obwohl mit „und“ angeschlossen in den Akkusativ, abhängig vom einleitenden Satz „ich sah“. Dessen anschließende Charakterisierung steht aber wieder im Nominativ. Johannes zeigt oft genug, dass er solche Konstruktionen grammatisch glatt formulieren kann. Wenn er es nicht tut, *will* er es nicht. Durch die hier ständig aufeinander folgenden grammatischen Brüche hebt er jede einzelne Aussage hervor, zwingt zu langsamem und betontem Lesen.

[65] Vgl. o. S. 112f.

[66] Zur „gegenseitige(n) Beeinflussung von Messias- und Menschensohnthematik in 4Esr und syrBar“ vgl. MÜLLER, Messias, S. 107–142.

[67] Zur Argumentation, dass auch die Getreideernte als Bild für das endzeitliche Gericht verstanden ist – und nicht als Bild endzeitlicher Sammlung der Gerechten –, vgl. AUNE, Komm., S. 801f.

[68] ROLOFF, Komm., S. 154.

„mit der Möglichkeit …, daß hier eine alte judenchristliche Tradition verarbeitet ist, die … den ‚Menschensohn' Jesus als eine besonders hervorgehobene Engelsgestalt verstand"[69]. Diese Vermutung mag auf sich beruhen. Johannes greift hier auf die Menschensohngestalt zurück, weil sie traditionell als Richter gilt. Wenn im Folgenden beim Bild der Weinlese ein anderer Engel mit Sichel auftritt, heißt das keineswegs, dass er auf gleicher Ebene neben dem Menschensohngleichen stünde. Dessen Vorrangstellung ist traditionell vorgegeben und wird hier durch die zusätzlichen Attribute der weißen Wolke und des goldenen Kranzes hervorgehoben. Der ihn anredende Engel hat nicht mehr als die Funktion eines Signalgebers. Sein Signal lautet: „Schicke deine Sichel und ernte! Denn die Zeit zu ernten ist gekommen. Denn reif geworden ist die Ernte der Erde." Die Anknüpfung an Joel 4,13 am Anfang ist deutlich in der Aufforderung zum Schicken der Sichel. Wieder liegt hier ein Indiz vor, dass sich Johannes auf den hebräischen Text bezieht. Er bietet für „schicken" eine Form von πέμπω (*pémpo*), während die Septuaginta an dieser Stelle eine Form von ἀποστέλλω (*apostéllo*) hat. Die zweite Aussage, dass die Erntezeit gekommen ist, könnte sich an Jer 51,33 orientieren. Das liegt auch deshalb nahe, weil dort das Gericht an Babel im Blick ist: „Noch ein weniges und es kommt die Zeit der Ernte für sie (die Stadt Babel)." LXX Jer 28,33 bietet für das hebräische קציר („Ernte") ἄμητος (*ámetos*), Johannes den Infinitiv θερίσαι. Die dritte Aussage dürfte sich wieder auf Joel 4,13 beziehen: „Denn die Ernte ist reif geworden." Dass Johannes בשׁל (*baschál* – „reifen", „gar werden") mit ἐξηράνθη (*exeránthe*) wiedergibt (wörtlich: „trocken geworden")[70], könnte dadurch bedingt sein, woran er der Sache nach denkt: Die Welt ist reif fürs Gericht. Sie ist vertrocknet; da ist keine wirkliche Lebenskraft mehr drin[71]. V. 16 berichtet im Bild den Vollzug des Gerichts in ganz knapper Weise: „Da warf der auf der Wolke Sitzende seine Sichel auf die Erde und die Erde wurde abgeerntet." Die Ausführung ist so knapp, dass das Bild fast schon unanschaulich wird. Umso plastischer ist die Ausmalung des Gerichts im folgenden Bild von der Weinlese.

Wiederum wird ein kleiner Einschnitt durch das Auftreten eines weiteren Engels in V. 17 markiert: „Und ein anderer Engel kam heraus aus dem Tempel im Himmel; auch der hatte eine scharfe Sichel". Von der Struktur des Abschnitts V. 14–20 her ist dieser Engel dem Menschensohngleichen parallelisiert. Was der für die Getreideernte war, wird er für die Weinlese sein. Und so haben beide auch das Attribut der Sichel. Doch sitzt dieser Engel nicht auf einer Wolke und hat auch keinen goldenen Kranz. Wie der vorige Engel, der das Signal gab, kommt er aus dem Tempel, der hier ausdrücklich als himmlischer bezeichnet wird. Er ist also himmlisch autorisiert. Bevor er wirkt, wird auch ihm ein Signal gegeben. „Und ein anderer Engel kam vom Altar her" (V. 18). Wenn jetzt als Ausgangspunkt dieses Engels speziell der Altar angegeben wird, dürfte das mehr sein als eine stilistische Variation. Mit dem Altar waren in Apk 6,9 die

[69] Ebd.

[70] Die Septuaginta hat an dieser Stelle: ὅτι παρέστηκεν τρύγητος.

[71] Vgl. die Rede von den Knochen in Ez 37,2, die „völlig vertrocknet" sind und das im Exil gleichsam erstorbene Israel symbolisieren.

Seelen der Märtyrer verbunden, die nach dem Ende der Gewaltgeschichte schreien, und in Apk 8,3–5 die Gebete der Heiligen, die das Unrecht protestierend vor Gott bringen. Daran wird an dieser Stelle erinnert und damit gesagt, dass jetzt die Zeit der Erhörung dieser Gebete gekommen sei[72]. Das Signal dieses Engels[73] wird ganz ähnlich eingeleitet wie das des vorigen Signalgebers: „Und er rief mit lauter Stimme zu dem mit der scharfen Sichel, sprach.“ Er fordert ihn im Bild zum Vollzug des Gerichtshandelns auf: „Schicke deine scharfe Sichel und ernte die Beeren ab vom Weinstock der Erde! Denn seine Trauben sind reif geworden.“ Der Anfang nimmt wieder Joel 4,13 auf. Da Johannes die Bilder von der Getreideernte und von der Weinlese auseinander genommen hat, gestaltet er das Bild hier in Analogie zu V. 15 aus. Bei der Beschreibung der Ausführung in V. 19f. wird er dann weitere Motive aus Joel 4 und anderen Stellen aufnehmen.

Zunächst aber wird auch hier ganz analog zu V. 16 formuliert: „Da warf der Engel seine Sichel zur Erde und ließ abernten vom Weinstock der Erde.“ Dann jedoch wird das Bild weiter ausgeführt: „Und er ließ (die Trauben) schütten in die große Kelter des Zornes Gottes. Und die Kelter wurde getreten außerhalb der Stadt und Blut floss aus der Kelter bis zum Zaumzeug der Pferde 1600 Stadien weit.“ Das Bild und die gemeinte Sache gehen schon in der Beschreibung eigenartig ineinander über. Die Kelter ist die Kelter des Zornes Gottes und aus der Kelter kommt Blut. Auch hier ist Johannes in der Formulierung von Stellen der hebräischen Bibel bestimmt. Noch einmal ist auf Joel 4,13 hinzuweisen. Dort ist die Kelter voll und das Becken läuft schon über. Aus Joel 4 dürfte auch die Lokalisierung „außerhalb der Stadt“ stammen. Nach Joel 4,2.12.14 findet das Gericht über die Völker im Tal Joschafat statt, außerhalb der Stadt Jerusalem. In Jes 63,1–6 wird der die Völker richtende Gott selbst als Keltertreter dargestellt. Auf die Frage, warum sein Gewand so rot sei, antwortet er in V. 3: „Die Kelter habe ich allein getreten … und ich habe sie (die Völker) gekeltert in meinem Zorn und sie zertreten in meiner Wut; da spritzte ihr Saft auf meine Gewänder und alle meine Kleider habe ich besudelt.“ Auf das Ende Jerusalems ist das Kelterbild in Klgl 1,15 bezogen: „All die Starken in meiner Mitte verwarf meine Autorität, rief aus über mir einen Termin, meine jungen Männer zu zerschmettern. Meine Autorität trat der jungen Frau, der Tochter Juda, die Kelter“[74].

---

[72] So versteht das auch MÜLLER: „Die Durchführung des Gerichts in 14,17–20 ist … als göttliche Antwort auf die Gebete der Heiligen zu deuten“ (Komm., S. 270); ähnlich SATAKE, Komm., S. 324. Vgl. auch Apk 16,19b: „Des großen Babylon wurde gedacht vor Gott, um ihr den Becher Wein seines grimmigen Zorns zu reichen.“ Auch hier beginnt sich zu erfüllen, wonach die Märtyrer in 6,10 geschrien hatten. Das Gedächtnis Gottes, aufgehoben in den Gebeten der Märtyrer und der Gemeinde, wird nun sozusagen aktiviert – mit dem Ziel, die Metropole den Zorn Gottes spüren zu lassen.

[73] Bevor der Engel sein Signalwort spricht, wird er noch näher charakterisiert: „Der hatte Macht über das Feuer.“ Diese Angabe kann zwei Bedeutungen haben: 1. Es ist an den eben genannten Zusammenhang zu denken; in Apk 5,8 und 8,3 wurden die Räucheropfer am himmlischen Altar als die Gebete der Heiligen gedeutet. 2. Der Engel soll damit als Gerichtsengel gekennzeichnet werden, da in Apk 14,10 das Feuer neben dem Schwefel ein Mittel des Gerichts war.

[74] Übersetzung „Bibel in gerechter Sprache“.

Wenn festgestellt wird, dass es für die Formulierungen des Johannes biblische Vorbilder gibt, ist damit noch nicht erklärt, warum er so formuliert, wie er es tut. Warum bezieht er sich gerade auf diese Stellen und prägt sie neu aus? Der Grund dafür muss in der Wahrnehmung seiner eigenen Zeit gesucht werden. Dem visionär geschauten Blut von Apk 14,20 steht ein anderer Strom tatsächlich vergossenen Blutes gegenüber. Denn wenn Johannes die große Hure Babylon schaut „trunken vom Blut der Heiligen und vom Blut der Zeugen Jesu" (Apk 17,6), basiert das auf tatsächlich erfolgten Hinrichtungen. Dasselbe gilt, wenn er bei der Öffnung des fünften Siegels „unter dem himmlischen Altar die Seelen der Hingeschlachteten um des Wortes Gottes und um des Zeugnisses willen, das sie festhielten", erblickt und sie rufen hört: „Wie lange noch, heiliger und wahrhaftiger Herrscher, richtest Du nicht und vergiltst Du nicht unser Blut an denen, die auf der Erde wohnen?" (Apk 6,10) Auf tatsächlich erfolgten Hinrichtungen und nicht auf Imagination beruht auch der Blick auf „die Seelen der Enthaupteten um des Zeugnisses Jesu und des Wortes Gottes willen" am Beginn der Vision vom tausendjährigen Reich (Apk 20,4). Und tatsächlich hingerichtet wurde der in Apk 2,13 genannte Antipas aus Pergamon. Der Blick auf die Opfer lässt Johannes auch den imperialen Blutzoll außerhalb der eigenen Gemeinschaft wahrnehmen, wenn er in Apk 18,24 das Gericht an der Hure Babylon abschließend damit begründet, dass „an ihr das Blut der Heiligen und Propheten gefunden worden ist und aller Hingeschlachteten auf der Erde".

Der ungeheure Strom von Blut, der für die Errichtung des *Imperium Romanum* und für seine Behauptung vergossen wurde[75], ist auch in anderen Schriften antiker Autoren erkennbar. Die Eroberungskriege, die Niederschlagung von Aufständen, die Hinrichtungen im Staatsinteresse forderten Menschenleben über Menschenleben. Man braucht nur die Annalen und Historien des Tacitus, die Kaiserviten Suetons, einige Lebensbilder Plutarchs und den jüdischen Krieg des Josephus zu lesen, um davon ein äußerst anschauliches Bild zu bekommen. Einige Stellen seien zitiert. Plutarch berichtet von einer Schlacht des Aemilius Paullus gegen Perseus, in der die 3000 gegnerischen Elitesoldaten, die standhielten, „alle niedergehauen wurden. Unter den übrigen, die flohen, gab es ein großes Gemetzel, so daß die Ebene und der Fuß des Gebirges mit Leichen bedeckt war und das Wasser des Leukos, als die Römer ihn am Tage nach der Schlacht überschritten, noch mit Blut vermischt war"[76]. Josephus schreibt über die Einnahme des Jerusalemer Tempels durch römische Truppen: „Allenthalben wurden die Juden niedergemetzelt und in die Flucht geschlagen. Zum größten Teil aber waren es schwache Leute aus dem Volk, die überhaupt keine Waffen trugen, die jetzt in die Hand der Feinde gerieten und auf der Stelle abgeschlachtet wurden. In großer Menge häuften sich die Toten um den Brandopferaltar, Blut floß in Strömen von den Stufen des Tempels, gefolgt von den hinabgleitenden Leibern der weiter oberhalb Getöteten"[77]. Hingewiesen sei auch auf die rabbini-

[75] Von Vergil sagt KROON im Unterschied zu Johannes, dass dieser kein „Seher" sei, „denn er sieht die Ströme von Blut und Tränen nicht, die dieser Friede (die *pax romana*) kostet" (Komm., S. 17).

[76] Plutarch, Aemilius 21; vgl. auch Moralia 505b.

[77] Flav.Ios.Bell. VI 259 (Übersetzung MICHEL/BAUERNFEIND).

sche Überlieferung über die Eroberung von Bet Ter, dem letzten von Juden gehaltenen Ort im zweiten jüdisch-römischen Krieg. Der Bericht übertreibt gewiss, aber gerade in der Übertreibung ist ihm der Schrecken noch anzumerken: „Man mordete unter ihnen (den Einwohnern der Stadt) immer weiter, bis ein Pferd bis an seine Nüstern im Blut versank. Und das Blut wälzte Felsblöcke in einer Größe von 40 Sea fort[78], bis das Blut sich vier Meilen ins Meer ergoss. Wenn du aber meinen solltest, dass Bet Ter nahe am Meer gelegen habe – ist es nicht 40 Meilen vom Meer entfernt gewesen?“[79] Cassius Dio stellt über diesen Krieg der Römer gegen die Juden fest: „50 ihrer wichtigsten Festungen und 985 der bedeutendsten Ansiedlungen wurden dem Erdboden gleichgemacht, ferner fanden 58000 Mann bei den einzelnen Angriffen und Schlachten den Tod; die Zahl der durch Hunger, Krankheit und Feuer zugrunde Gegangenen war nicht festzustellen. So wurde fast ganz Judäa zur Einöde“[80]. Von einem gewaltigen Blutstrom ist auch 1Hen 100,1–3 die Rede, verursacht vom gegenseitigen Morden in der Endzeit: „Und ein Pferd wird bis an die Brust im Blut der Sünder waten und der Wagen bis zu seiner Höhe einsinken“ (V. 3). Hier liegt wie bei Johannes eine Vision vor. Aber diese Visionen beruhen auf der Wahrnahme tatsächlich vergossenen Blutes. Wenn Johannes die Länge des Blutstromes mit 1600 Stadien angibt, dann will er keine exakte Maßangabe machen, also umgerechnet sagen: 3,2 Kilometer. Auch diese Zahl ist eine Symbolzahl. Es ist das mit 100 multiziplierte Quadrat von 4. Die Vier aber bezeichnet die ganze Welt. So ist in Apk 7,1 von den vier Ecken der Erde die Rede. Die Zahl 1600 macht also deutlich, dass das Gericht Gottes umfassend sein wird.

Ist gesehen, dass der visionäre Blutstrom in Apk 14,20 eine Entsprechung hat in tatsächlich vergossenem Blut, kann die Stelle so verstanden werden: In diesem so blutrünstig scheinenden Vergeltungswunsch fällt auf Rom zurück, was es selbst angerichtet hat und weiter anrichtet. Der Vergewisserung, dass das geschehen wird, dient die Aufnahme der Stellen aus der jüdischen Bibel: Gott steht für diesen Zusammenhang ein. So lässt Johannes die himmlische Welt in Apk 19,2 in prophetischer Vorwegnahme feststellen, dass Gott „das Blut seiner Sklaven und Sklavinnen an ihrer (der großen Hure) Hand vergolten hat“. Die Vision des Johannes mit dem gewaltigen Strom von Blut erweist sich so als klagender und anklagender Protest gegen das tatsächliche Niedermetzeln von Menschen und das Vergießen ihres Blutes. Nur wer in diesen Protest laut und vernehmlich einstimmt, dürfte ein Recht haben, sich über die Rachephantasien des Johannes zu ereifern. Aber für diejenigen, die wirklich über das tatsächlich vergossene Blut schreien, erübrigt es sich vielleicht, sich über das visionäre zu erregen. Es könnte ja sein, dass gerade diese Visionen, die die Vergeltung Gott anheimstellen, einmal dazu ermutigen, die Erinnerung an das tatsächliche Unrecht protestierend wach zu halten, und zum anderen davor bewahren, selbst blutige Rache vollziehen zu wollen. „Es ist vielleicht sogar die *Phantasie* der Gewalt, die zur *Praxis* der Gewaltlosigkeit befähigt“[81]. Es handelt sich hier nicht

---

78 1 Sea sind ca. 12 Liter.

79 jTaan 4,7 (Krotoschin 69a).

80 Cassius Dio, Geschichte 69,14,1f.

81 EBACH, Enthüllung, S. 143.

um Sätze fürs dogmatische Lehrbuch, sondern um mitten im harten Kampf, in erlittenen Niederlagen gemachte Aussagen. Um mit dem am Ende des vorigen Abschnitts angeführten Essay von ORWELL zu reden: Johannes befindet sich in der Situation von „1940“[82].

5. *Das gerechte Gericht: Das böse Tun fällt zurück auf seine Täter, doch wer Unrecht erlitt, kommt zum Recht*

Bei den Vergeltungs- und Gerichtsaussagen geht es darum, dass das eigene böse Tun auf diejenigen zurückfallen möge, die es angerichtet haben, und dass diejenigen zu ihrem Recht kommen, die Unrecht erleiden mussten. Das wird besonders anschaulich und eindrücklich bei der Ausgießung der dritten Schale in Apk 16,4–7 geschildert. Die zweite und dritte Schale nehmen, wie vorher schon die zweite Posaune in Apk 8,8f., die erste ägyptische Plage auf (Ex 7,14–25). Nach ihr wurden der Nil und alle anderen Gewässer Ägyptens zu Blut. Die zweite und dritte Schale differenzieren zwischen dem Meer einerseits und den Flüssen und Wasserquellen andererseits. Die zweite Schale wird aufs Meer ausgegossen, was alle Lebewesen in ihm sterben lässt (V. 3). Der dritte Engel in Apk 16,4 gießt seine Schale auf die Flüsse und die Wasserquellen aus, die – wie vorher schon das Meer – ebenfalls zu Blut und also ungenießbar werden. Die Folgen werden jetzt allerdings gar nicht ausgeführt, sondern vom Vorangehenden her vorausgesetzt und zum Teil in dem in V. 5f. folgenden kleinen Hymnus angedeutet. Wenn alles Wasser Blut wird, gibt es kein für Menschen genießbares Wasser mehr. So formuliert Ps 78,44 im Blick auf die erste ägyptische Plage: „Da verwandelte er ihre Ströme in Blut, sodass sie aus ihren Flüssen nicht trinken konnten.“

Nach der Erwähnung des dritten Engels wird das Schema der Schalenvisionen – Auftreten eines Engels, Ausgießen der Schale, Mitteilung der Folgen – unterbrochen und ein kleiner Hymnus eingefügt. Nach V. 5 spricht der über das Wasser gesetzte Engel: „Gerecht bist Du, der Er ist und der Er war, der Heilige.“ Zu Beginn wird hier die Anrede an Gott aus Ps 119,137 aufgenommen: „Gerecht bis Du, Ewiger“[83]. Damit wird Gott als Handelnder im berichteten Geschehen angesprochen. Er handelt so zu Recht. Das wird im Folgenden begründet. Zuvor wird aber noch einmal die Prädikation aus 1,4.8 aufgenommen, wie in 11,17 jedoch ohne das dritte Glied („der Kommende“), weil Gott nach der vorgestellten Situation schon im Kommen ist[84]. Stattdessen wird er, wie schon in 15,4, als „der Heilige“ bezeichnet[85]. Gott wird deshalb als gerecht angeredet, weil er „so gerichtet“ hat. Dass sich diese Aussage speziell auf das Geschehen bei der dritten Schale bezieht, macht V. 6 deutlich: „Denn Blut der Heiligen und Propheten haben sie vergossen und Blut gabst Du ihnen zu trinken. Es geschieht ihnen recht.“ Die Entsprechung zeigt sich einmal in dem Bild, dass die Mörder

---

[82] Vgl. o. S. 194f.
[83] Vgl. Ps 145,17.
[84] S. o. S. 102f.
[85] Vgl. dazu o. S. 100.

das von ihnen selbst vergossene Blut trinken müssen und so an ihrem eigenen Tun sterben. Dafür steht Gott als Richter ein, der ihre Taten auf sie selbst zurückwendet. Und die Entsprechung wird zum anderen im Schlusssatz des Verses festgestellt. Hinter dem Wort ἄξιος (*áxios*) steht das Bild vom Waagebalken. Die häufig vorgenommene Übersetzung: „Sie sind es wert“ trifft nicht pointiert genug den hier gemeinten Sinn. Ihr Schicksal entspricht ihrem Tun: „Es geschieht ihnen recht.“ Im Ganzen wird mit der Formulierung von V. 6 zum Ausdruck gebracht: Rom stirbt an seinem eigenen Morden; es siegt sich zu Tode.

In diesem Zusammenhang sei ein Blick auf die schwierig zu verstehende Stelle **Apk 17,16** geworfen: „Die zehn Hörner, die du sahst, und das Tier: Die werden die Hure hassen und sie einsam machen und nackt und ihr Fleisch fressen und sie niederbrennen mit Feuer.“ Auf die zahlreichen biblischen Bezüge sei nicht eingegangen. Nach diesem Text wenden sich also die Könige und das Tier gegen die Hure. Sowohl das Tier als auch die Hure sind als Rom verstanden. Wenn sich mit den Königen, Roms Vasallen (vgl. AUNE, Komm., S. 951), auch das Tier gegen die Hure wendet, dann kann das nur heißen, dass das System sich gegen sich selbst richtet. Es zerfällt an seinen eigenen Widersprüchen. Der politisch-militärische Sektor zerstört schließlich die Wirtschaft, der er doch diente. Er frisst die Wirtschaft buchstäblich auf. Das System geht an sich selbst zugrunde und zerfällt gerade in seinem Zentrum. Nach FÜSSEL vermittel Johannes die „Erkenntnis: Machtgeschichte und Herrschaftsgeschichte laufen sich tot, gerade auf ihrem Höhepunkt bereiten sie ihr eigenes Ende vor“ (Monstrum, S. 29).

In V. 7 bietet Johannes noch eine Erweiterung zur dritten Schale: „Da hörte ich den Altar sagen.“ Dass der Altar spricht, berührt auf den ersten Blick seltsam. Damit wird an die Öffnung des fünften Siegels in Apk 6,9–11 erinnert. Der Altar macht sich sozusagen zum Sprecher der unter ihm versammelten Ermordeten, die ja gerade zu Beginn von V. 6 in den Blick gekommen waren („Blut von Heiligen und Propheten haben sie vergossen“). Von ihnen aus gesehen erfolgt das Gerichtshandeln Gottes zu Recht. Sie werden dadurch ins Recht gesetzt gegen ihre Denunzianten, Richter und Mörder. In ihrem Sinn spricht der Altar: „Ja, Ewiger, Gott, Allherrscher: wahrhaftig und gerecht sind Deine Gerichte.“

Dieser Zusammenhang, dass das Tun des Bösen auf diejenigen zurückfällt, die es ausüben, kann auch bei der Ausgießung der vierten Schale gesehen werden (Apk 16,8f.). Sie erfolgt auf die Sonne, der es dadurch gegeben wird, „die Menschen mit Feuer zu verbrennen. Und die Menschen wurden verbrannt mit großer Glut“ (V. 8). Wie das Folgende zeigt, kann Johannes das „Verbrennen“ nicht im wörtlichen Sinn verstehen; dann würden die Menschen ja daran sterben, während er feststellt, dass sie lästern. Daher scheint mir die Deutung von LEONHARD RAGAZ eine gute Möglichkeit zu sein. Er deutet die ganze Schalenreihe als gegen den „Götzendienst des Totalismus“ gerichtet, gegen alle „totalen Systeme …, von Pharao bis Hitler“: „Wird nicht durch diese Systeme – zu denen man auch etwaige ‚geistliche‘ nehmen darf – das Licht der Wahrheit, das aus Gott strömt, so verwandelt, daß es zu einer alles Geistesleben und zuletzt alles Leben zerstörenden Glut wird? Die Liebe zu Volk und Vaterland, die Begeisterung und Treue der Jugend, die Fähigkeit zur Hingabe, die Kraft des Absoluten, die aus der Religion strömt, alles, alles heilige Feuer aus Gott wird in ihren Dienst gestellt und durch diesen Dienst aus Schöpfung zu Vernichtung. Denn Götzendienst wird Molochdienst; zum Moloch aber gehört die Opferflamme, diese dämonische Verkehrung der heiligen Glut auf dem Altar Gottes“[86]. Der Fortgang des Textes in V. 9 berichtet die Reaktion der Menschen: Sie „lästerten den Namen Gottes, der Macht über diese Schläge hat, und kehrten nicht um, ihm die Ehre zu geben.“ Die Konsequenz des eigenen bösen Handelns holt diejenigen ein, die es tun. Aber sie kommen nicht zur Besinnung und zum Eingeständnis der eigenen Schuld, sondern sie machen Gott verantwortlich und setzen ihn auf die Anklagebank.

Dass durch das Gerichtshandeln Gottes diejenigen ins Recht gesetzt werden, die Unrecht erlitten haben, wird auch in Apk 18,20 deutlich herausgestellt. Mitten in den Darstellungen über den Untergang „Babylons“ findet sich dort eine Aufforderung zum Jubel: „Freu dich über sie (über ‚Babylon‘ und ihren Untergang), Himmel, auch ihr Heiligen, ihr apostolisch Beauftragten und prophetisch Begabten! Denn Gott hat euer Recht an ihr vollzogen.“ Diese Aufforderung ist Aufnahme aus Jer 51,48: „Und es werden jubeln über Babel Himmel und Erde und allesamt in ihnen, denn vom Norden werden zu dir kommen, die dich verwüsten, spricht der Ewige.“ Johannes hat diese Ankündigung in einen kleinen Hymnus umgewandelt mit den drei Elementen: Aufforderung zum Lobpreis, Nennung der Lobpreisenden und Angabe des Grundes für den Lobpreis. Innerhalb der Apokalypse liegt hier einmal eine Wiederaufnahme von 12,12 vor, wo es nach dem Satanssturz hieß: „Deshalb freut euch, du Himmel und die in ihm wohnen!“ Dem war aber ein Wehe über Erde und Meer beigestellt worden. Über die Anknüpfung an 12,12 hinausgehend liegt hier aber nun vor allem eine Antwort auf die Frage der Märtyrer von Apk 6,10 vor: „Wie lange noch, heiliger und wahrhaftiger Herrscher, richtest Du nicht und vergiltst Du nicht unser Blut an denen, die auf der Erde wohnen?“ Jetzt wird als Begründung für den Aufruf zum Jubel genannt: „Gott hat euer Recht an ihr vollzogen“[87]. Das meint: Gott hat euch zum Recht gegen sie verholfen, euch ihr gegenüber ins Recht gesetzt. Von daher sind hier mit den „Heiligen“ wohl nicht alle Mitglieder der Gemeinde gemeint, sondern näher diejenigen, die „hingeschlachtet“ worden sind, die Märtyrerinnen und Märtyrer.

Die gewaltsam zu Tode Gebrachten aus der Gemeinde sind auch im Blick, wenn es in Apk 20,4 heißt: „Da sah ich Throne und sie setzten sich darauf und Recht wurde ihnen verschafft.“ Diese Aussage klingt an Dan 7,22 an. Dort heißt es im Anschluss an die Bemerkung, dass das kleine Horn am letzten der vier Tiere (= Antiochus IV.) gegen die Heiligen kämpft und den Sieg behält: „bis der an Tagen Alte kam und den Heiligen des Höchsten Recht verschaffte und die

---

86 RAGAZ, Bibel 4, S. 436.

87 In den Übersetzungen des letzten Satzes von Apk 18,20 wird öfters geraten. LUTHER hatte ihn so wiedergegeben: „Gott hat ewer urteil an jr gerichtet“ (so auch noch in modernisierter Schreibweise die Revision von 1912). Die Revision von 1956 veränderte: „Gott hat sie gerichtet um euretwillen“ (so 1984 beibehalten). Auf dieser Linie versteht auch die Elberfelder: „Gott hat für euch das Urteil an ihr vollzogen“ (ähnlich die Neue Zürcher). Die „Bibel in gerechter Sprache“ trägt eine Entsprechung ein, die an anderen Stellen angezeigt ist, aber nicht hier: „Gott hat so Gericht gehalten, wie sie euch vor Gericht zugesetzt hat.“ Der gemeinte Sinn wird m.E. von der Umschreibung in der Guten Nachricht getroffen: „Gott hat sie verurteilt für alles, was sie euch angetan hat.“ In der Einheitsübersetzung und von WALTER JENS wird das leider vulgarisiert: „Gott hat euch (an ihr) gerächt.“

Zeit brach an und die Heiligen erhielten das Königreich." Gott ist der Richter, der den Seinen Recht verschafft und ihnen so zur Königsherrschaft verhilft. Entsprechend ist nach Apk 20,11 Gott der alleinige Richter. Die in 20,4 ins Auge gefassten Getöteten bekommen nicht Vollmacht, Gericht zu halten, sondern sie werden ins Recht gesetzt. Denen, die sie umgebracht haben, wird bestritten, damit letzte Fakten gesetzt zu haben. Es wird bestritten, dass nach ihrem Tod „die Akten" endgültig geschlossen seien und zur Tagesordnung der Welt übergegangen werden könne. Proklamiert wird stattdessen eine himmlische Revision, die „die Akten" erneut öffnet und den Toten Gerechtigkeit widerfahren lässt. Den Toten Gerechtigkeit widerfahren zu lassen – das wäre im Übrigen auch Aufgabe einer ernsthaften Geschichtswissenschaft, zumal im Rahmen der Theologie. Den Toten Gerechtigkeit widerfahren zu lassen, das hieße vor allem: Solidarität mit den Opfern unter ihnen; sie nicht dem Vergessen anheimfallen zu lassen, sondern immer wieder zu erinnern und damit unterdrückten und niedergemachten Hoffnungen Raum zu geben.

In Apk 18,20 erfolgt der Aufruf zum Jubel erst, wenn die auf die Stadt „Babylon" Fixierten, mit gebanntem Blick auf ihren Untergang starrend, in Wehklagen ausgebrochen sind. Aber faktisch ist „Babylon" ja noch nicht untergegangen; es liegt eine visionäre Vorwegnahme vor. Dennoch erfolgt die Aufforderung zum Jubel schon jetzt, da die Apokalypse in der Versammlung der Gemeinde vorgelesen wird. Jubel und Freude werden nicht zurückgehalten, bis der faktische Untergang „Babylons" registriert werden kann. Freude und Jubel äußern sich schon jetzt, wenigstens beim Verlesen der Apokalypse, die viele solcher Stellen enthält. Daran wird deutlich: Auf dieser Erde, voll von Gewalt und Tod, leben Freude und Jubel von der Prolepse – wenn es nicht der zynische Rausch der selbstgenügsamen Reichen und Satten sein soll. Freude und Jubel in einer Welt, in der „Babylon" allenthalben noch faktisch die Macht hat, leben von der Vorwegnahme dessen, dass „Babylon" die nur angemaßte, trügerische Macht auch faktisch verlieren wird. Sie leben von der irren Hoffnung, dass es anders sein kann und wird – und in der Freude der Bedrängten auch schon anders ist. Darüber wird im Schlussteil weiter zu handeln sein.

6. Harmagedon: die letzte Schlacht oder die Macht des Wortes

Noch innerhalb des Geschehens nach Ausgießen der sechsten Schale, unmittelbar nach der zuvor angedeuteten realpolitischen Möglichkeit des Vordrängens der Parther über den Euphrat, lässt es Johannes in Apk 16,13–16 zum Aufmarsch der widergöttlichen Macht für die große Entscheidungsschlacht kommen. Aber die führt sie dann nicht gegen „die Könige des Ostens", sondern gegen Jesus als den von Gott Beauftragten. Johannes schreibt in V. 13: „Da sah ich: Aus dem Maul des Drachen und aus dem Maul des Tieres und aus dem Maul des Lügenpropheten: drei unreine Geister – wie Frösche." Die in Apk 12f. ausführlich beschriebene „satanische Trinität" taucht hier erstmals in knapper Fassung auf, wobei das zweite Tier, das vom Land, als „Lügenprophet" bezeichnet wird. Mit diesem Bild will Johannes den Ursprung widergöttlicher

Inspiration beschreiben. Was Rom und seine Propagandisten sagen, kennzeichnet er als dämonisch und lässt es geradezu Gestalt gewinnen – als Frösche. Letzteres ist Aufnahme der zweiten ägyptischen Plage. Was er mit dieser Darstellung zum Ausdruck bringen will, ist zweierlei: Dass er das aus den Mäulern der satanischen Trinität Hervorgehende als unreine Geister beschreibt, macht klar, dass die Schlacht, zu der sich alle formieren werden, widergöttlich inspiriert ist. Dass er die unreinen Geister als Frösche erscheinen lässt, weist auf ihren Plagecharakter hin, vielleicht aber auch darauf, dass das, was aus den Mäulern der „satanischen Trinität" herauskommt, nichts als „Gequake" ist.

In V. 14 werden die „Froschgeister" zunächst weiter charakterisiert: „Es sind nämlich Geister von Dämonen, die Zeichen tun." Vom Tun von Zeichen war in Apk 13,13 die Rede: Das zweite Tier fabrizierte sie dort. Hier ist es nur ein Nebengedanke: Der „Geist" der satanischen Trinität, im Grunde also der als dämonisch benannte imperiale Geist, bringt durchaus Wunderdinge zustande, die ganz offenbar imponieren und dazu veranlassen, was der Fortgang des Textes in V. 14 beschreibt: „Die gehen hinaus zu den Königen des ganzen Erdkreises, um sie zu versammeln zum Krieg am großen Tag Gottes, des Allherrschers." Der imperiale Geist versammelt die ganze Welt zum Krieg. Eigenartig sind die Genitive am Schluss des Verses. „Der große Tag Gottes" ist biblisch vorgeprägt. In Joel 2,11 heißt es: „Ja, groß ist der Tag des Ewigen und überaus Ehrfurcht gebietend. Wer kann ihn ertragen?"[88] Indem Johannes diese Tradition aufnimmt, gibt er damit der Hoffnung Ausdruck, dass doch Gott auch bei dem, was sich dort imperial zusammenbraut, seine Finger im Spiel haben und nicht die Welt sich selbst überlassen möge. Möchte das doch der letzte Krieg sein, mit dem das katastrophale Weiterlaufen der Geschichte abbricht!

Das wird auch deutlich in dem Zwischenruf von V. 15: „Seht doch! Ich komme wie ein Dieb." Als Sprecher kann hier nur der auferweckte Jesus gedacht sein, der die Funktion des Menschensohn-Weltrichters hat. Das Bild vom Dieb zielt auf dessen überraschendes und unerwartetes Kommen ab, das bei den Heimgesuchten nicht Freude, sondern Bestürzung und Schrecken hervorruft. Ähnlich hatte Johannes dieses Bild schon in Apk 3,3 im Sendschreiben nach Sardes gebraucht: „Wenn du nicht wachst, werde ich wie ein Dieb kommen und du weißt nicht, welche Stunde ich über dich komme"[89]. Johannes hofft demnach so auf den Abbruch katastrophaler Geschichte, dass er auf den in Jesus als dem Menschensohn-Richter kommenden Gott hofft. Er ist kein Katastrophenfetischist – nach dem Motto: Es muss erst ganz schlimm kommen, damit es danach besser wird. Er erfährt Geschichte schon als schlimm genug. Der in Jesus kommende Gott ist aber zugleich der in Jesus schon gekommene Gott. So hofft Johannes nicht nur auf einen von Gott zu vollziehenden Abbruch der Gewaltgeschichte, sondern erkennt sie im ohnmächtigen Leiden und Sterben Jesu als schon unterbrochen. So wartet Gemeinde nach Johannes nicht quietistisch das Ende ab, sondern im Hoffen auf den endgültigen Abbruch des katastrophalen Geschichtsverlaufs lebt sie selbst schon heilvolle Unterbrechungen und nimmt so neue Welt vorweg. Dementsprechend findet sich in der Fortführung von V.

88 Vgl. weiter Joel 3,4; Zeph 1,14f.; Jes 13,6.9.

89 Vgl. auch 1Thess 5,2; Mt 24,19/Lk 12,39.

15 – der im Übrigen auf der *literarischen* Ebene die Darstellung der Katastrophen hoffnungsvoll unterbricht! – ein Makarismus, der wie die Makarismen der Bergpredigt als ein „indirekter Imperativ“ bezeichnet werden kann.

Der Makarismus lautet: „Glücklich, wer da wacht und seine Gewänder bewahrt!“ Das Wachen ist unmittelbar bezogen auf das vorangehende Bild vom Dieb. Sachlich gemeint ist das Leben in der Erwartung des kommenden Gekommenen[90], ein Leben, das sich an Jesus als dem ohnmächtigen Lamm orientiert und die gewisse Zuversicht hat, dass ihm – trotz alledem! – die Zukunft gehört. Das damit verbundene Bild vom Bewahren der Gewänder muss mit der folgenden Zielangabe zusammen gelesen werden: „... damit er nicht nackt einhergehe und man seine Scham sehe!“ Da vom Bewahren der Gewänder die Rede ist, können sie nicht direkt mit den Taten der Gemeindeglieder identifiziert werden. Sie sind als Gabe zu verstehen und mit der Taufe in einen sachlichen Zusammenhang zu bringen. Entsprechend formuliert Paulus in Gal 3,27: „Alle, die ihr in den Gesalbten hineingetaucht worden seid, habt ihr den Gesalbten angezogen.“ Die Taufe stellt mitten im Lauf der katastrophalen Geschichte in einen Raum unterbrochener Gewalt. Aber dieser Raum kann nur gefüllt werden in eigenen Unterbrechungen der Gewalt, im eigenen Andersleben[91]. Ein tatenloses Abwarten auf der Zuschauertribüne würde ihn verspielen. Dann würde deutlich werden, dass da nicht nur nichts hinter, sondern gar nichts da ist oder gar Unansehnliches. Mit diesem Zwischenruf von V. 15 wird also die Gemeinde zu einem aktiven Warten aufgefordert[92].

V. 16 knüpft über den Zwischenruf hinweg an V. 14 an und führt die Darstellung des Geschehens bei der sechsten Schale zu Ende: „Und man versammelte sie an dem Ort, der auf Hebräisch Harmagedon heißt.“ Subjekt des Versammelns sind die Geister von V. 14, Objekt die dort genannten Könige. Sie werden zum Krieg versammelt. Über V. 14 hinaus wird jetzt nur der Ort dieses Krieges „am großen Tag Gottes“ genannt: Harmagedon. Das Wort ist die gräzisierte Transkription von הר מגדו (*har megiddó* – „der Berg von Megiddo“). „Megiddo“ wird in der Septuaginta in der Regel mit μαγεδ[δ]ω[ν] wiedergegeben. Zur Wendung „Berg von Megiddo“ gibt es keinen unmittelbaren biblischen Bezug. Aber die ausdrückliche Benennung des Ortes auf Hebräisch „kann nur den Sinn haben, daß eine signifikante Tatsache der israelitischen Geschichte für den geweissagten Entscheidungskampf charakteristisch sei. Diese Tatsache ist die Niederlage der kanaanitischen Könige unter Jabin und Sisera, Ri 4,6ff; 5,19, durch die israelitischen Truppen unter Barak, die sich auf dem Tabor versammelt hatten

---

90 Vgl. den Titel des Buches von WALTER KRECK: Die Zukunft des Gekommenen (München 1961).

91 Vgl. PALMER, Müdigkeit, S. 31, über die Aufforderung zum Wachen: „Es ist der Weckruf, mit dem die Leser apokalyptischer Texte wieder in die Zeit zurückverwiesen werden.“

92 Vgl. ROLOFF, Komm., S. 164: „Angesichts der Ankündigung des nahen Gerichtes über die widergöttlichen Mächte steht den Christen nicht die Haltung unbeteiligter und unbetroffener Zuschauer an! Der Tag des Herrn, dessen Kommen sich nicht berechnen läßt, wird vielmehr von ihnen Rechenschaft darüber fordern, ob sie in dem ihnen befohlenen Gehorsam geblieben sind.“

und die Kanaaniter am Wasser Megiddo schlugen"[93]. Festzustellen ist jedoch, dass der Krieg, für den hier aufmarschiert wird, bei der sechsten Schale noch gar nicht geschildert wird. Damit kommt wieder ein retardierendes Moment in die Darstellung. Es wird also noch einiges dazwischen kommen. Erst in Apk 19,11 nimmt Johannes den hier liegen gelassenen Faden wieder auf. Dort beschreibt er in V. 11–21 die große Entscheidungsschlacht in folgender Weise:

> [11]Da sah ich den Himmel offen – und siehe: ein weißes Pferd und sein Reiter heißt „Treu und wahrhaftig" und in Gerechtigkeit richtet und kämpft er. [12]Und seine Augen: wie eine Feuerflamme und auf seinem Kopf: viele Diademe. Einen Namen hat er eingeschrieben, den niemand kennt – nur er selbst; [13]und bekleidet mit einem Gewand, getaucht in Blut; und sein Name heißt: das Wort Gottes. [14]Und die himmlischen Heerscharen folgten ihm auf weißen Pferden, angezogen mit weißem, reinem Byssusstoff. [15]Aus seinem Mund ging ein scharfes Schwert hervor, damit er mit ihm die Völker schlüge; und er selbst wird sie weiden mit eisernem Stab und er selbst wird die Weinkelter des grimmigen Zornes Gottes treten, des Allherrschers, [16]und er hat auf seinem Gewand und auf seinem Schenkel als Name eingeschrieben: „König der Könige und Herr der Herren". [17]Da sah ich einen Engel in der Sonne stehen; der schrie mit lauter Stimme, sprach zu allen Vögeln, die im Zenit des Himmels flogen: „Auf! Hierher! Versammelt euch zum großen Mahl Gottes, [18]damit ihr Fleisch von Königen fresst und Fleisch von Militärtribunen und Fleisch von Starken und Fleisch von Pferden und ihren Reitern und Fleisch von allen Freien und Versklavten, von Kleinen und Großen!" [19]Da sah ich das Tier und die Könige der Erde und ihre Heere versammelt, um Krieg zu führen gegen den Reiter auf dem Pferd und gegen sein Heer. [20]Und das Tier wurde ergriffen und mit ihm der Lügenprophet, der die Zeichen vor ihm fabriziert hatte, mit denen er diejenigen in die Irre geführt hatte, die das Malzeichen des Tieres nahmen und die seinem Bild huldigten. Lebendig wurden die beiden in den Pfuhl des mit Schwefel brennenden Feuers geworfen. [21]Und die Übrigen wurden getötet mit dem Schwert des Reiters auf dem Pferd, das aus seinem Mund hervorkam; und alle Vögel fraßen sich satt an ihrem Fleisch.

Der Abschnitt ist in folgender Weise aufgebaut: Im Gegenüber zu dem nach Apk 16,16 angetretenen Heer erfolgt hier in V. 11–16 zunächst die Aufstellung der himmlischen Gegenmacht[94]: Als Reiter auf einem weißen Pferd führt der nicht mit Namen genannte, sondern umschriebene Jesus himmlische Reiterheere an. In V. 17f. wird die Darstellung aber gleich wieder unterbrochen durch den Zwischenruf eines Engels, der sich an die Vögel richtet. Sie sollen sich einfinden, weil es für sie nach der gleich stattfindenden Schlacht genug zu fressen geben wird. V. 19 nimmt den Schluss der sechsten Schalenvision auf. Außer den Königen der Erde ist es nun auch das Tier selbst, das mit ihnen zum Krieg ver-

93 HADORN, Komm., S. 166 (im Original teilweise hervorgehoben).

94 Zur Rezeption der „Bildersprache des römischen Triumphes" in diesem Abschnitt vgl. AUNE, Komm., S. 1050–1052.

sammelt ist. Zugleich wird damit an Apk 17,16f. angeknüpft. Dort hatten sich die Könige und das Tier gegen die Hure gewandt. Deren Gericht hatte Apk 18 geschildert; das Gericht über das Tier und die Könige steht noch aus. Auch von dieser Abfolge her scheint es noch einmal gerechtfertigt, dass zwischen Tier und Hure als verschiedenen Aspekten römischer Herrschaft zu unterscheiden ist. Hier ist nun ausdrücklich vom Krieg die Rede. Das unterstreicht, dass mit dem Tier der militärische Aspekt im Blick ist. Die Verse 20 und 21 beschreiben die Vernichtung des Tieres und seiner Vasallen.

Mit der Eingangswendung in V. 11: „Da sah ich den Himmel offen“ wird wie in 4,1 mit der geöffneten Tür im Himmel und in 15,5 mit dem geöffneten himmlischen Tempel Offenbarung signalisiert[95]. Was Johannes im offenen Himmel zunächst sieht, ist ein weißes Pferd. Von einem Reiter auf weißem Pferd war schon in Apk 6,2 bei der Öffnung des ersten Siegels die Rede. Aus der Bewaffnung des Reiters mit einem Bogen ließ sich auf die parthische Macht schließen[96]. Aus Apk 9,14 und 16,12 war zu ersehen, dass Johannes eine bedingt positive Sicht der Parther als der großen Gegner der Römer hatte. Von daher dürfte es kommen, dass er jetzt hier in 19,11, wo Jesus in die entscheidende Schlacht zieht, diesen in Analogie zu einem parthischen König darstellt und ihn dann auch ein Reiterheer anführen lässt[97]. Nach dem Pferd wird in der Fortsetzung von V. 11 sein Reiter in den Blick genommen: „Und sein Reiter heißt ‚Treu und wahrhaftig.‘“ Dass Johannes mit dem Reiter Jesus meint, ist durch die folgenden Angaben deutlich. Aber er nennt den Namen nicht, sondern er gibt Beschreibungen, Charakterisierungen und Titel. Bei dieser ersten Benennung nimmt er Bezeichnungen auf, die er vorher schon auf Jesus ausgebracht hatte, „treu“ zuerst in 1,5, „wahrhaftig“ zuerst in 3,7. Beide Begriffe hätten, ins Hebräische übersetzt, von dem her Johannes denkt, dieselbe Wurzel: א מ נ. Mit davon abgeleiteten Worten wird in der hebräischen Bibel Gottes Verlässlichkeit und Beständigkeit, seine unerschütterliche Treue herausgestellt. Werden diese Bezeichnungen auf Jesus angewandt, heißt das, dass Gott in seinem endzeitlichen Handeln in ihm diese Verlässlichkeit und Treue erweist.

Weiter wird von dem Reiter auf weißem Pferd ausgesagt: „In Gerechtigkeit richtet und kämpft er.“ Das Richten in Gerechtigkeit ist eine häufige Aussage der jüdischen Bibel. Sie wird einmal von Gott selbst gemacht, z.B. in Ps 9,9: „Er wird den Erdkreis richten mit Gerechtigkeit.“ Sie wird aber auch gemacht vom König, z.B. in Ps 72,1f. An dieser Stelle wird auch die Art dieses Richtens deutlich: „Gott, gib Dein Recht (משפט – *mischpát*) dem König und Deine Gerechtigkeit (צדקה – *z'dakáh*) dem Königssohn. Er möge Dein Volk richten (דין – *din*) mit Gerechtigkeit (צדק – *zédek*) und Deine Elenden mit Recht (משפט – *mischpát*).“ Es geht nicht um das neutrale Abwägen eines „objektiven“ Richters, sondern darum, dass den Verarmten und Verelendeten, den Gedemütigten und Niedergedrückten endlich zu ihrem Recht verholfen wird. Genau das wird nach

95 Vgl. Ez 1,1: „Und da öffnete sich der Himmel und ich sah Erscheinungen Gottes.“

96 Vgl. o. S. 177.

97 So ist das Verhältnis von 6,2 zu 19,11 zu verstehen und nicht umgekehrt von 19,11 her zu schließen, dass auch mit dem Reiter von 6,2 Jesus gemeint sei. So mit Recht schon PÖHLMANN, Opposition, S. 449f.

Jes 11,4f. vom messianischen König erwartet, dem Zweig aus der Wurzel Isais, weil auf das regierende davidische Königshaus in dieser Hinsicht offenbar nicht mehr gesetzt werden kann: „Er verhilft mit Gerechtigkeit (צדק – *zédek*) Verelendeten zum Recht und er schafft Recht mit Billigkeit den Erniedrigten im Lande. Er wird den Gewalttäter schlagen mit dem Stabe seines Mundes und mit dem Hauch seiner Lippen den Frevler töten. Und Gerechtigkeit (צדק – *zédek*) wird der Gürtel seiner Lenden sein und Verlässlichkeit (אמונה – *emuná*) der Gürtel seiner Hüften." Diese biblische Tradition ist mit dem Sätzchen am Ende von Apk 19,11 aufgenommen[98]. Über sie hinaus stehen hier noch die Worte: „…und er kämpft." Sie sind durch den größeren Kontext bedingt. Der Krieg wird nicht von dem Reiter auf weißem Pferd vom Zaun gebrochen. Er findet schon längst statt. Nach Apk 12,17 wurde er vom Drachen begonnen, der ihn dann in der Gestalt des Tieres führt (13,7), fortgesetzt von den vom Tier und Lügenpropheten inspirierten Königen (16,13f.). Diesem schon laufenden Krieg stellt sich der Reiter auf weißem Pferd in den Weg, um ihn zu beenden. Das die genannte biblische Tradition aufnehmende Sätzchen am Schluss von V. 11 formuliert sozusagen sein Kriegsziel: mit Gerechtigkeit zu richten, denen zu ihrem Recht zu verhelfen, denen es genommen ist.

Die Verse 12 und 13a beschreiben Aspekte der Erscheinung des Reiters, zunächst: „Und seine Augen: wie eine Feuerflamme." Das ist eine Aufnahme aus der Vision des Menschensohngleichen in Apk 1,14[99]. Dass gerade dieses Kennzeichen hier wiederholt wird, ist nicht zufällig. Unmittelbar vor der eben erwähnten Stelle Jes 11,4f. heißt es in V. 3 vom erwarteten Messias: „Und er wird nicht richten nach dem, was seine Augen sehen", d.h. er orientiert sich nicht am Augenschein, den die Starken bestimmen. Die Augen wie eine Feuerflamme dringen durch und sehen das Unrecht hinter der glänzenden Fassade. Der Reiter hat nicht nur das für das gerechte Gericht nötige Sehvermögen, sondern auch die Macht dazu, gerecht zu richten: „Und auf seinem Kopf: viele Diademe." Nach Apk 12,3 hat der Drache sieben und nach 13,1 das Tier zehn Diademe – auf jedem Kopf bzw. jedem Horn eins. Das Diadem ist Symbol königlicher Macht. Der Reiter hier hat viele Diademe, wird damit also als mit umfassender königlicher Macht ausgestattet dargestellt. Auch das nächste Motiv stellt seine einzigartige Größe heraus: „Einen Namen hat er eingeschrieben, den niemand kennt – nur er selbst." Dieses Motiv begegnet schon in Apk 2,17 in einem Siegesspruch. Dort war denen, die siegen, die sich nicht unterkriegen lassen, „ein weißes Steinchen" verheißen; „und auf dem Steinchen steht ein neuer Name geschrieben, den niemand kennt außer denen, die es empfangen". Im Hintergrund dürften hier volkstümliche Vorstellungen von Amuletten stehen mit einem eingravierten Namen. Wer den Namen kennt, besitzt Macht und Schutz gegenüber Geistern und Dämonen[100]. Hier ist dieses Motiv auf den Reiter bezogen, dessen Namen die Leser- und Hörerschaft des Johannes natürlich kennt. Für sie hatte er auch schon in V. 11 einen Namen genannt und er nennt gleich in V. 13 und 16

---

[98] In der Rezeption von Jes 11,4f. steht Johannes in jüdischer Tradition: PsSal 17,24.35; 4Q 161, III 11–25; 1Q 28b, V 24–26; 1Hen 62,2; 4Esr 13,9–11.

[99] Vgl. dazu o. S. 115.

[100] Vgl. dazu MÜLLER, Komm., S. 114f.

noch mehr Namen. Das heißt aber, dass sie hineingenommen sind in den Schutz, den dieser Reiter mit einzigartigem Namen bietet.

Was für einen Schutz der Reiter bietet, wird gleich in V. 13a angedeutet: „Und bekleidet mit einem Gewand, getaucht in Blut.“ Gewöhnlich wird hier ein Bezug auf die schon zitierte Stelle Jes 63,1–3 gesehen[101]. Dort ist Gott im Bild des Keltertreters als siegreich heimkehrender Feldherr vorgestellt, der sein Gewand mit Blut bespritzt hat; und vom Treten der Kelter wird auch wieder am Ende von V. 15 die Rede sein. Dann könnte man als Analogie eine Stelle bei Plutarch heranziehen. Er schreibt dort ohne Bild vom jungen Scipio, der nach geschlagener Schlacht erst spät von der Verfolgung der Feinde ins Lager zurückkehrt: „Vom Blut umgebrachter Feinde befleckt, wie ein junger Rassehund von der Siegesbegeisterung hemmungslos hingerissen“[102]. Demgegenüber wird hier bei Johannes nicht der von geschlagener Schlacht heimkehrende Jesus beschrieben; er reitet allererst dazu aus. Dennoch ist sein Gewand schon „getaucht in Blut“. Zum anderen wird nicht gesagt, dass sein Mantel mit Blut „bespritzt“ sei. Nur so entspräche es Jes 63 und der Stelle bei Plutarch. Vielmehr heißt es, er sei in Blut eingetaucht[103]. Daher dürfte es viel näher liegen, beim Blut an das eigene Blut Jesu, an das Blut des Lammes, zu denken[104]. Wenn also der in Blut getauchte Mantel des sich dem teuflisch inspirierten Krieg in den Weg stellenden Reiters auf das Blut des Lammes hinweist, dann heißt das: Das Heil kommt nicht von den gewalttätigen Siegern, sondern gerade von diesem Opfer der Gewalt. Wie „der Löwe aus dem Stamm Juda“, der gesiegt hat, in Apk 5,5f. sofort als das geschlachtete Lamm dargestellt wurde, so erinnert hier der in Blut getauchte Mantel des durch seine vielen Diademe als mit überlegener königlicher Macht gekennzeichneten Reiters, dass sein Sieg von anderer Art ist als die Siege Roms. Er ruft eine Gemeinschaft hervor, die aus der Vergebung lebt und die deshalb nach Versöhnung sucht.

Nachdem schon in V. 11 ein umschreibender Name angeführt worden war, nennt Johannes am Ende von V. 13 einen weiteren: „Und sein Name heißt: das Wort Gottes“[105]. Inhaltlich heißt das: In diesem Reiter, in Jesus, wird Gott hörbar und wahrnehmbar, spricht er sein Wort, tritt er auf den Plan – gerade auch im Tod Jesu, auf den der in Blut getauchte Mantel eben hinwies. Nur wenn dort wirklich Gott selbst zu Wort kommt, hat die sich darauf beziehende Zusage der Vergebung Grund.

Bevor der Text in der Beschreibung des Reiters fortfährt, wirft er in V. 14 einen Blick auf sein Gefolge: „Und die himmlischen Heerscharen folgten ihm auf weißen Pferden, angezogen mit weißem, reinem Byssusstoff.“ Dass Johannes

---

[101] So steht es auch am Rand des NESTLE/ALAND.

[102] Plutarch, Aemilius 22.

[103] Einige Handschriften haben, in verschiedenen Lesarten, „bespritzt“; KRAFT will das für ursprünglich halten (Komm., S.249). Aber das ist doch deutlich sekundäre Angleichung an eine geläufige Vorstellung.

[104] So RISSI, Zukunft, S. 21f. MÜLLER nennt das „absurd“ (Komm., S. 327) – aber das ist keine Widerlegung der von RISSI angeführten Gründe.

[105] Das erinnert an Joh 1,1, ohne dass aus diesem Anklang auf eine literarische Beziehung zwischen beiden Stellen geschlossen werden könnte.

bei den himmlischen Heerscharen von Reiterheeren spricht, ist in der Analogie begründet, die er zu den Parthern als Gegnern Roms herstellt. Weit bezeichnender ist jedoch, dass er zwar etwas über ihre Kleidung sagt, die in keiner Weise typisch und zweckdienlich fürs Militär ist und völlig von der Beschreibung des in 9,3–11 vorgestellten Heeres abweicht, aber gar nichts über ihre Ausrüstung und Waffen. Dem entspricht es, dass diese Heere im Folgenden zwar noch einmal erwähnt werden, aber nichts davon verlautet, dass sie irgendwie in Aktion träten. Sie haben eine bloße Statistenrolle.

Eine „Waffe“ kommt in V. 15 in den Blick; es ist die einzige auf dieser Seite: „Aus seinem Mund ging ein scharfes Schwert hervor.“ Ein Schwert, das aus dem Mund hervorgeht, symbolisiert das Wort als Mittel des Kampfes. Entsprechend schlägt der Messias nach Jes 11,4 den Frevler „mit dem Stab seines Mundes“. Ein weiterer biblischer Bezug kann in Jes 49,2 gesehen werden, wo der messianische Knecht von Gott sagt: „Und er hat meinen Mund wie ein scharfes Schwert gemacht.“ Auch da ist deutlich, dass es sich um metaphorische Rede handelt: Das prophetische Wort wirkt wie ein scharfes Schwert. Diese metaphorische Rede ist bei Johannes ins visionäre Bild umgesetzt. Das Schwert aus dem Mund des Reiters ist nichts anderes als sein durchdringendes, wirkkräftiges Wort. Eine andere Waffe hat er nicht. Ganz entsprechend zerreißt in 4Esr der aus dem Wald mit Gebrüll hervorbrechende Löwe (11,37), der als „der Gesalbte … aus dem Samen Davids“ gedeutet wird (12,31f.), nicht den (römischen) Adler (11,1–35)[106], sondern hält ihm eine Gerichtsrede (11,38–46), woraufhin dieser buchstäblich zerfällt (12,2f.). In 4Esr 13,9 heißt es von der „Gestalt eines Menschen“, die „auf den Wolken des Himmels flog“ (V.3) und die als Gottes messianischer „Sohn“ gedeutet wird (V. 26.32.37), er „griff weder zum Schwert noch zu einer anderen Waffe“. Ein „Flammenhauch“ und ein „Sturm von Funken“ (V.10) symbolisieren sein richtendes Reden (V. 37f.).

Die Fortführung in Apk 19,15 gibt an, wozu der Reiter auf weißem Pferd dieses Schwert aus dem Mund hat: „… damit er mit ihm die Völker schlüge“. Das klingt ganz allgemein an biblische Sprache an[107]. Hier ist die Aussage bezogen auf den Aufmarsch der Könige in Apk 16,13f.16, an den auch gleich in V. 19 ausdrücklich erinnert wird. Die Fortsetzung des Textes bietet eine bestimmte biblische Anspielung: „Und er selbst wird sie weiden mit eisernem Stab.“ Dieser Bezug auf Ps 2,9 war im bisherigen Verlauf der Apokalypse schon zweimal begegnet, im Siegesspruch in 2,27 und in 12,5[108].

Anschließend wechselt das Bild. Wie schon in Apk 14,19f. wird noch einmal das Bild der Kelter aufgenommen: „Und er selbst wird die Weinkelter des grimmigen Zornes Gottes treten, des Allherrschers.“ Dazu braucht nach dem schon zu Apk 14,17–20 Gesagten nichts mehr ausgeführt zu werden[109]. Zusammenfassend sei lediglich festgehalten, dass V. 15 das gewaltige Bild von der letzten, entscheidenden Schlacht mit Bildern interpretiert als das mit dem Wort

---

[106] Zum Adler als Symbol römischer Macht vgl. Flav.Jos.Bell. III 123.
[107] Vgl. Jes 14,6; Ps 135,10.
[108] Vgl. o. S. 125f. mit Anm. 95.
[109] Vgl. o. S. 198–201.

erfolgende Gerichtshandeln des Messias, der damit wiederum die Funktion des Menschensohnes wahrnimmt.

V. 16 schließt die Beschreibung des Reiters auf weißem Pferd ab: „Er hat auf seinem Gewand und auf seinem Schenkel als Name eingeschrieben[110]: ‚König der Könige und Herr der Herren.'" Genauso war in Apk 17,14, in umgekehrter Reihenfolge, schon einmal das Lamm bezeichnet worden. Wie dort vom „Lamm" werden hier vom „Reiter" damit Aussagen gemacht, die in der jüdischen Bibel Gott gelten. In Dtn 10,17 heißt es: „Denn der Ewige, euer Gott – er ist Gott der Götter und Herr der Herren." In Dan 2,47 gesteht Nebukadnezar gegenüber Daniel: „Euer Gott – er ist Gott der Götter und Herr der Könige." „König der Könige" war Bezeichnung der persischen Herrscher und ist in 2Makk 13,4; 3Makk 5,35 Bezeichnung Gottes. Werden das „Lamm" und der „Reiter" so bezeichnet, wird damit der gekreuzigte und auferweckte Jesus, der allein mit dem Wort kämpft, als Ort der Epiphanie und Präsenz Gottes kenntlich gemacht.

Bevor an den schon in Apk 16,13–16 erfolgten Aufmarsch der anderen Seite erinnert wird, wonach dann die Schilderung des Kampfes folgen könnte, bringt Johannes in Apk 19,17f. einen Zwischenruf. Zunächst heißt es in V. 17: „Da sah ich einen Engel in der Sonne stehen; der schrie mit lauter Stimme, sprach zu allen Vögeln, die im Zenit des Himmels flogen." Wieder hebt die Stimme vom Himmel her die Bedeutsamkeit des dann Ausgeführten hervor. Weshalb die Vögel herbeigerufen werden, ist klar. Eine Schlacht steht bevor; da wird es hinreichend Leichen geben. So werden die Vögel – und dabei muss an Aas fressende Vögel gedacht sein – herbeigerufen, sich bereit zu halten. Sie werden genug zu fressen bekommen, wie der weitere Text in V. 17b.18 deutlich macht: „Auf! Hierher! Versammelt euch zum großen Mahl Gottes, damit ihr Fleisch von Königen fresst und Fleisch von Militärtribunen und Fleisch von Starken und Fleisch von Pferden und ihren Reitern und Fleisch von allen Freien und Versklavten, von Kleinen und Großen!" Diese Ausführungen sind ganz stark bestimmt von Stellen der jüdischen Bibel. In Jer 15,3 spricht der Prophet im Namen Gottes gegen sein eigenes Volk: „Und ich will sie heimsuchen auf vierfache Weise, Spruch des Ewigen: mit dem Schwert, um zu erschlagen, mit den Hunden, um fortzuschleifen, mit den Vögeln des Himmels und mit den Tieren der Erde, um zu fressen und zu vertilgen." In Ez 29,5 wird Ägypten angekündigt, den Tieren der Erde und den Vögeln des Himmels zum Fraß gegeben zu werden. In Ez 39,4 gilt diese Ankündigung Gog aus Magog. In Ez 39,17–20 wird das dann so ausgeführt: „Du Menschenkind, so spricht Gott, der Ewige:

110 Statt ἐπὶ τὸ ἱμάτιον („auf seinem Gewand") bieten wenige Handschriften die Lesart ἐπὶ τὸ μέτωπον („auf seiner Stirn"). Vgl. Plutarch, Perikles 21: „Und da die Spartaner von den Delphern das Vorrecht in der Orakelbefragung erhalten und auf der Stirn des ehernen Wolfes verewigt hatten, nahm Perikles das gleiche Recht auch für Athen in Anspruch und ließ es in die rechte Flanke desselben Wolfes eingravieren." Dass Tiere in der Antike am Schenkel gestempelt wurden, ist auch sonst belegt; vgl. BAUER, Wörterbuch, s.v. μηρός. Möglich wäre auch ein epexegetisches Verständnis des καί: BOUSSET nimmt die Erklärung DÜSTERDIECKs auf: „Er hatte den Namen auf seinem Mantel und zwar auf seiner Hüfte, also wohl am Gürtel" und verweist auf weitere Vorgänger (Komm., S. 432).

Versammelt euch und kommt herbei, findet euch zusammen von überall her zu meinem Schlachtopfer, das ich euch schlachte, einem großen Schlachtopfer auf den Bergen Israels, und fresst Fleisch und sauft Blut! Fleisch der Starken sollt ihr fressen und Blut der Herrscher der Erde sollt ihr saufen, der Widder und Lämmer, der Böcke und Stiere, all des Mastviehs aus Baschan. Und ihr sollt Fett fressen, bis ihr satt werdet, und Blut saufen, bis ihr trunken seid von dem Schlachtopfer, das ich schlachte. Sättigt euch von Pferden und Reitern, von Starken und all den Kriegsleuten an meinem Tisch, Spruch des Ewigen, Gottes."

Trotz der sachlichen Entsprechung und wörtlichen Nähe vermag der bloße Hinweis auf diese biblischen Stellen es nicht zu erklären, warum Johannes gerade sie aufnimmt. Den Anlass dürfte auch hier wiederum eine bestimmte Wahrnehmung seiner eigenen Gegenwart bieten. Dafür spricht eine Besonderheit seines Textes, die keine biblische Entsprechung hat, nämlich die Erwähnung der χιλίαρχοι (*chilíarchoi*), der Militärtribunen. In Ez 39,20 ist allgemein von „Kriegsleuten" die Rede, während Johannes eine spezifische militärische Rangbezeichnung gebraucht, die in seiner Zeit im römischen Heer üblich war. Da er in V. 18 deutlich ein Schlachtfeld vor Augen hat, dürfte er bei den aufgezählten Leichen in erster Linie an die Teilnehmer tatsächlicher Heerzüge denken. Sklaven haben in einem Heerzug ihren Ort im Tross; Könige zogen als Verbündete mit[111]. Zum Verständnis des Aufrufs an die Vögel in V. 17f. sei auf das zu dem ungeheuren Strom von Blut in Apk 14,20 Gesagte verwiesen. Den hier visionär genannten Leichen einer Schlacht entsprechen tatsächliche Schlachtfelder, die Roms Herrschaft und ihre Behauptung leichenübersät zurückließ. So fällt auch in dieser Ankündigung auf Rom und seine Helfer zurück, was sie selbst anrichten. Diese Visionen sind als Protest gegen das tatsächliche Niedermetzeln von Menschen zu lesen.

Rom und seine Helfer kommen in V. 19 in den Gestalten des Tieres und der Könige in den Blick: „Da sah ich das Tier und die Könige der Erde und ihre Heere versammelt, um Krieg zu führen gegen den Reiter auf dem Pferd und gegen sein Heer." Jetzt wird zunächst die schon halbfertige Seite des Bildes von 16,13f.16 aufgenommen, noch um einen Punkt ergänzt und dann das ganze Gemälde fertig gestellt. Die Ergänzung betrifft die Nennung des Tieres. Der in ihm zum Ausdruck kommende politisch-militärische Aspekt der Führungsmacht gehört ja auch unbedingt dazu. Jetzt stehen sich also beide Parteien gegenüber. Das Tier und seine Verbündeten samt den zugehörigen Heeren auf der einen, der Reiter auf dem weißen Pferd mit seinem Reiterheer auf der anderen Seite. Die Entscheidungsschlacht, die Schlacht der Schlachten, kann geschlagen werden. Zu erwarten wäre also jetzt eine ausführliche Schlachtschilderung. Aber es war schon in anderem Zusammenhang deutlich geworden, dass Johannes nicht an Kriegsberichterstattung interessiert ist[112]. Er bietet auch hier keine. Er formuliert nur Ergebnisse. Wie es zu diesen Ergebnissen kommt, wird in Bildern als wunderhaftes Geschehen beschrieben.

---

111 Vgl. die Beschreibungen des Heerzuges des Titus von Cäsarea am Meer nach Jerusalem im Frühjahr 70 in Flav.Ios.Bell. V 47–49, und Tacitus, hist. V 1,2.

112 Vgl. o. S. 156.

In V. 20 stellt er fest: „Da wurde das Tier ergriffen und mit ihm der Lügenprophet, der die Zeichen vor ihm fabriziert hatte.“ Neben dem Tier ist auch der Lügenprophet, das zweite Tier von Apk 13, das Tier aus der Erde, noch da, also die Vertreter der ideologisch-religiösen Absicherung und Legitimierung der Herrschaft Roms. An diese Funktion des Lügenpropheten wird summarisch erinnert durch die Erwähnung des Tuns von Zeichen vor dem Tier. Erinnert wird auch an den Effekt dieses Tuns, nämlich die Täuschung: „... mit denen er diejenigen in die Irre geführt hatte, die das Malzeichen des Tieres nahmen und die seinem Bild huldigten.“ Damit ist zugleich auch noch einmal gesagt, worin sich die Täuschung äußert: in der Akzeptanz dieser Herrschaft, ja mehr noch in der Huldigung gegenüber der Gewalt.

Der Schluss von V. 20 beschreibt das weitere Schicksal der beiden eingefangenen Tiere: „Lebendig wurden die beiden in den Pfuhl des mit Schwefel brennenden Feuers geworfen.“ Das hat vor allem Anhalt an Dan 7,11. Dort heißt es vom vierten der von Daniel geschauten Tiere: „Und ich sah wie das Tier getötet wurde und sein Leib umkam und ins Feuer geworfen wurde.“ Das Motiv, lebend in den Bereich des Todes geworfen zu werden, dürfte Johannes aus Num 16,33 aufgenommen haben. Dort heißt es von der „Rotte Korach“: „Da fuhren sie und alles, was sie hatten, lebendig hinab in die Unterwelt (שאול – *scheól*).“ Das ist in Ps 55,16 rezipiert. Jes 30,33 kennt im Gerichtswort gegen Assur eine Feuergrube mit einem Scheiterhaufen; und dann heißt es: „Der Odem des Ewigen wird ihn anzünden wie ein Schwefelstrom.“ 1Hen 10,6 sagt über einen bösen Engel: „Und am großen Tag des Gerichts soll er in die Feuerglut verstoßen werden“[113].

Nach den beiden Tieren nimmt V. 21 alle Übrigen pauschal in den Blick, also die Könige und ihre Heere: „Und die Übrigen wurden getötet mit dem Schwert des Reiters auf dem Pferd, das aus seinem Mund hervorkam.“ Es sei wiederholt: Die himmlischen Reiterheere greifen überhaupt nicht ein; sie sind bloße Statisten. Allein mit dem Schwert aus seinem Mund kämpft der Reiter auf weißem Pferd. Das ist Metapher für sein durchdringendes und wirkkräftiges Wort[114]. Wenn es diese gewaltige Wirkung hat, kann das nur als Wunder bezeichnet werden[115]. Diese Kategorie des Wunders bemüht Johannes auch in Apk 20, wenn es doch noch einmal zu einer Schlacht kommt, die der Satan, nachdem er am Ende des tausendjährigen Reiches losgelassen ist, mit wiederum mobilisierten Heeren anzettelt. „Aber da fiel Feuer vom Himmel und fraß sie auf“ (V. 9). Das ist fast wörtliches Zitat aus 2Kön 1,10.12 in einer Erzählung über Elija. Indem Johannes an diesen entscheidenden Stellen biblische Bilder und Assoziationen bietet, bringt er – wie auch mit den Formulierungen im Passiv – gegen

---

113 Vgl. weiter 1Hen 10,13; 18,11; 21,7.

114 „... in der eschatologischen Schlacht *vor* dem tausendjährigen Reiche kämpft der Messias allein, selbst das Engelheer ... spielt nur Statistenrolle. Allein das Schwert aus dem Munde des Logos erschlägt die Feinde ... Von einem den Menschen beteiligenden heiligen Kriege ist nichts zu hören“ (LAMPE, Apokalyptiker, S. 95).

115 Es trifft daher nicht zu, dass „Gott die Starken auf Erden nicht durch Schwäche, sondern durch noch größere Stärke“ überwinde (so SALS, Biographie, S. 138). Er begegnet der Gewalt nicht auf derselben Ebene. Vgl. auch das zu Apk 5,5f. Ausgeführte (S. 118–122).

die ihm als teuflisch geltende gewalttätige Macht Roms Gott ins Spiel. Er ist die Wirklichkeit seiner Bilder.

7. „... der Seufzer der bedrängten Kreatur"?

Aber wenn der Sieg über die Macht der Gewalt nur in symbolischen Bildern als Wunder beschrieben werden kann, trifft dann nicht auf die Apokalypse des Johannes in hervorragender Weise zu, was der junge MARX über die Religion geschrieben hat? „Das *religiöse* Elend ist in einem der *Ausdruck* des wirklichen Elends und in einem die *Protestation* gegen das wirkliche Elend. Die Religion ist der Seufzer der bedrängten Kreatur, das Gemüt einer herzlosen Welt, wie sie der Geist geistloser Zustände ist. Sie ist das *Opium* des Volks"[116]. Dass die dargestellten Bilder vom Krieg in der Apokalypse des Johannes Ausdruck einer als schlimm erfahrenen Wirklichkeit sind und zugleich Protest gegen sie, kann nicht gut bestritten werden. Das ist im Gegenteil in dem in diesem Kapitel Dargelegten immer wieder deutlich geworden. Aber gehen diese Bilder darin auf? Ist insbesondere die Beschreibung des Sieges über die Weltmacht in der Kategorie des Wunders als Flucht aus der Wirklichkeit der Erde ins Phantastisch-Imaginäre des Himmels zu beurteilen? Dort wird zwar der Sieg errungen, aber faktisch doch vor der Weltmacht kapituliert, insofern die tatsächlichen Verhältnisse unverändert belassen werden? Mir scheint, dass diese Kritik zu kurz greift. Gewiss geben die Bilder des Johannes keine realistischen Schlachtbeschreibungen. Sie zeigen keine Perspektive auf, wie die Machtfrage durch eigenes Kämpfen in solcher Schlacht positiv entschieden werden kann. Aber sind sie deswegen irreal? Vielleicht sind sie am angemessensten als surreal zu bezeichnen. Sie beschwören eine Wirklichkeit, die es in dieser Welt noch nicht gibt, aber um des Lebens aller willen geben muss. Die wunderbaren Siege der himmlischen Welt verschieben die Ebene; Rom wird nicht auf der ihm eigenen Ebene der Gewalt begegnet. Die Bilder des Johannes halten gegen alle behaupteten Einlösungen die Hoffnung wach, dass die Gewalt nicht durch noch größere Gewalt besiegt wird, sondern dass gerade den ohnmächtig leidenden Opfern die Zukunft gehört. Dafür steht der gekreuzigte Jesus, das geschlachtete Lamm, ein – und mit ihm Gott. Ob seine Bilder Flucht aus der Wirklichkeit sind oder nicht, erweist sich letztlich daran, ob er und seine Gemeinden eine positive Gegenpraxis haben. Darauf ist gelegentlich schon hingewiesen worden, wird aber noch ausführlich einzugehen sein im letzten Kapitel, das danach fragt, was für eine positive Gegenvision Johannes hat und wie von daher Gemeinde aussehen und was sie tun soll.

---

[116] KARL MARX, Zur Kritik der Hegelschen Rechtsphilosophie. Einleitung, in: KARL MARX/FRIEDRICH ENGELS, Werke 1, Berlin 1981, (378–391), S. 378.

VII. „… die Braut, die Frau des Lammes" Gemeinde als Gegenentwurf

Dass Johannes die Gemeinde als einen Gegenentwurf zu Rom versteht, zeigt vor allem die antithetische Parallelität der beiden Visionseinleitungen in Apk 17,1–3a und 21,9.10a. Der einleitende Bericht ist an beiden Stellen – bis auf einige überschießende Worte an der zweiten, in der folgenden Wiedergabe in Klammern gesetzt – wörtlich identisch: „Da kam einer von den sieben Engeln, die die sieben Schalen hatten, (voll von den sieben letzten Plagen,) und redete mit mir, sprach." Auch was dieser Engel sagt, ist zunächst identisch: „Komm her! Ich will dir zeigen." Was er jedoch jeweils zeigen will, steht sich in antithetischer Entsprechung gegenüber, einerseits „das Gericht über die große Hure", andererseits „die Braut, die Frau des Lammes". Die Fortsetzung des Berichts ist zunächst wieder identisch: „Da versetzte er mich in der Kraft des Geistes"[1]. Die Orte, an die Johannes versetzt wird, unterscheiden sich dann wieder. Im ersten Fall wird er „in die Wüste" gebracht und sieht „eine Frau auf einem scharlachroten Tier sitzen", im zweiten „auf einen großen, hohen Berg" und sieht „die heilige Stadt Jerusalem vom Himmel herabsteigen". Johannes ordnet also die große Hure Babylon und das vom Himmel kommende neue Jerusalem als Braut[2] antithetisch einander zu. Im Bild der Braut ist die Gemeinde im Ganzen im Blick. Das ergibt sich aus Apk 22,17. In V. 17b werden mit der Wendung „wer hört" die je einzelnen Mitglieder in der Gemeinde in den Blick genommen, konkret die in den Gemeinden der Verlesung der Apokalypse Zuhörenden. Sie alle sollen einstimmen in den Ruf um das Kommen Jesu. Auf ihn läuft, wie Apk 22,20 unterstreicht, die Verlesung der Apokalypse in der Gemeinde hinaus. Wenn in diesem Kontext in V. 17a zunächst „der Geist und die Braut" Subjekt des Rufens nach dem Kommen Jesu sind, ist deutlich, dass damit die Gemeinde als ganze bezeichnet werden soll. Durch die Zusammenstellung von Geist und Braut wird die Gemeinde als geistbegabt charakterisiert. Das neue Jerusalem als Braut symbolisiert also die Gemeinde[3] und steht Rom als der „Hure Babylon"

---

1 Lediglich die Stellung von ἐν πνεύματι im Satz variiert.

2 Als „Braut" war das neue Jerusalem schon in Apk 21,2 bezeichnet worden.

3 Wenn SALS schreibt: „Das Bild der Braut ist … gezeichnet als das einer höchst passiven, jungfräulichen, wartenden und allem Männlichen untergeordnete (sic) Frau" (Biographie, S. 52), ist das eine Verzeichnung. Sie begründet das einmal mit Apk 19,8: „Die Kleidung hat sie sich nicht selbst gewählt, sondern sie zieht an, was ihr gegeben wird" (ebd.; vgl. die Behauptung auf S. 75, dass „die Braut allein durch ihren Status definiert" sei, „der sich wiederum nach männlichen Kriterien und Männern richtet"). Aber in 19,8 findet sich ein höchst spannendes Verhältnis von passiv und aktiv; denn als Kleidung der Braut werden „die Rechtstaten der Heiligen" angeführt – die natürlich von ihnen zu tun sind und doch als gegeben gelten. Entsprechend wird vor der Aussage, das neue Jerusalem sei „bereit gemacht" wie eine Braut (Apk 21,2), in 19,7 festgestellt, dass „die Frau des Lammes sich selbst bereit gemacht hat". Dass „die Braut … nicht nur passiv, sondern aktiv und selbständig vor Augen geführt (wird)", betont auch ZIMMERMANN, Geschlechtermetapho-

entgegen. Was also im Buch des Johannes schon vorher immer wieder aufschien, dass die Gemeinde eine Gegenöffentlichkeit bildet, dass sie ein gesellschaftliches Gegenmodell darstellt, das wird in dieser Gegenüberstellung von Apk 17,1–3a und 21,9.10a klar zum Ausdruck gebracht. Johannes entwirft Gemeinde als Alternative zum Imperium und seiner Metropole[4]. Doch bevor er diese Alternative in Apk 21,9–22,5 ausführlich beschreibt, hatte er sie schon in einem umfassenden Horizont in Apk 21, 1–8 skizziert.

1. Der neue Himmel und die neue Erde (21,1–8)

Auch die Hoffnungsbilder der Apokalypse sind geprägt von der Situation elementarer Bedrohung, wie Johannes sie empfindet. Er erfährt die Wirklichkeit als so bedrängend, dass ihm Kontinuität von Welt und Geschichte unvorstellbar erscheint; hier kann es nur völligen Abbruch geben. Dennoch sehnt er sich nicht von der Erde weg; er träumt nicht von einer Versetzung in den Himmel. Das Neue, das er erhofft, ist nicht unvorstellbar anders, sondern Elemente der alten Schöpfung durchziehen die neue. In ihnen manifestiert sich jedoch keine historische Kontinuität, vielmehr Widerstand dagegen. Historische Kontinuität wird von der Macht Roms gesetzt; Kontinuität über den Abbruch hinweg kann allein vom schöpferischen Handeln Gottes erwartet werden, der einen neuen Himmel und eine neue Erde schaffen wird. Das zeigt sich gleich in dem Abschnitt Apk 21,1–8, der gleichsam als Vorspann vor der großen Schlussvision vom neuen Jerusalem steht. In ihm wird zunächst die neue Schöpfung skizziert (V. 1–4) und dann Gottes Verheißung für sie ausgeführt, die auf ihrer Kehrseite Gericht für diejenigen bedeutet, die sich der neuen Schöpfung widersetzen (V. 5–8). Im ersten Teil beschreibt Johannes in V. 1f. die Vision der neuen Schöpfung, wobei der neue Himmel und die neue Erde nur eben genannt werden. Schon hier nimmt die Beschreibung des neuen Jerusalem den größeren Raum ein. In V. 3f. gibt er eine Audition wieder. Eine Stimme vom Thron her kennzeichnet die Gegenwart Gottes und sein Handeln.

„Da sah ich einen neuen Himmel und eine neue Erde. Denn der frühere Himmel und die frühere Erde waren vergangen", beginnt Johannes in V. 1. Im Kontext völlig negativ erfahrener Wirklichkeit kann er den Glauben an Gott als Schöpfer nur so festhalten, dass er die Verheißung von Jes 65,17 aufnimmt und umprägt. An dieser Stelle heißt es in Gottesrede: „Ja, seht doch: Ich erschaffe einen neuen Himmel und eine neue Erde. Nicht mehr soll des Früheren gedacht

---

rik, S. 485f. SALS führt weiter an: „Sie kämpft nicht zusammen mit den himmlischen Heerscharen, sondern wartet auf den Sieg und auf ihren Bräutigam" (ebd.). Aber auch die himmlischen Heerscharen kämpfen nicht; das einzige „Kampfmittel" ist das Wort aus dem Mund des Reiters auf weißem Pferd.

4 Vgl. auch die Aussage von FRENSCHKOWSKI, dass die Apokalypse „auch imaginative Bedürfnisse (erfüllt), ja sie hat sogar … Unterhaltungswert. Der Gewalt des dämonischen Weltreichs stellt sie eine pneumatische Bildmacht entgegen, welche Hörerinnen und Hörer dazu befreien soll, sich auch imaginativ in Gottes Zukunft zu beheimaten und nicht im vorfindlichen Imperium" (Johannesoffenbarung, S. 43).

werden, nicht mehr soll's zu Herzen gehen.“ Auch in Jes 65 wendet sich der Text anschließend Jerusalem zu. So fährt die Gottesrede in V. 18 fort: „Vielmehr: Darüber, was ich erschaffe, seid fröhlich und schreit fort und fort eure Freude heraus! Ja, seht doch: Ich schaffe für Jerusalem Freudengeschrei und für ihr Volk Frohlocken.“ Und in den folgenden Versen 19–25 wird nicht eine vom Himmel kommende Stadt beschrieben, sondern neues Leben im „alten“ Jerusalem. Dort, in Jes 65, entsteht das Neue aus dem Alten, hier, in Apk 21, dagegen wird das Alte durch das Neue ersetzt. Das Alte ist nicht Ursprung, sondern Kontrast. Nach Gen 1 besteht die ursprüngliche Weltschöpfung in der Ordnung des Chaos zum Kosmos. Das bedrohliche Chaos wird begrenzt, aber nicht beseitigt. Hier jedoch wird die Bedrohung als so groß erfahren, dass Rettung nur durch vollständige Beseitigung alles Chaotischen vorstellbar erscheint[5]. Himmel und Erde müssen neu sein, das Meer aber darf überhaupt nicht mehr sein. „Und das Meer ist nicht mehr“, heißt es lapidar in Apk 21,1 am Ende. Es gibt kein „neues“ Meer. Es ist das chaotische Element, aus dem Himmel und Erde nach Gen 1 hervorgegangen sind[6]. Für Johannes ist es vor allem auch das Element, aus dem das schreckliche Tier heraufgestiegen ist, das das römische Imperium symbolisiert. Übers Meer kamen und kommen die römischen Legionen, die den Sieg erkämpften und behaupten; übers Meer fahren die Frachtschiffe, die die Früchte der Arbeit aus den Provinzen nach Rom bringen. Entsprechend heißt es in einer anderen jüdischen Schrift: „Es wird aber einst in der letzten Zeit das Meer trocken sein; dann werden keine Schiffe mehr nach Italien fahren“[7]. Das zum *nostrum mare*, nämlich zum Meer der Römer gewordene Mittelmeer ist Provinzialen wie Johannes so entfremdet, dass der Blick auf es Angst auslöst und der Wunsch entsteht, es möge nicht mehr sein[8].

Obwohl also Johannes das Konzept radikalen Abbruchs vertritt, nimmt er in Apk 20,1–6 die **Tradition vom tausendjährigen Reich** auf und formuliert sie eigenständig aus. Das zeigt noch einmal in aller Deutlichkeit, dass er nicht dualistisch denkt. Gott ist der Schöpfer; und so ist Johannes nicht bereit, auch nur diese vergehende Welt dem Teufel zu überlassen. Gewiss, sie vergeht – aber nicht ohne dass es vom Bösen befreites Leben auf ihr gegeben hätte. Das hält hartnäckig an der Hoffnung fest: Ein gutes Leben für alle, ein von Gewalt und Unterdrückung freies Leben ist möglich! WOLFGANG SCHRAGE führt als „das berechtigte Moment dieser Hoffnung der Offenbarung“ an: „Dieses Moment ist die sichtbare Realisierung der Herrschaft Jesu Christi innerhalb dieser Welt, die nicht einfach als teuflisch den Dämonen und imperialen Helfershelfern des Drachen überlassen werden kann. Die Herrscherstellung Jesu Christi bedarf für den Seher auch der Manifestierung in diesem Äon; und das ist völlig legitim. Daß Jesus Christus ‚der Herr aller Herren und der König aller Könige‘ ist …, das ist eben nicht nur eine Aussage über das Jenseits, sondern das impliziert einen Anspruch auf *alle*

---

5 Vgl. FÜSSEL, Monstrum, S. 69: „… auf die Krise folgt nicht Gesundung, sondern Abbruch und Verwandlung.“

6 „So wird die neue Schöpfung nicht mehr als die Insel der Ordnung dargestellt, die mit knapper Not dem Chaosozean entrissen worden war und beständig gegen dessen wütenden Andrang bewahrt werden musste“ (GEORGI, Visionen, S. 353f.).

7 OrSib V 447f. (Übersetzung MERKEL); vgl. auch 159, wo im Kontext der Erwähnung von Rom und Italien davon die Rede ist, dass „das tiefe Meer verbrennen (wird)“.

8 Vgl. ROLOFF, Komm., S. 133. „Die neue Welt ohne Meer bedeutet, daß es für den Menschen überhaupt keine Gefahr mehr sowohl von den widergöttlichen als auch von fremden militärischen Mächten gibt“ (SIM, Jerusalem, S. 71).

Bereiche dieser Welt und ihre Herren und Könige“ (Ethik, S. 334). Und vorher hatte SCHRAGE zu Recht bemerkt, dass es „in der theologischen Literatur allzu leicht errungene Siege über diese Konzeption“ gebe, „Siege, die im Namen einer abstrakten, blassen Jenseitshoffnung errungen werden“ (ebd. Als ein Beispiel dafür vgl. MÜLLER, Komm., S. 341, mit Berufung auf HOLTZ). Nach KROON träumt Johannes „von einer nicht-definitiven, relativen, vorläufigen, vor-eschatologischen Erfüllung, nicht ewig, sondern tausend Jahre lang, eine Traumzahl der Fülle. ... Es gehört wesentlich zum messianischen Glauben, daß man innerhalb der Grenzen dieser Welt, in dieser Weltzeit, eine andere Welt und Gesellschaft erwartet“ (Komm., S. 175.176).

In Apk 21,2 geht der Blick auf das neue Jerusalem: „Und die heilige Stadt, das neue Jerusalem, sah ich aus dem Himmel von Gott her herabsteigen.“ „Heilige Stadt“ wird Jerusalem in Jes 52,1; Neh 11,1.18 genannt. Damit wird es als Stadt Gottes charakterisiert, als Stadt, die ihm gehört und in der er „wohnt“. Das neue Jerusalem steigt herab – vom Himmel zur Erde (vgl. Apk 21,10). „Das Zentrum der theologischen Vision und rhetorischen Bewegung in der Apokalypse ist die Erde. Diese neue Erde unterscheidet sich darin von der Erde, wie wir sie kennen, dass ‚der Himmel auf Erden sein wird‘“[9]. Vom Herabsteigen des neuen Jerusalem ist schon im Siegesspruch in Apk 3,12 gesprochen. Dort ist klar, dass es sich um ein ekklesiologisches Bild handelt[10]. Das zeigt auch der Fortgang des Textes hier: „... bereit gemacht wie eine Braut, geschmückt für ihren Mann.“ Auf die Metaphorik der Braut ist in der Einleitung dieses Kapitels hingewiesen worden[11]. Mit dem neuen Jerusalem entwirft Johannes also ein Bild von Gemeinde, was sie ist und wie sie sein soll. Was sie grundsätzlich charakterisiert, sagt dann gleich in V. 3f. die laute Stimme vom Thron her mit einer Collage aus Zitaten der jüdischen Bibel[12].

Die erste Aussage in V. 3 lautet: „Siehe, die Wohnung Gottes bei den Menschen.“ Das hier für „Wohnung“ stehende griechische Wort σκηνή (*skené*) entspricht dem hebräischen Wort משכן (*mischkán*), einer Bezeichnung des Zeltheiligtums in der Wüste, des Vorgängers und Modells des Tempels. Dieses „Zelt“ symbolisiert die Gegenwart Gottes. Sachlich entspricht dem im rabbinischen Judentum die Rede von der שכינה (*sch'chináh*), der geradezu hypostasierten Einwohnung Gottes inmitten seines Volkes[13]. In aller Selbstverständlichkeit ist

9 SCHÜSSLER FIORENZA, Komm., S. 109. „Die ‚kommende Welt‘ ist eine *kommende* Welt, sie *bleibt* gerade keine *jenseitige* – das ist die Pointe der apokalyptischen ‚Raumansage‘, die von mehr als *einer* Welt weiß“ (EBACH, Apokalyptik, S. 260). BÖCHER verbindet mit der Beobachtung, dass sich die endzeitliche Hoffnung „nicht auf einen Himmel jenseits dieser Erde, sondern auf die Herabkunft des Himmels auf die Erde“ richtet, mit der Aussage von dessen Verortung „auf dem geographischen Zionsberg“, dem „Platz des alten, seit 70 n.Chr. zerstörten Jerusalem“ (Kirche, S. 48f.). Nach ZIMMERMANN besagt dieses Herabsteigen: „Das eschatologisch Erwartete greift auf diese Weise antizipatorisch dem Historisch-Faktischen voraus, wird aber im Bild bereits als real existierend beschrieben“ (Geschlechtermetaphorik, S. 434).

10 Vgl. die Besprechung dieses Textes u. S. 243f.

11 Vgl. auch Apk 19,7. Zur Aussage in 21,2, dass die Braut „geschmückt ist“, vgl. MÜLLER-FIEBERG, Jerusalem, S. 70: „‚Schmuck‘ impliziert jedoch nicht nur äußere Pracht, sondern v.a. auch demgemäße innere Haltung.“

12 Vgl. dazu EBACH, Apokalypse, S. 17–20.

13 Vgl. dazu WENGST, Komm. Joh I, S. 69–72 und die dort angegebene Literatur.

jetzt von der Gegenwart Gottes „bei den Menschen“ in ganz pauschaler Weise die Rede. Vorher waren „die Menschen“ in der Apokalypse oft genug eine *massa perditionis*. Wenn jetzt im neuen Jerusalem die Gemeinde im Blick ist und dennoch von „den Menschen“ geredet wird, ist die Gemeinde als Repräsentant der Menschheit verstanden. Sie versucht darzustellen und ist es schon, was für alle gilt und Wirklichkeit werden soll.

Die folgende Aussage in V. 3 unterstreicht die Dauer der Gegenwart Gottes: „Und er wird bei ihnen wohnen und sie werden seine Völker sein.“ Hier ist einmal an Sach 2,14f. angeknüpft[14]: „Brich in Jubel aus, freue dich, du Tochter Zion! Ja, sieh doch, ich komme und wohne in deiner Mitte, Spruch des Ewigen. An jenem Tag schließen viele Nationen sich dem Ewigen an. Sie werden mir zum Volk und ich wohne in deiner Mitte.“ Im Zusammenhang mit der in Apk 21,3 gleich folgenden Aussage: „... und Gott selbst wird bei ihnen sein als ihr Gott“ ist auch an Lev 26,12 zu erinnern: „Und ich werde unter euch einhergehen und ich werde für euch Gott sein und ihr werdet für mich Volk sein“. Ähnlich heißt es Ez 37,27: „Und meine Wohnung wird bei ihnen sein und ich werde für sie Gott sein und sie werden für mich Volk sein“[15]. Dass die biblischen Stellen vom Volk als dem Volk Israel sprechen, bei Johannes aber der Plural „Völker“ steht, hat man oft als Antithese zum Judentum verstanden: christlicher Universalismus gegen jüdischen Partikularismus[16]. Zwar enthält der Plural „Völker“ bei Johannes eine antithetische Spitze, aber sie richtet sich nicht gegen Israel, sondern gegen Rom. Sie richtet sich gegen den römischen Anspruch, in seinem Imperium alle Völker zu integrieren. Dass Rom diesen Anspruch stellt, war von Johannes schon in 13,7 und 17,15 wahrgenommen worden. Dieser Anspruch wird hier bestritten: Die Menschen werden Gottes Völker sein; die imperiale Unterdrückung wird sich nicht fortsetzen, sondern radikal abgebrochen werden.

V. 4 spricht von einem Handeln Gottes, das einen klaren Bezug auf die von der Gemeinde noch als bedrängend erfahrene Wirklichkeit hat: „Und er wird alle Tränen von ihren Augen wischen und der Tod wird nicht mehr sein, noch Leid, Angstgeschrei und Not werden mehr sein; denn das Frühere ist vergan-

---

14 Ausführlich zu den Bezügen von Apk 21,3 auf Sach 2,5–17 HIRSCHBERG, Israel, S. 236–243.

15 Vgl. auch Ps 95,7: „Er ist unser Gott und wir das Volk seiner Weide.“

16 Vgl. z.B. LOHMEYER, Komm., S. 166. Bei SATAKE findet sich diese Tendenz in der zweimaligen Behauptung, Johannes verlasse „die israelzentrierte Denkweise“ (Komm., S. 400. 401). Vgl. dagegen u. Abschnitt 3. MÜLLER-FIEBERG sieht in der Formulierung von 21,3 zu Recht eine „Innovation“; sie „besteht in der Verbindung des alleinstehenden Plurals λαοί mit einem Gott vertretenden Possessivpronomen“ (Jerusalem, S. 73). „D.h. einerseits stellt sowohl das Possessivpronomen als auch die alleinige Verwendung von λαός den Bezug auf das Gottesvolk sicher. Andererseits wahrt der Plural die globale Dimension des Begriffs und deutet durch die Gleichsetzung mit den ἄνθρωποι eine Ausweitung des Gottesvolkverständnisses an“ (S. 74). Es leitet jedoch fehl, wenn sie V. 3d als „eine Aussage“ charakterisiert, „die über die sich anbahnenden Universalisierungstendenzen in Sach 2,14f weit hinausgeht in Richtung eines aus allen Völkern stammenden christlichen Gottesvolkes“ (S. 231). Hier wird das spätere christliche Selbstverständnis in die Apokalypse zurückprojiziert. Entsprechend anachronistisch spricht MÜLLER-FIEBERG vom „Christen Johannes“ (z.B. S. 228). Johannes denkt ekklesiologisch ganz und gar von Israel her (vgl. u. Abschnitt 3).

gen.“ Das Motiv vom Abwischen der Tränen aus Jes 25,8 hatte Johannes schon in Apk 7,17 aufgenommen. In Jes 25,8 ist ebenfalls von der Vernichtung des Todes die Rede[17]. Nach Jes 35,10 werden „Schmerz und Seufzen“ entfliehen. Ähnliches wird von den nach Zion Heimkehrenden in Jes 51,11 und 65,19 ausgesagt. Nimmt man aus den Aussagen des Johannes in V. 4 die Verneinungen weg, so ist beschrieben, was die Gemeinde in ihrer Gegenwart an Wirklichkeit erfährt: Sie hat Grund zum Weinen. Der Tod herrscht und er wirkt sich aus in Leid, Klagegeschrei und Not. Johannes erhofft die Verwandlung der Tränen in Freudentränen. Man stelle sich bei diesem Text lachende Kinder vor, die eben noch geweint haben: strahlende Augen in tränenverschmierten Gesichtern.

Aus dem zweiten Teil des Abschnitts, der Gottes Verheißung für die neue Schöpfung beschreibt, seien in diesem Zusammenhang nur drei Aspekte aufgenommen. Am Beginn von V. 5 wird – wie vorher schon in V. 3 – der Thron erwähnt, den die Leser- und Hörerschaft aus der Thronsaalvision in Apk 4 kennt. Der ist also trotz des „neuen“ Himmels geblieben. „Neuer Himmel“ und „früherer Himmel“ sind also bloße sprachliche Symbole und greifen nicht einmal in die Vorstellung ein. „Da sprach, der auf dem Thron sitzt: ‚Siehe, ich mache alles neu.‘“ In Jes 43,19 sagt Gott durch den Propheten zu den Exilierten: „Siehe, ich mache Neues.“ Genannt werden dann „ein Weg in der Wüste und Wasserströme in der Einöde“, also Lebensermöglichung und Lebensperspektive für die Menschen im Exil. Darum geht es auch bei Johannes: um Lebensermöglichung und Lebensperspektive für die bedrängte Gemeinde. Aber bei ihm muss dafür „alles“ neu werden. Radikale Änderung ist angesagt und verheißen[18], damit wirkliches Leben möglich wird.

In V. 7 heißt es weiter in Gottesrede: „Wer siegt, wird das erben; und ich werde ihm Gott sein und er wird mir Sohn sein.“ Hier ist die Redeweise der Siegessprüche aus den Sendschreiben aufgenommen. Ich habe an dieser Stelle zunächst nicht inklusiv übersetzt, um bewusst zu halten, dass in der Antike der Sohn erbt. Die Verbindung von „siegen“ und „erben“ ist eigenartig. Der Sieger „erbt“ nicht, sondern reißt an sich. Aber es ist in den Siegessprüchen der Sendschreiben deutlich, dass es um eine andere Art von Siegen geht, um ein zugesagtes Siegen im erfahrenen Unterliegen derer, die sich nicht unterkriegen lassen, sondern Widerstand leisten bis zuletzt. Wer so „siegt“, wird von Gott an Sohnes statt angenommen. Die Gottessohnschaft begründet das Erbe und in ihr besteht es zugleich auch. Hier ist die Natanverheißung für den Nachkommen Davids aus 2Sam 7,14 aufgenommen: „Ich werde ihm Vater sein und er wird mir Sohn sein.“ Diese königliche Verheißung ist bei Johannes sozusagen demokratisiert[19]. Sie gilt für alle in der Gemeinde; und so ist in einem zweiten Zugang Apk 21,7

---

17 Vgl. weiter Jer 31,16, wo außer von den Tränen und vom Weinen auch vom Schreien und von der Not gesprochen wird.

18 „Gemessen an der kommenden Welt erweist sich die Welt der Gegenwart als das Chaos, das Gott mit seinem ‚Siehe, ich mache alles neu‘ … überwinden wird“ (HAACKER, Himmel, S. 335).

19 Das findet sich auch in der jüdischen Tradition. Nach Rabbi Schim'on gilt: „Alle Israeliten sind Königssöhne“ bzw. „Alle in Israel sind Königskinder“ (mShab 14,4). Diese Aussage wird im Talmud öfters aufgenommen.

inklusiv zu übersetzen: „Die siegen, werden das erben; und ich werde ihnen Gott sein und sie werden mir Söhne und Töchter sein."

Der Schluss des Abschnitts in V. 8 bietet noch einmal eine harte Gerichtsaussage[20]: „Den Feigen aber, den Unzuverlässigen und Abscheulichen, allen, die morden, huren, Gift mischen, den Götzen dienen und lügen: deren Teil ist im See, der mit Feuer und Schwefel brennt. Das ist der zweite Tod." Nach Apk 20,14f. wurden mit dem Tod und dem Hades alle in diesen Feuersee geworfen, die nicht im Buch des Lebens stehen. Wer das näherhin sein könnte, scheint es, wird hier in 21,8 nun benannt. Man muss sich klar machen: An dieser Stelle treibt Johannes Paränese gegenüber der Gemeinde. Im Vergleich mit anderen Lasterkatalogen ist auffällig, wer an der Spitze steht: die Feigen, Unzuverlässigen und Abscheulichen. Mit letzteren sind wohl die gemeint, die sich auf irgendeine Weise mit dem Gräuel der Machtanbetung einlassen, vielleicht auch Denunzianten, mit den Feigen und Unzuverlässigen diejenigen, die im Bekenntnisfall nicht standgehalten haben. Erst danach kommen sozusagen traditionelle Laster. Johannes ist an dieser Stelle von kompromissloser Härte; er ist es jedoch in paränetischer Absicht. Er schreibt diese Aussagen nicht fürs dogmatische Lehrbuch. Neben sie können und müssen andere Aussagen seines Buches gestellt werden[21]. Diese hier behalten darin ihr Recht, dass sie energisch gegen alle Vergleichgültigung dessen streiten, was zu tun ist.

2. Das vom Himmel herabkommende Jerusalem[22] als Vision der Gemeinde

Der Genitiv in dieser Überschrift ist bewusst doppeldeutig gewählt. Es geht um eine Vision von Gemeinde, die zeigt, was Gemeinde nach Johannes ist und wie sie sein soll. Aber es geht damit zugleich um eine Vision, die Gemeinde als ihre eigene begreifen, die sie sich zu eigen machen und jetzt schon umsetzen soll. Ich gliedere den großen Abschnitt Apk 21,9–22,5, in dem diese Vision geboten wird, nach seiner schon besprochenen Einleitung 21,9f., die Apk 17,1–3a parallel gestaltet ist, in vier Teile: a) die Außenbeschreibung und die Maße des neuen Jerusalem (21,11–17), b) die Materialien des neuen Jerusalem (21,18–21), c) die Innenbeschreibung des neuen Jerusalem (21, 22–27), d) die Integration des paradiesischen Anfangs in das neue Jerusalem (22,1–5).

---

20 Der Anfang von Apk 21 ist in der gültigen Perikopenordnung der evangelischen Kirchen auch Predigttext – aber nur bis V. 5a. V. 8 wird da wohl als sehr störend empfunden.

21 Vgl. u. S. 234.

22 Zur Konzeption der vom Himmel kommenden neuen Stadt im Rahmen antiken Städtebaus vgl. SIM, Jerusalem, passim.

a) Die Außenbeschreibung des neuen Jerusalem (21,11–17) oder das innerste Zentrum: Gottes Gegenwart in seinem Volk Israel

In Apk 21,10b nimmt Johannes auf, was er schon in 21,2 gesagt hatte: Er sieht „die heilige Stadt Jerusalem, wie sie aus dem Himmel herabsteigt, von Gott her". In V. 11a teilt er mit, was er an ihr als erstes wahrnimmt: „Sie hatte den Glanz Gottes." Dieser Formulierung (ἡ δόξα τοῦ θεοῦ) entspricht in der jüdischen Bibel die Wendung כבוד יהוה (*k'vod adonáj*): „der Glanz/die Herrlichkeit/das Gewicht des Ewigen". Dieser „Glanz des Ewigen" wird in Jes 60,1f. zweimal Jerusalem verheißen. In V. 2b steht er in genauer Parallele zum „Ewigen" selbst: „Über dir wird aufstrahlen der Ewige, sein Glanz über dir erscheinen." Das also ist das Erste und Wichtigste, was vor jeder weiteren Beschreibung zu sagen ist; die äußerste Wahrnehmung weist sogleich auf das innerste Zentrum: Gott ist gegenwärtig. Mit der Vorstellung vom „Glanz des Ewigen" ist die des Einwohnens Gottes verbunden[23]. Das wird in aller Deutlichkeit in Ex 29,42–46 ausgesprochen. Nach Ez 43,2 kommt „der Glanz des Gottes Israels von Osten", nach V. 4f. kommt „der Glanz des Ewigen" zum Tempel und erfüllt ihn und nach V. 7 spricht Gott: „Das ist der Ort meines Thronens und der Ort meiner Fußsohlen, an dem ich inmitten der Kinder Israels für immer wohnen will"[24]. Die weitere Aussage in Apk 21,11b versucht, den Glanz Gottes, den die Stadt Jerusalem hat, bildlich anschaulich zu machen: „Ihr Leuchten – einem kostbaren Edelstein gleich, wie Jaspisstein kristallen klar." Gottes Gegenwart lässt Jerusalem in durchsichtiger Klarheit leuchten. Alles liegt offen, nichts wird unter den Teppich gekehrt, nichts bleibt verdeckt. Was immer in der Gemeinde geschieht, ist von größtmöglicher Transparenz.

In V. 12 richtet Johannes zunächst den Blick auf die Begrenzung (lateinisch: *definitio*) dieser Stadt: „Eine große, hohe Mauer hatte sie." Wie die weitere Beschreibung zeigen wird, hat diese Mauer keine Funktion, da ihre Tore immer offen stehen (21,25). Aber Johannes kann sich keine Stadt ohne Mauer vorstellen; sie gehört zu einer antiken Stadt konstitutiv hinzu[25]. Was keine Mauer hat, ist keine Stadt, sondern ein Dorf, eine Ansammlung von Häusern. Die Mauer hat einmal die Funktion des Schutzes. So beschreibt Johannes sie als groß und hoch wie vorher den Berg, auf den er zur Schau Jerusalems in der Kraft des Geistes versetzt worden war. Mit dieser Angabe soll wohl die Unzerstörbarkeit und Unüberwindlichkeit dieser Mauer herausgestellt werden. Sie ist anders als die Mauern, die von den Römern zerstört wurden und Jerusalem nicht hatten schützen können. Vor allem aber gilt: Eine Stadt wird von der Mauer „definiert"; was innerhalb der von ihr gezogenen Grenze liegt, ist „Stadt". Umso bedeutsamer ist es, wie er diese Mauer beschreibt. Sie hatte „zwölf Tore und auf den Toren zwölf Engel; Namen sind eingeschrieben – das sind die Namen der zwölf

---

23 Vgl. das o. S. 219f. zu Apk 21,3 Ausgeführte.

24 Vgl. Ez 43,9. Zum Verhältnis von Apk 21,1–22,5 zu Ez 40–48 vgl. KOWALSKI, Rezeption, S. 408–426.

25 „Sie ist als solche ein wesentliches Kriterium zur Definition der Stadt" (SIM, Jerusalem, S. 97).

Stämme Israels: im Osten drei Tore und im Norden drei Tore und im Süden drei Tore und im Westen drei Tore." Hier ist Ez 48,30–35 aufgenommen. Auch dort gibt es in jeder Himmelsrichtung drei Tore[26] und die Tore tragen die Namen der Stämme Israels. Die Engel auf den Toren stammen aus Jes 62,6: „Auf deine Mauern, Jerusalem, habe ich Wächter eingesetzt; den ganzen Tag und die ganze Nacht – niemals werden sie schweigen. Die ihr den Ewigen in Erinnerung bringt, gönnt euch keine Ruhe!" Die Namen der Stämme auf den Toren bedeuten, dass es sich um die den Stämmen zugewiesenen Tore handelt, durch die sie jeweils nach Jerusalem kommen. Wenn Johannes in Aufnahme von Ez 43 auch auf den Toren des neuen Jerusalem die Namen der zwölf Stämme Israels geschrieben sein lässt, heißt das: Das neue Jerusalem wird als wiederhergestelltes Zwölfstämmevolk Israel definiert. Zugang zum neuen Jerusalem, Zugang zur Gemeinde gibt es nur als Zugang zu Israel[27]. Johannes definiert die Gemeinde von Israel her[28].

In V. 14 nimmt Johannes das Fundament der Mauer in den Blick: „Und zwölf Grundsteine hatte die Mauer der Stadt, darauf die zwölf Namen der zwölf Apostel des Lammes." Johannes setzt die Vorstellung von den „zwölf Aposteln" voraus[29]. In den Evangelien ist die Vorstellung von zwölf Schülern Jesu verankert. In 1Kor 15,5 werden einfach „die Zwölf" als eine feste Größe genannt, ohne dass sie näher gekennzeichnet werden. In jedem Fall ist die an diesen Stellen begegnende Zwölfzahl nur denkbar im Zusammenhang mit dem Zwölfstämmevolk Israel. Das zeigt am deutlichsten Mt 19,28/Lk 22,29f., wo den zwölf Schülern Jesu verheißen wird, am Ende die zwölf Stämme Israels zu richten. Die „zwölf Apostel" in Apk 21,14[30] werden näher gekennzeichnet als

---

26 Johannes hat eine andere Reihenfolge, als sie in Ez 48 vorliegt. Ezechiel hat die dem Sonnenlauf entsprechende Reihenfolge: Norden, Osten, Süden, Westen. Johannes hat eine Reihenfolge im Zickzack: Osten, Norden, Süden, Westen (wie Ez 42,15–19 hebräischer Text; anders LXX). Vgl. dazu KARRER, Endziel, S. 100.

27 Das ist der hier zu betonende Aspekt und nicht wie HIRSCHBERG will: „In der Offb sind die Tore nach den zwölf Stämmen benannt, weil das eschatologische Israel für die Völker offen ist" (Israel, S. 278).

28 Dieser Punkt, auf den die weitere Beschreibung noch öfters hinweist, wird u. im dritten Abschnitt eigens besprochen werden. Es trifft deshalb nicht zu, wenn HIEKE behauptet, in Apk 21 werde gegenüber dem Buch Ezechiel „die Israel-Perspektive zugunsten einer kosmischen Dimension ausgeweitet … Auch ist nicht mehr vom Land, von Israel und Juda die Rede, sondern vom neuen Himmel und der neuen Erde" (Seher, S. 13; ähnlich S. 14). Die „Israel-Perspektive" ist schon durch die Benennung der Stadt mit „Jerusalem" festgehalten – was in Apk 14,1 die Erwähnung des Zion leistet – und sie wird durch die mehrmals begegnende Zwölfzahl verstärkt. Die „Israel-Perspektive" und der Blick auf die universale Völkerwelt sind nicht gegeneinander auszuspielen, sondern so aufeinander zu beziehen, dass die Völker Israel zugeordnet werden.

29 Sie begegnet bei Lukas, besonders von ihm ausgeführt in Apg 1,21f. anlässlich der Nachwahl des Matthias. Aber auch Mk 3,14/Mt 10,2(/Lk 6,13) ist von den „zwölf Aposteln" die Rede. Dass Paulus einen anderen Apostelbegriff hat, liegt auf der Hand. In Did 11 findet sich ein noch einmal anderes Verständnis von einem Apostel.

30 Nicht anders als die Namen der zwölf Stämme stellen also die Namen der zwölf Apostel den Israelbezug heraus. Gegen die Nennung der zwölf Stämme die der zwölf Apostel auszuspielen – sie „könnte auf so etwas wie eine weltweite Ausrichtung verweisen" (so BACHMANN, Ausmessung, S. 78f., das Zitat auf S. 79) –, ist schlicht abwegig.

„Apostel des Lammes“. Dieses Bild bringt wiederum die Macht der Ohnmächtigen zum Ausdruck. Das Lamm ist ja Gegenbild des Tieres von Apk 13. Gemeinde gründet im Gegensatz zum Imperium nicht auf Gewalt; sie lebt – wie Israel – aus dem Bestehen von Niederlagen, aus dem Entrinnen.

Sowohl die Tore mit den Namen der zwölf Stämme als auch die Grundsteine mit den Namen der zwölf Apostel beziehen die Mauer des neuen Jerusalem auf das Zwölfstämmevolk Israel[31]. Die Mauer ist, wie ausgeführt, Begrenzung und „Definition“ einer Stadt; das neue Jerusalem ist begrenzt und definiert durch das restituierte Zwölfstämmevolk Israel. Von Menschen und Völkern war zwar schon innerhalb des Vorspanns in Apk 21,3 die Rede, aber bei der Ausführung des Entwurfs des neuen Jerusalem sind sie bisher nicht in den Blick gekommen. Es wird darauf zu achten sein, wann und wie das geschieht. Zunächst ist festzuhalten: Das neue Jerusalem wird als restituiertes Zwölfstämmevolk Israel entworfen. Es wird dann weiter zu fragen sein, was das für das Gemeindeverständnis des Johannes heißt – und was es für uns nach den inzwischen gemachten Erfahrungen bedeuten kann.

Nach dieser Außenbeschreibung der Stadt gibt Johannes in V. 15–17 die Maße des neuen Jerusalem an. Zunächst wird in V. 15 die Vermessung angesagt: „Und der Engel, der mit mir redete, hatte ein Maß, ein goldenes Messrohr, auf dass er die Stadt vermesse, ihre Tore und ihre Mauer.“ Die Vermessung von Stadt, Toren und Mauer knüpft an Ez 40 an. Dort wird die Mauer um den Tempel in allen Einzelheiten vermessen. Bei Ezechiel geht es um ein Modell für den nach der Zerstörung und nach dem Exil wieder zu erbauenden Tempel und damit zugleich um ein Modell des neuen Gemeinwesens[32]. Das Motiv des Vermessens bringt Johannes auch in 11,1. Dort wird damit, was auch hier mitschwingen dürfte, das Moment des Schutzes eingespielt. Sprechender aber sind in diesem Zusammenhang die angegebenen Zahlen. Zunächst jedoch wird in V. 16a die Anlage der Stadt angegeben: „Und die Stadt ist als Viereck angelegt, ihre Länge so groß wie die Breite.“ Eine quadratische Anlage hat die Stadt auch nach Ez 48,16. Das Quadrat, ja der Kubus (V. 16) ist hier wohl als Ausdruck der Vollkommenheit gedacht. Die Stadt als ganze entspricht damit dem Allerheiligsten des Tempels als dem Ort der Gegenwart Gottes (vgl. 1Kön 6,20). Damit wird wieder die schon gleich zu Beginn eingebrachte zentrale Aussage dieser Schlussvision erinnert: Gott ist gegenwärtig.

In V. 16b.17 wird der Messvorgang mit der Angabe von Zahlen beschrieben: „Da vermaß der Engel die Stadt mit dem Messrohr und kam auf 12000 Längen eines Stadions. Ihre Länge und Breite und Höhe sind gleich. Da vermaß er ihre Mauer: 144 Ellen hoch – nach Menschenmaß, das ist auch das von Engeln.“ Es hat keinen Sinn, die hier angegebenen Zahlen in uns geläufige Maße umzurechnen. Ein Stadion wären etwa 192 Meter und eine Elle etwa 50 Zentimeter. Die Mauer hätte dann mit rund 72 Metern zwar eine ansehnliche Höhe, wäre aber in Relation zu den 2304 Kilometern der kubisch vorgestellten Stadt doch sehr klein. Johannes will hier keine anschauliche Vorstellung hervorrufen. Seine

[31] „Die zwölf Apostel sind Fundamentsteine, weil sie das eschatologische Israel repräsentieren“ (HIRSCHBERG, Israel, S. 260).

[32] Vgl. dazu EBACH, Kritik, passim.

Maßangaben sprechen gerade als die konkret benannten Zahlen. Die 144 ist das Quadrat der Zwölf und die 12000 ist ebenfalls die Zwölf, multipliziert mit der 1000 als der Zahl der unübersehbar großen Menge. Es wird also noch einmal auf dieselben Zusammenhänge hingewiesen, die gerade schon erwähnt wurden, also die Definition der Kirche von Israel her[33].

b) Die Materialien des neuen Jerusalem (21,18–21) oder die Vergesellschaftung des Luxus

Dieser Abschnitt gibt eine nähere Beschreibung der Mauer und der Tore und benennt das Material, aus dem die Stadt und ihre Hauptstraße bestehen. Zunächst kommt die vorher erwähnte Mauer nochmals in den Blick: „Und in ihre Mauer war Jaspis eingebaut" (V. 18a)[34]. V. 18b macht eine Aussage über den Baustoff der ganzen Stadt: „Und die Stadt bestand aus reinem Gold gleich reinem Glas". Sie besteht also aus dem wertvollsten Material ohne auch nur die geringste Beimischung. Der seltsame Vergleich mit „reinem Glas" betont wiederum die Transparenz. In V. 19f. werden die zwölf Grundsteine der Mauer insgesamt charakterisiert und dann einzeln angeführt: „Die Grundsteine der Stadtmauer: ein Schmuck von lauter Edelsteinen[35] – der erste Grundstein ein Jaspis, der zweite ein Saphir, der dritte ein Chalcedon, der vierte ein Smaragd, der fünfte ein Sardonyx, der sechste ein Sardion, der siebte ein Chrysolith, der achte ein Beryll, der neunte ein Topas, der zehnte ein Chrysopras, der elfte ein Hyazinth, der zwölfte ein Amethyst." Auch wenn die Aufzählungen nicht genau übereinstimmen, wird damit doch an die zwölf Edelsteine auf dem Brustschild des Hohenpriesters erinnert (Ex 28,17–20; 39,10–13), die wiederum auf die zwölf Stämme bezogen sind. Zu vergleichen ist auch Jes 54,11f., wo Israel als Frau Gottes angesprochen und ihr – der Elenden, Umstürmten und nicht Getrösteten – verheißen wird: „Sieh doch! Ich stelle deine Mauern auf Edelsteine und werde dich auf Saphiren gründen und deine Zinnen wie Kristall setzen und deine Tore

---

33 Zu der eigenartigen Wendung am Schluss von V. 17: „nach Menschenmaß, das ist auch das von Engeln" vgl. Dtn 3,11: באמת איש (*b'amát isch*), LXX: ἐν πήχει ἀνδρός (*en péchei andrós*). Zur Sache vgl. MÜLLER-FIEBERG, Jerusalem, S. 105: „So sehr auch einerseits die neue Schöpfung alles Irdische übersteigt, so sehr betonen die genauen Angaben mit Hilfe der üblichen Maßeinheiten andererseits die ‚Bodenhaftung' der alle menschliche Realität integrierenden, vom Himmel auf die Erde kommenden Stadt."

34 Der Satz ist schwierig zu verstehen. In der Lutherbibel wird er so wiedergegeben: „Und ihr Mauerwerk war aus Jaspis" (so und ähnlich auch andere). Das ist mehr geraten als übersetzt. Wörtlich übersetzt lautet der Satz: „Der Einbau ihrer Mauer war Jaspis." Weder MÜLLERs Lösung mit: „der Baustoff ihrer Mauer" noch die von KRAFT und ROLOFF mit: „Ihre Umfassungsmauer ist aus Jaspis" wird dem Wort ἐνδήμωσις (*endómesis* – „Einbau") gerecht. Nach SATAKE „geht man am besten von der eigentlichen Bedeutung von ἐνδομεῖν aus, versteht das Wort als Bezeichnung des in die Mauer Eingebauten und stellt sich vor, dass die Mauer mit Jaspissteinen verschalt ist" (Komm., S. 410; Anm. 849 Hinweis auf Vorgänger).

35 Vgl. zur „Edelsteinsymbolik" in der Apokalypse ausführlich BÖCHER, Kirche, S. 151–155, zu den einzelnen Edelsteinen SIM, Jerusalem, S. 108–110, zu ihrer Deutung S. 110–114.

zu Rubinsteinen und all deine Grenzen zu erlesenen Steinen“[36]. Immerhin sechs der bei Johannes genannten Edelsteine begegnen nicht in den biblischen Aufzählungen. Bis auf den Chalkedon finden sich jedoch alle von ihm angeführten Edelsteine in der „Naturkunde“ des älteren Plinius beschrieben[37]. Lässt man den Chalkedon, der auch im Buch Exodus nicht begegnet, dem Rubin entsprechen, orientiert sich in der Reihenfolge an den Angaben zu den Toren in V. 13 und fügt die bei Plinius angegebenen Farben ein, die allerdings nicht immer eindeutig sind, ergibt sich ungefähr folgendes Bild:

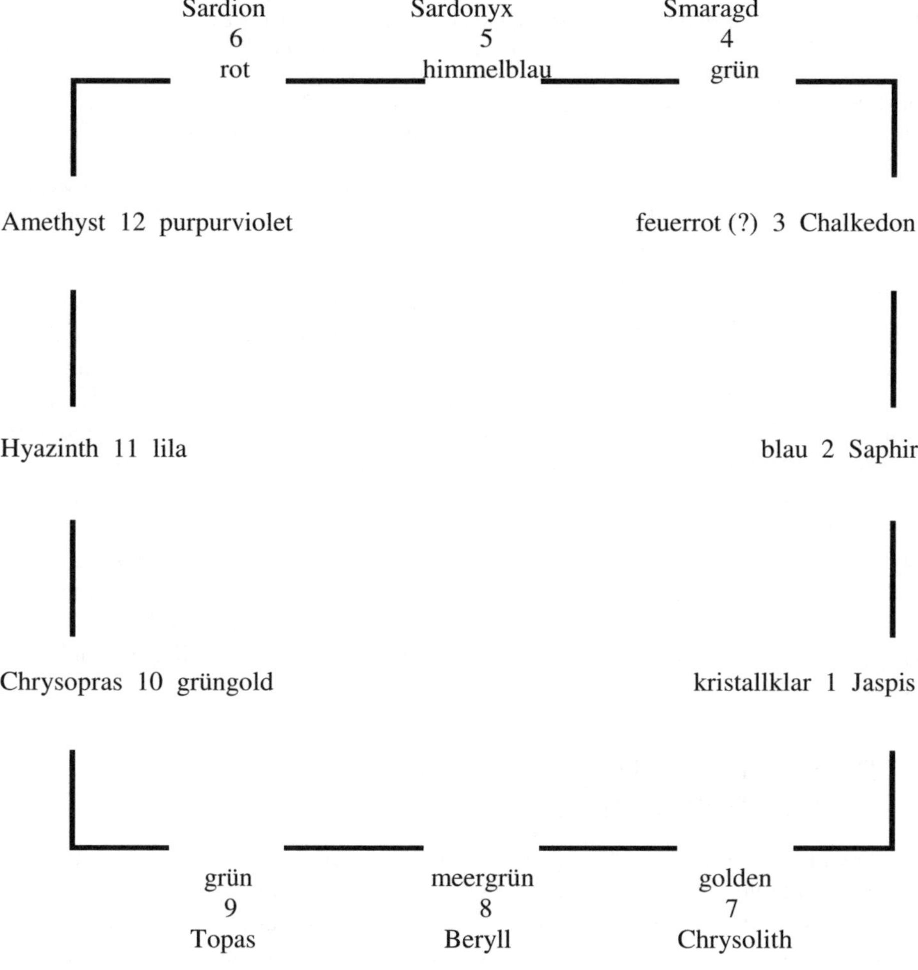

[36] Vgl. weiter die Aufzählung von Edelsteinen in der Totenklage über den König von Tyrus in Ez 28,13.

[37] Plinius d.Ä., Naturkunde XXXVII.

Von den zwölf Toren heißt es in V. 21: „zwölf Perlen, ein jedes der Tore aus einer einzigen Perle“. Zur Kostbarkeit der Perlen sei an die Zitate von Plinius d.Ä. erinnert[38]. Die hier geschaute Größe geht über jede vorstellbare Erfahrung immens hinaus. Schließlich stellt Johannes am Ende von V. 21 für die Hauptstraße[39] fest, was er schon für das Baumaterial der gesamten Stadt gesagt hat: „reines Gold wie durchscheinendes Glas“. Wieder wird damit einerseits die Kostbarkeit herausgestellt und andererseits die Transparenz.

In Fragmenten aus **Qumran** findet sich eine **Beschreibung des neuen Jerusalem**, die an Ez 40–48 anschließt. BEYER hat Zusammenstellungen versucht (Texte, S. 214–222, Ergänzungsband, S. 95–104). In einigen Motiven zeigen sich Berührungen dieser Beschreibung mit der des Johannes. Das gilt vor allem für das dort durchgängige Motiv der Vermessung. Die zwölf Tore tragen die Namen der zwölf Stämme Israels (4Q 554 Frag. 1 I; BEYER, Ergänzungsband, S. 96f.; nach ihm ist die dort gewählte Reihenfolge geographisch bedingt: S. 95). Die Stadt ist ganz aus drei verschiedenen Edelsteinen gebaut (4Q 554, Frag. 2 II 14f.; BEYER, Ergänzungsband, S. 98), vieles ist aus „reinem Gold“ (11Q 18 Frag. 8,1; Frag. 10 I 2; Frag. 11,4; BEYER, Ergänzungsband, S. 103). In 2Q 24 Frag. 3,2 ist von einem „saphirenen Tor“ die Rede. „Alle Straßen der Stadt sind mit Stein aus weißer Farbe gepflastert“ (5Q 15 Frag. 1 I 6f.; BEYER, Texte, S. 217; vgl. 2Q 24 Frag. 8,3; BEYER, Texte, S. 221). Nach einer Lücke im Text werden unmittelbar anschließend „weißer Marmor und Jaspis“ erwähnt. Vgl. zu diesen Qumrantexten HIRSCHBERG, Israel, S. 262–272.

Das neue Jerusalem besteht also aus dem denkbar Luxuriösesten: aus Gold, Edelsteinen und Perlen. Diese Dinge sind hier in verschwenderischer Fülle und ungeheurer Größe vorhanden. Sie begegneten vorher bei der Beschreibung der Hure Babylon (17,4) und in der Spitzengruppe bei der Aufzählung der nach Rom verfrachteten Waren (18,12). Was die Erde an Schönem und Besonderem zu bieten hat, wird aus dem neuen Jerusalem nicht verbannt, sondern es ist in verschwenderischer Fülle vorhanden. Es ist nicht mehr der Privatbesitz einer dünnen Oberschicht; daran verdient auch niemand mehr. Es gibt nicht mehr „die Dynamik des Luxus“ (18,3). Das Luxuriöse ist – im Falle der Hauptstraße buchstäblich – „zugänglich“ für alle; es ist sozialisiert. So ist das Gold ohne jede Beimischung auch in einem noch anderen Sinn „reines Gold“ (V.18.21) – im Gegensatz zum goldenen Becher der Hure Babylon, der voller Gräuel war (17,4).

c) Die Innenbeschreibung des neuen Jerusalem (21,22–27) oder das Ende der Hierarchien und die Partizipation aller

Bei der in diesem Abschnitt gegebenen Innenbeschreibung des neuen Jerusalem beginnt Johannes in V. 22 mit einer negativen Feststellung: „Und einen Tempel sah ich nicht in ihr.“ Das ist ganz ungewöhnlich für eine antike Stadt. Nach BILLERBECK ist das „ein für die alte Synagoge unvollziehbarer Gedanke“[40]. Demgegenüber hat FLUSSER auf einen Midrasch hingewiesen, der in Auslegun-

[38] Vgl. o. S. 168.

[39] Zum Verständnis von πλατεία als „Hauptstraße“ vgl. SIM, Jerusalem, S. 115f.

[40] Bill. III, S. 852.

gen von Ps 132,17 und Jes 60,19 Israel in dieser Weltzeit an das Licht des Tempels gebunden sein lässt, aber für die kommende Weltzeit den Messias mit einer Leuchte vergleicht und Gott selbst Licht machen und sein lässt[41]. Die Fortsetzung in Apk 21,22 zeigt, dass Johannes die Aussage vom fehlenden Tempel nicht im Sinne einer Tempelkritik versteht, von der auch sonst in seinem Buch keine Spur zu finden ist: „Denn der Ewige, Gott, mächtig über allen, ist ihr Tempel – und das Lamm“ (V. 22). Was den Tempel vor allem ausmacht, Ort der besonderen Gegenwart Gottes zu sein, gilt hier für die ganze Stadt; sie ist insgesamt als Tempel verstanden. Diese Gegenwart Gottes in der gesamten Stadt macht einen besonders herausgestellten Bereich in ihr, einen Tempel, überflüssig. Gott allein herrscht überall[42]. So gibt es keine Hierarchie und keine Herrschaft mehr von Menschen über Menschen[43]. Alle sind, wie es in Apk 1,6 und 5,10 von den Gliedern der Gemeinde gesagt worden war, ein „Königtum“ und „Priester für Gott“[44].

Die Gegenwart Gottes schafft nach V. 23 durchscheinende Helligkeit: „Und die Stadt bedarf der Sonne nicht und nicht des Mondes, ihr zu scheinen. Gottes Glanz hat sie ja erhellt und ihre Leuchte ist das Lamm.“ Auf Jes 60,1f. ist schon zu V. 11 hingewiesen worden[45]. Einige Verse weiter, in Jes 60,19f., steht: „Nicht mehr wird die Sonne dir Licht am Tag sein, noch wird der Mond zum Glanz dir scheinen. Der Ewige wird dir zum Licht auf immer und dein Gott zu deiner Pracht. Nicht mehr weggehen wird deine Sonne und dein Mond nicht verschwinden. Denn der Ewige wird dir zum Licht auf immer und es werden abgeschlossen die Tage deiner Trauer.“ Nach Jes 24,23 schämen sich Mond und Sonne angesichts des Glanzes, in dem Gott König in Zion geworden ist. Diese Verheißungen für Zion werden von Johannes in seiner Beschreibung des neuen Jerusalem aufgenommen. Die Gegenwart Gottes schafft durchscheinende Helligkeit, bewirkt völlige Transparenz. Wenn hier nun „das Lamm“, das Opfer römischer Gewalt, als „Leuchte“ der Stadt bezeichnet wird, ist das keine Helligkeit, die blendet. Es ist nicht der Glanz der Metropole, der die Opfer großzügig übersehen lässt. Wenn dieses Opfer Leuchte ist, heißt das, dass die Opfer nicht mehr länger im Dunkeln bleiben, dass ihnen Gerechtigkeit widerfährt.

---

41 FLUSSER, Tempel, passim. TanB Tezaveh 6 (S. 50a) lautet: „Der Heilige, gesegnet er, sagte zu Israel: ‚In dieser Weltzeit seid ihr gebunden an das Licht des Heiligtums, aber für die kommende Weltzeit werde ich euch dank dieser Leuchte (Ex 27,20) einen König kommen lassen, den Gesalbten, der mit einer Leuchte verglichen wird; denn es ist gesagt: *Dort will ich dem David ein Horn sprossen lassen, eine Leuchte zurichten meinem Gesalbten* (Ps 132,17). Und nicht nur das, vielmehr mache ich für euch Licht; denn so hat Jesaja gesagt: *Dann wird der Ewige für dich zum Licht auf immer, dein Gott zu deiner Pracht* (Jes 60,19).“

42 Die Aussageabsicht ist also nicht „die Negation des Tempels“, da ja Johannes „an so etwas wie eine Tempel-Stadt denkt“ (BACHMANN, Ausmessung, S. 81). Auch nach MÜLLER-FIEBERG „kann nicht wirklich von ‚Tempellosigkeit‘ gesprochen werden, denn die sich anschließende Begründung bezeichnet metaphorisch Gott und das Lamm selbst als ‚Tempel‘ der neuen Stadt“ (Jerusalem, S. 113).

43 „Die von Johannes intendierte Binnenstruktur der Kirche ist eine bruderschaftliche, der Hierarchisch-Anstaltliches abgeht“ (LAMPE, Apokalyptiker, S. 102).

44 Das pharisäische Ideal, wie es von Ex 19,6 her gesehen wurde, ist erfüllt.

45 Vgl. o. S. 223.

V. 24 fährt fort: „Wandeln werden die Völker in diesem Licht und ihren Glanz bringen die Könige der Erde zu ihr." Auch hier schließt sich Johannes an Jes 60 an. In V. 3 heißt es dort: „Und Völker werden zu deinem Licht gehen und Könige zum Glanz deines Aufgangs." Und nach Jes 60,5 kommen „die Fülle des Meeres" und „der Reichtum der Völker" nach Jerusalem[46]. Ganz überraschend ist jetzt in diesem Schlussbild der Apokalypse von den Völkern die Rede. Sie sind auf einmal da; sie gehören zu dieser Stadt[47] – wie eben auch zu Rom viele Völker gehörten. Sie, die sich blenden ließen von Macht und Glanz der Metropole (Apk 13,4), die berauscht waren vom Wein der Hure Babylon (17,2), haben nun Lebensorientierung im Lichte Gottes. Zugleich ist hier das Motiv der Völkerwallfahrt zum Zion aufgenommen.

Noch überraschender ist das jetzige Auftreten der Könige. Sie waren bisher in der Apokalypse immer nur Parteigänger des Tieres und Freier der Hure und eigentlich längst schon in den See von Feuer und Schwefel geworfen (Apk 20,15). Nun sind auch sie auf einmal wieder da und bringen „ihren Glanz" in die Stadt[48]. Es gibt nicht mehr die Liaison von Welthandel und politisch-militärischer Macht. Die Könige werden Partner aller Menschen[49]; an dem, was sie einbringen, gewinnen alle Anteil. Die Güter und Schätze der Erde werden nicht mehr zum Privatluxus weniger gemacht. Was die Völker erwirtschaften und produzieren, fließt nicht mehr nach Rom (18,12–14), sondern nach Jerusalem. Das ist nicht einfach nur ein Wechsel des Ortes. Es geht dabei vielmehr um eine andere Qualität: An der Stelle der Anbetung politisch-militärischer Macht (13,4) steht der alleinige Dienst gegenüber Gott, der alle partizipieren lässt.

---

46 Vgl. auch Jes 56,6–8: „Die Fremden, die sich dem Ewigen anschließen, um ihm zu dienen und dem Namen des Ewigen Liebe zu erweisen, um in seinem Dienst zu stehen, alle, die den Sabbat halten, dass er nicht entweiht werde, und an meinem Bund festhalten, die bringe ich zu meinem heiligen Berg und lasse sie sich freuen in meinem Haus des Betens. Ihre Brandopfer und Schlachtopfer seien zum Wohlgefallen auf meinem Altar. Ja, mein Haus soll ein Haus des Gebets genannt werden für alle Völker. Spruch des Ewigen, Gottes, der die Versprengten Israels sammelt: ‚Noch über sie hinaus will ich sammeln zu ihren Versammelten hinzu.'" Das ist zugleich ein Text, der hinter der Konzeption von dem um Menschen aus den Völkern ergänzten und restituierten Israel steht; vgl. u. Abschnitt 3.

47 Vgl. JOCHUM-BORTFELD, Stämme, S. 216, der zu dem Ergebnis kommt, „daß im neuen Jerusalem neben den 144000 auch die zu Gott umgekehrten Völker wohnen. Die 144000 stellen in der Apk keine von der Welt abgesonderte Gruppe dar. Sie sind auf die Welt bezogen. Ihr gegenüber sollen sie Zeugnis ablegen, damit sich die Menschen aus allen Völkern bekehren." Ganz anders AUNE, der im Blick auf die Aussage von Apk 22,2, dass die Blätter des Lebensbaums „zur Heilung der Völker" dienen, behauptet: „Die Anspielung (auf Ez 47,12) erfolgt jedoch bloß mechanisch, da es keinen wirklichen Platz im eschatologischen Schema der Apokalypse für ‚die Heilung der Völker' gibt, verstanden als ihre Umkehr" (Komm., S. 1178).

48 Das gehört zu den – schönen und nötigen – Widersprüchen in der Apokalypse, die zeigen, dass ihre Aussagen nicht „dogmatisch" verstanden werden dürfen, sondern je an ihrem Ort eine wichtige Funktion haben.

49 Dass „die Völker" und „die Könige" in der Stadt sind, wird von SALS *ad malam partem* interpretiert: „Die Gesellschaft im künftigen Jerusalem ist ewig, geordnet und hierarchisch" (Biographie, S. 115; S. 129 behauptet sie, „daß es eine Herrschaft von Menschen über Menschen immer noch gibt"). Auf den Schluss von Apk 22,5 geht sie nicht ein.

Auch das Folgende knüpft an Jes 60 an. Dort heißt es in V. 11: „Und deine Tore werden ständig offen stehen, Tag und Nacht werden sie nicht verschlossen werden, um den Reichtum der Völker zu dir zu bringen, und ihre Könige werden herbeigeführt." Johannes schreibt in V. 25f.: „Ihre Tore werden nie geschlossen am Tage – und Nacht wird dort nicht mehr sein. Und den Glanz und die Kostbarkeiten der Völker werden sie zu ihr bringen." Johannes begründet die ständige Offenheit der Tore anders als in Jes 60. Bei ihm macht die von Gott ausgehende Helligkeit ein Verschließen unnötig. Die Engel auf den Toren (V. 12) sind bei ihm nicht als Wächter vorgestellt, die die Stadt zu schützen hätten. In dieser Helligkeit Gottes, in der das Lamm Leuchte ist, also sozusagen in einer Helligkeit von unten, ist keine Gewalt mehr zu befürchten. Ansonsten nimmt V. 26 den Gedanken von V. 24b auf: Der Glanz und die Werte der Völker werden eingebracht, sodass eine partizipatorische Völkergemeinschaft vorgestellt ist[50].

V. 27 schließt diesen Teil, die Innenbeschreibung der Stadt, ab: „Und nie geht Schlechtes zu ihr hinein, niemand von denen, die Gräuel herstellen und Trug bewirken. Allein die geschrieben stehen im Lebensbuch des Lammes." Hier sind in freier Weise Jes 35,8 (im Blick auf das kommende Heil wird ein Weg genannt, auf dem keine Unreinen und Toren gehen werden) und Jes 52,1 (in der Zukunft wird kein Unreiner und kein Unbeschnittener nach Jerusalem hineingehen) aufgenommen. „Schlechtes" (κοινόν – *koinón*) dürfte als Gegensatz zu „heilig" (ἅγιον – *hágion*) verstanden sein. In der Gegenwart Gottes gibt es nichts „Gemeines", alles ist „geheiligt". Während der Becher der Hure nach Apk 17,4 voller Gräuel und Schlechtigkeiten bzw. Gemeinheiten war, hat so etwas im neuen Jerusalem nichts zu suchen. Als in der Stadt Wohnende werden noch einmal die „im Lebensbuch des Lammes" Eingeschriebenen angeführt. Die sonst keinen Namen haben, die in keiner Bürgerliste verzeichnet sind[51], haben hier einen unverlierbaren Ort – und sie erfahren jetzt schon „Bürgerrecht" in der Gemeinde.

d) Die Integration des paradiesischen Anfangs in das neue Jerusalem (22,1–5) oder Vorrang für die Bewahrung der Schöpfung

In der christlichen Bibel zeigt sich eine schöne Verbindung zwischen ihrem Anfang und ihrem Ende. Der Anfang ist ein ländliches Paradies, der Mensch im Garten, den er bebauen und bewahren soll. Am Ende steht eine Stadt. Aber in diese Stadt wird der paradiesisch-ländliche Anfang integriert: „Da zeigte mir der

---

[50] Im Blick vor allem auf Aussagen in den beiden letzten Kapiteln der Apokalypse und auf Ausschnitte aus Apk 17–20 spricht BÖCHER von einem „Zionsschema" (Kirche, S. 113f., der Begriff auf S. 114); „die wesentlichen Elemente des Zionsschemas: die Erwartung eines Völkersturms gegen den Zion ..., J's (von BÖCHER ausgeschrieben) Sieg ..., J's Gericht ... und die neue Gottesstadt ... von ewigem Bestand ...; J' selbst wohnt in ihrer Mitte ..., und die Völker bringen ihr Tribut" (S. 115) zeigt er bereits für die Zionspsalmen auf und weist sie dann bei Jesaja, Deutero- und Tritojesaja, Ez 37–48, Haggai und Sacharja, im Buch Tobit und Daniel und in der weiteren jüdischen Tradition nach (S. 115–122).

[51] Zur Wichtigkeit von Bürgerlisten in der Antike vgl. SIM, Jerusalem, S. 124f.

Engel das Wasser des Lebens, einen Strom klar wie Kristall. Hervor kommt er vom Throne Gottes und des Lammes", schreibt Johannes in Apk 22,1. In 21,6 war die Gabe des Lebenswassers von Gott verheißen worden: „Ich will denen, die dürsten, aus der Quelle des Lebenswassers geben – umsonst"[52]. Hier ist zugleich aufgenommen, was als Gabe der Gegenwart Gottes schon in 7,16 verheißen war[53]: Nicht mehr hungern und dürsten müssen und unter erträglichen natürlichen Rahmenbedingungen existieren – als Voraussetzung eines Lebens in Recht und Gerechtigkeit: Das erschließt die Gabe des Lebenswassers. Sie ist im neuen Jerusalem als ganzer Fluss da, der umfassend Leben spendet. Hier dürfte eine Anspielung auf den Paradiesstrom vorliegen, wie ja gleich im Folgenden noch deutlicher auf die Paradieserzählung Bezug genommen wird. In Gen 2,10 heißt es: „Und ein Fluss geht aus von Eden, um den Garten zu bewässern"[54]. Schon in der jüdischen Bibel selbst wird dieser Paradiesfluss mit Jerusalem verbunden. In Ez 47,1 schreibt der Prophet: „Da brachte er mich zurück zur Tür des Hauses; und siehe: Wasser kam hervor unterhalb der Schwelle des Hauses nach Osten." Daraus wird dann im Folgenden ein Strom, der zum Toten Meer fließt und Leben in ihm möglich macht[55]. Flusswasser gilt *eo ipso* als „lebendiges" Wasser. Wenn es ausdrücklich als „Wasser des Lebens" bezeichnet wird, ist noch eine besondere Bedeutung im Blick. Der Fluss hier gilt als Lebensspender in jeder Hinsicht. Die Hervorhebung, dass das Wasser des Flusses „klar wie Bergkristall" sei, kontrastiert der Erfahrung, dass viele antike Flüsse zu stinkenden Kloaken geworden waren. So schreibt Plinius d.J. an Trajan: „Herr, die elegante, hübsche Stadt Amatris besitzt neben anderen hervorragenden Baulichkeiten eine sehr schöne, lange Promenade (*plateum*), doch auf der einen Seite wird sie in ihrer ganzen Länge von etwas begleitet, was sich Fluß nennt, in Wirklichkeit aber eine scheußliche Kloake ist, abstoßend durch ihren unappetitlichen Anblick und verpestend durch ihren ekelhaften Gestank". Plinius schlägt deshalb das Abdeckeln dieses Flusses vor[56].

Die Quelle des Flusses – bei Ezechiel und Joel der Tempel, den es hier nicht mehr gibt – ist der Thron Gottes und des Lammes. Gott selbst und sein ohnmächtiger Messias gelten also als die Quelle des Lebens. Hier strömt Leben in überreichem Maße aus, wie gleich die Fortsetzung des Textes deutlich macht: „Mitten auf ihrer Hauptstraße, zu beiden Seiten des Stromes: der Baum des Lebens; zwölffach trägt er Früchte, Monat um Monat bringt er seine Frucht[57]; und die Blätter des Baums dienen zur Heilung der Völker" (V. 2). Hier liegt einmal ein Bezug auf Gen 2,9 vor: „Da ließ der Ewige, Gott, aus dem Ackerboden alle

---

52 Vgl. dazu o. S. 102.

53 Vgl. dazu u. S. 241.

54 Zur Rezeption von Gen 2,9f. in Apk 22,1f. vgl. ausführlich LABAHN, Paradiesgeschichte, S. 299–303. Er bestimmt diese Rezeption als ein „Echo" im Rahmen einer „Collagetechnik" (S. 303).

55 Vgl. weiter Joel 4,18 und Sach 14,8.

56 Plinius d.J., Briefe X 98 (Übersetzung KASTEN).

57 Wie auch ein historisch-kritischer Exeget seine – protestantische – kirchliche Erfahrung in die Auslegung der Apokalypse schlicht eintragen kann, zeigt BÖCHER, wenn er zu dieser Stelle bemerkt: „Möglicherweise kann aus der zwölfmaligen Ernte im Jahr … auf je eine Eucharistiefeier im Monat geschlossen werden" (Kirche, S. 166).

Bäume aufsprießen, schön zum Ansehen und gut zum Essen, samt dem Baum des Lebens mitten im Garten." Zum anderen wird auf Ez 47,12 angespielt, die dortigen Schlussbemerkungen über den vom Tempel nach Osten fließenden Fluss, der das Tote Meer lebendig macht: „Und am Fluss, an seinem Ufer, werden auf beiden Seiten alle Arten von Obstbäumen aufwachsen; ihre Blätter werden nicht verwelken, ihre Früchte kein Ende nehmen; jeden Monat werden sie Erstlingsfrüchte hervorbringen; denn ihr Wasser kommt aus dem Heiligtum hervor und ihre Früchte dienen zum Essen und ihre Blätter zur Heilung." Wie Ezechiel nimmt Johannes das Bild vom Paradiesstrom auf und gestaltet es weiter aus. Die Obstbäume in doppelter Allee bei Ezechiel rezipiert er so, dass im neuen Jerusalem der Lebensbaum des Paradieses in doppelter Allee steht. Fluss, Lebensbaum und Hauptstraße sind bei ihm als doppelte Allee vorgestellt, mit dem Fluss in der Mitte:

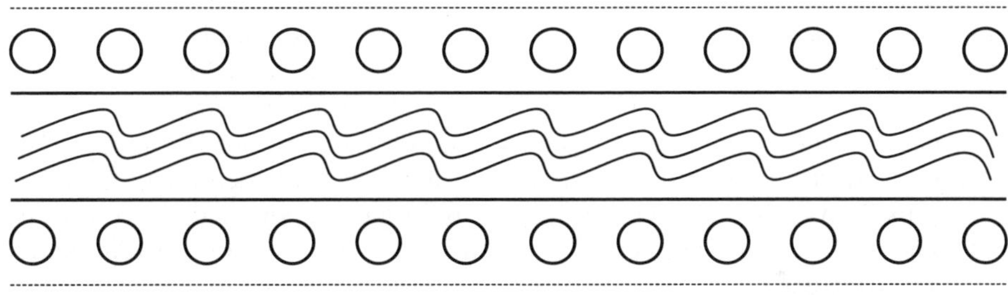

Indem Johannes in den letzten Abschnitt seiner Vision vom neuen Jerusalem den paradiesischen Anfang der Bibel integriert, wird so von Anfang und Schluss der christlichen Bibel her die Verschränkung von Vergangenheit und Zukunft, von Hoffnung und Erinnerung in „erhoffter Vergangenheit" und „erinnerter Zukunft" augenfällig[58]. Erinnern nicht als Nostalgie[59] und Hoffen nicht als Flucht aus der Geschichte. Vielmehr, um noch einmal JÜRGEN EBACH aufzunehmen und damit zugleich ein Grundanliegen von Apokalyptik herauszustellen: „Weil das, was ist, nicht alles ist"[60] und weil der in der Bibel bezeugte Gott der Anfang und das Ende ist, steht am Ende nicht Resignation. Vergangenheit wird erhofft, weil sie nicht ein für allemal abgeschlossen und abgegolten ist,

58 So der Untertitel von EBACH, Ursprung: „Erinnerte Zukunft und erhoffte Vergangenheit".

59 Wie im Kölner Karnevalslied: „Ach, wat war dat früher schön so in Colonia …".

60 JÜRGEN EBACH, Weil das, was ist, nicht alles ist. Theologische Reden 4, Frankfurt a.M. 1998.

sondern offen für den kommenden Gott; und Zukunft wird erinnert, weil das Erhoffte schon in der Gegenwart Raum gewinnen will.

Auf zwei Punkte des Verständnisses von Ez 47,12 durch Johannes sei noch hingewiesen. Er kennzeichnet die monatlich hervorgebrachten Früchte ausdrücklich als „zwölffach“: *variatio delectat* („Abwechslung erfreut“)[61]. Dass die Blätter der Heilung dienen (εἰς θεραπείαν – *eis therapeían*)[62], wird von Johannes speziell auf „die Völker“ bezogen[63]. In den Gerichtsaussagen waren die vom Glanz des Imperiums berauschten und sich an ihm berauschenden Völker *massa perditionis*[64]. Jetzt erscheinen sie als solche, die „therapiert“ werden. Beide Aussagen stehen unausgeglichen nebeneinander; man kann sie nicht harmonisieren. Aber Johannes lässt das Gericht nicht das letzte Wort über die Völker sein; sein letztes Wort über sie geht auf ihre Heilung.

In V. 3 trifft er eine negative und eine positive Feststellung, die im Zusammenhang miteinander stehen: „Kein Verdammen wird mehr sein. Der Thron Gottes und des Lammes wird in der Stadt sein.“ Auch die negative Feststellung ergibt sich aus der vorangehenden Aussage. Wenn die Völker geheilt sind, bedarf es keines Gerichtes mehr. Mit dem Herabkommen des neuen Jerusalem vom Himmel haben offenbar Himmel und Erde aufgehört, sich gegenüber zu stehen; auch der neue Himmel und die neue Erde stehen sich nicht gegenüber. Im neuen Jerusalem sind sie ineinander integriert. Dabei ist die Bewegung eindeutig: nicht eine Versetzung ins Jenseits, sondern der Himmel kommt zur Erde: Es geht in der Tat um „den Himmel auf Erden“. Das wird jetzt daran deutlich, dass der Thron Gottes und des Lammes – durch ihn wird der Himmel als Himmel qualifiziert – im neuen Jerusalem steht. Und es steht eben nicht mehr – wie es in Apk 2,13 hieß – „der Thron Satans“ in Pergamon oder anderswo. Hält man sich vor Augen, dass das neue Jerusalem in der Konzeption der Apokalypse zugleich Bild der Gemeinde als Gegenentwurf zu Rom ist, dann liegt hier ein sehr kühnes Bild vor: die Gemeinde als Ort, wo Himmel und Erde zusammen kommen! Aber wenn Gottes Gegenwart geglaubt wird, muss solche Kühnheit gewagt werden. Und so wird ja auch im Gottesdienst im Lied „Tut mir auf die schöne Pforte“ (EG 166) in der zweiten Strophe gesungen: „Wo Du Wohnung hast genommen, da ist lauter Himmel hier.“

Johannes fährt am Ende von V. 3 und in V. 4 fort: „Und die Gott gehören, werden allein Gott dienen und Gottes Angesicht schauen; und der Name Gottes

---

61 Die Lutherübersetzung versteht das δώδεκα (*dódeka*) als „zwölfmal“. Aber das wäre eine Verdoppelung der folgenden Aussage vom monatlichen Fruchtbringen. Wie Johannes interpretiert auch die rabbinische Auslegung, was SCHLATTER vermerkt (Testament, S. 103). In BemR 21,22 wird die Wendung aus Ez 47,12 „für ihre Monate bringen sie Erstlingsfrüchte hervor“ (so möglichst wörtlich übersetzt) in dieser Weise ausgelegt: „Jeder Baum bringt Monat für Monat aufs Neue andere Erstlingsfrüchte hervor. Die Erstlingsfrüchte dieses Monats sind nicht wie die Erstlingsfrüchte jenes Monats“ (Wilna 31d).

62 Hier folgt Johannes wiederum genauer dem hebräischen Text, als es die Septuaginta tut; sie hat εἰς ὑγίειαν (*eis hygíeian*).

63 Vgl. KNORR VON ROSENROTH, Komm., S. 162: „die Blätter / das ist der blosse äusserliche bürgerliche Wandel / ist so vortrefflich / daß er schon die Ungläubigen anlocken kann zur Nachfolge / und Bekehrung; der Vortrefflichkeit der Früchte zu geschweigen.“

64 Vgl. Apk 9,4.20f.; 11,10; 16,2.9.10f.21.

steht auf ihrer Stirn." Mit der Wendung „die Gott gehören" ist die Bezeichnung δοῦλοι (*dúloi*) umschrieben: eigentlich „die Versklavten". Das hier gebrauchte Verb λατρεύειν (*latreúein*) bezeichnet priesterlichen Dienst, was in der Antike eigentlicher Gottesdienst ist. Im neuen Jerusalem gehören alle Gott, sodass hiermit auch ein allgemeines Priestertum ausgesagt ist. Und wieder ist daran zu erinnern, dass das neue Jerusalem Bild der Gemeinde ist. Es zeigt sich also einmal mehr das geschwisterschaftliche Gemeindemodell des Johannes. Die folgende Aussage vom Schauen des Angesichtes Gottes nimmt Psalmensprache auf. So heißt es etwa in Ps 17,15: „Ich werde in Gerechtigkeit Dein Angesicht schauen." Und in Ps 42,3: „Es dürstete meine Kehle nach Gott, nach der lebendigen Gottheit. Wann werde ich kommen und Gottes Angesicht sehen?" Nach den Aussagen der Apokalypse an dieser Stelle gilt das ganze Leben als Gottesdienst im Angesicht Gottes. Das entspricht dem pharisäisch-rabbinischen Ideal, wie es im Gebrauch der Segenssprüche seinen Ausdruck findet[65].

Dass der Name Gottes denen auf die Stirn geschrieben ist, die ihm gehören, war schon in Apk 14,1 von den 144000 gesagt worden[66]. Auch der größere Teil von V. 5 ist Wiederholung von schon Gesagtem: „Nacht wird nicht mehr sein; und nicht mehr bedürfen sie des Lichts der Lampe und des Lichts der Sonne, denn der Ewige, Gott, wird über ihnen leuchten." Wie schon in 21,25 wird also noch einmal die durchscheinende, helle Gegenwart Gottes herausgestellt, bevor als letzte Aussage ins Bild kommt: „Und sie werden machtvoll regieren für immer und alle Zeit." Hier ist Dan 7,18 aufgenommen: „Und die Heiligen des Höchsten werden das Königreich empfangen, und sie werden das Königreich festhalten für immer und allezeit." Allerdings: Diese Regentschaft, von der Johannes im neuen Jerusalem spricht, ist gegenstandslos im wahrsten Sinn des Wortes. Sie hat keine Objekte mehr. Ihren Sinn hat solche Redeweise nur in der Bestreitung anderweitig ausgeübter Herrschaft, die es ja zur Zeit, da Johannes schreibt, immer noch gibt und unter der er und die Seinen zu leiden haben[67].

---

65 Vgl. dazu OSTEN-SACKEN, Akiva; S. 32–37.

66 Auf diese Stelle und ihren Kontext wird im nächsten Abschnitt eingegangen; vgl. u. S. 241–243.

67 Vgl. SCHÜSSLER FIORENZA, Komm., S. 114: „Die Schlussvisionen der Apokalypse stellen sich den Himmel als Welt vor, die Welt als Stadt und die neue Stadt als inklusiven offenen Platz des Bürgerrechts und Wohlseins für alle." Nach JOCHUM-BORTFELD greift Johannes hier „urdemokratisches Gedankengut auf. Der Demos partizipiert am politischen Leben. Die antiherrschaftlichen Züge seiner Theologie, getragen von dem Gedanken der alten Stammesgesellschaft Israels, korrespondieren mit den demokratischen Vorstellungen des klassischen Athen" (Stämme, S. 227). ZIMMERMANN stellt heraus, dass unbeschadet der „Vorrangstellung Gottes … keineswegs ein Machtmonopol ausgesagt ist. Jegliche Herrschaftsansprüche der Hure Babylon oder anderer Mächte werden negiert, innerhalb des göttlich-himmlischen Bereichs wird die Herrschaft allerdings geteilt." Das gilt außer für die „Königsherrschaft der Knechte" auch für die „‚Mitregentschaft' der 24 Ältesten" und für die Throngemeinschaft von Gott und Lamm (Geschlechtermetaphorik, S. 424). In „Wahre Geschichten" II 11–14 beschreibt Lukian die Stadt der Seligen. Dort findet sich eine Reihe von Punkten, die Entsprechungen im neuen Jerusalem haben, aber der Tenor ist ein völlig anderer. Bei Lukian zeigen sich nicht die geringsten Spuren von Protest als Gegenentwurf. Seine Schilderung ist gespeist vom Traum nach dem Leben der Reichen und Schönen.

Durch Sichten der Schrift hat Johannes so Jerusalem neu imaginiert und visionär geschaut. Er will damit selbstverständlich keine Bauanleitung geben, sondern *erbauen* – zum Widerspruch und Widerstand gegen eine verkehrte Welt. Er erbaut, indem er diese verkehrte Welt visionär umkehrt, aber gerade damit auch auf die Wirklichkeit bezogen bleibt, auf das tatsächliche Rom und das tatsächliche Jerusalem. Jerusalem wird nicht zum bloßen Symbol gemacht; der Bezug auf den konkreten Ort bleibt gewahrt. In der Zeit, da Johannes sein Werk schreibt, liegt Jerusalem zerstört da, während die Metropole Rom prachtvoll glänzt und sich pulsierenden Lebens erfreut. In den Visionen verhält es sich genau umgekehrt. Aus Roms Trümmern steigt nur noch Rauch auf (Apk 18,9.18), der von seiner vollkommenen Zerstörung zeugt. Dagegen erstrahlt Jerusalem in nicht zu überbietender Schönheit und hat unvorstellbare Ausmaße. Das könnte fragen lassen: Ist diese Umkehrung der Wirklichkeit in visionären Bildern nicht die Flucht in eine Traumwelt, eine ohnmächtige Geste? Darauf wäre zu antworten: Es ist der Versuch eines Ohnmächtigen, anzuschreiben gegen den Triumph der Gewalt, die über Leichen gegangen ist und die weiterhin Opfer produziert. Es ist der Versuch, nicht dieser gewaltigen Weltmacht das letzte Wort zu lassen, sondern die Geschichte offen zu halten für den kommenden Gott.

Die **Gegenüberstellung** des zerstörten **Jerusalem** mit dem von Lebenskraft strotzenden **Rom** und die visionäre oder imaginierte Umkehrung dieser Wirklichkeit finden sich auch an anderen Stellen. Nach 4Esr 3,1f. gerät der Seher in Verwirrung, „weil ich die Verwüstung Zions und den Überfluß der Bewohner Babylons sah" (Übersetzung SCHREINER). Die gegenwärtige schlimme Situation Zions beschreibt er in 10,21f., die positive Umkehrung in 10,27.41–44.50.55. Die Zerstörung Roms schaut er in der Gestalt des in sich selbst zerfallenden und verbrennenden Adlers (12,1–3). Nach 2Bar 11,1f. sagt der als Verfasser vorgestellte Baruch zu „Babel": „Wenn du im Glück daständest und Zion in seiner Herrlichkeit, wäre es uns ein großer Kummer, daß du Zion glichest. Nun aber, sieh, der Schmerz ist für uns ohne Ende, die Wehklage unermeßlich, weil du ja glücklich bist, doch Zion ist zerstört." In 12,3f. gibt er jedoch der Gewissheit Ausdruck: „Glaub nicht, erwarte nicht, daß du stets Glück und Freude haben wirst, erhebe dich nicht zu sehr und unterdrücke nicht. Denn sicher wird zu seiner Zeit der Zorn aufstehen gegen dich, der jetzt noch durch die Langmut wie von Zügeln aufgehalten wird" (Übersetzung KLIJN). Besonders eindrücklich wird die Umkehrung der Wirklichkeit Roms und Jerusalems in einer rabbinischen Doppelüberlieferung imaginiert, die sich mit kleinen Varianten an drei Stellen findet: SifDev § 43 (FINKELSTEIN/HOROVITZ, S. 94f.); bMak 24a–b; EkhR 5,18 (Wilna 31a–b). Als vier Rabbinen nach Rom reisen – historischer Hintergrund ist wahrscheinlich eine Delegation an Kaiser Domitian –, hören sie schon aus sehr weiter Entfernung den Lärm der Stadt, Ausdruck ihres pulsierenden Lebens. Daraufhin weinen drei von ihnen, Rabbi Akiva aber lacht. Sie erklären ihr Weinen damit, dass Götzendiener gut und sicher leben, während Israel und der Tempel Gottes preisgegeben sind. Akiva begründet eben damit sein Lachen und macht einen Schluss vom Leichten aufs Schwere: „Wenn er (Gott) es so denen gibt, die ihn erzürnen, um wieviel mehr denen, die seinen Willen tun?!" Als dieselben vier Rabbinen nach Jerusalem hinaufgehen und aus dem Allerheiligsten des zerstörten Tempels einen Fuchs herauslaufen sehen, weinen wieder drei, aber Rabbi Akiva lacht. Jetzt begründet er sein Lachen aus der Schrift. Über Jes 8,2 und Jer 26,20 verbindet er Mi 3,12 (Jer 26,18) und Sach 8,4 miteinander und schließt: Da die Ankündigung der Zerstörung eingetreten ist, wird auch die Verheißung eintreten, dass „noch Greise und Greisinnen auf den Plätzen Jerusalems sitzen werden" (vgl. zu dieser Tradition OSTEN-SACKEN, Akiva, S. 284–293). PÖHLMANN kennzeichnet Akivas Lachen als „ein apokalyptisches Lachen" und vergleicht es mit der „Überlegenheit", in der Gott „das nichtige Trachten der Heiden verspottet (Ps 2,1–5)" (Opposition, S. 304).

3. *Immer wieder: die „Zwölf" – die Israelbestimmtheit der Gemeinde*

Im Zusammenhang dieses Abschnitts sei noch einmal besonders hingewiesen auf die Monographie von JOCHUM-BORTFELD, Stämme. Im Anschluss an CRÜSEMANN und ALBERTZ stellt er das auf antiherrschaftliche und segmentäre Solidarität zielende **Konzept der zwölf Stämme** heraus und fragt: „Bedeutet die Nennung der zwölf Stämme Israels in der weiteren Geschichte der religiösen Überlieferung Israels eine Rezeption dieser antiherrschaftlichen Programmatik?" (S. 25) Diese Frage wird bejaht in der Besprechung von Texten von der Perserzeit bis zur Zerstörung des zweiten Tempels mit dem Ergebnis: „Die Zwölfstämmekonzeption ist ein alternativer Gesellschaftsentwurf" (S. 124). In der Rezeption dieses Konzepts durch Johannes ist dann zugleich auch eine antirömische Spitze gegeben. Im folgenden Abschnitt soll jedoch die darin enthaltene Israelbestimmtheit der Gemeinde entfaltet werden. Auch dazu hat die Arbeit von JOCHUM-BORTFELD Wichtiges beigetragen, worauf jeweils eingegangen werden wird.

An der Besprechung von Apk 21,12–16 war deutlich geworden, dass Johannes mit dem neuen Jerusalem die auf Jesus bezogene Gemeinde von Israel her definiert[68]. Das zeigte sich vor allem daran, dass auf den zwölf Toren die Namen der zwölf Stämme Israels stehen. Zugang zur Gemeinde gibt es also für ihn nur als Zugang zu Israel. Der von ihm festgehaltene Bezug auf das Zwölfstämmevolk Israel zeigt sich besonders deutlich in Apk 7. Zugleich tritt in diesem Kapitel aber auch hervor, wie er sich die durch die messianische Verkündigung bewirkte Verbindung Israels mit den Völkern denkt.

Zwischen die Öffnung des sechsten und siebten Siegels gestellt, bildet Apk 7 ein starkes retardierendes Moment. Mit der Öffnung des sechsten Siegels, den dabei erfolgenden kosmischen Katastrophen und der ausdrücklichen Ankündigung des großen Tages Gottes (Apk 6,12–17) ist eigentlich der Punkt unmittelbar vor dem Ende erreicht. Es fehlt jetzt nur noch die Darstellung des Endes selbst; der Rahmen dafür ist vollständig bereit gestellt. Die Öffnung des siebten Siegels müsste nun das Ende bringen. Aber das geschieht nicht. Darin drückt sich die Erfahrung der weiterlaufenden Zeit aus. Das siebte Siegel bringt – aber auch das erst nach diesem Zwischenstück von Kap. 7 – in 8,1f. die sieben Posaunen. Einiges, was bei den einzelnen Posaunen geschieht, ist nach den kosmischen Katastrophen bei der Öffnung des sechsten Siegels nicht mehr gut vorstellbar. Die Ereignisse fallen sozusagen dahinter zurück. War bereits nach Apk 6,12–14 der ganze Kosmos aus den Fugen geraten, ist nach 7,1 noch kein Bäumchen geknickt: „Danach sah ich vier Engel an den vier Ecken der Erde stehen. Die hielten die vier Winde, damit kein Wind wehe weder auf der Erde noch auf dem Meer noch gegen irgendeinen Baum." Johannes hält an dieser Stelle einen Augenblick inne. Der weitere Ablauf der Dinge wird angehalten, so

[68] Dieser klare Bezug wird oft nicht oder nicht hinreichend wahrgenommen. Er wird z.B. unterbestimmt, wenn GEORGI „die wiederholte Zwölfzahl" zwar „mit dem Motiv von den zwölf Stämmen" verbunden sieht, aber „noch viel mehr mit dem Zodiak" (Visionen, S. 364). Wieso das ihre „betonte Wiederholung" begründen soll, ist unerfindlich.

wie die Engel am Beginn der Vision die vier Winde festhalten. Die Erde ist als eine quadratische Fläche vorgestellt. Von den Seiten kommen die fruchtbringenden Winde, aus den Ecken die schädigenden[69]. Dass diese Winde festgehalten werden, macht deutlich: Es ist „die Ruhe vor dem Sturm", ein angespannter, ein unheimlicher Moment. Alles scheint schon überstanden, man könnte aufatmen. Aber gleich wird es umso schlimmer hereinbrechen. Angesichts dessen erzählt Johannes von einer himmlischen Aktion: „Da sah ich einen Engel hinaufsteigen vom Aufgang der Sonne. Der hatte das Siegel des lebendigen Gottes. Er rief mit lauter Stimme den vier Engeln zu, denen es gegeben war, die Erde und das Meer zu schädigen, sprach: ‚Schädigt weder die Erde noch das Meer noch die Bäume, bis wir die Sklaven und Sklavinnen unseres Gottes auf ihrer Stirn versiegelt haben!'" (Apk 7,2f.) In Ez 9,4 ist das Siegel, das Menschen auf Befehl Gottes auf die Stirn bekommen, ein Schutzzeichen; es kennzeichnet sie als Eigentum Gottes, an dem sich niemand vergreifen darf[70]. Die von Johannes Angeschriebenen werden verstanden haben, wer und was damit gemeint war: sie selbst und ihre Taufe[71]. Im Neuen Testament wird mehrfach die Taufe als Siegel bezeichnet (2Kor 1,22; Eph 1,13f.; 4,30). Mit der Taufe gibt Gott sozusagen Brief und Siegel darauf, dass der getaufte Mensch zu ihm gehört. Das Verständnis der Taufe als Versiegelung soll also der unverlierbaren Zugehörigkeit zu Gott vergewissern, was auch immer an bedrängenden Erfahrungen gemacht werden mag.

Nach V. 4a hört Johannes „die Zahl der Versiegelten: 144000". Dass diese Zahl nicht wörtlich zu verstehen ist, liegt auf der Hand. Sie hat symbolische Bedeutung, wie es die Fortsetzung des Textes klar macht: „Versiegelte aus jedem Stamm Israels" (V. 4b) und dann werden in V. 5–8 die einzelnen Stämme Israels aufgeführt[72], aus denen jeweils 12000 Versiegelte kommen. Die Zahl 144000 ist also aufzulösen in das Quadrat der 12 und 1000: 12 x 12 x 1000. Letzteres ist im Altertum die Zahl der unübersehbar großen Menge. Das mit 1000 multiplizierte Quadrat der Zwölf ist daher Ausdruck für das vollkommen wiederhergestellte Volk Israel. Das könnte die Frage provozieren, ob denn die Versiegelten nur Angehörige des Volkes Israel seien[73].

---

69 Vgl. 1Hen 76 und die graphische Darstellung in der Ausgabe von UHLIG auf S. 654.

70 Ausführlich zur Versiegelung als Eigentums- und Schutzzeichen in Apk 7 im Kontext biblisch-jüdischer Überlieferung vgl. HIRSCHBERG, Israel, S. 149–154.

71 Zum Bezug auf die Taufe wiederum ausführlich: HIRSCHBERG, Israel, S. 157–165; zum Zusammenhang mit Ez 9,1–11 und Jes 44,5 vgl. KOWALSKI, Rezeption, S. 325–344.

72 Bei der Aufzählung der Stämme zeigen sich Eigentümlichkeiten. Auf zwei sei hingewiesen: Einmal steht der Stamm Juda an der Spitze, obwohl Juda in der Reihenfolge der Söhne Jakobs erst an vierter Stelle kommt. Das ist hier sicherlich messianologisch bedingt, wurde Jesus doch in Apk 5,5 als „Löwe aus dem Stamm Juda" verstanden. Sodann fehlt der Stamm Dan. Das wird in der jüdischen Tradition begründet sein, dass dieser Stamm in der Endzeit abfalle (vgl. Test Dan 5,4–6 sowie die in Bill. III, S. 804f., angeführten rabbinischen Belege). An seiner Stelle wird Manasse eingeführt, dann aber nicht sein Bruder Ephraim, sondern der Vater Josef.

73 Der Text scheint dieses irritierende Moment zu enthalten. Jedenfalls ist es auffällig, dass in der Perikopenordnung der evangelischen Kirche Apk 7 zwar als Predigttext am 2. Weihnachtstag in der vierten Reihe vorgesehen ist – aber ohne die ersten acht Verse. Offenbar wollte man sich nicht ausgerechnet an Weihnachten von den Juden stören lassen.

Aber Johannes verbindet mit dieser Vision ab V. 9 eine weitere. In ihr findet sich ebenfalls eine Mengenangabe: „Danach sah ich – und siehe: eine große Menge, die niemand zählen konnte, aus jedem Volk, aus Stämmen, Nationen und Sprachen. Die standen vor dem Thron und dem Lamm, bekleidet mit weißen Gewändern und Palmzweige in ihren Händen." Wie verhalten sich diese beiden Angaben zueinander, die 144000 einerseits und diese unzählbare Menge andererseits? Und in welchem Verhältnis stehen die beiden Visionen zueinander? Sie unterscheiden sich im Ort: Die erste hat die Erde im Blick, die zweite den himmlischen Thronsaal. Sie unterscheiden sich in der Zeit: Die erste spielt vor „der großen Bedrängnis" – in der „Ruhe vor dem Sturm" –, die zweite danach. Aber sie unterscheiden sich gerade nicht in den angeführten Personen. Denn die 144000 wurden ja für „die große Bedrängnis" versiegelt; und „die große Menge, die niemand zählen konnte", sind dann diejenigen, „die aus der großen Bedrängnis kommen" (Apk 7,14) – und die doch deshalb aus ihr herauskommen, weil sie zuvor versiegelt worden sind[74].

Wenn es aber dieselben sind – weshalb werden sie dann einmal als unübersehbar große Menge aus dem Zwölfstämmevolk Israel und zum anderen als unzählbare Menge aus allen Völkern beschrieben? Johannes will hier die Israelbestimmtheit der Kirche deutlich machen. Der entscheidende Punkt bei der Zahl 144000 ist der Bezug auf Israel; das wird unmissverständlich unterstrichen durch die Aufzählung der einzelnen Stämme[75]. Daraus hatte BOUSSET geschlossen, dass nur geborene Juden gemeint sein könnten, während die messiasgläubigen Nichtjuden erst in V. 9 in den Blick kämen[76]. Dagegen spricht die vom Kontext her vorauszusetzende Identität der Personen. Auf der anderen Seite ist es zu schnell geurteilt, wenn MÜLLER meint, Johannes habe die jüdische Erwartung von der endzeitlichen Erneuerung des Zwölfstämmevolkes auf die Kirche als „das neue Israel" übertragen[77], oder wenn ROLOFF in V. 4–8 „die theologische Wesensbestimmung des Gottesvolkes als Israel der Endzeit" erkennt, während V. 9 „die empirische Beschreibung der Herkunft der Christen" enthalte[78]. Aber kann man Empirie und Wesen in dieser Weise unterscheiden, ja voneinander trennen?[79] Wie auch könnte „die namentliche Auflistung der zwölf Stämme" „metaphorisch" verstanden werden?[80] Kann sie einen anderen Sinn haben, als

---

74 Nach JOCHUM-BORTFELD verknüpft Johannes die unzählbare Menge mit den Verheißungen unzählbarer Nachkommenschaft an die Erzväter: „Die Mehrungsverheißung wurde innerhalb des Judentums so verstanden, daß die Stämme zu einer unzählbaren Menge werden (vgl. u.a. Ant. 11,133; IV Esr 13,12.39). Demgegenüber sieht Johannes die Erfüllung der göttlichen Zusage in der ‚internationalen' Menschenmenge" (Stämme, S. 179).

75 „Die Aufzählung der einzelnen Stämme wäre eine überflüssige Spielerei, wenn diese Stämme gar nichts zu bedeuten hätten" (HADORN, Komm., S. 92).

76 BOUSSET, Komm., S. 287. Er meint jedoch, „daß der Apokalyptiker an dieser Stelle ziemlich mechanisch einer vorliegenden Tradition folgt" (S. 283).

77 MÜLLER, Komm., S. 178; ähnlich im Blick auf diesen und andere Texte BÖCHER, Kirche, S. 22: „Das Urchristentum versteht sich als das neue Israel, einen neuen Stämmebund"; S. 24 spricht er von „der Gleichsetzung der Kirche mit dem neuen bzw. wahren Israel".

78 ROLOFF, Komm., S. 90.

79 Nach BOUSSET ist eine „allegorisierende Umdeutung … wegen der bestimmten Aufzählung der einzelnen Stämme nicht erlaubt" (Komm., S. 283).

80 So jedoch HOLTZ, Komm., S. 70f.

auf das – wenn auch erst noch zu restituierende, so doch nicht minder – reale Israel zu beziehen?[81] Das behauptete Wesen der Kirche als „Israel der Endzeit" wird wesenlos, wenn die Kirche sich empirisch von Israel löst und die Juden los wird. Es verkommt zur puren Ideologie, die das real existierende Israel ausblendet. Johannes war Jude. Wie sollte er die Aussagen von V. 4–8 losgelöst von Empirie denken können?[82] Eine gute Möglichkeit, V. 4 und V. 9 im Zusammenhang miteinander zu verstehen, hat HADORN aufgezeigt: „So wird man unter den 144000 Versiegelten die *beiden Teile* der *Gemeinde* zu verstehen haben, die zusammen das wahre Israel bilden, wobei die judenchristliche Gemeinde den Grundstock stellt und die Form bildet – daher die 12 Stämme –, und die heidenchristliche das Gottesvolk in seiner ursprünglichen Anlage als Zwölfstämmevolk auf den gottgewollten Vollbestand bringt"[83]. „Die Basis bildet also das eschatologische Israel, das durch die Völker ergänzt wird"[84]. Noch pointierter formuliert JOCHUM-BORTFELD: Für Johannes „ist das Volk von der genealogischen Verbindung eines jeden mit dem Stammvater Jakob geprägt. Diese Struktur ist und bleibt für das Gottesvolk in der Endzeit maßgeblich. Die Menschen aus den Völkern, die durch das Blut Christi erlöst sind, werden in die Genealogie Israels eingegliedert (vgl. 14,3). Sie treten nicht an die Stelle Israels. Sie lösen Israel nicht als Gottesvolk ab. Diesen Gedanken kann man in der Apk nicht finden"[85]. Gemeinde wäre demnach verstanden als Integration der Völker in das Gottesvolk Israel[86]. So hat es sich Johannes damals gedacht. Aber wie gehen wir heute unter sehr veränderten Bedingungen damit um? Wir müssen wahrnehmen, dass die Kirche sich vom frühen 2. Jahrhundert an zu einer Kirche nur aus den Völkern hin entwickelt hat[87]. Gemessen am neutestamentlichen Anspruch, Kirche aus Juden und aus den Völkern zu sein, ist sie eine Kirche im Defekt, die im Verhältnis zum Judentum zu einer Kirche im Exzess geworden ist. Will sie letz-

81 Vgl. RISSI, Hure, S. 17: „... durch den ungewöhnlichen Aufwand in der Beschreibung der zwölf Stämme der ‚Söhne Israels' wird der seinsmäßige Zusammenhang der Gemeinde mit dem alttestamentlichen Israel als dem von Gott berufenen Volk aufgewiesen."

82 Der auffällige Tatbestand, „daß jeder der zwölf Stämme einzeln genannt wird", kommt nach HIRSCHBERG „in keiner anderen frühjüdischen Tradition vor" (Israel, S. 176). Er charakterisiert das als „konkret-metaphorisch" (S. 177).

83 HADORN, Komm., S. 93; zustimmend BÖCHER, Johannesapokalypse, S. 62f.; vgl. S. 76. Problematisch ist dabei die Rede vom „wahren Israel". Obwohl HADORN unmittelbar vorher ausdrücklich verneint, „daß die Heidenchristen *an Stelle des alten Gottesvolkes* und *als ihr* (sic) *Ersatz* das neue Israel bilden", sondern betont, „daß sie *zu dem alten Gottesvolk hinzukommen*", denkt er im Blick auf das nicht an Jesus glaubende Israel im Sinne der Substitution und des Ausschlusses. Das zeigt sich besonders deutlich auf S. 46 in der Auslegung von Apk 2,9 (vgl. auch die Überbietungen auf S. 11) und ist implizit mit der Rede vom „wahren Israel" gegeben. Diese Rede findet sich geradezu inflationär bei SATAKE, Komm., S. 105–107 und an vielen anderen Stellen.

84 HIRSCHBERG, Israel, S. 194.

85 JOCHUM-BORTFELD, Stämme, S. 173f.

86 Daher kann keine Rede davon sein, dass Johannes ein „Neue(s) Gottesvolk" implizit „antithetisch mit Blick auf das ‚alte' Gottesvolk" beschreibe, wie HOLTZ meint (Komm., S. 62). Sehr direkt behauptete HALVER, für Johannes trete „an die Stelle des alten Gottesvolkes das neue; aber die 12-Zahl der Stämme ... bleibt in der Symbolsprache erhalten" (Mythos, S. 43).

87 Vgl. WENGST, Jesus, S. 124–126.

tere nicht mehr sein, weil ihr die schlimmen Konsequenzen davon bewusst geworden sind und sie erkannt hat, dass das Treueverhältnis zwischen Gott und seinem Volk Israel weiterhin besteht, wird sie um Gottes und ihrer selbst willen darauf verwiesen, sich Israel in einer für dieses akzeptablen Weise zuzuordnen.

Am Ende der Vision steht eine Belehrung, die Johannes von einem der Ältesten vor Gottes Thron erhält. Diese Belehrung entwirft aus biblisch-jüdischer Tradition gespeiste Hoffnungsbilder, die zu leidvoller irdischer Wirklichkeit in Kontrast stehen und so die Widerständigkeit der Hoffenden stärken und ihnen Perspektive geben. Der Älteste klärt zunächst darüber auf, wer die mit weißen Gewändern Bekleideten sind und woher sie kommen: „Das sind diejenigen, die aus der großen Bedrängnis kommen und ihre Gewänder gewaschen und sie weiß gemacht haben im Blut des Lammes" (Apk 7,14). Nach Apk 1,5 hat der Gesalbte Jesus „uns erlöst von unseren Sünden durch sein Blut". Hier haben die aus der „großen Bedrängnis"[88] Kommenden weiße Gewänder, weil sie sie „gewaschen und weiß gemacht haben im Blut des Lammes", sind also selbst Subjekt. Damit wird zum Ausdruck gebracht: Es gibt keine Sündenvergebung ohne Umkehr. Die so durch Vermittlung des Lammes Kommenden werden hineingestellt in die Hoffnung Israels. Sie sind „vor dem Thron Gottes und dienen ihm Tag und Nacht in seinem Tempel; und der auf dem Thron sitzt, wird bei ihnen wohnen" (V. 15). Die Hoffnung hat also ihren Angelpunkt in der Verheißung des Wohnens Gottes inmitten seines Volkes. Das ist biblisch grundgelegt in der Erzählung vom Wohnen Gottes im Zelt der Begegnung während der Wüstenwanderung und wird rabbinisch eindrucksvoll ausgeführt im Reden von der Gegenwart Gottes (שכינה – *sch'chináh*) in allen Exilen Israels[89]. In Apk 7,15 zeigt sich ein eigenartiger Wechsel in der Zeitform. Bisher wurde in Formen der Vergangenheit und Gegenwart geredet, was zur Visionsschilderung passt. Ab jetzt finden sich futurische Formen. Das unterstreicht, dass es sich bei der ganzen Vision um eine Prolepse handelt, die Kraft vermitteln soll aus gewiss erhoffter Zukunft.

Wo Gott anwesend ist, da bricht nicht das Schlaraffenland aus, sondern da werden die elementaren Bedürfnisse befriedigt. „Sie werden nicht mehr hungern und nicht mehr dürsten, noch wird die Sonne oder irgendeine andere Hitze sie anfallen. Denn das Lamm wird sie weiden und sie zu Quellen lebendigen Wassers führen und Gott wird alle Tränen von ihren Augen wischen" (V. 16f.). Hunger und Durst werden überwunden und die natürlichen Rahmenbedingungen erträglich gemacht (vgl. Jes 49,10; Ps 23,1f.). Als „Hirte" fungiert hier „das Lamm", Gottes messianischer Beauftragter (vgl. Ez 34,23). Wo ihm gefolgt wird, kann es nicht darum gehen, Überfluss und Macht für wenige zu gewinnen, sondern im Miteinanderteilen genug zu haben für alle. Abwendung konkreter Not ist schließlich auch im letzten Hoffnungsbild im Blick (V. 17c), dass Gott alle Tränen abwischen wird (vgl. Jes 25,8). Noch besteht Anlass zum Weinen; Trost ist gefragt. Er wird gesucht bei den Verheißungen des Gottes Israels.

In Apk 14,1–5 kommen die 144000 noch einmal in den Blick. Im Aufbau des Buches steht dieser Abschnitt immer noch im Kontext der siebten Posaune, die

[88] Vgl. Dan 12,1.
[89] Vgl. o. S. 219 mit Anm. 13.

schon in 11,15 geblasen wurde. Daraufhin erfolgte in 11,15–19 eine Akklamation vor Gottes Thron, ausgesprochen von lauten Stimmen im Himmel. In dieser Akklamation gegenüber Gott und seinem Messias wurden sozusagen von der himmlischen Perspektive her die objektiven Machtverhältnisse dargelegt. Was diese Akklamation aussagte, wurde dann in Apk 12 in mythischen Bildern erzählt: Der Satan und seine Helfer sind im Himmel besiegt und hinausgeworfen worden. Dabei trat aber auch deutlich hervor, dass mit diesem himmlischen Sieg der Kampf auf der Erde gerade noch nicht vorbei, sondern vielmehr erst in voller Härte entbrannt ist und nun tobt. Das zeigte Apk 13 in der Darstellung der beiden Tiere. Demgegenüber bietet der Abschnitt 14,1–5 einen heilvollen Ausblick auf die Bewahrung der Gemeinde. In seiner Auslegung wird hinsichtlich der Frage, ob hier „eine Aussage über die eschatologische Zukunft“ gemacht wird[90] oder ob „die Glieder der irdischen Gemeinde“ bezeichnet werden[91], eine m.E. falsche Alternative diskutiert. Einmal dürfte klar sein, dass das, was in V. 2 von den 144000 ausgesagt wird, dass sie den Namen des Lammes und den Namen Gottes auf der Stirn tragen, von allen Messiasgläubigen schon in der Gegenwart gilt. Das zeichnet sie ja gerade aus, dass sie getauft sind und also Gott und seinem Messias gehören. Aber diese Menschen machen eben aufgrund solcher Zugehörigkeit schlimme Erfahrungen. In diesen Erfahrungen und gegen sie wird ihnen hier Bewahrung zugesagt, die sich schließlich als wahr und wirklich erweisen wird. So gehören beide Aspekte zusammen.

In V. 1 entwirft Johannes ein neues Visionsbild: „Da sah ich – und siehe: Das Lamm stand auf dem Berg Zion.“ Nach dem Blick auf die beiden Tiere in Apk 13 erfolgt nun wieder im Kontrast dazu ein Blick auf das Lamm. Von ihm war zuletzt ausführlicher in Apk 7 die Rede. Auf dieses Kapitel bezieht sich Johannes hier mehrfach zurück. Nach dem Blick auf das Bedrohliche, auf das, was zerstört und kaputt macht, wird nun der Blick darauf gerichtet, was retten kann, was bleibt und Hoffnung gibt. Johannes sieht das Lamm auf dem Berg Zion stehen. Damit lässt er biblische Traditionen anklingen. Der Zion in Jerusalem ist der Berg Gottes. Er ist der Berg des Heils, der Rettung – zunächst und vor allem für Israel[92]. Auch im Blick auf den Zusammenhang ist hier an erster Stelle Joel 3,5 anzuführen: „Und es wird sein: Alle, die den Namen des Ewigen anrufen, werden gerettet werden.“ Es gibt eine Zionstradition, die eine den Völkern feindliche Intention verfolgt; nach ihr werden sie am Ende am Zion gerichtet (z.B. 4Esr 13,35). Es gibt aber auch eine den Völkern freundliche Tradition, die tiefe Wurzeln hat (Jes 2,2–4; Mi 4,1–4): das Motiv von der Völkerwallfahrt zum Zion am Ende der Zeit. Dort werden sie alle in Gottes Tora belehrt, sodass sie mit Israel und untereinander friedlich leben. Wie das Folgende zeigt, knüpft Johannes an diese Tradition an. Denn bei dem Lamm sieht er die 144000 stehen. Hier ist der Rückbezug auf Kap. 7 offensichtlich. Johannes hat also das endzeitliche Gottesvolk, die Gemeinde, als durch die Völker ergänztes und restituiertes Israel im Blick. Mit dem Zion wird diese Gemeinde in Israel verortet.

90 So MÜLLER, Komm., S. 261.
91 So ROLOFF, Komm., S. 148.
92 Zur traditionellen Zionstheologie vgl. JOCHUM-BORTFELD, Stämme, S. 184–186.

In Apk 7 wurden die 144000 als „Versiegelte“ charakterisiert, wobei „Siegel“ an die Taufe als das sachlich damit Gemeinte denken ließ und den damit gegebenen Aspekt der Bewahrung zum Ausdruck brachte. An die Taufe dürfte auch hier in 14,1 gedacht sein, wenn die 144000 als solche bezeichnet werden, auf deren Stirn der Name des Lammes „und der Name seines Vaters“ geschrieben stehen. Die sachliche Verbindung ist dadurch gegeben, dass bei der Taufe der Name des Vaters und der Name Jesu genannt werden. Der damit zum Ausdruck gebrachte Aspekt ist der der Übereignung und Zugehörigkeit. Die auf den Namen Jesu Getauften gehören ihm. Dass ihnen der Name des Lammes und der Name des Vaters auf die Stirn geschrieben sind, ist deutliche Gegenbildung zu dem χάραγμα (*cháragma*) von Apk 13,16f., das die das Tier Verehrenden sich selbst auf Stirn oder rechte Hand geben und das ja ebenfalls aus einem Namen besteht[93].

4. Gemeinde als herrschaftsfreie Geschwisterschaft

In der bisherigen Darstellung war immer wieder angeklungen, dass Johannes ein egalitäres Gemeindemodell vertritt, dass er Gemeinde als herrschaftsfreie Geschwisterschaft versteht. Das sei hier durch Besprechung weiterer Stellen unterstrichen. Nach Apk 3,12 bekommt, „wer siegt“, verheißen „zur Säule im Tempel meines Gottes“ gemacht zu werden. Die Gemeinde ist hier metaphorisch als Tempel Gottes verstanden. So konnte schon Paulus reden, als der Tempel in Jerusalem noch stand. Er schreibt in 1Kor 3,16f.: „Wisst ihr nicht, dass ihr der Tempel Gottes seid und der Geist Gottes unter euch wohnt? Wenn jemand den Tempel Gottes zerstört, wird Gott diese Person zerstören. Denn Gottes Tempel ist heilig; das seid ihr.“ Das Tempelbild betont also die Heiligkeit der Gemeinde und die Heiligkeit die unbedingte Zugehörigkeit der Gemeinde zu Gott. Deuteropaulinisch ist das weiter in Eph 2,20–22 ausgeführt. Das Besondere bei Johannes ist, dass er hier im Bild von der Gemeinde als Tempel Gottes die einzelne Person in den Blick nimmt und zur Säule im Tempel in Entsprechung setzt. Jede Person, die standhält und durchhält, die sich nicht unterkriegen lässt, und damit jedes Glied der Gemeinde ist zugleich eine „Säule“ in ihr, hat also tragende und schmückende Funktion[94]. In ekklesiologischer Verwendung findet sich das Säulenbild schon bei Paulus in Gal 2,9. Dort spricht er im Blick auf die Jerusalemer Gemeinde von Jakobus, Kephas und Johannes als solchen, „die als Säulen gelten“. Sie werden damit als herausragende Mitglieder der Gemeinde bezeichnet; bei Johannes sind das alle – jedenfalls alle, die durchhalten. Hier

---

93 Vom Zwölfstämmevolk Israel her dürfte sich auch die „merkwürdige Zahl von 24 Ältesten“ erklären (Apk 4,4.10; 5,8.14; 11,16; 19,4). Diese Verdoppelung der 12 „mag daraus entstanden sein, daß zu den 12 Stämmen des alten Israel die Erlösten aus allen Nationen hinzugetreten sind“ (KRETSCHMAR, Offenbarung, S. 35). Zum Singen der 144000 in Apk 14,2f. vgl. u. S. 260f. und zu ihrer Charakterisierung in 14,4f. S. 247–249.

94 Belege für die metaphorische Bedeutung von „Säule“, bezogen auf eine einzelne Person, in der griechisch-römischen Welt bei AUNE, Komm., S. 241. Da geht es jeweils um „eine Person von zentraler Bedeutung für eine bestimmte Gemeinschaft“.

zeigt sich wieder seine egalitäre Ekklesiologie. Bei der Redeweise von der Säule kommt es ihm nicht nur auf den Vergleich in der Weise an, die BOUSSET betont: Die Frommen glichen Tempelsäulen in unwandelbarer Festigkeit und herrlichem Schmuck[95]. Verbunden mit dem Bild vom Tempel geht es vielmehr in erster Linie um die Funktion des Tragens und Stützens. Jede und jeder Einzelne und alle zusammen stützen und tragen die Gemeinde[96].

Ein ganz analoges Phänomen begegnet im Siegesspruch in Apk 3,21. Dort erhält, „wer siegt", die Zusage, „bei mir zu sitzen auf meinem Thron, wie auch ich gesiegt und mich gesetzt habe zu meinem Vater auf seinen Thron." An dieser Stelle zeigen sich Berührungen mit Lk 22,30b/Mt 19,28, wo Jesus seinen zwölf Schülern verheißt, dass sie in seinem Reich auf Thronen sitzen und die zwölf Stämme Israels richten werden. In Apk 3,21 sind wieder alle Gemeindeglieder im Blick, alle, die sich nicht unterkriegen lassen. Ihnen wird Teilhabe an der Herrschaft Jesu verheißen, Nachvollzug seines Sieges. Er hat allerdings im Unterliegen „gesiegt"; der Sieg dabei ist allein Sache Gottes.

Bereits im Präskript, in Apk 1,6, hatte Johannes vom Gesalbten Jesus ausgesagt: „Und er hat uns zu einem Königreich gemacht, zu Priestern für Gott und seinen Vater" (vgl. Apk 5,10). Die zum Gesalbten Jesus und durch ihn zu Gott Gehörigen stehen damit nicht nur unter deren Herrschaft, sondern haben geradezu selbst die Herrschaft angetreten[97]. Die βασιλεία (*basileía* – „Königreich", „Königsherrschaft"), die allen vor Augen lag, war das *regnum romanum*. Im Griechischen wurde der Kaiser in Rom als βασιλεύς („König") bezeichnet. Es ist das besondere Profil dieser Stelle, dass demgegenüber nicht einfach nur eine überlegene *basileía* des Gesalbten Jesus im Himmel behauptet wird, sondern dass diese *basileía* Raum gewinnt auf der Erde in der Gemeinde. Die Gemeinde wird so verstanden als eine Gegenwelt zum *Imperium Romanum*, als Statthalter der Herrschaft des Gesalbten Jesus auf Erden. *basileía* wird hier von denen ausgesagt, die alles andere als Herrschaft in der Hand zu haben scheinen, die vielmehr in der Hand der Herrschenden sind, deren potentielle und aktuelle Opfer. Das bedeutet dann aber auch, dass diese Herrschaft anderer Art ist als die Roms, dass dieses Reich als ein Gegenreich dem *Imperium Romanum* nicht auf derselben Ebene der Gewalt entgegentritt.

Johannes spielt an dieser Stelle auf Ex 19,6 an: „Und ihr sollt mir ein Königreich von Priestern sein und ein heiliges Volk"[98]. In der jüdischen Überlieferung ist diese Stelle in Jub 16,18 rezipiert. Was hier der Sache nach ausgesagt wird, ist besonders gewichtig geworden in pharisäisch-rabbinischer Tradition: Israel als ganzes ist von Gott geheiligt, von ihm mit Beschlag belegt, gehört ihm und

---

95 BOUSSET, Komm., S. 229.

96 Die an die Verheißung, „Säule" zu sein, anschließende: „... und wird nicht hinausgehen" (aus dem „Tempel"), womit die nicht aufhörende Nähe Gottes versprochen wird, als Einschluss in ein „Gefängnis" zu verstehen, wozu auch die Trennung von rein und unrein in Apk 21,8; 22,15 und die „Stärke und Höhe der Stadtmauer" herangezogen werden (SALS, Biographie, S. 114), interpretiert die Texte *ad malam partem* – m.E. in gröblicher Weise.

97 Es sei noch einmal auf die Entsprechung in der rabbinischen Tradition hingewiesen: „Alle Israeliten sind Königskinder" (mShab 14,4; Parallelen in bShab 67a; 128a; bBM 113b; Seder Eliahu Zuta 24 (Friedmann, S. 43).

98 Vgl. 1Petr, 2,9f.

muss ihm deshalb in der Heiligung des Alltags entsprechen[99]. Das nimmt Johannes hier für die messiasgläubige Gemeinde auf: Sie ist von Jesus „zu Priestern für Gott und seinen Vater“ gemacht worden. Betont ist damit der Aspekt der Zugehörigkeit aller in der Gemeinde zu Gott und zugleich damit der Aspekt ihrer Beanspruchung durch Gott[100]. Diese Aussagen sind damit ein weiterer Hinweis auf das egalitäre Gemeindemodell des Johannes[101].

Die Aussage von Apk 1,6; 5,10 wird im Zusammenhang der Darstellung des tausendjährigen Reiches in 20,6 noch einmal speziell von den Märtyrern gemacht: „Sie werden Priester Gottes und des Gesalbten sein und mit ihm herrschen tausend Jahre.“ Was hier im Futur für die tausend Jahre steht, stand in 1,6; 5,10 im Aorist. Der Unterschied kann nur darin bestehen, dass dann unangefochten auf befreiter Erde gelebt wird, was dort nur im Widerspruch gegen eine verkehrte Welt gelebt werden konnte.

5. *Auszug aus „Babylon“: Verweigerung gegenüber einem sich selbst vergötzenden System*

Bei der Besprechung der Situation der Gemeinden, wie Johannes sie sieht, hatte sich gezeigt, dass für ihn das Nichtessen von Götzenopferfleisch den entscheidenden Punkt bildete. In der Frage des Genusses von solchem Fleisch war für ihn der *status confessionis* gegeben. Es war aber auch deutlich geworden, dass es sich dabei um die konkrete Zuspitzung des allgemeinen Problems von gesellschaftlicher Partizipation und Integration überhaupt handelte. Darüber wurde, wie der im Sendschreiben nach Thyatira zutage tretende Konflikt des Johannes mit der von ihm „Isebel“ genannten Prophetin zeigt, in den Gemeinden gestritten. In diesem Streit vertritt Johannes entschieden die Position bewusst gewählter sozialer Isolierung, eine Position des nicht Mitmachens, der Verweigerung, des Auszugs. Das war schon daran deutlich geworden, dass er den Ort der Gemeinde „in der Wüste“ erblickte[102], und das tritt am klarsten in Apk 18,4 hervor, wo er ausdrücklich zum Auszug aufruft. Einmal mehr hört er dort „eine andere Stimme vom Himmel“. Wessen sie ist, wird nicht gesagt. Aus der Anrede „mein

---

99 So heißt es in MekhJ Jitro (BaChodesch) 2 (HOROVITZ/RABIN, S. 209) in Auslegung von Ex 19,6: „*Und ein Volk*: Sie (die Schrift) hat sie (die Israeliten) ‚Volk‘ genannt; denn es ist gesagt: *Und wer ist wie deine Nation, Israel, ein einzig(artig)es Volk auf Erden* usw. (2Sam 7,23). … *ein heiliges*: Heilige und Geheiligte, Abgesonderte (*p^e ruschím* – ‚Pharisäer‘) von den Völkern der Welt und ihren Gräueln.“

100 Man kann darin auch den Gedanken finden, dass es keiner Vermittlung von Priestern mehr bedarf, wenn alle Priester sind (so ROLOFF, Komm., S. 34), und mit LOHMEYER zu beiden Prädikationen zusammenfassend formulieren: „Jeder Gläubige ist König und Priester zugleich“ (Komm., S. 11).

101 Vgl. auch HOLTZ, Komm., S. 23: „König und Priester, das sind die Träger der höchsten sozialen Ränge, die Offb im Blick hat. Solchen Rang hat jeder, der sich vom Worte Gottes und dem Zeugnis Jesu bestimmen läßt.“

102 Vgl. o. den Abschnitt II 4.

Volk“ kann man schließen, dass Gott selbst als Sprecher gedacht ist[103]. Die folgende Aufforderung hat damit die höchst denkbare Autorität: „Zieht, mein Volk, aus ihr heraus“, nämlich aus der vorher erwähnten und als schon gefallen geschilderten Stadt Babylon. Johannes kann die höchste Autorität einsetzen, weil er wiederum mit seiner Bibel redet, gleichsam Gott aus der Schrift heraus in die eigene Gegenwart sprechen lässt. Die Aufforderung, wie er sie formuliert, hat ihre nächste Entsprechung in Jer 51,45[104], ja, sie ist eine mögliche Übersetzung des Anfangs dieses Verses[105]. Der ganze Vers lautet dort: „Zieht aus ihr aus, mein Volk, und rettet euer Leben vor der Zornesglut des Ewigen!“ Damit ist indirekt eine Motivation für den geforderten Auszug aus Babel gegeben. Gottes Gericht wird Babel in Form totaler Zerstörung durch eine von Norden kommende Macht ereilen (Jer 51,48; vgl. V. 11.28). Die Israeliten sollen ausziehen, um davon nicht mitgetroffen zu werden. Es ist also hier an einen realen Auszug aus der Stadt Babel und dem zu ihr gehörenden Land gedacht. So hieß es im selben Kapitel Jer 51 schon in V. 6: „Flieht aus Babel und rettet euer Leben! Ihr sollt nicht umkommen durch ihre Verfehlung. Ja, eine Zeit der Abgeltung ist es für den Ewigen; was sie getan, begleicht er ihr.“ Auch in Jer 51,9f. wird zum Verlassen Babels aufgerufen, weil das Gericht an ihr umfassend sein wird[106].

An Apk 17,5 war deutlich geworden, dass „Babylon“ für Johannes ein Deckname ist und dass er damit Rom meint. Es hatte sich auch an mehr als einer Stelle gezeigt, dass er die mit dieser Benennung verbundene Hoffnung teilt: Wie Gottes Gericht das alte Babylon eingeholt hat, so wird das auch bei Rom als neuem Babylon der Fall sein; und dieses Gericht nimmt er in seinen Visionen schon ausgiebig vorweg. Aber auch wenn er „Babylon“ mit Rom identifiziert, kann er bei der Aufforderung von Apk 18,4, aus „Babylon“ auszuziehen, keinen Auszug im räumlichen Sinn aus der Stadt Rom meinen. Denn sein Buch ist an die Gemeinden der Provinz Asia gerichtet. An was denkt er dann? V. 4 im Ganzen lautet: „Zieht, mein Volk, aus ihr heraus, damit ihr nicht Komplizen ihrer Sünden werdet und damit ihr nichts von ihren Schlägen abbekommt!“ Wie gezeigt, entspricht der Anfang genau dem biblischen Text von Jer 51,45; und auch die Erwähnung der Sünden Babylons und die Warnung davor, von den dieser Stadt geltenden Schlägen mitgetroffen zu werden, klingt noch an Jer 51,6 an. Aber zugleich zeigt sich an diesem zweiten Punkt ein bedeutsamer Unterschied. Dort ging es darum, sich räumlich aus der Stadt Babel zu entfernen, um bei ihrer

---

103 Dann wäre V. 5 nicht mehr als wörtliche Rede, sondern als Kommentar zu verstehen. Aber ob Gott spricht oder ein Engel, der dann als von Gott autorisiert gedacht wäre, darauf liegt hier kein Gewicht. Entscheidend ist, was gesagt wird.

104 In LXX Jer 28, was dem Kap. 51 in der hebräischen Bibel entspricht, fehlen die Verse 45–48.

105 Bei der von Johannes übernommenen Anrede „mein Volk“, die er damit auf die angeschriebenen Gemeinden bezieht, ist zu beachten, dass er sie als um Menschen aus den Völkern ergänztes und restituiertes Zwölfstämmevolk Israel versteht. Die Bezeichnung „Volk Gottes“ ist engstens mit der Erwählung Israels verbunden. Da die Kirche heute und schon seit langem Völkerkirche im Gegenüber zu Israel/Judentum ist, sollte sie mit der Selbstbezeichnung als „Gottesvolk“ äußerst zurückhaltend sein, m.E. ganz darauf verzichten und diese Bezeichnung Israel vorbehalten sein lassen.

106 Vgl. weiter Jer 50,8; Jes 48,20.

Zerstörung, die sie wegen ihres Unrechts trifft, nicht in Mitleidenschaft gezogen zu werden. Hier ist ein Auszug derart im Blick, der es verhindern kann, zum Komplizen der Sünden Babylons zu werden. Johannes geht es demnach um Verweigerung gegenüber dem herrschenden Gewaltsystem[107], was soziale Isolierung zur Konsequenz hat. Sie soll bewusst bejaht werden. Denn wenn die bestehenden Strukturen Sünde sind, bedeutet das Mitmachen unweigerlich Komplizenschaft mit der Sünde[108]. Das schließt dann aber ebenfalls das Einbezogensein in die Folgen der Sünde ein. Als nichts anderes ist das Gerichtshandeln Gottes verstanden: das Eingeholtwerden von der eigenen Sünde, das Zurückfallen der Untat auf diejenigen, die sie tun. Dementsprechend erscheint nach der ersten Zielbestimmung des Auszugs, „damit ihr nicht Komplizen ihrer Sünden werdet“, als zweite, „damit ihr nichts von ihren Schlägen abbekommt“. Man soll nicht mitgegangen sein, um auch nicht mitgefangen und mitgehangen zu werden. Für Johannes kann es gegenüber einem gesellschaftlich-politischen System, das sich selbst vergötzt, nur den völligen Nonkonformismus, die kompromisslose Verweigerung geben[109].

Sachlich parallel mit der Aufforderung zum Auszug aus „Babylon“ sind die Charakterisierungen der 144000 in Apk 14,4f. Diese Charakterisierungen bereiten allerdings dem Verständnis beträchtliche Schwierigkeiten, vor allem gleich die erste: „Das sind diejenigen, die sich mit Frauen nicht befleckt haben.“ Das könnte fragen lassen, ob denn die 144000 ausschließlich aus Männern bestünden[110]. Aber das ist ausgeschlossen. Inhaltlich gemeint ist ja mit dieser Symbolzahl das endzeitliche Gottesvolk. Im Blick darauf hatte Johannes in Apk 7,3 und 14,1 Taufsymbolik verwendet. Dass aber die Gemeinden in der Asia, an die er schreibt, nur aus Männern bestanden hätten, ist undenkbar. Wenn aber das einleitende „Diese“ in V. 4 nicht ausschließlich Männer meinen kann, sondern Frauen einbezogen sein müssen, dann kann die Aussage „die sich mit Frauen nicht befleckt haben“ schlechterdings nicht im wörtlichen Sinn sexuell verstan-

---

107 Vgl. ROLOFF, Komm., S. 175: „Es geht … darum, daß die Christen als Bürger und Angehörige der Stadt Gottes (vgl. 21,2.10) sich von der Lebensweise der gottfeindlichen Stadt trennen und, gegen alle Verlockungen des Konformismus mit ihr, allein ihrem Herrn gehorsam bleiben (vgl. 14,4f.).“ Nach SATAKE bedeutet es, „dass die Christen vor allem ihre Partizipation am Wirtschaftsleben Roms, das eng mit der Verehrung paganer Götzen verknüpft ist und auf der Ausbeutung der Ärmsten basiert, aufgeben“ (Komm., S. 110).

108 „Sünden haben konkret etwas mit der Kollaboration mit Babylon, mit der Beteiligung am System des römischen Reiches zu tun“ (JOCHUM-BORTFELD, Stämme, S. 135).

109 In Apk 18,4 „eine Weise der Weltflucht“ zu sehen, ob als Aufforderung, „aus dem Römischen Reich auszuwandern, oder ob an eine ‚innere Emigration‘ gedacht ist“ (KÖRTNER, Weltangst, S. 319f.), scheint mir diesem Text nicht gerecht zu werden. Nach WOLTER „will Johannes erreichen, dass seine Adressaten sich von allem fernhalten, was mit der vom römischen Kaiserkult bestimmten öffentlichen Kultur zu tun hat. Alle ethischen Weisungen konvergieren in diesem einen Punkt“ (Ethos, S. 206). Nach HADORN wird die Mahnung von Apk 18,4 „um so aktueller, je mehr der Rückfall in das Heidentum und die Verweltlichung der ‚christlichen‘ Welt fortschreiten“ (Komm., S. 178).

110 „In 14,4 tauchen das einzige Mal Frauen auf, aber nur in der Formulierung ‚die sich mit Frauen nicht befleckt haben‘. Die rechten Nachfolger des Lammes sind demzufolge Männer. Dies ist eine irritierende Feststellung für Frauen“ (SUTTER REHMANN, Offenbarung, S. 727; ähnlich SALS, Biographie, S. 52 mit Anm. 4).

den sein[111]. Sie muss eine metaphorische Bedeutung haben. Sowohl vom näheren Kontext her, in dem die 144000 das Gegenbild zu den Anbetern des Tieres darstellen, die ihrerseits ja nun gerade nicht eines sexuell ausschweifenden Lebens bezichtigt werden, als auch vom Gesamtzusammenhang der Apokalypse her wird diese metaphorische Bedeutung in nichts anderem bestehen, als worauf in den Sendschreiben die Redeweise vom „Huren" zielte. Dort stand das „Huren" parallel zum Essen von Götzenopferfleisch. Damit wurden nicht zwei verschiedene Dinge bezeichnet, sondern Johannes kennzeichnete das Essen von Götzenopferfleisch, das das Problem gesellschaftlicher Kommunikation und Partizipation überhaupt anzeigt, durch diese Zusammenstellung als Untreue gegenüber Gott, als Fremdgehen mit anderen Göttern. Diese Bedeutung ergibt sich auch hier durch die Entgegensetzung zu denen, die dem Tier huldigen[112]. Bei ihnen handelt es sich in der Masse um Mitläufer mit dem dominanten gesellschaftlichen Trend, was Johannes für Verleugnung Gottes, des Schöpfers, und seines Gesalbten hält.

Ist also die Aussage „die sich mit Frauen nicht befleckt haben" inhaltlich in dieser Weise zu verstehen: als Widerstand gegen das gesellschaftliche Mitläufertum, als standhafte Verweigerung gegenüber den Verlockungen und Versprechungen der Macht, so muss auf der anderen Seite doch auch zugleich gesagt werden, dass die Weise, in der Johannes das zum Ausdruck bringt, kritisch zu hinterfragen und nicht mehr zu gebrauchen ist; sie ist schlicht frauenfeindlich. Seine diesbezügliche Sprache gründet offenbar in einem männlichen Asketismus, der Frauen vor allem als Versuchung wahrnimmt[113].

Die zweite Charakterisierung der 144000, die in V. 4 als Erläuterung folgt, liegt in der aufgezeigten asketischen Linie, ist aber in der Formulierung nicht frauenfeindlich und lässt andere Töne mitschwingen: „Sie sind nämlich jungfräulich bzw. Jungfrauen." Auch hier liegt ein metaphorisches Verständnis vor. παρθένοι (*parthénoi*) als Bild für die ganze Gemeinde begegnen auch in dem matthäischen Gleichnis von den zehn Jungfrauen (Mt 25,1–14). Und zwar repräsentieren dort beide Gruppen zusammen, sowohl die klugen als auch die törichten Jungfrauen, die Gemeinde. Bei dem Gleichnis ist auch deutlich, dass das die Sexualität betreffende Verhalten bei der Redeweise von den Jungfrauen überhaupt nicht im Blick ist; die törichten Jungfrauen sind keine „gefallenen Mäd-

---

111 Nach BÖCHER „belegt Apk 14,4a ein enkratitisches Taufgelübde: Der Täufling gelobt künftige sexuelle Enthaltung" (Kirche, S. 51; vgl. S. 113). Johannes schreibt jedoch an die Gemeinden insgesamt und zeigt nichts von dem von BÖCHER behaupteten „hohen Pathos einer Ethik der Endzeit" (S. 51).

112 ZIMMERMANN möchte „dem Konkretionsgrad der Formulierung Rechnung tragen" und versteht die „Betonung der Jungfräulichkeit" und die Enthaltung von „Befleckung mit Frauen" auf dem Hintergrund der metaphorischen Interpretation des Engelfallmythos im Judentum „auf die Einhaltung des jüdischen Sexualkodex, vor allem im Blick auf die Eheregeln und Mischehen" (Geschlechtermetaphorik, S. 460).

113 MÜLLER meint, Johannes schildere hier die Gemeinde „mit Begriffen …, die seinem Ideal vom Christsein entsprechen, ohne dass alle Christen in Wirklichkeit Asketen waren" (Komm., S. 263). Er verweist auf asketische Traditionen in den frühen Gemeinden, die durch folgende Stellen belegt sind: Mt 19,12; 1Tim 4,3; Did 11,11. Das könnte der konkrete Erfahrungshintergrund sein, der Johannes so seltsam reden lässt, wie er es tut.

chen“. Von Jungfrauen wird gesprochen, weil von einer Hochzeit die Rede ist, zu der sie gehören; und die Hochzeit ist Bild für die messianische Heilszeit. Auf einer Hochzeit geht es fröhlich zu; da herrscht kein Mangel, da ist alles gut und im Überfluss da. So ist es auch in der messianischen Heilszeit. Es ist durchaus möglich, dass Johannes mit der Erwähnung von „Jungfrauen“ solche Töne mitschwingen lassen will. Am Schluss seines Werkes ist jedenfalls das Kommen des Messias zu seiner Gemeinde als Kommen des Bräutigams zur Braut vorgestellt, also als Hochzeit.

Der nächste Deutesatz in V. 4: „Das sind diejenigen, die dem Lamm nachfolgen, wohin immer es geht“ bestimmt die Gemeinde als Nachfolgegemeinschaft des gekreuzigten Jesus. Diese Nachfolge manifestiert sich darin, dass auf die Macht dieses Ohnmächtigen gesetzt wird. Dementsprechend handeln die Nachfolgenden selbst aus Ohnmacht und kopieren nicht die Mächtigen. Für Johannes besteht solches Handeln aus Ohnmacht vor allem in der Verweigerung des Mitmachens, im Benennen und Kenntlichmachen des Unrechts und in einer geschwisterschaftlichen Lebenspraxis in der Gemeinde.

Der danach folgende Deutesatz stellt den Rückbezug zu 5,9 ausdrücklich her: „Die sind erworben worden weg von den Menschen.“ „Weg von den Menschen“ nimmt die Wendung „weg von der Erde“ aus V. 3 auf. Gemeint ist: herausgenommen aus der Menge der Menschen, die sich von der Macht des Tieres faszinieren lassen. Aber der Satz hört nicht an dieser Stelle auf. Täte er das, könnte seine Aussage auch so verstanden – und dann missverstanden – werden, als sei die Gemeinde eine Elite gegenüber der übrigen Menschheit als einer *massa perditionis*. Johannes hat an dieser Stelle gegenüber V. 3 („von der Erde“) wohl sehr bewusst variiert und von „Menschen“ gesprochen im Zusammenhang mit der unmittelbar folgenden Aussage.

Die Gemeinde ist erworben aus der Menge der Menschen „als Erstlingsgabe für Gott und das Lamm“. Die ἀπαρχή (*aparché*) bezieht sich immer auf eine größere Menge, aus der sie genommen und deren Teil sie ist und die sie repräsentiert. Der Begriff stammt aus dem biblischen Opferwesen: Gott ist der eigentliche Besitzer des ganzen Landes Israel; er hat es seinem Volk zum Lehen gegeben (Lev 25,23). So gehört ihm rechtens auch der Ertrag des Landes, alles, was Acker und Weide hervorbringen. Dieser Anspruch wird abgegolten mit dem Darbringen der Erstlingsgaben (vgl. Ex 23,19). Die Erstlingsgabe repräsentiert daher das Ganze, von dem sie genommen ist. In Röm 11,16 bezieht sich Paulus auf Num 15,17–21. Dort wird den Israeliten geboten, vom Teig einen Erstlingskuchen als Abgabe Gott zu geben. Als Gott gehörig ist diese Abgabe dem profanen Bereich entzogen, also heilig. Den Zusammenhang, der zwischen der Erstlingsgabe und dem Ganzen, dem sie entnommen ist, besteht, weitet Paulus in Aufnahme dieser Stelle in Röm 11,16 so aus: „Wenn die Erstlingsgabe heilig ist, ist es auch der ganze Teig.“ Einen ähnlichen Zusammenhang stellt er her, wenn er in 1Kor 15,20 den auferweckten Gesalbten als „Erstlingsgabe der Entschlafenen“ versteht. Das heißt dann, dass seine Auferweckung die Auferweckung der Toten einschließt. Wenn in Apk 14,4 die Gemeinde als eine aus den Menschen genommene Erstlingsgabe bezeichnet wird, dann ist damit Gottes Anspruch auf die ganze Menschheit kenntlich gemacht, dann ist die Gemeinde nicht Elite, sondern Repräsentanz der Menschheit[114]. Dann liegt hier wieder ein Rückbezug auf Apk 5 vor, nämlich auf die gewaltige Prolepse von V. 13, nach der sogar über die Menschen hinaus alle Geschöpfe eine Doxologie auf Gott und das Lamm ausbringen.

V. 5 fährt in der Charakterisierung der 144000 fort: „Und in ihrem Mund wurde keine Lüge gefunden." Hier liegen wieder biblische Bezüge vor. In Zeph 3,13 heißt es vom Rest Israels: „Und nicht werden sie Lüge reden und nicht wird in ihrem Mund eine trügerische Zunge gefunden werden." Und Jes 53,9 sagt vom Gottesknecht: „... und kein Trug in seinem Mund." Weshalb aber bringt Johannes diese Aussage an dieser Stelle? Einmal kann hierin eine Entgegensetzung zu dem in Apk 13,11–18 dargestellten Wirken des Lügenpropheten gesehen werden. Zum anderen wird in Verneinung dasselbe gesagt, was an anderen Stellen positiv mit dem „Zeugnis für Jesus" ausgesagt ist. Die Zugehörigkeit zur Gemeinde erweist sich für Johannes vor allem darin, dass nicht gelogen wird, wenn die Bezeugung Jesu gefragt ist. In letzter Konsequenz heißt das: wenn diese Zugehörigkeit vor dem Gericht des Statthalters bekannt werden muss. Insgesamt läge also dann in den Deutesätzen von V. 4 und 5 mit anderen Worten genau das vor, was auch sonst in der Apokalypse oft zusammen steht: kein Götzenopferfleisch essen und Jesus nicht verleugnen. Beides zusammen qualifiziert diese Menschen als die, wie sie am Schluss benannt werden: „Untadelig sind sie." Tadellosigkeit erweist sich in der Verweigerung gegenüber dem Mitmachen, in der Verweigerung der Anbetung des Tieres in jedweder Form und im treuen Festhalten am Bekenntnis zu Jesus. Johannes will keinen Opportunismus; ihn qualifiziert er als Lüge. Tadellosigkeit erweist sich im widerständigen Ausharren, im durchgehaltenen Widerstand.

6. Der Gottesdienst der Gemeinde: betender und singender Protest als Zeugnis und Widerspruch

Zu dem, was die von Johannes angeschriebenen Gemeinden jetzt schon tun, gehört vor allem: Sie versammeln sich; und in ihren Versammlungen hören sie lange Lesungen aus der heiligen Schrift, der jüdischen Bibel, und aus Schriften der noch jungen Tradition der eigenen Gruppe, die dabei sind, sich als Lesetexte einzubürgern. Und vor allem auch: Sie beten und singen.

a) „Die Gebete der Heiligen" oder das Unrecht protestierend vor Gott bringen

Nachdem in der Vision von Apk 5 mit dem „Löwen aus dem Stamm Juda", mit dem „Lamm wie geschlachtet" jemand gefunden worden war, der die siebenfach

[114] AUNE spricht sich nach langen Ausführungen über ἀπαρχή (Komm., S. 814–818) schließlich gegen dieses biblische Verständnis aus zugunsten der aus dem griechischen Bereich gedeckten Annahme, es seien mit ἀπαρχή Menschen bezeichnet, „die der Gottheit als Diener geweiht worden sind" (S. 818).

versiegelte Buchrolle öffnen kann, und nachdem das Lamm die Buchrolle aus der Rechten des auf dem Thron Sitzenden genommen hatte, „fielen die vier Wesen und die vierundzwanzig Ältesten vor dem Lamm nieder. Sie hatten jeder eine Harfe und goldene Schalen, voll von Räucherwerk" (V. 8). Letztere werden sofort identifiziert als „die Gebete der Heiligen". „Die Heiligen" sind die von Gott Geheiligten[115], die zu Gott Gehörigen, die von Gott mit Beschlag Belegten und also auch von ihm Beauftragten. Das sind alle Mitglieder der Gemeinde. Bei der Deutung der Schalen voll von Räucherwerk als deren Gebete schwingen mehrere Aspekte mit. Zum einen ist auf ein Faktum zur Zeit des Tempels hinzuweisen: „Hauptsächlich … finden wir die Beter aus dem Volk am Tempel zur Zeit der Darbringung des Räucherwerks"[116]. Die sachliche Verbindung ist dann so zu denken, dass die Gebete mit dem Rauch des dargebrachten Räucherwerks zu Gott aufsteigen. Sodann ist ein biblischer Bezug zu Ps 141,2 möglich. Dort soll das Gebet als Räucherwerk gelten. In Apk 5,8 erfolgt eine Identifizierung in umgekehrter Richtung: Die himmlischen Räucheropfer – das *sind* die Gebete der Heiligen. Es ist dabei an solche Gebete zu denken, wie Johannes sie bei der Öffnung des fünften Siegels von den Seelen derjenigen geschrien hört, „die um des Wortes Gottes willen und um des Zeugnisses willen, das sie hatten, hingeschlachtet worden sind": „Wie lange noch, heiliger und wahrhaftiger Herrscher, richtest Du nicht und vergiltst Du nicht unser Blut an denen, die auf der Erde wohnen?" (6,10) Diese Gebete, herausgestoßen aus der Not der Bedrängten, sind nicht in den Wind gesprochen, sind nicht vergessen; sie kommen im himmlischen Gottesdienst Gott zu Ohren. Dieser Aspekt wird an dieser Stelle nicht weiter ausgeführt; das geschieht in Apk 8,3f. Aber dass diese Gebete jetzt schon genannt werden, ist nicht zufällig – an dieser Stelle, da Johannes den elenden Kreuzestod Jesu als seinen Machtantritt begreifbar machen will, der der Gewaltgeschichte ein Ende setzen wird. Das ist „Musik" in den Ohren seiner Leser- und Hörerschaft. Das macht ihren eigenen Gottesdienst mit seinen Liedern und Gebeten zu einer Vorwegnahme des himmlischen. Lieder und Gebete werden so zu einem Medium der Gegenöffentlichkeit.

Das Motiv von der Verbindung des Räucherwerks mit den Gebeten der Heiligen nimmt Johannes in Apk 8,3–5 noch einmal auf und führt es dort weiter aus. Die Öffnung des siebten Siegels in 8,1 führt zunächst zu einer „Stille im Himmel eine Zeit lang"; die ist aber nicht die Vorbereitung des Endes. In V. 2 sieht Johannes vielmehr die sieben Engel mit den sieben Posaunen. Es wird also noch dauern. Doch bevor sie zu blasen beginnen, schiebt Johannes das Stück über „die Gebete der Heiligen" ein. Das hat daher die Funktion zu vergewissern, dass die in der Gemeinde und von ihren Mitgliedern gesprochenen Gebete nicht vergeblich sind, auch wenn Gottes endgültiges rettendes und Recht bringendes Handeln noch nicht unmittelbar eintrifft. Sie kommen dennoch an und zeigen auch schon Wirkung.

In Apk 8,3 tritt ein weiterer Engel in das Visionsbild: „Und ein anderer Engel kam und stellte sich an den Altar mit einem goldenen Weihrauchbecken. Und es wurde ihm viel Räucherwerk gegeben, damit er es gebe zu den Gebeten der

[115] Vgl. 1Kor 1,2.
[116] SAFRAI, Wallfahrt, S. 182; vgl. Lk 1,10.

Heiligen auf den goldenen Altar vor dem Thron." Dadurch gelangen die im Himmel bewahrten Gebete direkt zu Gott: „Da stieg der Rauch des Räucherwerks auf mit den Gebeten der Heiligen aus der Hand des Engels vor Gott" (V. 4). Indem sie zu Gott gelangen, kommen sie auch zur Wirkung. Das zeigt V. 5: „Und der Engel nahm das Weihrauchbecken und füllte es vom Feuer des Altars und warf davon auf die Erde und da kam es zu Donnern, Getöse, Blitzen und Erdbeben." Daran wird zugleich auch deutlich, an was für Gebete gedacht ist, nämlich an die flehentlichen Bitten nach Art von Apk 6,10, an den Schrei nach dem Ende der Gewalt, nach dem Ende von Leid, Jammer und Tränen. Denn nachdem der Engel mit dem Weihrauchbecken vom Feuer des Altars glühende Kohlenstücke genommen und sie auf die Erde geworfen hat, kommt es dort zu Donnern, Getöse, Blitzen und Erdbeben, also zu Begleiterscheinungen der Theophanie, wobei Johannes an das endzeitliche Kommen Gottes denkt[117]. Dass so zu deuten ist, legen auch die beiden biblischen Bezugsstellen nahe, die Johannes hier kombiniert. In Ez 10,2 wird der Mann mit dem Gewand aus Leinen aufgefordert: „Geh zwischen das Räucherwerk unter dem Kerub und fülle deine Hände mit feurigen Kohlen, die zwischen den Keruben sind, und streue sie über die Stadt!" Und in Jes 29,6 heißt es: „Vom Ewigen, mächtig über Heere, wird Heimsuchung kommen mit Donner und mit Erdbeben und Getöse, Windsbraut und Sturmwind und Flamme verzehrenden Feuers."

Schon in 5,8 hatte Johannes die Gebete der Gemeinde mit dem himmlischen Räucheropfer identifiziert. Diese Gebete, geschrien aus der Not, die die Wiederherstellung des Rechts verlangen, kommen bei Gott an; und sie gelangen als glühende Kohlen auf die Erde zurück und lösen dort Gottes Gerichtshandeln aus, das mit Donnern, Getöse, Blitzen und Erdbeben symbolisiert wird. Die Gemeinde erhält damit die Vergewisserung, dass ihre Gebete nicht in den Wind gesprochen sind, sondern sich erfüllen werden. Mit all dem wird sie angeleitet, das Unrecht protestierend vor Gott zu bringen[118].

b) Das „neue Lied" oder es wird nicht „immer so weiter" gehen

Obwohl aus Bedrängnis geschrieben und mit noch größerer Bedrängnis vor Augen, ist die Apokalypse kein düsteres Buch. Sie ist durchzogen von Gesang[119]. Immer wieder bringt Johannes Stimmen, ja ganze Chöre aus dem Himmel zu Gehör, die Gott die Ehre geben und seine Herrschaft himmlisch proklamieren; und er spricht auch ausdrücklich vom Singen, von einem neuen Lied

---

[117] „All das Elend, das Menschen angetan wurde, Unterdrückung und Verfolgung, Ausbeutung und Knechtung, es bleibt nicht ungerächt. Es wird nicht straflos zugelassen. Der Herr verläßt seinen Ort, um die Ungerechtigkeit an den Tätern heimzusuchen" (KROON, Komm., S. 92).

[118] Vgl. als mögliche Analogie die Fürbittgebete für Gefangene durch die bekennende Kirche in Nazideutschland.

[119] Vgl. JÖRNS, Evangelium, S. 76: „Die Hymnen sind voller Heilsgewißheit: *die frohe Botschaft überstrahlt die Drangsal des Gerichts*."

und vom Lied des Mose und dem Lied des Lammes[120]. Man muss nicht behaupten, dass diese Stellen Lieder der Gemeinde gewesen wären, die Johannes in seinen Text eingebaut hätte. Aber man kann sich sehr wohl vorstellen, dass beim Verlesen der Apokalypse die Gemeinden von solchen Stellen animiert wurden, diese Doxologien, Proklamationen und Akklamationen gegenüber Gott und seinem Gesalbten Jesus im Chor zu wiederholen, und das nicht nur einmal. Sie machten sich damit das im Himmel Gesagte zu eigen; und das sollen sie nach Johannes auch[121]. Beachtenswert ist, dass das bei uns liturgisch gebrauchte hebräische „Halleluja" (הללו יה – *hallelú Jah*) im Neuen Testament in griechischer Transkription (ἀλληλουϊά) nur in der Apokalypse begegnet (19,1.3.4.6)[122]. Das weist auf seinen liturgischen Gebrauch in den von Johannes angeschriebenen Gemeinden. Auf die liedartigen Abschnitte, die sich fast über das ganze Buch verteilen, sei nun in der Reihenfolge ihres Vorkommens eingegangen.

Die erste Doxologie wird schon im Präskript am Ende von Apk 1,6 auf Jesus ausgebracht, nachdem er zuvor ausführlich umschrieben wurde: „Ihm die Herrlichkeit und die Herrschaftsgewalt auf immer und allezeit! Amen"[123]. δόξα (*dóxa*) ist der in solchen Aussagen selbstverständlich gebrauchte Begriff, weshalb man ja auch von „Doxologie" spricht. κράτος (*krátos*) begegnet selten in diesen Zusammenhängen, erst in den Deuteropaulinen, noch nicht bei Paulus. Aufschlussreich ist die Übersetzung der Wendung ins Lateinische: *gloria et imperium in saecula saeculorum*. Da wird unmittelbar die politische Dimension dieser Doxologie offenkundig. Das begegnet in der Apokalypse des Johannes immer wieder, dass politische Terminologie aufgenommen wird. Begriffe, die auf den Kaiser in Rom angewandt werden, werden von Johannes für Gott und seinen Messias beansprucht. Darum streitet er: Wem kommen diese Aussagen zu? Doxologien sind immer polemisch, insofern sie die Herrschaft Gottes und seines Gesalbten gegen von anderen ausgeübte Herrschaft ins Feld führen. In der Doxologie dieses Anfangsteils liegt der Ton darauf, was Jesus, dem *gloria* und *imperium* gehören, für seine Gemeinde schon getan hat.

In der Vision des himmlischen Thronsaals in Apk 4 hört Johannes in V. 8 die vier Wesen vor Gottes Thron das Dreimalheilig sprechen, verbunden mit der

---

120 Das Verb ᾄδω („singen") und das Nomen ᾠδή („Lied") begegnen im Neuen Testament außer je einmal in Eph 5,19 und Kol 3,16 drei- bzw. fünfmal in der Apokalypse (5,9; 14,3; 15,3).

121 Vgl. LAMPE, Apokalyptiker, S. 99: „Für den Johannesapokalyptiker ist ein Ort gegenwärtigen Heiles der *christliche Gottesdienst* mit seinen Sakramenten."

122 Als feste Formel steht es von Ps 104 bis 150 dreiundzwanzigmal. Übersetzt heißt es: „Preist/Rühmt/Lobt Jah!" Jah ist die Kurzform des Gottesnamens, die im Unterschied zur vollen Form, dem Tetragramm (יהוה – *jhwh*), beim Rezitieren ausgesprochen wurde und wird. In der Septuaginta steht das „Halleluja" in Tob 13,18 in Transkription in einem Hymnus. In 3Makk 7,13 heißt es nach dem Empfang einer guten Nachricht: „Die Priester und die ganze Menge gingen mit Freude weg, nachdem sie das Halleluja ausgerufen hatten." Das heißt aber, dass das „Halleluja" als liturgischer Ruf schon im hellenistischen Judentum zu Hause war. Das macht es umso wahrscheinlicher, dass es auch in frühen messiasgläubigen Gemeinden gebraucht wurde.

123 ROLOFF vermutet hierin „formelhafte Wendungen …, die im christlichen Gottesdienst fest verankert waren" (Komm., S. 35).

Prädikation Gottes als dessen, der war, ist und kommt. Diese Stelle wurde bereits besprochen, ebenfalls das, was anschließend nach V. 9f. als zukünftiges Geschehen beim endgültigen Herrschaftsantritt Gottes in den Blick genommen wird[124]. Was die vierundzwanzig Ältesten vor dem Thron Gottes dann sagen werden, führt V. 11 aus: „Würdig bist du, unser Herr und Gott, zu empfangen Ruhm, Ehre und Macht; denn Du hast das All geschaffen und um Deinetwillen war es und ist es erschaffen worden.“ Die Anrede an Gott mit „unser Herr und Gott“ dürfte wieder einen Kontrast darstellen[125]. Der, dem nach Johannes allein diese Anrede gebührt, Gott, ist auch allein würdig, das zu „nehmen“, was ebenfalls der Kaiser für sich usurpiert hat: δόξα, τιμή, δύναμις (*dóxa*, *timé*, *dýnamis* – „Ruhm, Ehre und Macht“), lateinisch: *gloria*, *honor*, *virtus*. So geben nach der Schlussvision der Apokalypse die Könige und Völker ihren Ruhm und ihre Ehre im neuen Jerusalem ab (21,24.26). Wo Gott herrscht, gibt es keine Rangunterschiede mehr zwischen Menschen und Völkern; „denn“ – so heißt es am Schluss von V. 11 – „Du hast das All geschaffen und um Deinetwillen war es und ist es erschaffen worden.“

Im vorigen Abschnitt war auf Apk 5,8 eingegangen worden wegen der Identifizierung des Räucherwerks am himmlischen Altar mit den Gebeten der Heiligen. Das war an dieser Stelle jedoch nur ein Nebengedanke. Nachdem das Lamm die Buchrolle genommen hat, folgen in V. 8–14 Lobgesänge auf es in konzentrischen Kreisen, ausgehend von den vier Wesen und den vierundzwanzig Ältesten um Gottes Thron (V. 8–10) über unzählige Engel (V. 11f.) bis zu allen Geschöpfen (V. 13). V. 14, in dem wieder zum Zentrum zurückgegangen wird, beschließt diese gewaltige Szene mit dem Amen der vier Wesen und der Huldigung der 24 Ältesten. Mit dem Auftreten des „Lammes“ ist eine entscheidende Zäsur gegeben. Deshalb wird der Lobpreis nicht mehr als ein künftiger angesehen, sondern als schon gegenwärtiger.

In Apk 5,8 werden zunächst die beiden engeren Kreise um den Thron Gottes ins Auge gefasst, die vier Wesen und die vierundzwanzig Ältesten. Sie fallen vor dem Lamm nieder, womit sie seine Macht anerkennen. Sie haben je eine Harfe (κιθάρα – *kithára*; כנור – *kinór*) in der Hand. Sie ist *das* Instrument in den Psalmdichtungen. Hier wird sie jetzt nicht eigens gedeutet, sondern ist wohl nur als Begleitmotiv zum „neuen Lied“ in V. 9f. erwähnt, das nun dieser engere Kreis um Gottes Thron singt. Dieses „neue Lied“ ist sicherlich keins in der Art des rheinischen Karnevals, wo es heißt: „Immer wieder neue Lieder singt man hier am Rhein“ – und dann ist es eben doch, wie das „Immer wieder“ schon anzeigt, dasselbe Gedudel wie im vorigen Jahr. Die Aufforderung, dem Ewigen ein neues Lied zu singen, begegnet öfters in den Psalmen. In Ps 98,1 wird sie so begründet: „Denn er hat wunderbare Taten vollbracht.“ Im Midrasch wird diese Psalmstelle als Begründung dafür zitiert, dass Israel, das immer wieder Bedrängnisse von imperialen Mächten erfahren hat, in der Zukunft, in den Tagen des Messias, ein neues Lied singen wird, weil dann die Bedrängnisse endgültig der Vergangenheit angehören[126]. BILLERBECK fasst diesbezügliche Stellen so

124 Vgl. o. S. 100f.

125 Zu „Herr und Gott“ als Anrede an Kaiser Domitian vgl. o. S. 68.

126 ShemR 23,11 (Wilna 43d.44a); vgl. SCHLATTER, Testament, S. 62.

zusammen: „Ein neues Lied wird Israel erst singen in den Tagen des Messias als Loblied für die Wunder seiner Erlösung“[127]. Das neue Lied besingt die wirklich neue Zeit, die der alten ein Ende setzt und sie abbricht. Für Johannes ist diese Zeit schon mit dem Kreuzestod Jesu angebrochen. So hört er den himmlischen Lobpreis der Wesen und Ältesten um Gottes Thron gegenüber dem Lamm im anredenden Du-Stil: „Würdig bist Du, die Buchrolle zu nehmen und ihre Siegel zu öffnen.“ Hier wird zunächst noch einmal betont aufgenommen, wonach in V. 2 gefragt worden war, was nach V. 3f. niemand vermochte, was V. 5 vom Löwen aus dem Stamm Juda aussagte und V. 7 erzählend feststellte. Die Fortsetzung in V. 9 begründet diese Aussage: „Denn Du bist geschlachtet worden und hast mit Deinem Blut für Gott erkauft aus jedem Stamm, jeder Sprache, jedem Volk und jeder Nation.“ Die erste Aussage betont noch einmal das Paradox von Löwe und Lamm: Das Lamm ist befähigt, das Endgeschehen zu vollstrecken und alle Macht zu übernehmen, weil es geschlachtet worden ist, weil es ohnmächtig Gewalt erlitten hat. Mit den folgenden Aussagen kommt die erste irdische Wirkung dieses Todes in den Blick: die Gemeinde aus allen Stämmen Israels und aus allen Völkern. Das „Kaufen“ ist hier in ganz abgeblasstem Sinn als „Erwerben“ verstanden. Es liegt traditionelle Sprache vor, bei der nicht an ein Geldgeschäft gedacht ist und bei der auch nicht gefragt wird, wem denn ein Kaufpreis erstattet worden sei[128]. Nach 1Petr 1,18f. ist die Gemeinde nicht erlöst worden durch Gold oder Silber, „sondern durch das teure Blut des Gesalbten als eines makel- und tadellosen Lammes“. Im Hintergrund steht die ebenfalls traditionelle Sühneaussage. Sie kommt hier zum Zuge im Kontext des bis zum Tod durchgehaltenen Protestes. Das Erleiden der Gewalt durch das Lamm nimmt diejenigen, die gerade in der Ohnmacht des Lammes die Macht Gottes erkennen und sich darauf einlassen, aus dem geschlossenen Gewaltzusammenhang heraus, nimmt sie heraus aus der Komplizenschaft mit der Macht der Gewalt. Dieses Handeln des Lammes, das ja ein Erleiden ist – das Geschlachtetwerden, das sich als Befreiung anderer auswirkt –, gilt in V. 9 als Begründung dafür, dass es befähigt ist das Endgeschehen zu vollziehen und also die Gewaltgeschichte abzubrechen. Das aber heißt: Die Gemeinde wird hier als Unterpfand umfassender Rettung verstanden.

Das unterstreicht die weitere Begründung in V. 10: „... und Du hast sie für unseren Gott zu einem Königreich und Priestern gemacht.“ Hier erfolgt ein Rückbezug auf 1,6, wo sich diese Aussagen schon einmal fanden[129]. Wenn die Gemeinde ein Königreich für Gott ist, dann ist sie der Ort, an dem Gottes Herrschaft sich jetzt schon auf der Erde vollzieht, der Ort, der anderer Königsherrschaft, nämlich der des Kaisers, entgegensteht. Die Gemeinde ist ein Raum unterbrochener Gewalt, eine Gegengesellschaft, die Hoffnung hat und gibt auf den gänzlichen Abbruch der Gewaltgeschichte.

Aufschlussreich ist der Schluss von V. 10: „... und sie werden herrschen auf der Erde.“ Einmal sei betont: „auf der *Erde*“. Es geht nicht um eine Versetzung

---

[127] Bill. III, S. 801.

[128] Vgl. 1Kor 6,20; 7,23; Gal 4,5.

[129] Vgl. dazu o. S. 229.

in den Himmel, sondern darum, dass die Erde Gott gehört[130], dass sein Wille nicht nur im Himmel geschehe, sondern „auch auf Erden", wie es in der dritten Vaterunserbitte heißt. Zum anderen sei herausgestellt: Obwohl die Gemeinde geradezu als Königreich, als Königsherrschaft definiert wird, wozu sie ja schon gemacht worden ist – Johannes formuliert im Aorist –, wird vom Ausüben dessen, was sie ist, also vom „Herrschen", im Futur gesprochen. Jetzt kann vom „Herrschen" der Gemeinde keine Rede sein, weil sie selbst unter anderer Herrschaft zu leiden hat und ihr „Siegen" im Unterliegen erfolgt. Dann aber, wenn sie „herrschen" wird, gibt es niemanden mehr zu beherrschen, zumindest keine Menschen, weil sie alle an der Herrschaft Gottes teilhaben. Von diesem Ansatz her ist es klar, warum Gemeinde nach Johannes eine geschwisterschaftliche Struktur haben, „demokratisch" sein muss.

In V. 11 wird das Visionsbild erweitert, indem ein weiterer Kreis um die vierundzwanzig Ältesten in den Blick kommt: zahllose Engel. In der Weise eines Wechselgesangs nehmen sie in V. 12 die Aussage der vier Wesen und der vierundzwanzig Ältesten, die im Du-Stil gehalten war, nun im proklamatorischen Er-Stil auf und führen sie zu einem Lobpreis weiter: „Würdig ist das geschlachtete Lamm zu nehmen die Macht, Reichtum und Weisheit, Stärke und Ehre, Preis und Segen"[131]. Was in 4,11 die Ältesten gegenüber Gott gesagt hatten, das wird hier nun in einer erweiterten Reihe im Blick auf das Lamm ausgebracht: *virtus, divitia, sapientia, fortitudo, honor, gloria, benedictio*. Damit soll nicht Jesus vergöttlicht, sondern zum Ausdruck gebracht werden, dass in Jesus wirklich Gott begegnet.

Diese Reihe, die doxologische Elemente enthält, wird in V. 13 in einer stilgemäßen Doxologie aufgenommen. Autor dieser Doxologie ist in einer gewaltigen Prolepse die ganze Schöpfung: „Und jedes Geschöpf im Himmel und auf Erden und unter der Erde und auf dem Meer, alle in ihnen hörte ich sagen." War die Welt in V. 3 dreigeschossig vorgestellt worden, so kommt jetzt als vierter Bereich ausdrücklich das Meer hinzu. Nach 21,1 gibt es das in der neuen Welt gar nicht mehr. Beides steht unausgeglichen nebeneinander. Das weist daraufhin, dass man nicht systematisieren darf. Es geht darum, dass jeweils bestimmte Aspekte zum Zuge kommen. An dieser Stelle soll die Schöpfung in ihrer umfassenden Gesamtheit herausgestellt werden. Sie gibt mit allen ihren Lebewesen ihrem wirklichen Herrn die Ehre – und das bedeutet zugleich das Ende aller angemaßten Herrschaft anderer: „Dem, der auf dem Thron sitzt, und dem Lamm: Segen und Ehre, Preis und Kraft auf immer und allezeit!" Als Adressaten dieser Doxologie erscheinen „der auf dem Thron" und „das Lamm", Gott und sein ohnmächtiger Messias. Gott ist nicht mit den Starken. Der wirkliche Gott liefert nicht den religiösen Kitt der Gewaltgeschichte. Er tritt im geschlachteten Lamm auf den Plan und eröffnet so den Ohnmächtigen und Bedrängten

---

130 Vgl. Ps 24,1.

131 AUNE verweist zu dieser Stelle auf Flav.Jos.Bell. VII 71, wonach „der gerade als Kaiser anerkannte Vespasian bei seiner Einkehr in Rom von den Volksmengen begrüßt wurde, die ihn als ‚Wohltäter und Retter und einzig würdigen Herrscher Roms' bezeichneten" (Komm., S. 364).

Zukunft. Auf die Doxologie aller Geschöpfe antworten in V. 14 die vier Wesen mit „Amen“ und die vierundzwanzig Ältesten mit kniefälliger Huldigung.

Worauf in Apk 4,9–11 ausgeblickt war, wird in 11,15–19 als geschehen proklamiert. Beim Blasen der siebten Posaune stellen himmlische Stimmen den endgültigen Sieg Gottes fest. Anders als beim siebten Siegel scheint also das Ende nun doch erreicht. Aber es zeigt sich dann sehr schnell, dass die Sache auf der Erde jedenfalls noch recht verwickelt ist; und so stehen ja auch die sieben Schalen noch aus. Der Abschnitt 11,15–19 enthält 1. die Proklamation des Herrschaftsantrittes Gottes und seines Gesalbten (V. 15), 2. ein darauf antwortendes Danklied der vierundzwanzig Ältesten (V. 16–18) und 3. die Vision des geöffneten Tempels (V. 19).

Wem die sich beim Blasen der siebten Posaune erhebenden lauten Stimmen im Himmel gehören, wird nicht gesagt und ist auch nicht wichtig. Was sie jedoch von sich geben, ist die schon besprochene Spitzenaussage der Apokalypse, dass Gott die Herrschaft über die Welt zugefallen ist und seinem Gesalbten (11,15)[132]. Auf diese Proklamation der Herrschaft Gottes folgt in V. 16–18 ein Dankgebet oder Danklied der vierundzwanzig Ältesten vor Gottes Thron. Wieder liegt so etwas wie ein himmlischer Wechselgesang vor. Die Einführung dieses Dankliedes in V. 16 – die Ältesten fallen vor Gott nieder und huldigen ihm – erinnert an 4,10. Was dort angekündigt worden war, dass es am Ende beim Herrschaftsantritt Gottes geschehen werde, das wird nun als vollzogen konstatiert.

Das in V. 17f. angeführte Danklied hat eine klare Struktur: Ansage des Dankes, Anrede Gottes, Begründung des Dankes. Formparallelen finden sich in den Eucharistiegebeten in Did 9f. Das ist ein Beleg dafür, dass Wendungen der Apokalypse ihren Ort im Gottesdienst der Gemeinde haben. Aber es findet sich an dieser Stelle bei Johannes kein Hinweis, dass eine Anspielung auf die Mahlfeier der Gemeinde beabsichtigt sei. Die Bezeichnungen Gottes an dieser Stelle und die Begründung des Dankes in V. 17 wurden ebenfalls schon an anderer Stelle besprochen[133]. In V. 18 werden der Sache nach Folgen dessen genannt, dass Gott seine endzeitliche Herrschaft angetreten hat: „Da gerieten die Nationen in Zorn und Dein Zorngericht ist gekommen und die Zeit, dass die Toten gerichtet werden, um Deinen Sklaven und Sklavinnen, den Prophetinnen und Propheten, den Lohn zu geben und den Heiligen und denen, die Deinen Namen achten, die Kleinen und die Großen, und um zu verderben, die die Erde verderben.“ Auch hier sind biblische Motive und Bilder aufgenommen. Im Loblied des Mose in Ex 15,14 heißt es: „Völker hörten es und zitterten.“ Sachlich noch näher steht Ps 99,1: „Der Ewige wurde König, Völker zitterten.“ Im Zusammenhang des Dankliedes unterstreicht dieses Motiv den Aspekt, dass es um das *regnum mundi* geht. In der Gegenwart zittern die Völker der Erde vor Rom; sie hätten aber Grund, vor Gott zu zittern. Und so stellt die Fortsetzung des Textes auch gleich fest, dass Gottes ὀργή (*orgé*) gekommen ist, sein Zorngericht. Die nächste Entsprechung hat das in LXX Jer 37,23: ὅτι ὀργὴ κυρίου ἐξῆλθεν

---

132 Vgl. o. S. 103f.

133 Vgl. o. S. 102f.

θυμώδης („denn der Zorn des Herrn kam hitzig hervor")[134]. Wie viele andere prophetische Aussagen, die sich auf bestimmte geschichtliche Ereignisse beziehen, wurde auch die vom Zorn Gottes in der Apokalyptik auf das endzeitliche, das letzte Gericht bezogen. Diese Aussage vom Zorngericht Gottes hält fest: Was gewesen ist, gilt nicht als abgehakt; was tot ist, ist nicht erledigt; über das Vergangene wächst kein Gras. Die offenen Rechnungen werden noch beglichen.

Und so ist mit dem Kommen des Zorns sofort verbunden das Kommen des Zeitpunkts, dass die Toten gerichtet werden. Spätestens hier ist deutlich, dass dieses himmlische Danklied wirklich den Endpunkt im Visier hat. Wenn es davon im Aorist spricht, handelt es sich aus der Perspektive der Gemeinde wiederum um eine Prolepse – nicht anders als in der zweiten Hälfte von Apk 5. Die Aussage vom Gericht über die Toten setzt die Vorstellung von der Totenauferstehung voraus. Beide sind eng miteinander verbunden. Sie tauchen in der biblischen Tradition zuerst auf in Jes 26,19–21; Dan 12,1–3 und 2Makk 7. Dort sind nur die Gerechten im Blick, die gelitten haben, bzw. die Märtyrer. Die Auferstehungshoffnung gehört in den Kontext des Tun-Ergehen-Zusammenhangs, der Hoffnung, dass den Guttätern ihre Guttat auch zum Guten ausschlagen möge und dass die Übeltäter von den Folgen ihrer üblen Taten eingeholt werden mögen. In den Fällen, wo das nicht gegeben ist, steht Gott mit der Auferstehung für diesen Zusammenhang ein. Biblisch-jüdische Auferstehungshoffnung ist im Kontext der Frage nach Gerechtigkeit entstanden und nicht von dem Wunsch bestimmt, das Leben möge „immer so weiter" gehen. Daraus entwickelt sich dann die Vorstellung von der allgemeinen Auferstehung, verbunden mit dem Gericht, die sich im Lauf des 1. Jahrhunderts im Judentum allgemein durchgesetzt hat. Dass die Toten gerichtet werden, wird in der Apokalypse in 20,11–15 breiter dargelegt. Hier folgt nur eine knappe doppelte Entfaltung. Positiv heißt es, dass Lohn gegeben wird. Was recht getan ist, erhält Anerkennung, und zwar von Gott. Er ist die Instanz, die über Wert und Unwert menschlichen Tuns entscheidet und niemand sonst. Worin der Lohn besteht, wird nicht ausgeführt. Es genügt zu wissen, dass Gott nicht knauserig ist. Diejenigen, die Lohn empfangen, werden anschließend aufgezählt. An erster Stelle stehen die wieder als Prophetinnen und Propheten gekennzeichneten Sklaven und Sklavinnen Gottes. Die danach genannten Heiligen und Gott Achtenden sollen wohl zusammenfassend die Glieder der Gemeinde bezeichnen. Durch Kasuswechsel abgesetzt stehen am Schluss „die Kleinen und die Großen". Diese Wendung stammt vielleicht aus Ps 115,13: „Er (der Ewige) wird segnen, die den Ewigen achten, die Kleinen und die Großen." Das meint schlicht eine Umschreibung für alle. Abschließend wird prägnant und präzis der negative Aspekt des Gerichts entfaltet: „die zu verderben, die die Erde verderben". Gott lässt im Gericht das üble Tun auf die Übeltäter zurückfallen. Als Verderber der Erde gilt nach Apk 19,2 „die große Hure", also Rom unter ökonomischem Gesichtspunkt. Was Verderben bringt und was seinerseits dem Verderben anheimfallen soll, ist das von Rom verkörperte und aufrecht erhaltene politische und ökonomische System.

[134] Der hebräische Text von Jer 30,23 wird von TORCZYNER so wiedergegeben: „Sieh, Wetterwind des Ewigen bricht grimmig los."

Als dritter Teil dieses Abschnitts über die siebte Posaune folgt in V. 19 eine Vision. Johannes sieht, dass der Tempel im Himmel geöffnet worden ist. Der himmlische Tempel war vorher schon in 7,15 erwähnt. Er lässt sich in das Vorstellungsbild des himmlischen Thronsaals kaum einordnen. Aber es handelt sich ja um Visionen, deren Bilder nicht logisch zusammenpassen müssen. Entscheidend ist die Aussageabsicht. Die ergibt sich aus der Feststellung, der Tempel sei geöffnet worden. Und zwar ist der Tempel, wie das Folgende zeigt, völlig geöffnet – bis hin zum Allerheiligsten: Gottes Herrlichkeit wird offenbar. „Und es wurde sichtbar die Bundeslade in seinem Tempel." Die Bundeslade wurde nach 1Kön 8,1–6 in das Allerheiligste des salomonischen Tempels verbracht. Auf ihr wurde die Gegenwart der Herrlichkeit Gottes vorgestellt. Mit der Zerstörung des salomonischen Tempels durch die Babylonier unter Nebukadnezar verliert sich auch die Spur der Bundeslade. Spätere jüdische Tradition hat das anders gesehen. Nach 2Makk 2,4.8 versteckte Jeremia das Zelt der Begegnung, die Bundeslade und den Brandopferaltar vor der Tempelzerstörung an einem unbekannten Ort. Der Ort bleibe unbekannt, bis Gott das Volk von neuem versammle und ihm gnädig werde. Dann werde die Herrlichkeit Gottes wieder sichtbar. Nach 2Bar 6,5–10 verbirgt ein Engel die heiligen Geräte des Tempels vor dessen Zerstörung in der Erde und sagt zu dieser: „Bewahre sie bis auf die letzten Zeiten. Alsdann sollst du sie wieder bringen." Hinzuweisen ist in diesem Zusammenhang auch auf eine Notiz bei Josephus: Ein samaritanischer Messiasprätendend will auf dem Berg Garisim die angeblich dort von Mose vergrabenen heiligen Geräte zeigen[135]. Die Bundeslade hatte also endzeitliche Bedeutung gewonnen. Wenn sie nach Apk 11,19 jetzt sichtbar geworden ist, heißt das, dass die Endzeit da ist. Da mit der Bundeslade der Gedanke der Gegenwart Gottes bei seinem Volk verbunden ist, begegnen im Zusammenhang der Erwähnung der Bundeslade in der jüdischen Bibel ebenfalls Theophaniemotive. Das ist auch in V. 19 der Fall: „Blitze, Getöse, Donner, Erdbeben und heftiger Hagelschlag".

Das im Wechselgesang Gehörte, dass Gott die Herrschaft angetreten hat, dass ihm das *regnum mundi* gehört, wird hier also visionär unterstrichen durch das Bild von der im Allerheiligsten sichtbaren Bundeslade. Es ist eine Vision von der offenbaren Herrlichkeit Gottes. Darüber hinaus ist es bedeutsam, dass Johannes überhaupt das Motiv der Bundeslade aufnimmt. Es ist das einzige Mal, dass in seinem Werk das Wort διαθήκη (*diathéke*) begegnet: „Bund", „Testament". Er denkt nicht im Schema von altem und neuem Bund. Man darf deshalb nicht mit GRÄßER formulieren: Die „alttestamentlichen Bilder" in Apk 11,19 „dienen jedoch nicht der Reaktivierung alttestamentlicher Bundesgedanken. Im Gegenteil! Den alten Bund lassen sie ‚weit hinter sich'"[136]. Wenn Johannes von Jesus her die Bundeslade im himmlischen Tempel erblickt – was anders soll das sein als eine endzeitliche Bekräftigung der mit ihr verbundenen Erwartungen?

Nach dem siegreichen Kampf Michaels im Himmel gegen den Drachen, der damit endete, dass er und seine Engel auf die Erde geworfen wurden[137], hört Johannes eine laute Stimme im Himmel die Herrschaft Gottes und seines Ge-

---

135 Flav.Jos.Ant. XVIII 85–87.

136 GRÄßER, Bund, S. 53; das Zitat im Zitat stammt von BRÜTSCH.

137 Vgl. dazu o. S. 155–159.

salbten proklamieren (Apk 12,10–12). Auch dieser Zusammenhang ist schon an anderer Stelle erörtert worden[138]. In der Vision von den 144000, die auf dem Berg Zion bei dem Lamm stehen (Apk 14,1–5), hat Johannes in V. 2f. eine Audition eingebaut, die einen Rückbezug auf das „neue Lied" in 5,9 enthält. Er hört „eine Stimme im Himmel", die er mit dem Tosen von Wassermassen und dem Rollen des Donners vergleicht. Das sind Kennzeichen himmlischer Epiphanie. Eigenartig – und eigentlich unvorstellbar – ist die Fortsetzung, wenn er nach der Herausstellung des Ohren betäubenden Getöses den Vergleich noch fortführt mit dem Sang und Klang von Harfenspielern: „… und die Stimme, die ich hörte: wie von Harfenspielern, die auf ihren Harfen spielen". Diente eben die Lautstärke als Zeichen der Epiphanie, so sind jetzt eher leise Töne angesagt, die sich durch ihren Wohlklang auszeichnen. Im folgenden Vers stellt Johannes ausdrücklich den Bezug zu dem „neuen Lied" von 5,9 her. Das war dort „Musik in seinen Ohren" und in den Ohren der Gemeinde. Weil er das zum Ausdruck bringen will, kann er das im Grunde unmögliche Bild zeichnen von Harfenspielern neben einem Wasserfall bei Gewitter. „Und sie sangen ein neues Lied vor dem Thron und vor den vier Wesen und den Ältesten" (V. 3a). Neben der Vision vom Berg Zion steht auf einmal wieder die der Leser- und Hörerschaft bereits vertraute Thronsaalvision. Schon von daher können die Sänger des Liedes nicht die 144000 sein. Das geht auch daraus hervor, dass diese es nach der Fortsetzung in V. 3 erst noch „lernen" müssen. In 5,9, worauf hier zurückgeblickt wird, waren die Sänger des neuen Liedes die vier Wesen und die Ältesten. Hier wird es vor ihnen gesungen. Als Sänger muss daher an nicht näher bezeichnete Engelwesen gedacht sein. MÜLLER meint über das neue Lied: „Sein Inhalt wird nicht mitgeteilt; er bleibt auch dem Seher unbekannt"[139]. Johannes braucht jedoch den Inhalt nicht mitzuteilen, weil ihn die Leser- und Hörerschaft schon kennt, nämlich aus 5,9. Dieses neue Lied richtet sich gegen das alte Lied, dass der Stärkere siege – wie Josephus sagt, es gelte „… als mächtigstes Gesetz … eben tatsächlich bei den Tieren wie bei den Menschen, daß man dem Stärkeren weichen müsse und daß die Macht nur erlange, wer die schärfsten Waffen führe"[140]. Das ist das ganz alte Lied. Demgegenüber besingt das neue Lied das Lamm, wird in ihm auf die Macht des ohnmächtigen Jesus vertraut. Das hat dann auch eine andere Praxis zur Konsequenz, nämlich herrschaftsfreie Geschwisterlichkeit. Was in 5,9 gesagt war, wird hier also aufgenommen. Nur auf diesem Hintergrund ist auch die nächste Aussage in der zweiten Hälfte von V. 3 verständlich: „Und keiner konnte das Lied lernen außer den 144000, die von der Erde erworben sind." Die letzte Bestimmung stellt den Bezug zu 5,9 ausdrücklich her. Dort hatte es in Anrede an das Lamm geheißen: „Denn du bist geschlachtet worden und hast für Gott mit deinem Blut erworben Menschen aus allen Stämmen,

---

138 Vgl. o. S. 158–160.

139 MÜLLER, Komm., S. 262; ähnlich AUNE, Komm., S. 808f.: „Der bloße Umstand, dass der Verfasser keine Abschrift des neuen Liedes bietet, lässt annehmen, dass er selbst … das Lied nicht verstehen kann!"

140 Flav.Jos.Bell. V 366f. (Übersetzung MICHEL/BAUERNFEIND) Für „die schärfsten Waffen" steht im griechischen Text: ἀκμὴ τῶν ὅπλων. Das könnte man auch wiedergeben mit „Spitze der Rüstungstechnologie".

Sprachen, Völkern und Nationen." Weitere Verknüpfungspunkte bilden Apk 7,4 (die Zahl) und 7,9 (die Auflistung der unzählbaren Menge). Die 144000 sind also die vom Lamm Erworbenen, die sich auf es eingelassen haben und seiner Ohnmachts-Macht vertrauen, ein Gegenbild zu den Anbetern der Macht der Gewalt. Nur sie können das neue Lied „lernen". Sie können es deshalb, weil sie nicht dem Mythos der Macht, der Legende vom Recht des Stärkeren verfallen sind. Das bisschen Text „lernen" könnten auch andere – aber sie wollen es nicht, weil sie seinen Inhalt ablehnen, weil sie nicht ihm entsprechend leben wollen; „sie kennen nur das garstige ‚alte Lied'"[141].

Nachdem Johannes in Apk 15,1 die sieben Engel mit den sieben letzten Plagen erblickt hat und bevor ihnen in 15,5–8 ihre Schalen übergeben werden, um mit ihnen in Apk 16 in Aktion zu treten, bietet er in 15,2–4 wiederum einen Einschub, der sich auf das Singen eines Liedes bezieht. Der Vorblick auf das Gericht, wie er in 14,16–20 unternommen wurde, löst Jubel bei denen aus, die unter dem Unrechtssystem leiden und die ihren Widerstand gegen es durchhalten. Es ist aber beachtlich, dass ihr Lied, das sie nach diesem Abschnitt anstimmen, eine heilvolle Perspektive für alle enthält. Das blutige Gericht und das Kommen aller Völker stehen hart nebeneinander.

In V. 2 beginnt Johannes mit der Aussage: „Da sah ich etwas wie ein Meer, durchsichtig wie Glas, vermischt mit Feuer." Von einem solchen Meer hatte er schon in der Thronsaalvision in 4,6 gesprochen. Den Hintergrund bildete die Vorstellung, dass der himmlische Palast auf einer Kuppel über dem Weltozean steht. Warum nimmt er dieses Bildelement jetzt auf? Aus dem Folgenden wird deutlich, dass er damit die Erinnerung an die Rettung am Schilfmeer ins Gedächtnis rufen will. Was aber soll die hier zusätzliche Angabe „vermischt mit Feuer"? Da „das Meer, durchsichtig wie Glas", aus der Perspektive der Erde gesehen, mit dem Himmelsgewölbe übereinkommt, könnte an Blitze gedacht sein und mit ihnen ans Gericht. Oder Johannes erinnert außer ans Schilfmeer auch an Wolkensäule und Feuerschein. Oder es ist an den Strom bzw. die Ströme von Feuer gedacht, die – biblisch und nachbiblisch bezeugt – von Gottes Thron her fließen[142]. Ich lasse diese Möglichkeiten so stehen und halte als wichtig nur fest die Erinnerung an die Rettung am Schilfmeer.

Der folgende Text in V. 2 enthält ein Übersetzungsproblem. Ich gebe den Text zunächst so wieder, wie er – mit Variationen – üblicherweise und dem Sinne nach nicht falsch übersetzt wird: „Und die Sieger über das Tier sah ich, über sein Bild und über die Zahl seines Namens." Das Übersetzungsproblem besteht in der Konstruktion von *νικάω* („siegen") mit ἐκ („aus", „von"). ROLOFF und MÜLLER gehen auf das Problem nicht ein. Das Wörterbuch von BAUER weist auf die Grammatik von BDR § 212.3. Dort steht jedoch lediglich: „Eigentümlich Apk 15,2", d.h. man weiß damit Griechisch nichts Rechtes anzufangen und tippt auf eine „Breviloquenz" für: „die sich vor dem Tier bewahrt und so

141 ROLOFF, Komm., S. 134. Er sagt von diesem Lied weiter: „das die Macht des selbstherrlichen Menschen preist". Statt so allgemein-anthropologisch von „dem" selbstherrlichen Menschen zu reden, wäre allerdings präziser herauszustellen, dass es in diesem alten Lied um das Recht des Stärkeren, die Gewalt der Mächtigen geht.

142 So, mit Belegen, AUNE, Komm., S. 870f.

gesiegt haben". Aber das ist willkürlich. Dasselbe gilt für die Behauptung von KRAFT: „νικῶντες ἐκ τοῦ θηρίου ist ein prägnanter Ausdruck; ausführlich würde er heißen νικῶντες ἐκ τοῦ πολέμου μετὰ τοῦ θηρίου"[143]. Wieder anders deutet LOHMEYER: „Daher heißen die Märtyrer wohl νικῶντες ἐκ τοῦ θηρίου, weil sie aus dem Bereich des Tieres ‚ausgezogen' sind"[144]. Aber auch das ist nicht mehr als ein sehr gezwungen wirkendes Raten. Wenn man in Anschlag bringt, dass die Muttersprache des Johannes nicht Griechisch ist, sondern Aramäisch/Hebräisch, lässt sich diese Wendung als Hebraismus verständlich machen, und zwar unter der Voraussetzung, dass eine Form von זכה im Hintergrund steht. Das Verb bedeutet im *qal* „rein dastehen", im *piel* „rein halten", im *hitpael* „sich reinigen". In der Septuaginta wird es an einer Stelle mit νικάω übersetzt. In Ps 51,6 heißt es: „An Dir allein habe ich gesündigt und das in Deinen Augen Böse getan, damit Du im Recht bist in Deinen Worten, rein dastehst in Deinem Richten." Der Schluss des Verses lautet in ψ 50,6: καὶ νικήσῃς ἐν τῷ κρίνεσθαί σε (für תזכה בשפטך in Ps 51,6). Die „Sieger", die Johannes hier im Blick hat, sind dann also diejenigen, „die sich rein gehalten haben von dem Tier, von seinem Bild und von der Zahl seines Namens", die sich der Komplizenschaft mit der Weltmacht entzogen, die nicht mitgemacht haben und nicht mitgelaufen sind, die sich im Gegenteil konsequent verweigert haben. Als solche Verweigerer gelten sie für ihn als Sieger.

Diese Sieger „stehen auf dem Meer, durchsichtig wie Glas", ausgestattet mit „Harfen Gottes". Nach 5,8 haben die vierundzwanzig Ältesten vor dem Thron Gottes Harfen. An diese Stelle wird hier erinnert. Dass die Harfen jetzt ausdrücklich „Harfen Gottes" genannt werden, soll „die Sieger" wohl als Himmelsbewohner kennzeichnen. Wie die vier Wesen und die vierundzwanzig Ältesten in 5,8 „ein neues Lied" singen, so heißt es nun auch von den Siegern, dass sie ein Lied singen: „Und sie singen das Lied des Mose, des Knechtes Gottes, und das Lied des Lammes." Mit der Erwähnung des Liedes des Mose ist auf Ex 15,1 angespielt. Dort heißt es im unmittelbaren Anschluss an den Bericht von der Rettung der Israeliten beim Durchzug durchs Schilfmeer: „Damals sang Mose und die Kinder Israel dieses Lied für den Ewigen." In diesem klaren Bezug liegt die Berechtigung, auch bei der Erwähnung des Meeres, durchsichtig wie Glas, an das Schilfmeer zu denken. Indem das Lied zugleich Lied des Mose und Lied des Lammes genannt wird, werden die Rettung am Schilfmeer und die Rettung durch den gekreuzigten Jesus in den endzeitlichen Bedrohungen miteinander parallelisiert. Beide Male handelt es sich um ein unverhofftes Entkommen, um ein knappes Entrinnen vor dem Zugriff übermächtiger Gegner. Die „Sieger", die hier singen, sind also keine Triumphatoren, sondern Davongekommene, Entronnene. Das zeigt sich auch am Inhalt ihres Liedes: „Groß und wunderbar sind Deine Taten, Ewiger, Gott, Allherrscher, gerecht und wahrhaftig Deine Wege, König der Völker. Wer ist, der Dich nicht achtet, Ewiger, und Deinen Namen preist? Denn Du allein bist heilig. Denn alle Völker werden kommen und vor Dir anbeten. Denn Deine Rechtserweise sind offenbar geworden" (V. 3b.4).

143 KRAFT, Komm., S. 201.

144 LOHMEYER, Komm., S. 131; ähnlich HOLTZ, Komm., S. 108.

Zunächst sei auf die Art dieses Liedes eingegangen. Obwohl es Lied des Mose und Lied des Lammes genannt wird, finden sich weder Bezüge auf Ex 15 noch auf das „neue Lied“ in Apk 5,9f. Es handelt sich um beschreibendes Gotteslob, das so gut wie durchgängig biblisch gestaltet, aber aus sehr unterschiedlichen Stellen zusammengesetzt ist.

Die erste Zeile – „groß und wunderbar (= staunenswert) sind Deine Taten“ – ist eine Kombination aus Ps 111,2 („Groß sind die Taten des Ewigen“) und Ps 139,14 („Wunderbar/Staunenswert sind Deine Taten“). Die im Lied folgende Anrede: „Ewiger, Gott, Allherrscher“ begegnet nicht in diesen Zusammenhängen. Sie ist anderswoher aufgenommen (Am 4,13; vgl. 3,13). Die nächste Aussage: „Gerecht und wahrhaftig (= zuverlässig) sind Deine Wege“ hat den stärksten Anhalt an Dtn 32,4. Dort heißt es nach dem hebräischen Text: „Der Fels, ein Ganzes (תמים – *tamím*) sein Wirken, denn alle seine Wege sind Recht (משפט – *mischpát*), Gottheit der Treue (אמונה –*emunáh*), ohne Falsch, gerecht und gerade (צדיק וישר – *zadík vejaschár*) ist sie.“ Die Septuaginta übersetzt: „Gott, wahrhaftig (ἀληθινά – *alethiná*) sind seine Taten und alle seine Wege Gerichte (κρίσεις – *kríseis*). Gott ist treu (πιστός – *pistós*) und es gibt keine Ungerechtigkeit, gerecht und heilig (δίκαιος καὶ ὅσιος – *díkaios kai hósios*) der Herr.“ Auch hier scheint mir bei Johannes wieder eine größere Nähe zum hebräischen Text vorzuliegen. Die Aussagen, dass Gottes Wege *mischpát* sind und dass er ein Gott der *emunáh* ist, hat er so zusammengefasst: „Gerecht und wahrhaftig (= zuverlässig) sind Deine Wege.“ Zugleich kann auch eine Anspielung an Ps 145,17 vorliegen: „Gerecht ist der Ewige in allen seinen Wegen.“ Die Prädikation Gottes als „König der Völker“ am Schluss von V. 3 ist Jer 10,7 entnommen (in Septuaginta fehlt Jer 10,6–8). Diese Stelle hat dann auch gleich die nächste Aussage am Beginn von V. 4 hervorgerufen: „Wer ist, der Dich nicht achtet, Ewiger?“ Jer 10,7 heißt es: „Wer wird Dich nicht achten, den König der Völker?“ Die Frage, wer Gott nicht achte, wird in V. 4 fortgesetzt: „... und Deinen Namen preist?“ Das entspricht Ps 86,9, wo es von den Völkern nach anderen Aussagen heißt: „... und Deinen Namen preisen“. Der nächste Satz in V. 4: „Denn Du allein bist heilig“ hat keine direkte Entsprechung, berührt sich aber mit einer Stelle, aus der sich schon eine Aufnahme fand, nämlich mit Dtn 32,4, wo es am Ende von Gott heißt: *zadík vejaschár* bzw. *díkaios kai hósios*. Ebenfalls aus einer schon angezogenen Stelle speist sich die in V. 4 folgende Doppelaussage: „Denn alle Völker werden kommen und vor Dir anbeten.“ Ps 86,9 heißt es vor der eben zitierten Stelle: „Alle Völker, die Du gemacht hast, werden kommen und vor Dir anbeten, Ewiger.“ Schließlich hat der Abschluss des Liedes: „Denn Deine Rechtserweise sind offenbar geworden“ Anhalt an Ps 98,2: „Kundgetan hat der Ewige seine Hilfe, vor den Augen der Völker seine Gerechtigkeit offenbart.“

Es ist erstaunlich, aus wie viel unterschiedlichen Versatzstücken dieses kurze Lied besteht. Johannes hat sie zu einer Collage zusammengestellt und eine wohlüberlegte neue Einheit geschaffen, die einen klaren Aufbau hat. Im ersten Teil werden zweimal Aussagen über Gottes Handeln gemacht, über seine Taten und seine Wege, jeweils gefolgt von einer Anrede. Der mittlere Teil besteht aus einer rhetorischen Frage im *parallelismus membrorum*. Den Schluss bilden drei mit ὅτι (*hóti* – „denn“) eingeleitete Begründungssätze, von denen der zweite wiederum im *parallelismus membrorum* formuliert ist.

Die beiden Aussagen im ersten Teil preisen Gottes Taten und Wege. Wenn die Taten als „groß und wunderbar“ bezeichnet werden, ist daran zu erinnern, dass es sich bei den Sängern des Liedes um Entronnene handelt. Sie staunen, dass sie noch einmal davongekommen sind. So begreifen sie ihre Rettung als große Tat Gottes und können sich nicht genug darüber wundern, dass sie entkommen sind. So bekennen sie rückblickend auch, dass Gottes Wege „gerecht und zuverlässig“ sind. Sie sind *mischpát*, Recht, weil sie die Gewalttäter schließlich doch nicht triumphieren ließen; und sie sind Zeugnis für Gottes *emunáh*, weil er denen Treue gehalten hat, die ihm Treue bewahrten. Daher wird er angeredet mit „Herr, Gott, Allherrscher“ und als „König der Völker“. Ihm kommen diese Titel zu und nicht dem Kaiser in Rom; er ist der Souverän, nicht jener.

Auf die beiden Aussagen über das Handeln Gottes folgt eine zweigliedrige rhetorische Frage. Angesichts des in seinen Taten großen und in seinen Wegen gerechten und treuen Gottes kann so wirklich nur rhetorisch gefragt werden: „Wer ist, der Dich nicht achtet, Ewiger, und Deinen Namen preist?“ Die Konsequenz kann also nur umfassende Achtung und umfassendes Lob Gottes sein.

Das wird im dritten Teil dreifach begründet. Erstens im Blick auf Gott: Er allein ist *hósios*. Darin ist das *zadík vejaschár* des hebräischen Textes aufgenommen; so wird es hier wohl am besten mit „heilig“ übersetzt. Zweitens wird es begründet im Blick auf „alle Völker“, für die sich von diesem Ende her eine heilvolle Perspektive ergibt: „Alle Völker werden kommen und vor Dir anbeten.“ Diese Formulierung schließt sich ganz eng an Ps 86,9 an. Sachlich ist mit ihr das Motiv von der Völkerwallfahrt zum Zion aufgenommen, das auch schon an anderen Stellen der Apokalypse begegnete[145]. Und abschließend wird es noch einmal im Blick auf Gottes Handeln begründet: Seine Rechtserweise sind offenbar geworden. Es liegt dann klar auf der Hand, wie er gehandelt hat und wohin seine Wege geführt haben. Sein Gerichts- und sein Heilshandeln verläuft so, dass ihn – wie die Mitte dieses Liedes sagt – alle achten und loben können.

Den umfänglichsten Lobpreis bietet Johannes in dem Abschnitt Apk 19,1–8. Nachdem er in Kap. 18 in indirekter Darstellung in mehreren Durchgängen das Gericht an Babylon beschrieben hat, bricht sich nun der Jubel derer Bahn, die sich darüber freuen können. Wozu in 18,20 nicht nur der Himmel, sondern auch „die Heiligen, die apostolisch Beauftragten und die prophetisch Begabten“ aufgefordert worden waren, nämlich sich zu freuen, das wird nun ausgeführt. Die Kommentare sprechen von einem „hymnischen Finale“, da hier „zum letzten Male hymnische Stücke vereinigt“ sind[146]. Die Ausführung geschieht in mehreren Schritten. Als Sprecher tritt zunächst eine große himmlische Schar auf. Sie jubelt Gott zu und spricht eine Doxologie mit Begründung (V. 1f.). Ihr wird ein zweites Mal das Wort gegeben, indem sie noch einmal den Jubel ausspricht und die Endgültigkeit des Gerichts über Babylon feststellt (V. 3). Danach werden die schon aus der Thronsaalvision bekannten vierundzwanzig Ältesten und die vier Wesen in den Blick genommen; sie bestätigen nur kurz den Jubel (V. 4). In V. 5 wird eine erneute Aufforderung zum Lob Gottes ausgesprochen, der in V. 6–8 umfassend entsprochen wird.

In V. 1 tritt als Autor des nun angesagten Jubels zunächst eine große Menge im Himmel auf. An erster Stelle steht das ins Griechische transkribierte hebräische Wort „Halleluja“[147]. Dass Johannes es erst hier in Kap. 19 bringt, könnte in

---

[145] Vgl. o. S. 230.

[146] So MÜLLER, Komm., S. 315. JÖRNS hatte sein 10. Kapitel überschrieben: „Das hymnische Finale in Kapitel 19“ und den Begriff in diesem Kapitel (S. 144–160) oft gebraucht.

[147] Vgl. dazu o. S. 253.

einer jüdischen Tradition begründet sein, die diese Wendung mit der Endzeit verbindet. In bBer 9b heißt es: „103 Abschnitte hatte David gesagt[148], doch sagte er nicht eher ‚Halleluja', als bis er den Fall der Gewalttätigen gesehen hatte", nämlich am Ende von Ps 104, wo es vorher in dem mit „Halleluja" abschließenden Vers 35 heißt : „... und Gewalttätige gibt es nicht mehr".

Die danach in V. 1 folgende Aussage ist der Sache nach schon öfters begegnet: „Das Heil, die Herrlichkeit und die Macht gehören unserem Gott." In der vorgestellten Situation des an Babylon erfolgten Gerichtes ist das jetzt offensichtlich. In der Gegenwart des Johannes jedoch ist es eine Roms Ansprüche bestreitende Gegenaussage. Das Folgende bietet am Beginn von V. 2 als Begründung eine eher allgemeine Feststellung: „Denn wahrhaftig und gerecht sind seine Gerichte." Das ist wörtliche Wiederholung einer schon in Apk 16,7 gemachten Aussage. Dort hatte Johannes sie den Altar sagen gehört. Der Altar machte sich damit zum Sprecher der unter ihm versammelten Ermordeten (6,9), deren vergossenes Blut unmittelbar vorher in 16,6 erwähnt worden war. Von ihnen aus gesehen erfolgt Gottes Gerichtshandeln zu Recht. Sie werden dadurch ins Recht gesetzt gegen ihre Denunzianten, Richter und Mörder. Es folgt in 19,2 eine weitere Begründung, die die Ausführungen von Apk 17 und 18 thetisch zusammenfasst: „Er hat die große Hure gerichtet." Daran zeigt sich, dass nicht ihr, sondern Gott die am Ende von V. 1 genannten Prädikate zukommen. In einem Relativsatz wird „die große Hure" noch einmal charakterisiert: „die die Erde verdorben hat mit ihrer Hurerei". In Jer 51,25 wird der König von Babel „Berg des Verderbens" genannt, „der die ganze Erde verdorben hat". Mit „verderben" (שחת – *schachát*) ist dasselbe Wort gebraucht wie in Gen 6,11f. Dort begegnet auch erstmals in der Bibel das Wort חמס (*chamás* – „Gewalttat"). Wenn es hier in Apk 19,2 ausdrücklich heißt, dass die große Hure mit ihrer Hurerei die Erde verdorben hat, ist nach allem Vorangegangenen noch einmal deutlich gesagt, dass die Gewaltstruktur von Wirtschaft und Handel zum Verderben der Erde geführt hat.

Der Schluss von V. 2 stellt neben das richtende Handeln Gottes an den Verursachern des Verderbens sein Recht schaffendes Handeln an den Opfern: „Und er hat Recht geschaffen dem Blut seiner Sklaven und Sklavinnen an ihrer Hand." Gewöhnlich wird ἐκδικέω (*ekdikéo*) und das dahinter stehende hebräische Verb נקם (*naqám*) mit „rächen" übersetzt. Das leitet jedoch fehl. Der Aspekt, auf den es dabei ankommt, ist vielmehr: Die Opfer, denen Gewalt und Unrecht widerfahren ist, sollen gegen ihre Vergewaltiger, die sich selbst dreist ins Recht gesetzt haben, ins Recht gesetzt werden. Darum geht es in erster Linie: um die Wiederherstellung des Rechts, um Gerechtigkeit, um Solidarität mit den Opfern. Ihnen selbst und wofür sie eingestanden sind, soll Geltung verschafft werden. Auch hier formuliert Johannes mit seiner Bibel. Am nächsten kommt 2Kön 9,7. Dort erhält Jehu von einem Schüler Elischas in einer Gottesrede nach seiner Salbung den Auftrag zur Revolution gegen Ahab: „Und du sollst das Haus Ahabs, deines Herrn, schlagen und ich will Recht verschaffen dem Blut

---

[148] Gemeint sind die Psalmen 1 bis 104, wobei die ersten beiden Psalmen als einer gezählt werden.

meiner Knechte, der Propheten, und dem Blut aller Knechte des Ewigen an der Hand Isebels“[149].

V. 3 markiert einen knappen Neueinsatz. Die himmlischen Stimmen sprechen ein zweites „Halleluja“ und verbinden es mit der Aussage, dass der Rauch von Babylons Trümmern auf immer aufsteigen wird. Damit wird eine Aussage aus 14,11 wiederholt: „Und es steigt auf der Rauch von ihrer Qual auf immer und allezeit.“ Die hiermit zugleich wiederholte Aufnahme von Jes 34,8f. wiederholt damit auch die Aussage von der Definitivität des Gerichts. Ich hatte sie dort verstanden als im Gegensatz gesprochen zum Anspruch der *Roma aeterna*[150]: Von wegen „ewiges Rom“; ewig werden deine Trümmer rauchen! Allerdings ist in 14,10f. ausdrücklich vom Gequältwerden der Anbeter des „Tieres“ und vom ewigen Aufsteigen des Rauchs von „*ihrer* Qual“ die Rede. Dazu ist einmal daran zu erinnern, dass für Johannes – gemäß dem Essay von ORWELL – die Situation von „1940“ vorliegt[151], und zum anderen ist auf die gegenteilige Aussage von der „Heilung der Völker“ (22,2) zu verweisen[152].

Nachdem in Apk 19 bis zu V. 3 eine unbestimmte himmlische Menge im Blick war, wird nun der Raum verengt auf den inneren Bereich um den Thron. Die Bewegung verläuft also genau umgekehrt zu Apk 5. Dort ging es in konzentrischen Kreisen von innen nach außen, hier von außen nach innen. „Da fielen die vierundzwanzig Ältesten nieder und die vier Wesen und sie huldigten Gott, der auf dem Thron sitzt.“ Sie sagen dann allerdings nicht eben viel, wie ja auch nicht mehr viel zu sagen ist: „Amen. Halleluja!“ Das Amen begegnete vorher schon mehrfach in der Apokalypse. Auch es ist bereits in der Septuaginta belegt, war also im hellenistischen Judentum in liturgischem Gebrauch. Die Kombination von Amen und Halleluja findet sich in Ps 106,48: „Gesegnet der Ewige, Israels Gott, auf immer und allezeit! Und das ganze Volk sage: ‚Amen. Halleluja!‘“ Die Septuaginta hat an dieser Stelle die letzten beiden Worte nicht transkribiert, sondern so „übersetzt“, dass sie das „Halleluja“ ausgelassen und das „Amen“ doppelt wiedergegeben hat: γένοιτο, γένοιτο (*génoito, génoito* – „es möge geschehen“).

Die im Halleluja enthaltene Aufforderung wird in V. 5 ausdrücklich aufgenommen. Dabei geht die Bewegung nach innen weiter, kommt aber nicht im himmlischen Zentrum zur Ruhe, sondern in der Aufforderung zum Lobpreis geht sie wieder weiter und zurück in die Bewegung von innen nach außen und schließt nun auch die hörwilligen Menschen ein: „Und eine Stimme kam vom Thron her, sprach: ‚Lobsingt unserm Gott, alle, die ihm gehören und die ihr ihn achtet, ihr Kleinen und ihr Großen!‘“ Aus verschiedenen Psalmstellen hat Johannes hier einen neuen kleinen Psalm zusammengestellt. In Ps 135,1 steht das „Halleluja“ voran und es folgt: „Lobpreist den Namen des Ewigen, lobpreist, ihr Knechte des Ewigen!“ In Ps 22,24 heißt es: „Die ihr den Ewigen achtet, lobpreist ihn!“ Das Motiv der Kleinen und Großen könnte aus Ps 115,13 stam-

[149] Aus dem hebräischen מיד (*mijád*), das hier steht, erklärt sich das im Griechischen seltsame ἐκ χειρός (*ek cheirós*). Vgl. weiter Dtn 32,43; Ps 79,10.

[150] Vgl. o. S. 194 mit Anm. 61.

[151] Vgl. o. S. 194f.

[152] Vgl. o. S. 234 und u. S. 272.

men[153]. Wie der Fortgang des Textes in Apk 19 zeigt, denkt Johannes bei den in V. 5 zum Lobpreis Aufgeforderten an alle Mitglieder der Gemeinde.

Der Aufforderung von V. 5 wird in V. 6 prompt entsprochen. Die Einführung stellt das Gewicht heraus, das Johannes dieser Antwort gibt: „Da hörte ich etwas wie das Geräusch einer großen Menge und wie das Geräusch großer Wassermassen und wie das Geräusch lauter Donner, die sprachen." Was hier angeführt wird, ist im Einzelnen alles schon im bisherigen Verlauf der Apokalypse begegnet. Es steht nun konzentriert zusammen. Alle Menschen in allen Gemeinden, „eine unzählbar große Zahl" (vgl. 7,9), stimmen ein: „Halleluja! Denn der Ewige, unser Gott, der Allherrscher, hat die Herrschaft angetreten." Wenn die Aufforderung zum Lob mit dem hebräischen Halleluja beantwortet wird, heißt das, dass dieses Fremdwort im griechisch sprechenden Bereich messiasgläubiger Gemeinden nicht mehr als Aufforderung verstanden wird, sondern als Jubelruf[154]. Er erhält seine Begründung im Herrschaftsantritt Gottes. Sachlich entsprechende Aussagen waren Apk 11,15.17 schon im Himmel gemacht worden. Jetzt können sie auf der Erde nachgesprochen werden. Auch hier hat Johannes Psalmensprache aufgenommen (Ps 93,1; 97,1; 99,1; vgl. 1Chr 16,31).

Dass Gott die Herrschaft innehat, gilt in V. 7 als Anlass zur Freude: „Lasst uns freuen und fröhlich sein und ihm die Ehre geben!" Der Anfang entspricht Ps 118,24. Die Septuaginta übersetzt hier anders als Johannes. Der Schluss hat Anhalt an 1Chr 16,28. Es kann jetzt in ungetrübter Freude dem die Ehre gegeben werden, dem sie wirklich gebührt. Sie kann nicht mehr von denen erzwungen werden, die sie sich anmaßten. Denen haben die standhaft Gebliebenen ja schon vorher die Ehre verweigert und sie Gott gegeben, aber unter Leiden. Jetzt kann das unter Jubel geschehen.

Der Fortgang des Textes gibt noch einen anderen Aspekt der Begründung für den Jubel an: „Denn gekommen ist die Hochzeit des Lammes." Hier taucht zum ersten Mal in der Apokalypse das Bild von der Hochzeit auf[155]. Die Hochzeit ist in der biblisch-jüdischen Tradition Bild der messianischen Freudenzeit. Das ist schon grundgelegt in Jes 61,10; 62,5 und wird im Neuen Testament aufgenommen in der rhetorischen Frage Jesu in Mk 2,19parr: „Können etwa die Leute des Bräutigams fasten, während der Bräutigam bei ihnen ist?" Dieses Bild begegnet auch in der matthäischen Fassung des Gleichnisses vom großen Gastmahl, das bei ihm ein Hochzeitsmahl ist (Mt 22,2f.). Die Besonderheit der Formulierung in der Apokalypse ist dadurch gegeben, dass Johannes von der „Hochzeit des Lammes" spricht. Jesus als das Lamm, und das heißt der Gekreuzigte, ist als Bräutigam vorgestellt. Das Bild von Jesus als messianischem Bräutigam und der Gemeinde als seiner Braut ist im Neuen Testament noch an anderen Stellen angelegt. Bei Paulus heißt es in 2Kor 11,2: „Ich eifere um euch mit dem Eifer

---

153 Vgl. o. S. 258.

154 Eine solche Verschiebung gab es bei dem Ruf „Hosianna" schon auf der hebräischen Sprachebene; vgl. dazu die Exkurse bei WENGST, Komm. Joh I, S. 302; Komm. Joh II, S. 62f.

155 Nach ZIMMERMANN ist Apk 18,23 der „begrifflich eingeleitete Übergang vom Gericht über die Hure zur Hochzeit der Braut", der in Apk 19,1–10 „dann explizit ausgeführt (wird)" (Geschlechtermetaphorik, S. 414).

Gottes; denn ich habe euch mit einem einzigen Mann verlobt, um euch als reine Braut dem Gesalbten vorzustellen." Und in Eph 5,21ff. wird das Verhältnis zwischen Mann und Frau in der Ehe dem zwischen dem Gesalbten und der Gemeinde parallelisiert[156]. Dieses Bild hat seine Voraussetzung in der jüdischen Bibel, wo Israel als Frau vorgestellt ist, der sich Gott vermählt hat[157]. Wenn nach Apk 19,7 die Hochzeit des Lammes, also des ohnmächtigen Jesus, gekommen ist, dann heißt das zugleich, dass die Ohnmächtigen, die Bedrängten und Niedergedrückten, sich endlich unbeschwert freuen, dass sie fröhlich feiern können. Sie kommen am Schluss von V. 7 als „Frau" des Lammes in den Blick: „Und seine Frau hat sich bereit gemacht." Worin das besteht, sich bereit gemacht zu haben, wird in V. 8 ausgeführt. Dabei zeigt sich wieder ein eigenartiger Wechsel von Aktiv und Passiv. Wenn es von der Frau heißt, dass sie sich bereit gemacht hat, ist damit ja eine eigene Aktivität im Blick. Wo das aber in V. 8a ausgeführt wird, steht ein Passiv: „Es wurde ihr gegeben, dass sie sich umkleide mit glänzend reinem Byssusstoff." Dieses „es wurde gegeben" ist schon oft in der Apokalypse begegnet. In ihm ist Gott logisches Subjekt. Was der Frau gegeben wird, bleibt noch ganz im Bild. Byssusstoff gehörte auch zur Kleidung der „großen Hure". Was dort Luxus war, ist hier sozusagen sozialisiert. Aber dem gibt nur die Bildebene Ausdruck. An dem Byssus hier wird seine glänzende Reinheit hervorgehoben. Das weist schon auf ein metaphorisches Verständnis hin und wird dann auch in V. 8b in einer kommentierenden Bemerkung gegeben: „Der Byssusstoff besteht nämlich aus den Rechtstaten der Heiligen." Nun wird wieder das aktive Moment herausgestellt. „Rechtstaten" (δικαιώματα – צדקות) der Gemeindeglieder sind gefragt[158]. Aber wenn sie die erbringen, können sie nicht als eigene Leistungen verstanden werden, sondern als von Gott gegeben. Was die Zugehörigkeit zu Jesus und also zur Gemeinde erweist, sind ihre „Rechtstaten". Danach wird sie gefragt werden.

In vielen Kommentaren wird dieser erläuternde Satz als sekundäre Glosse gewertet. So etwa bei MÜLLER: V. 8b „verrät sich als nachträgliche Glosse ..., da er das reine Kleid der Braut falsch interpretiert. Weiße Gewänder bedeuten 3,5; 6,11; 7,9.14 die eschatologische Verklärung der Gläubigen, symbolisieren aber nicht ihre irdischen Werke" (Komm., S. 319; in derselben Weise mit Verweis auf Vorgänger JÖRNS, Evangelium, S. 155f.). Einmal ist hier nicht von „weißen Kleidern" die Rede und zum anderen steht im Unterschied zu dort eine ausdrückliche Deutung, die im Zusammenhang einen guten Sinn ergibt. Die Seligpreisung der Märtyrerinnen und Märtyrer in Apk 14,13 wird abschließend damit begründet, dass „ihre Taten sie begleiten". Das könnte für protestantische Ohren befremdlich klingen. Die Taten meinen hier nicht das Ergebnis lebenslanger Arbeit: das, was produziert worden ist und losgelöst von denen existiert, die sie getan haben. Vom vorangehenden Kontext her muss bei diesen Taten an das Halten der Gebote Gottes und die Treue zu Jesus gedacht sein (14,12). Dass sie Gottes Gebote gehalten haben und Jesus treu geblieben sind, gehört zur Identität dieser Menschen dazu, ist von ihnen nicht ablösbar; es macht sie aus, dass sie so gehandelt haben. Und deshalb hält Gott seinerseits Treue, überlässt die, die Jesus in ihrem Tod konform geworden sind, nicht dem Tode, sondern macht sie Jesus auch in der Auferstehung, in einem

---

156 Das ist freilich alles andere als unproblematisch.

157 Vgl. Hos 2; Jes 54,6; Ez 16,7.

158 ZIMMERMANN spricht von einem „feinsinnigen Widerspruch", der „auf einer tiefer liegenden Sinnebene verständlich (wird)" (Geschlechtermetaphorik, S. 425).

neuen Leben, konform. Die Zugehörigkeit zu Jesus führt zuletzt nicht in den Tod. Sie hat Dauer und überdauert den Tod; sie ist nicht eine Zugehörigkeit zum Tode, sondern zum Leben.

Dieses „hymnische Finale“ lebt von der visionären Prolepse. Aber diese Prolepse leistet es, dass jetzt schon ein neues Lied gesungen, dass jetzt schon Gott allein die Ehre gegeben, dass jetzt schon voller Freude in den gemeindlichen Versammlungen gejubelt werden kann – trotz alledem![159] Dieses Beten und Singen der Gemeinde ist Theologie im eigensten Sinn. Sie entspricht dem, was JOHANN BAPTIST METZ als kürzest mögliche Definition von Religion gegeben hat: „Unterbrechung“[160]. In diesem Beten und Singen wird der erhoffte Abbruch des katastrophalen Geschichtsverlaufs vorwegnehmend schon gefeiert.

---

159 Vgl. ZIMMERMANN, Geschlechtermetaphorik, S. 484: „Das im Bild Realisierte kann ähnlich wie das doxologisch Gefeierte als Antizipation einer erhofften Wirklichkeit gelten.“

160 JOHANN BAPTIST METZ, Glaube in Geschichte und Gesellschaft, Mainz 1977, S. 150.

Schluss
Warum auf Johannes gehört werden sollte

Der Johannes der Apokalypse ist *eine* Stimme, die letzte Stimme im Kanon der christlichen Bibel. Er ist jedoch eine Stimme, der man nicht gleich besserwisserisch ins Wort fallen, die man nicht zum Verstummen bringen, sondern die man ausreden lassen sollte. Ich habe in diesem Buch versucht, auf Johannes zu hören und ihn ausreden zu lassen, selbstverständlich so, wie ich ihn verstanden habe. Ich habe ihn gerade auch da verstehen wollen, wo seine Äußerungen fremd, ja seltsam, vielleicht sogar unakzeptabel erscheinen. Nach diesem Versuch halte ich es jedenfalls nicht mehr für akzeptabel, den Begriff „apokalyptisch" negativ zu qualifizieren und gegen ihn den Begriff „eschatologisch" auszuspielen – und dabei letzteren reichlich nebulos zu gebrauchen. Es ist darauf zu dringen, dass „Apokalypse" Ent-Hüllung bedeutet – eine Enthüllung, die usurpierte Macht bloßstellt und offen legt, dass Gott die Macht zukommt. Abschließend möchte ich fünf Punkte herausstellen, die mir bei der Beschäftigung mit der Apokalypse des Johannes wichtig geworden sind.

1. Für die Wahrnehmung der Wirklichkeit gibt Johannes *eine Perspektive von unten und vom Rande her* vor. Dieselbe Wirklichkeit kann sehr unterschiedlich erfahren und wahrgenommen werden. SCHÜSSLER FIORENZA gibt dafür ein eindrückliches Beispiel. Gegenüber einer Argumentation, dass die Situation, in der Johannes lebte, so schlimm doch nicht war, weist sie auf die soziale Verortung und den bewusst eingenommenen Standpunkt hin, „von wo jemand auf solch eine Situation blickt: zum Beispiel, eine heimatlose, schwarze, alleinerziehende Mutter wird das Leben im Amerika der 1980er Jahre als bedeutend stärker durch Armut und Gewalt bestimmt erfahren haben, als ein weißer, männlicher Politiker oder ein Geschäftsführer aus der Mittelschicht es erfahren haben dürfte, der niemals von Hunger und Not betroffen worden ist"[1]. Wie andere Apokalyptiker vor und neben ihm stellt Johannes sich an den Rand der Gesellschaft. Dort sieht und erfährt er die Gewalt und lässt sich nicht blenden vom Glanz und der Pracht, die vom und im Zentrum entfaltet werden. So beschreibt er die Wirklichkeit aus der Perspektive von unten. Im Blick auf das gängige Bild von Apokalyptikern als denjenigen, die Katastrophen ansagen, fragt KROON: „Haben sich diese Menschen geirrt?" Er antwortet: „Ach was, geirrt! Sie haben überhaupt nichts vorhergesagt, aber sie haben es durchschaut, dahinter geschaut und aus der Tiefe geschrieen." Was sie geredet und geschrieben haben, „ist kein Verkleistern, es ist ein Schreien, ein Mahnen, ein Protestieren"[2]. In die Perspektive von unten sieht sich Johannes durch eine doppelte Vorgabe eingewiesen, durch die Orientierung an seiner jüdischen Bibel und an dem Gesalbten Jesus als dem geschlachteten Lamm. Nach einem bekannten Diktum KARL BARTHs soll,

---

1 SCHÜSSLER FIORENZA, Komm., S. 126.
2 KROON, Komm., S. 85.

wer eine Predigt vorbereitet, sich an „Bibel und Zeitung“ halten, vom Bibeltext geleitet die eigene Gegenwart wahrnehmen. Eben das tut Johannes; er liest seine Bibel und erkennt in ihr das aktuelle Geschehen seiner Zeit wieder. Im Licht der Bibel nimmt er seine eigene Gegenwart wahr. Dieses Licht leuchtet aus, was die offizielle Propaganda im Dunkeln lässt. Dieselbe Platzanweisung erhält Johannes von Jesus, dem treuen Zeugen, mit dem er den ermordeten Zeugen Antipas parallelisiert. Von da aus kommen auch die Ermordeten außerhalb der eigenen Gemeinschaft in den Blick. Die Apokalypse des Johannes stellt so Christinnen und Christen und ihre Kirchen in Ländern, in denen sie unbedrängt leben können, die Aufgabe, sich in diese Perspektive einer Wahrnehmung der Wirklichkeit von unten und vom Rande her immer wieder einzuüben. ELISABETH SCHÜSSLER FIORENZA schreibt: „Der Schrei der Apokalypse nach Gerechtigkeit und Recht kann gänzlich nur von denen verstanden werden, die hungern und dürsten nach Gerechtigkeit“[3]. Das aber sind diejenigen, die nach Mt 5,6 von Jesus glücklich gepriesen werden.

2. Eine um Verstehen bemühte Lektüre der Apokalypse des Johannes unterstreicht *die theologisch unaufgebbare Bedeutung der Rede vom Gericht*. Auch hier geht es elementar um die Frage von Recht und Gerechtigkeit, um die Frage, wer das letzte Wort hat. Johannes ist nicht bereit zuzugeben, dass Gewalttätige, die über Leichen gegangen sind, mit ihrem Morden letzte Fakten gesetzt haben. Er stimmt mit dem Verfasser von Henochs Epistel überein, nach dem Gewalttätige nicht mit Recht über andere Gewalttätige, die in Reichtum und Wohlleben gestorben sind, sagen können sollen: „Selig sind die Sünder, alle ihre Tage haben sie gesehen! Und nun sind sie in Wohlstand und Reichtum gestorben, und Not und Tod haben sie in ihrem Leben nicht gesehen; in Herrlichkeit sind sie gestorben, und ein Gericht geschah in ihrem Leben nicht an ihnen“ (1Hen 103,5f.)[4]. Dagegen setzt dieser Verfasser, dass „jede Ungerechtigkeit im Himmel jeden Tag vor dem Höchsten aufgeschrieben wird“ – bis zum Tag des Gerichts (1Hen 98,6–8). Gott ist Richter; er hat das letzte Wort. Protestanten in Deutschland hätten wahrscheinlich mit diesen Aussagen weniger Schwierigkeiten, wenn sie die Psalmen nicht in solch verstümmelter Weise gebrauchten, wie sie in ihrem Gesangbuch stehen.

3. Aus der Apokalypse des Johannes habe ich auch gelernt, dass – um der Möglichkeit und Freiheit zum Widersprechen willen – *logische Widerspruchsfreiheit kein theologisches Postulat* sein darf. Wenn Gott als der *eine* Gott sich auf die ganze Wirklichkeit bezieht und diese Wirklichkeit widersprüchlich ist, dann wird sich, wenn denn von Gott geredet werden soll und muss, der Widerspruch auch in die *Theologie*, das *Reden von Gott*, eingraben. Erinnert sei an den in meinen Augen in dieser Beziehung eindrücklichsten Zusammenhang in Apk 13,2.4–7. Einerseits erhält hier „das Tier“ seine Macht vom Drachen, den Johannes schon in 12,9 als „Teufel und Satan“ identifiziert hatte, andererseits ist ihm von Gott „gegeben“, das zu tun, was es tut, nämlich Widergöttliches. Johannes muss so widersprüchlich formulieren, weil er weder die Welt dem Teufel

---

3 SCHÜSSLER FIORENZA, Komm., S. 128.

4 Übersetzung UHLIG.

überlassen noch eine schlimme Wirklichkeit theologisch legitimieren will. Die widersprüchliche Formulierung gibt ihm die Möglichkeit zum Protest als Widerspruch gegen eine schlimme Wirklichkeit und als Zeugnis für die andere Wirklichkeit Gottes[5].

ADELA YARBRO COLLINS, die mit *Crisis & Catharsis* eine großartige Monographie über die Apokalypse geschrieben hat, meint dann im Schlussteil doch, Kritik an Johannes üben zu müssen. M.E. beruht diese Kritik darauf, dass sie spannungsvoll bis widersprüchlich Zusammengehöriges auseinanderreißt. Das tut sie einmal, wenn sie formuliert: „Christus als Lamm wird überschattet von Christus als Richter und Krieger"[6]. Das zerreißt die Einheit von Löwe und Lamm, wie sie Johannes in Apk 5,5f. zum Ausdruck bringt. Jesus ist das geschlachtete Lamm, aber gerade als solchem kommt ihm alle Macht zu. Als von Gott beauftragter Richter und als „Krieger" hat er keine andere Waffe als das „scharfe, zweischneidige Schwert aus seinem Mund", das sein Wort symbolisiert. Er ist nicht mal Lamm, mal Löwe und letzteres nicht in der Weise, wie es der Priester Fotis in Nikos Kazantzakis' „Griechischer Passion" gerne hätte[7]. Aber sein Wort hat durchgreifende und letztgültige Wirkung, weil es das Wort Gottes ist, der das letzte Wort hat und behält.

Massiver ist die Kritik von YARBRO COLLINS an Johannes, wenn sie ihm eine „dualistische Einteilung der Menschheit" vorwirft und das als „ein Versagen in der Liebe" qualifiziert und diesen Dualismus „destruktiv und dehumanisierend" nennt[8]. Hier ist einmal nicht die Funktion wahrgenommen, die die Aussagen von den Königen und Völkern als einer *massa perditionis* im Unterschied zu den im Buch des Lebens Geschriebenen haben: dass es um die Herstellung des Rechts geht. Und zum anderen ist der von Johannes bewusst in Kauf genommene Widerspruch übersehen, wenn im neuen Jerusalem die Könige und Völker anwesend sind und die Blätter des Lebensbaumes „zur Heilung der Völker" dienen. Man kann hier eine Analogie sehen zu dem rabbinischen Konzept von den zwei Maßen Gottes, dem Maß des Rechts und dem Maß des Erbarmens, wobei das Maß des Erbarmens überwiegt.

4. Im Protest gegen eine als niederschmetternd erfahrene Realität bietet die Apokalypse *die Imagination einer anderen Welt*. Johannes ist kein Fetischist der Katastrophe. Sein Buch ist nicht düster; es ist durchzogen von Gesang: Das „neue Lied" wird schon gesungen, Gottesdienst wird schon gefeiert, das Miteinander in der Gemeinde wird schon gelebt. Die Verweigerung des Mitmachens bei den Ritualen der herrschenden Macht, des Mitlaufens im allgemeinen gesellschaftlichen Trend ist kein Ausstieg aus der Geschichte, kein Rückzug in einen Raum untätigen Abwartens. Es geht vielmehr darum, dass eine Alternative gelebt wird: eine Prolepse aus der Kraft dessen, woran geglaubt und worauf gehofft wird, aus der Kraft des kommenden Gottes.

5. Schließlich sei noch einmal herausgestellt: *Johannes bestimmt die Gemeinde von Israel her*: Das Zwölfstämmevolk Israel bildet die Grundstruktur der

---

[5] Vgl. o. S. 137f.
[6] YARBRO COLLINS, Crisis, S. 173.
[7] Vgl. o. S. 121.
[8] YARBRO COLLINS, Crisis, S. 170.

Gemeinde, in die hinzukommende Menschen aus der Völkerwelt integriert werden[9]. So konnte ein an Jesus als Messias glaubender Jude des 1. Jahrhunderts denken. Eine heutige Rezeption dieser Aussagen des Johannes muss selbstverständlich mit bedenken, dass sich inzwischen das Christentum als eine eigenständige Größe im Unterschied und oft genug auch im feindlichen Gegensatz zum Judentum herausgebildet hat. Die Auslegung sollte sich davor hüten, aus den Aussagen des Johannes zwangslogische Schlüsse zu ziehen, wie es etwa HIRSCHBERG tut: „Das gottgewollte Israel ist ein Israel, das nicht auf sich selbst konzentriert ist, sondern sich aufgrund der Christusoffenbarung in einer Art Proexistenz zu den Völkern hin öffnet. Damit bestreitet der Seher dem in der Gegenwart nicht an Christus glaubenden Israel, daß es das gottgewollte Israel ist“[10]. Johannes selbst zieht eine solche Folgerung jedenfalls nicht. Man mag es bedauern, dass er sich über seine nicht an Jesus als Messias glaubenden Landsleute nicht hinreichend oder auch gar nicht äußert[11]. In keinem Fall sollte man jedoch Unterstellungen machen, die weder historisch noch exegetisch vom Text der Apokalypse abgedeckt sind, und behaupten, es wäre „offensichtlich, daß das die Christen diskriminierende, assimilatorisch-götzendienerische (!) und den Christusglauben verweigernde Judentum nicht zum eschatologischen Gottesvolk gehört“[12]. Warum Johannes über seine nicht an Jesus als Messias glaubenden Landsleute so wenig oder auch gar nichts sagt, können wir nicht wissen. Wenn wir darüber im Anschluss an das Neue Testament reden wollen, sollten wir uns an der Stelle orientieren, die darüber ausdrücklich reflektiert: Röm 11,25–29[13]. Ich verstehe die Bestimmung der auf Jesus bezogenen Gemeinschaft von Israel her durch Johannes in dieser Weise: Sie erinnert heutige Kirche daran, dass es bei ihrem „Verhältnis zum Judentum … um die Mitte unseres Christseins (geht)“[14], und weist sie daher an, schon um ihrer selbst willen ein partnerschaftliches Verhältnis zum Judentum zu suchen.

---

9 Vgl. o. Abschnitt VII 3.
10 HIRSCHBERG, Israel, S. 285.
11 Zu Apk 2,9; 3,9 vgl. o. S. 85–89.
12 HIRSCHBERG, Israel, S. 297.
13 Vgl. dazu WENGST, Völker, S. 368–377.
14 So im Vorwort des Präses in der Hauptvorlage für die Synode 1999 der Evangelischen Kirche von Westfalen.

Literaturverzeichnis

Abkürzungen nach: SIEGFRIED M. SCHWERTNER, Theologische Realenzyklopädie. Abkürzungsverzeichnis, Berlin/New York ^{2}1994 und nach: Religion in Geschichte und Gegenwart, Band 1–8, Tübingen ^{4}1998–2005. Abweichungen davon werden angegeben.

Quellenverzeichnis

Bibelausgaben und Bibelübersetzungen

Tora Nevi'im K'tuvim, Jerusalem 2003.

Biblia Hebraica Stuttgartensia, hg.v. K. ELLIGER u. W. RUDOLF, Stuttgart ^{3}1987.

Septuaginta Vol. I u. II, hg.v A. RAHLFS, Stuttgart ^{6}o.J.

Novum Testamentum Graece (Nestle-Aland), hg.v. BARBARA u. K. ALAND u.a., Stuttgart ^{27}1993 /8. Druck 2001.

Biblia: das ist: Die gantze Heilige Schrifft / Deudsch / Aufs new zugericht, D. MART. LUTHER, Wittemberg 1545, Faksimile Stuttgart 1967.

Die Bibel oder die ganze Heilige Schrift des Alten und Neuen Testaments nach der deutschen Übersetzung D. Martin Luthers, Stuttgart ^{2}1911.

Die Bibel oder die ganze Heilige Schrift des Alten und Neuen Testaments nach der deutschen Übersetzung D. Martin Luthers, nach dem 1912 vom Deutschen Evangelischen Kirchenausschuß genehmigten Text, Stuttgart o.J.

Das Neue Testament, nach der deutschen Übersetzung MARTIN LUTHERs, Stuttgart 1956.

Die Bibel, nach der Übersetzung MARTIN LUTHERs, (Bibeltext in der revidierten Fassung von 1984) Stuttgart 1985.

Die Schrift, verdeutscht von MARTIN BUBER gemeinsam mit FRANZ ROSENZWEIG, Bde. 1–4, Darmstadt 1988.

Die heilige Schrift, hg.v. HARRY TORCZYNER, Bde. 1–4, Frankfurt am Main 1934–1937.

Die Bibel, Elberfelder Übersetzung, Wuppertal 2005.

Die Bibel. Gesamtausgabe in der Einheitsübersetzung mit Bildern von MARC CHAGALL, Augsburg 1994.

Die Bibel. Gute Nachricht. Altes und Neues Testament. Mit den Spätschriften des Alten Testaments (mit Bildern von JÖRG IMMENDORF), Gütersloh 2006.

Bibel in gerechter Sprache, hg.v. ULRIKE BAIL u.a., Gütersloh 2006.

Die Heilige Schrift des Alten und des Neuen Testaments (Zürcher Bibel), Zürich 1962.

Zürcher Bibel, Zürich 2007.

Das Neue Testament, übers. v. FRIDOLIN STIER, aus dem Nachlaß hg.v. ELEONORE BECK u.a., München u. Düsseldorf 1989.

JENS, WALTER, Das A und das O. Die Offenbarung des Johannes, Stuttgart 1987.

Targum

The Bible in Aramaic III. The Latter Prophets according to Targum Jonathan, ed. by ALEXANDER SPERBER, Leiden/New York/Köln [2]1992.
Targum Pseudo-Jonathan of the Pentateuch: Text and Concordance, ed. by E. G. CLARKE, Hoboken, New Jersey 1984.

Außerkanonische christliche Texte

Die Apostolischen Väter, hg.v. JOSEPH A. FISCHER, SUC 1, Darmstadt 1964.
Didache (Apostellehre), Barnabasbrief, Zweiter Klemensbrief, Schrift an Diognet, hg.v. KLAUS WENGST, SUC 2, Darmstadt 1984.
Papiasfragmente, Hirt des Hermas, hg.v. ULRICH H. J. KÖRTNER u. MARTIN LEUTZSCH, SUC 3, Darmstadt 1998.
Die Apostolischen Väter, hg.v. ANDREAS LINDEMANN und HENNING PAULSEN, Tübingen 1992.
Acta Apostolorum Apocrypha II 1, ed. MAXIMILIANUS BONNET, Darmstadt 1959 (= Leipzig 1898).
Die ältesten Apologeten. Texte mit kurzen Einleitungen, hg.v. EDGAR J. GOODSPEED, Göttingen 1914.
Altkirchliche Apologeten, hg.v. GERHARD RUHBACH, Gütersloh 1966.
Iustini Martyris Dialogus cum Tryphone, ed. by MIROSLAV MARCOVICH, PTS 47, Berlin/New York 1997.
Justinus, Dialog mit dem Juden Tryphon, übers. v. PHILIPP HAEUSER, neu hg.v. KATHARINA GRESCHAT u.MICHAEL TILLY, Wiesbaden 2005 (nach der Ausgabe Kempten 1917 [BKV]).
Des Athenagoras von Athen Bittschrift für die Christen, übers. v. ANSELM EBERHARD, in: Frühchristliche Apologeten und Märtyrerakten, Bd. I, BKV 12, Kempten u. München 1913.
Irenäus von Lyon, Epideixis. Adversus haereses I, übers. u. eingeleitet v. NORBERT BROX, Freiburg u.a. 1993; Adversus haereses II, 1993; III, 1995; IV, 1997; V, 2001 (Fontes Christiani 8/1–5).
Des heiligen Irenäus fünf Bücher gegen die Häresien, übers. v. E. KLEBBA, Buch I–III, BKV 3, Buch IV–V, BKV 4, Kempten u. München 1912.
Die Pseudoklementinen II. Rekognitionen in Rufins Übersetzung, hg.v. BERNHARD REHM†, zum Druck besorgt durch FRANZ PASCHKE, GCS 51, Berlin 1965.
Eusebius, Kirchengeschichte, hg.v. EDUARD SCHWARTZ, Kleine Ausgabe, Leipzig 1908.

Eusebius von Caesarea, Kirchengeschichte, hg.v. HEINRICH KRAFT, (Übersetzung von PHILIPP HAEUSER [Kempten 1932], neu durchgesehen von HANS ARMIN GÄRTNER), Darmstadt 1967.

Laktanz, De mortibus persecutorum. Die Todesarten der Verfolger, übers. u. eingeleitet v. ALFONS STÄDELE, Fontes Christiani 43, Turnhout 2003.

Außerrabbinisches Judentum

The Dead Sea Scrolls. Study Edition, Vol. I–II, ed. FLORENTINO GARCÍA MARTÍNEZ & EIBERT J. C. TIGCHELAAR, Leiden u.a. 1997 u. 1998.

Die Texte aus Qumran. Hebräisch u. deutsch, hg.v. EDUARD LOHSE, Darmstadt 1964.

Die Texte aus Qumran II. Hebräisch/Aramäisch u. Deutsch, hg.v. ANNETTE STEUDEL, Darmstadt 2001.

BEYER, KLAUS, Die aramäischen *Texte* vom Toten Meer samt den Inschriften aus Palästina, dem Testament Levis aus der Kairoer Genisa, der Fastenrolle und den alten talmudischen Zitaten, Göttingen 1984.

BEYER, KLAUS, Die aramäischen Texte vom Toten Meer samt den Inschriften aus Palästina, dem Testament Levis aus der Kairoer Genisa, der Fastenrolle und den alten talmudischen Zitaten. *Ergänzungsband*, Göttingen 1994.

Die Testamente der zwölf Patriarchen (JÜRGEN BECKER), JSHRZ I 3, Gütersloh 1979.

Das 4. Buch Esra (JOSEF SCHREINER), JSHRZ V 4, Gütersloh 1981.

Die syrische Baruch-Apokalypse (A. F. J. KLIJN), JSHRZ V 2, Gütersloh 1976, S. 103–191.

Das Äthiopische Henochbuch (SIEGBERT UHLIG), JSHRZ V 6, Gütersloh 1984.

Die Elia-Apokalypse (WOLFGANG SCHRAGE), JSHRZ V 3, Gütersloh 1980.

Sibyllinen (HELMUT MERKEL), JSHRZ V 8, Gütersloh1998.

Philonis Alexandrini opera quae supersunt Vol. I–VI, ed. LEOPOLDUS COHN et PAULUS WENDLAND, Berlin 1896–1910 (Nachdruck 1962).

Philo von Alexandria. Die Werke in deutscher Übersetzung, Bd. I–VI, hg.v. LEOPOLD COHN u.a., Berlin ^{2}1962 (= Breslau 1910–1938); Bd. VII, Berlin 1964.

Flavius Josephus, De Bello Judaico. Der jüdische Krieg, Griechisch u. Deutsch, Bde. I–III, hg.v. OTTO MICHEL u. OTTO BAUERNFEIND, München 1959–1969.

Flavius Josephus, Antiquitates, with an English Translation by H. ST. J. THACKERAY, Books I–IV, LCL, Cambridge/Mass. 1958; XII–XIV, by RALPH MARCUS, 1961; XVIII–XX, by LOUIS H. FELDMAN, 1995.

Rabbinische Texte

Talmudic Encyclopedia, The Responsa Project, Bar-Ilan University, (CD-ROM) Version 12, 2004.

Mischna: *schischah sidrej mischnah*, hg.v. HANOCH ALBECK, Bde. 1–6, Jerusalem u. Tel Aviv 1952–1958 (Nachdruck 1988).

Babylonischer Talmud: *Talmud bavli*, Bde. 1–20, Nachdruck Jerusalem 1981 (Romm, Wilna 1880–1886).

Der Babylonische Talmud, neu übertragen durch LAZARUS GOLDSCHMIDT, 12 Bände, Königstein/Ts. ³1980.1981.

Jerusalemer Talmud: *Talmud jeruschalmi*, Nachdruck Jerusalem 1969 (Krotoschin 1866).

Mechilta d'Rabbi Ismael. *Mechilta d'Rabbi Jischmael*, hg.v. H. S. HOROVITZ u. I. A. RABIN, Jerusalem ²1970 (Erstausgabe Frankfurt am Main 1931).

Mechiltha. Ein tannaitischer Midrasch zu Exodus, übers. v. JAKOB WINTER u. AUGUST WÜNSCHE, Hildesheim u.a. 1990 (= Leipzig 1909).

Siphre ad Numeros adjecto Siphre zutta. *sifrej al sefer bamidbar ve-sifrej suta*, hg.v. H. S. HOROVITZ, Nachdruck New York 1969 (Berlin 1939).

Der Midrasch Sifre zu Numeri, übers. v. DAGMAR BÖRNER-KLEIN, Stuttgart u.a. 1997.

Siphre ad Deuteronomium. *sifrej al sefer d'varim*, hg.v. LOUIS FINKELSTEIN u. H. S. HOROVITZ, Nachdruck New York 1969 (Berlin 1939).

Der tannaitische Midrasch Sifre Deuteronomium, übers. v. HANS BIETENHARD, JudChr 8, Bern u.a. 1984.

Midrasch Rabba über die fünf Bücher der Tora und die fünf Megillot. *midrasch rabbah*, 2 Bde., Nachdruck Jerusalem o.J. (Romm, Wilna 1887).

Bereschit Rabba. *b'reschit rabbah*, hg.v. J. THEODOR u. CH. ALBECK, 3 Bde., korrigierte Neuausgabe Jerusalem 1965, ²1996 (Berlin 1912–1936).

Midrash Shemot Rabbah. Chapters I–XIV, ed. by AVIGDOR SHINAN, Jerusalem/Tel Aviv 1984.

Aboth de Rabbi Nathan. *Avot de-rabbi Natan*, hg.v. SOLOMON SCHECHTER, verb. Ausgabe New York 1967 (Erstausgabe Wien 1887).

Seder Eliahu Rabba and Seder Eliahu Zuta (Tanna d'be Eliahu). Pseudo-Seder Eliahu zuta, ed. by M. FRIEDMANN, Jerusalem ³1969 (= Wien 1902 u. 1904).

Midrasch Tanchuma, 2 Bde., hg.v. S. BUBER, Nachdruck Jerusalem 1964 (Wilna 1885).

BILLERBECK, PAUL, Die Briefe des Neuen Testaments und die Offenbarung Johannis. Erläutert aus Talmud und Midrasch, Kommentar zum Neuen Testament aus Talmud und Midrasch, Bd. III, München ⁵1969 (= 1926).

Nichtjüdische antike Literatur

Aelius Aristides, Die Romrede, hg. u. übers. v. RICHARD KLEIN, Darmstadt 1983.

Artemidor, Das Traumbuch, übers. v. KARL BRACKERTZ, Zürich u. München 1979.

Athenaios von Naukratis, Das Gelehrtenmahl, übers. v. URSULA u. KURT TREU, Leipzig 1985.

Augustus, Meine Taten, Lateinisch – Griechisch – Deutsch, hg.v. EKKEHARD WEBER, München 1970.

Dio's Roman History, with an English Translation by EARNEST CARY on the Basis of the Version of HERBERT BALDWIN FOSTER, LCL, Cambridge/Mass., VI 1960, VIII 1961.

Cassius Dio, Römische Geschichte, übers. v. OTTO VEH, Zürich u. München, Bd. III u. Bd. IV 1986, Bd. V 1987.

Diogenes Laertius, Lives of Eminent Philosophers II, with an English Translation by R. D. HICKS, LCL, Cambridge/Mass. 1965.

Dio Chrysostom, Discourses 12–30, with an English Translation by J. W. COHOUN, LCL, Cambridge/Mass. 1961; 31–36, by J. W. COHOUN and H. LAMAR, 1961; 37–60, by H. LAMAR, 1962.

Dion Chrysostomos, Sämtliche Reden, übers. v. WINFRIED ELLIGER, Zürich u. Stuttgart 1967.

Juvenal, Satiren, Lateinisch – deutsch, hg. u. übers. v. JOACHIM ADAMIETZ, München 1993.

Livius, Römische Geschichte, Lateinisch u. deutsch hg.v. HANS JÜRGEN HILLEN, Darmstadt, Buch IV–VI 1991, Buch XXV–XXVIII 1982.

Lucian IV, with an English Translation by A. M. HARMON, LCL, Cambridge/Mass. 1961.

Lukian, Werke in drei Bänden, übers. v. CHRISTOPH MARTIN WIELAND, Berlin u. Weimar 1974.

Lukian, Hauptwerke. Griechisch und deutsch, hg. u. übers. v. KARL MRAS, München [2]1980.

M. Valerius Martialis, Epigramme. Lateinisch-deutsch, hg. u. übers. v. PAUL BARIÉ und WINFRIED SCHINDLER, Darmstadt 1999.

Ovid's Fasti, with an English Translation by GEORGE FRAZER, LCL, Cambridge/Mass. 1959.

Pausanias, Description of Greece IV. Books VIII (XXII)–X, with an English Translation by W. H. S. JONES, LCL, Cambridge/Mass. 1961.

Pausanias, Reisen in Griechenland, Bd. III (Bücher VIII–X), auf Grund der kommentierten Übers. v. ERNST MEYER hg.v. FELIX ECKSTEIN, abgeschlossen v. PETER C. BOL, Darmstadt 1989.

Plinius d.Ä., Naturkunde, Lateinisch–deutsch, Darmstadt, Buch V, hg. u. übers. v. GERHARD WINKLER, 1993; Bücher XII/XIII, hg. u. übers. v. RODERICH KÖNIG, o.J. (copyright 1977); Buch XXXVII, hg. u. übers. v. RODERICH KÖNIG, 1994.

Plinius d.J., Briefe, Lateinisch-deutsch, hg.v. HELMUT KASTEN, München o.J.

Plinius d.J., Panegyricus. Lobrede auf den Kaiser Trajan, hg. u. übers. v. WERNER KÜHN, Darmstadt 1985.

Plutarch, Religionsphilosophische Schriften, Griechisch-deutsch, übers. u. hg. v. HERWIG GÖRGEMANNS, Düsseldorf/Zürich 2003.

Plutarch's Moralia VI, with an English Translation by W. C. HELMBOLD, LCL, Cambridge/Mass. 1962.

Plutarch's Lives II, with an English Translation by BERNADOTTE PERRIN, LCL, Cambridge/Mass. 1959.

Plutarch, Große Griechen und Römer, München, Bd. 2, 1979; Bd. 4, 1980.

L. Annaeus Seneca, Philosophische Schriften. Lateinisch und Deutsch. Zweiter Band. Dialoge VII–XII, Lateinischer Text v. A. BOURGERY u. R. WALTZ, hg.v. MANFRED ROSENBACH, Darmstadt 1983.

L. Annaeus Seneca, Philosophische Schriften. Lateinisch und Deutsch. Vierter Band. An Lucilius. Briefe 70–124, [125], Lateinischer Text v. FRANÇOIS PRÉCHAC, hg.v. MANFRED ROSENBACH, Darmstadt 1984.

Seneca, Sämtliche Tragödien I, Lateinisch u. Deutsch, übers. v. THEODOR THOMANN, Zürich u. Stuttgart 1961.

Silius Italicus, Punica I, with an English Translation by J. D. DUFF, LCL, London and Cambridge/Mass, 1961 (= 1927).

Statius, Silvae, ed. and translated by D. R. SHACKLETON BAILEY, LCL, Cambridge/Mass. and London 2003.

Statius, Silvae, übers. u. erläutert v. HEINZ WIßMÜLLER, Neustadt/Aisch 1990.

Sueton, Die Kaiserviten. De vita Caesarum, Lateinisch-deutsch, hg.v. HANS MARTINET, Düsseldorf ²2000.

Tacitus, Annalen, Lateinisch und deutsch, hg.v. ERICH HELLER, Darmstadt 1982.

Tacitus, Historien, Lateinisch-deutsch, hg.v. JOESPH BORST, Darmstadt 1979.

Tibull, Gedichte, Lateinisch u. Deutsch, hg. u. übers. v. RUDOLF HELM, Darmstadt ⁵1984.

Vergil, Aeneis, Lateinisch-Deutsch, hg. u. übers. v. JOHANNES GÖTTE, Darmstadt ⁶1983.

Vitruv, Zehn Bücher über Architektur, übers. u. mit Anmerkungen versehen v. CURT FENSTERBUSCH, Darmstadt ⁵1991.

Xenophon, Hellenika. Griechisch-deutsch, hg.v. GISELA STRASBURGER, München u. Zürich ²1988.

Inschriften

Sylloge Inscriptionum Graecarum III, hg.v. Wilhelm Dittenberger, Leipzig ³1920.

Inscriptiones Graecae ad Res Romanas Pertinentes IV, ed. G. LAFAYE, Paris 1927.

Hilfsmittel

KÖHLER, LUDWIG/BAUMGARTNER, WALTER, Hebräisches und Aramäisches Lexikon zum Alten Testament, 3. Aufl. v. WALTER BAUMGARTNER (Bd. 1–3) u. JOHANN JAKOB STAMM (Bd. 3–4), Leiden u.a. 1967–1990.

DALMAN, GUSTAF H., Aramäisch-Neuhebräisches Handwörterbuch zu Targum, Talmud und Midrasch, Göttingen ³1938.

JASTROW, MARCUS, A Dictionary oft he Targum, The Talmud Babli and Yerushalmi, and the Midrashic Literature, I.II, New York 1950.

BAUER, WALTER: Griechisch-deutsches *Wörterbuch* zu den Schriften des Neuen Testaments und der frühchristlichen Literatur, 6. Aufl., bearb. v. VIKTOR REICHMANN, Berlin u. New York 1988.

BLASS, FRIEDRICH / DEBRUNNER, ALBERT: Grammatik des neutestamentlichen Griechisch, 17. Aufl., bearb. v. FRIEDRICH REHKOPF, Göttingen 1990 (abgekürzt: *BDR*).

GEMOLL, WILHELM: Griechisch-deutsches Schul- und Handwörterbuch, 7. Aufl. bearb.v. K. Vretska, München u. Wien 1959.

LIDDELL, HENRY GEORGE /SCOTT, ROBERT, A Greek-English Lexicon I.II, New Edition by HENRY STUART JONES, Oxford 1925.

PAPE, W., Griechisch-deutsches Handwörterbuch, Nachdruck der 3. Aufl., bearb. v. M. SENGEBUSCH, 2. Bde., Graz 1954.

GEORGES, KARL ERNST, Kleines Lateinisch-Deutsches Handwörterbuch, 7. Aufl. v. HEINRICH GEORGES, Hannover u. Leipzig 1897.

HATCH, EDWIN/REDPATH, HENRY A., A Concordance to the Septuagint, Vol. I.II, Graz 1954.

ALAND, KURT, Vollständige Konkordanz zum griechischen Neuen Testament, I 1.2, Berlin u. New York 1983.

Sekundärliteratur

Kommentare zur Apokalypse

(Zitiert mit Verfassername und Komm.)

AUNE, DAVID E., Revelation 1–5; Revelation 6–16; Revelation 17–22, WBC A.B.C, Nashville 1997.1998.

BECK, JOHANN TOBIAS, Erklärung der Offenbarung Johannis. Cap. 1–12, hg.v. JULIUS LINDENMEYER, Gütersloh 1884.

BOUSSET, WILHELM, Die Offenbarung des Johannes, KEK 16, Neudruck der neubearbeiteten Auflage 1906, Göttingen 1966.

HADORN, WILHELM, Die Offenbarung des Johannes, ThHKNT 18, Leipzig 1928.

HOLTZ, TRAUGOTT, Die Offenbarung des Johannes, hg.v. KARL-WILHELM NIEBUHR, NTD 11, Göttingen 2008.

HOLTZMANN, HEINRICH JULIUS, Briefe und Offenbarung des Johannes, HC IV 2, Tübingen ^{3}1908 (besorgt v. WALTER BAUER).

KNORR VON ROSENROTH, CHRISTIAN, Apokalypse-Kommentar, hg.v. ITALO MICHELE BATTAFARANO, Forschungen zur europäischen Kultur 22, Bern u.a. 2004 (Eigentliche Erklärung über die Gesichter der Offenbarung S. Johannis, 1670).

KRAFT, HEINRICH, Die Offenbarung des Johannes, HNT 16a, Tübingen 1974.

KROON, KLEIJS H., Der Sturz der Hure Babylon. Eine zeitgeschichtliche Auslegung der Johannesapokalypse, Aus dem Niederländischen von ANDREAS PANGRITZ, Westberlin 1988.

LOHMEYER, ERNST, Die Offenbarung des Johannes, HNT 16, Tübingen 1953.

MÜLLER, ULRICH B., Die Offenbarung des Johannes, ÖTBK 19, Gütersloh 1984.

ROLOFF, JÜRGEN, Die Offenbarung des Johannes, ZBK NT 18, Zürich 1984.

SATAKE, AKIRA, Die Offenbarung des Johannes, Redaktionell bearbeitet von THOMAS WITULSKI, KEK 16, Göttingen 2008.

SCHÜSSLER FIORENZA, ELISABETH, Revelation. Vision of a Just World, Minneapolis 1991.

Kommentare zu anderen biblischen Schriften

(Zitiert mit Verfassername sowie Komm. und Abkürzung des biblischen Buches)

EBACH, JÜRGEN, Genesis 37–50, Herders Theol. Kommentar zum AT, Freiburg u.a. 2007.

BROX, NORBERT, Der erste Petrusbrief, EKK 21, Zürich u.a. 1979.

HAAG, ERNST, Daniel, Die Neue Echter Bibel, Würzburg 1993.

WENGST, KLAUS, Das Johannesevangelium, 1. Teilbd.: Kapitel 1–10, Theol. Kommentar zum NT 4,1, Stuttgart [2]2004.

WENGST, KLAUS, Das Johannesevangelium, 2. Teilbd.: Kapitel 11–21, Theol. Kommentar zum NT 4,2, Stuttgart [2]2007.

WENGST, KLAUS, Der Brief an Philemon, Theol. Kommentar zum NT 16, Stuttgart 2005.

Sonstige Sekundärliteratur

(Zitiert mit Verfassername und dem kursiv gesetztem Wort)

ALFÖLDI, ANDREAS, Die *Ausgestaltung* des monarchischen Zeremoniells am römischen Kaiserhof, Mitteilungen des Deutschen Archäologischen Instituts. Römische Abteilung, Bd. 49, 1934, S. 1–118.

AUNE, DAVID E., The *Influence* of Roman Imperial Court Ceremonial on the Apocalypse of John, Biblical Research 28, 1983, S. 5–26.

BACHMANN, MICHAEL, *Ausmessung* von Tempel und Stadt. Apk 11,1f und 21,15ff auf dem Hintergrund des Buches Ezechiel, in: Das Ezechielbuch in der Johannesoffenbarung, hg.v. DIETER SÄNGER, BThSt 76, Neukirchen-Vluyn 2004, S. 61–83.

BAUMEISTER, THEOFRIED, Der *Brief* der Gemeinden von Vienne und Lyon und die Offenbarung des Johannes, in: Studien zur Johannesoffenbarung und ihrer Auslegung. FS OTTO BÖCHER, hg.v. FRIEDRICH WILHELM HORN und MICHAEL WOLTER, Neukirchen-Vluyn 2005, S. 339–355.

BEAGLEY, ALAN JAMES, The '*Sitz* im Leben' of the Apocalypse with Particular Reference to the Role of the Church's Enemies, BZNW 50, Berlin / New York 1987.

BEDENBENDER, ANDREAS, Der Gott der Welt tritt auf den Sinai. Entstehung, Entwicklung und Funktionsweise der frühjüdischen *Apokalyptik*, ANTZ 8, Berlin 2000.

BEILE, RÜDIGER, *Zwischenruf* aus Patmos. Eine neue Gesamteinschätzung der Apokalypse des Johannes von Ephesus, Göttingen [2]2005.

BENGEL, JOHANN ALBRECHT, Die sieben *Sendschreiben*. Reden über die drei ersten Kapitel der Offenbarung des Johannes, neu hg.v. WILHELM KELLER (nach dem Erstdruck von 1748), Stuttgart 1937.

BERGER, KLAUS, *Theologiegeschichte* des Urchristentums. Theologie des Neuen Testaments, Tübingen u. Basel 1994.

BERGMEIER, ROLAND, Altes und Neues zur „*Sonnenfrau* am Himmel" (Apk 12). Religionsgeschichtliche und quellenkritische Beobachtungen zu Apk 12,1–17, ZNW 73, 1982, S. 97–109.

BÖCHER, OTTO, Die *Johannesapokalypse*, EdF 41, Darmstadt [2]1980.

BÖCHER, OTTO, *Kirche* in Zeit und Endzeit. Aufsätze zur Offenbarung des Johannes, Neukirchen-Vluyn 1983.

BÖCHER, OTTO, *Johannes-Apokalypse*, RAC XVIII, Stuttgart 1998, Sp. 595–646.

BOESAK, ALLAN, Schreibe dem *Engel* Südafrikas. Trost und Protest in der Apokalypse des Johannes, Stuttgart 1988.

BORNKAMM, GÜNTHER, Die *Komposition* der apokalyptischen Visionen in der Offenbarung Johannis, in: Ders., Studien zu Antike und Urchristentum. Gesammelte Aufsätze / Bd. II, München 1963, S. 204–222.

CLAUSS, MANFRED, *Kaiser* und Gott. Herrscherkult im römischen Reich, München u. Leipzig 2001 (Lizenzausgabe Wissenschaftliche Buchgesellschaft).

DEISSMANN, ADOLF, *Licht* vom Osten. Das Neue Testament und die neuentdeckten Texte der hellenistisch-römischen Welt, Tübingen [4]1923.

DIETERICH, ALBRECHT, Eine *Mithrasliturgie*, Darmstadt 1966 (= Leipzig u. Berlin [3]1923).

EBACH, JÜRGEN, *Apokalypse*. Zum Ursprung einer Stimmung, in: Einwürfe 2, hg.v. FRIEDRICH-WILHELM MARQUARDT u.a., München 1985, S. 5–61.

EBACH, JÜRGEN, *Kritik* und Utopie. Untersuchungen zum Verhältnis von Volk und Herrscher im Verfassungsentwurf des Ezechiel (Kap. 40–48), Hamburg 1972 (diss. theol.).

EBACH, JÜRGEN, *Ende* des Feindes oder Ende der Feindschaft? Der Tierfrieden bei Jesaja und Vergil, in: Ders., Ursprung und Ziel. Erinnerte Zukunft und erhoffte Vergangenheit, Neukirchen-Vluyn 1986, S. 75–89.

EBACH, JÜRGEN, Es wird nicht immer so weitergehen! Apokalypse als *Enthüllung* der Macht, in: Anstöße. Zeitschrift der Evangelischen Akademie Hofgeismar 34, 1987, S. 134–145.

EBACH, JÜRGEN, Apokalypse und *Apokalyptik*. Was ist „Apokalypse"? in: Zeichen der Zeit – Erkennen und Handeln – Salzburger Hochschulwochen 1998, hg.v. HEINRICH SCHMIDINGER, Innsbruck/Wien 1998, S. 213–273.

EBACH, JÜRGEN, *Kassandra* und Jona. Gegen die Macht des Schicksals, Frankfurt am Main 1987.

ELLUL, JACQUES, *Apokalypse*. Die Offenbarung des Johannes – Enthüllung der Wirklichkeit, Neukirchen-Vluyn 1981.

ERLEMANN, KURT, *Endzeiterwartungen* im frühen Christentum, UTB 1937, Tübingen u. Basel 1996.

FLUSSER, DAVID, No *Temple* in the City, in: Ders.: Judaism and the Origins of Christianity, Jerusalem 1988, S. 454–465.

FRANKE, PETER ROBERT, *Kleinasien* zur Römerzeit. Griechisches Leben im Spiegel der Münzen, München 1968.

FRENSCHKOWSKI, MARCO, Die *Johannesoffenbarung* zwischen Vision, astralmythologischer Imagination und Literatur. Perspektiven und Desiderate der Apokalypse-Forschung, in: Studien zur Johannesoffenbarung und ihrer Auslegung. FS OTTO BÖCHER, hg.v. FRIEDRICH WILHELM HORN und MICHAEL WOLTER, Neukirchen-Vluyn 2005, S. 20–45.

FRENSCHKOWSKI, MARCO, Die *Entrückung* der zwei Zeugen zum Himmel (Apk 11,11–14), in: JBTh 10, hg.v. MARTIN EBNER u.a., Neukirchen-Vluyn 2005, S. 261–290.

FREY, JÖRG, *Erwägungen* zum Verhältnis der Johannesapokalypse zu den übrigen Schriften im Corpus Johanneum, Appendix zu: MARTIN HENGEL, Die johanneische Frage. Ein Lösungsversuch, WUNT 67, Tübingen 1993, S. 326–429.

FÜSSEL, KUNO, Im Zeichen des *Monstrums*. Zur Staatskritik der Johannes-Apokalypse, Freiburg/Schweiz 1986.

GEORGI, DIETER, Die *Visionen* vom himmlischen Jerusalem in Apk 21 und 22, in: Kirche. FS GÜNTHER BORNKAMM, hg.v. DIETER LÜHRMANN u. GEORG STRECKER, Tübingen 1980, S. 351–372.

GRÄßER, ERICH, Der Alte *Bund* im Neuen. Exegetische Studien zur Israelfrage im Neuen Testament, WUNT 35, Tübingen 1985.

GUTTENBERGER, GUDRUN, Johannes von *Thyateira*. Zur Perspektive des Sehers, in: Studien zur Johannesoffenbarung und ihrer Auslegung. FS OTTO BÖCHER, hg.v. FRIEDRICH WILHELM HORN und MICHAEL WOLTER, Neukirchen-Vluyn 2005, S. 160–188.

HAACKER, KLAUS, Neuer *Himmel*, neue Erde, neues Jerusalem. Zur Bedeutung von Apk 21,1–4, in: Studien zur Johannesoffenbarung und ihrer Auslegung. FS OTTO BÖCHER, hg.v. FRIEDRICH WILHELM HORN und MICHAEL WOLTER, Neukirchen-Vluyn 2005, S. 328–338.

HAHN, FERDINAND, Frühjüdische und urchristliche *Apokalyptik*. Eine Einführung, BThSt 36, Neukirchen-Vluyn 1998.

HAHN, FERDINAND, Das *Geistverständnis* in der Johannesoffenbarung, in: Studien zur Johannesoffenbarung und ihrer Auslegung. FS OTTO BÖCHER, hg.v. FRIEDRICH WILHELM HORN und MICHAEL WOLTER, Neukirchen-Vluyn 2005, S. 3–9.

HALVER, RUDOLF, Der *Mythos* im letzten Buch der Bibel. Eine Untersuchung der Bildersprache der Johannes-Apokalypse, ThF 32, Hamburg-Bergstedt 1964.

HERMANN, ALFRED, Art. *Farbe*, RAC 7, Stuttgart 1969, Sp. 358–447.

HIEKE, THOMAS, Der *Seher* Johannes als neuer Ezechiel. Die Offenbarung des Johannes vom Ezechielbuch her gelesen, in: Das Ezechielbuch in der Johannesoffenbarung, hg.v. DIETER SÄNGER, BThSt 76, Neukirchen-Vluyn 2004, S. 1–30.

HIRSCHBERG, PETER, Das eschatologische *Israel*. Untersuchungen zum Gottesvolkverständnis der Johannesoffenbarung, WMANT 84, Neukirchen-Vluyn 1999.

HÖCKER, CHRISTOPH, *Ephesos*, DNP 3, Stuttgart u. Weimar 1997, Sp. 1078–1085.

HOLTZ, TRAUGOTT, *Sprache* als Metapher. Erwägungen zur Sprache der Johannesapokalypse, in: Studien zur Johannesoffenbarung und ihrer Auslegung. FS OTTO BÖCHER, hg.v. FRIEDRICH WILHELM HORN und MICHAEL WOLTER, Neukirchen-Vluyn 2005, S. 10–19.

HORN, FRIEDRICH WILHELM, Johannes auf *Patmos*, in: Studien zur Johannesoffenbarung und ihrer Auslegung. FS OTTO BÖCHER, hg.v. FRIEDRICH WILHELM HORN und MICHAEL WOLTER, Neukirchen-Vluyn 2005, S. 139–159.

HOWGEGO, CHRISTOPHER, *Geld* in der Antiken Welt. Was Münzen über Geschichte verraten, Darmstadt 2000.

HÜNEMÖRDER, CHRISTIAN, *Sardeis*, DNP 11, Stuttgart u. Weimar 2001, Sp. 54–66.

JOCHUM-BORTFELD, CARSTEN, Die zwölf *Stämme* in der Offenbarung des Johannes. Zum Verhältnis von Ekklesiologie und Ethik, München 2000.

JÖRNS, KLAUS-PETER, Das hymnische *Evangelium*. Untersuchungen zu Aufbau, Funktion und Herkunft der hymnischen Stücke in der Johannesoffenbarung, StNT 5, Gütersloh 1971.

JUNG STILLING, HEINRICH, Die sieben letzten *Posaunen* oder Wehen, Reprint der Ausgabe Reading 1820, Waltrop o. J.

KÄSEMANN, ERNST, Der *Ruf* der Freiheit, Tübingen, ^{5}1972.

KARRER, MARTIN, Die Johannesoffenbarung als *Brief*. Studien zu ihrem literarischen, historischen und theologischen Ort, FRLANT 140, Göttingen 1986.

KARRER, MARTIN, Von der Apokalypse zu *Ezechiel*. Der Ezechieltext in der Apokalypse, in: Das Ezechielbuch in der Johannesoffenbarung, hg.v. DIETER SÄNGER, BThSt 76, Neukirchen-Vluyn 2004, S. 84–120.

KARRER, MARTIN, *Himmel*, Millenium und neuer Himmel in der Apokalypse, in: JBTh 10, hg.v. MARTIN EBNER u.a., Neukirchen-Vluyn 2005, S. 225–259.

KIPPENBERG, HANS G., „Dann wird der *Orient* herrschen und der Okzident dienen." Zur Begründung eines gesamtvorderasiatischen Standpunktes im Kampf gegen Rom, in: Spiegel und Gleichnis. FS JACOB TAUBES, hg.v. N. W. BOLZ u. W. HÜBENER, Würzburg 1983, S. 40–48.

KLAUCK, HANS-JOSEF, Die religiöse *Umwelt* des Urchristentums II. Herrscher- und Kaiserkult, Philosophie, Gnosis, Studienbücher Theologie 9,2, Stuttgart u.a. 1996.

KOCH, KLAUS, *Einleitung*, in: Apokalyptik, hg.v. KLAUS KOCH und JOHANN MICHAEL SCHMIDT, WdF 365, Darmstadt 1982, S. 1–29.

KÖRTNER, ULRICH H. J., *Weltangst* und Weltende. Eine theologische Interpretation der Apokalyptik, Göttingen 1988.

KOWALSKI, BEATE, Die *Rezeption* des Propheten Ezechiel in der Offenbarung des Johannes, SBB 52, Stuttgart 2004.

KÜLZER, ANDREAS, Art. *Patmos*, DNP 9, Stuttgart u. Weimar 2000, Sp. 399f.

KUHN, KARL GEORG, Art. *Βαβυλών*, ThWNT I, Stuttgart 1933, S. 512–514.

KRETSCHMAR, GEORG, Die *Offenbarung* des Johannes. Die Geschichte ihrer Auslegung im 1. Jahrtausend, CThM.ST 9, Stuttgart 1985.

LABAHN, MICHAEL, Ausharren im Leben, um vom Baum des Lebens zu essen und ewig zu leben. Zur Textform und Auslegung der *Paradiesgeschichte* der Genesis in der Apokalypse des Johannes und deren Textgeschichte, in: Florilegium Lovaniense. Studies in Septuagint and Textual Criticism in Honour of FLORENTINO GARCÍA MARTÍNEZ, ed. by H. AUSLOOS u.a., BEThL 224, Leuven u.a. 2008, S. 290–316.

LAMPE, PETER, Die *Apokalyptiker* – ihre Situation und ihr Handeln, in: Eschatologie und Friedenshandeln. Exegetische Beiträge zur Frage christlicher Friedensverantwortung, SBS 101, Stuttgart 1981, S. 59–114.

LÖHR, HERMUT, Die „Lehre der *Nikolaiten*". Exegetische und theologische Bemerkungen zu einer neutestamentlichen „Häresie", in: Kaum zu glauben. Von der Häresie und dem Umgang mit ihr. FS HEINER FAULENBACH, hg.v. ATHINA LEXUTT / VICCO VON BÜLOW, Arbeiten zur Theologiegeschichte 5, Rheinbach 1998, S. 34–55.

MANEMANN, JÜRGEN, *Apokalyptik* versus Katechontik. Zur politisch-theologischen Relevanz apokalyptischen Denkens heute, WuA 38, 1997, S. 13–17.

MATTINGLY, HAROLD, *Coins* of the Roman Empire in the British Museum II. Vespasian to Domitian, London 1930.

MATTINGLY-SYDENHAM, HAROLD, The Roman Imperial *Coinage* II, London 1926.

MCDONOUGH, SEAN M., YHWH at *Patmos*. Rev. 1:4 in its Hellenistic and Early Jewish Setting, WUNT II 107, Tübingen 1999.

MÜLLER, PETER, Das *Buch* und die Bücher in der Johannesoffenbarung, in: Studien zur Johannesoffenbarung und ihrer Auslegung. FS OTTO BÖCHER, hg.v. FRIEDRICH WILHELM HORN und MICHAEL WOLTER, Neukirchen-Vluyn 2005, S. 293–309.

MÜLLER, ULRICH B., *Messias* und Menschensohn in jüdischen Apokalypsen und in der Offenbarung des Johannes, StNT 6, Gütersloh 1972.

MÜLLER, ULRICH B., Zur frühchristlichen *Theologiegeschichte*. Judenchristentum und Paulinismus in Kleinasien an der Wende vom ersten zum zweiten Jahrhundert n. Chr., Gütersloh 1976.

MÜLLER-FIEBERG, RITA, Das „neue *Jerusalem*" – Vision für alle Herzen und alle Zeiten? Eine Auslegung von Offb 21,1–22,5 im Kontext von alttestamentlich-frühjüdischer Tradition und literarischer Rezeption, BBB 144, Berlin/Wien 2003.

PETERSON, ERIK, Christus als *Imperator*, in: Ders., Theologische Traktate, München 1951, S. 149–164.

PFEIFFER, STEFAN, Die Zeit der *Flavier*. Vespasian – Titus – Domitian, Darmstadt 2009.

PÖHLMANN, WOLFGANG, Die heidnische, jüdische und christliche *Opposition* gegen Domitian. Studien zur Neutestamentlichen Zeitgeschichte, Diss. theol. Erlangen-Nürnberg 1966.

PRICE, S. R. F., *Rituals* and Power. The Roman Imperial Cult in Asia Minor, Cambridge 1984.

RADT, WOLFGANG, *Pergamon*. Geschichte und Bauten einer antiken Metropole, Darmstadt 1999.

RAGAZ, LEONHARD, Die *Bibel*. Eine Deutung. Neuauflage der siebenbändigen Originalausgabe in vier Bänden, Vierter Band. Die Apostel. Johannes, Fribourg/Brig 1990.

RAISER, KONRAD, *Botschaft* der Hoffnung in Volkssagen und Balladen, in: Einwürfe 5, hg.v. FRIEDRICH-WILHELM MARQUARDT u.a., München 1988, S. 139–154.

REICHERT, ANGELIKA, Durchdachte *Konfusion*. Plinius, Trajan und das Christentum, ZNW 93, 2002, S. 227–250.

REISER, MARIUS, Das christliche *Geschichtsbild*. Seine Herkunft und seine moderne Rezeption, in: Studien zur Johannesoffenbarung und ihrer Auslegung. FS OTTO BÖCHER, hg.v. FRIEDRICH WILHELM HORN und MICHAEL WOLTER, Neukirchen-Vluyn 2005, S. 46–70.

REUSS, EDUARD, Johanneische *Apokalypse*, in: Apokalyptik, hg.v. KLAUS KOCH und JOHANN MICHAEL SCHMIDT, WdF 365, Darmstadt 1982, S. 31–40 (Erstveröffentlichung 1843).

RIEMER, ULRIKE, Das *Tier* auf dem Kaiserthron? Eine Untersuchung zur Offenbarung des Johannes als historischer Quelle, Beiträge zur Altertumskunde 114, Stuttgart u. Leipzig 1998.

RISSI, MATHIAS, Die *Zukunft* der Welt. Eine exegetische Studie über Johannesoffenbarung 19,11 bis 22,15, Basel o.J.

RISSI, MATHIAS, Die *Hure* Babylon und die Verführung der Heiligen. Eine Studie zur Apokalypse des Johannes, BWANT 136, Stuttgart u.a. 1995.

SAFRAI, SHMUEL, Die *Wallfahrt* im Zeitalter des Zweiten Tempels, FJCD 3, Neukirchen-Vluyn 1981.

SALS, ULRIKE, Die *Biographie* der „Hure Babylon". Studien zur Intertextualität der Babylon-Texte in der Bibel, FAT II 6, Tübingen 2004.

SCHERRER, STEVEN J., *Signs* and Wonders in the Imperial Cult: A New Look at a Roman Religious Institution in the Light of Rev 13:13–15, JBL 103, 1984, S. 599–610.

SCHIEMANN, GOTTFRIED, Art. *Deportatio*, DNP 3, Stuttgart u. Weimar 1997, Sp. 479f.

SCHLATTER, ADOLF, Das Alte *Testament* in der johanneischen Apokalypse, BFChTh 16/6, Gütersloh 1912.

SCHMIDT, JOHANNA, Art. *Patmos*, in: PRE 18/4 (36. Halbband, letztes Drittel), Stuttgart 1949, Sp. 2174–2191.

SCHNELLE, UDO, *Einleitung* in das Neue Testament, [2]1996.

SCHRAGE, WOLFGANG, Die Christen und der *Staat* nach dem Neuen Testament, Gütersloh 1971.

SCHRAGE, WOLFGANG, *Ethik* des Neuen Testaments, NTD Ergänzungsreihe 4, Göttingen [2]1989.

SCHRAGE, WOLFGANG, *Meditation* zu Offenbarung 2,8–11, EvTh 48, 1988, S. 388–403.

SIM, UNYONG, Das himmlische *Jerusalem* in Apk 21,1–22,5 im Kontext biblisch-jüdischer Tradition und antiken Städtebaus, Bochumer Altertumswissenschaftliches Colloquium 25, Trier 1996.

STRATHMANN, HERMANN, Art. *Art. μάρτυς* κτλ., ThWNT IV, Stuttgart 1942, S. 477–520.

STUHLMANN, RAINER, Das eschatologische *Maß* im Neuen Testament, FRLANT 132, Göttingen 1983.

SUTHERLAND, C. H. V., *Münzen* der Römer, Fribourg 1974.

SUTTER REHMANN, LUZIA, Die *Offenbarung* des Johannes. Inspirationen aus Patmos, in: Kompendium Feministische Bibelauslegung, hg.v. LUISE SCHOTTROFF u. MARIE-THERES WACKER, Gütersloh 1998, S. 725–741.

TAEGER, JENS-W., *Johannesapokalypse* und johanneischer Kreis. Versuch einer traditionsgeschichtlichen Ortsbestimmung am Paradigma der Lebenswasser-Thematik, BZNW 51, Berlin 1989.

ULMER, RENATE, Passion und *Apokalypse*. Studien zur biblischen Thematik in der Kunst des Expressionismus, EHS Reihe 28. Kunstgeschichte 144, Frankfurt am Main u.a. 1992.

VÉGH, ZOLTÁN, Art. *Relegatio*, DNP 10, Stuttgart u. Weimar 2001, Sp. 877.

VIELHAUER, PHILIPP, Geschichte der urchristlichen *Literatur*. Einleitung in das Neue Testament, die Apokryphen und die Apostolischen Väter, Berlin/New York 1975.

WEEBER, KARL-WILHELM, Die *Schwelgerei*, das süße Gift … Luxus im alten Rom, Darmstadt 2003.

WEEBER, KARL-WILHELM, *Luxus* im alten Rom. Die öffentliche Pracht, Darmstadt 2006.

WEBER, WILHELM, … NEC NOSTRI *SAECULI* EST. Bemerkungen zum Briefwechsel des Plinius und Trajan über die Christen, in: Das frühe Christentum im römischen Staat, hg.v. RICHARD KLEIN, WdF 267, Darmstadt 1971, S. 1–32.

WEISSINGER, MATTHIAS, Die *Ziffer* des vierten Tieres, in: „Dieses Volk schuf ich mir, daß es meinen Ruhm verkündige“. FS DIETER VETTER, hg.v. FRANK MATHEUS, Duisburg 1992, S. 52–67.

WEIZSÄCKER, CARL, Das Apostolische *Zeitalter* der christlichen Kirche, Freiburg i. B. 1886.

WENGST, KLAUS, Christologische *Formeln* und Lieder des Urchristentums, StNT 7, Gütersloh 1972.

WENGST, KLAUS, *Pax* Romana. Anspruch und Wirklichkeit, München 1986.

WENGST, KLAUS, *Jesus* zwischen Juden und Christen. Re-Visionen im Verhältnis der Kirche zu Israel, Stuttgart [2]2004.

WENGST, KLAUS, „Freut euch, ihr *Völker*, mit Gottes Volk!" Israel und die Völker als Thema des Paulus – ein Gang durch den Römerbrief, Stuttgart 2008.

WILCKENS, ULRICH, Art. *χάραγμα*, ThWNT IX, Stuttgart 1973, S. 405–407.

WITULSKI, THOMAS, Die *Johannesoffenbarung* und Kaiser Hadrian. Studien zur Datierung der neutestamentlichen Apokalypse, FRLANT 221, Göttingen 2007.

WITULSKI, THOMAS, *Kaiserkult* in Kleinasien. Die Entwicklung der kultisch-religiösen Kaiserverehrung in der römischen Provinz Asia von Augustus bis Antoninus Pius, NTOA 63, Göttingen u. Fribourg 2007.

WOJCIECHOWSKI, MICHAŁ, Seven *churches* and seven celestial bodies (Rev 1,16, Rev 2–3), BN 45, 1988, S. 48–50.

WOLTER, MICHAEL, Christliches *Ethos* nach der Offenbarung des Johannes, in: Studien zur Johannesoffenbarung und ihrer Auslegung. FS OTTO BÖCHER, hg.v. FRIEDRICH WILHELM HORN und MICHAEL WOLTER, Neukirchen-Vluyn 2005, S. 189–209.

WYRWA, DIETMAR, Art. *Irenäus*, RGG[4] 4, Tübingen 2001, Sp. 229f.

YARBRO COLLINS, ADELA, *Crisis* and Catharsis. The Power of the Apocalypse, Philadelphia, Pennsylvania 1984.

ZAGER, WERNER, Begriff und Wertung der *Apokalyptik* in der neutestamentlichen Forschung, EHS.T 358, Frankfurt am Main u.a. 1989.

ZAHN, THEODOR, *Einleitung* in das Neue Testament II, Leipzig [3]1907.

ZIMMERMANN, RUBEN, *Geschlechtermetaphorik* und Gottesverhältnis. Traditionsgeschichte und Theologie eines Bildfeldes in Urchristentum und antiker Umwelt, WUNT II 122, Tübingen 2001.

Stellenregister

AT

Judentum
(ohne Rabbinica)

Rabbinica

Frühes Christentum

Nichtjüdische antike Autoren

Inschriften